ISBN 978-0-259-04316-4
PIBN 10694896

1 MONTH OF
FREE
READING

at

www.ForgottenBooks.com

By purchasing this book you are eligible for one month membership to ForgottenBooks.com, giving you unlimited access to our entire collection of over 700,000 titles via our web site and mobile apps.

To claim your free month visit:

www.forgottenbooks.com/free694896

HANSISCHE
GESCHICHTSBLÄTTER.

HERAUSGEGEBEN

VOM

VEREIN FÜR HANSISCHE GESCHICHTE.

JAHRGANG 1907

ERSTES HEFT.

LEIPZIG,

VERLAG VON DUNCKER & HUMBLOT.

1907.

HANSISCHE

GESCHICHTSBLÄTTER.

HERAUSGEGEBEN

VOM

VEREIN FÜR HANSISCHE GESCHICHTE.

JAHRGANG 1907.

ERSTES HEFT.

LEIPZIG,

VERLAG VON DUNCKER & HUMBLOT.

1907.

I.

Das Zunftrecht insbesondere Norddeutsch-
lands und die Handwerkerehre.

Von

Ferdinand Frensdorff.

——— —

Es war so ziemlich die letzte gesetzgeberische Tat des Reiches,
als es sich im J. 1731 aufraffte, den Missbräuchen im deutschen
Handwerk entgegenzutreten. Vorgänge der jüngsten Zeit, Unruhen und Bewegungen im Osten und im Süden, dort die Lissai-
schen Gesellenhändel, hier der Aufstand der Augsburger Schuh-
machergesellen, hatten den nächsten Anlass zum Einschreiten
gegeben, aber die Ursache war ein altes Leiden.

Gegen Missbräuche im Handwerk hatte das Reich gekämpft,
seitdem es Polizeiordnungen gab. Die Notwendigkeit, dieselben
Verbote in kurzen Zeiträumen immer wieder zu erlassen, zeigt,
wie erfolglos die Gesetzgebung arbeitete. Die Territorien, auf
die im 17. Jahrhundert der Schwerpunkt alles Regierens über-
ging, waren dem Übel noch weniger gewachsen. Die »Connexion«
der Handwerker untereinander und die Freizügigkeit der Gesellen
spotteten der in einzelnen Ländern ergriffenen Massregeln. Unter-
drückte ein Land, eine Stadt Einrichtungen und Übungen, die
der Handwerker als Heiligtum verehrte, so mieden die Gesellen
Land und Stadt und wanderten dahin, wo es beim alten verblieben
war. Erst nach dem Dreissigjährigen Kriege, als es sich um die

Neubelebung von Handel und Gewerbe, um die Wiederbesiede-
lung der entvölkerten Gegenden handelte, erkannten deutsche
Regierungen die Notwendigkeit eines gemeinsamen Vorgehens,
sei es durch Vereinbarung benachbarter Territorien, sei es durch
eine von Reichs wegen zu treffende gesetzliche Ordnung.

Einige Zeit nach Eröffnung des Reichstages von 1663, »dem
annoch fürwährenden«, wie er das 18. Jahrhundert hindurch hiess,
und der tatsächlich zum ewigen wurde, erinnerte man sich, dass
der Westfälische Friede auf die Tagesordnung der nächsten Versammlung auch die reformatio politiae gesetzt hatte [1]. Die Anregung ging vom kurfürstlichen Kollegium und vom Kaiser aus,
von beiden nicht um der Sache selbst willen, sondern um anderen
gleichfalls durch den Friedensvertrag zur Beratung der nächsten
Versammlung verwiesenen Gegenständen, vor allem der gesetzlichen Feststellung einer beständigen kaiserlichen Wahlkapitulation, auszuweichen. Das zweite reichstägliche Kollegium mit
seinen aufstrebenden, dem absoluten Dominat des Hauses Österreich wie der Präeminenz der Kurfürsten gleich feindlichen
Fürstenhäusern glaubte, es gebe wichtigeres zu tun, als über das
Tragen roter und weisser Hosen zu beraten. Kleiderordnung
und Reichspolizeiordnung waren untrennbare Vorstellungen geworden. Jedenfalls dürfe über diese schlechten Dinge nicht viel
Zeit verloren werden. So gelang eine Einigung der drei Kollegien
dahin, dass die zu beratende Polizeiordnung nur von drei Gegenständen handeln solle: von Duellieren und Kugelwechseln, wie die
Kommerzien wieder in besseren Stand zu bringen, und von Einrichtung der Zünften und Abschaffung deren Missbräuch.

Über den letzten Gegenstand kam unterm 3. März 1672 ein
Reichsgutachten zustande. Als 1680 der Kaiser seine Ratifikation
noch nicht erteilt hatte und der Reichstag seine Bitte um Genehmigung erneute, versprach sie der Kaiser für das nächste Jahr [2].

---

[1] J. P. O. Art. VIII, 3.

[2] Die Aktenstücke über diese Verhandlungen bilden Beilagen zu
dem Bericht des Heinrich Henniges, Meditationes ad instrum. pacis
Caesareo-Suecic. spec. VIII (1710), S. 1369 ff. und 1510—1541. Über
den Brandenburgischen Komitialgesandten Henniges († 1712), der in
der Allgem. Deutschen Biographie fehlt, Pütter, Litt. des deutschen
Staatsr. I, 350.

Dabei blieb es[1]. Die Ratifikation wurde nicht versagt, sie wurde nur nicht erteilt, und das dauerte rund fünfzig Jahre. Erst als jene Bewegungen und namentlich der Augsburger Schuhmacheraufstand von 1726 die Dringlichkeit der Aufgabe klar machte, forderte der Kaiser die Reichsstände auf, etwaige Monita zu dem alten Gesetzentwurf einzureichen, und ratifizierte dann im wesentlichen das, was der Reichstag ihm schon 1672 vorgelegt hatte. So entstand der Reichsschluss von 1731.

Man weiss heute wenig von ihm. Die Ungunst, unter der alles mit dem alten Reiche und seinem Recht Zusammenhängende leidet, trifft auch ihn. Die schöne Literatur vermag zuweilen mehr als die Geschichte. Historische Ereignisse hinterlassen in ihr ein Bild, das dauernder ist und auf weitere Kreise wirkt als auf die Leser geschichtlicher Quellen und Darstellungen. Goethes Werther und Dichtung und Wahrheit haben dem Reichskammergericht und seiner Visitation von 1767 u. ff. ein Andenken gestiftet, das unsere Rechtsgeschichten alle überdauern und auch bei anderen Lesern als Rechtshistorikern die Kunde einer Zeit erhalten wird, da in Wetzlar ein richtendes und ein gerichtetes Gericht nebeneinander sassen. Einen ähnlichen Dienst leisten dem Reichsschlusse von 1731 die patriotischen Phantasieen von Justus Möser. Einige dieser Aufsätze beschäftigen sich ex professo, andere gelegentlich mit dem Reichsgesetz, immer aber um des unmittelbar praktischen Interesses, um der schweren Bedenken willen, die es dem patriotischen Staatsmanne erregte. Uns heute kann das Gesetz nur ein Gegenstand historischer Betrachtung sein. Wir fragen, wie entstand, was der Reichsschluss als einen Missbrauch bekämpfte, wie kam es, dass das Reich, dem noch niemand Neuerungssucht oder Übereilung vorgeworfen hat, sich zum Einschreiten entschloss und seine Massregeln doch mannigfachen und heftigen Widerstand fanden, und ein Mann wie Justus Möser auf der Seite der Opposition stand?

---

[1] Stiéda, Zunftwesen (Handwörterb. der Staatswiss. VII [1901], S. 1024), verkennt den staatsrechtlichen Charakter des Reichsgutachtens.

1. Der Reichsschluss von 1731.

Der Reichsschluss von 1731[1] ist ein umfangreiches Akten-
stück, in der schwerfälligen Sprache des späteren Reichsrechts
verfasst, deren verwickelte Perioden manchem alten und neuen
Leser undurchdringlich geblieben sind. Auch sind einzelne, dem
damaligen Handwerksgebrauch entnommene Ausdrücke heute
nicht mehr ohne Erklärung verständlich. Seinem Anlass entsprechend richtet sich das Reichsgesetz vor allem gegen die Handwerksburschen, ihr mutwilliges Austreten, ihr freventliches
Schänden und Schmähen. Den Kern des ganzen grundverderb-
lichen Wesens bildet das »Auftreiben«. Ein interessantes
Rechtswort, im Mittelalter dem Rechte Lübecks, Danzigs, Hamburgs und Dithmarschens geläufig, seit dem 16. Jahrhundert auch
in der Sprache des Reichsrechts, unbekannt durch welche Vermittlung, verwendet. Die Statute gebrauchen es mannigfaltig:
ein Vormund, ein Richter, ein Zeuge, ein Urteil, eine Ware, ein
Lehrling, der entlaufen, ein Gesell, der von seinem Meister nicht
gehörig geschieden ist, ein Handwerker, der das Meisterstück
nicht richtig gemacht hat, werden »aufgetrieben«[2]. Auch der bekannte Rechtssatz: »Kauf bricht Miete« wird wiedergegeben durch
»kop drift hure up«[3]. Das Gemeinsame ist: verwerfen, verdrängen.
Im älteren Handwerkerrechte bezeichnete Auftreiben ein Mittel,
um Gesellen oder Lehrlinge, die ihren Meister unrechtmässig verlassen haben, an Erlangung einer neuen Stelle zu hindern und
zu ihrer Pflicht zurückzubringen[4], im neueren einen Akt der Selbst-

---

[1] N. Samlg. der Reichsabschiede (nachher RA. zitiert) IV, 376.
Am bequemsten zitierbar nach der Einteilung bei Ortloff, Corpus juris
opificiarii (1804), S. 3 ff.

[2] Vgl. die Stellen im Mnd. Wb. V, 108; Hirsch, Handels- und Ge-
werbsgesch. Danzigs (1858), S. 332 ff.

[3] Billwärder Landrecht (Ende des 14. Jh.) § 65 bei Lappenberg,
Hambg. Rechtsalterth. (1845), S. 340. Kraut-Frensdorff, Grundriss des
deutschen Privatr.[6] (1886), S. 310 (nachher: Grundriss zitiert).

[4] Danziger Leinweber 1447 (Hirsch S. 332): einen Gesellen »sal
man myt der meister hulfe uftreyben, das her czihe u. entrichte sich
myt synem meister«; Beutler u. Gürtler 1412 (das. S. 333): einem ent-
laufenen »leerknecht« soll der Meister Briefe nachsenden, »dometh her
en oftreiben mag«.

hilfe, von Handwerksgesellen gegen einen Meister oder Gesellen geübt, den sie einer ehrenrührigen Handlung oder eines Verstosses gegen den Handwerksbrauch beschuldigen. Gesellen, die bei einem solchen Meister oder mit einem solchen Gesellen bisher gearbeitet haben, »stehen auf«, verlassen die Arbeit und »treten aus«. Der Reichsschluss von 1731 erneuert das alte Verbot der Reichspolizeiordnungen von 1530 und 1548: es soll keiner den anderen weder schmähen noch auf- und umbtreiben noch unredlich machen[1]. Wer geschmähet worden, soll bei seinem Handwerk gelassen werden, und die Handwerksgesellen mit und neben ihm zu arbeiten schuldig sein, so lange, bis die angezogenen Injurien und Schmähe gegen ihme, wie sich gebührt, erörtert worden[2]. Wer diese Vorschriften missachtet, wird selbst »unredlich«. Hier greift die Obrigkeit selbst zu dem Mittel des Auftreibens. Es gibt also ein legales Auftreiben. Dies Mittel wird nicht blos in dem erwähnten Falle angewandt, sondern auch, wenn ein Gesell die Schmähe, die er gegen Meister oder Gesellen vorgebracht, zu beweisen unterlässt, vor Gericht zu dem anberaumten Termine entbleibt; oder auch, wer eigenwillig Gebräuche, die nicht obrigkeitlich anerkannt sind, einführt: alle diese werden aufgetrieben, hinweggeschafft und ad valvas curiarum oder anderen öffentlichen Orten angeschlagen. Damit sind sie für handwerksunfähig erklärt, werden im heiligen Reich teutscher Nation .... in Städten, Märkten oder Flecken ferner zu arbeiten und Handwerk zu treiben nicht zugelassen und können nur unter öffentlicher Autorität zum Handwerk »readmittiert« werden[3].

Die Einmischung des Staats in das ganze Unwesen, das auch der jüngste Reichsabschied nach dem Auftreiben zubenannt hatte[4], war berechtigt genug. Handelte es sich auch zunächst um Privatstreitigkeiten innerhalb einer Zunft, so erwuchsen doch daraus Schädigungen des Publikums und Gefahren für das allgemeine

---

[1] Art. 39 § 1, Art. 37 § 2 (RA. II, 345 und 606).
[2] Zusatz der RPO. v. 1548 (RA. II, 606).
[3] RPO. 1530 Art. 39, 1. RSchluß v. 1731 Art. 1.
[4] JRA. § 106: Zu Abschneidung des in denen Reichskonstitutionen so hoch verbotenen Auftreibens und Scheltung der Meister und Gesellen (soll das Reichskammergericht Klagen in Handwerkssachen ab- und an des Orts Obrigkeit verweisen). RA. III, 660.

Wohl. Wie der Augsburger Vorgang zeigte, konnte eine ganze Stadtgemeinde durch solchen Konflikt in Mitleidenschaft gezogen werden. Als 1753 sämtliche Bäckerknechte in Nürnberg austraten, führte das für die Bürgerschaft einen empfindlichen Notstand herbei.

Der Reichsschluss blieb dabei nicht stehen. Schon lange klagten die Regierungen über die Anmassungen der Zünfte in Gesetzgebung und Gericht. Da die Zünfte durch den Gebrauch, den sie von ihrer Autonomie machten, vielfach die öffentlich beklagten Missstände anstatt zu unterdrücken, noch förderten, so setzte der Reichsschluss dem korporativen Auftreten bestimmte Schranken. Er verbot alle Zusammenkünfte der Zunftgenossen ohne Vorwissen ihrer ordentlichen Obrigkeit. Zunftartikel bedurften obrigkeitlicher Bestätigung. Korrespondenzen zwischen den Handwerken verschiedener Städte wurden nur unter Vermittlung der Obrigkeit gestattet. Speziell gegen die Gesellen richtete sich der Satz des Reichsschlusses: es ist ein »wider alle Vernunft laufender Missbrauch, dass die Gesellen vermittelst eines unter sich selbsten anmasslich haltenden Gerichts die Meister vorstellen, denselben gebieten, ihnen allerhand ohngereimte Gesetze vorschreiben und bei deren Verweigerung sie schelten, straffen oder gar von ihnen aufstehen[1]«. Gesellen dürfen keine Bruderschaften bilden, kein Bruderschaftssiegel führen. Aufstehenden Gesellen werden schwere Strafen angedroht. Kein Stand des Reichs darf des andern aufstehende Meister oder Gesellen aufnehmen. Auch mit den armen Lehrlingen beschäftigt sich der Reichsschluss. So darf man sie nennen, denn, wenn der Reichsschluss sonst Missbräuche bekämpft, die Meister oder Gesellen unter einander oder gegen das Publikum verüben, so handelte es sich hier um Missbräuche, die jene gegen die Lehrlinge verüben. Die Unkosten beim Aufdingen wie beim Ledigzählen eines Lehrlings, die lächerlichen, zum Teil anstössigen Gebräuche, die dabei stattfanden, sollten nicht länger geduldet werden. Die rigorosen Anforderungen, welche an die Geburt und Herkunft der Lehrlinge, an die Urkunden zu ihrem Beweis gestellt wurden, wurden ermässigt oder abgeschafft[2].

---

[1] Art. 10 (S. 382).
[2] Art. 7 und 9 (S. 381).

Der wirtschaftliche Inhalt des Gesetzes ist oft behandelt; seltener was es an rechtshistorischem Interesse bietet. Dahin gehören die Bedingungen, die den Zugang zur Zunft in ihrer doppelten Bedeutung regelten, als dem ausschliesslichen Mittel zur Erlernung, dem ausschliesslichen Mittel zum Betriebe eines Handwerks. Die Bedingungen sind teils rechtlicher, teils wirtschaftlicher Art. Jene treffen vorwiegend den Lehrling, diese den Gesellen.

Die wirtschaftlichen Erschwerungen des Meisterwerdens sind die altförmischen oder altväterischen Meisterstücke und die geldfressenden Meisterköste [1]. Die rechtlichen Bedingungen verschlossen die Zunft allen unehelich Geborenen und allen denen, die eine als unehrlich angesehene Beschäftigung betrieben hatten oder von Eltern solches Berufes herstammten.

Nur von den beiden Aufnahmebedingungen rechtlicher Art wird im folgenden die Rede sein; wie sie entstanden und sich bis zu der Gestaltung entwickelten, die die Reichsgesetzgebung zum Einschreiten herausforderte. Das sind auch die Punkte, welche Justus Möser in seiner Kritik des Reichsschlusses von 1731 besonders beschäftigten. Haben die Verfasser des Reichsabschiedes von 1731 wohlgetan, dass sie viele Leute ehrlich gemacht haben, die es nicht waren? und: über die zu unsern Zeiten verminderte Schande der Huren und Hurkinder, sind die bezeichnendsten seiner Aufsätze überschrieben [2].

Beide, die Unehelichen und die Unehrlichen, gehörten zu den rechtlosen oder den unechten luden des Sachsenspiegels. Rechtlosigkeit ist ein weiter Sack. Er umfasst Personen, die wegen ihrer Geburt, wegen ihres Berufs, oder wegen einer verbrecherischen Handlung eine Verminderung ihrer Rechtsfähigkeit erleiden. Denn mehr bedeutet Rechtlosigkeit nicht. Die Rechtlosen sind nicht wörtlich alles Rechtes bar, sondern sind nur im Rechte zurückgesetzt, vor allem in gerichtlichen Rechten. Rechtlosigkeit ist in

---

[1] Gildereglement des Herzogs Ernst August von 1692 § 2: »daß ein solcher antretender Meister ein gar zu kostbares, auch wohl ganz unbrauchbares oder altförmisches Meisterstück zu machen genöthigt« . . . (Chur-Brschwg.-Lüneb.-Landesordngn. III[b] [Gött. 1740], S. 3, nachher zitiert: C. C. Calenb.). Hamburg. Reglement v. 1710 (Ortloff S. 363).

[2] Patriotische Phantasieen (S. W. hg. v. Abeken, Berlin 1858) I, Nr. 49, S. 367; II, Nr. 33, S. 164.

erster Linie Gerichtlosigkeit, d. h. geminderte Gerichtsfähigkeit[1]. Rechtlosigkeit ist ein weiter Sack auch in dem Sinne, dass die Rechtlosen nicht alle derselben Rechte entbehren. Der Grund, aus dem die Rechtlosigkeit entspringt, bewirkt eine Abstufung des Mangels, der die Rechtlosen trifft. Wer sein Recht durch Verbrechen verloren hat, steht tiefer als der durch Geburt oder Beruf Rechtlose. Aber so tief er steht, er steht noch immer unter dem Schutze des Rechts. Wer ihn verletzt, begeht einen Friedensbruch und wird wie ein Friedensbrecher bestraft[2]. Erst wer das Recht und das Organ des Rechts, das Gericht hartnäckig missachtet, verwirkt den Anspruch auf Rechtsschutz. Das Recht geht soweit, ihm im äussersten Falle selbst sein Familienrecht abzusprechen. »Die Ausstossung aus dem Rechtsverbande durch Ächtung zerstört auch die Ehe des Geächteten« (K. Maurer)[3]. Seine Ehe hört auf ein gesetzliches Verhältnis zu sein; die Kinder, die der Reichsoberächter mit seiner Ehefrau nach der Ächtung erzielt, sind unehelich. Personen dieser Stellung heissen echtlos. Das Kriterium der »Echtlosigkeit« liegt in der Unfähigkeit eine Ehe einzugehen oder so fortzusetzen, dass eheliche Kinder aus ihr entspringen[4]. Aber der Fall der Echtlosigkeit ist so exceptionell, dass ungeachtet seiner Anerkennung im Sachsenspiegel behauptet werden darf: ein besonderes Institut der Echtlosigkeit gab es zu der Zeit des Rechtsbuches nicht mehr. Echt und recht, substantivisch oder adjektivisch zusammengestellt, bedeutet nicht mehr zweierlei, sondern ist eine tautologische Formel für »recht«, »rechtmässig«.

Von den unechten Leuten des Sachsenspiegels kommen für das Zunftwesen in betracht, die »man unecht seget von bort oder von ammechte« (Ssp. III 28,1). Als »unecht von ammechte« kennt das Rechtsbuch nur zweierlei Personen: Lohnkämpfer und Spielleute (I 38,1). Das Gewerbe der kempen, die um Lohn den gerichtlichen Zweikampf für andere in den Fällen ausfechten, wo das Recht eine solche Vertretung zulässt, ist so entehrend, dass

---

[1] Gierke, Deutsches Privatrecht I (1895), S. 417, A. 9. So auch schon Falck, Handb. des Schleswig-Holst. Privatr. IV (1840), S. 268.

[2] Ssp. III, 45, 11.

[3] S. 11 in der unten angeführten Abhandlung.

[4] Ssp. I, 38, 2; 51, 1.

der Makel auch die Kinder trifft, selbst wenn sie nicht das Gewerbe ihres Vaters betreiben. Da der Sachsenspiegel nicht von Städten noch von Handwerkern redet, so muss die Anwendung seiner Rechtssätze über unechte Leute auf die Zunftverhältnisse in andern Quellen gesucht werden. Die Ergänzung liefern Stadtrechte, hauptsächlich aber Zunftordnungen, speziell die der norddeutschen Städte. In den letzten Jahrzehnten ist deren eine stattliche Zahl veröffentlicht[1]. Nur zur Vergleichung habe ich im folgenden hin und wieder auf süddeutsche Quellen Rücksicht genommen, nicht bloss weil in den Hansischen Geschichtsblättern das norddeutsche Recht an erster Stelle zu stehen beanspruchen darf, sondern auch weil der Stoff in den norddeutschen Quellen viel reicher fliesst.

Die Überschrift dieses Aufsatzes genügt nicht allen Ansprüchen an Korrektheit Von Zünften in Norddeutschland zu sprechen ist quellenwidrig. Noch lange nach dem Mittelalter war »Zunft« im Norden unbekannt. Die alten technischen Bezeichnungen, vor allem Amt, aber auch Innung und Gilde, Werk, Gewerk, Handwerk blieben im Gebrauch und wurden ziemlich promiscue verwendet. Gaffel beschränkte sich auf den Niederrhein, »neringe« auf die Niederlande, Zeche auf Schlesien, Baiern und Österreich. Der Reichsschluss von 1731 stellt, um allen Gegenden gerecht zu werden, Gaffeln, Ämter, Gilden, Innungen, Zünfte und Handwerke nebeneinander[2], bedient sich aber als eines generellen Ausdruckes des süddeutschen Wortes. So auch der Kaiser am Schluss des Reichsgesetzes in der berühmten Drohung, falls die Handwerksmissbräuche fortdauern sollten: »wir und das Reich dörften leicht Gelegenheit nehmen, nach dem Beispiel anderer Reiche .... alle Zünften insgesamt und überhaupt völlig aufzuheben und abzuschaffen«[3].

---

[1] Ein Verzeichnis gibt Dahlmann-Waitz, Quellenkunde, Aufl. 7, hg. v. Brandenburg (1906), S. 400. Hinzuzufügen sind: Die ältern Zunfturk. der Stadt Greifswald, hg. v. Krause und Kunze I u. II (Pommersche Jahrb. 1900 ff.) (zitiert als Greifsw. I u. II); die Gewerbe der Stadt Münster hg. v. Krumbholtz (Publ. aus den K. Preuß. StA. Bd. 70, 1898). Die angebliche neue verbesserte Auflage (1872) von Wehrmanns ältern Lübeck. Zunftrollen (1864) ist nichts als eine Titelauflage.

[2] Art. 4.

[3] Art. 14.

2. Stadtrechte und Zunftrollen.

Mit den Zunftverhältnissen beschäftigen sich nur wenige
Stadtrechte eingehend und noch seltener prinzipiell. Die beiden
Hauptstädte des hansischen Rechtsgebiets, Lübeck und Braunschweig, bieten erwünschte und sich ergänzende Festsetzungen
über die Stellung der Zünfte zum Rat und über ihre Verfassung.
In Lübeck ist es ein Artikel der deutschen, nach 1250 anzusetzenden
Statuten[1]; in Braunschweig, wo sich schon das Ottonianum mit
dem Gegenstand beschäftigt, eine Reihe von 10—12 Artikeln, den
Rechtssammlungen seit dem 14. Jahrhundert angehörig[2]. Der
wichtigste Punkt ist die Art der Unterordnung der Zünfte unter
den Rat. Sie ist in Lübeck strenger, in Braunschweig loser.

Die Zunft hat die bekannten zwei überall in den deutschen
Korporationen wiederkehrenden Organe: die Mitgliederversamm-
lung und den Vorstand, die »Morgensprache« und die oder den
Amtsmeister (Innungs- oder Gildemeister). Die Autonomie der Zunft
wird durch die Morgensprache ausgeübt. Nach der Vormittags-
zeit zubenannt, zu der die Versammlungen ursprünglich gehalten
wurden, weshalb die Quellen von einer »nochteren (nüchternen)
morgensprake« reden, konnten sie doch auch zu andern Tageszeiten,
wie bei der Hildesheimer Kramergilde »to vespertiit eder to vigilien-
tiit«, gehegt werden[3]. Das Recht der Selbstgesetzgebung gilt in
Lübeck nicht als eignes, sondern von dem Rat übertragenes Recht:
dar lude sint in der stat, den de rat gegheven heft morgensprake.
Damit stimmt der Eingang einer Reihe lübischer Zunftrollen: dyt
is de rechticheid, de wie hebben van Gode unde van juw, d. h. dem
Rate[4]. Das Recht der Morgensprache ist den Genossen zu dem
Zweck gegeben, »dat se dar inne vorderen des stades nut«. So
frei sie das Recht handhaben mögen, »de gilden mogen wol köre

---

[1] Hach II, 198. Zuerst in der um 1270 anzusetzenden ältesten
Hs. der deutschen Statuten, dem Elbinger Kodex Art. 34.

[2] Otton. 55. Die Artt. 18 und 194—205 des StR. v. 1402 finden
sich alle bereits im Leibnitianum. — StR. nachher kurz für das Stadtrecht
gebraucht (UB I, S. 101 f.).

[3] Tuckermann, Das Gewerbe der Stadt Hildesheim (1906, Tüb.
Diss.), S. 135. Mnd. Wb. III, 119. Hildesh. UB. III, 410 (Nr. 1420).

[4] Wehrmann S. 203 (1376), S. 330 (1400), S. 356 (c. 1409).

under sek kesen, de one evene komen«, der Rat wacht darüber,
dass sie jenen Zweck nicht ausser Acht lassen. Missbrauchen sie
ihr Recht: »maket se ene morghensprake, de weder de stat si«, wie
es in Lübeck, oder: »keset se«, wie es in Braunschweig heisst, »dat
der stad edder deme lande unevene kumpt[1]«, so schreitet der Rat
mit Verbot und mit Strafen ein. Das lübische Recht besass ein
Präventivmittel gegen das Zustandekommen rechts- oder zweck-
widriger Zunftbeschlüsse. Es gab dem Rate das Recht, zwei seiner
Mitglieder in die Morgensprachen zu deren Überwachung zu ent-
senden. Die Anwesenheit der beiden Morgensprachsherren war
nicht für jede Zunftversammlung erforderlich, erforderlich war nur,
dass jede Versammlung dem Rate angezeigt und die Anwesenheit
seiner Abgeordneten erbeten war. Ob er sie entsandte, war seinem
Ermessen überlassen[2]. Auch das zweite Organ der Zunft, die
Vorsteherschaft, war dem Rate in bestimmter Weise untergeordnet.
In Braunschweig wurden die Gildemeister alljährlich gewählt;
jeder Gewählte musste schwören »syne gylde to rechte to vorstande
unde dem rade bytostande[3]. In Lübeck schwuren sie treulich
dafür zu sorgen, dass in den Morgensprachen nichts gegen das
Wohl der Stadt geschehe. Bei Verstössen gegen diese Vorschrift
wurden die Meister besonders gestraft. Das Amt verlor das Recht
der Morgensprache; jedes Mitglied, das an dem Beschlusse teilnahm, wettete 3 Mark Silber; die Vorsteher traf ausserdem die
Stadtverweisung[4].

Neben der Selbstgesetzgebung hatte die Zunft eine wenn auch
beschränkte Selbstgerichtsbarkeit. Sie wurde durch die oder den
Meister gehandhabt und bezog sich auf alle Verletzungen der
besonderen Zunftvorschriften, auf Streitigkeiten der Zunftgenossen
untereinander »umme schult edder schel« oder »schelinge«, »umme

---

[1] StR. 197.
[2] Das im Text Vorgetragene habe ich näher gegen Wehrmann
(Lüb. Zunftrollen S. 74 ff.) ausgeführt in den Gött. Gel. Anz. 1869, S. 47.
Die Beweise liefern Statute von Rostock und Wismar (Verf. Lüb. S. 130),
und die Rollen bei Wehrmann S. 366, 234, 193.
[3] StR. 196.
[4] Hach II, 198. Revid. lüb. R. IV, 13, 3. Hier ist die Strafdrohung
hinzugekommen: »und das ampt sol frey seyn«, d. h. das Gewerbe soll
jedermann zugänglich, also die Zünftigkeit aufgehoben sein.

schult edder umme broke«, »umme schult edder slichte schelde wort»[1]«, dagegen nicht auf »blaw unde bloet« oder »dat eneme an sin lif edder an sine zunt gheyt[2]«. Die Zivilsachen werden mitunter dem Werte nach begrenzt »auf geld (Schuld) beneden 10 schillinge[3]. Wer gegen einen Zunftgenossen gerichtliche Schritte tut — ihm dat richte oder den bodel oder fronen sendet, oder borgen afnimt — bevor er die Zunftmeister um Ausgleichung ersucht hatte, machte sich strafbar[4]. Vermochte das Gericht der Zunft einem Genossen kein Recht zu verschaffen, oder war es selbst des Rechts nicht weise, so war die höhere Instanz der Rat oder das herrschaftliche Gericht[5].

Der eigentliche Sitz des gewerblichen Rechts sind die Zunft - rollen. Das Wort in dieser Zusammensetzung ist nicht technisch und nicht alt. In der wissenschaftlichen Sprache hat es sich als generelle Bezeichnung seit dem ebenso verdienstvollen wie einfluss- reichen Buche Wehrmanns eingebürgert. In Lübeck hiess die Handwerksordnung speziell die Rolle: dit is de rulle unde rech-

---

[1] 1268 Priv. f. die Lakenmacher im Hagen (Brschwg. UB. I, S. 14); StR. a. 18 (das. S. 104). Hamburg. Zunftrollen (hg. v. Rüdiger) S. 24 § 20, S. 30 § 6. Wehrmann S. 391. Hildesheimer UB. III, 410. C. Neu- burg, Zunftgerichtsbarkeit u. Zunftverf. (Jena 1880), S. 247 ff. (schelinge sind aber nicht schwerere Injurien).

[2] Priv. des Edeln Johann Gans von Putlitz 1239 für die Perle- berger Schuster: si inter prefatos sutores rancor aut discordia mutuo fuerit exorta, utpote in suis confraternitatibus (Zusammenkünften, Ge- lagen) vel in servis conductitiis quocunque tempore vel loco, sine pro- clamatione vulgari vel sanguinis effusione (außer wo das Gerüfte ge- schrieen ist oder Blut geflossen ist), ipsis coram eorum magistro com- ponere licet, advocato nostro penitus hinc remoto. (Riedel, C. dipl. Brandenb. I, 1 [1838], S. 123).

[3] Hamburger Reepschläger 1375 (Rüdiger S. 202 § 14). Perleberg a. a. O.: judicium vero predicti eorum magistri X solidos non excedet. Weshalb dieser Zusatz eigentümlich sein soll (Keutgen, Ämter und Zünfte [1903], S. 208), verstehe ich nicht.

[4] Rüdiger S. 202 § 14; S. 132 § 15. Wehrmann S. 384. Vgl. Gött. gel. Anz. 1875, S. 616.

[5] 1268 Lakenmacher im Hagen: si magistri judicare non valerent…, ad nostrum judicem illud deferent judicandum (Brschwg. UB. I, S. 14), StR. 18: ne mach ohme (sc. deme gilden) dar neyn recht gescheyn edder wyset one de mestere an den voghet, so mach he synen gylden wol vor deme voghede vorclaghen (das. S. 104).

ticheit der apengetere to Lubeke[1]. So auch noch im revidierten
Stadtrecht von 1586 (IV 13,3), das den Ämtern verbietet, »ihrer
habenden Rollen mehr unordentliche Zusätze zu geben«. Die
Ordnungen selbst nennen sich: Briefe, sette, gesette, settinghe,
rechticheit, Ordnungen, Ordinantien, Ordnungsbriefe: alles dem Inhalt entnommene Bezeichnungen, die nichts dem Handwerkerrecht
spezifisches ausdrücken, wenn nicht einmal die Zusammensetzung
Gildebrief gewählt wird. Ist »Rolle« der äussern Form der Überlieferung entlehnt, so der innern »Artikel« oder »Artikelbrief«, ein
auch noch in der Reichsgesetzgebung verwendeter Ausdruck[2], der
der Einteilung entnommen ist, wie das Kapitular des fränkischen
Rechts den Kapiteln. Form und Inhalt verbindet eine Bezeichnung
wie: rulle unde rechticheit. In Rollenform, als Pergamente walzen-
förmig um einen Stab gewickelt, haben sich Handwerkerordnungen
z. B. in Lübeck, in Greifswald erhalten, sonst sind sie durch das
Wettebuch oder Àmterbuch des Rats, das authentische Abschriften
der Zunftstatuten aufnahm, oder durch Kopialbücher der einzelnen
Zünfte überliefert[3].

Zunftordnungen sind nicht älter als aus dem 13. Jahrhundert.
Sie sind nicht die älteste Form des Zunftrechts. Wie das Stadtrecht beginnt auch das Zunftrecht mit Privilegien. Sie sind Erzeugnisse der Gesetzgebung; die Zunftrollen wie die städtischen
Statuten Erzeugnisse der Autonomie. Die ältesten Zunftprivilegien stammen aus dem Anfang des 12. Jahrhunderts und gehören
Süddeutschland an. Der Norden folgt um 50, um 100 Jahre
später[4]. Magdeburg liefert für die frühere, Stendal und Braunschweig für die spätere Zeit den Beleg. Von dem uns hier inter-
essierenden Inhalt gewähren die Zunftprivilegien noch nichts.

Die älteste datierte Zunftrolle Lübecks ist von 1330[5]; Braun-

[1] 1432 Wehrmann S. 157.
[2] RSchl. 1731 Art. 1: sollen an keinem Ort einige Handwerks-
articul, Gebräuche und Gewohnheiten passiret werden ...
[3] Wehrmann S. 15. Greifsw. I, S. 100. Frensdorff, Gött. gel.
Anz. 1869 S. 55. Wattenbach, Schriftwesen des MA.[3] (1896), S. 171.
[4] v. Below (Hist. Z. 1887, S. 228) verzeichnet die des 12. Jahrh.
Abdrücke bei Keutgen, Urkunden z. städt. Verf.-Gesch. (1901), S. 351 ff.
(nachher schlechthin Keutgen zitiert).
[5] Wehrmann S. 363 u. 17.

schweigs von 1325[1]. Ältere Zunftordnungen bietet Stendal in
seinen Innungsartikeln für Gewandschneider von 1231 und für
Tuchmacher von 1233[2], beide in lateinischer Sprache. Die älteste
lübische Rolle, die der Pergamentmacher, ist noch lateinisch;
Rollen der nächstfolgenden Zeit halten wenigstens noch einen
lateinischen Eingang fest, wie die lübische Krämerrolle von 1353[3].
Wenn in Hildesheim die ältesten Zunftordnungen, wie die von
1310 für die Hut- und Filzmacher und für die Krämer, von 1328
für die Kürschner[4] noch lateinisch sind, so erklärt sich das aus
ihrer Natur als Ratsurkunden: sie sind nicht Zunftrollen, sondern
Privilegien.

Der Inhalt der Zunftrollen ist mannigfaltig und wird, wie nicht
anders zu erwarten, ohne systematische Ordnung vorgetragen.
Der Grundsatz des Zunftzwanges d. h. der Ausstattung eines
Vereins von Personen mit dem ausschliesslichen Recht ein bestimmtes Gewerbe zu betreiben, ist der eigentliche Kern der Zunftprivilegien. Er wird aber nicht selten in den Zunftrollen wiederholt oder auch erst aufgestellt, wie denn nicht wenige Beispiele
dafür vorhanden sind, dass privilegienmässige und statutarische
Bestimmungen in derselben Urkunde verbunden vorkommen.
Der Grundsatz des Zunftzwanges gelangt in den Urkunden ver-
schiedenartig, meistens sehr prägnant zum Ausdruck, wie in der
für die Hildesheimer Kürschner: nullus se de officio eorum in-
tromittat, quin eorum habeat unionem[5]. Beliebter als officium für
Handwerk ist im Norden Werk, opus, die werken (nicht werker)
die das Handwerk übenden[6]. Da sie die Arbeit gewerbmässig
betreiben, bildet sie ihren Beruf, ihr Amt. Die Sachsenspiegel-
stelle über Leute, die »unecht von ammechte« (ob. S. 8), belehrt
über die Bedeutung des Worts. Mehr will auch officium nicht

---

[1] UB. der Stadt Braunschweig III, Nr. 139.
[2] Riedel, Codex dipl. Brandenb. XV (1858), S. 8 ff., Nr. 8 u. 9,
Keutgen S. 356 ff.
[3] Wehrmann S. 270.
[4] Hildesheimer UB. I, Nr. 617 u. 612; Nr. 786. Die für die Tuchmacher von 1313 (Nr. 650) ist deutsch, aber sie ist nur durch Abschriften
von 1450 überliefert.
[5] 1328 UB. I, S. 433.
[6] Braunschwg. Otton. a. 55.

besagen. Dass das Werk, die Arbeit durch eine organisierte Gemeinschaft betrieben wird, macht das Wesen der Zunft aus. Sie
arbeitet weder gemeinschaftlich noch für gemeinschaftliche Rechnung, sondern jeder für sich; wer aber »dat werk antastet«, muss
der seinem Handwerk entsprechenden Organisation beigetreten
sein[1]. Der tatsächliche Betrieb ist ihm nicht eher gestattet, als
bis er dem rechtlichen Erfordernis genügt und die Mitgliedschaft
der Zunft erworben hat. Werk ist der tatsächliche Betrieb, das
»amt« ist die rechtliche Organisation. Deshalb können die Lübecker
Reepschläger von Städten sprechen, »dar unser werk nen ampt is«
und anderswoher kommende Gesellen abweisen[2]. Aber so sorgfältig wird nicht immer geschieden. Man sagte dat ammet beghinnen[3],
man behandelte den Fall, »dat iemant buten amptes brukede des
amptes unde dar mede beslagen (betroffen) worde«; seine Wette
betrug »den hern (= dem Rathe) 3 m. sulvers vor ein islik stucke
werkes unde deme ampte eine tunne bers«[4]. Über die Bedingungen, unter denen die Mitgliedschaft erworben wird, verbreiten
sich die Zunfturkunden allmählich immer detaillierter. So lange
die Privilegien den Gegenstand ordnen, ist der Anteil des Rats
und das Interesse der Gesamtheit gewahrt. Am frühesten drückt
sich das in der Festsetzung der Eintrittsgebühr aus, die gleich
dem dadurch erworbenen Recht inninge heisst. Der Rat verhütet
durch seine Mitwirkung, dass die zum Nutzen der Stadt bestimmte
Einrichtung nicht nach Willkür der Zunft zugänglich gemacht
oder gesperrt werde, und sichert sich einen Anteil an den Gebühren.
Je mehr aber die Ordnung der Aufnahmebedingungen in die
Zunftrollen hinüberrückt, desto mehr gibt das Interesse der Zunftgenossen den Ausschlag. Unten in den Abschnitten 3 und 4 wird
darüber genauere Auskunft folgen.

Über die Faktoren, die bei dem Zustandekommen der Zunftrollen mitgewirkt haben, erteilen die Eingänge eine wenn auch
nicht immer ausreichende Nachricht. Die Gewandschneider Sten-

---

[1] Hamburg. Kerzengiesser 1375, Rüdiger S. 131. Wehrmann
S. 321.

[2] Wehrmann S. 385.

[3] 1414 Lüb. Riemenschläger (Wehrmann S. 370).

[4] 1508 Lüb. Kistenmacher (Wehrmann S. 254). Auf die Stelle hat
Gierke, Genossenschaft I (1868), 362 aufmerksam gemacht.

dals erhalten 1231 durch die Markgrafen Johann und Albrecht
die Rechte der Tuchhändler von Magdeburg beigelegt, deren
statutarischer Wortlaut in die Urkunde aufgenommen ist. Das
den Tuchwebern Stendals in demselben Jahre erteilte Statut ist
vom Rate nach Beratung mit den Zunftgenossen (consilio habito
cum officialibus) erlassen [1]. Die Krämerordnung Bremens von 1339
ist von den vier Witherren, den Meistern und dem ganzen Amte
der Krämer vereinbart [2]. Die den Rat vertretenden »witheren«
sind die Morgensprachsherren (oben S. 11), zubenannt nach der
wite, der Strafe, die sie einziehen [3]. In Lübeck und Hamburg
heissen dieselben nach der »wedde« weddeherren. Das Regelmässige ist, dass sich die Zunftrollen ankündigen als ein Statut,
eine Willkür der Genossen, die unter Zustimmung des Rats erlassen wird. Ihr Inhalt ist offenbar überwiegend ein Werk der
Autonomie, die ihre Rechtssätze zum grossen Teil aus der Gewohnheit schöpft. Nicht erst von der Niederschrift ab galten die
Sätze der Rolle. In solch kleinen Kreisen, wie sie jede Zunft für
sich bildete, liess sich ein Leben und Wirken nach ungeschriebenem
Recht am ehesten durchführen. Erst als man mit anderen Korporationen in Berührung und Konflikt kam, machten sich teils
Aufzeichnungen des Alten, teils gesetzgeberische Neuordnungen
notwendig. Daher beginnt das geschriebene Recht mancher Zunft
mit Entscheidungen des'Rats oder des Stadtherrn über streitig ge-
wordene Punkte. Erst nach und nach gelangten die Zünfte dazu,
Satzungen über ihre inneren Verhältnisse zusammenzustellen:
»dusse sate wurden ingesettet«, beginnt die oben angeführte
Krämerordnung Bremens. Dem Beispiel, das eine Zunft gegeben
hatte, folgten andere nach. Auch im Inhalte richteten sie sich
nach dem Muster der Vorgängerin. Originell gestaltete eine jede
das technische Detail. Und gerade diese Art von Vorschriften, mit
denen die Zunftrollen angefüllt sind, weist auf ihre Herkunft aus
dem Schoss der Genossenschaft hin.

Die autonome Entstehung der Zunftordnungen schliesst nicht

---

[1] Oben S. 14 Anm. 2.
[2] Brem. UB. II, Nr. 451.
[3] Wize mhd. Strafe, Tadel; vgl. Roethes Beitrag zum deutschen
Rechtswörterbuch (Sitzungsber. der Berl. Akad. der Wiss. 1906, S. 122).

aus, dass einzelne ihrer Sätze bei Einholung der Zustimmung des Rats hinzugefügt oder modifiziert wurden. Der Rat behielt sich wohl von vornherein das Recht vor, seine Zustimmung wieder zurückzuziehen oder Veränderungen des genehmigten Statuts zu fordern. Die Rolle der lübischen Armborsterer von 1425 hat den Schluss: dit schal stan uppe der heren des rades van Lubeke behach, also lange ene dat behegelik is; die den Hökern 1507 gegebenen Artikel wurden von vornherein gestellt up vorbeterent, vorkortent unde vorlengent[1]. Es kommen auch Beispiele vor, dass Zunftordnungen blos versuchsweise, auf bestimmte Zeit erteilt wurden. So die gnade unde vriheit der Lübecker Krämer von 1380: up en vorsokent to twen jaren[2]. In Berlin gab der Rat 1452 den Leinwebern nicht blos eine Zunftordnung, sondern auch die Erlaubnis zur Errichtung einer Zunft blos versuchsweise. Sie sollen ene kumpenye etliker mate gelik eyner innungen bilden dürfen, und diese kumpenye soll zwei Jahre up ein vorsuken stan[3].

Vollzog sich auch die Aufnahme in die Zunft durch sie selbst, so war doch der Stadt dadurch eine Einwirkung gesichert, dass der Erwerb des Bürgerrechts, dessen Erteilung vom Rate abhing, die Vorbedingung war für den Eintritt in eine Zunft. »Neyman schal gylde hebbe, her en sy borgher«, lautet Art. 202 des Braunschweigschen Stadtrechts.

3. Echt und recht.

Das ist die klassische Formel, überall in Statuten, in Zunftrollen, in Echtbriefen wiederkehrend, um ein persönliches Erfordernis auszudrücken, das durch nichts ersetzt werden kann. Sein Mangel verschliesst den Zugang zur Zunft dem, der das Handwerk erlernen, wie dem, der es ausüben will. Die Formel, ständig »echt unde recht«, seltener »rechte echte« ausgedrückt[4], vereinigt zwei Worte für einen Begriff, will ursprünglich den Zu-

---

[1] Wehrmann S. 161 u. 235.
[2] Wehrmann S. 275.
[3] Berl. Stadtb. (Berl. 1883), S. 258.
[4] So in der Rolle der Danziger Beutler und Gürtler von 1412 (Hirsch, Danzig, S. 333): wer Aufnahme begehrt, soll Briefe bringen »van dannen her geboren ist, das her rechte echte geboren ist aus eyne rechte eebette von vatir unde von mutter«.

stand einer Person oder einer Sache, der dem Rechte, der Ordnung
entspricht, das Normale, das Legale anzeigen. Die Reimformel,
seit dem 13. Jahrhundert nachweisbar, zielt auf dasselbe, was die
ältere recht und redlich (recte et legitime, rite et legitime) allit-
terierend bezeichnete[1]. Nur dass die jüngere adverbial und adjektivisch gebraucht und besonders auf Personen angewandt wird,
deren Ehelichkeit anerkannt oder hervorgehoben werden soll.
Wie ê, gleichbedeutend mit lex, die spezielle Beziehung auf das
gesetzmässige Verhältnis der Ehe erhält, werden auch echt und
legitimus ganz parallel verwendet. Die deutschen Verfasser
lateinischer Urkunden geben auf die Ehe bezügliche Begriffe mit
lex und legitimus wieder. Legitima auch ohne den Zusatz uxor
ist die Ehefrau, legitimus der Ehemann, contractus legitimus der
Ehevertrag, legis fractor der Ehebrecher[2]; legitimare wird mit
echtigen, echten, elichen übersetzt[3].

Das Erfordernis ehelicher Geburt wird zuerst einfach,
nachher immer wortreicher ausgedrückt: nemandt schal sick unsers
amptes underwinnen, de beruchtet is und schal wesen echte boren
(Lüb. Nadler 1356); welk junge unse ampt leren wil, de schal
wesen echt unde recht geboren (Lüb. Apengeter [Rotgiesser] 1432);
welk goltsmit enen jungen entfanget in de leerjare, de schal dar
to seen, dat he echte sy van vader unde van moder (Lüb. Goldschmiede 1492)[4]. Die letzten Beispiele stellen das Erfordernis
der ehelichen Geburt vorsichtigerweise schon für die Aufnahme
des Lehrlings. Ebenso eine Münstersche Rolle aus dem Ende
des 16. Jahrhunderts: alle jungen sullen werdich sin, de gilde
volgens to winnen[5]. Der technische Ausdruck des Reichsrechts
»aufdingen« für: zum Lehrling aufnehmen, scheint süddeutschen
Ordnungen entnommen zu sein[6]; ein niederdeutsches updingen

---

[1] Recht und Rede (Histor. Aufs. f. Waitz), S. 433. Grimm, RA.
(immer nach der 4. Ausg. [1899] zitiert), I. 17.

[2] Stralsunder Verfestungsb. S. XCI, LXXX.   Dortmunder Stat. I,
15, 16. Hanserecesse I, 1, S. 4 § 8.

[3] Mnd. Wb. I, 623. Kogler in der Savigny-Zeitschrift 25 (1904),
S. 123 ff.

[4] Wehrmann S. 342, 159 u. 216.

[5] Krumbholtz S. 340, 14.

[6] RSchl. v. 1731 Art. 7.   Lexer hat das Wort nicht.   Die bei
Grimm, Wb. I, 633 angeführte Stelle des Augsburger Stadtrechts: swaer

ist mir nicht begegnet. Das »to werke setten« des Münsterschen
Rechts steht dem »in de gilde nemen« gegenüber und wird auf
Lehrlinge und Gesellen angewendet. Wer unwissentlich einen
Unehelichen zu Werke gesetzt hat, soll ihn nach erlangter Wissenschaft entlassen und ihm sein Lehrgeld zurückgeben[1]. Nordhausen
lässt Uneheliche als Lehrlinge zu: »eynen jungen, der da unelichen
geboren ist, den mag man wol lere an eime iclichen hantwerke«.
Aber wie neuere deutsche Staatsdienergesetze den Satz kennen,
dass die Zulassung zu den Vorbereitungsstadien des Staatsdienstes
kein Recht auf die Anstellung im Staatsdienste gibt[2], so fügen
die Nordhäuser Statuten den Nachsatz hinzu: »edir von der lerne
wegen sal her nicht rechtes behalden an der innunge; wolde her
ouch borgerrecht haben, daz solde her koufen«[3]. Als massgebend
für die Forderung, die durch die Formel »echt und recht« ausgedrückt ist, wird das Recht der Kirche anerkannt: »nen reper
schal jungen in de lere nemen, de jungen scholen echte unde recht
gebaren sin na utwysinge der hilligen kerken«[4].

Dem unehelich Geborenen macht das deutsche Recht die Unsicherheit seiner Herkunft zum Vorwurf. Deshalb werden den
Hurkindern auch die vundelinge, die Findlinge gleichgestellt
und gleich jenen von den Zünften ausgeschlossen[5].

Am frühesten wird die Forderung der ehelichen Geburt erweitert durch die Forderung der freien Geburt. Der Sachsenspiegel I 16, 2 hat den Reim aufbewahrt:

> swar't kint is vri unde echt,
> dar behalt it sines vader recht.

---

siniu chint ze antwaerken lat oder dingt ein chint uf dur lernunge,
weicht durch die gesperrten Worte von den Lesarten aller gedruckten
Formen des Stadtrechts bei Meyer S. 215, v. Freyberg S. 133, Walch
(Beitr. IV, 385 a. 387) ab.

[1] 1565 Krumbholtz S. 14 a. 39.

[2] Hannov. Staatsdienergesetz v. 1858 § 8: Die Zulassung in einem
Dienstzweige behufs der Ausbildung oder Beschäftigung gibt kein Recht
auf Verleihung einer Dienststelle.

[3] Förstemann in N. Mittlgn. des Thür.-Sächs. V. III, (1837), 4, S. 49
(aus der um 1350 angelegten Statutensammlung). koufen = erwerben.

[4] 1390, Wehrmann S. 385.

[5] Rothes Buch von Münster 1565, Krumbholtz S. 14 a. 39.

Lübecker Zunftrollen verlangen von dem, der das Amt
heischt, »dat he echte unde recht unde vry geboren« oder »dat he
echte unde recht zy unde nimandes egen« sei[1]. In einem Echt-
zeugnis des Weichbildes Krempe wird dem Gesuchsteller be-
scheinigt, dass er quid und vrig geboren unde nemandes eghen[2];
im Privileg Bischof Gerhards für die Hildesheimer Leinweber
von 1398 wird verlangt: we in ore gilde wel, de schal wesen echt
unde recht geboren unde nenes heren late edder eghen[3]. Ausdrücklich d e u t s c h e Geburt zu fordern, legten die Verhältnisse
der Hansestädte nahe, die in ursprünglich wendischem Gebiet entstanden waren oder an solches angrenzten. Die Lüneburger Urkunden geben reiche Beispiele: ein Goldschmied soll Briefe
bringen, »dat he vryg echt recht dudesch unde nicht wendesch . . .
geboren sy van vader unde moder«[4]. Der Gebrauch, der positiven
Formel wie hier eine negative Schlussklausel anzuhängen[5]: deutsch
und nicht wendisch, frei und nicht eigen, findet in den Zunfturkunden zahlreiche Belege. Eine spätere Zeit hat die Exklusivität weiter getrieben. 1549 vereinbaren die Braunschweigschen
Lakenmacher des Hagens, der Neustadt und der Altenwjk, »dat
hinförder kein gildebroder schal lehrjungen lehren, der uth frembder
nation sy, alse Westphalen oder anderen frembden ordten, darumb
dat man nicht weten kan, wo idt umb ihre gebort ist oder nicht,
idt sy denn dat sie einen volstandigen gebortsbreef bringen oder
von zweyen ehrlichen leuten mit einem korperlichen aydt in-
geschworen werden. Sonsten mögen sie wol jungen lehren, die
alhier in Brunschwigk oder im Brunschwigischem oder Lune-
borger lande tho hus hören, die unsere benachburte und be-
ka[n]dte sun«[6].

------

[1] Schröder 1370, Grapengiesser 1376 (Wehrmann S. 421 u. 227).
[2] 1456, Lüb. UB. IX, Nr. 371.
[3] Hildesh. UB. II, Nr. 1006.
[4] Goldschmiede 1400, Krämer 1350 bei Bodemann, Die ältern Zunfturkunden der St. Lüneburg (1883), S. 96, 130, 136.
[5] Grimm RA. I, 37.
[6] Handschriftl. von Hänselmann veranstaltete Sammlung der Gilde-
briefe des Braunschweigschen Stadtarchivs, die ich Dank der Güte des
Herrn Dr. Mack benutzen konnte, Bl. 51b. Es ist dieselbe Sammlung,
die Hegel (Städte u. Gilden II, 423) vorlag.

Die Forderung der ehelichen Geburt wird detailliert und verschärft, wenn der Gesuchsteller nicht blos selbst echte unde rechte baren ut enen echten bedde[1], sondern auch van framen unberuchtëden luden[2], van echten unberuchteden bedderven olderen gebaren sein muss[3]. Zur Sicherheit wird auf die .Eheschliessung der Eltern zurückgegangen. Sie muss durch gehörige Trauung bewirkt sein: van eneme erliken prestere na der .hilligen kerken wanheit to der ee tosamende vortruwet. Der Sohn muss beweisen, dass seine Eltern »to hope lovet unde tosamende gheven sint nach cristliker wise, vortruwet nach deme vorlope der hiligen kerken« [4]. Im einzelnen wird der Nachweis des Kirchganges gefordert: der Bräutigam muss die Braut öffentlich zur Kirchen und Strassen geführt haben und die Braut in offenen oder fliegenden Haaren dabei gegangen sein. Das ist das Zeichen ihrer Jungfräulichkeit[5]. Schon im langobardischen Volksrecht werden unverheiratete und verheiratete Töchter einander gegenübergestellt durch die Ausdrücke: sorores quae in capillo remanserunt und quae ad maritum ambolaverunt[6]. Im südlichen und westlichen Deutschland muss die Braut »mit schappel und banden nach christlicher ordnung offentlichen zu kirchen und strassen gegangen sein«[7]. »Mit schapel und gebende« ist eine alte Formel[8]. Aber

---

[1] Lüb. UB. VII, Nr. 403 v. 1430.

[2] 1350, Lüneburg, Bodemann S. 130. 136.

[3] Lüb. UB. IX, Nr. 371 v. 1456.

[4] Lüb. UB. IX, Nr. 371 u. 251 (v. 1456 u. 1455).

[5] Formular eines in Hildesheim üblichen Geburtsbriefes v. 1681 (Böhmert, Beitr. z. Gesch. des Zunftwesens [1862], S. 112): es wird bezeugt, dass »Producenten Vatern Heinr. Hinüber dessen Mutter Ilsa Meyers in jungfraulichem Schmucke und fliegenden Haaren unterm Kranze zur Kirche und Trauung öffentlich zugefüget« sei.

[6] Leges Liutprandi (8. Jahrh.) 3; vgl. 2, 4 u. 145 (MG. LL. IV, 108 u. 172), Grimm, Wb. IV 2, 13 u. 564: die verheiratete Frau bindet das Haar auf in die Haube. Daher: unter die Haube kommen. Die Jungfrau gehet im Haar, in Haaren (das. S. 13).

[7] Gerichtszeugnis eines Paderbornschen Gerichts v. 1677 bei Vilmar, Kurhess. Idiotikon S. 346. Ein Frankfurter Zeugnis v. 1667 bei Stahl, Handw. S. 100.

[8] Schapel vom altfranz. chapel (chapeau neufranz.); gebende, im Ssp. I, 24, 3, gleich jenem zur Gerade gezählt, Collectivum von band. Grimm, Wb. IV 1a, S. 1727. Weigand, Wb. I, 623.

in der Verwendung wie hier ist sie, soviel ich sehe, nicht mittel-
alterlich bezeugt. Ebenso ist auch die Trauung in fliegenden
Haaren, wie sie in Hamburg noch im 18. Jahrhundert gefordert
wurde[1], nicht in den veröffentlichten Hamburgischen Zunftrollen
erwähnt. —

Das Erfordernis ehelicher Abstammung wird bis zur Ahnen-
probe gesteigert, wenn der Aufzunehmende »van allen sinen vir
anen« echt und deutsch geboren sein muss, d. h. entsprechend dem
Ssp. I 51,3 müssen Eltern und Grosseltern von väterlicher und
mütterlicher Seite den gleichen Bedingungen genügt haben. So
in dem Privileg für die Pelzer zu Neuruppin von 1434 und für
die Bäcker zu Wittenberg von 1424[2]; ebenso in einer Urkunde
für die Schuhmacher von Lenzen von 1482[3].

Je späterer Zeit die Urkunden angehören, desto mehr gefallen sie sich in tautologischen Wendungen, die alte Bedingung
der ehelichen Geburt auszudrücken. Es ist ohne sachliches und
kaum von sprachlichem Interesse, ihnen nachzugehen. Hervor-
hebenswert ist nur, wenn vereinzelt scheinbar mehr als freie und
echte Geburt verlangt wird. Recht der Braunschweigschen Beckenwerken von c. 1325: de rechten adelkyndere, knechte unde megede,
beholdet ere anghevelle in deme werke[4]. Gemeint sind die in der
Gilde geborenen, von zünftigen Eltern herstammenden Kinder im
Gegensatz von extranei. Das adelkint des Ssp. I 51,2 bedeutet
nach dem Zusammenhange ein freigeborenes Kind. Das kleine
Kaiserrecht verlangt von einem Zeugen, dass er ein êkint, dat
is een edel kint sei[5]. In der Sächsischen Weltchronik werden

---

[1] v. Cramer, Wetzlarsche Nebenstunden, Tl. 40 (1764), S. 106, aus
einer 1762 beim Reichskammergericht verhandelten Hamburger Zunft-
streitigkeit.

[2] Riedel, C. dipl. Brand. I, 4 (1844), S. 325. Horn, Friedrich der
Streitbare, S. 938; das Erfordernis der vier Ahnen ist in der Urkunde
erst in einem dem Datum nachgestellten Zusatze befindlich. — Zur
Sache: Homeyer, System des Lehnrechts, S. 303; v. Maurer, Städte-
verfassung II, S. 454, 458.

[3] v. Raumer, C. dipl. Brand II (1833), Nr. 79.

[4] UB. III, S. 116[5]. Das »anghevelle« ist die Anwartschaft auf die
mit der Zunft verbundenen Vorteile, insbesondere auch die Vermögens-
rechte.

[5] I, 19 Var.

kevesson und adelbrodere einander gegenübergestellt[1]. Das Wort ist also mehrdeutig; aber nirgends hat es mit dem »Adel« zu tun, vielmehr ist Adel hier im ältesten Sinne des Worts als »Geschlecht« aufzufassen. Oren adel bewisen, einen adelbrief vorlegen[2] heisst deshalb nichts anderes, als freie eheliche Abstammung durch Urkunden dartun. Und wenn die Rechticheit der Greifswalder Wegener (Wagenmacher) von 1444 fordert, die Jungfrau aus der Zunft solle einen Mann nehmen, de eddel boren si unde en gut ruchte hebbe, so meint sie eheliche Geburt[3]. Ebenso das Statut der Goslarer Kaufleute von c. 1360, das von dem Eintretenden verlangt, dass er »echt unde adelsone gheboren sy unde syne ere bewaret hebbe[4]«.

Ein Zusatz wie in den beiden letztzitierten Stellen zeigt, dass das angeborene Recht allein nicht genügte. Der Bewerber musste verstanden haben, es sich zu erhalten. Konnte ihm das angeborne Recht auch nicht verloren gehen, so doch die Vorteile, die daraus entsprangen, wenn er sie durch seine eigenen Handlungen, durch seine Lebensweise verwirkte. Deshalb wird bei der Aufnahme in die Zunft in verschiedenartigen Wendungen erfordert, dass der Bewerber von gutem Rufe, »van guder handelinge«, dass er »siner handelinge en gut hovesch geselle si«, dass er nicht umme quade handelinge beklagt werden könne, dass er in der Gilde, der er

---

[1] MG., Deutsche Chroniken II, S. 72[16]. Abimelech war ein Kebssohn Gideons; die siebzig, die er erschlug, waren echte Söhne seines Vaters: Buch der Richter 8, 30 ff.

[2] Raumer, C. dipl. Brand. II (1833), Nr. 78, S. 160 ff.: eine Frau, die durch einen adelbrif des Raths von Lenzen »oren adell, dat sy echt und recht, dutsch und nicht wendisch gebaren«, bewiesen, war trotzdem von der Schuhmachergilde zurückgewiesen. Auf die Beschwerde der Frau forderte Markgraf Johann 1482 den Rath auf, den Schuhmachern das Gewerk niederzulegen. In einer zweiten an die Schuhmacher selbst gerichteten Urkunde des Markgrafen wird angeführt, die Klägerin sei »echt und recht von J. S. irem vater, T. irer muder unde allen iren vier anen, die nicht von Wendißschem nicht eigen nicht pfiffer nicht scheper oder leineweber gewesen sind, sunder guder deutzcher freier art«. — Homeyer, Hantgemal, S. 29 ff. Auch in Stettin heisst der Geburtsbrief adelsbref. Blümcke, Balt. Studien, Jg. 34 (1884), S. 158 ff.

[3] Greifswald II, 132.

[4] UB. d. St. Goslar, hg. v. Bode IV (1905), S. 539.

bisher angehört, alz ein frome knecht gedient und gearbeitet habe[1].
Zusammengefasst wird das alles in der Vorschrift: heft jument
ein quat geruchte, den sal men buten gilden laten. Das Münstersche
Recht gefällt sich darin, das Gerücht auszumalen als ein »vuel
quat bestoven unardich geruchte, dat si van deverie ofte van veler
unkuscheit ofte war af dat et sie, dar de gilde belast und unehre
van kriegen mogen«[2].

Den Gegensatz zum êkint bildet, wer unecht geboren, der
unechte man, dat unechte wif, dat keveskint, de unechte son[3]. Eine
Reihe norddeutscher Städte, wie Hannover, Braunschweig, Lübeck,
Osnabrück und andere westfälische Städte kennen den Ausdruck
wanbordig, den schon eine für das Bistum Paderborn ausgestellte
Kaiserurkunde vom J. 1030 verwendet[4]. Die Bezeichnung naturlike kint ist dem Mittelalter nicht fremd[5], hat aber noch nicht die
spätere Bedeutung. 1449 erklärt der Lübecker Bürgermeister
Wilhelm von Calven seinen »naturliken unde echten sone« mündig
und übergibt ihm sein Erbteil[6]. Auch noch hundert Jahr später
heisst es in der Ordnung des Reichskammergerichts, Beisitzer und
Prokuratoren des Gerichts müssen »rechter natürlicher und ehrlicher Geburt« sein[7]. Erst nachdem die Kenntnis des römischen
Rechts sich verbreitet hatte, erhielt »natürliches Kind« seine
moderne technische Bedeutung. Die Braunschweigsche Stadt-

---

[1] Greifswalder Kramer v. 1400 (I, S. 169). 1456, Lüb. UB. IX,
Nr. 371. 1392, Brem. Goldschmiede, UB. IV, Nr. 149. 1453, Lüb. UB.
IX, Nr. 166.

[2] 1565, Krumbholtz S. 16 a. 44 (vgl. a. 38); bestoven, mhd. bestieben,
mit Staub bedecken, Part. bestoben, mit meile bestoben, mit Makel be-
schmutzt (eine Erklärung, die ich Herrn Prof. E. Schröder verdanke).

[3] Ssp. I, 51, 1. III, 45, 11. I, 51, 2. Onecht kint: Goslar. Stat. 8[28].
Unecht man, de unechte: Braunschwg. StR. a. 137.

[4] Konrad II. [St. 2006], schenkt dem Bischof Meinwerk das praedium
Patberch eines Grafen Bernhard, quod ideo haereditario jure in nostram
potestatem successit, quia idem ipse B. comes spurius erat, quod vulgo
wanburtich dicunt (Erhard, cod. dipl. Westf. I, Nr. 117).

[5] Lateinisch geschriebene Rechtsquellen wie die langobardischen
gebrauchen naturalis filius und legitimus im Sinne des modernen
Gegensatzes. Vgl. Ed. Rothari 154. Der deutsche Name fulborn der
langob. Gesetze hat seinen Gegensatz an dem erwähnten wanburtich.

[6] Lüb. UB. VIII, S. 671, Nr. 628.

[7] KGO. 1555 I, Tit. 3, § 2; Tit. 18, § 1. (RA III, 46 u. 58).

rechtsreformation von 1532 verbindet den einheimischen und den fremden Ausdruck: »wanbordige naturlike kinder¹«. In Süddeutschland hatte man den Ausdruck: ledig kint. Der Augsburger Lukas Rem (1481—1541) verzeichnete in seinem Tagebuche die Geburt seiner eekint und seiner ledigen kint². Der Schwabenspiegel behandelt den Fall, dass »ein man eine frouwe ze ledeclichen dingen hat³«. Eine Strassburger Armbruster-Ordnung von 1465 kennt den natürlichen Sohn schon im modernen Sinn und zeigt, wie viel weniger streng man im Süden als im Norden Deutschlands verfuhr: Ouch als die meister furgenomen hetten, das ir keiner deheinem natürlichen knaben ir hantwerk leren solt; hette aber ein meister einen naturlichen sün, den möhte er wol leren. Die wile sü es do iren natürlichen sünen gönnen wellent, so ist erkant, das sü es armer frommer lüte natürlichen sünen auch gönnen söllent zu leren⁴.

Eine besondere Stellung unter den unehelich Geborenen nimmt das papenkint ein. Es wird unter den unecht Geborenen besonders genannt⁵. Schon die Glosse des Sachsenspiegels legt sich die Frage nach dem Grunde vor⁶. Er kann nicht die Unfähigkeit der Pfaffenkinder sein, durch nachfolgende Ehe ihrer Erzeuger legitimiert zu werden⁷; denn die Rechtsquellen, welche die Pfaffenkinder besonders aufführen, kennen die legitimatio per subsequens matrimonium noch nicht wie der Sachsenspiegel oder verwerfen sie wie das Goslarsche Recht⁸. Der Grund muss vielmehr sein, dass in dem Delikt, das der Erzeuger beging, zugleich eine Verletzung seiner kirchlichen Verpflichtung zur Enthaltsamkeit lag. Da

¹ Art. 123 (UB. I, S. 308).
² 26. Jahresber. des histor. V. f. Schwaben (Augsburg 1861), hg. v. B. Greiff, S. 65 ff. u. 108.
³ Lassberg a. 377. Augsbg. StR., hg v. Meyer, S. 149.
⁴ Strassburger Zunft- und Polizeiverordnungen, hg. v. Brucker (1889), S. 16.
⁵ Ssp. III, 45, 9.
⁶ Die Ausführung der Glosse ging in das Berliner Stadtbuch, S. 185 über. Steffenhagen, Einfluss der Buchschen Glosse auf d. spät. Denkmäler: d. Berliner Stadtb. (Sitzungsber. der Wiener Akad. Bd. 131 [1894], S. 11 ff.).
⁷ Stobbe, Deutsches Privatr. I³ (1893), S. 404.
⁸ Göschen 13¹².

die Geistlichen nach Einführung des Cölibats ihre unehelichen
Kinder zu den Kirchenämtern zu befördern suchten, nahm das
kanonische Recht unter die Erfordernisse der Ordination die eheliche Geburt auf. Erst seit dem 12. Jahrhundert ist der defectus
natalium als ein allgemeines Hindernis der Ordination anerkannt[1].
Doch konnte päpstliche Dispensation die Irregularität wie bei
allen unehelich Geborenen[2], so auch bei Pfaffenkindern heben.
Das weltliche Recht blieb hinter dem kanonischen nicht zurück.
Schon in einer Konstitution Otto I. von 967 wird den Söhnen
von Priestern (diaconorum, presbyterorum, episcoporum filios) der
Weg zu den Ämtern eines Grafen, Schultheissen, Richters oder
Notars gesperrt[3]. Die Zünfte schlossen sich der Opposition gegen
die Pfaffenkinder willig an. Osnabrücker Rolle der Goldschmiede
von 1483: ok en sal he (der Aufzunehmende) nyn papenkynd noch
in wamboirt . . . geboren sin; 1484 Schilderamt daselbst fordert:
dat he nyn papenkint en sy unn ok nicht tüsschen twen bedden
getelet en sy[4]. »Neyn papensone noch neyn kevessone schal umber
unse ghildebroder werden, wat se doch gudes mochten darumme
gheven«, stellt das Statut der Kaufleute von Goslar an seine Spitze[5].

---

[1] Eichhorn, Kirchenrecht I, 487; Richter-Dove, Kirchenrecht, S. 344 ff.
Stutz in Holtzendorff-Kohler, Encyclopädie der Rechtswiss. II (1904),
S. 840.

[2] Das hier oft angeführte Beispiel des Grafen von Wartenberg ist
unzutreffend. Pütter, Geist des westf. Friedens (1795), S. 198 nennt ihn
einen natürlichen Sohn des Prinzen Ferdinand von Baiern; Thudichum
weiss sogar von einer päpstlichen Bestätigung desselben, als er 1624
zum Bischof v. Osnabrück gewählt wurde (Geschichte des Privatrechts,
S. 196). Als Pütter 1796 sein berühmtes Buch über Missheiraten schrieb,
war er schon besser unterrichtet (S. 121). Franz Wilhelm von Wartenberg,
eine der hervorragendsten Persönlichkeiten des Friedenskongresses,
stammte aus der morganatischen Ehe des Prinzen Ferdinand (nicht
seines Bruders, des Herzogs Wilhelm V., wie Philippi in Allgem. D.
Biogr. 41, 186 angibt), mit Maria Pettenbeck, der Tochter eines herzoglichen Rentschreibers zu München. Einer seiner Brüder wurde der Stammvater der bis 1736 blühenden (Titular-)Grafen von Wartenberg, denen
durch Vertrag zwischen Herzog Wilhelm und seinem Bruder eventuelles
Thronfolgerecht eingeräumt war. Riezler, Gesch. v. Bayern IV, 649.

[3] MG. Const. (ed. Weiland) I, S. 30, § 11.

[4] Philippi, Die ältesten Osnabrück. Gildeurkunden (1890), S. 62 u.
64. telen, zielen, erzeugen.

[5] UB. IV, S. 539.

Das »Pfaffewerden« vollzieht sich stufenweise. Wie die Rechts-
bücher die Voraussetzungen und Kennzeichen aufzählen, von denen
es abhängen soll, ob jemand bereits als Pfaffe im Recht zu behandeln sei [1], so wird auch in der hier vorliegenden Frage unterschieden, ob der Vater des Kindes schon die unterste der höhern
Weihen empfangen hatte oder nicht. Das Rote Buch von Münster
von 1565 bestimmt: dat men nyne papenkynder to werke setten
sall eder in de gilde nemen; ock de wif, de by enem papen gelegen hevet, de so ver gewyget is also to der epistolen, de wif
de also sint, der en sal men ock in nine gilde nemen. Und de
kindern, de geboren sint er der tyt, dat de vader des kindes to
der epistolen gewiet was, unde men dat bewisen mach, de kyndere
mach men wal in de gilde nemen [2]. Unter den sieben Weihegraden
nimmt der epistoler die unterste Stufe der drei ordines majores:
Subdiacon, Diacon, Presbyter ein. Dem epistoler wird der ewangelier, der Diacon, entgegengesetzt [3].

Wie in Hinsicht der Abstammung, so stellen die Zünfte auch
sonst an die geschlechtliche Integrität ihrer Mitglieder strenge
Anforderungen. Sie schliessen nicht nur den unehelich Geborenen
oder von unehelich geborenen Eltern Herstammenden aus, sondern
verlangen auch, dass der Zunftgenosse in echter Ehe lebe. Wie die
Geburt des Mannes muss auch die seiner Ehefrau untadelig sein:
neen man schal in dem bödiker ampte ene amptfrowen edder vrowen
to echte nemen, se en sy echte unde rechte unde vry geboren
unde unberuchtet [4]. Deshalb wird für beide Geschlechter einheit-
lich die Bedingung gestellt: so we ein amptman wert oft ein
amptfrouwe, de scholen echt recht unde frig gebaren wesen [5]. In
Nordhausen wird jedem der Eintritt in eine Innung verwehrt, der
nicht zuvor durch Briefe und Kundschaft beweist, »das sin vrowe

---

[1] Ssp. I, 5, 3.
[2] Krumbholtz S. 15 a. 40.
[3] Magdeburger Schöffenchron. (Städtechron. VII), S. 315[18], erzählt
zum J. 1403 von Günther II., Graf v. Schwarzburg, Erzbischof v. Magdeburg (1403—45): des sonavendes (22. Dec.) wart he subdiaken, dat is
episteler; des negesten middewekens darna wart he diaken, dat is
ewangelier, und vort an des hilgen Kerstes dage wart he to prester
gewiet.
[4] Hamburger Böttcher 1415 (Rüdiger S. 33, § 4).
[5] Brem. Krämerrolle 1339 (UB. II, S. 452).

elich und wolgeborn sie und sich als wole bewart habe als der
man« [1]. Die gesetzliche Forderung gilt der Ehefrau als solcher
ohne Rücksicht darauf, ob sie zugleich Gewerbsfrau ist. Um in
der Sprache des Handelsrechts zu reden: es ist die uxor mercatoris,
nicht blos die uxor mercatrix gemeint. Die elf vereinigten Ämter
in Osnabrück verbieten ihren Mitgliedern 1416 Ehen einzugehen
mit Pfaffenkindern, unehelichen Kindern, im Ehebruch Erzeugten,
und »de papen amyen sint edder ghewesen hebbet« [2]. Eine Frau
der Art, die ein Zunftgenosse unwissentlich zur Ehe nimmt, de
persone de so in eyn ampt queme, hat keinen Anteil am Amt
noch an des Amts Gesellschaft. Doch können die Kinder solcher
Eheleute das Amt erwerben unter den Bedingungen, welche für
Amtsfremde gelten. Negativ ist die Vorschrift gewandt in dem
Satze: wer eine Hure zur Ehe nimmt, ist des Amts nicht würdig;
er ist unfähig es zu erwerben oder das erworbene zu behalten [3].
Der berühmte bayerische Gesetzgeber Kreitmayr zitiert in seinen
»Anmerkungen über den Codicem Maximilianeum Bavaricum« ein
Sprichwort: wer eine Hure heurat wissentlich, bleibt ein Schelm
ewiglich [4]. Dass auch für ledige Gesellen aussereheliche Verbindungen die gleichen nachteiligen Wirkungen hervorbrachten,
zeigen Bestimmungen wie: oft hir eyn los geselle van buten to
inqweme unde lege to unechte by ener frouwen, de schal unse
ampt to besittende nicht werdich wesen [5].

Rechtssätze wie diese werfen ein Licht auf die ganze Auffassung, welche die Zeit von der Mitgliedschaft in einer Zunft
hatte. Die Zunft erfasst den Einzelnen nicht blos nach der Seite
seiner gewerblichen Tätigkeit, sie bekümmert sich um alle seine
Verhältnisse, die rechtlichen, die sozialen, die rein menschlichen.
Sie nimmt alle unter ihre Kontrolle. Deshalb steht auch seine
Familie mit ihm in der Zunft. Seine Frau, die »erlik unde gilde-
wert« sein muss [6], und seine Kinder gehören mit zur Zunft. Die

---

[1] Statut v. 1394, N. Mitteilungen III, 3 (1837), S. 70.
[2] Philippi S. 26.
[3] Greifsw. Barbiere 1493 I, 112; 1568 S. 116.
[4] Teil V (1768), S. 2410. Adrian Baier, de colleg. opificum (1688),
S. 111 hat das Sprichwort in der Form: wer wissentlich eines andern
Hure nimbt, muss bereits ein Schelm sein oder noch werden wollen.
[5] Barbiere 1493, Greifsw. I, 111, vgl. mit 116.
[6] Krumbholtz S. 337.

norddeutschen Quellen sprechen von gildesüsteren, von amptfrowen, amptsöhnen, amptkindern. Die Kinder de in de ghilde
boren, oder wie sie in Berlin heissen: intoghene kindere, die in
deme werke gethogen unde geboren syn[1], geniessen Vorzüge vor
Amtsfremden[2]. Das geht so weit, dass vor dem Eintritt ihres
Vaters in die Gilde geborne Kinder zurückstehen hinter den nach
dem Eintritt geborenen; jene hatten keinen Anteil an der Gilde,
diese gewinnen sie um die Hälfte der sonst geforderten Gebühr[3].

Die Zunft begnügte sich nicht, die Ehen und Eheschliessungen
zu kontrollieren, auch das Sein oder Nichtsein der Ehe zog sie in
ihren Bereich. Zwei hierher gehörige Äusserungen des Zunftrechts
zählt der Reichsschluss von 1731 (a. 13 § 6) zu den Handwerks-
missbräuchen: »man etlicher Orten keinen zur Meisterschaft
kommen lassen will, wenn er sich allbereits in verheiratetem Stande
befindet; an teils Orten aber ein unverheirateter Gesell, wenn er
zum Meister angenommen ist, das Handwerk ehender und anderster
würklich nicht treiben noch den Laden eröffnen darf, er thue dann
und zwar ins Handwerk heurathen«. Begegnen auch prinzipielle
Aussprüche dieses Inhalts in den Quellen seltener, so doch häufig
genug die Konsequenzen. Einen prinzipiellen Beleg bietet das
Augsburger Malerbuch in seinem Eintrag zum Jahre 1537: der
rat von Augsburg hat unser begern erkant, dass kain lediger
die zunft erhalten soll, es habe der zufor ein elich weib genommen[4].
Entsprangen solche Vorschriften zunächst aus der allgemeinen

---

[1] Fidicin, Beiträge z. Gesch. der Stadt Berlin II (1837), S. 121.

[2] Oben S. 28. Osnabr. Pelzer 1489: »wanner eyner erliken vrouwen
unde gildesüsteren unses amptes ere echte rechte hushere na den
willen Godes almechtich af verstervet« (Philippi S. 69). Wer eine
Meisterswitwe heiratet, soll den Gildemeistern einen Weindienst tun
»na zede unn wonheit, als er kynder des amptes doet« (ebenda). Queme
ein amptkint in de morgensprake unde begerede ein amptman ofte ein
amptfrowe to werden, so soll es dem »frombt man« vorgehen, der sich
zu gleichem Zweck »eine morgensprake leggen« liess (Brem. Krämer-O.
1339, UB. II, S. 452).

[3] Braunschweiger Kramer 1325: »sowelk man dhe inninge wint eder
vrowe, hebbet se kindere vore, dhe ne hebbet an der inninge nicht;
werdet en aver kindere na, dhe moghet se winnen umme dhe helfte«.
Ebenso wenn zwei in der Gilde geborne Kinder sich heiraten (UB. III,
Nr. 139, S. 103).

[4] Rob. Vischer, Studien zur Kunstgeschichte (Stuttg. 1886), S. 499.

Tendenz der Zünfte, für Ehrbarkeit und soliden Lebenswandel der
Genossen zu sorgen, so gesellte sich doch bald bei vielen Zünften
die Rücksicht hinzu, die sich in den Wendungen: »in« oder »auf
das Amt freien« ausspricht. Um dazu anzureizen war dem, der
eines Meisters Tochter oder Witwe heiratete, der Eintritt in die
Zunft erleichtert. Meistersfrau trägt das Recht ihres Mannes mit
sich. Die Witwe eines Meisters heiratet einen Mann »up dat amt«[1];
der zweite Mann heischt das Amt »auf eines Meisters Witwe«[2].
Es versteht sich, dass der Erwerb des Meisterrechts nur dem ge-
lingt, der die persönliche Befähigung für das Amt besitzt; aber
sein Vorteil liegt darin, dass er ein Recht auf den Erwerb hat und
ihm nicht die schweren Bedingungen eines Amtsfremden auferlegt
werden. Entsprechendes Recht gilt für Meisterssöhne und Meisters-
töchter. Wo nun, wie in späterer Zeit nicht selten, eine Zunft
nicht mehr als eine bestimmte Zahl von Genossen zuliess, zu einer
geschlossenen wurde, da entstand nahezu ein Heiratszwang. Das
empfanden auch schon Zunftordnungen wie die der Greifswalder
Hutmacher von 1562: niemants schal uterhalf ampts frien, sofern
meisters dochter vorhanden und hie lust dartho heft, idoch schal
niemands hart dartho verbunden, sonderren dat frient frig syn[3],
Nichtsdestoweniger steigerte sich seit dem 16. Jahrhundert die Vorschrift mitunter dahin, dass wer in einem Amt selbständig werden
wollte, eine Meisterstochter oder Meisterswitwe heiraten musste[4].
Ungeachtet der Missbilligung durch die Regierungen — 1615
forderte der Herzog von den Stettiner Bäckern die Änderung
ihres Statuts, damit niemand zu gezwungener Ehe wider sein
Gewissen gedrungen werde[5] — und der Verwerfung der Vorschrift
durch den Reichsschluss, appellierten noch 1749, als der Lübecker
Senat einem Meister ausserhalb der Zunft zu heiraten gestattete,

---

[1] »de frowe unde wedewe sal unde mach eyns na eres husheren
dode up dat ampt hilliken un vryen unde nemen eynen unberochteden
knecht ofte man, de des amptes werdech is«. Osnabrücker Pelzer 1489,
S. 69.

[2] Mevius S. 60 (Anhang hinter den Comment. in jus Lubec., Ausg.
v. 1740).

[3] I 164.

[4] Wehrmann S. 177, 348. Roscher, Nationalökonomik III, 601.

[5] Blümcke S. 171.

die Fleischer dagegen an das Reichskammergericht, wenn auch
ohne Erfolg[1].

Wer Zulassung als Lehrling oder Aufnahme als Meister begehrte, musste den Beweis seiner Ehelichkeit erbringen, sine
echteschop bewisen[2], syne bort tugen. Der Erweis wird erbracht
durch tuge edder breve, mit levendigen luden efte vorsegelden
breven[3]. Urkunden solchen Inhalts hiessen echtebreve[4], bortbreve[5],
litterae natalitiae, wie sie später genannt wurden. Echtbriefe oder
Echtzeugnisse sind uns in grosser Zahl erhalten. Sie schildern
ganz plastisch, wie vor dem Rat einer Stadt zwei umberuchtede
bedderve Männer erscheinen und »mit utreckenden armen unde
upprichteden vingeren stavedes eedes vorclaren, dass N. N. echte
unde rechte baren is«[6]. Diese eidliche Erklärung wird mitunter
noch detailliert; die Zeugen bekunden, dass sie selbst bei dem
Kirchgang der Eltern oder »in der werschop«, der Hochzeit, zu-
gegen gewesen seien[7]. Die Quelle ihres Zeugnisses brauchte nicht
in solch konkreten Tatsachen zu liegen; es genügt das allgemeine
Wissen um die Zustände in einer Familie, das die Zeugen aus ihrer
Verwandtschaft, ihrer Nachbarschaft oder aus ihrer Zugehörigkeit
zu derselben Gemeinde oder Genossenschaft schöpfen. Das nennt
man »gan uppe de kunscap«. Das Goslarsche Recht beschreibt zugleich, wie der Beweis erbracht wird: wanne men wes up de kunscap
gheyt, so scal men nemen de neybere boven unde beneden unde ok
andere gude lüde, dar men sik des vormodet, dat in de sake witlik
si[8]. Kundschaft, auf dessen Zusammenhang mit Künne, Geschlecht,
R. Hildebrand aufmerksam macht[9], heisst dann auch die Gesamtheit derer, die ein solches Zeugnis ablegt, und das Zeugnis selbst.
Ein Lehrjunge sal gute kundschaft brengen und haben, das der

---

[1] Wehrmann S. 129.
[2] Wandbereiter Hamburg, 1547, Rüdiger S. 287.
[3] 1499 Böttcher, Greifswald I, 119.
[4] Goldschmiede Greifswald c. 1400, I 151. Im Mnd. Wb. I, 623
ist das Wort irrig als pactum dotale erklärt.
[5] Reepschläger 1390, Wehrmann S. 383.
[6] Lüb. UB. VII Nr. 403 v. 1430; IX Nr. 371 v. 1456.
[7] Lüb. UB. IX Nr. 371 v. 1456.
[8] Gosl. Stat. 30[33].
[9] Grimm Wb. V, 2636.

elich geboren sey von vater und muter[1]. Der Rat stellt über die
vor ihm abgelegten und beschwornen Aussagen eine Urkunde aus,
um ihrem Überbringer an dem Orte, wo er sich niederzulassen oder
bei einer Zunft zu melden gedenkt, den Beweis seiner Ehelichkeit
zu ermöglichen. Die Urkunde ist deshalb an den Rat der fremden
Stadt oder die Meister eines ihrer Gewerke gerichtet und schliesst
oft mit der Formel: würde der Bewerber sich bei uns niederlassen
wollen, wir würden ihn gern aufnehmen. So schon 1282 in einem
Rostocker Leumundszeugnis nach Lübeck hin: si apud nos manere
vellet, ipsum pro cive libentissime teneremus[2]. Bei einheimischen
Bewerbern bedurfte es in der Regel dieses umständlichen Beweises
der Ehelichkeit nicht. War die Sache nicht gemeinkundig, so forderte
man Zeugen. Daher die Wendung: jemanden einzeugen, wie oben
S. 20 einschwören gebraucht ist. Der Bürgermeister von Hildesheim Henning Brandis erzählt in seinem Diarium von seiner Frau:
se wort getuget int knokenhouwerampt unde in de wullenwever-
gilde. Als er selbst 1475 die Wollenwebergilde gewann, seine
Eintrittsgebühr bezahlte und den Eid leistete, nennt er die Zeugen,
die »Annen mine husvruwen tugeden in de gilden«[3]. Die Zeugen
hatten zu bekunden, dass die Frau im Besitz aller der Eigenschaften sei, die auch für die Aufnahme der Männer galten. Das
»Einzeugen« ist offenbar dasselbe, das im späteren lübischen Recht
bei den Handelsfrauen eine Rolle spielte. Es war eine grosse
Kontroverse, ob eine Frau Handelsfrau sei schon auf Grund des
tatsächlichen Betriebs von Handelsgeschäften oder nur wenn sie
auf das Zeugnis zweier glaubwürdiger Männer, dass sie ihrem
Handel und Gewerbe vorzustehen fähig sei, vom Gericht als
Handelsfrau deklariert war[4]. Das »Einzeugen« heisst also allemal: jemanden durch Zeugnis den Eintritt in eine Genossenschaft

---

[1] Messerschmiede Freiberg c. 1440, Ermisch, Freiberger Stadtrecht (Leipz. 1889) S. 284 u. 292. In dem Reichsschluss v. 1731 Art. 2
»Kundschaft und Attestat«.

[2] Lüb. UB. I, S. 395.

[3] Hg. v. Hänselmann (Hildesh. 1896), S. 193[87], 63[14], 33[84]. Hänsel-
manns Erklärung »tugen = kaufen« verkennt die technische Wendung,
die übrigens auch im Mnd. Wb. fehlt. Grimm Wb. III 353 kennt das
Wort aus Heise und Cropp und aus Niebuhr.

[4] »Einzeugung der Handelsfrauen zu Lübeck« Heise und Cropp,
Jurist. Abhandlgn. I [1827] S. 32.

oder den Genuss eines Rechts verschaffen, er wird dadurch ein-
gezeugt. Ebenso wird auch die Eigenschaft einer Person ein-
gezeugt.

Für Auswärtige war der Urkundenbeweis notwendig; und
das »breve halen« spielt in allen Zunftordnungen eine wichtige
Rolle. Die Greifswalder Wollenweber fordern von dem Aufzunehmenden ganz kurz: »item he schal breve halen«[1]. Hans
Reite, der sich bei den Hildesheimer Wandschneidern um die
Gilde bewarb, wurde beschuldigt, Hurenwirt in Hameln gewesen
zu sein, »halde breve van Hamelen unde wart togelaten«[2]. In
Braunschweig unterscheidet die Ordnung der Schröder von 1490
unter den Bewerbern: wanneer he denne bordich were uth dem
Brunswickeschen lande, szo moidt he wol komen mit nochszamen
borgen; wo nicht, szo moit he nochsame breve unde segel bringen
van der negesten staat, dar he geboren isz, des vermogendes unde
inholdes, dat he eyner iowelken gilde gewerdt magh sin; isz he
ock geboren under eynem edelmanne, szo ·des sulvigen geliken.
Wanner he aver szodans genoichsam hefft vorgestellet, denne schal
me ohme unsze gilde overantworden unde nicht eyer, unde denne
in solcker gestalt, dat he bewillige eine frowen to nemen, de de
gilde wert sy, edder he schal der mit ohr entberen[3].

Zeugnisse über die Arbeit und das Wohlverhalten eines
Gesellen hiessen denstbreve. Greifswald, Schmiede 1452: he schal
halen denstbreve in der neghesten stad, dar he nilkest (neuerlichst)
arbeydet heft. Solche Briefe beurkunden, »dat he mit like scheden
is van der stede, dar he lest wont heft[4],« dass er ausgedient und
dem Meister gleich und recht getan hat[5]. Sie heissen deshalb
auch wohl Abschiedsbriefe[6]. Die Beweiskraft solcher Urkunden

---

[1] 1445 II 154.
[2] Henning Brandis S. 44[25] zu 1480.
[3] Handschriftl. Samlg. (ob. S. 20) Bl. 126.
[4] Greifsw. II 137; das. S. 132: Rademacher 1444. Lüb. Reepschläger 1390, Wehrmann S. 385.
[5] Danziger Beutler 1412, Hirsch, Danzig S. 333.
[6] Münster, Leineweber 1613. Krumbholtz S. 300. Was Keutgen
S. 413 »Pass für einen wandernden Gesellen« überschreibt, ist nichts
als ein Abschieds- oder Dienstbrief. Richtig schon Techen, Hans. Geschichtsblätter, Jahrg. 1897, S. 24.

hing aber davon ab, dass sie aus einer Stadt kamen, »dar ampter und gilde geholden werden[1].« Vollständiger ist die Formel, wenn die Lübecker Schuhmacher nur einen Gesellen zum Meisterwerden zulassen, der mit seinem Lehrbrief beweist, »dat he by einem amptmeister, dar rath recht ampt und gilde geholden werdt, gelehret hebbe[2].« Nicht anders verfuhr die Stadt Lübeck, wenn sie den Urkunden von Städten nicht jedweden Schlages Glauben schenkte: »quod fides adhiberi non debet litteris neque sigillo ville muris et turribus aut alias non vallate[3].« Eine allgemeine Verabredung, von den Arbeitsleuten aller Ämter bei der Aufnahme Zeugnisse über das Wohlverhalten in den bisherigen Dienststellen zu fordern, trafen die Seestädte schon 1354[4].

Lehrbriefe wie in der Lübecker Schuhmacherrolle kommen verhältnismässig selten in älterer Zeit vor: 1553 in der Rolle der »fynen nygen Lakenmakers« wird von dem Gesellen, der »int Amt fryen wolde,« gefordert: »he schal sinen leer- und bortbreff ertögen und darleggen[5].«

So reichlich sich die Belege für die Forderung des »echt und recht« aus den norddeutschen Quellen sammeln lassen, so wenig begegnen sie in denen Süddeutschlands. Doch muss ich bevorworten, dass meine Studien hier keinerlei Anspruch auf Vollständigkeit machen können. Ich teile nur mit, was ich gelegentlich gefunden habe. In den von Hartfelder herausgegebenen Zunftordnungen der Stadt Freiburg im Breisgau[6] suchte ich vergebens nach Zeugnissen für die Bedingung der ehelichen Geburt. Mone teilt eine Rolle der Kürschner dieser Stadt von 1510 mit, die einem Meister verbietet, einen Knaben zu lehren, »er were dann elich erborn[7],« eine Strassburger Z.-O. desselben Gewerbes aus dem 15. Jahrhundert, die untersagt einem Knecht Arbeit zu geben, der »offenlich zu der unee sitzt[8].« Schmoller kommt in seiner

---

[1] Ende des 16. Jahrh., Krumbholtz S. 337.

[2] 1441 Wehrmann S. 413.

[3] Urk. v. 1463, Lüb. UB. X, S. 389.

[4] Hanserecesse I 1, S. 118 § 10.

[5] Wehrmann S. 302. Gierke, Genossenschaft I 367. Ertogen = erzeigen.

[6] Freiburger Gymnas.-Progr. 1879.

[7] Zeitschr. f. d. Gesch. des Oberrheins 19 (1865), S. 55.

[8] Das. S. 53.

Untersuchung der Strassburger Tuchmacherverhältnisse zu dem
Ergebnis, dass das Erfordernis der ehelichen Geburt in Strassburg
erst 1532 gestellt sei[1]. Oben Seite 25 ist ein Fall aus Strassburg
mitgeteilt, der die Forderung schon siebzig Jahre früher kennt,
aber zugleich auch ihre tolerante Handhabung bezeugt. In dem
Zunftbuche der Augsburger Maler aus dem 16. Jahrhundert ist
ein älterer Beschluss des Handwerks (v. 1453?) eingetragen, wonach »kainer kainen knaben dingen sol, er sey dann elich geboren«;
das Handwerk beschliesst dann in seiner Versammlung, ob es »ain
benügen an dem knaben hat von der eelichait wegen«[2]. Später
ist allemal gefordert, dass bei der Vorstellung des Lehrknaben
zwei Zeugen seiner ehelichen Geburt beigebracht werden, deren
Namen die Zunftlisten verzeichnen[3].

4. Unehrliche Leute.

Keine blosse Tautologie wie so manches in den Zunftordnungen,
ist es, wenn sie neben der ehelichen auch ehrliche Geburt fordern[4]
Wie Ssp. 1 38,1 Spielleute und Lohnkämpfer mit den unehelich
Geborenen in eine Kategorie bringt, so stellt schon ein karolin-
gisches Kapitular histriones, nugatores, scurrae mit den Unehelichen zusammen und schliesst sie alle von der Fähigkeit aus, in
den Pfalzgerichten als Ankläger, Urteilfinder oder Zeuge auf-
zutreten[5]. Dass aber auch ernsthafte Gewerbe und Berufe, für
das bürgerliche Zusammenleben notwendig oder nützlich, von
einem Makel in der bürgerlichen Gesellschaft getroffen wurden,
der rechtliche Folgen nach sich zog, diese Bildung scheint erst
das Zunftrecht geschaffen zu haben, aber doch früher, als man oft
annimmt[6]. Die Rolle der Bremer Schuhmacher von 1300: nullus
eorum instruet artem suam filios textorum seu portitorum vel
feminarum quae tinas ferre consueverunt. Die Kinder von Lein-

---

[1] Die Strassburger Tucher- und Weberzunft· (1879) S. 145 und 523.
[2] R. Vischer S. 486.
[3] Das. S. 500 und 547 ff.
[4] 1597 Drechsler, Greifsw. I 122: der Lehrjunge »schal sine ehe-
lige geburt und eherliges herkamen gebürlich inthotugen verpflichtet sein«.
[5] MG. Capit. (ed. Boretius) I S. 334.
[6] Gierke, Genossenschaft I, 365. Stobbe, Privatr. I[2], 417. Unten S. 39.

webern, Kübelträgern oder Trägerinnen sollen demnach nicht zu
Lehrlingen angenommen werden[1]. Die Braunschweigschen Goldschmiede schliessen 1320 neben den Pfaffenkindern linenweveres kindere, bodeles kindere von der Mitgliedschaft wie von der Lehrling-
schaft aus[2]. Die Zahl der verpönten Berufe mehrte sich bald. Rolle
der Hildesheimer Knochenhauer von 1388: unde enschal nen scha-
pere noch moller noch lynenwevere sin oder wesen hebben edder
ore kindere[3]. Nach der Hildesheimer Ratsordnung für die vereinigte Schmiedegilde von 1423 musste der neue Meister, nachdem die Gilde sich überzeugt hatte, dass »he vor eynen mester
des warkes varen mochte«, einen Eid tun »sunder gnade«, »dat he
vry sy, echt und recht geboren unde nicht ensy eynes linewevers
edder eynes schapers sone[4]«; das Statut der Hildesheimer Kürschner
von 1446 vermehrte die Aufzählung noch durch: »edder stovers
kint edder der gelick[5].« Lübecker Echtbriefe des 15. Jahrhunderts
bezeugen, dass der Überbringer nicht schepers, pipers, lynenweveres,
mollers noch ketelbuteres sone sei[6]. Die Freiberger Böttcherrolle
von c. 1450 schliesst alle Abkömmlinge von gerenden luthen aus[7].

Das Verzeichnis der unehrlichen Leute ist damit nicht erschöpft. Aber die bisher namhaft gemachten Kategorien kehren
am häufigsten wieder. Andere finden sich mehr vereinzelt. So
wenn die Lüneburger Goldschmiede neben »neen ketelbuter« aus-
schliessen »neen vorsprake edder dergeliken[8]«, oder in Münster
1441 für gildeunfähig erklärt wird: »de dat gude geld sunderde
ut den andern gelde und sich darmede betterte«, Personen, die

---

[1] Bremisches UB. I, Nr. 541 S. 572. Die Tinen- oder Zuber-
trägerinnen (tine = Bütte, Kübel) haben zu einem komischen Miss-
verständniss 'Anlass gegeben. Stahl, Handwerk S. 111, verstand das
Wort tinea (tina) nicht, und da er im lat. Wörterbuch tinea mit Wurm
übersetzt fand, so gab er den Satz: feminae — consueverunt wieder
durch: Frauen, welche den Erbgrind haben.
[2] UB. II, Nr. 877.
[3] UB. II, Nr. 684.
[4] UB. III, S. 482.
[5] UB. IV, S. 535.
[6] Lüb. UB. IX Nr. 371 u. 251 von 1456 u. 1455. Vgl. auch oben S. 23.
[7] Ermisch S. 285.
[8] c. 1400, Bodemann S. 96.

an einer andern Stelle als »geldreger to monten» bezeichnet werden [1].
Ein Jahrhundert später werden in Münster »lude de mit toverie
oder mit wichelige umme gaen unde de lude, de alsuk sint van
sulken sekten [2]«, ausgeschlossen.

Die Gründe oder Vorwände, die zu diesen Ausschliessungen
führten, sind meistens erkennbar. Die Pfeifer, denen Trompeter
hinzugefügt werden, sind die Erben des Spielmannes. So viel
Freude sie den Kindern des Volkes bereiteten, sie heischten Gaben
von den Hörern, gehörten zu den gehrenden Leuten. Es wird
ein Zufall sein, dass der Schwabenspiegel in der Liste der rechtlosen Leute, die der Deutschenspiegel nach dem Sachsenspiegel
gibt, die Spielleute übergeht [3]; denn in dem Bussenkatalog, den
der Schwabenspiegel aus dem Sachsenspiegel wiederholt, fehlt weder
der Spielmann noch der Schatten eines Mannes gegen die Sonne,
den man ihm zur Busse gibt [4]. Hier, wie in der Bearbeitung der
römischen Enterbungsgründe, die auf die Verfasser deutscher
Rechtsquellen offenbar grosse Anziehungskraft ausübten und von
ihnen als Verwirkungsgründe des gesetzlichen Erbrechts verstanden
wurden [5], wird der Spielmann unter Anwendung einer in mittelalterlichen Gedichten und Rechtsaufzeichnungen beliebten Formel [6]
zu denen gezählt: die gut fur oder umb, auch durch ere nement,

---

[1] Krumbholtz S. 4 und 14. Doch wohl von regen rühren, in Bewegung setzen. Im Mnd. Wb. II 39 ist an gelddreger, Geldbetrüger
gedacht.
[2] Rothes Buch v. 1565 a. 41, Krumbholtz S. 15. Wichelige von
wicken, zaubern.
[3] Ssp. I 38, 1, Dsp. 41; Schwsp. 41 (Lassbg.).
[4] Ssp. III 45, 9; Dsp. 283; Schwsp. 310.
[5] Dsp. 20; Schwsp. 15. Brünner StR. a. 401 (Rössler, StR. II, 227).
Braunschwg. Reformation a. 26 (UB. I, 315).
[6] Augsb. StR. S. 128 (Meyer) erklärt für zeugnissunfähig »der gut
umb ere nimt«. Eine Reihe von Stadtrechten erklärt Beleidigungen
oder leichte Körperverletzungen solcher Personen für straflos. Passau
1300 § 36: wer varund volk, das gud für er nimbt, schilt oder slecht,
. . . der is dem richter nichts darumbe schuldig (Gengler, StR. S. 351).
Ingolst. 1312 § 32: swer einen puben oder spilman oder swer gut umb
ere nimt, rauft oder sleht . . . der ist niemant deheiner puzze schuldich
(Mon. Wittelsbac. ed. Wittmann II [1861] S. 209). Prag a. 173 (Rössler
I S. 152).

-d. h. die um Lohn Ehrenbezeugungen erweisen[1]. Die Zurücksetzung des Spielmanns im Recht muss also in der Käuflichkeit
seiner Leistungen ihren Grund gehabt haben. Spielmann wird
geradezu mit parasytus, Schmarotzer glossiert[2]. Schwabenspiegel
310 gibt den Enterbungsgrund der Novelle 115: si filius praeter
voluntatem parentum in numerum arenariorum vel mimorum se
recipiendum curaverit ... nisi forte et parentes ejusmodı professionis
fuerint wieder durch: ob der sun ein spilman wirt wider sins vater
willen, daz er gut fur ere nimt und daz der vater nie gut fur ere
genam. Die strengste Abweisung und den von altersher fest-
gehaltenen Widerwillen der Kirche gegen den Spielmann[3], zeigen
die Predigten Bertholds von Regensburg. Von den zehn Chören,
in die er die Christenheit scheidet, ist der letzte »uns kristenliuten
aptrünnec worden, sie sint von uns gevallen und habent dehein
tuon mit uns«. »Daz sint die gumpelliute, giger und tamburer,
swie die geheizen sin, alle die guot für ere nement.« Den Grund
erblickt er in ihrer Falschheit (trügenheit). Sie reden das Beste,
solange man ihnen zuhört, und das Böseste, sobald man den Rücken
wendet; sie schelten einen, der Gott und der Welt als ein gerechter Mann, und loben einen, der Gott und der Welt »schede-
lichen« lebt[4].

---

[1] Erec (1871) Haupt S. 364 gegen W. Grimm, zu Freidank (Kl.
Schr. 4, 71). Haupt sind beigetreten Wackernagel, Litt.-Gesch.[2] S. 132
und Weinhold, Frauen II[2], 148. Gewöhnlich lautet die Formel: gut für
ere nemen. Aeneas lädt zu seiner Hochzeit ein: swer goet omb ere
wolde, dat her frolike quame. Veldeke, Eneide hg. v. Behaghel [1882]
v. 12770 S. 512. Salman und Morolf 254 (Ausg. v. F. Vogt, Halle 1880
S. 52): ich was ein spielman und hiez Stolzelin | gut ich durch ere
nam | durch den richen got von himele | han ich mich es abe getan.
Die Stelle beweist deutlich, dass ere = Ehrenerweisung bedeutet. Vgl.
das militärische honneurs machen. Zur Erläuterung dient auch, wenn
Bruder Berthold, wo er von nützlicher und unnützer Verwendung des
Vermögens handelt, sagt: gist aber du ez den lotern und den gumpel-
liuten durch lop oder durch ruom, dar umbe muostû gote antwürten
(Predigten I 25, 5).
[2] Zappert, ein liber dativus (Sitzgsber. der Wiener Akad. v. J.
1855) S. 152.
[3] Wackernagel, Litt.-Gesch.[2] I 47, 65.
[4] Bertholds Predigten, hg. v. Pfeifer u. Strobl, I (1862) 145, 30 ff.;
155, 18 ff.

Die Unehrlichkeit der Schäfer erklärte Justus Möser aus ihrer Nichtzugehörigkeit zum Heerbann. Denn »bei den Deutschen war alles unehrlich, was nicht im Heerbann oder Bürgerbann focht«[1]. Der Schäfer bringt ihm wohl die Stelle des Sachsenspiegels in Erinnerung, die den Hirten von der allgemeinen Verpflichtung dem Gerüfte Folge zu leisten, befreit[2], doch offenbar weil er die Herde nicht verlassen darf. Trotz seiner durch das Recht selbst anerkannten Unentbehrlichkeit ist die Volkssitte grausam genug, den Schäfer der Schaar der Unehrlichen anzureihen. Andere erklären die Unehrlichkeit daraus, dass der Schäfer sich mit dem Abdecken der verreckten Schafe befasst gleich dem Schinder[3], was zu dem Sprichwort: Schäfer und Schinder sind Geschwisterkinder, Veranlassung gegeben hat. Näher liegt die Deutung aus der Schäfereigerechtigkeit, die, einem Gutsherrn oder einer Gemeinde zustehend, die Gemeindeglieder zwang, ihr Vieh dem von jenen gesetzten Schäfer vorzutreiben. Da der Schäfer mancherlei Nutzungen daraus zu ziehen berechtigt war, deren Grenzen er nicht immer innehielt, wurde er von den Interessenten bezüchtigt, seine Befugnis zu seinem Vorteil und ihrem Schaden auszubeuten. Ein ähnliches Misstrauen traf den Müller, den Leineweber, auch den Schneider.

Stahl bestritt, dass die Unehrlichkeit der Leinweber alt sei, weil ihm nur zwei Beweisstellen bis zum 16. Jahrhundert dafür bekannt geworden waren[4]. Auch andere haben geglaubt, erst in der ·Zeit des Niederganges der Gewerbe trete solche Ausschliesslichkeit hervor[5]. Die oben S. 35 ff. gesammelten Zeugnisse zeigen, dass sie schon mit dem Ende des 13. Jahrhunderts beginnt, und die Leineweber zu den am frühesten von ihr betroffenen

---

[1] Patriot. Phantas. I, Nr. 49, S. 369.

[2] II, 71, 3. Dieselbe Stelle befreit aber auch den kerkener (Küster), der doch nirgends zu den unehrlichen Leuten gerechnet wird.

[3] Eisenhart, das Deutsche Recht in Sprichwörtern (Helmst. 1792), S. 92.

[4] Handwerk S. 111.

[5] Tuckermann S. 45. Dass in Münster die Müller nicht erst seit 1641 von den Zünften ausgeschlossen wurden, zeigt der Eingang des Beschlusses (nochmalen beschlossen) und die Berufung auf die uralten löblichen Gebräuche und die von den Voreltern angeerbten Statute und Freiheiten (Krumbholtz S. 134).

Gewerben gehören. Die Gewerbe der Müller, Leinweber und Schneider hatten das gemeinsam, dass der Besteller dem Handwerker Material übergab, ohne ihn bei dessen Bearbeitung oder Verarbeitung kontrollieren zu können. Die Erfahrung mochte oft gezeigt haben, dass der Empfänger einen Teil des Materials unterschlug oder sich davon mehr aneignete, als das Gesetz erlaubte. Das letztere galt von den Müllern, die den Mahllohn in natura empfingen und nicht mehr als die durch die Statuten bestimmte Quote nehmen durften[1]. Die Mühlen galten im Mittelalter überhaupt als eine Art öffentlicher nicht im besten Rufe stehender Lokale. Ein verbreitetes Gerücht nannte man eine stratemeere unde molenmeere oder mollen- unde stovenmeere[2]. Von unsittlichem Treiben in Mühlen reden alte Polizeiordnungen[3]. Die »Badstubenmäre« führt auf die Unehrlichkeit des Baders. Sie wird mit der allgemeinen Zugänglichkeit der Badstuben und dem losen Treiben, das in ihnen herrschte, zusammenhängen. Bei andern der Unehrlichkeit anheimfallenden Gewerben hat offenbar der Betrieb im Umherziehen den Anstoss gegeben. Zu einem soliden Handwerk gehört die Stetigkeit. Zu der Unehrlichkeit der Spielleute wirkte es mit, dass sie zu den fahrenden Leuten gehörten. Das Ziehen z. B. der Kesselflicker von Ort zu Ort, die vagabundierende Lebensweise erweckt den Verdacht unredlichen Treibens.

Am auffallendsten ist die Unehrlichkeit gewisser öffentlicher Beamten, wie die oben S. 36 erwähnte des Büttels. Aus den häufigen Strafdrohungen der städtischen Statute sieht man, dass er den Angriffen, Beleidigungen und Misshandlungen ganz besonders ausgesetzt gewesen sein muss[4]. So verdienstlich seine Tätigkeit für die öffentliche Ordnung war, so rächte sich doch

---

[1] Über die Festsetzung der matta vgl. Lüb. R. Hach II, 199, Schweriner R. bei Böhlau, Zeitschr. f. RG. IX (1870), S. 282. Frensdorff, das Lüb. R. nach seinen ältesten Formen (1872), S. 31.

[2] beruchtiget, dat dan strate meere unde molen meere wäre: 1474 Philippi, Osnabr. Gildeurk. S. 52. Mnd. Wb. III, 114.

[3] UB. der St. Braunschweig I, S. 416: Polizeiordnung v. 1573 a. 111: »wurde ein eheman oder ehefrawe in unsern des rats mühlen, wenn sie dar malen ließen, ehebruch treiben.«

[4] Stralsunder Verfestungsbuch S. LXXXIV. Dortmunder Statut. S. 137.

die Volksanschauung für die Eingriffe in die persönliche Freiheit und Ungebundenheit des Einzelnen, für die niedern Dienste des Verhaftens, des Pfändens, des Strafvollzugs, die ihm oblagen, durch den Makel, den sie dem Berufe anhing. Gegenüber Polizisten und anderen Organen der öffentlichen Ordnung zeigten andere Zeiten als die naiven des Mittelalters das gleiche Verhalten. In Universitätstädten lässt sich Ähnliches noch heute beobachten. Es fehlt aber nicht an Beispielen in den Stadtrechten, dass man sich der Stadtdiener gegen die Verunglimpfung durch die Volksmeinung annahm. So wenn die Goslarer Statuten die Zeugnisfähigkeit des Büttels anerkennen: welk bodel echt gheboren is unde sin recht hevet beholden, de mach wol tüghen, dar men des bedarf[1].

Am entschiedenten prägt sich die volkstümliche Abneigung gegen die Beamten des Strafvollzugs aus in der Unehrlichkeit des Henkers, die sich auf den Scharfrichter übertrug. Der Fronbote des Sachsenspiegels, der über der verurteilten Schöffenbaren Leib richtet, ist ein freier Mann, aus dem Stande der Pfleghaften, mit Grund und Boden angesessen[2]. An seiner Ehrenhaftigkeit besteht kein Zweifel. Das, worin sonst deren Mangel am deutlichsten hervortritt, der Ausschluss vom Zeugnis, trifft ihn in keiner Weise[3]. Den Nachrichter der spätern Zeit charakterisiert ein Satz des Augsburgischen Stadtrechts, der mit den Worten beginnt: der hurensun der henker[4]. Die Erklärung wird darin liegen, dass das Hinrichten des Sachsenspiegels einen Bestandteil der allgemeinen dem Fronboten obliegenden Strafvollstreckung ausmachte, dagegen der Henker später an dem Hinrichten seinen besonderen bezahlten Beruf erhielt. Nach den Dieben, mit denen ihm sein Beruf am häufigsten zu schaffen machte, hiess er der »deifhenker«[5]. Schon das Brünner Schöffenbuch aus der Mitte des

---

[1] Göschen 93[21].
[2] Ssp. III, 55, 2; 61, 3; 45, 5.
[3] Ssp. II, 22, 1 u. 2.
[4] Nicht in dem Stadtbuche des 13. Jahrhunderts (Meyer S. 70), sondern erst in den spätern, von Walch veröffentlichten Statuten. Die Stelle abgedruckt bei Lexer, Mhd. Wb. I, 1392.
[5] Münstersche Schmiedegilde 1573: »unse gildebrodere sollen gine knechte to werke setten, dat eines deifhenkers kint oder eines papen kint [were] (Krumbholtz S. 337).

14. Jahrhunderts, das die Zeugnisfähigkeit dem praeco zu- und dem tortor sive suspensor abspricht, fragt weshalb, wer »faciat actum juri et judicio necessarium, et sine quo justitia finem debitum sortiri non possit«, gleichwohl »tamquam infamis« vom Zeugnis zurückgewiesen werde. Es antwortet sich selbst: »quia ratione avaritiae et lucri temporalis pretio conductus voluntarie tamquam desperatus homicidam se facit et constituit« [1], eine Stelle die zugleich ein Licht auf die Leute wirft, die sich solchem Berufe zu widmen pflegten.

Dem Henker werden schon in alten Quellen allerlei weitere Beschäftigungen neben seinem Hauptamte zugewiesen. Er muss z. B. der fahrenden Fräulein pflegen und die sprachuser furben (die Abtritte austragen) [2], so dass über den Geruch, in dem er stand, kein Zweifel sein konnte. Zu den mancherlei unsauberen Aufgaben, die ihm oblagen, gehörte das Abdecken oder Abhäuten gefallener Tiere (excoriare). Statt des Wortes Abdecker, das dem Mittelalter fremd, werden Namen wie Filler, Caviller, Schinder gebraucht. Früh kommt im Neuhochdeutschen Wasenmeister auf: von wasem (Rasen), dem Platze für das Abdecken, weshalb auch gleichbedeutend Feldmeister gebraucht wird. Die Reichspolizeiordnung von 1530 stellt Feldmeister mit Züchtiger, Nachrichter und Abdecker zusammen [3]. Diese sprachliche Gleichsetzung weist schon darauf hin, dass man auch rechtlich den Nachrichter und den Abdecker nicht unterschied, den einen wie den anderen zu den unehrlichen Leuten zählte.

Von dem Gesichtspunkte der unsauberen Beschäftigung aus rechnete man in die gleiche Kategorie die Bachkehrer, Gassen- und Gossenfeger und dergleichen Leute. Das wurde weiter gesponnen. Jedes Befassen mit dem Unreinen verfiel dem Tadel, machte den Handelnden selbst unrein und der Genossenschaft ehrlicher Männer unwert, auch wenn es gar nicht gewerbmässig, im Zusammenhange eines Gewerbebetriebes oder um Lohnes willen, sondern zufällig, vereinzelt geschehen war. 1485 weigerten die

---

[1] Rössler, Brünner Schöffenbuch c. 691, S. 318.
[2] Augsburger Stadtbuch S. 71.
[3] RA. II, 339. Die Bezeichnungen Racker und Schoband für den Scharfrichter oder dessen Knechte (Mnd. Wb. III, 411, IV, 107), scheinen in mittelalterlichen Quellen seltener gebraucht zu sein. Das unvollständige Zitat zu schoband ist Waitz, Wullenwever II, 349.

Lübecker Krämer einem Manne die Aufnahme, weil er bezüchtigt wurde, »eynen doden vorrichteden man ut deme watere
gevisschet unde upgetogen (to) hebben«. Der Rat, an den die Beschwerde ging, entschied für die Zulassung, nicht weil er den Inhalt der Bezüchtigung verwarf, sondern weil ihm die Unschuld
des Bezüchtigten genügend bewiesen war [1].

Der Berufsmakel, der Unehrlichkeit zur Folge hat, umfasst
Hantierungen sehr verschiedener Art. Man darf, um zu einer
Übersicht zu gelangen, zwei Kategorien anwenden, die Thöl einmal für einen beschränkten Teil von Gewerbtreibenden unterschieden hat: unsaubere und unlautere Subjekte [2]. Zu den Beschäftigungen ersterer Art würden ausser allen den unreinlichen
Betrieben, die genannt sind, auch die gehören, die mit dem toten
Körper von Menschen oder von Tieren, die nicht vor dem Messer
gefallen sind, in Berührung bringen [3]. Unlauter würde alles das
umfassen, was den Verdacht unredlichen Erwerbs nach der damaligen Volksmeinung erregte. Die Gruppierung ist nicht vollständig; aber es fällt schwer, rationell zu ordnen, was zum guten
Teil irrationell sich gebildet hatte.

Die unehrlichen Berufe schlossen von Zünften aus. Bei
einigen derselben ergab sich aber neben der negativen Wirkung
noch eine positive, eine Verpflichtung zu Diensten, die, von ehrlichen Menschen gemieden, ihnen zum Hohn auferlegt wurden.
So wenn in einem hessischen Weistum (15. Jahrhundert?) bei Errichtung eines Galgens die Müller ihn zu machen und die Leinweber ihn zu heben verpflichtet wurden [4]. Eine Obliegenheit der
Art muss weit verbreitet gewesen sein und sich lange erhalten
haben; noch in der zweiten Hälfte des 17. Jahrhunderts wurde
daraus ein Vorwurf gegen die Leinweber abgeleitet und der grosse
Kurfürst genötigt, dagegen einzuschreiten [5].

Den grimmigen Humor, der diese Dinge erfasste, spiegeln
Verse wieder wie:

---

[1] Pauli, Lüb. Zustände III (1878), S. 142.

[2] Thöl, Handelsrecht[6] (1879), S. 165 mit Bezug auf deutsche Ge-
werbeordnung, § 57.

[3] Thudichum, Gesch. des Privatrechts S. 203.

[4] Grimm, Weist. III, 374.

[5] Unten Abschnitt 6.

> was hat der Schneider für Hochzeitgäst?
> Schuster, Schneider, Leineweber,
> Schindersknecht und Totengräber[1].

oder die Schilderung einer Nürnberger Hochzeit vom J. 1506, bei der das Brautpaar der huntslaherin schwester und der schelmschinter bildeten, und die Hochzeitsgäste, die beim Kirchgang vorangingen, der Henker und sein Weib, der lebe und seine Hausfrau, der Hundefänger und sein Weib, die zwei Totengräber zu St. Lorenz und zu St. Sebald, sunst vil hurn und puben und wenig frumer leute waren[2].

5. Rückblick.

Wir halten hier inne. Ehe wir das Gebahren der Zünfte bis in die Zeit des Reichsschlusses und Justus Mösers verfolgen, forschen wir den Gründen nach, welche die Zünfte zu ihrer Exklusivität führten.

Die Zunftordnungen mit ihren rigorosen Eintrittsbedingungen zeigen das Handwerk in einem neuen Lichte: als den Wahrer der Reinheit. In den Eheschliessungen, in dem geschlechtlichen Leben, in der gewerblichen Tätigkeit, in der körperlichen Hantierung: überall dringt es auf Reinheit. Man hatte ein Sprichwort: die Ämter und Zünfte müssen so rein sein, als wären sie von den Tauben gelesen. Das Sprichwort ist nicht alt; der früheste, der es erwähnt, ist David Mevius[3], aber es bezeichnet ganz gut den Grad der Prüfung und Ausmusterung, welchen die Zünfte

---

[1] Schade, Handwerkslieder (1864), S. 263.
[2] Nürnb. Chron. V, 705. leb (Löwe) war in Nürnberg eine Bezeichnung für den Gehülfen des Scharfrichters.
[3] Mevius, zur Zeit Syndikus in Stralsund, in einem 1651 für die Stettiner Schustergilde abgegebenen Responsum. (Comment. in jus Lubec. (1700), Anhang S. 59). Die Gilde hatte einen Mann aufzunehmen geweigert, der, eine von ihm geschwängerte Schusterswitwe zu ehelichen bereit, sich unter Verschweigung der Schwängerung bei der Gilde gemeldet hatte. »Inter opificium collegia honestatis rigidissima placet observantia« — fügt Mevius hinzu — »quae multis in locis in proverbium abiit ut dicatur: die Aempter und Zünfte in den Städten müssen so rein sein, als wenn sie von Dauben gelesen«. Es ist so rein, als hättens die Tauben erlesen, wird als ein Ausspruch Luthers, Grimm, Wb. XI, 167 zitiert.

bei der Aufnahme in ihre Mitte beobachten wollen. Wie kam
grade dieser Stand, der unterste in der sozialen Gliederung, zu
solch vornehmer Ausschliesslichkeit, die zu dem wirtschaftlichen
Zweck, dem er diente, in gar keiner Beziehung stand? Rationa-
listischere Zeiten wie die des Preussischen Landrechts machen zur
allgemeinsten Vorbedingung, dass ein Lehrling »nicht wegen eines
körperlichen Gebrechens oder eines offenbaren Mangels an Ver-
standeskräften zur Erlernung des Handwerks, dem er sich widmen
will, untauglich sei [1]«. In den mittelalterlichen Ordnungen findet
sich nur selten dazu ein Vorbild: »dat in deme ampmete der scro-
dere numment schal leren (= lernen), de hinket edder ghebreke heft
in sinen ledematen« ; sind sie anderswo zugelassen, so können sie
in Greifwald »eres sulves nicht werden«, nicht selbständig werden [2].

Stehen die verschiedenen Ausschliessungsgründe, die wir
kennen gelernt haben, dem Zweck des Handwerkes an sich fremd
gegenüber, so wird unsere Aufgabe die, den historischen Zusammenhängen nachzuforschen, die zu ihrer Ausbildung geführt
haben. Die Untersuchung soll für die beiden Klassen der unechten
Leute, die wegen Geburtsmakels und die wegen Berufsmakels
Rechtlosen, gesondert geführt werden.

Die Rechtlosigkeit der unehelichen Kinder hat man
lange für einen Grundzug des ältesten germanischen Rechts gehalten. Diese Ansicht ist zuerst für das nordgermanische Recht
erschüttert worden. Deutsche Rechtslehrer in Kiel, die am ehesten
mit nordischem Recht sich zu beschäftigen Anlass hatten, wie
Falck und Wilda, haben damit begonnen [3]; ausführlich widerlegt
ist dann die Ansicht in neuerer Zeit durch Konrad Maurer [4]. Aber
auch in Deutschland bestand jene Rechtlosigkeit nicht, weder im
Erbrecht noch in den übrigen Gebieten des Rechts. Die höchste
Würde des Staats war unehelich Geborenen nicht verschlossen [5].
Arnulf von Kärnthen, der Enkel Ludwigs des Deutschen, 887

---

[1] Teil II, Tit. 8, § 281.

[2] Greifsw. Schröder 1418. ZR. II, 139.

[3] Falck, Schlesw.-Holst. Privatr. IV (1840), S. 281; Wilda, Z. f.
Deutsches·R. XV (1855), S. 237 ff.

[4] Sitzungsberichte der Münchener Akad. 1883, S. 3 ff. Oben S. 8.

[5] Brunner in der Savigny-Zeitschr. 17 (1896), S. 1 ff.; 23 (1902),
S. 198 ff.; W. Sickel das. 24 (1903), S. 110 ff.

zum fränkischen Könige erwählt, war der uneheliche Sohn des
Königs Karlmann aus der Verbindung mit einer vornehmen Frau
Liutswinda[1]. Der Sieger von Hastings, der Eroberer Englands,
nannte sich selbst in seinen Urkunden: ego Wilhelmus cognomine
bastardus[2]. Nicht anders auf den tieferen Stufen der gesellschaft-
lichen Gliederung. Im langobardischen wie in den nordgermanischen
Rechten war den Kebskindern eine gewisse Erbberechtigung auch
gegen den Vater und die väterlichen Verwandten zugestanden[3].
Ist die prinzipielle Rechtlosigkeit der Unehelichen demnach keine
Nachwirkung des ältesten Rechts, so wird man sie mit Brunner
als ein Erzeugnis der nachfränkischen Entwicklung anzusehen
haben[4]. Von welcher Seite her die Einwirkung auf das Recht
kam, verrät die Liste der Rechtlosen in dem oben Seite 35 angeführten Kapitular: »histriones, nugatores, manzeres, concubinarii,
ex turpium feminarum commixtione progeniti« durch ein Wort.
Die Kirche erneuerte die biblische Vorschrift: non ingrediatur
mamzer hoc est de scorto natus in ecclesiam Domini usque ad
decimam generationem, Mos. V 23,2[5]. Konnte die Kirche, welche
sich den Zöllnern und Sündern nicht verschloss, das Verbot auch
nicht wörtlich durchführen, so vermochte sie doch ihrem Urteil
über die Sündhaftigkeit ausserehelicher Geschlechtsverhältnisse
und die Verworfenheit ihrer Sprösslinge Eingang zu verschaffen.

Die Herkunft aus der Sünde war nicht der Vorwurf, den das
deutsche Recht dem Unehelichen machte, sondern die Unsicherheit
seiner Abstammung. Es verlangte von der Eheschliessung Öffentlichkeit. Dass die ältesten Nachrichten die Eheschliessung vor
der Sippe stattfinden lassen, bildet keinen Widerspruch gegen die
Öffentlichkeit[6]; man kann sie nicht mit der Haustrauung zu-
sammenstellen, wie Sohm will[7]. Die Sippe nahm in der ältesten

---

[1] Waitz, Verfassungsgesch.[2] III, 280, V, 26. Dümmler, Ostfränk.
Reich II, 141, 304.
[2] Grimm, Wb. I, 1150. Lappenberg, Gesch. v. England II, 47.
[3] Schröder, RG.[4] S. 304, 330. Brunner RG.[2] I, 110.
[4] Brunner, RG. II, 597[47].
[5] Auch in Benedictus Levita II, 49 (MG. LL. II b, S. 70) aufgenommen.
[6] Brunner, RG. I[2], 98, 126.
[7] Trauung und Verlobung (1876), S. 33. .

Zeit öffentlich-rechtliche Funktionen wahr, wie sie auch unehelich
Geborne legitimierte [1]. Der Ehemann soll seine Frau zu Kirchen
und Strassen geführt haben (ob. S. 21); die kirchliche Einsegnung
fand in valvis ecclesiae statt. Die feierliche Bettbeschreitung geschah in Begleitung der Hochzeitsgäste: eine Sitte, an der nicht
bloss lange im hohen Adel, auch im Handwerkerstande noch des
17. Jahrhunderts festgehalten wurde [2]. Das uneheliche Kind ist
durch das Dunkel, das über seiner Herkunft schwebt, belastet,
Hornung (horning) ist eine Bezeichnung des norwegischen und
des friesischen Rechts für einen unehelichen, d. h. im Horn, im
Winkel erzeugten Sohn [3]. Um deswillen erfuhr es Zurücksetzung
oder Ausschliessung im Rechte, insbesondere im Erbrechte, das
ein Familienrecht war. Die Kirche in Erfüllung ihrer sittlichen
Aufgabe schritt mit scharfer Zucht nicht bloss in ihrem eigenen
Bereich gegen die ausserehelichen Geschlechtsverbindungen ein.
Nach Kräften suchte sie ihre Auffassung und deren Konsequenzen
in allen Gebieten des Rechts zur Geltung zu bringen. Für den Stand
der Geistlichen bildete sie die irregularitas ex defectu natalium
aus (oben S. 26); ihr Einfluss sorgte dafür, dass eheliche Geburt
Vorbedingung auch für die Bekleidung anderer öffentlicher
Ämter und den Genuss verschiedener Rechte wurde. Darf man
aber um deswillen der Kirche auch einen Anteil an der Aufnahme
des gleichen Grundsatzes in das Zunftrecht beimessen? Es verbietet sich das aus mehr als einem Grunde. Der Zusammenhang,

---

[1] Brunner S. 119, 131. v. Amira, Grundr. d. germ. R.[2] (1897), S. 109.

[2] Im Bremer Schusteramt mussten die Amtsbrüder (d. h. die Mitglieder der Gilde) »nach öffentlich gehaltenen Kirchgang, beschehener
Einsegnung und ordentlicher Copulation durch die Hand des Priesters
in Beisein der Ambtmeister in das Ehebette treten und pro more et
consuetudine der Stadt Bremen gesetzet werden«. Das hiess die Bett-
setzung, und. als sie nachher mit sechs Mark abgelöst wurde, die Bett-
bringung. Prozessschrift von 1618 bei Böhmert S. 108. — Auch in
Lübeck soll erst 1612 die symbolische Bettbeschreitung eingeführt sein.
Weinhold, Frauen I, 399.

[3] Grimm, RA.[4] I, 655. In der lex Rom. Raetica Curiensis: naturales
filius id est de concupina qui nos ornongus dicimus MG. LL. V (ed.
Zeumer), 343[15]; dazu ders. in der Savigny-Zeitschr. IX (1888), S. 5.
Hornungsgabe in friesischen Rechtsquellen für eine unechten Kindern
gewährte Schenkung: Wilda, Zeitschr. f. Deutsches Recht XV, 294;
v. Amira, Erbenfolge (1874), S. 194.

der zwischen den Zünften und der Kirche bestand, ist bekannt. Eine jede Handwerkergenossenschaft legte ihren Mitgliedern neben anderen auch gottesdienstliche Verpflichtungen auf; jede Zunft hatte ihren Altar, ihren Heiligen; manche eine eigne Kapelle. Aber ein besonderes Interesse, das die Kirche an Gewährung oder Versagung der Zunftrechte genommen hätte, ist nicht abzusehen, wenn man nicht statt dessen das allgemeine Bestreben der Kirche gelten lassen will, den Unehelichen möglichst zu benachteiligen und dadurch indirekt von der Eingehung ausserehelicher Geschlechts-verbindungen abzuschrecken. Eine Auffassung, die der Kirche sicherlich nicht fremd war. Die Glosse des Sachsenspiegels be-gründet die Erbunfähigkeit der Pfaffenkinder und der unechten Kinder mit den Worten: davon vorginge dan die e, die God selven makede[1]. Was aber gegen Herleitung der Zunftbeschränkungen aus kirchlicher Quelle spricht, ist dass die Kirche bei aller Opposition gegen aussereheliche Geschlechtsverhältnisse ein Heilmittel gegen deren Folgen besass und grade dieses von den Zünften verworfen wurde. Sie übernahm das aus dem römischen Recht überkommene Institut der Ehelichmachung durch die nachfolgende Eheschliessung der Erzeuger und erweiterte es dahin, dass nicht mehr bloss Concubinenkinder, sondern alle unehelich Geborenen, falls sie nur nicht aus einem verbrecherischen Verhältnis (Ehebruch oder Blut-schande) stammten, legitimierbar wurden. Diese durch die berühmte Decretale Papst Alexanders III. von 1179: Tanta est vis matri-monii eingeführte legitimatio per subsequens matrimonium war es aber, die bei den Zünften fortdauernd Widerstand fand. Sie schlossen uneheliche Kinder schlechterdings aus, auch die legitimierten. Hätte die Kirche einen Einfluss auf die Aufnahme-bedingungen der Zünfte geübt, so würde sie doch vor allen Dingen ihrer Heilung der unehelichen Geburt Eingang verschafft haben.

Man hat auch die S t ä d t e zu Urheberinnen jener Beschränk-ung der Unehelichen machen wollen[2]. In ihrer Sucht sich ab-zuschliessen sollten sie die doppelte Schranke errichtet haben: ein-mal dass jeder Handwerker vor dem Eintritt in eine Zunft das

---

[1] Glosse zu Ssp. III, 45, 9, aufgenommen in das Berl. Stadtbuch (oben S. 25).

[2] Stahl, Handwerk S. 95.

Bürgerrecht erwerben musste, und zweitens dass das Bürgerrecht jedem unehelich Gebornen versagt wurde. So richtig der erste Satz ist, so wenig ist der zweite als allgemein gültig erweisbar. Der erste ist häufig genug in Statuten und Zunftrollen bezeugt[1]; der zweite pflegt in den Lehrbüchern vorgetragen zu werden, hat aber doch nur eine schwache Stütze an dem theoretischen Ausspruche eines Rechtsbuches des 14. Jahrhunderts[2]. Wenn er allgemeine Geltung hatte, warum forderten denn noch so oft Statuten eheliche Geburt für die Gelangung in den Rat?[3] In den städtischen

---

[1] Dass in Hildesheim das Schuhmacheramt mit der eigenen Mitgliedschaft zugleich das Bürgerrecht dem Eintretenden gewährt haben solle, wie M. Hartmann, Gesch. der Handwerkerverbände der Stadt Hildesheim (1905), S. 53 aus H. Brandis S. 60[18] entnimmt, erscheint mir in Ermangelung weiterer Beweise bedenklich. Die zitierte Stelle kann bedeuten, dass die Schuster 1484 bloss eine Befreiung von der Verpflichtung, ein Bürgergewinngeld zu bezahlen, durchsetzten.

[2] Stobbe, Privatrecht I[2], S. 406; Gierke, Privatrecht I, 418 u. 420. Ihre Quelle ist Rb. nach Distinct. V, 2, dist. 1: »wer burgerrecht in wichbilde wel gewinnen adder irwerben, der sal elich geborn sin unde sal daz bewisen mit kuntschaft benanter lute adder mit guten uffen briefen«. Die Forderung der ehelichen Geburt für die Erwerbung des Bürgerrechts als Bedingung aufzustellen, lag nahe durch den praktischen Zusammenhang zwischen der Erwerbung beider Rechte. Verfolgten doch die meisten Gesuchsteller bei ihrer Bewerbung um das Bürgerrecht den Zweck, sich in der Stadt durch ein Gewerbe zu ernähren. Auch für das neuere Recht lassen sich nur einige Städte aufführen, die die Gewinnung des Bürgerrechts Unehelichen versagten. Höpfner, Institut.Commentar[6] (1798), S. 87: in Deutschland gibt es Gattungen von Menschen, die, ob sie gleich nichts unerlaubtes und schändliches begingen, doch verächtlich waren und weder in Gilden oder Zünfte noch zu öffentlichen Ämtern zugelassen wurden, ja an einigen Orten nicht einmal das Bürgerrecht bekommen konnten. Ebenso Wilda, Zeitschr. f. Deutsches Recht IV, 285.

[3] Lüb. UB. I, S. 6: »wie settet ok, dhat men nemene te in den rat, he ne si echt, van vrier bort unde nemans eghen . . . unde ok nicht si gestliker lude ofte papen sone«. In der Hamburger Detmar-Hs.: ». . . . he scal sin godes ruchtes, echt unde recht unde vry geboren«. (Städtechron. XIX, Lübeck I, hg. v. Koppmann S. 21). Den wahren Charakter dieser angeblichen Ratswahlordnung Heinrichs des Löwen habe ich dargelegt Hans. Geschichtsbl. Jahrg. 1876, S. 136. Brem. Statut v. 1330 (Brem. UB. II, Nr. 313): »so welc man, de des werdich were, de ratman wolde werden, de schal wesen borgere wry boren unde echte boren«.

Verfassungskämpfen spielt die Forderung der Ehelichkeit, wie
unten zu zeigen, eine grosse Rolle. Wie hätten die Zunftrollen
das echt und recht immer wieder zu betonen nötig gehabt, wenn
schon dem Erwerbe des Bürgerrechts derselbe Riegel vorgeschoben
gewesen wäre?

Stammte demnach das Dringen auf Ehelichkeit nicht von
aussenher, war sie den Zünften nicht durch eine übergeordnete
Autorität auferlegt, so ist bei ihnen selbst nach den Motiven zu
suchen. Aus ihrem eigenen Schosse muss sich die Exklusivität
entwickelt haben.

Die Bestimmungen der Zunftrollen, welche »echt und recht«
zur Bedingung der Zunftfähigkeit machen, können sich auf zweierlei uneheliche Kinder beziehen: auf die eigenen der Handwerker
und auf die anderer Stände. Es ist nicht bekannt, dass im Handwerkerstand aussereheliche Geschlechtsverbindungen besonders
oft vorkamen, uneheliche Kinder eine so häufige Erscheinung
waren, dass man als ein Zuchtmittel gegen die eigenen Genossen
strenge Normen hätte ergreifen müssen. Als die zunehmende
Erschwerung des Meisterwerdens viele Gesellen langehin zur
Ehelosigkeit zwang, mochten wilde Ehen sich häufiger finden;
aber die Forderung des »echt und recht« wird schon im 13. Jahrhundert gestellt, während die gesteigerten Anforderungen an das
Meisterwerden kaum früher als im 15. Jahrhundert zu belegen
sind. Haben jene Ausschliessungsgründe ihren Ursprung nicht
in den Verhältnissen des Handwerkerstandes selbst, so muss sich
ihre Spitze gegen die übrigen Stände richten, deren uneheliche Kinder sich die Zünfte vom Leibe halten wollten. Dass
Ritter, dass Bauern uneheliche Kinder aus ihren Kreisen in Handwerken unterzubringen suchten, mag immerhin vorgekommen sein.
Aber nicht vereinzelte, nur häufigere Erscheinungen des sozialen
Lebens können gesetzgeberische Massregeln wie die bezeichneten veranlasst haben. Ihre Absichten mussten sich gegen den Stand richten,
mit dem die Handwerker in der Stadt vereinigt lebten: gegen die
Kaufleute. Sie mochten geneigt sein ihre unehelichen Sprösslinge
von sich abzuschieben und dem Handwerk aufzudrängen. Die
Kaufleute der Zeit, die ihr Beruf zu häufigem und langdauerndem
Aufenthalt im Ausland nötigte, waren wegen ihrer lockeren Lebensweise bekannt. Die Erzählungen des Mittelalters wählen zu

Helden verliebter Abenteuer besonders gern Kaufleute. Ein unhöf-
licher niederdeutscher Reim: koplude loplude hat die Erinnerung
daran festgehalten[1]. Die norddeutschen Stadtrechte, die Hanserezesse enthalten früh Bestimmungen über Bigamie und fälschliches
Ansprechen um die Ehe[2]. Die Testamente der Lübecker Bergenfahrer, »mine dochter in Bergen«, die darin bedacht wird, bezeugen
das häufige Vorkommen unehelicher Kinder[3]. Der Augsburger
Chronist Burkard Zink, der Handel nach Venedig trieb, berichtet
in seiner Selbstbiographie ganz unbefangen, wie er sich nach dem
Tode seiner Frau »ains torenden freulins understanden« und mit
ihr zwei Kinder zeugte[4]. Der Kaufmann Lukas Rem aus Augsburg verzeichnet in seinem Tagebuch seine ledigen Kinder, die
er mit einer Margareth von der Borcht in Antorf (Antwerpen)
zeugte und die ihm nach Augsburg nachfolgten[5].

Zur rechten Würdigung der gegen die Unehelichen sich
richtenden Zunftnormen ist weiter Zeit, Ort und Art ihres ersten
Vorkommens zu beachten. Die ältesten Zeugnisse des Zunftrechts
erwähnen sie nicht; im südlichen Deutschland treten sie seltener
und später als im Norden auf. Sie finden sich zuerst in einer
Zeit, da das Landrecht Milderungen in der Behandlung der Unehelichen zuzulassen anfing. Schon dem Verfasser des Sachsenspiegels war die Ansicht begegnet: »dat nen kint siner muder
keveskint ne si«, wenn er sie auch als unberechtigt zurückwies[6].
Der Schwabenspiegel kennt beide Arten der Legitimation Unehelicher, und wenn er auch der per rescriptum principis nur beschränkte, gesteht er doch der per subsequens matrimonium volle
Wirkung zu[7]. Die norddeutschen Stadtrechte, die aus der Familien-
losigkeit des Unehelichen zuerst die starre Konsequenz gezogen

[1] Brem.-nieders. Wb. II, 843 mit der Erklärung, Kaufleute kommen
leicht in Gefahr auszutreten. Grimm, Wb. V, 338 (Hildebrand) und mein
Aufsatz in Hans. Geschichtsbl. Jahrg. 1878, S. 58.
[2] Hanserecesse I, 1, S. 4 und mein Aufsatz in Hans. Geschichtsbl.
Jahrg. 1871, S. 17 ff.
[3] Bruns, Die Lübecker Bergenfahrer (Hans. Gesch.-Qu. N. F. Bd. II
[1900]), S. CXLIII, S. 49, 52; vgl. Nr. 16, 32, 43, 53.
[4] Städtechron. V (Augsburg 2), 139.
[5] Oben S. 25.
[6] I, 51, 2.
[7] Art. 47 u. 377.

4*

hatten, ihm aktive und passive Erbfähigkeit abzusprechen, geben jetzt soviel nach, dass seine Verwandten ihn beerbten [1].

In den frühesten Zeugnissen erscheint die Zunftstrenge nicht, wie sie nachher immer auftritt, als etwas alttüberliefertes, von jeher feststehendes, sondern als etwas neues, noch unsicheres. Die bisherige Übung war schwankend; durch die Norm der Zunftordnung soll der bestehenden Unsicherheit ein Ende gemacht werden. Als der Hildesheimer Rat 1328 den Kürschnern die Innung verleiht, heisst es: dicimus eciam quod exnunc filius illegitimus in eorum non debet recipi unionem [2]. In Braunschweig vereinbarten 1325 die Beckenwerken unter sich: dat se nene unechte kyndere mer liden ne willen in orer ghilde, unde enwillen dar nenerleye bede mer vore hebben: sie wollen also auch keinerlei Verwendung oder Fürsprache für die Aufnahme eines unehelichen Kindes zulassen [3]. 1388, nachdem die Stadt tiefgreifende Umgestaltungen ihrer Verfassung erfahren hatte [4], kehrt die Satzung in der Form wieder: ok heft de ghemeyne rad over en ghedraghen myd den beckenwerchten, dat se na deseme daghe mer neyne unechte kyndere in orer gilde nemen schullen umme nemandes bede willen [5]. Das S. 26 benutzte Statut der Goslarschen Kaufleute deutet in seinem Nachsatze an, dass man nicht blos wie in Braunschweig durch gute Worte, sondern auch durch Geld versuchte, Unehelichen die Aufnahme in die Gilde zu verschaffen. In einer Reihe von Frankfurter Zunftgewohnheiten, deren Aufzeichung 1355 dem Rate übergeben wurde, kehrt der Satz wieder: auch ensal keyn meister

---

[1] Goslar S. 8[28] u. 129. »Neyn man de unecht geboren is mach erve nemen; unechtes mannes erve mach me nemen« Braunschweiger StR. 1402 a. 137. Das 50 Jahre ältere Leibnitianum IV, 12 kennt die zweite Hälfte des Satzes noch nicht. Das lübische Recht hat schon anderthalb Jahrhunderte früher den Satz: »qui natus est de concubina, nullam percipiet hereditatem, suam vero hereditatem propinquiores sui percipient«. Hach I, 11 (vgl. II, 7). Auch hier geht ein Statut voraus, das sog. lüb. Fragment, dem die Worte suam usw. fehlen. Frensdorff, Das Lüb..R. nach seinen ältesten Formen S. 33.

[2] UB. I, S. 433.

[3] UB. III, S. 116.

[4] Hänselmann, Städtechron. XVI, S. XL.   .

[5] Statut v. 1388, feria VI post Oculi (6. März). Hs. Sammlg des Braunschw. Stadtarchivs Bl. 4 b.

under uns nemen kein geld, das man heizset das hurensones geld[1].
Die Deutung auf eine Zahlung, um die Aufnahme eines Unehelichen
zur Lehre bei einem Meister zu erlangen, liegt nahe genug[2].

Aber nicht blos in einzelnen Fällen und aus persönlichen
Gründen opponierte man der Zunftstrenge, als sie im 14. Jahrhundert eindrang, auch aus sachlichen Motiven und im Wege
der Gesetzgebung trat man ihr entgegen. Ein wenig beachteter
Artikel des Braunschweigschen Stadtrechts lautet: eyn unecht
sone, de sek wol handelet, de mach wol gylde wynnen[3].
Zuerst im Leibnitianum vorkommend, gehört er zu den etwa
seit 1330 neu erwachsenen Statuten, die die nach der Mitte
des Jahrhunderts abgeschlossene Sammlung in sich aufnahm[4].
Von hier ging er wörtlich in das Stadtrecht von 1402 wie in
die Statuten von Einbeck über[5]. Aber er war weder von Bestand noch durchdrang er die Praxis. Die Innungsartikel der
einzelnen Zünfte enthielten die entgegengesetzte Norm und gingen
ihm vor. In den grossen politischen Kämpfen, die Braunschweig im
15. Jahrhundert erschütterten, spielt die Forderung der Ehelichkeit
wiederkehrend eine Rolle. In den »grossen Brief« von 1445, die
Urkunde des ersten Sieges, den die Innungen über die regierenden
Geschlechter errangen, wurde der Satz aufgenommen: we unecht
is edder van eynem unechten geboren edder eyne husfruven neme
edder hedde to der ee, de unecht were edder der or vader edder

---

[1] Die Rollen der Steindecker, Zimmerleute, Steinmetzen, nicht die
elf übrigen Zunftrechte, enthalten gleichlautend diese Bestimmung.
Boehmer, C. dipl. Moenofrancof. S. 645—647.
[2] Stahl, Handwerk S. 96.
[3] Leibn. II 27. Rive, Zeitschr. f. Rechtsgesch. III (1864) S. 210, erwähnt die Stelle. Stahl (der Professor in Giessen war), Handwerk S. 97,
kennt sie aus dem Giessener Manuskript des Braunschweigschen Stadtrechts, in dem ich die Vorlage Leibnizens für seinen Abdruck in den
SS. rer. Brunsvic. III nachgewiesen habe. Stahl setzt es irrig in das
Jahr 1232, weil das von einer späteren Hand auf dem Titelblatte steht.
S. 104 wirft er die Hs. zusammen mit einer der im UB. der St. Braunschweig I abgedruckten Formen. Die Zitate sind durchgehends fehler-
haft. Ich darf wohl bemerken, dass mir die Stelle in Stahls Buch erst
bekannt geworden ist, nachdem meine Abhandlung (Studien z. Braunschwg. StR. I) längst veröffentlicht war (Gött. Nachr. 1905 Heft 1).
[4] Braunschw. Studien I S. 47.
[5] St. 200. Einbeck Art. 157 (Zeitschr. d. hist. Ver. f. Niedersachsen
1899, S. 358).

moder unecht geboren were, den scholde me in den rad nicht nemen[1].
Die gleiche Tendenz verfolgen zwei andere Artikel desselben
Vertrages: wolde ok de rad wene holden in studiis, dat scholden
wesen unser borger kindere echt unde recht geboren, de sek wol
regereden; we unecht geboren were, deme en scholde me des rades
leen nicht lenen[2]. Dinge, wie die hier reprobierten, mochte sie
auch die von politischen Kämpfen unzertrennliche Übertreibung zu
verbreiteten, häufigen Kalamitäten aufbauschen, mussten vorgekommen sein. Man empfand sie als Missbräuche und machte
deren Abstellung zu einer der Friedensbedingungen. Die Partei,
von der die Beschwerde erhoben wurde, kann nur die der Handwerker gewesen sein. Darauf weist schon die formelle und mate-
rielle Übereinstimmung mit dem hin, was die Zunftordnungen für
ihre eigenen Mitglieder verlangten. Was für ihre innern Verhältnisse durchgesetzt war, sollte auch für den Rat gelten. Die
Zünfte übernahmen die Rolle der Beschwerdeführer nicht aus
idealer Begeisterung für Sittlichkeit und Ehrbarkeit. Es handelte
sich um einen politischen Kampf; das Ziel, das man treffen wollte,
war der Gegner. Er bot diese Blössen dar, und deshalb wandte
man sich gegen sie. Mätressenwesen und Nepotentum scheint von
jeder Art aristokratischen Wesens, auch des städtischen, unzer-
trennlich. Einer Strafbestimmung des Braunschweigschen Stadtrechts über Entführung hat ein Leser früh die Glosse beigefügt:
dhe ghewalt geyt dicke vor dat recht[4]. Auch in Köln wurde die
Forderung, die Ratsmitglieder müssten ehelich geboren sein, in
einer revolutionären Bewegung wenn auch nicht zuerst gestellt,
doch erneuert. Der Verbundbrief von 1396, der die demokratische
auf Ämter und Gaffeln gegründete Stadtverfassung durchführte,
schloss von der Ratsfähigkeit aus: dye eyn bastart off yemans
eigen off ouch in dem banne sij[5]. Schon seit der Mitte des

---

[1] UB. I Nr. 88 § 9 (S. 227).

[2] Dazu vgl. oben S. 53: sek wol handelen und »se regere et
tenere laudabiliter et honeste« in der Urk. v. 1355 bei Keutgen S. 414;
sik unerliken handelen Brem. Statut v. 1330 (UB. II, Nr. 313).

[3] a. 29 (S. 228). Der zweite Satz kehrt im Rezess von 1488 a. 72
(S. 256) wieder. Hänselmann, Städtechron. XVI, S. XLIX und 87.

[4] Braunschwg. Studien I S. 27.

[5] Stein, Akten z. Gesch. der Verfassg. u. Verwaltung der St. Köln
I (1893) Nr. 52 § 7 S. 193. Hegel in Städtechron XIV S. CLVIII ff.

13. Jahrhunderts hatten Ratsverordnungen darauf gedrungen, dass
zu Schöffen keine unehelich Geborne oder doch nur solche, die
legitimiert worden, gewählt würden. Man muss sich in der Praxis
über Bestimmungen wie diese hinweggesetzt haben, wenn man
sie jetzt neu einzuschärfen für nötig hielt. Was auf seiten der
Männer das Leben mit »amyen«, war auf der der Frauen die
Buhlschaft mit den Pfaffen. In den Schriften, welche Gilden und
Gemeinheiten Braunschweigs über den ihnen vorgelegten Entwurf einer Kirchenordnung 1528 dem Rate einreichten, wurde
über das Laster des Ehebruchs und der Hurerei geklagt, dem bei
Hohen und Niederen gesteuert werden soll, ohne Ansehen der
Person. Ganz besonders wird dabei auch der Pfaffen gedacht, »die
unserer Bürger Ehefrauen bei sich haben«[1].

Als in der Zeit der kirchlichen Reformation in Braunschweig
eine Revision des bisherigen Stadtrechts angestellt wurde, fiel ihr
jener humane Satz, der einen Unehelichen, der sich untadelig be-
nahm, zunftfähig machte, zum Opfer. Die Reformation von 1532
nahm zwar den ganzen van der inninghe unde van den gilden
überschriebenen Abschnitt aus ihrer Vorgängerin und fast wörtlich herüber, aber den den Eintritt von Unehelichen in die Zünfte
begünstigenden Artikel liess sie weg[2]. Dabei zeigt die Stadtrechts-
reformation sonst das entschiedene Bestreben, die privatrechtliche
Lage der Unehelichen zu bessern. So legte sie ihnen namentlich
die Fähigkeit bei, Mutter und mütterliche Verwandte zu beerben,
wo das St.R. von 1402 noch streng an der aktiven Erbunfähigkeit
der Unehelichen festgehalten hatte[3].

Braunschweig mit seinen reichen Zunftüberlieferungen bietet
ein lehrreiches Beispiel der ganzen Bewegung. Das Zunftrecht
mit seiner Ausschliessung der Unehelichen, wenn auch an einzelne
Sätze des deutschen Rechts, wie es sich in der nachfränkischen
Zeit entwickelt hat, anknüpfend, darf doch eine selbständige Be-

---

[1] Hänselmann, Bugenhagens Kirchenordnung für Braunschweig
(1885) S. XXXVII.
[2] St. 1402 t. 22 Art. 194—205 vgl. mit Ref. 1532 t. 21 Art. 181—192
(UB. I S. 117 vgl. mit S. 313). Die Gleichheit der Anzahl der Artt. in
beiden Sammlungen erklärt sich aus dem Zusatze eines Artikels (188)
in der Ref.
[3] St. 137 vgl. mit Ref. 125.

deutung für sich in Anspruch nehmen. Es befindet sich zu der
im allgemeinen Rechte herrschenden Richtung im Gegensatz. Wenn
sich hier Milderung ausbreitet, so gibt das Zunftrecht nicht nach,
sondern verschärft sich noch; und das im bewussten Gegensatz
gegen das ausserhalb seiner Sphäre geltende weltliche und kirchliche Recht. Das Verhalten der Zünfte ist nicht ohne Beispiel.
Es hat in Deutschland immer genug Kreise gegeben, »die sunder
lik recht willen hebben« (Ssp. III 64,3). Und da die Fortbildung
des Rechts sich nicht auf dem Wege der Gesetzgebung, sondern
durch das Mittel der Gewohnheit, der Autonomie und der Rechtsprechung vollzog, so war damit der individuellsten Gestaltung
Tür und Tor geöffnet. Die Städte und die Zünfte in den Städten
liefern dafür das beste Beispiel. Der kleinste Kreis trägt über
die ihm übergeordneten Gliederungen den Sieg davon. Zunftordnungen erkennen für ihren Bereich die legitimatio per subsequens
matrimonium der Kirche nicht an und siegen über das Stadtrecht,
das Uneheliche, die sich wohl verhalten, für zunftfähig erklärt.
Im Ritterstande treffen wir auf eine analoge Erscheinung. Ungefähr um die gleiche Zeit, da die Kirche die legitimierende Kraft
der Ehe anerkannte (ob. S. 48), schrieb der Feudist in sein Rechtsbuch die Worte: naturales fjlii licet postea fiant legitimi, ad suc-
cessionem feudi nec soli nec cum aliis admittuntur[1]. Die Absicht
der Kirche ging sicherlich dahin, ihrem Grundsatz von der Gleichstellung der Mantelkinder mit ehelich geborenen Kindern in allen
Gebieten des Rechts Geltung beizulegen. Aber die Rechtsbildung
im Ritterstande wie in dem der Handwerker erwies sich stärker
als das Recht der Kirche und das von ihr beeinflusste weltliche
Recht. Mochte das letztere anfangs noch Widerstand leisten und
in einzelnen Normen die deutschrechtliche Ablehnung jener Gleichstellung festhalten, schliesslich gab es doch dem humanen von
der Kirche vertretenen Grundsatze nach. Anders das Recht
jener engern und engsten Verbände. Die Handwerker waren dabei zäher als die Ritter. An dem Cap. Naturales nagt früh die
Interpretation. Es bilden sich in verschiedenen Teilen Deutschlands Abweichungen und Ausnahmen, so dass das Reichsgericht
neuerdings zu der Ansicht gelangte, der Rechtssatz der Libri

---

[1] II feud. 26, 10. Grundriss S. 496.

feudorum von der Lehnfolgeunfähigkeit der Mantelkinder sei durch deutsches Gewohnheitsrecht verdrängt worden und nur Vorschrift einzelner Partikularrechte geblieben[1]. Im Handwerkerstand behauptete sich die Aufnahmeunfähigkeit aller unehelich Geborenen lange Zeit ungetrübt, und hatte neben sich den Ausschluss aller Unehrlichkeit, der noch fortwährend allerlei Verschärfung erfuhr. Das war nur möglich dadurch, dass die Handwerker in ihren Zünften kleine in sich geschlossene Kreise bildeten, die dann doch wieder durch das Standesbewusstsein als ein Ganzes zusammengehalten wurden. In dem Standesrecht der Handwerker findet die Zunftstrenge ihre Erklärung. Es weist manches darauf hin, dass die schärfere Sonderung des Handwerkerstandes von dem Kaufmannsstand sich erst um die Wende des 13. und 14. Jahrhunderts vollzog. Crull hat es für Wismar höchst wahrscheinlich gemacht, dass im 13. Jahrhundert der Ratsstuhl noch nicht Handwerker ausschloss[2]. In Lübeck hielt die dem Ende des Jahrhunderts angehörende Ratswahlordnung die Vorschrift für nötig, dass Leute, die »van openbare hantwerke hebbe gewunnen er goet«, der Mitgliedschaft des Rates unfähig seien[3]. Es würde diesem Zuge zu schärferer Ausbildung der Standesgegensätze entsprechen, dass nun auch der Handwerker festere Normen für die ihm zugehörigen Mitglieder der Stadtgemeinde aufstellte.

Das Recht des Mittelalters war auf den Stand gegründet. Die ständische Gliederung, die sich im 13. Jahrhundert gebildet und den alten Gegensatz der Freien und Unfreien überwunden hatte, blieb seitdem herrschend. Ihre Basis war der Beruf. Nach der Neigung des deutschen Rechts, alle Rechte und Verhältnisse zu erblichen zu machen, entwickelte sich, was anfänglich ein Berufsstand war, zum Geburtsstande. In Ritter, Bürger und Bauer stellte sich die neue ständische Gliederung dar. Sie durchdrang alles, das Recht und die Sitte. Das für das deutsche Recht bezeichnende Streben nach Öffentlichkeit bewirkte, dass schon in der Kleidung die Stände erkennbar auseinandertraten. Die Kleiderordnungen wollten nicht bloss dem überflüssigen Luxus steuern,

---

[1] Erkenntniss v. 13. Dec. 1884 (Entschdgn. des RG. in Zivilsachen XII, 239 ff.).

[2] Ratslinie der Stadt Wismar (1875) S. XVII.

[3] Oben S. 49.

sondern auch dafür sorgen, dass jeder sich nach seinem Stand,
Ehre und Vermögen trage. Man soll schon äusserlich wissen,
mit wem man es zu tun hat und sich vor der Gesellschaft von
Ungenossen zu hüten imstande sein. Es wird geklagt über die
Verrückung der Grenzen unter den Ständen, über die Verdruckung
der Ehrbarkeit[1]. Die »Ehrbarkeit«, um deren Respektierung es
der Gesetzgebung besonders zu tun ist, bedeutet im Sprachgebrauch
der Zeit die städtische Aristokratie. Die Reichspolizeiordnungen
unterscheiden unter den Bürgern der Städte drei Klassen: die im
Rat von Geschlechten oder sonst ehrliches Herkommens und ihrer
Zins und Renten sich ernehren; die Kauf- und Gewerbsleut; die
gemeinen Bürger, Handwerker und gemeinen Krämer, und bestimmt ausführlich über die jeder der drei Klassen gebührende
Kleidung[2]. Der Augsburger Bürgermeister Ulrich Schwarz von
den Zünften ärgerte noch im Tode die Geschlechter dadurch, dass
er bei seiner Hinrichtung am 18. April 1478 einen »schamaloten
rockh mit marder gefuettert«, Wams und Haube trug, wie sie nur
denen »von Herren« zukamen[3].

Bildeten die Handwerker auch den untersten Stand in den
Städten, auf den alle andern stolz herabsahen, so durften sie sich
ihrer Verdienste um den Flor der Städte rühmen· Ihr Gewerbs-
fleiss, ihre Kunstfertigkeit hatten das deutsche Handwerk zu Ehren
gebracht und damit mächtig zur Förderung der deutschen Städte
beigetragen. Wer einzelne unter den Städten besonders rühmen
wollte, pries die Erzeugnisse ihrer Industrie. Zu diesem Erfolge
wirkte die Strenge mit, mit der die Älterleute die Schau hand-
habten, wandelbare Ware verwarfen und vom Verkauf ausschlossen·
Die Stadt sah ihre Ehre darin, dass die Erzeugnisse ihrer Gewerbetreibenden ohne Tadel, dass die von den Zunftgenossen ge-
fertigten und feilgebotenen Waren »geve unde gud alse ed der
stat nutte unde erlik sy« waren[4]. Auch die hier wiederkehrende

---

[1] RPO. v. 1548 t. 10 (RA. II 593).

[2] RPO. von 1577 tit. 9 ff. (RA. III 383 ff.).

[3] StChron. XXII (Augsburg III) S. 437. Nach der RPO. v. 1530
XIII, 1 waren schamlote röcke, marderfutter, sammete wammes usw.
nur Bürgern der ersten Klasse gestattet, die der zweiten durften als
Futter zum höchsten Marderkehlen wählen, während U. Schwarz ein
ruckmarderine hauben getragen hatte.

[4] Hildesheimer UB. I n. 650.

Forderung der Öffentlichkeit dient dem gleichen Zweck. Das Arbeiten der Handwerker in offenen Lauben und Hallen, in Buden an öffentlichen Plätzen, das Feilhalten der gewerblichen Erzeugnisse auf dem Markte, an Stätten, die jedermann zugänglich waren, das Zusammenwohnen der Handwerker in denselben Strassen und Stadtgegenden ermöglichte eine rasche und allgemeine Kontrolle. Für einzelne Gewerbe, wie das des Goldschmieds, war das öffentliche Arbeiten geradezu Vorschrift: he schal anders nerghene sitten unde werken wen in den boden under dem radhuse, dat men openbare zeen unde weten moghe, wo unde wat he werke[1]. Auch die Verpflichtung, das Produkt des Gewerbfleisses mit dem Zeichen seines Urhebers zu versehen, gehört hierher. In Lübeck mussten die Grapengiesser, die Armbrustmacher, die Goldschmiede ihre Arbeit mit ihrer Marke[2], zu der die der Stadt hinzutrat, versehen. Der Goldschmied sollte sein Werk tekenen laten mit der stadt teken, alse mit deme arne (dem Adler), unde schal vort syn egene teken dar by slan, er he dat werk van sik antwordet ofte up syn bret settet umme to verkopende[3]. Bei den Grapengiessern bezog sich auch darauf die von einer Reihe hansischer Städte 1354 getroffene Vereinbarung[4]. Die Rolle der Armborsterer hebt ausdrücklich als Zweck der Einrichtung hervor: to eneme teken, dat he sin werk rechtverdich waren wil unde schal[5]. Das Zeichen soll also einen bestimmten Meister für die Rechtmässigkeit der Ware haftbar machen. In Hildesheim sollen die Schmiede auf die Messer »eyn sunderlik bymarke darup slan, dar men by sege, dat id Hildensemsche messede weren«[6]. Diese Äusserungen des gewerblichen Rechts zeigen, wie das Mittelalter in der Einrichtung der Zunft es verstanden hat, das Interesse des Einzelnen mit dem des Ganzen feinsinnig zu verknüpfen. Die Organisation, die jede

---

[1] 1371 Wehrmann S. 221; das. 220: dat alle man mach seen, wat dar vorhandelt wert.

[2] 1354 Wehrmann S. 226; 1425 das. S. 161; 1492 das. S. 215.

[3] 1492 Wehrmann S. 215.

[4] Hanserezesse I 1 S. 117, a. 2.

[5] Wehrmann S. 161: an einer zweiten Stelle derselben Rolle »recht u. verdich«.

[6] 1423 IV 484. Techen in Hans. Geschichtsbl. Jahrg. 1906 S. 373.

Zunft besass, setzte sie zugleich in den Stand, all den vielfältigen
Aufgaben, die ihr innerhalb der städtischen Gemeinde auch abgesehen von ihrem nächsten gewerblichen Zweck oblagen, zu
dienen: den militärischen, den kirchlichen, den sozialen in ihren
verschiedenen Abzweigungen, wie Armenpflege, Krankenfürsorge,
Begräbniswesen. Ihre Organisation führte die Zunft auch zu
ihrem wichtigsten politischen Erfolge: der Erringung eines Anteils am Stadtregiment.

Kein geringes Stück in der Zunftorganisation bildete die
Strenge, mit der sie die Eintrittsbedingungen überwachte. Hing
nicht von vornehmer Abkunft, noch von Reichtum die Mitgliedschaft in ihrem Kreise ab, so war sie doch weit davon entfernt,
ein Allerweltsverein zu sein, der bereit gewesen wäre, jedermann
mit offenen Armen aufzunehmen, der sich anderwärts nicht unterbringen konnte. Wie alle Demokratien darauf bedacht sind, sich
nach unten hin abzuschliessen[1], so auch die der Zünfte. Der Eintritt war nicht an biegsame, leicht zu erfüllende, sondern an
strenge, durch nichts zu ersetzende Bedingungen geknüpft. Den
Ständen, die geneigt waren, den Handwerkern die Niedrigkeit
ihrer Geburt vorzuwerfen, begegneten sie mit dem Hinweis auf
die Reinheit der Geburt. Mochten auch die höheren Stände eine
gleiche Forderung kennen, sie war bei ihnen durch so viele Ausnahmen, Toleranzen und Milderungen der Praxis durchbrochen,
dass die Regel dahinter verschwand. Man duldete in den Zünften
keinen Eindringling, man begünstigte die in der Tradition des
Handwerks Aufgewachsenen, weil man sich von ihnen ein Weiter-
arbeiten nach dem Muster und im Geiste der Vorgänger versprechen durfte. Wehrten sich die Handwerker gegen das Eindringen anderer in ihre Kreise, so stiegen doch nicht wenige aus
ihrer Mitte — und das ist ein neues Zeichen ihrer Tüchtigkeit —
in die höheren Klassen empor. Die Demokratie in den deutschen
Städten, nachdem sie zur Herrschaft gelangt, hat sich wiederholt
in eine Aristokratie umgewandelt. Wie der Handwerker nach
seiner Erwählung in den Rat zur Kleidung des Kaufmanns berechtigt[2], aber oft zugleich verpflichtet wurde, während seiner

---

[1] Roscher, System der Volkswirtschaft III 601 (§ 132).
[2] RPO. v. 1530 XI 4: wäre es aber sach, dass ein solcher handwerker in einer stadt in rath wird erwählt, alsdann soll derselb mit

Mitgliedschaft im Rat das Handwerk ruhen zu lassen[1], so haben
ehemalige Zunftmeister an der Spitze ihrer Stadt gestanden und
sie würdevoll und reich dem Kaiser und Fürsten gegenüber re-
präsentiert. Wenn das Urteil über einen Stand von den Männern
abhängt, die er hervorgebracht hat, so steht ein Stand in der
deutschen Geschichte an hoher Stelle, aus dem sich die lichte Gestalt eines H ans S achs erhebt.

Der Gang der· Untersuchung hat dazu geführt, die Licht-
seiten der Zunftverfassung ˙hervortreten zu lassen. Daneben
dürfen die Schattenseiten nicht ausser acht bleiben. Es waren
enge, kleine Verhältnisse, in denen der unterste Stand der wirtschaftlichen Gliederung sich bewegte. Menschen, die von ihrer
Hände Arbeit lebten, immer darum besorgt, den täglichen Unterhalt zu gewinnen, und die nur durch eine gleichförmige Übung
ihres Erwerbes sicher waren. Jede Zunft schloss sich in ihre
Zunftstube ab; spielte ein Zünftiger hier mit einem Unzünftigen,
so wurden beide gestraft[2]. Dem Bedarf der oberen Stände zu
dienen angewiesen, aber auch ihrer Laune, ihrer wechselnden
Mode, waren sie genötigt, auf sie zu merken, sie in ihren Gewohnheiten und Neigungen, in ihren Sitten und Einrichtungen zu beobachten. Beides übte seine Rückwirkung auf das Leben des
Handwerkerstandes. In kleinen in sich abgeschlossenen Kreisen
erhalten sich Rechtssätze und Einrichtungen, die das öffentliche
Leben abgestossen hat. Das Gute, das darin liegen kann, wird
meistens durch den Nachteil aufgewogen, dass der Egoismus anstatt des Gemeinsinns die Herrschaft . gewinnt. Zugleich begünstigte die Exklusivität eine übermässige Entwicklung des
Formenwesens. Was sich hier als Form ausbildete, war starr und
streng, wurde benutzt zu sich immer steigernder Wertschätzung
der Form. Die Sitten und Gewohnheiten der höheren Stände
ahmte der niedere nach. Die˙ Form wird wiederholt, aber der
Geist folgt nicht gehorsam der Form. Die Nachahmung wird zum
Zerrbild. Der Minnegesang entartet unter den Händen der

---

kleidung sich .nit anderst, dann hernach von kaufleuten gemeldet wird,
zu halten macht haben (RA. II 337).

[1] Brem. Statut v. 1330 (UB. II, Nr. 313): so welc ammetman ratman
wolde wesen, de scal sines ammetes vortighen unde nen ammet oven.

[2] Zunftstubenordnung von 1475 (Strassburger ZO. S. 600).

Handwerker zum Meistergesang. Die Forderung der Ehrlichkeit
der Hantierung, in ihren Anfängen berechtigt, wird ausgetüftelt
zu einem System von Exklusivitäten, die in den hellen Unsinn
ausarten und die Äusserungen des menschlichen Verkehrs und
der tätigen Beihilfe erdrücken. Der Handwerkerstand verfügte
vermöge seiner Verfassung allerdings über ein Mittel, das seine
Genossen über die engen »Handwerks- und Gewerbesbanden«
hinauszuheben geeignet war. Aus »niedriger Häuser dumpfen
Gemächern« führte sie nicht blos einmal wie in der Dichtung ein
kurzer schöner Feiertag. »Der Wanderbursch mit dem Stab in
der Hand« ist uns der fröhliche Vertreter der jungen Handwerker-
welt, die ihre Ausbildung in der Fremde sucht, Land und Leute
kennen lernt und sich von der Wanderschaft Erfahrung und erweiterten Blick heimbringt. Aber einmal ist die Wandervorschrift
nicht von dem Alter, wie man sich gewöhnlich vorstellt. Die
mittelalterlichen Zunftrollen wissen wenig von ihr vor dem Ende
des 15. Jahrhunderts und nur vereinzelt. In Lübeck wird die
Forderung zuerst 1477 gestellt, und ein Wollenweberssohn, der
synes sulves werden wil, verpflichtet, Jahr und Tag zu wandern,
bevor er in die Morgensprache kommt, um das Amt zu heischen[1].
Die Beispiele, die man für früheres Vorkommen angeführt hat,
sind missverstanden[2]. Gierke meint, viel älter als die Wandervorschrift sei die Wandersitte gewesen; aber das Argument,
worauf er sich stützt, die frühen Verbindungen der Städte und
der Zünfte untereinander[3], erklären sich doch aus rechtlichen und
politischen Zwecken, zu deren gemeinsamer oder wenigstens über-
einstimmender Verfolgung die Städte Verträge schlossen, viel

---

[1] Wehrmann S. 494.

[2] In dem Art. 9 eines Statuts schlesischer Schneider von 1361
(Breslauer UB., hg. v. Korn [1870], S. 202) steht weiter nichts, als dass
ein Knecht, der in eine fremde Stadt wandert, es sich gefallen lassen
muss, dass ihm die Handwerksmeister den Watsack (Kleidertasche) auf-
binden und untersuchen. Der Artikel stammt aus einem durch die
Schneider der schlesischen Städte vereinbarten Statute; dass sie dazu
einen »Tag« anberaumt hätten, sagt die Urkunde nicht. — Das Irrige
der Auslegung, die Hartmann, Hildesh. Handwerkerverbände S. 50 dem
Statut Hild. UB. III S. 718 gibt, wenn er es auf das Wanderwesen bezieht, hat Techen, Hans. Geschichtsbl. Jahrg. 1906 S. 378 gezeigt.

[3] Gierke, Genossenschaft I, 404.

positiver. Wie manche Vereinbarung speziell zu gewerbpolitischen Zwecken ist schon früh unter den wendischen Städten zustande gekommen! Als die Hanse lahm lag, ist 1321 unter ihren ehemaligen Mitgliedern ein Böttcherstatut auf dem Wege der Vereinbarung von Ort zu Ort hergestellt worden [1].

Erst mit dem 16. Jahrhundert wird das Wandern zur regelmässigen Vorschrift und zu einer Bedingung des Meisterwerdens [2]. Aber in seiner weiteren Ausbildung führt das Wanderwesen selbst wieder einen Zwang, eine Herrschaft der Formen herbei, die vielleicht alles andere noch an Wirkung übertrifft. Die »Konnexion« der Gewerbe, von der die Zeugnisse der späteren Zeit so oft reden, bringt neben dem Guten, das sie herbeiführt, doch auch genug Nachteiliges, das sie stärkt und verbreitet. Der Änderung eines Gebrauches, der Abschaffung eines Missbrauches begegnet in der Geschichte der Zünfte nichts häufiger als die Sorge vor der Aufnahme da draussen. Man lässt lieber Strafe und Ausweisung über sich ergehen, als sich dem auszusetzen, in der Fremde wegen Aufgebung eines alten gemeinsamen Gebrauchs »geschimpft« oder, wie man später sagte, »verschrieen« zu werden.

6. Ausgang.

Seit dem 16. Jahrhundert ist das Reich bestrebt, gegen die Auswüchse des Erfordernisses der Ehrlichkeit einzuschreiten. Aber die Geschichte der Reichsgesetzgebung selbst belegt am besten, nicht nur wie vergeblich ihre Gebote ergehen, sondern auch wie der Kreis der Gewerbe und Hantierungen, die unehrlich machen, statt abzunehmen wächst. Die Reichspolizeiordnungen von 1548 und von 1577 wenden sich gegen die Gebräuche, welche die Gewerbe der Leinweber, Barbierer, Schäfer und Müller als unehrlich behandeln [3]. Als die Reichsgesetzgebung nach 150 Jahren zu dem Gegenstande zurückkehrte, waren nicht blos Gassenkehrer und Bachfeger hinzugekommen, sondern die ganze Fülle der Unterbeamten in Stadt und Land, in Gericht und Polizei: Toten-

---

[1] Hanserezesse I 1 S. 57 ff.

[2] Wehrmann S. 121, 302. Roscher S. 604. Techen, Hans. Geschichtsbl. Jahrg. 1897 S. 43.

[3] RA. II 605, III 397.

gräber, Nachtwächter, Bettelvögte, Gerichtsknechte, Turm-, Holz-
und Feldhüter. Ein hannoversches Edikt von 1734 zählt eine
Reihe dieser »zu Handhabung der Justitz und Beybehaltung guter
Policey nöthiger Bedienten« auf[1], die im Lande »aus irrigem Wahn
als Leute, die mit einer infamia behaftet sind, angesehen und des-
wegen für unehrlich gehalten werden«. Sie werden infolgedessen
von den Untertanen »in ihren Gesellschaften, auch sogar in denen
Kirchenständen unter sich nicht geduldet«, ja »die Untertanen
weigern sich, ihnen ihre Häuser zu vermieten und ihre verblichene
Körper zu Grabe zu tragen«. Wie fern die Schilderung der Regierung von Übertreibung war, wie das Leben vielmehr noch darüber hinausging, mögen einige Beispiele zeigen.

Im J. 1628 beschwerten sich die »botmeister oder lictores« von
Münster beim Rate, dass die Ämter ihren Kindern die Aufnahme
versagten. Vergeblich berief sich der Rat auf Reichsabschiede
und Polizeiordnungen, die den Ausschluss solcher Bewerber längst
als einen missbräuchlichen Handel, als einen Widerspruch gegen
die »vernünftige Bescheidenheit« verboten hätten; es half auch
der Hinweis nicht, die Botmeister seien, wie schon ihr Name be-
sage, nur zur Ausführung der Gebote des Rats und des Gerichts
bestimmt, würden nur zum ersten Angriff der Delinquenten gebraucht, nicht aber zur weitern Exekution der verdammten Übel-
täter. Man sieht deutlich, was der Grund des Widerstandes war.
Die Gilden erblickten in dem Beruf des Botmeisters etwas dem des
Nachrichters verwandtes. »Das Handanlegen an den Delinquenten,
das Fangen und Spannen« machte in ihren Augen unehrlich, und das
vererbt sich auf die von den Botmeistern nach Erlangung ihres Amts
erzeugten Kinder. Der Rat ist entgegenkommend genug zuzusichern,
dass Kinder eines Botmeisters in die Zunft aufgenommen, nicht als
Ratspersonen oder Gildenmeister zugelassen werden sollen; er verlangt nur, dass sie sich des Handwerks »zu leibesnötiger narung« bedienen können. Die siebzehn Gilden blieben fest, appellierten nach
Speier, wo sie leider aus prozessualen Gründen abgewiesen wurden[2],
und machten nur die Konzession, Kinder eines Botmeisters, die vor
der Zeit, da er »zu sotanigen verechtliken hantwerk gereide«, ge-

---

[1] C. C. Calenberg. III, 2 S. 73.
[2] Krumbholtz S. 132 ff.

boren waren, zu Lehrlingen zulassen zu wollen[1]. — Die Stände
der Mark Brandenburg beschwerten sich beim grossen Kurfürsten
darüber, dass sie keine Schäfer, Vögte, Stadtdiener und Wächter
bekommen könnten, weil deren Kinder von ehrlichen Zünften und
Gilden in der Mark nicht aufgenommen würden. Der Kurfürst
liess die Sache untersuchen; es fand sich für die Ausschliessung
kein rechtsgültiges Fundament. Es seien gemeine unberichtete
Leute, die den genannten Berufen vermeintlich unflätige Dinge
vorwürfen oder dass sie zur Erhaltung der öffentlichen Sicherheit
auf Befehl böse Buben zur Haft brächten und verwahrten. Er
untersagte deshalb den Zünften die Abweisung, wenn auch Artikels-
briefe aus Unerfahrenheit oder alte Gewohnheiten etwas Gegen-
teiliges verfügten. Wie schwer die Vorschrift der kurfürstlichen Verordnung von 1659[2] Eingang fand, zeigte die Notwendigkeit ihrer Wiederholung i. J. 1705[3]. Ja noch 1797 erklärte die
Preussische Regierung für die Fürstentümer Ansbach und Baireuth,
um dem herrschenden Vorurteil abzuhelfen, als klebe an dem
Amt eines Gerichtsknechts levis notae macula, sollte in Zukunft
nur der Name Stadtgerichts- und Amtsdiener gebraucht[4] werden.
Kreitmayr hat den bezeichnenden Zug aufbewahrt, dass, als 1703
in Bayern ein Generalaufgebot zur Abwehr der Kaiserlichen erging, die gegen den mit den Franzosen verbündeten Kurfürsten
Max Emanuel anrückten, und in solcher Landesnot zur Verstärkung der Miliz auch »Schergen und Amtleut« d. h. Gerichtsdiener
herangezogen wurden, das bayerische Heer sich so entschieden
widersetzte, dass von dieser Verstärkung abgesehen werden musste[5].
Aus der angeblichen Unehrlichkeit sind geradezu unmenschliche
Konsequenzen gezogen worden. Ein Vorgang, der sich 1685 in
Husum ereignete, veranlasste den Ratsältesten Augustus Giese
zu einer Schrift, die schon durch ihren Titel verrät, wie weit
der Missbrauch gediehen war: der wehschreiende Stein über den
Gräuel, dass man die Diener der Justiz bisher nicht zu Grabe

---

[1] Krumbholtz S. 134.
[2] Mylius, Corp. constit. March. V (1740) 2, S. 642.
[3] Mylius S. 654.
[4] Ortloff S. 150.
[5] Kreitmayr, Anmerkgn. zum Codex Maxim. bavar. civilis V (1768
S. 2413.

tragen und nun auch ihren ehelichen Frauen in Kindernöten niemand helfen will (Husum 1687)[1]. Der klügelnde Scharfsinn war förmlich darauf aus, immer neue Fälle der Unreinheit ausfindig zu machen. Der Reichsschluss von 1731 führt unter den Missbräuchen auf: da ein Handwerker einen Hund oder Katze tot wirft oder schlägt oder ertränket, ja nur ein Aas anrühret und dergleichen, will man eine Unredlichkeit daraus erzwingen, so gar dass die Abdecker sich unterstehen dörfen, solche Handwerker mit Steckung des Messers und in mehr andere Wege zu beschimpfen und dergestalt dahin zu nötigen, dass sie sich mit einem Stück Geld gegen ihn abfinden müssen[2]. Die Steckung des Messers zielt auf den Brauch, dass der Abdecker sein Messer dem in die Haustüre steckte, der ihm in sein Handwerk gegriffen hatte[3].

Die Frage nach dem Grunde dieser sich selbst überschlagenden Exklusivität ist nicht ganz leicht zu beantworten. Falck hat einmal geglaubt, darin eine Einwirkung alttestamentlicher Ideen, eine Art levitischer Unreinheit in ihren untern Graden zu entdecken[4]. Wie sollten sie aber gerade in das Handwerk eingedrungen sein, das sich von jeder Berührung mit Juden und jüdischem Wesen fern hielt, und auch durch die Kirche, die sich sonst wohl als Vermittlerin mosaischer Gebote und Verbote erwiesen hat (ob. S. 46), diese Art peinlicher Reinheitsvorschriften, die ihr selbst fremd blieben, nicht erhalten haben kann? Es wird kaum eine andere Herleitung möglich sein als aus einer Ausweitung des dem Nachrichter anklebenden Makels. Die Unehrlichkeit des Henkers selbst geht auf die Kirche zurück. Ihr horror sanguinis bewirkte seine Unehrlichkeit[5]. Seine Beschäftigung mit dem Leichnam muss dann alle Berührung von toten Körpern, die gewerbsmässige nicht blos, auch die einzelne, gelegentliche, zu etwas Un-

---

[1] Falck, Schlesw.-Holst. Privatr. IV 278. O. Beneke V, unehrlichen Leuten[2] (1889) S. 261 ff.

[2] Art. 13 § 1 (Ortloff S. 22).

[3] Beneke S. 281 ff. Grimm RA. I 235: noch aus neuerer Zeit ein Beispiel, dass ein Scharfrichter dem entflohenen Verbrecher ein Messer über die Tür steckte und ihn dadurch ehrlos machte.

[4] Eranien z. deutschen Recht, Liefrg. 3 (1828) S. 51: über den Ursprung der den Abdeckern in Deutschland anklebenden Unehre. Schlesw.-Holst. Privatr. IV (1840) 279.

[5] Brunner, Savigny-Ztschr. XXIII (1902) S. 199.

ehrlichem gestempelt, nachher noch weiter gehend alle Personen, die mit polizeilichen oder kriminellen Vollstreckungshandlungen zu tun hatten, in den Kreis der unehrlichen Leute hereingezogen haben. »Des Henkers Infamie war so gross und ansteckend, dass jeder direkte Kontakt mit seinen Funktionen den honettesten Mann beschimpfen konnte«[1]. Den Ursprung der Exklusivitätsbestrebungen blos in der Tendenz zu suchen, die Konkurrenz abzuwehren[2], so oft sie sich auch im Handwerkswesen als wirksam zeigt, verbietet die individuelle Natur des angeblichen Mittels zum Zweck. Die Zünfte selbst lieben es, sich auf uralte Gewohnheit zu berufen, verschmähen aber doch zu ihrer Stütze das geschriebene Recht nicht Die Juristen der Zeit waren geschmeidig genug, ihnen im Corpus juris Stellen anzugeben, die das zwar nicht bewiesen, aber zu Allegaten, wie sie die üblichen Deduktionen brauchten, ausreichten. In der Verhandlung über die Botmeister beriefen sich die Münsterschen Ämter darauf, dass in die Zünfte vermöge uralter Privilegien nur unbetadelte Personen zugelassen, zur Erhaltung ihres Ehrenstandes deshalb niemalen keine Botmeisterkinder angenommen seien, da »die botmeister und deren dienste zu Münster sowohl als in gemeinen beschriebenen rechten durchaus verächtlich sein«[3]. Nach l. 6 Cod. de dignitatibus (XII, 1), einer der Hauptstellen, auf die man sich zu berufen pflegte, sollen niedere Händler (quis ex ultimis negotiatoribus) oder zu geringen Dienstleistungen bestimmte Personen (omnique officiorum faece) keine staatliche Würde (dignitas) bekleiden. Bekleidete denn der Handwerksmann eine staatliche Würde? Ein Fundamentalsatz in dem Ehrenkodex der Handwerker ist der Ausschluss der Kinder um des Berufs oder der Handlung der Eltern willen. In demselben römischen Rechte, mit dem man das Eindringen Unehelicher und Unehrlicher abwehren zu können meinte, standen die Aussprüche des Papinian und des Ulpian: non impedienda est dignitas ejus, qui nihil admisit; nullum patris delictum innocenti filio poenae est[4]. Und selbst wenn das römische Recht jene Aus-

---

[1] Beneke S. 84, 99.
[2] Gierke, Genossensch. I 918.
[3] Krumbholtz S. 133.
[4] l. 6 pr., l. 2 § 7. D. de decurionibus 50, 2. Bruder, Tüb. Zeitschr. f. d. Staatswiss. XXXVI (1880) S. 496.

schliessungen begünstigt hätte, was berechtigte die Zünfte, das Gesetzbuch Kaiser Justinians für sich anzurufen und die Gesetze seiner »Nachfolger am Reich« für nichts zu achten?

Mit der Ausschliessung der Unehelichen war man schon im Mittelalter weit genug gegangen, als dass hier noch eine Steigerung möglich gewesen wäre. Es ändert an dem allgemeinen Bilde wenig, wenn vereinzelt Zulassungen unehelicher Kinder vorkamen. In Münster z. B schlossen die beiden Gilden der Barbiere und der Leineweber, also gerade weniger geachtete Gewerbe, uneheliche Kinder nicht aus[1]. Im J. 1514 nahm die Schuhmachergilde zu Bodenwerder einen »so wanbordich unde sik der orsake orer gilde nicht erfrauwen« mochte, auf Verwendnng des Bischofs Johann IV von Hildesheim auf, aber »ohne Präjudiz«: der Bischof musste sich verpflichten »wy unde unse nachkomen schullen unde willen de genanten gilden na dusser tidt dermaten wanbordige unde mysberochtede to verbiddende keyne macht hebben«[2]. In Münster hatten eine Zeitlang einzelne Zünfte »der ersten natürlichen Geburt« Eingang verstattet. Um aber Gleichheit unter den Ämtern herzustellen und Friede und Einigkeit zurückzuführen, beschloss der Rat 1602, dass von nun ab alle natürlichen Kinder ausgeschlossen sein, »jedoch die erste geburt, so per subsequens matrimonium legitimirt, ausgenommen, welche allein und nicht weiter zu gilden gestattet werden solle[3].

Die beiden bisher verfolgten Erscheinungen bewirkten, dass die Zünfte bei der Aufnahme immer kleinlicher verfuhren. Statt dem Handwerk frisches Blut zuzuführen, pflanzten sich die Zünfte durch Inzucht fort. Die Warnung: Kunst erbet nicht, blieb unbeachtet. Die Erfahrung, dass Rechte, einem kleinen Kreise von Personen anvertraut, alsbald zu eigennützig gebrauchten Rechten

---

[1] Barbiere 1564: niemand zur Brüderschaft zugelassen, er sei denn »ehelich ut einem christlichen ehebedde von vader unde moder oder sunst tom wenigsten naturlich geboren«. Sie verwahren sich aber dagegen, desshalb auch papen- oder overwunnen hoerkinder und scharprichters kinder oder Personen, die sich mit ihnen »ehelich versellen unde bestaden«, aufzunehmen (Krumbholtz S. 166). Münstersche Leineweberrolle v. 1613: u. sollen so woll die unehelichen als ehelichen zu dieser Bruderschaft verstattet und ufgenomen werden (das. S. 301).

[2] Zeitschr. d. hist. Ver. f. Niedersachsen 1900 S. 343.

[3] Krumbholtz S. 131.

zusammenschrumpfen, bewährte sich auch hier. Die Praxis des
Handwerkerstandes war um so kurzsichtiger, als sie mit dem allgemeinen wirtschaftlichen Verfall Deutschlands zusammentraf, der
keinen Erwerbszweig so schwer heimsuchte als das Handwerk.
Einen güldnen Boden hatte es nur noch im Sprichwort. Das ver-
änderte Wehrwesen, der grosse Umschwung im Gottesdienst machte
einen grossen Teil der Kunsthandwerke überflüssig. Was sollten
die armborsterer, die Pergamenter, die Bildschnitzer, die Pater-
nostermacher in einer umgewandelten Welt? Des ökonomischen
Rückgangs ungeachtet hielten die Zünfte unbekümmert an allen
Formen ihrer alten Verfassung fest und wachten eifersüchtig über
deren Aufrechterhaltung, mochte auch der Geist, der sie einst belebte, längst entwichen sein. Was ihnen Wert und Bedeutung
gab, lag in der Bestimmung der Zunftorganisation ›des stades nut
to vorderen‹. An ihre Stelle trat als Zweck der Zunft, eine Ver-
sorgungsanstalt des Handwerkers für sich und die Seinigen zu
bilden: ›up dat iedermenlik, de unser gilde sint, sine ehekinder
desto bet tom eren und to fromen bestade kommen mogen[1].‹ Dazu genügte es, auf die peinlichsten Grundsätze im Familienrechte,
in der Eheschliessung zu halten, mochten auch im Gebiete des
Vermögensrechts, des Handwerksbetriebs die alten gewerblichen
Vorschriften und Einrichtungen, welche den Schutz des Publikums
gegen Übervorteilung und Täuschung bezweckten und die Tüchtigkeit und Preiswürdigkeit der Handwerkserzeugnisse verbürgten, in
Vergessenheit geraten und verfallen. Hinter der Arbeit des Einzelnen stand nicht mehr die Garantie der Zunft, die den Käufer
vor dem Falsch bewahrte. Dabei blieb das Publikum nach wie
vor auf die Dienste des Handwerks angewiesen und durch die
Zünftigkeit der wichtigsten Handwerke gezwungen, deren Arbeit
zu suchen und anzunehmen. Zweck und Mittel der Zunfteinrichtung
traten immer mehr auseinander. Was zu Gunsten des Ganzen
ersonnen war, entartete zu ausschliesslicher Berechtigung einiger
wenigen. Und diese wenigen zankten sich untereinander über die
Grenzen ihrer Befugnisse. Zunftstreitigkeiten erfüllten die Gerichte.
Hervorgerufen durch die Bedürfnisse der Praxis, entstand eine
Zunftjurisprudenz, kleinlich wie diese selbst. Das schreibselige

---

[1] Münstersche Kramer 1553, Krumbholtz S. 264.

Zeitalter erfasste den Gegenstand mit besonderer Vorliebe, Lehr-
bücher und Abhandlungen de jure opificum, de collegiis opificum
u. a. m. zogen sich von den Zeiten des Jenenser Adrian Beier
(† 1712) bis tief in die zweite Hälfte des 18. Jahrhunderts hinein[1].
Der streitsüchtige Geist, der die deutschen Kommunen to tief
zerrüttete, schöpfte seine beste Nahrung aus den Zunftprozessen.
Eine hannoversche Regierungsverordnung von 1707 musste die
Handwerker an ihre elementarsten Pflichten erinnern: sich un-
tadelhafter Arbeit zu befleissigen, niemanden zu übersetzen und
aufzuhalten, und ihnen mit obrigkeitlicher Kontrolle drohen[2]. Was
der Stolz des deutschen Handwerks gewesen war, verfiel der
Lächerlichkeit. Einst bildeten die Zünfte die bewaffnete Macht
der Stadt. Jedes Mitglied musste bei seinem Eintritt einen Beitrag »to harnsche« leisten oder »eins mans harnsch tughen to
syneme lyve«[3]; Revisionen sorgten dafür, dass die Rüstung in
brauchbarem Zustande vorhanden war. Manche Zünfte hatten
die Bestimmung, dass der Genosse seinen Harnisch bei seinem
Tode der Zunft lassen musste: unde wen de man stervet, so schal
dat harnsch in dat ampt sterven[4]. Der zu Walle gehende Handwerker wurde jetzt zum Spiess- oder Schildbürger. Seine kriegerische Leistung bestand in der Jagd auf Böhnhasen, in dem Aus-
fall gegen Störer und Stimpler. In Osnabrück hatte die Stadt
noch Kanonen auf ihren Wällen, aber als im siebenjährigen Kriege
die Gefahr nahe rückte, keine Munition sie zu laden und keine
Konstabler, die sie zu laden verstanden hätten[5]. Das Amt der
Armbrusterer in Lübeck wurde zu einer Zunft der Leimsieder[6].

Die zunächst berufene Stelle, die städtische Obrigkeit, war,
wie wiederholte Beispiele gezeigt haben, zu schwach, den Schäden
im Gewerbewesen abzuhelfen. Sie wich zurück vor dem Widerstand, der auf die altererbten Vorrechte pochte, oder liess sich mit
kümmerlichen Zugeständnissen abspeisen. So fiel das Werk der

---

[1] Pütter, Litt. des Teutschen Staatsrechts III (1783), S. 539.
[2] C. Const. Cal. S. 17.
[3] Wehrmann S. 111, 455, 255.
[4] 1508, Wehrmann S. 255. Gierke, Genossenschaft I 368, 373;
II 903.
[5] Stüve, Mittlgn. des histor. Ver. zu Osnabrück VIII (1866) S. 205.
[6] Wehrmann S. 160.

Reform in die Hand der Regierung, sei es der Territorien oder des Reiches. Die Landeshoheit, im Aufsteigen zur Souverainetät begriffen, war dadurch schon zum Kampf mit den Korporationen gekommen. Wie sollte sie hier nicht bereit zum Eingreifen gewesen sein, wo die korporative Selbständigkeit, stärker als je betont, so schlecht stimmte zu dem, was die Korporation leistete und was das Publikum zu fordern befugt war? Die in dieser Zeit so oft und missbräuchlich angerufene salus publica konnte den Regierungen keine bessere Legitimation zum berechtigten Einschreiten geben als hier. Waren sie doch bereit, die Fürsorge für all die Interessen zu übernehmen, deren Pflege einst denen obgelegen hatte, die jetzt weder den Willen noch die Kraft hatten, sie weiter zu vertreten.

Dem Vorgehen des Staats bahnten zwei Richtungen der Wissenschaft und des von ihr beeinflussten öffentlichen Geistes den Weg Es waren das die beiden an dem Wiederaufbau der deutschen Staaten nach dem dreissigjährigen Kriege beteiligten Faktoren: das Naturrecht und die Volkswirtschaft. Beide richteten sich in ihrem Kampfe gegen die Zünfte auch besonders gegen die beiden Ausschliessungsgründe, die uns beschäftigt haben. Zunächst das Naturrecht. Das erste Nachdenken auf diesem Gebiete hatte die Ungleichheit der Menschen im Recht zum Gegenstande genommen. Woher stammt die Ungleichheit derer, die Gott gleich, nach seinem Bilde geschaffen hat? Der ritterliche Verfasser des Sachsenspiegels hatte die Zeugnisse der Bibel durchgemustert und war zu dem Ergebnis gelangt: es gibt kein göttliches Zeugnis für die Berechtigung der Unfreiheit; sje stammt aus menschlicher Ungerechtigkeit[1]. Nicht so früh ist die Ungleichheit auf andern Gebieten den Menschen zum Bewusstsein gekommen. Aussereheliche Geschlechtsverbindungen kamen in allen Ständen, den höheren wie den niederen, vor. Was die gemeinsame Religion als eine Sünde verwirft, wird oben toleriert, unten mit Unehren bedacht und gestraft. Die Maitresse gehört zum Apparat eines fürstlichen Hofes. Die Kirchenzucht trifft die Dirne, nicht die fürstliche Konkubine. Der alte Moser hatte den Mut zu fragen, ob auch unehelichen Kinder der Fürsten eine Macul anhange, sich

---

[1] Ssp. III 42.

aber nur die ausweichende Antwort gegeben, es dependiere das
von dem verschiedenen Geschmack der Leute[1]. Die vornehme
Welt nahm jedenfalls keinen Anstoss. Das 18. Jahrhundert sah
Bastarde zu den höchsten Würden aufsteigen, Generale und Staats-
minister werden, während sie, wie J. G. Hoffmann, der Vater der
preussischen Statistik, in seiner Erstlingsschrift bemerkt, nicht
Schuster oder Schneider in einer deutschen Stadt hätten werden
können[2]. Vermag auf den hohen Stufen des Lebens die persönliche Tüchtigkeit alles, so ist sie auf den unteren ohnmächtig
gegenüber dem Makel der Geburt. Und immer wieder empfindet
es das Rechtsgefühl bei Betrachtung dieser Dinge als eine ver-
kehrte Welt, dass das Odium anstatt auf die Eltern auf die Kinder
gelegt wird. Sollen doch nur dem die Zähne stumpf werden, der
die Herlinge gegessen hat[3]. Ausser mit den Argumenten der
Bibel operierte das Naturrecht gern mit Aussprüchen des römischen
Rechts. Das Reichskammergericht erklärte es 1762 in einer
Hamburger Zunftsache für eine unvernünftige Gewohnheit, filiam
pro matre zu strafen und berief sich auf den ganzen Titel des
Codex ne filius pro patre conveniatur (IV 13)[4].

V o l k s w i r t s c h a f t l i c h e Bedenken gegen die Zweckmässig-
keit der Zunfteinrichtung waren schon dem Mittelalter nicht fremd.
In Überlingen verfügte der Rat 1461, »daz alle gewerb ab und
mencglichem fry sin söllen«, mit der Begründung: »damit der ge-
mein man, arm und reich, sin narung dester bass gehaben mug[5].«
Das nannte man im 17. Jahrhundert das natürliche Recht eines
jeden, sich durch seiner Hände Arbeit seinen Unterhalt zu verschaffen, und führte es gegen die Zunftverfassung ins Feld. Das
taten nicht etwa bloss radikale Schriftsteller, sondern Regierungen.
die wie in der Aufklärungsperiode so oft, auch hier die Führung
übernahmen. Ein Braunschweigsches Gildereglement von 1688
erwägt in seinem Eingang, »ob es nicht dem gemeinen Besten weit
verträglicher sei, einem jeden sein Handwerk, wie und an was

---

[1] Teutsches Staatsrecht, Tl. 22 (1746) S. 397.
[2] Das Interesse des Menschen und Bürgers an der bestehenden
Zunftverfassung (Königsberg 1802) S. 2.
[3] Ezechiel 18, 2 ff., 19 ff. angeführt bei Moser a. a. O.
[4] v. Cramer, Wetzlarsche Nebenstunden 40 S. 109.
[5] Mone, Z. f. Gesch. des Oberrheins 18 (1865) S. 30.

Orten er zum besten könne, nach Belieben treiben zu lassen, als die so viele Missbräuche nach sich ziehende und die natürliche Freiheit, seine Nahrung nach bestem Vermögen zu suchen, dergestalt einschränkende Gilden und Zünfte weiter zu dulden«[1]. Die wirtschaftlichen Verhältnisse der Zeit drangen nach der Entvölkerung durch den Krieg vor allem auf Vermehrung der Bevölkerung und die Hebung der gewerblichen Produktion. Die populationistischen Bestrebungen waren unvereinbar mit der Erschwerung des Meisterwerdens, der Eheschliessungen, mit den schweren Nachteilen, die die Gesetzgebung über aussereheliche Schwängerungen und ihre Folgen verhing. »Die Zünfte verhindern die Multiplikation der Arbeiter, ein Meister zerstört 20 Familien. Kein Hurenkind, kein Schäfers Sohn wird eingenommen, da doch mancher einen reichen Vater hat, der ihn hernach wohl forthelfen könnte«, heisst es in einer 1703 erschienenen »fürstliche Machtkunst« betitelten Schrift[2].

Stand die Notwendigkeit des obrigkeitlichen Eingreifens in die Zunftverhältnisse fest, so schwankten die Regierungen doch in der Wahl des Mittels. Einzelne Stimmen rieten zu radikalen Schritten. Unter ihnen ein so besonnener Staatsmann wie Veit Ludwig von Seckendorf. Während er sich in den ersten Ausgaben seines »Fürstenstaats« über das Zunftwesen lediglich objektiv zu berichten begnügt, hält er es in den seit 1664 seinem Buche gegebenen Zusätzen für notwendig, sein Urteil hinzuzufügen[3]. Er erklärt sich entschieden für Abschaffung der Zünfte. Der herrschende Grundsatz der Bevölkerungslehre, dass an der Menge der Untertanen das grösste Glück der Regenten gelegen sei[4], bildet auch für ihn den Ausgangspunkt. Ein Zufluss von Menschen ist aber nur zu erwarten, wenn alle Untertanen durch fleissige Arbeit ihre Nahrung und Erwerb haben. Die Nahrung muss frei sein und mit keinen Zünften, Innungen oder Gilden oder auch mit beschwerlichen Imposten belegt und eingeschränkt sein. Der Verfasser weiss, dass das eine harte Lektion für Handwerker, für die Obrigkeiten der kleinen Städte,

---

[1] M. Meyer, Gesch. der Preussischen Handwerkerpolitik I (1884) S. 139.

[2] S. 93 ff., 134 ff. und Roscher, Gesch. S. 303. Unten S. 74.

[3] Roscher, System S. 615; Gesch. S. 246.

[4] Fürstenstaat, Additionen v. 1664 § 41, S. 163 u. ff. (Ausg. v. 1678).

aber auch für etliche Obrigkeiten und deren Kanzleien der Gebühren halber sein werde. Er weiss auch, dass sich manche durch
die schöne Ordnung, Zucht und Polizei der Handwerker betören
lassen, wenn sie in deren Innungsbriefen lesen, wie die Handwerker ehrbar und gottesfürchtig mit einander leben, Schmähungen,
Flüche und schandbare Worte bei Strafe vermeiden, mit einander
zu Grabe gehen, aus der Handwerksbüchse den Armen steuern,
dass sie Bastarde und die sich unkeusch verhalten und etlicher
geringer verächtlicher Leute Kinder nicht in die Zunft nehmen,
»Das alles sind schlechte Nutzbarkeiten, welche den Zwang, monopolium und andere Ungelegenheiten der Zünfte keineswegs ersetzen«. Nicht mehr Respekt flösst ihm das Wandern der Gesellen
ein, bei dem die meiste Zeit mit »betteln und garden« hingeht
und, wo sie Arbeit nehmen, durch ungereimte liederliche Schenken
und Zechen, üppigen Frass und Quass verbracht wird. Werden
die Handwerksverhältnisse in Deutschland nicht geändert, so ist
statt Vermehrung der Bevölkerung Abnahme zu erwarten: das
junge Volk wird ausser Landes gehen, um in Kriegsdienste zu
treten oder dahin zu laufen, wo sie ohne Zunft und andere Kosten
aufgenommen werden. Sieht man die Aufhebung der Zünfte als
zu hart und unpraktizierlich an, so rät Seckendorf, nach und nach
vorzugehen, die Gesellschaften dem Namen nach bestehen zu lassen,
aber durch Einzelreformen zu helfen, z B. die Zeit der Lehrjahre,
die Kosten des Meisterstücks zu vermindern.

Keiner stimmt lebhafter in den Ruf: weg mit den Zünften
ein, als die »fürstliche Machtkunst«, eine anonyme Schrift vom
J. 1703 (oben S. 73), eingeführt durch den Hallischen Juristen
Heinrich Bode. Manches, insbesondere die gleiche liberale Ge-
werbepolitik, weist auf eine Entstehung der Schrift im Braun
schweigschen — das edle Braunschweiger Land heisst es (S. 91) —
hin, und die Nachricht, die es dem Geheimen Rat Asche Christoph
von Mahrenholtz, dem Verfasser »des aus Lust gemachten Vor-
bildes des Landes Braunschweig-Lüneburg« zuschreibt [1], hat des-

---

[1] Deutsches Anonymenlexikon III 99 (worauf mich Herr Archivrat
Zimmermann aufmerksam macht). Über Mahrenholtz († 1713) vgl.
Spilcker im Neuen vaterl. Archiv 1833 S. 78 ff. Roscher, Gesch. S. 303,
nennt es ein in mancher Hinsicht rätselhaftes Buch und hat es nur in
der Ausgabe von 1740 erlangen können. In Göttingen war die erste,

halb viel für sich. Das lebhaft und lustig geschriebene Büchlein betont, die deutschen Länder haben das beste Material und die besten Arbeiter. Jetzt gehen sie in die Fremde. Den Ruin unserer Manufakturen verursachen die Gilden oder geschlossenen Zünfte, welche platterdings abgeschafft werden müssen. Da darf nur eine gewisse Anzahl von Meistern in einer Stadt sein, keiner darf mehr als einen Lehrjungen und zwei Gesellen halten. Was das schlimmste ist, keiner darf seine Arbeit besser machen, wanns er gleich weiss, als Handwerks-Gewohnheit mit sich bringet. Seynd das nicht die grösste Torheiten? Dahero sollen die Manufakturen florieren, so muss dieses Gift vertilget, alle Gilden und ihre dem Publico höchst schädliche Innungsbriefe abgeschafft oder neue Articulsbriefe formieret werden[1].

Es fehlte unter den volkswirtschaftlichen Schriftstellern der Zeit aber nicht an gemässigtern Vorschlägen. Im 17. Jahrhundert äussert sich Becher, im 18. Justi in diesem Sinne. So klar sie die Missbräuche im Handwerke erkennen, so wissen sie doch auch seinen Wert zu würdigen: ›maneat usus et tollatur abusus‹. Unter den Regierungen neigten besonders norddeutsche wie Brandenburg und die Glieder des Hauses Braunschweig-Lüneburg zu durchgreifenden Massregeln. Auf dem Reichstage war fast die ganze weltliche Bank des Reichsfürstenrates für Aufhebung der Zünfte. Sollte das von Reichswegen nicht beschlossen werden, so wünschte man wenigstens eine Ermächtigung des Reiches für die einzelnen Stände, je nach Befinden zu ihrer Lande und Unter- tanen Aufnehmen und Nutzen frei zu verfahren. Die Mehrheit, zu der Österreich, Bayern, Sachsen-Altenburg und die geistlichen Stände, mehrere Mitglieder des kurfürstlichen Kollegiums und das ganze Kollegium der Reichsstädte gehören, zog es vor, die Zünfte beizubehalten und die Missbräuche abzustellen, damit man nicht das Kind mit dem Bade ausschütte[2]. Nachdem beim Aus- bleiben der kaiserlichen Ratifikation die Reichsreform gescheitert war, gingen einige Reichsstände auf dem Wege der Landesgesetz- gebung vor. Braunschweig erliess 1688, das Gesamthaus Braun-

---

wie das Bücherzeichen zeigt, von jeher vorhanden. Eine kurze Erwähnung der Schrift bei Schmoller, Forsch. z. Brand.-Preuss. Gesch. I (1888), S. 89.
[1] S. 94.
[2] Struve (unt. S. 78) I, 136 (aus Henniges Meditationen, s. oben S. 2).

schweig-Lüneburg 1692 ein Gildereglement. Eine Verständigung
mit Brandenburg über eine gemeinsame Ordnung kam nicht zu
Stande. Das Braunschweigsche Gildereglement hatte bei der
Aufnahme von Lehrlingen von aller Rücksicht auf deren Geburt
absehen wollen, weil ein unehelich Geborener, der was gutes ge-
lernet, zu vornehmen Funktionen und Bedienungen verstattet
würde. Ihn von Erlernung und Exerzierung einer Kunst oder
eines Handwerks auszuschliessen, sei um so weniger verständig,
als manches fähige Subjektum dadurch, wie öfters geschiehet, sich
dem Müssiggang und anderen daraus entstehenden groben Lastern
zu ergeben veranlasst wird[1]. Ebenso erklärte sich auch das
Reglement dagegen, Lehrlinge um des Standes ihrer Eltern willen
auszuschliessen und wollte nur Abkömmlinge derer zurückweisen,
»die an den Malefiz-Personen bei deren strengen Fragen Hand anzulegen haben oder die Exekution der peinlichen Urteil ver-
richten[2]. »Unsers Ermessens wird zum Besten seyn ad exemplum
der vereinigten niederländischen Provinzen (zu verfahren), als
woselbst bey Annehmung der Lehrjungen oder bey Admission
zur Meisterschaft auf die eh- oder uneheliche Geburt gar nicht
reflektiret wird«[3]. Der Hinweis auf Holland ist in den Schriften
der Zeit sehr beliebt. Die »fürstliche Machtkunst« nennt es einen
kleinen Sandhaufen, in welchem mehr Menschen sind als Bäume,
ein Land, das von Natur nichts, aber durch den Fleiss und Verstand seiner Bürger alles im Überfluss hat. Aus einer kleinen
Provinz ist ein mächtiges Reich geworden. Es ist glücklich geworden durch die Weberspule. In die Holländische Kommerzien-
schule sollten wir gehen anstatt in die kreditlose Machiavellische
Tyrannen-Staatsschule[4]. In dem vom Gesamthause Braunschweig-
Lüneburg konzertierten Reglement von 1692 hat man sich darauf
beschränkt, die wirtschaftlichen Bedingungen der Zunftaufnahme
zu regeln; die rechtlichen hat man unerwähnt gelassen.

Andere Regierungen suchten den unverkennbaren Missbräuchen durch Einzelmassregeln abzuhelfen. So wenn Kaiser

---

[1] S. 145 u. 150 (b. M. Meyer a. a. O.)

[2] S. 150, wo das unverständliche »gezögert« sicherlich in gezeuget
zu bessern ist.

[3] M. Meyer S. 150.

[4] Fürstl. Machtkunst S. 23, 70, 38, 21.

Leopold 1699 auf die Klage der Schweineschneider aus den Fürstentümern Köln, Sachsen, Brandenburg, Lüneburg und Hessen über
ihre trotz aller Reichspolizeiordnungen fortdauernde Zurücksetzung, ihr Gewerbe für ehrlich, seine Glieder für zunftfähig erklärte[1].
Ein Edikt des grossen Kurfürsten von 1671 beschäftigt sich mit
einer Klage der Damaschken-, Ziechen- und Leinweber, die in der
Mark Brandenburg für ehrliche Leute gehalten, oft durch den
Vorwurf beschimpft würden, dass ihre Gewerbsgenossen in fremden
Landen, so oft man einen justifiziere, die Leitern zum Galgen
tragen müssten und es gerne täten (ob. S. 43). Bisher haben sie
immer deshalb erst Injurienprozesse anstellen müssen. Sie bitten
deshalb um den Schutz des Kurfürsten, der unter Berufung auf
die Reichspolizeiordnung bei 100 Talern Strafe verbietet, den
Webern solches in der Mark aufzurücken[2]. Im J. 1711 legitimierte
Kurfürst Georg I von Hannover die Findlinge, die bisher den unehelich Geborenen gleich behandelt waren (ob. S. 19), und die
Zigeunerkinder, welchen öffentlicher Unterhalt gereicht wird. Da
alle diese keine Geburtsbriefe vorzulegen im Stande waren, wie sie
die Zünfte bei der Aufnahme fordern, so erteilte ihnen der Kurfürst kraft seiner landesherrlichen Macht und Gewalt die ihnen
fehlende Legitimation. Ebenso verfuhr er mit den in den Waisen-
häusern befindlichen und befindlich gewesenen Kindern. Das Mo-
tiv ist hier allemal die Härte, die darin liege, Kinder ohne ihr
Verschulden als der Ämter ohnfähig zu behandeln[3]. Herzog
Bogislav von Pommern strich 1635, als ihm die Rolle der Wind-
und Wassermüller von Stettin zur Bestätigung vorgelegt wurde
wonach kein huren-, schäfer- oder stadtknechtsohn aufgenommen

---

[1] Urk. K. Leopolds v. 1699, für Hannover 1722 (C. C. Calenb. III[b]
S. 36 ff.), für Brandenburg 1702 (Mylius V, 5 S. 110) publiziert. Was an
älteren Ehrlichmachungen ganzer Gewerbe durch den Kaiser oder einzelne Landesherren angeführt zu werden pflegt, ist meistens unzureichend
belegt. Von der angeblichen Urkunde K. Wenzels v. 1406 zugunsten
der Bader gibt Goldast, Reichssatzungen II (1713) S. 84 blos einen
referierenden Auszug.

[2] Mylius V 2 S. 642. Die Wortform Damaschkenweber hält die
Erinnerung an die Herkunft ihrer Gewebe aus Damaskus deutlicher fest
als die spätere der Damastweber. Daher erklärt sich auch der heutige
Familienname.

[3] C. C. Cal. S. 25.

werden sollte, die beiden letzten Kategorien[1]. Die in Hamburg
tagende kaiserliche Kommission bestimmte 1710, dass die Bedienten der Bürgermeister und Gerichtsverwalter wie auch Krahn-
treter und Spinnhausbediente nicht zu den eine Infamie oder levis
macula mit sich führenden Professionen gerechnet werden sollen[2].
Die Magdeburger Polizeiordnung von 1688 ging einen Schritt
weiter als die frühern Ordnungen: sie liess die Unehelichen, falls
sie nur nicht aus einem in den Rechten verdammten Beischlaf her-
rührten, wenn sie legitimiert waren, in die Zünfte ein. Den ex
damnato coitu procreati half die Legitimation nichts, es wäre denn
gar ein geringes Handwerk, bei welchem solche Personen aufzunehmen hiebevor bräuchlich und man sie in denselben Handwerken
unverneinlich hätte passieren lassen[3].

Als man zu der Einsicht kam, dass das gemeine Übel nur
durch ein gemeinrechtliches Vorgehen zu bannen war, und der
Reichstag seit 1727 insbesondere in Folge des Augsburger Schuh-
macheraufstandes sich wieder mit der alten Materie zu beschäftigen begann, hielt man sich zwar im wesentlichen an den
Entwurf von 1672, aber nahm auf Betreiben Kursachsens eine
Reihe von Bestimmungen neu auf, die sich auf die Legitimation
der Gesellen durch Attestate bezogen. An die Stelle der Kundschaft des alten Rechts und der Legitimationsurkunden, die es in
seinen Echtbriefen u. s. w. kannte, sollte ein einheitlicher Pass
treten, ein Attest, in dem über die letzte Arbeitsstelle und ord-
nungsmässige Entlassung von dieser ein Zeugnis erteilt wurde.
In den Handwerkerkreisen herrschte dagegen ein grosser Wider-
wille. Man sollte denken, die Vereinfachung des Schreib- und
Urkundenwerks wäre willkommen geheissen. Was man bei der
neuen Einrichtung befürchtete, scheint die bureaukratische Behandlung und obrigkeitliche Kontrolle gewesen zu sein. Der Widerstand, der versucht wurde, ward überwunden, und der Reichsschluss kam zu Stande. Die für unsere Betrachtungen wichtigsten
Bestimmungen des neuen Gesetzes sind dieselben, die schon die
Vorlage von 1672 enthielt.

[1] Blümcke S. 159.
[2] Ämterreglement IX 1 (Ortloff S. 370). Baumeister, Hamburg.
Privatr. I (1856), S. 52.
[3] Struve, Syst. jurisprud. opif. II (1738) S. 147.

Die Zunftunfähigkeit der Unehrlichen hatte die Reichsgesetzgebung schon seit dem 16. Jahrhundert bekämpft. Jetzt wagte sie
sich zum erstenmale an die U n e h e l i c h e n. Sie ging dabei nichts
weniger als radikal zu Werke. Während das gemeine Recht
längst in der Legitimation durch nachfolgende Ehe oder durch
Reskript des Kaisers, der Landesherren, der Räte der Reichsstädte
und der vom Kaiser ermächtigten Hofpfalzgrafen eine ausreichende
Tilgung des Makels der unehelichen Geburt erblickte, behandelte
das Zunftrecht die Legitimirten nicht besser als die Nichtlegitimierten;
oder es unterschied zwischen den beiden Formen der Legitimation,
liess die durch Ehe, nicht die durch Reskript bewirkte genügen;
oder erkannte die vor der priesterlichen Kopulation Gebornen nicht,
nur die nach der Kopulation gebornen Kinder als legitimiert an.
Ein Mann, der eine stuprata geheiratet hatte oder der eine von
ihm selbst stuprierte Frau strafweise zu heiraten gezwungen war,
wurde nicht als Mitglied zugelassen. Allen diesen Zunftunfähigkeiten
machte der Reichsschluss ein Ende. Bei der Aufnahme in Zünfte
soll in Zukunft nicht zwischen Personen, die durch nachfolgende
priesterliche Kopulation ihrer Eltern, und denen, die durch den
Kaiser oder von andern aus kaiserlicher Macht ehelich gemacht
worden sind, unterschieden werden. Zugleich wird die durch Heirat
entstehende Zunftunfähigkeit beseitigt: die Unfähigkeit dessen, der
eine legitimierte Frau oder der eine von einem andern, oder von ihm
selbst geschwächte Frau geheiratet hat. Weiter ist das Recht des
18. Jahrhunderts nicht gegangen. Auch das Preuss. Landrecht nicht:
wegen unehelicher Geburt soll niemandem, w e l c h e r d i e L e g i t i-
m a t i o n e r h a l t e n, die Aufnahme in die Lehre versagt werden
(II 8, 279). Der merkwürdige negative Satz des Österreichischen
bürgerl. Gesetzbuchs (1811) § 155: Die unehelichen Kinder geniessen nicht gleiche Rechte mit den ehelichen, erklärt sich daraus, dass das Gesetzbuch Josephs II (1786) die unehelichen und ehelichen Kinder einander gleich gestellt hatte (Hauptstück 4 § 16).
Übrigens bestimmte doch auch das Österreichische bürgerl. Gesetzbuch § 162: »die uneheliche Geburt kann einem Kinde an seiner
bürgerlichen Achtung und an seinem Fortkommen keinen Abbruch
tun. Zu diesem Ende bedarf es keiner besondern Begünstigung
des Landesfürsten, wodurch das Kind als ein eheliches erklärt wird«.
Das Ergebnis der gesetzgeberischen Entwicklung des 18. Jahr-

hunderts war also der Hauptsache nach: der unehelich Geborne, wenn legitimiert, wurde zunftfähig, der nicht legitimierte blieb nach wie vor zunftunfähig.

Bei den skeptischen, unhistorischen Menschen des 18. Jahrhunderts mussten die verschiedenen Gründe der Unehrlichkeit, wenn sie davon erfuhren, teils Verwunderung teils Spott hervorrufen. Was gab es unschuldigeres und poetischeres als einen Schäfer? Nun hörten sie, er sei nicht mehr und minder als Geschwisterkind mit dem Schinder: eine Gleichstellung, mit der noch ganz ernsthaft gegen Ende des 18. Jahrhunderts die Zeugnisfähigkeit eines Schäfers von einem ansehnlichen Spruchkolleg bestritten wurde[1]. Sie durften fragen, wie später J. G. Hoffman tat[2]: wie würde David, der Sohn Isais, vor den deutschen Zunftmeistern bestanden haben? Hier war es Zeit, dass sich die deutschen Regierungen auf ihr Amt besannen. Der Reichsschluss von 1731 griff durch und erklärte: in Zukunft solle keine Profession oder Handtierung einen Grund zur Ausschliessung von Zünften abgeben. Ausgenommen blieben allein die Schinder und deren Abkömmlinge bis zur zweiten Generation. Auch diese Ausnahme wurde 1772 durch Reichsschluss insoweit beseitigt, als die Abkömmlinge der Wasenmeister zunftfähig wurden, wenn sie die verwerfliche Arbeit ihres Vaters weder getrieben hatten noch treiben wollten[3]. Denselben Standpunkt nahm das Preussische Landrecht ein[4]. Weiter führte erst der Grundsatz der allgemeinen Wehrpflicht. Ehrlosen waren die Heere verschlossen, und in dem Profoss war dem zivilen Nachrichter ein militärischer Kollege zuteil geworden[5]. Eine Kabinettsorder K. Friedrich Wilhelms III. von 1819 liess die Scharfrichtergehilfen zur Leistung ihrer Militärpflicht zu, und stellte damit, wie sie selbst sagt, deren bürgerliche Ehre her[6]. Als eine Stadtverordnetenversammlung Bedenken

[1] E. L. A. Eisenhart im Vorbericht zu dem Buche seines Vaters, Joh. Fr. Eisenhart, Grundsätze des deutschen Rechts in Sprichwörtern (Helmst. 1792). Die erste Ausg. war 1758 erschienen.
[2] J. G. Hoffmann (ob. S. 72) S. 34.
[3] Grundriss S. 134.
[4] Tl. II Tit. 8 § 280.
[5] Falck IV 269, 278.
[6] Grundriss S. 134 Nr. 25.

trug, einem Scharfrichtergehilfen die durch den Ankauf eines
städtischen Grundstücks erworbenen bürgerlichen Ehrenrechte
zuzuerkennen, erklärte eine neue Kabinetsorder des Königs von
1827 die bisherige Ausschliessung der Scharfrichterknechte für
ein Vorurteil und gestand allen das Gewerbe betreibenden, falls sie
moralisch untadelhafte Personen seien, den vollen Genuss der
bürgerlichen Rechte zu. »Auch andere Gewerbe waren in früherer
Zeit durch solches Vorurteil betroffen. Nachdem die Gesetzgebung
es gemissbilligt, ist es nunmehr längst in Vergessenheit geraten [1].«

In den monarchischen Staaten des Reichs scheint sich die
Durchführung des Reichsgesetzes ohne erhebliche Schwierigkeit vollzogen zu haben. Für die zum Reich gehörenden
Provinzen Preussens geschah die Publikation unterm 6. August
1732. Zu seiner Ausführung ergingen dann königliche General-
Privilegien für jedes Gewerk. Alle früher den einzelnen Gilden
der verschiedenen Orte erteilten Privilegien wurden aus landesherrlicher Macht kassiert und annulliert, und an die Stelle der
ehemaligen lokalen Ordnungen traten die neuen Generalprivilegien
und Güldebriefe von 1734—36[2], die im wesentlichen den Inhalt
des Reichsschlusses detaillieren. In jedem dieser Generalprivilegien, regelmässig § 21 oder 22, wird von dem aufzunehmenden Lehrling die Beibringung eines Geburtsbriefes oder eines Legitimations-
scheins gefordert mit dem Zusatz: »massen diejenigen unehelich
Geborenen, so nicht etwa durch darauf erfolgte Ehe noch durch
Fürsten und Herren Autorität oder auch nur kaiserliche comites
palatinos legitimiret worden, sich durch uns müssen legitimiren
lassen.«. Die »ehemaligen Götzen«, wie die neumärkische Kammer
berichtete, die Gesellenladen, schwarzen Tafeln, Fahnen wurden
auf die Rathäuser gebracht und abgeliefert[3], und nach der ersten
Aufregung legten sich Unruhe und Widerstand.

Schwieriger gestaltete sich die Durchführung in verschiedenen

---

[1] v. Kamptz, Annalen der Preuss. innern Staatsverwaltung Bd. XI
(1827) S. 1011.

[2] Abgedruckt bei Mylius unter 61 Nummern auf 617 SS. Anhang
zu V 2. Proben daraus bei Ortloff S. 51 ff.

[3] Schmoller in Forschgn. z. Brandenburg. u. Preuss. Gesch. I (1888),
S. 336. Ortloff S. 59.

Reichsstädten. Die alte Erfahrung, dass der Weg vom geschriebenen bis zum geübten Recht in Deutschland allezeit lang und schwierig war, bewährte sich hier aufs neue. »Dergleichen kützliche Verfügungen finden allemal in Reichsstädten weit mehrere Schwierigkeiten als in souveränen Staaten«, schrieb noch 1772 der Bremer Rat an den von Lübeck[1]. Er hatte zwanzig Jahre vorher grosse Mühe gehabt, das Schusteramt von seinem Unrecht zu überzeugen, als es einem Bewerber die Aufnahme versagte, weil er laut dem eingereichten Geburtsbriefe acht Wochen nach der Kopulation seiner Eltern geboren war. Ein altes Zunftmitglied erklärte, sie hätten noch nie in ihrem Amte dergleichen Exempel gehabt. Beschloss der Rat auch den Gesuchsteller »innerhalb der Dwernacht zur Verfertigung seines Meisterstücks zuzulassen und demnächst mit allen der Meisterschaft anklebenden Rechten auf- und anzunehmen«, so gab er doch ähnlich wie früher der Rat von Münster (ob. S. 64) nach, dass der Zugelassene für seine Person zu Amtsbedienungen und Ehrenämtern unfähig sein, und erst seine Kinder die volle Zunftfähigkeit erlangen sollten[2]. Man erstaunt, mit welchen Winkelzügen die Ausführung des Reichsgesetzes verhindert wurde. Die Goslarschen Gilden wollten das Gesetz für collegia artium et opificum in Provinzialstädten gelten lassen. Zwischen denen und den Gilden der Reichsstädte, die Ratsherren in den Rat wählten, Gelehrte zu Mitgliedern hätten und Anteil am Stadtwesen besässen, bestehe ein mächtiger Unterschied. Da sie nach ihrem bestätigten Artikelbrief niemanden, dem eine macula nativitatis entgegenstünde, aufnehmen dürften, entzogen die Kramer 1744 einem Mitgliede, das eine unehelich geborene Frau geheiratet hatte, die Mitgliedschaft, und waren so naiv, eine kaiserliche Deklaration des Reichsgesetzes beim Reichshofrat zu beantragen, der natürlich keinerlei Veranlassung zu einer Unterscheidung der Goslarschen Gilden von andern fand[3].

Die Zünfte beriefen sich immer wieder auf ihre uralten ererbten Gewohnheiten. Nicht jede Gewohnheit hat Anspruch auf

---

[1] Böhmert S. 128.
[2] Böhmert S. 127.
[3] Sieber (Syndikus der St. Goslar), Abhandlg. v. den Schwierigkeiten in den Reichsstädten, das RG. v. 1731 zu vollziehen (Goslar 1771) S. 25 ff.

Unsterblichkeit, selbst wenn sie so alten Herkommens wäre, wie
ihre Anhänger und Verehrer ausgeben. Es gibt »redliche« und
»unredliche« Gewohnheiten. Man hatte die von den Zünften geltend
gemachten auf ihre Herkunft, ihre Grundlagen untersucht. Es gab
nicht wenige, die eines Fundaments entbehrten, wie man in der Zeit
des grossen Kurfürsten sagte (ob. S. 65). Hundert Jahre später
fand man, dass andere dem »Menschenrecht« widerstrebten, weil
sie den Einzelnen im Volke an dem Gebrauch seiner Kräfte
hinderten. Was den Zunftgenossen als ein Brauch galt, erschien
den draussen Stehenden ein Missbrauch und als ein auf ihre
Kosten geübter Missbrauch. Dies Urteil eignete sich die Reichs-
regierung an. Die Opposition, welche sie fand, zeigt, wie sehr
man sich des Eingreifens übergeordneter Reichsgesetzgebung
entwöhnt hatte. Den unzweideutig sprechenden Bestimmungen
des Reichsschlusses, der Missbräuche beseitigen wollte, wo
immer sie sich fanden, wurden als wohlerworbene Rechte die
beschworenen, mitunter titulo oneroso erworbenen Artikelbriefe
entgegengehalten, deren Schutz die Stadträte den Zünften in
feierlichen Urkunden versprochen hätten. Als der Widerstand
eine Zeit lang gedauert hatte, wurde die Geltung des Gesetzes
auch mit dem Einwand bestritten, es sei nicht zur Observanz gekommen. Aber die höchsten Reichsgerichte und die Juristen-
fakultäten, an die die Streitigkeiten zum Spruch kamen, liessen
sich nicht irre machen. Ebensowenig die Reichsgesetzgebung, die,
wie schon gezeigt, 1772 durch einen neuen Reichsschluss die Abstellung der Handwerksmissbräuche weiterführte. Sie verbot den
blauen Montag und machte die Kinder der Abdecker ehrlich[1].
Aber nur in der letzteren Beziehung war sie erfolgreich. Der blaue
Montag erwies sich stärker als Kaiser und Reich.

Wie stellte sich die Wissenschaft zu der Zunftreform des
Reichs? Estor unterscheidet in den Zunftordnungen vernünftige
und unvernünftige Bestimmungen. Zu den unvernünftigen rechnet
er den Ausschluss Legitimierter, der Kinder von Müllern, Schäfern,
Gerichtsfronen; zu den vernünftigen die Forderung, dass ein
Lehrjunge von ehrlicher Geburt sein müsse. Er stellt sich also

---

[1] Ortloff S. 39 ff.

6*

ganz auf den Boden des Reichsgesetzes[1]. Tiefer erfasste Justus
Möser den Gegenstand. Als der Reichsschluss erging, war er
ein Knabe von elf Jahren. Seine Polemik stammt aus den Jahren
1769 und 1770. Man sieht, wie lange die Bewegung nachzitterte,
die fast vierzig Jahre vorher eingesetzt hatte. Rüstete man sich
doch grade damals zur Erneuerung und Weiterführung des alten
Reformgesetzes. Mösers Opposition beruhte auf ganz anderem
Grunde als die fadenscheinigen Argumentationen der Zunftkreise
in Reichs- und Landstädten. J. Möser war ein Mann der ständischen
Gliederung und blieb es, als die starren ständischen Gegensätze
im Leben sich zu lösen begannen. Jeder Stand hat seine Ehre,
so führt er aus, auch der unterste. Und dieser erst recht. Man
schädigt ihn und sein Ehrgefühl, wenn man allen ohne Unterschied Einlass gewährt. Die Ehre ist ein wichtiges Mittel für die
Aufgabe des Staats, die in ihm vereinigten Menschen zusammenzuhalten und zu regieren. Weshalb von oben herab gesellschaftliche Kreise zur Aufnahme von Personen zwingen, die ihnen nicht
ebenbürtig erscheinen? Weshalb gerade von der untersten Klasse
der Gesellschaft fordern, was man den obern nicht aufzuerlegen
wagt? Hält man ihm die Rücksicht auf die Ausgeschlossenen
entgegen, die noch dazu nicht für ihre eigenen, sondern die Ver-
fehlungen ihrer Eltern büssen müssen, so erwidert er: nach
den göttlichen Gesetzen müssen die Kinder bis ins vierte Glied
ihrer Väter Missetat tragen, warum will der philosophische Gesetzgeber den göttlichen verbessern[2]? Der Adel behält den Genuss
gewisser Rechte und Einrichtungen den vollbürtigen, wir würden
sagen: den ebenbürtigen, Kindern vor; ebenso verfährt der Bürger,
wenn er das Handwerk den echten Kindern reserviert. Eine Beweisführung, die nur das gegen sich hat, dass die Ausschliessung
von der Wohltat der Zünfte die Ausschliessung von dem menschlichen Recht, sich von seiner Hände Arbeit zu ernähren, bedeutete.
Ein menschliches Recht würde J. Möser im Stande der Natur,
nicht im Staate, der Zivilvereinigung nach seiner Ausdrucksweise, als berechtigt anerkennen. Ihm liegt nicht an den Menschen,
an der Natur; er bemisst alles nach den Zwecken des bürgerlichen

---

[1] Bürgerliche Rechtsgelehrsamkeit (1757) I 113.
[2] Patriot. Phantas, II 167 (Nr. 33).

Zusammenlebens. Den Berufungen auf die Menschenliebe, »ein Wort, das in meiner Jugend gar nicht bekannt war[1]«, auf das Christentum, die Religion setzt er die Bedürfnisse und Interessen des Staats entgegen. Sie sind das für unsere Gesetzgebung entscheidende. Was sie verlangen, brauchen wir nicht erst zu erfinden. Darüber belehrt die Erfahrung, die Geschichte. J. Möser, ein Sohn des Zeitalters, das auf die Vergangenheit, namentlich das Mittelalter mit einem Gefühl halb der Verachtung, halb fröhlicher Überlegenheit herabblickte, lachte nicht über das Mittelalter. Man trifft noch heutzutage mitunter auf Juristen, die einen Satz mittelalterlicher Statuten nicht anders als mit Ironie zitieren. Ein Kinderlallen glauben sie darin zu hören. Möser suchte die Zeiten und die Zeichen des Mittelalters zu deuten und zu verstehen. Er fand darin die Beweise einer grossen und feinen Klugheit. »Unsere Vorfahren waren keine Narren[2]«, sagt er mit einem Ausdruck, den wörtlich ebenso schon ein Autor des 15. Jahrhunderts gebraucht hatte[3]. Eine Gewohnheit, die lange bestanden, soll man nicht schelten, sondern ihren Grund zu entdecken suchen. Überall sieht er eine »feine Erfindung«, eine verborgene Klugheit. Regelmässig ist sein Ergebnis: was sich auf direktem Wege nicht erreichen liess, erreichte das alte Recht auf indirektem. Mösers Entdeckungen sind weniger auf rechtshistorischem Wege als auf rechtspolitischem gewonnen.

J. Möser ist aber auch ein Kind seiner Zeit. Auch für ihn ist Bevölkerung das Losungswort der Volkswirtschaft. Die Eheschliessungen zu fördern, zur Eingehung von Ehen anzureizen, sind alle jene Nachteile über aussereheliche Geschlechtsverbindungen und ihre Sprösslinge verhängt. Die Ehe, die Ehefrau wird im Rechte geehrt, die Hure und das Hurkind mit Schmach bedeckt. Und da die uneheliche Mutter oft zum Kindesmord greifen wird, sind die schwersten Strafen auf dies Verbrechen gesetzt. So sehr dem Staate an Zunahme der Bevölkerung gelegen ist, so ist es dem Staate doch nicht gleichgültig, was für eine Art von Be-

---

[1] Das. II 163.
[2] Das. II 168, V 144.
[3] Sg. Reformation K. Sigmunds (hg. v. Böhm [1876] S. 218): unser vordern sind nit naren gewesen, ebenfalls bei Gelegenheit der Besprechung von Zunfteinrichtungen.

völkerung er hat, ob seine Untertanen Ledige oder Eheleute sind. Es liegt ihm mehr an Meistern als an Gesellen, und mehr an Ehen als an ledigen Geschlechtsverhältnissen, die nach der Erfahrung weniger fruchtbar ausfallen als die ehelichen. Alle diese staatlichen Vorteile gibt man Preis, wenn man die Ehre der Ehen und der ehelichen Kinder verringert. Mag auch die Menschenliebe zu kurz kommen, das »Polizeiinteresse« hat die Gesetze geschaffen, welche die uneheliche Geburt im Recht zurücksetzen und benachteiligen.

Einem Realpolitiker wie Möser musste ein Rechtsinstitut wie die Legitimation imponieren. Gab doch die legitimatio per rescriptum principis ein Mittel an die Hand, den einzelnen Fall zu behandeln, anstatt alle Vorkommnisse des menschlichen Lebens der erbarmungslosen Regel gleichmässig zu unterwerfen. Der legitimatio per subsequens matrimonium stand die geschichtliche Erfahrung so langer Zeit zur Seite, und in ihrer Anerkennung lag zugleich eine Empfehlung der Ehe. Beides findet bei J. Möser seinen Ausdruck: »das Recht der Aechtschaft, was die nachfolgende Ehe erteilet, ist als eine grosse und weise Ausnahme von dieser Regel (der Ausschliessung Unehelicher) bei allen gesitteten Völkern zugelassen. Die Aechtsprechung, welche der Landesherr aus besonders bewegenden Ursachen verrichtet, ist eine billige Nothülfe für ausserordentliche Notfälle. Die Aechtsprechung des comitis palatini mag geduldet werden, wenn sie nicht ferner zu einer elenden Geldschatzung herabsinkt. Allein ein allgemeines Gesetz wodurch unächte Kinder den aechten gleich gemacht werden, ist ein solcher Fehler gegen die Politik, dass ich nicht sehe, wie die Menschenliebe unserer Zeit ihn entschuldigen wolle«[1]. Aber war denn der so masslos angegriffene Reichsschluss ein solches Gesetz? J. Möser scheint ganz vergessen zu haben, dass der Reichsschluss nicht die unehelichen Kinder schlechthin, sondern nur die auf dem einen oder dem andern Wege Legitimierten für zunftfähig erklärte[2].

---

[1] Patr. Phantas. II 167.

[2] Ein ähnliches Verhalten Mösers habe ich früher gegenüber der kaiserl. Wahlkapitulation konstatiert. Er eifert über die Verpflichtung zur Unterdrückung der grossen Handelsgesellschaften zu einer Zeit, da sie aus der Wahlkapitulation Josephs II. (1764) bereits entfernt war.

Auch die Ausschliessung Unehrlicher von den Zünften findet an Möser ihren Fürsprecher. Er erklärt ihre Entstehung in der bezeichneten indirekten Weise. Seine Äusserung über die Unehrlichkeit des Schäfers ist schon oben S. 39 angeführt. Ähnlich verfährt er mit dem Abdecker. Das Abdecken des Viehes war ein dem Landmann notwendiges Gewerbe. Zum Unterhalt eines Abdeckers konnte man keine Steuer auferlegen. Die gesicherte Einnahme verschaffte man ihm dadurch, dass man alle andern vom Abdecken abschreckte und ihm allein die Einnahmen aus dem gefallenen Vieh vorbehielt[1]. Es lag doch eine grausame Ironie in diesen Dingen. Jeder will die Reinlichkeit, aber die sie bringen, werden von der bürgerlichen Gesellschaft ausgeschlossen (ob. S. 42). Jeder will, dass Gerechtigkeit herrsche und koste es Menschenleben, aber der Diener der äussersten Gerechtigkeit ist ein gemiedener Mann. Der Abdecker betreibt ein der Landwirtschaft unentbehrliches Gewerbe. Noch ein Edikt Friedrich Wilhelms I. von 1733 schrieb den Abdecker- und Schinderknechten eine bestimmte Tracht, dunkelgraue Röcke mit gleichen Knöpfen und rote spitze Hüte, vor, »damit nicht unschuldige ehrliche Leute aus Unwissenheit und unversehens an sie gerathen«[2]. War es nicht eine tiefe Ungerechtigkeit, wenn die Gesellschaft Menschen, die sich solch ihr unentbehrlichen Geschäften unterzogen, dafür nicht blos durch soziale Nachteile, sondern auch durch Verkümmerung des Rechts strafte? Und war es nicht eine Äusserung des unzerstörbaren Rechtssinnes im Menschen, wenn er, über alle historischen Bildungen hinwegblickend, dieses Unrecht so gut wie das erkannte, das die Kinder für die Sünden ihrer Väter büssen liess. Wenn die Regierungen hier den Bevölkerungen oder grossen Teilen derselben in der Betätigung des Rechtssinnes vorangingen, so haben sie nur ihrer grossen Aufgabe gemäss gehandelt. Regieren heisst doch die Geister führen. Schlözer hat das einmal gröber in der Sprache des Aufklärungszeitalters ausgedrückt: Regieren heisst dumme Menschen zu ihrem Besten anleiten.

Hans. Geschichtsbl. Jahrg. 1890, S. 11, und Savigny-Ztschr. 20 (1899), S. 135. ˙

[1] Patr. Ph. II 168.

[2] Mylius a. a. O. V 5 S. 119.

Der Opposition ungeachtet, die dem Reichsschluss entgegen-
trat, drang die Anerkennung durch, dass er das Handwerk refor-
miert habe. Der bayerische Jurist Freiherr von Kreitmayr gibt
ihm im J. 1768 das Zeugnis: »durch den bekannten Reichsschluss
von a. 1731 hat das jus opificiarium fast eine ganz andere Gestalt
angenommen. Vorher war der Hund nicht mit soviel Flöhen als
das Handwerk mit Missbräuchen angefüllt. Durch den Reichsschluss sind zwar nicht alle, doch die gröbsten Missbräuche und
Unordnungen aus dem ganzen deutschen Reich völlig verbannt«[1].
Bei Beratung des Preussischen Landrechts blieb man bei
dem stehen, was der Reichsschluss für das Gewerbewesen ver-
ordnet hatte[2]. Ich weiss nicht, worauf sich J. Grimms Behauptung
stützt: es ist Tatsache, seitdem die Zünfte gezwungen worden,
uneheliche Kinder aufzunehmen, dass dieser soviel geworden sind,
dass viel mehr als sonst übrig bleiben, die zu keinem Handwerk
gelangen[3]. Wie wenig die Verhältnisse seit dem 17. Jahrhundert
romantischen Anschauungen von der Wahrung der Zucht und
Ehre durch den deutschen Handwerkerstand und seiner Preis-
gebung durch die höheren Stände einen historischen Halt gewähren[4], haben die obigen Ausführungen gezeigt; es genügt, an die
Worte Seckendorfs (oben S. 74) zu erinnern.

Erst das 19. Jahrhundert mit seinen Reformen im Gebiete
des Privatrechts, mit seiner Anerkennung der Freiheit der Berufs-
wahl und seiner Durchführung der Gewerbefreiheit machte den
Betrieb eines Handwerks unabhängig von Bedingungen, wie sie
das Mittelalter gegen Unehrliche und Uneheliche ausgebildet
hatte[5].

---

[1] Anmerkgn. V S. 2384. Der ganze Abschnitt (c. 27) von dem
Handwerksrecht ist bei Ortloff, Corp. juris opif. (1804) S. 441 ff. wieder
abgedruckt und wird deshalb mitunter so zitiert, als ob es ein eigenes
Buch Kreitmayrs vom Handwerkerrecht gäbe.

[2] Schmoller a. a. O. S. 340.

[3] Über den altdeutschen Meistergesang (Gött. 1811) S. 10 Anm.

[4] Vertreten hat sie z. B. Techen, Hans. Geschichtsbl. Jahrg. 1897
S. 23.

[5] In Preussen haben königliche Verordnungen von 1812 und 1833
den Unterschied ehelicher und unehelicher Geburt bei Aufnahme von

Es war ein langer Weg, bis der Satz des braunschweigschen Stadtrechts:

> «eyn unecht sone, de sek wol handelet, de mach
> wol gylde wynnen«,

allgemeine Geltung gewann.

Verzeichnis der bemerkenswertesten erläuterten Ausdrücke.

abschiedsbrief 33.

adel, adelsson, adelsbref 22.

amt 14.

artikelbrief 13.

aufdingen 18.

auftreiben 4.

bortbref 31.

damaschkenweber 77.

echt unde recht 17.

echtbref 31.

einzeugen 32, einschwören 20.

ere, geld für ere nemen 37.

geldreger 37.

geruchte, bestoven ger. 24.

sik wol handeln (regieren) 54.

in haren, in fliegenden h. 21.

hornung 47.

zu kirchen u. strassen führen 21.

kuntschaft 31.

ledigkint 25.

leren (= lernen) 45.

manzer 46. ·

morgensprache 10.

naturlike kint 24.

papenkint 25.

rechtlos 7.

rolle 12.

schapel u. gebende 21.

schimpfen 63.

unecht 8.

verschreien 63.

wanbordich 24.

to werke setten 19.

witheren, weddeheren 16.

zunft 9.

Lehrlingen beseitigt. v. Rönne, Verf. u. Verw. des Preuss. Staats. Gewerbepolizei Bd. 2 (1851) S. 780.

II.

Quentowic,

seine maritime Bedeutung unter Merowingern und Karolingern.

Von

Otto Fengler.

Wenig beachtet von der deutschen Forschung blieb bisher der Handelsplatz Quentowic, der zur Zeit der Merowinger und Karolinger einen sehr erheblichen Teil des Handels zwischen England und dem Frankenreiche vermittelte[1]. In Frankreich erschienen in der zweiten Hälfte des vorigen Jahrhunderts mehrere Schriften über Geschichte und Lage von Quentowic. Sie verdankten zum Teil ihre Entstehung lokaler Eifersucht zwischen Étaples (rechts von der Canche) und St. Josse (links von der Canche), die beide um das Vorrecht stritten, die Nachfolgerin des alten Quentowic zu sein. Durch die gründlichen Untersuchungen von Coussin,

---

[1] Die Bedeutung Quentowics für die Karolingerzeit ist bei Dümmler, Gesch. des ostfränkischen Reichs I², S. 197 ff., und Vogel, Die Normannen und das fränkische Reich, S. 88 ff. kurz angedeutet. Über die Lage der Stadt hat freilich Dümmler unrichtige Vorstellungen. Er identifiziert Quentowic mit Wicquinghem, das er unterhalb von St. Josse an die Canche verlegt. Ein Blick auf die Karte lehrt, dass der Ort Wicquinghem im Binnenlande am Aa-Bache liegt, zirka 20 km von der Canche entfernt. — Auch in der Ausgabe der Lupusbriefe findet sich noch dieser Irrtum; MG. Ep. VI 1, S. 21. — Unklarheit über die Lage Quentowics herrscht auch in der neuen Ausgabe der Vitae Sancti Bonifatii (1905) von Levison, S. 20 Anm. 3, wo die Bemerkung Jaffés wiederholt wird: Is »vicus ad Quantiam« non jam extat fuisseque videtur prope Stapulas (Étaples) et monasterium S. Judoci (St. Josse).

dem ich mich, was die geographische Lage des Hafens betrifft,
völlig anschliesse, wurde dieser Streit zu Gunsten von Étaples entschieden[1]. Von dieser Tatsache kann ich daher im folgenden ausgehen, Diese ältere französische Literatur dürfte aber, soweit die
Geschichte der Stadt in Frage kommt, heute durchaus nicht mehr
als genügend zu erachten sein. Vor allem konnte sie nicht zur
Genüge die zahlreichen Münzfunde berücksichtigen, die zum Teil
erst in neuerer Zeit verarbeitet worden sind. Eine Untersuchung
über Quentowic und seinen Handel, welche diese neugewonnenen
Aufschlüsse benutzt hätte, erschien bis jetzt nicht.

I.

Zunächst einige Bemerkungen über die einschlägigen Münzfunde! Wir besitzen eine grosse Zahl merowingischer Gold- und
Silbermünzen, die teils in England im Crondal-Fund, teils in Nordfrankreich, eine Anzahl davon in Étaples, gefunden sind mit der
Umschrift: v ҟʊ v ᴐ, wico fit, vicco fit, Wicco fit, Wicus ficit, Wic
ficit, In Vico Pontio und Wic in Pontio[2]. Es erhebt sich die Frage,
wo man diesen Ort Wicus oder Wic suchen soll. Mehrere ältere
Numismatiker, wie Longperrier[3] und Duchalais[4] lehnten mit
Entschiedenheit die Auffassung ab, dass Wicus mit Quentowic zu
identifizieren sei. Sie behaupteten, Wicus sei das heutige Wijk
bij Duurstede, das alte Dorestado. Ihnen gegenüber steht eine
grosse Zahl anderer Forscher, Duhamel[5], Hermand[6], Lambert[7]

---

[1] Emplacement de Quentowic, Bull. hist. de la société des anti-
quaires de la Morinie IX, S. 253 ff. 1854. — Nouveaux Eclaircissements
sur l'emplacement de Quentowic, Mémoires de la société Dunkerquoise
IX, S. 430—510. 1864. — Derniers Éclaircissements sur l'emplacement
de Quentowic, ebd. XIV, S. 97 ff. 1868.

[2] Eine ausführlichere Beschreibung sämtlicher Münzen bei Ponton
d'Amécourt, Description générale des monnaies mérovingiennes III,
S. 453 ff.

[3] Ausgabe der Collection Rousseau, Nr. 16.

[4] Revue Numismatique 1852, S. 254.

[5] Quelques observations sur les triens de Quentowic, Revue franç.
1844, S. 37 ff.

[6] Monnaies Gallo-belges S. 110.

[7] Notice sur une monnaie d'or de la première race, Mém. de la
soc. des antiqu. de la Normandie 1835, S. 167.

und besonders die neueren französischen Numismatiker, die sich
mit dieser Frage beschäftigt haben, Ponton d'Amécourt[1], Van
Robais[2] und Engels et Serrure[3]. In richtiger Weise wurden von
dieser Seite, besonders von Van Robais, zwei Gründe für Quentowic geltend gemacht, zunächst, dass in Étaples mehrere Münzen
mit Wicus gefunden worden sind; sodann, dass man nicht annehmen könne, dass in Dorestado zu gleicher Zeit Münzen mit
der Umschrift Dorestado, deren es eine Anzahl gibt, und solche
mit Wicus geprägt worden seien.

Viel sicherer scheinen mir für die Identität von Wicus und
Quentowic die folgenden Belege zu sprechen. In einer Urkunde
Dagoberts I. von 629 wird den Häfen Rouen und Wicus zur Belebung eines [in St. Dénis zu errichtenden Marktes ausdrücklich
eine zeitweise Abgabenfreiheit gewährt[4]. Es kann kaum ein
Zweifel bestehen, dass hier mit Wicus Quentowic gemeint ist, das
bei der Eröffnung eines Marktes bei Paris wesentlich in Frage
kommen musste. Eine Urkunde Karls des Grossen aus dem Jahre
779 für das Kloster St. Germain des près zeigt, dass auch noch
in karolingischer Zeit der Name Wicus für Quentowic gebraucht
wurde. Es heisst dort: ... decernimus ... ut per ullos portos
neque per civitates tam in Rodomo quam et in Uuicus neque in
Ambianis neque in Treiecto neque in Dorstade (theloneum exigatur)[5].
Unter Uuicus kann bei dieser Aufzählung der Haupthäfen des nördlichen Frankenreichs kaum etwas anderes verstanden werden als
Quentowic, das, wie wir sehen werden, zu Beginn der Karolingerzeit
eine bedeutende Handelstätigkeit entfaltete. Jedenfalls geht aus
der Urkunde sicher hervor, dass es mit Dorestado nicht identisch war.

Noch eine weitere Stelle mag als Beweis dienen. In einem
Briefe an seinen Freund Riculfus schreibt Alcuin u. a., dass

---

[1] Farther notes on the gold coins discovered in 1828 in Crondal,
Hants, Numismatic Chronicle 1872, S. 75.

[2] Observations sur les monnaies de Quentowic, Mémoires de la
soc. d'Émulation d'Abbeville, 3. série 2, S. 250 und 3. série 3, S. 341.

[3] Traité de Numismatique du M. A. I, 149.

[4] MG. Dipl. Regum Francorum, S. 141. Nach Waitz, Deutsche
Verfassungsgesch. II² 2, S. 301 f. ist die Urkunde nicht gefälscht.

[5] MG. Dipl. Karolinorum I, S. 171.

Martinus in Vicos apud Sanctum Iodocum infirmus remansit[1].
Auch hier wird Vicos nur Quentowic bedeuten können, das, wie
erwähnt, ganz in der Nähe von St. Josse lag. Kaum darf man
unter Vicos ein beliebiges Dorf verstehen, wie Duchalais annehmen
wollte.

Schwieriger ist die geographische Bestimmung bei denjenigen
Münzen, welche die Umschrift Wic in Pontio und In Vico Pontio
tragen; denn in karolingischer Zeit lag Quentowic, wie sich aus
einer Stelle der Regni divisio von 831 ergibt, sicher ausserhalb
der Grafschaft Ponthieu, die sich links von der Canche erstreckte[2].

---

[1] MG. Ep. Karolini Aevi II, S. 66. Es ist entschieden falsch, aus
dieser Stelle den Schluss zu ziehen, dass Quentowic mit St. Josse identisch sei und auf dem linken Ufer der Canche liege. Die Worte wollen
nur die örtliche Nähe und die wirtschaftliche Zusammengehörigkeit der
beiden Orte bezeichnen.

[2] MG. Capitularia Regum Francorum II, S. 24. Ad Aquitaniam ...
et ultra Sequana pagis XXVIII, id est . . . Ambiensis et Pontium usque
in mare — Ad Baiwariam . . . Tervanensis, Bolensis, Quentovico . . .
Mit Recht sah Coussin in dieser Bestimmung einen wichtigen Grund
dafür, dass Quentowic rechts von der Canche zu suchen sei. In seiner
letzten darauf bezüglichen Abhandlung hat er zur weiteren Be-
kräftigung eine Urkunde Karls des Kahlen, deren Ausfertigung wahrscheinlich in das Jahr 841 oder 842 fällt, hinzugefügt. Ausser seinem
Abdrucke in den Mémoires Dunkerquoises IX gibt es meines Wissens
keine Ausgabe derselben. Er hat die Urkunde von einem Pergament,
das sich zu seiner Zeit in der Meierei des alten Klosters Ferrieres befand, abgeschrieben. Es ist eine Bestätigung der dem Kloster Ferrieres
von Ludwig dem Frommen zugestandenen Privilegien und Rechts-
ansprüche auf die Cella S. Judoci. Es heisst dort, indem zunächst das
ältere Privileg wiederholt wird: . . . contulerit idem gloriosissimus im-
perator (Ludwig I.) monasterio Ferrariensi cellam sancti Judoci sitam
in Pago Pontiu, super fluvium Quantiam, in loco qui dicitur Schaderias...
Damit ist unzweideutig bewiesen, dass Quentowic rechts von der Canche
lag; denn einerseits wird Quentowic in der Divisio aus dem Ponthieu
ausgeschieden und anderseits geht aus dieser Notiz hervor, dass die
Grafschaft Ponthieu sich bis zur Canche erstreckte. Mit Unrecht scheint
mir von Gegnern Coussins diese Urkunde für unecht erklärt worden zu
sein, da Lupus sich ausdrücklich in zwei Briefen aus den Jahren 842
bis 844 auf ein solches Privileg beruft. MG. Ep. VI 1, S. 68 u. 79.
Aber auch im Falle der Unechtheit bleibt der Wert der geographischen
Angabe: cellam S. Judoci, sitam in Pago Pontiu . . . bestehen, da in
diesem Falle die Fälschung vor 849 geschehen sein muss; in diesem

Wie ist mit dieser Tatsache die Umschrift der beiden Münzen in Einklang zu bringen? Zur Erklärung bieten sich drei Möglichkeiten: entweder gab es zur Merowingerzeit auch auf dem linken Ufer der Canche gegenüber von Quentowic einen Umschlagsplatz Wicus, oder die Landschaft Ponthieu erstreckte sich über die Canche hinaus und umfasste das Boulonnais mit, so dass Wicus und Quentowic identisch sind, oder endlich mit Wic in Pontio ist ein anderer Ort im Ponthieu gemeint. Die grösste Wahrscheinlichkeit scheint mir die erste Annahme zu beanspruchen. Analoge Fälle sind nicht selten. Auch dürfte so die Umschrift Quantovici einer anderen Merowingermünze, die von gleichem Typ ist und von demselben Monetarius stammt wie die beiden oben genannten, am leichtesten zu erklären sein[1].

Aus der Zeit der Karolinger haben wir keine Münzen mehr mit Wicus oder dergleichen Legenden. Alle tragen mehr oder weniger deutlich auf der Rückseite die Schrift im Felde oder Umschrift Quen-wic, Quantowico, Quentowicus, Quintovicus, Quentovici, Quentawic und dgl. Besonders interessant ist auf einigen Münzen seit Ludwig dem Frommen das Bild eines Schiffes, das Emblem des Seehafens. Münzen mit gleichem Bilde finden sich auch aus Dorestado. Nach Ponton d'Amécourt waren sie besonders für den Handel mit den nordischen Völkern bestimmt, von denen sie lieber als die Münzen mit dem Bilde des Kaisers genommen wurden[2]. Diese Karolingischen Münzen mit Quentowic beginnen unter Pippin und enden unter Karl dem Einfältigen. Es sind also noch um das Jahr 900 karolingische Münzen in Quentowic geprägt worden. Freilich werden die Münzen nach Karl dem Kahlen sehr selten, fehlen zeitweise sogar ganz[3].

Jahre war die cella nämlich, wie zwei andere Briefe des Lupus zeigen, wahrscheinlich wieder im Besitz des Klosters Ferrieres. Auch nach Dümmler haben die genannten Worte in dem Privileg Ludwigs des Frommen gestanden. MG. Ep. VI 1, S. 9 Anm. 1.

[1] Ponton d'Amécourt, a. a. O. III, S. 454.

[2] Recherches sur l'origine et la filiation des types des premières monnaies carlovingiennes, Annuaire de la soc. franc. de numismatique et d'archéologique III, S. 318 ff.

[3] Engels et Serrure, Traité I, S. 240; Gariel, Monnaies Royales II, S. 295.

Verwickelter liegt die Frage der Datierung und Zuweisung
bei den von den sogenannten normannischen Seekönigen und von
fränkischen Territorialherren ausgegebenen Münzen mit Quentowic.
Sie hat die französischen Numismatiker seit langem beschäftigt.
Doch war es bisher nicht gelungen, die vorhandenen Unklarheiten
zu beseitigen. Die Hauptschwierigkeit lag in dem Umstand, dass
die territoriale Gliederung Nordfrankreichs um das Jahr 900 nur
ungenügend bekannt war. Ich will versuchen, gestützt auf die
gründlichen Untersuchungen von Vanderkindere und Walther
Vogel[1], nach Möglichkeit Klarheit zu schaffen.

Dem Beispiele von Poey d'Avant folgend teile ich die in
Frage kommenden Münzen in solche mit fränkischem und solche
mit englisch-nordischem Typ ein[2]. Die ersteren — eine grössere
Anzahl von Denaren und Obolen — sind, obgleich sie zum Teil
das karolingische Monogramm tragen, einige sogar Carlus Rex
und Gratia Dei Rex, wegen ihrer völligen Entartung und wegen
ihres Stils von den französischen Numismatikern Territorialherren
des 10. Jahrhunderts zugewiesen worden. Das gleiche gilt von
einigen anderen, die auf der rechten Seite als Umschrift einen
Namen tragen, dessen Anfangsbuchstaben E und vielleicht N sind.
Wem sind diese Münzen zuzuschreiben? Poey d'Avant nahm die
Grafen von Ponthieu und deren Nachfolger die Grafen von Guines
an, wobei er sich auf die Erzählungen des Lambert d'Ardres berief, die von einem Grafen Siegfried zu berichten wissen, durch
welchen 928 die Grafschaft Guines gegründet worden sei[3]. Dieser
Behauptung hat jedoch in neuerer Zeit Van Robais mit Recht
widersprochen[4]. Wir wissen einerseits nichts von Grafen von
Ponthieu aus dem Anfange des 10. Jahrhunderts; erst ein Jahrhundert später treten uns solche entgegen. Anderseits haben
auch die Grafen von Guines nichts mit Quentowic zu tun, da sie

---

[1] Vanderkindere, La formation territoriale des principautés belges au
moyen âge I; Vogel, Die Normannen u. d. fränkische Reich.

[2] Monnaies féodales de la France III, S. 361 ff.

[3] Historia comitum Guisnensium; MG. SS. XXIV, S. 566 ff.

[4] Les comtes de Ponthieu ont-ils battu monnaie à Quentowic?
Bull. hist. de la soc. des antiqu. de la Morinie 1875, S. 317 ff.; Observations sur les monnaies de Quentowic, Mémoires de la société
d'Émulation d'Abbeville, 3. série 2. vol, S. 342 ff.

nur die Nordecke von Boulonnais beherrschten, während das eigentliche Boulonnais den dortigen Grafen gehörte, die seit Balduin II. dem Kahlen (879-918) Flanderns Oberlehnshoheit anerkannten [1]. Danach können nur die Grafen von Boulonnais oder die Markgrafen von Flandern für die Ausgabe der Münzen in Frage kommen. Unter den ersteren gibt es im 10. Jahrhundert einen Erkenger und bald darauf einen Ernikule. Mit Recht hat Van Robais in diesen beiden Namen, die beide wie die auf den Münzen mit E anfangen, eine gewisse Bestätigung dafür gesehen, dass die Grafen von Boulonnais die Quentowic-Münzen und zwar in der ersten Hälfte des 10. Jahrhunderts ausgegeben haben.

Die Münzen mehr anglo-nordischen Typs stammen aus dem grossen Cuerdale-Fund, der 1840 in Lancashire gehoben wurde [2]. Sie tragen auf der rechten Seite die Umschrift Cnut (nicht ganz sicher) Rex (i) und auf der Rückseite Quentovici. Münzen ähnlicher Art wurden in demselben Funde mit der Umschrift Siegfried entdeckt. Zur Erklärung nahm man lange an, dass unter Siegfried jener berühmte Normannenführer Siegfried zu verstehen sei, der in den 80 er Jahren des 9. Jahrhunderts ganz Nordfrankreich mit seinen Verwüstungen heimsuchte [3]. In Cnut sah man einen Bruder Siegfrieds. Demgegenüber behauptete aber C. A. Serrure 1858, dass Siegfried mit dem obengenannten Grafen Siegfried von Guines und Cnut mit einem von Lambert erwähnten Begleiter Siegfrieds, dem dänischen Prinzen Cnut identisch seien [4]. Die gegen diese Hypothese Serrures von de Coster erhobenen Einwendungen, die darin gipfelten, dass der Fund spätestens von 929 zu datieren sei, also nicht viele Münzen der Grafen von Guines enthalten könne, werden freilich heute abzuweisen sein; nichts destoweniger werden wir de Costers Grundanschauung zu teilen haben [5]. Denn der

---

[1] Vanderkindere I, S. 48 ff.

[2] Dieser Schatz enthielt nicht weniger als 7000 Münzen. Lange nahm man an, dass er in das erste Viertel des 10. Jahrhunderts datiert werden müsse; heute setzt man die Datierung etwas später an. Gariel, Monnaies Royales I, S. 138 ff.

[3] Vogel a. a. O. S. 262 ff.

[4] Monnaies de Canut et de Sifroid, 1858.

[5] Revue belge, 3. série 3. vol., S. 540. Auch Gariel erklärt sich noch für die Annahme von Serrure Monnaies Royales I, S. 138 f.

Machtbezirk der Grafen von Guines erstreckte sich, wie erwähnt, keineswegs bis nach Quentowic, sie besassen nur die Nordecke von Boulonnais und zwar auch unter flandrischer Oberlehnshoheit[1]. Ferner ist auf das Zeugnis des erst gegen Ende des 12. Jahrhunderts zu Ehren der Grafen von Guines schreibenden Lambert d'Ardres nichts zu geben. Ich möchte daher mit Poey d'Avant daran festhalten, dass die genannten Münzen zur Zeit der normannischen Hochflut geprägt sind. Ob Cnut zu dem Normannenführer Siegfried in irgendwelcher Beziehung steht, lässt sich nicht feststellen.

II.

Die ersten sicheren Anfänge des späteren Handelsplatzes Quentowic sind nach den bisherigen Funden in die Zeit der römischen Herrschaft zu setzen, unter der der Ort schon eine ansehnliche Ausdehnung erlangte[2]. Ob er schon in keltischer Zeit bestand, lässt sich nicht mit völliger Sicherheit sagen[3]. Auch in römischer Zeit wird der Name Quentowic nicht erwähnt. Cäsar spricht von einem Hafen Itius, von dem aus er seine Expeditionen nach Britannien unternahm, quo ex portu commodissimum in Britanniam trajectum esse cognoverat[4]. Die meisten neueren Forscher haben in diesem portus Itius Gessoriacon, das heutige Boulogne, oder das nahe beim Kap Gris Nez gelegene Wissant sehen wollen[5].

---

[1] Vanderkindere I, S. 83.

[2] Hector de Rosny, Histoire du Boulonnais I, S. 352 ff.

[3] Die Behauptung des französischen Archäologen Hermand, dass Quentowic schon eine Hauptmünzstätte der Moriner gewesen sei, deren Münzen uns in grosser Zahl erhalten sind, hat nur den Werth einer Hypothese; der von ihm versuchte Beweis ist misslungen. Monnaies Gallo-Belges S. 110 ff.

[4] Comm. de Bello Gallico V 2.

[5] Für Wissant wird die folgende Stelle Cäsars angeführt: Ipse cum omnibus copiis in Morinos proficiscitur, quod inde erat brevissimus in Britanniam trajectus (IV, 21). Wenn Cäsar überhaupt die geographische Lage genau gekannt hat, ist doch dieser Satz nur auf die Landschaft der Moriner im ganzen zu beziehen. Für Boulogne führt man die Erwähnung eines portus ulterior und superior bei Cäsar ins Feld, die man bei der Annahme von Wissant nicht unterbringen kann. Auch auf die Bedeutung Gessoriacons unter der Römerherrschaft wird hingewiesen.

Ich möchte eine gewisse Wahrscheinlichkeit für Quentowic-Étaples geltend machen. Ausser auf die Funde, die das Bestehen Quentowics zur Zeit der Römer bezeugen, stützt sich unsere Annahme auf eine Stelle der Geographia des Ptolemaeus, wo er die Nordküste Belgiens beschreibt. Von der Seine ausgehend, erwähnt er zunächst die Mündung der Somme, dann ιχιον αχρον, und im folgenden Abschnitt werden unter einer neuen Überschrift die weiter nach Osten liegenden Punkte anfangend mit Γησοριαχον ἐπίνειον genannt[1]. Man muss hiernach annehmen, dass das Vorgebirge Icius (Itius) zwischen der Somme und Gessoriacon lag. Wenn die Angabe des Ptolomäus richtig ist, kann portus Itius nur mit Quentowic identisch sein.

Sichere Belege für die Bedeutung Quentowics und seines Handels bieten sich erst aus der Merowingerzeit. Zunächst sind, wie schon bemerkt, eine grosse Menge Münzen mit der Bezeichnung Wicus erhalten und zwar in den verschiedensten Variationen. Gerade die grosse Mannigfaltigkeit der erhaltenen Münzen mit Wicus ist wesentlich; ein einziger Typ würde nicht viel bedeuten, da nach neueren Schätzungen die Zahl der auf merowingischen Münzen genannten verschiedenen Ortsnamen sich auf mehrere Tausend beläuft, von denen bisher nur zirka 800 identifiziert sind[2]. Das häufige Vorkommen dieser Münzen in England weist auf die Handels- und Verkehrsverbindungen mit diesem Lande hin. Quentowic muss ein wichtiger Umschlag- und Hafenort für den Handel nach England gewesen sein.

Bestätigt wird dieses Ergebnis durch die schon erwähnte Urkunde König Dagoberts von 629 für einen in St. Dénis zu errichtenden Markt. Zur besonderen Belebung omnes civitates in nostro regno, maxime ad Rothomo porto et ad Wicus porto . . ., sit ipse theloneus indultus usque ad tertium annum. Diese Stelle sowie die dort gleich folgende Bezeichnung der Einwohner Quentowics mit Wicarii spricht für die Bedeutung, die schon zu Beginn des 7. Jahrhunderts Quentowic beigelegt wurde. Das gleiche ergibt sich aus einigen historiographischen Nachrichten der nächsten

---

[1] Geographia II, 9, 1—3.
[2] Engels et Serrure, Traité I, S. 89. Die zweite Zahl gibt auch Luschin von Ebengreuth, Allgem. Münzkunde u. Geldgeschichte S. 83.

Zeit. Beda erwähnt, dass der vom Papst 668 ernannte Erzbischof
Theodorus auf seiner Reise nach England über Quentowic kam,
wo er von einer Krankheit ergriffen, einige Zeit verweilte[1].
Wichtiger ist eine von dem um 730 schreibenden Eddius Stepha-
nus stammende Nachricht in der Vita Wilfridi. Er erzählt, wie sein
Freund und Lehrer Wilfrid von dem Könige Ecgfried aus seinem
Bistum vertrieben, sich nach Rom aufmachte, um beim Papste
Gerechtigkeit zu suchen. Dies wünschten aber seine Feinde zu
verhindern. In der Meinung, dass er die Route über Quentowic,
»die kürzeste nach Rom«, wählen werde, sandten sie im voraus
Boten an den fränkischen König, damit Wilfrids Pläne von ihm
vereitelt würden[2]. Man scheint danach eine andere Reiseroute
für ausgeschlossen, jedenfalls die erwähnte für die wahrscheinlichste
gehalten zu haben. Quentowic war offenbar der allgemein üb-
liche Landungsort für Pilger, die von England nach Rom reisten.
Ein deutlicher Beleg für den Umfang dieses Pilgerverkehrs in
späterer Zeit ist die in den Briefen des Lupus erwähnte Ver-
gabung der mit Quentowic eng verbundenen Cella S. Judoci durch
Karl den Grossen an Alcuin mit der Bestimmung, dort Pilger
zu beherbergen[3]. Endlich mag noch eine Nachricht aus der Vita
Bonifatii von Willibald die Ausdehnung der Verkehrsbeziehungen
nach England zur Merowingerzeit bezeugen. Wir hören, dass
Winfrid auf einer Reise nach Rom in London das Schiff bestieg

---

[1] Beda, Hist. eccl. Anglorum IV, 1.

[2] Vita s. Wilfridi ep. Eboracensis, auctore Eddio Stephano pres-
bytero et monacho. Vita quorundam Anglo-Saxonum, ed. Giles, Caxton
Society, S. 223 ff. Die hier am meisten in Frage kommende Stelle
lautet: Inimici vero nostri praesulis . . . putantes in austrum ad Quentawic navigantem, et via rectissima ad Sedem Apostolicam pergentem,
praemiserunt nuncios suos . . . ad . . . regem Francorum. Die Zeit der
Reise fällt in das Jahr 678, denn es heisst bei Eddius von dem Tage
der Absetzung: eo die anniversario, Elfwini regis occisi cadaver in
Eboracam delatum est. Der Tod Aelfwins fällt nach Beda IV, 21 in
das Jahr 679: Anno regni Ecgfridi nono, . . . occisus est Aelfwini frater
regis Ecgfridi. — Durch eine andere Stelle bei Beda wird das Datum
bestätigt: Quo etiam anno (778) orta inter ipsum regem Ecgfridum et
reverentissimum antistitem Vilfridum dissentione, pulsus est idem
antistites a sede sui episcopatus . . ., IV, 11.

[3] MG. Ep. VI 1, Nr. 11, 45, 53 u. 71.

und nach glücklicher Fahrt in Quentowic landete, wo Zelte auf-
geschlagen wurden, bis sich die übrigen Reisegefährten mit ihm
vereinigt hatten[1]. Also selbst von London aus wählte man für
die Reise nach Rom den Weg über Quentowic, obwohl dieser der
Entfernung nach sicher nicht der kürzeste war. Boulogne scheint
damals nicht in Frage zu kommen, denn von London nach Quentowic fahrend, musste man an Boulogne vorbeisegeln.

Schiffahrt und Handel Quentowics, die schon in den unruhigen
Zeiten der Merowinger nicht unerheblich gewesen, konnten sich
unter dem straffen und wohlorganisierten Regiment der Karolinger
noch reicher entfalten. Auch die engere Verbindung Italiens mit
dem Frankenreich wird eine befruchtende Wirkung auf den Handel
ausgeübt haben. In die ältere Periode der Karolingerherrschaft
fällt die Blüte Quentowics. Die erste Nachricht aus dieser Zeit
findet sich in einer Urkunde Karls des Grossen von 779, worin
dem Kloster Saint Germain des Prés die Zollfreiheit im ganzen
Reiche bestätigt wird. Darin wurden die Haupthäfen des Frankenreichs am Kanal und an der Nordsee hervorgehoben: Rouen
Quentowic, Amiens, Utrecht und Dorestado (Wijk bij Duurstede)[2].
Unter den wichtigsten Häfen Nordfrankreichs befand sich also
Quentowic. Freilich ist dies die einzige urkundliche Erwähnung
Quentowics aus der Zeit Karls des Grossen. Um so sicherer geht
aus einem historiographischen Berichte das zunehmende Ansehen
des Orts in dieser Zeit hervor.

In den Gesta Abbatum Fontanellensium wird berichtet, dass
Gervoldus, der 787[3] von Karl zum Abte des Klosters Fontanella
gemacht worden war, »nuper regni negotia procurator constituitur per
multos annos, per diversos portus ac civitates exigens tributa· at-
que vectigalia maxime in Quentawich«. Mit Rücksicht auf die
geographische Lage von Fontanella ist anzunehmen, dass ausser
Quentowic zu den »diversos portus ac civitates«, deren Steuer-
und Zollverwaltung in die Hände des Gervoldus gelegt worden
war, auch Rouen und Amiens gehörten. Wenn demnach Quen-

---

[1] Vitae Sancti Bonifatii ed. Levison S. 20.

[2] MG. Dipl. Carolinorum I, 171.

[3] Die Jahreszahl ist nicht ganz sicher, da sie mit anderen Stellen
nicht in Einklang zu bringen ist. Vgl. Abel-Simson, Karl der Grosse
I, S. 567 Anm. 4 u. 6.

towic allein hervorgehoben wird, scheint darin ein Beweis dafür
zu liegen, dass dieser Ort sich zu einem Handelsmittelpunkt
Nordfrankreichs entwickelt hatte. Auch die Wertschätzung des Gervoldus durch König Offa dürfte zum Teil ihre Erklärung finden
in der Bedeutung des Handels zwischen England und Frankreich,
insbesondere Quentowics. Es heisst in den Gesta: Offae, regi
Anglorum sive Merciorum potentissimo, in amicitiis valde cognos-
citur adjunctus. Extant adhuc epistolae ab eo ad illum, id est
Gervoldum, directae, quibus se amicum ac familiarem illius carissi-
mum fore pronuntiat. Nam multis vicibus ipse per se jussione
invictissimi regis Caroli ad praefatum regem Offam legationibus
functus est[1]. Offa hoffte wohl, aus der Freundschaft mit Gervoldus Nutzen zu ziehen, da Gervoldus sicher einen Einfluss besass
auf die Festsetzung der Steuer- und Zollsätze. In der Tat trat
Gervoldus, als Karl 790 gegen England eine Handelssperre ver-
hängte, die für das kulturell niedriger stehende England von un-
bequemen Folgen sein musste, für die Aufhebung der Sperre ein[2].

Was wir sonst aus dieser Zeit an Nachrichten über Quentowic besitzen, ist sehr spärlich. In zwei Briefen berichtet Alcuin
von einem Aufenthalte, den er dort genommen, und in einem
anderen schreibt er, dass ein gewisser Priester Martin in Vicos
apud Sanctum Jodocum infirmus remansit.[3]

Erst nach längerer Unterbrechung hören wir von neuem von
Quentowic. In einer Urkunde von 828 zu Gunsten von Kaufleuten, die sich in seinen Schutz gestellt hatten, ordnet Ludwig
der Fromme an, dass von den genannten Kaufleuten »teloneum.

---

[1] Gesta Abb. Fontanellensium ed. Löwenfeld, S. 46. Die Schrift
ist wahrscheinlich zwischen 834 und 845 von Mönchen des Klosters
St Wandrille auf Anregung des Abtes Fulco verfasst worden; vgl.
Löwenfeld, Forsch. zur Deutschen Gesch. XXVI, S. 195 ff. Die kleine
Schrift De vita Harduino recluso monasterii Fontanellensis († 811) deque
aliis claris ejusdem loci viris, Mabillon, Acta Sanct. ord. S. B. IV, I,
S. 66 hat ihren Bericht grossenteils wörtlich aus den Gesta genommen.
Bei Quentowic gibt sie den Zusatz: qui portus est Oceani in Angliam
ad Quantiam fluvium, der auch auf die Richtung der Handelsbeziehungen
Quentowics hinweist.

[2] Gesta Abbatum Font. S. 47 und die Briefe des Alcuin an Colcu
und Adalhardus, MG. Ep. Karolini Aevi II, S. 32 u. 34.

[3] MG. Ep. Karolini Aevi II, S. 66, 291 u. 294.

excepto ad opus nostrum inter (in) Quantovico et Dorestado vel ad Clusas, ubi ad opus nostrum decima exigitur, aliubi eis ne requiratur[1]. Quentowic wird hier mit dem anderen Haupthafen des nördlichen Frankenreichs hervorgehoben; denn Clusas ist nicht, wie D. Schäfer nachgewiesen, mit dem erst im 13. Jahrhundert auftauchenden Namen Sluis in Verbindung zu bringen, sondern bedeutet den Pass des Mont Cénis[2]. Die ausdrückliche Reservierung der Zolleinnahmen der beiden Häfen scheint mir einen weiteren Beweis zu liefern für die Ausdehnung ihres Handels. Ebenso bekundet die Erwähnung Quentawics in der Regni divisio von 831 die Wichtigkeit des Orts[3].

Endlich legen von der Bedeutung Quentowics auch die Münzen mit Quentowic aus der ersten Karolingerzeit ein klares Zeugnis ab. Obwohl seit Pippin die Münzverwaltung scharf zentralistisch organisiert worden war, obwohl nur noch wenige Orte das Privileg der Münzprägung besassen, weisen die Münzfunde eine erhebliche Anzahl verschiedener Münztypen für Quentowic auf. Die eine der Münzarten mit dem Schiffsbilde scheint, wie erwähnt, besonders für den Handel mit den nordisch-barbarischen Völkern geprägt worden zu sein.

In diese glänzende Entwicklung Quentowics griffen nun die seit dem Tode Ludwigs des Frommen immer häufiger werdenden Einfälle der Normannen schwer hemmend ein. Schon 841 war Rouen von ihnen geplündert worden[4], ein Jahr später traf ein

---

[1] MG. Formulae S. 315.

[2] »Sclusas« im Strassburger Zollprivileg von 831. Sitzungsber. der Berl. Akad. der Wissensch. 1905, XXVII.

[3] Capitularia Regum Francorum II, S. 24. Die ebenfalls aus dem Jahre 831 stammende Urkunde Ludwigs des Frommen zu Gunsten der Strassburger Kirche, in der Quentowic erwähnt wird, ist für uns wertlos; denn es wird nicht, wie Mühlbacher, Regesten der Karolinger I[2], Nr. 890 meint, die »Zollfreiheit im ganzen Reiche . . . ausser zu Quentowic, Duurstede und Sluis« gewährt, sondern ausdrücklich ohne Einschränkung die Zollfreiheit im ganzen Reich; die Ausnahme steht nur in der Einleitung als Wiederholung eines Zollprivilegs Karls des Grossen. Wiegand, UB. d. St. Strassburg I, 18. Auch die Nennung des portus Quentowig in den Miracula S. Richarii Saeculi IX, SS. XV, 917 ist belanglos.

[4] Vogel a. a. O. S. 84.

ähnliches Schicksal Quentowic. In den Annales Bertiniani wird
ausführlich erzählt, wie sie an einem frühen Morgen mit einer
Flotte in den Hafen einfuhren, den Ort plünderten, viele der
Einwohner beiderlei Geschlechts gefangen fortführten oder sogar
töteten und nur die Gebäude, die nach ihrem Werte losgekauft
wurden, zurückliessen[1]. Mit dieser Brandschatzung durch die
Normannen — mehr haben wir in dem übertriebenen Berichte
nicht zu sehen — begann ein verhältnismässig schneller Rückgang
des Handels von Quentowic. Unzutreffend ist aber die Behauptung,
dass mit dieser »Zerstörung« »das Schicksal der Hafenstadt besiegelt
war[2].« Die noch recht häufigen Erwähnungen Quentowics in den
nächsten Jahrzehnten und besonders die bis in die Mitte des 10. Jahrhunderts reichende Münzprägung der Stadt beweisen das Gegen-

---

[1] Annales Bertiniani (ed. Waitz) S. 28. Diese Brandschatzung
Quentowics, die bei der Bedeutung der Stadt allgemein Schrecken verbreiten musste, ist von mehreren Quellen überliefert. Der ausführlichste,
wenn auch übertriebene Bericht liegt in den Ann. Bertiniani vor. Die
Einwohner müssen jedenfalls zum grossen Teil verschont worden sein,
da sie die Häuser loskauften. Auch die Notiz Nithards, SS. II, S. 669,
scheint mir den Charakter einer Brandschatzung zu bestätigen: Per
idem tempus (842) Nortmanni Contwig depraedati sunt. Das Anglo-
Saxon Chronicle schreibt über das Ereignis: Her (839) · waes micel
waelsliht on Lundene]on Cwantawic [So die Parker hs., die Laud hs.
hat Cant wig],]on Hrofesceastre; ed Charles Plummer S. 16 u. 17. Die
Datierung des Anglo-Saxon Chronicle 839 ist falsch; für die Periode
829—839 beträgt, wie Theopald, Kritische Untersuchungen über die
Quellen zur angelsächsischen Geschichte, S. 51 ff., sicher nachgewiesen
hat, der chronologische Fehler des Chronisten gerade drei Jahre, so
dass wir auch hier für die Brandschatzung das Jahr 842 haben. Dieselbe Notiz wie das Anglo-Saxon Chr., nur mit richtiger Datierung,
bringt das wahrscheinlich von einer älteren, nicht mehr vorhandenen
Redaktion des Chronicle (Theopald a. a. O.) abgeleitete Chronicon
Sancti Neoti; Historiae Britannicae, Saxonicae, Anglo-Danicae script.
XV, S. 155, ed. Th. Gale. Endlich haben wir noch einen Bericht in
dem etwas später (nach 872) geschriebenen Fragmentum Chronici
Fontanellensis, SS. II, S. 302: Anno 844, Quentawich portum miserabili
clade devastaverunt Nortmanni. Auf Grund dieser einen Datierung zwei
Brandschatzungen annehmen zu wollen, wie es Dümmler und Vogel
tun, halte. ich für bedenklich. Eine so rasche Wiederholung der Brandschatzungen war auch gegen den Brauch der Normannen.

[2] Vogel S. 100.

teil. Der unleugbare allmähliche Zerfall des Handelsplatzes liegt tiefer begründet: zunächst in der durch die Normannenzüge verursachten wachsenden Unsicherheit der Meere und dann in den inneren Wirren des Frankenreiches während des ganzen folgenden Jahrhunderts,

Vorerst tritt freilich ein solcher Rückgang nicht zutage. Gerade aus den 40er Jahren, zum Teil vor, zum Teil nach der Brandschatzung, stammen mehrere Bittschriften des Abtes Lupus von Ferrières um Wiedererlangung der seinem Kloster nach dem Tode Ludwigs des Frommen entrissenen Cella S. Judoci, die, mit ·Quentowic wirtschaftlich eng verbunden, für Ferrières von grossem Werte war. Nur bei unveränderter Bedeutung von Quentowic scheinen mir daher seine Worte verständlich, dass ohne die Cella das Kloster Ferrières nicht bestehen könne [1]. Einen weiteren Beweis, dass die Hafentätigkeit Quentowics nicht erloschen war, bietet ein anderer zwischen 847 und 855 geschriebener Brief des Lupus. Er bittet einen Freund, den englischen König Ädilufus zu veranlassen, Blei für die Bedachung der Kirche des hl. Petrus in Ferrières zu schenken und dasselbe nach Stapulas zu schaffen. Unter diesem neuen Namen Stapulas tritt uns hier zum ersten Male Quentowic — speziell sein Hafen — entgegen [2]. Deutlicher zeugt eine Stelle der Miracula S. Wandregisili von der Wichtigkeit, die noch Karl der Kahle dem Ort beimass. Es wird dort

---

[1] MG. Epistolae VI 1, Nr. 11, 42—45, 53, 55, 71 u. 83.

[2] A. a. O. Nr. 14. Mit Recht ist allgemein unter Stapulas das spätere Étaples verstanden. Nicht nur der Name spricht dafür, sondern vor allem die Tatsache, dass es für Lupus, den Abt von Ferrières, sehr nahe lag, das Blei nach dem mit St. Josse eng verbundenen Quentowic schicken zu lassen, das durch die Cella mit seinem Kloster in Verbindung stand. Der Brief ist daher jedenfalls erst nach der Wiedererlangung der Cella geschrieben. Vogel will Stapulas (Étaples) und Quentowic unterscheiden, indem er das erstere etwas oberhalb von Quentowic an die Canche verlegt. Schon Coussin hat sich entschieden dagegen erklärt; denn die Ausgrabungen berechtigen zu dieser Annahme nicht. Das jüngere Stapulas, das heutige Étaples, hat sich nicht aus einer bei Quentowic liegenden Ortschaft entwickelt, sondern aus dem direkt am Flusse liegenden Teile des alten ausgedehnteren Handelsplatzes. — Die Erwähnung Quentowics in einer Urkunde Karls des Kahlen von 845 bei Hariulf, Chronique de l'abbaye de St. Riquier (Collection des Textes), S. 108 ff., ist bedeutungslos.

von den Erlebnissen eines ›illuster vir Grippo, prefectus videlicet emporii Quentovici‹ erzählt. Hiernach gab es noch zwischen 858 und 868 — denn nur diese Zeitepoche behandeln die Miracula — einen kaiserlichen Prefectus, der sogar gleich darauf mit dem vornehmeren Titel dux bezeichnet wird, in Quentowic[1]. Auch sonst geht aus den Miracula hervor, dass Quentowic in dieser Zeit keine geringe Rolle spielte; es wird wiederholt emporium und portus genannt[2]. Endlich belegt dies ebenfalls eine Stelle des Edictum Pistense von 864, wo unter den Orten, welchen fortan das Münzrecht zustehen soll, Quentowic an erster Stelle genannt wird, indem gegenüber von Rouen besonders auf sein grosses Alter hingewiesen wird[3].

Diese Bemerkung im Edikt Pistense ist die letzte Nachricht, die einen sicheren Schluss auf die Bedeutung Quentowics gestattet. Für die Folgezeit können wir nur mit grosser Wahrscheinlichkeit annehmen, dass der Handel bald mehr zurückging und mit ihm der Ort selbst zur Bedeutungslosigkeit herabsank. Aus den Münzen, die unsere einzige Quelle bilden, ist zu ersehen, dass der Hafen zeitweise in den Händen der Franken, zeitweise in denen der Normannen gewesen ist. Unter Karl dem Dicken ist er jedenfalls eine Zeit lang fränkisch gewesen, da wir von ihm eine Münze mit Quentowic haben[4] In den nächsten Jahren erlag er wohl den neu heranflutenden Scharen der Normannen. In diese Periode sind vermutlich die oben erwähnten Münzen mit Cnut zu datieren. Wie lange der Ort dann im Besitz der Normannen gewesen, lässt sich nicht genau angeben. Sicher ist nur soviel, dass er unter Karl dem Einfältigen wenigstens momentan in den Händen des Königs war, da auch von ihm eine Münze mit Quentowic herrührt[5]. Während der folgenden Thronstreitigkeiten, die sich vornehmlich an die Namen von Odo, Karl und Rudolf von

---

[1] MG. SS. XV, S. 408[47].

[2] MG. SS. XV, S. 408[17] u. 409[21]. Zwei weitere Stellen bei Mabillon, Acta Sanct. saec. II, S. 551 u. 555. Die Abfassungszeit des hier nur in Frage kommenden zweiten Teils der Miracula ist bald nach 868; SS. XV, S. 407.

[3] MG. Capit. Regum Francorum II, S. 315.

[4] Gariel, Monnaies Royales II, S. 272.

[5] A. a. O. S. 295.

Burgund anknüpfen, ist Quentowic wahrscheinlich an die Grafen des Boulonnais gefallen, von denen, wie ich mit Van Robais annehme, die letzten Münzen mit Quentowic stammen. Damit verschwindet endgültig der Name Quentowic aus der Geschichte; der neue Name Stapulas, der zu der Zeit der Blüte, wie wir sahen, wohl nur für den Hafenteil gebraucht worden war, tritt an seine Stelle.

Urkundlich findet sich diese Bezeichnung zuerst in einem Tauschakt zwischen dem Bischof von Thérouanne und dem Abt von St. Bertin von 1026, in welchem der letztere ein Grundstück, »que jacet in villa Stapulas nominata« abtritt. Unter Stapulas ist hier wohl sicher Quentowic zu verstehen, da es sich offenbar um dasselbe Grundstück handelte, das im 9. Jahrhundert unter dem Titel In Quintwico mansum verschiedentlich im Urkundenbuch von St. Bertin als Besitz des Klosters erwähnt wird[1]. Unter dem neuen Namen Stapulas errang der Ort in den folgenden Jahrhunderten wieder eine gewisse Bedeutung.

---

[1] Folcwinus, Gesta abb. S. Bertini Sithiensium (Liber de gestis abb. et privil. Sythiensis coenobii), als Cartulaire de l'abbaye de Saint Bertin, ed. Guérard in Collection de documents inédits, Nr. 10, S. 175; die Erwähnungen des Grundstückes, ebd. l. I, Nr. 61, u. l. II, Nr. 88 u. 90.

III.

Die ›Durchfuhr‹ in Lübeck.

Ein Beitrag zur Geschichte der lübischen Handelspolitik im 17. und 18. Jahrhundert [1].

Von

Ernst Baasch.

Um die Wende des 16. zum 17. Jahrhundert befand sich der Handel Lübecks in einer nicht unbedenklichen Krisis. Mehr denn je drangen die Hamburger und die Niederländer in den Ostseehandel ein, die Niederländer nicht nur von den Niederlanden aus, sondern auch von Hamburg aus, wo seit den letzten Jahrzehnten des 16. Jahrhunderts unter den Fremden die Niederländer eine bedeutende Rolle spielten. Um so gefährlicher für den lübischen Handel war diese niederländisch-hamburgische Invasion, als die dänische und schwedische Politik diesen Handel immer mehr beschränkte. Die kriegerischen Wirren am Beginn des 17. Jahrhunderts vermehrten noch die Bedrängnis für Lübeck; der schwedisch-polnische Krieg hat die Stadt und ihren Handel schwer geschädigt; Schweden verbot allen Verkehr mit Riga und Livland, während im Jahr 1611 Christian IV von Dänemark den Hansestädten jeden Verkehr mit Schweden, Reval, Narva, Finnland verbot. Auch die neue Schiffahrtsverbindung mit Archangel, die namentlich von den Niederländern und Hamburgern gepflegt wurde, machte den Lübeckern Sorge; der für Lübeck so wichtige Handel

---

[1] Im wesentlichen nach den Akten des Lübecker Staatsarchivs; einige Ergänzungen boten die Akten der Hamburgischen Kommerzdeputierten.

mit russischen Produkten konnte durch jenen direkten Bezug nur leiden[1].

Lübeck selbst war freilich damals noch ein Handelsplatz, dessen Bedeutung nicht zu unterschätzen ist; ihre alten Beziehungen, ihre bedeutenden Kapitalien kamen der Stadt doch sehr zu Gute; aber durch jene Verkehrstörungen und die direkten Bezüge der Waren musste der Eigenhandel der Stadt schwer Abbruch leiden, der Verkehr zum Transit herabsinken.

Dies zu verhindern, griff Lübeck zu einem Mittel, das zu den Waffen mittelalterlicher Stadtwirtschaftspolitik gehörte; es führte für die »Durchfuhr« eine schärfere, nahezu prohibitive Praxis ein. Etwas ganz neues war dieses ja nicht. Als die Fahrt der Holländer durch den Sund in die Ostsee immer mehr zunahm und es Lübeck nicht gelungen war, diese Fahrt zu verhindern durch den Anspruch, dass gewisse Stapelgüter den Weg auf den lübischen Markt zu nehmen hätten, erhob es einen andern Anspruch, nämlich den, die Durchfuhr durch Lübeck zu verbieten; bei den Friedensverhandlungen nach der Grafenfehde 1535/36 ist auch hiervon die Rede gewesen, und noch in dem Rezess von Odense von 1560 wird die Frage, wie wir unten sehen werden, berührt. Aber zu einer Zeit, wo reine Transitgüter selten vorkommen und der Lübecker meist selber den Handel nach dem Binnenlande und der Ostsee für eigene Rechnung führte, war kein Anlass, die Frage der »Durchfuhr« zu urgieren; die zur Durchfuhr bestimmten Waren mussten kurze Zeit aufliegen und waren, wenn nicht inzwischen in Lübeck verkauft, dann für die Durchfuhr gegen Zahlung des Zolls freigegeben. Das wurde anders, als mit Ende des 16. und Anfang des 17. Jahrhunderts sich in der Lage des Handels der erwähnte Umschwung vollzog. Nun wandte Lübeck der »Durchfuhr« eine Aufmerksamkeit zu, deren praktisches Ergebnis an anderen Orten als »Neuerung« unangenehm empfunden wurde, das aber in Wirklichkeit nichts anderes war als eine früher nicht notwendige, jetzt aber aus der Rüstkammer herbeigeholte

---

[1] Vgl. Siewert, Rigafahrer S. 93 ff.; über den Verkehr mit Archangel Baasch in Ztschr. d. Ver. f. Hamb. Gesch. IX, 308; Brugmans in »Amsterdam in de 17. eeuw« II, 72 und die dort angegebene Literatur.

alte Schutzwaffe gegen die Übergriffe Fremder in das Handels-
gebiet der Lübecker. Die Stadt bestand nun streng darauf, dass
alle Waren, die auswärts gekauft waren und von der See her nach
Lübeck kamen, hier an Bürger verkauft werden mussten; erst
dann konnten sie weiter ausgeführt werden.

Diese Verbindung des Stapelrechts mit dem Verbot des Gästehandels lief auf nichts anderes hinaus als ein Verbot der Durchfuhr. Nun ist wohl ohne Zweifel im Mittelalter der Gästehandel
in Lübeck im allgemeinen frei gewesen [1]; wenn Lübeck im 17. Jahrhundert das Verbot des Gästehandels mit dem Hinweis auf die
Urkunde von 1321 [2] und das im Jahre 1586 zuerst gedruckte
Stadtrecht Titel VI. § 7 zu begründen suchte, so stand diese Begründung doch auf sehr schwachen Füssen. Auch das Stapelrecht war
durch Privilegien — das Privileg Kaiser Friedrich I. von 1188
und seine Bestätigung durch Friedrich II. wurde angezogen —
kaum zu begründen; immerhin war es durch das Gewohnheitsrecht
geheiligt. Die Verbindung beider Rechte oder besser gesagt Ansprüche zum Durchfuhrverbot aber liess sich noch schwerer begründen; auch sind alle Versuche der Stadt, diesem Verbot eine
rechtliche Basis zu geben, gescheitert. Nichtsdestoweniger hat
durch lange Jahre Lübeck es verstanden, dies Verbot praktisch
aufrecht zu erhalten; und erst stückweise ist es aufgegeben worden.

Schon im Herbst 1605 hatte der Lübecker Rat gegenüber
Frau Anna von Ahlefeld den Grundsatz geltend gemacht, dass
die Stadt die Durchfuhr von Gütern, die jene Frau in fremden
Landen gekauft, nicht zu dulden brauche. Bald geriet dann aber
Lübeck in eine Auseinandersetzung mit Hamburg über die Frage
der Durchfuhr. Für Hamburg war diese Frage von ausserordent-
licher Bedeutung. Für den Verkehr mit der Ostsee war es im
wesentlichen angewiesen auf den Weg über Lübeck oder auf
die Strasse durch den Sund. Ein direkter Verkehr durch den
Sund zwischen Hamburg und der Ostsee hat nun freilich statt-

---

[1] Vgl. W. Stein in Hans. Geschichtsbl. Jahrg. 1902 S. 121.
[2] Lüb. UB. II, Nr. 403; hier wird die Handelsgemeinschaft mit
Fremden im Handel mit Fischen, Mehl »aut alia quecumque esculenta«
verboten, was immerhin eine gewisse Beschränkung des Gästehandels
bedeutet.

gefunden, zeitweilig in nicht geringem Umfange[1]; namentlich
mit Danzig bestand ein reger Verkehr.. Aber in Kriegszeiten war
diese Schiffahrt doch oft stark gefährdet; sie unterlag ferner der
Belästigung durch den Sundzoll, der gerade in den ersten Jahrzehnten der Regierung Christians IV. willkürlich erhöht wurde[2].
Da war der Weg über Lübeck ein willkommener Ersatz für jene
Fahrt. Erschwerte nun Lübeck die Benutzung dieses Weges, so
musste es notgedrungen mit Hamburg in Konflikt geraten.

Im Mai 1606 verlangte Hamburg für seine Bürger Peter
Moller und Claus Grube die freie Durchfuhr von Lachsen; früher
hatten die Kaufleute aus Pommern, Rügen und Dänemark Lachse
unbeanstandet durch Lübeck nach Hamburg geführt; jetzt hinderte
man sie in Lübeck daran; selbst gegen Zollzahlung ward ihnen
die Durchfuhr verweigert. Der Lübecker Rat verteidigte sein
Vorgehen nicht nur damit, dass jene Kaufleute mit den Ostsee-
lächsen die Leute betrügen wollten, indem sie sie als Elblächse
verkauften, sondern auch damit, dass sie »dasjenige von unserer
Stadt hinweg holen, welches zuvor anhero zum markt gebracht
werden pfleg«.

Soweit liess sich nach dem damals fast allgemein geltenden
Verbot des Verkaufs von Lebensmitteln das Vorgehen Lübecks
allenfalls rechtfertigen. Aber das Vorkaufsrecht war doch stets
nur auf einige Tage beschränkt, und dann konnte der Eigentümer
wenn kein Käufer sich gefunden, frei über die Ware verfügen.
Der Lübecker Rat aber ging weiter und verbot die Durchfuhr einer
von Fremden auswärts gekauften Ware überhaupt; »nach dieser
Stadt Stapelgerechtigkeit«, so erklärte er, sei es von altersher üb-

---

[1] Vgl. Zeitschr. d. Ver. f. hamb. Gesch. IX, 307, 323, 325, 327;
namentlich aber die Tabeller over Skibsfart og varetransport g. Oere-
sund 1497—1660, udgivne ved N. E. Bang. 1. del (Kopenhagen 1906).
Danach passierten den Sund von Hamburg kommend ostwärts fahrend
in den 21 Jahren 1580 bis 1600 insgesamt 1153 Schiffe, im Durchschnitt
also jährlich 55 Schiffe; die Jahresziffern schwanken zwischen 16 (1584)
und 143 (1587) Schiffen; dann nimmt dieser Verkehr ab; in den
30 Jahren 1601 bis 1630 waren es insgesamt 1274 Schiffe, im Jahres-
durchschnitt ca. 42; die Jahresziffer schwankt nun zwischen 12 (1630)
und 88 (1623) Schiffen.

[2] Vgl. van der Hoeven, Bijdrage tot de geschiedenis 'van den
Sonttol (Leyden 1855) S. 57 f., 60.

lich, »dass nicht alle Wahren, die aus der Sehe kommen, frey durchpassiren mugen«; es sei »kein Magistratus schuldig, eine solche Durchfuhr zu gestatten, dadurch den Untertanen oder in der Stadt selbst Mangel oder übermessige Theurung verursachet wird«. Sei es früher geschehen, so wisse der Rat nichts davon; dem Stapelrecht könne es nicht präjudizieren [1].

Wenige Monate darauf handelte es sich um Kupfer, das für Hamburger Rechnung in Schweden gekauft, Lübeck auf dem Wege nach Hamburg passieren sollte. Wieder erklärte der Lübecker Rat, dass »von altershero« schwedisches Kupfer nicht habe durchpassieren dürfen, »sondern alhir bleiben und an unsere Bürgere verkauft oder verhandelt werden müssen«. Hamburg könne Lübeck das nicht verdenken, da es selbst »über Ihrer Stadt Frey — und Gerechtigkeit so steif und fest halten«. Überdies aber sei den Lübeckern damals in Schweden der Handel mit Kupfer nicht gestattet, und es habe deshalb den Hamburgern »nicht gebuhret, sie, die Unsrigen, des orts zu excludiren und zum Vorfang solchen Kupferhandel an sich zu nehmen und ein Monopolium daraus zu machen, da entkegen unserer Bürger Mohlen ledig stehen müssen«. Dem Hamburger Kupferhändler Johan Baptista de Rees machte der Lübecker Rat den Vorschlag, er möge sein Kupfer in Lübeck verkaufen und sich »hinfüro solcher eigennutziger vorgreiflicher monopolischer Handelung enthalten«. Erst auf die dringende Vorstellung Hamburgs gab Lübeck das Kupfer frei, doch nur als Ausnahme; und von nun an bestand Lübeck streng auf dem oben dargelegten Durchfuhrverbot [2].

Die Übergriffe der Hamburger und Holländer in das Ostseegebiet machten den Lübeckern doch viel Kopfzerbrechen. Aus dem August 1606 liegen mehrere Vorschläge vor, wie dieser Gefahr zu begegnen sei. »Weil sich die Wiederteuffer (d. h. Niederländer) der Sigillation nach Russlandt Norden umb nun mehr gebrauchen und die Wahren durch Hamburg und Bremen führen lassen«, möge an beide Städte geschrieben werden, »solches hinführo nicht

---

[1] Hamb. Rat an Lüb. Rat 17. Mai, Lüb. Rat an Hamb. Rat 23. Mai 1606.

[2] Hamb. Rat an Lüb. Rat 13. Sept., Lüb. Rat an Hamb. Rat 4. Okt.; Hamb. Rat an Lüb. Rat 11. Okt. 1606.

zu gestatten, sondern das entweder den Lübeckern die Schiffart »vergonnet« werde oder die Fremden die Waren an die Bürger verkaufen müssten.

In Hamburg erkannte man dagegen bald, dass Lübeck nichts anderes beabsichtige, als den aufblühenden Ostseehandel der Hamburger brachzulegen.

Noch im November 1606 wandten sich 25 Hamburger Kaufleute an den Rat und beschwerten sich, dass der Lübecker Rat hamburgische Güter, namentlich Kupfer, von der Ostsee her nicht durchpassieren lasse; das sei eine »unerhorte neuerung«, die nur bezwecke, den Hamburgern den Verkehr mit der Ostsee abzuschneiden »und uns davon gantz excludiren muchten«. Der Hamburger Rat vertrat diese Beschwerde in Lübeck sehr entschieden und meinte, dass über diese »ungewonliche und neuwe angefangene hemmung der Commercien« ohne Zweifel auch in Schweden geklagt werde. Er drohte, gegen Lübeck mit den von jenen Kaufleuten vorgeschlagenen Gegenmitteln — gleiche Behandlung der von der Nordsee kommenden lübischen Güter in Hamburg — verfahren zu müssen[1].

Diesen Verkehr hatte Hamburg bisher nie gehindert; ungestört war während der Blüte des lübischen Handels im Mittelalter und 16. Jahrhundert der Warenstrom von der Elbe über Hamburg nach Lübeck gegangen. Allerdings besass Hamburg auch durchaus keinen rechtlichen Grund, diesen Verkehr zu hindern in derselben Weise, wie man in Lübeck verfuhr[2]; Repressalien aber waren durch das Reichsrecht verboten.

So liess man sich denn auch in Lübeck nicht einschüchtern. Es gab ja offenbar auch hier Leute, die ein Interesse an einer freien Durchfuhr hatten. Sie wurden aber gebrandmarkt als »eigennutzige, vergessene Leute«, die ihre alten Ordnungen übertraten. Die »Ältesten, Älterleute, Frachtherren und allgemeiner Kauf- und Handelsmann« schilderten in einer Eingabe an den Rat das Verlangen Hamburgs als ganz unberechtigt; sie wiesen hin auf den auch in Hamburg verbotenen Handel der Gäste und legten

---

[1] Hamb. Rat an Lüb. Rat 30. Nov. 1606.

[2] Schon Büsch, Versuch einer Gesch. d. hamb. Handlung § 6, weist hierauf hin.

die Schädigung dar, die Lübeck durch den ganz unberechtigten
Handel erleide, den die Hamburger in Lübeck mit Laken trieben;
der Rat wurde aufgefordert, mit Energie das Projekt der Verbindung des Schallsees mit dem Ratzeburger See zu betreiben[1].

Bald darauf kamen aber auch von einer andern Seite Klagen
über das Verfahren Lübecks. Aus Nürnberg lief eine Beschwerde
ein, dass man in Lübeck die Waren, die die Nürnberger Kaufleute von Danzig über Lübeck kommen liessen, nicht nur nicht
mehr zollfrei, sondern überhaupt nur dann passieren liesse, nachdem sie an dortige Bürger verkauft und von diesen wieder gekauft seien. Es handelte sich namentlich um polnisches Blei, das
im Eichsfeld verwandt wurde, dessen Montanindustrie sich zum
Teil in den Händen der Nürnberger befand. Wiederholte Vorstellungen des Nürnberger Rats hatten aber kein anderes Ergebnis, als dass der Lübecker Rat erklärte, die Zollfreiheit der Nürnberger in Lübeck betreffe nur die Waren, die sie in Lübeck gekauft hätten, andere nicht; für alle Waren aber bestehe in Lübeck
der Niederlagszwang. Der Nürnberger Rat erreichte positiv nichts[2].

Gleichzeitig sicherte Lübeck seine Stellung hinsichtlich der
Durchfuhr durch eine wichtige Kodifizierung. Am 28. August 1607
erliess der Rat eine neue Kaufmannsordnung[3]. In Art 7 wurde
der Gästehandel verboten, ja selbst den Bürgern untersagt, mit
fremdem Gelde Handel zu treiben. Am seltsamsten aber ist in diesem
Artikel der Hinweis auf den Odenseschen Recess von 1560. In
diesem zwischen einigen Hansestädten und König Friedrich II. von
Dänemark aufgerichteten Vertrage[4] war u. a. bestimmt, dass, wenn
die Dänen Wein nach Lübeck brächten und ihn dort nicht verkaufen könnten, sie ihn gegen Zahlung des Zolls durchführen
dürften. Auf diese Bestimmung sich stützend behauptete nun
Lübeck, dass damit gesagt sei, dass für alle anderen von den Dänen
eingeführten Waren die Durchfuhr verboten sei; und im Art. 7

---

[1] 4. Dez. 1606; über dies Projekt vgl. Wehrmann in Zeitschr. f.
lüb. Gesch. III, 344 ff.

[2] Gem. Kaufmann in Lüb. an Lüb. Rat 13. Juni 1607; Nürnb. Rat
an Lüb. Rat 25. Juli 1607, 20. Febr., 25. April 1608; Lüb. Rat an Nürnb.
Rat 11. Aug. 1607; 18. März, 25. Juli 1608.

[3] Gedruckt Neue Lüb. Blätter 1836, S. 316 ff.

[4] Marquard, De jure mercatorum etc. Lit. E. 4, S. 249 ff.

8*

der neuen Kaufmannsordnung wurde festgesetzt, dass die aus
Dänemark herbeigebrachten Waren nach dem Odenseschen Vertrage nicht durchpassieren, sondern an Bürger verkauft werden oder
nach Verlauf der freien Zeit wieder zurückgehen müssten. Dasselbe wurde bestimmt für Victualien, die aus Schweden, Norwegen,
Finnland »oder auch aus andern Oertern« kamen. Alles Kupfer,
Eisen, Felle, Tran, Teer und andere Waren, die aus Schweden und
Finnland kamen, sollten nicht durchpassieren, sondern an Bürger
verkauft werden. Den hansischen Kaufleuten aber, die in Russland, wo die Hansestädte Kontore hätten, Leder, Talg, Wachs,
Flachs, Hanf, Pelzereien, Leinsaat etc. erhandelten, war es erlaubt,
diese Waren gegen Zollzahlung durchzuführen.

Letztere Bestimmung hatte wenig Bedeutung mehr, da von
einem Kontorhandel der Hansen in Russland damals keine Rede
mehr sein konnte. Der ganze Artikel aber, namentlich die aus
dem Odenseschen Rezess gezogene Folgerung, hat auch weiterhin
unter den von Lübeck für die Theorie und Praxis seiner »Durchfuhr« angeführten Gründen eine wichtige Rolle gespielt. Es ist
dies ein typisches Beispiel für den sich häufig um jene Zeit ab-
spielenden Vorgang, dass ein zweifelhafter »Anspruch« durch eine
geschickte und kühne Kodifizierung zu einem »Recht« erhoben
wurde.

Es dauerte nicht lange, und Lübeck konnte Hamburg gegenüber dies neue Material in Anwendung bringen. Eine Verhandlung
zwischen beiden Städten, die am 14. Oktober 1607 in Lübeck
stattfand, blieb ergebnislos[1]. Speziell hinsichtlich der Durchfuhr
gab Lübeck nicht nach. Als im März 1609 der Hamburger Rat für
eine Partie Wachs, die von Danzig über Lübeck nach Hamburg
gehen sollte, die Durchfuhr nachsuchte, gestattete Lübeck sie ausnahmsweise nur deshalb, weil eine abermalige Beratung über diese
Frage mit Hamburg bevorstand. Dagegen wurde dem Italiener Alexander Rocha, der in Hamburg als Faktor für den ungarischen Kupferhandel tätig war, auf das entschiedenste die Durchfuhr verweigert[2].
Dies hatte zur Folge, dass die Verleger des ungarischen Kupfer-

[1] Protokoll der Verhandlung; ferner Seb. v. Bergen an den lüb.
Syndikus Nordanus 16. Okt. 1607.
[2] Bescheid vom 2. Juni 1609.

handels in Neusohl, Wolfgang Paler und Lazarus Henckel, sich beim Kaiser beschwerten, nicht nur wegen der verweigerten Durchfuhr, sondern auch wegen des in Lübeck erhöhten Kupferzolls. Der Lübecker Rat motivierte jedoch die Erhöhung des Kupferzolls mit der Erhöhung der hamburgischen Zölle, namentlich aber damit, dass die Faktoren in Hamburg ihre Gesellschaften in Polen, Schweden, Livland, Dänemark hätten, und die Lübecker dadurch von fast allem Handel ausgeschlossen würden. Der lübische Sekretär Gränsin vertrat die Sache der Stadt in Prag. Doch verbot ein Kaiserliches Dekret vom 27. Juni 1609 den Lübeckern die Erhöhung des Kupferzolls. Von der Durchfuhr, hinsichtlich deren Lübeck seinen Standpunkt entschieden verteidigte, ist nicht die Rede.

Am wichtigsten war für Lübeck doch in dieser Frage die Stellungnahme Hamburgs. Der Hamburger Rat regte wiederholt eine erneute Beratung an und äusserte seine Unzufriedenheit mit der Verzögerung; nur »in anmerkung der verwandtnuss und nahen nachbarschaft«, so schrieb er, habe er bisher davon abgestanden, »die bereits angeordnete Gegenmittel wirklich zu effectuiren [1].« Ende April 1609 verhandelte man dann in Lübeck, wie es scheint, ohne Resultat. Lübeck bestand fest auf seinem Standpunkt und liess sich weder durch die Beschwerden Hamburgs, noch die Dänemarks, Schwedens, der Pfalz, Jülichs, Hessens, Kölns und Braunschweigs wankend machen. Wohl gestand es zu, dass in Lübeck die Fremden früher weniger behindert worden seien; das sei aber aus Konnivenz geschehen oder infolge schlechter Aufsicht und durch Unterschleif. Dass, wie Hamburg behauptete, eine ganz freie Durchfuhr früher bestanden habe, bestritt Lübeck hinsichtlich des Prinzips.

Der Hamburger Rat wurde anderseits von seiner Bürgerschaft hart gedrängt, er möge gegen solche »unfreundliche Zunotigungen und Newerunge« nicht stille bleiben. Die Antwort, die ihm von Lübeck wurde, setzte auseinander, dass, wenn den Lübecker Bürgern nicht das statutarische Privileg der Niederlage zuteil werde, die Stadt sich nicht zu dem hätte entwickeln können,

---

[1] Hamb. Rat an Lüb. Rat 8., 13. April; Lüb. Rat an Hamb. Rat 9. April 1609.

was sie sei; bei freier Dur. hfuhr werde den Lübeckern nicht der
20. Teil ihres Handels verbleiben. Der Rat liess dahingestellt,
»dass diese Ordnung und Statuta etwas wieder den Gebrauch der
freyen Commertien laufen, so an andern Ortern sein mugten«;
aber, meinte er, diese Statuten würden gerechtfertigt durch die
eigentümlichen Verhältnisse Lübecks. Diese Stadt liege nicht
an einem grossen Strom, sondern in einer unfruchtbaren Ecke
der Ostsee und sei vornehmlich »auf die Handlung der Ostsee
fundiret.« Deshalb hätten fast alle Ostseestädte ähnliche Ordnungen.
Die Trave aber sei ein »Privatfluss«. Auch werde die Strenge
jener Bestimmung dadurch gemildert, dass von den Waren, die die
Fremden aus der See brächten, kein Zoll erhoben werde und dass
die zur See ausgehenden Waren — ausser Korn und Bier, die eine geringe Akzise gäben —, zollfrei wären, eine Praxis, die sonst kaum
irgendwo bestände; denn in Danzig und Riga, wo die Durchfuhr
auch verboten, sei Ein- und Ausfuhr überdies durch hohe Zölle
belastet. Auch stehe den Fremden, die ihre Waren hier nicht verkaufen könnten, die Wiederausfuhr zur See frei; sie könnten sie
auch hier bis zu besserer Gelegenheit auflegen, was ihnen z. B.
in Reval und Riga nicht erlaubt sei.

Ganz besonders wies Lübeck aber die speziellen Ansprüche
Hamburgs zurück. Von einer Bevorzugung Hamburgs in der Durchfuhr wollte Lübeck um so weniger etwas wissen, als es notorisch sei,
dass Lübecks »Privilegia und Commertia an der Ostsehe sehr gefallen und mehrenteils dahin«, und Lübecks Handel mit Dänemark
und nach der Westsee jetzt sehr behindert und beschwert sei, während
dje »Commercia« Hamburgs »sich also geendert und verbessert, dass
dieselbige ein Zeit lang hero viel weitleuftiger und grosser geworden, als sie vor 30 und mehr Jahren gewesen;« Lübeck gönne
diesen Zuwachs den Hamburgern ja gern, müsse aber doch bemerken,
dass dieser Handel wenig und kaum zum hundertsten Teil von Hamburger Bürgern, sondern meist von Niederländern, Hochdeutschen,
Italienern, Franzosen, Portugiesen, Engländern und anderen
getrieben wurde. Mit diesem Hinweis berührte Lübeck eine Angelegenheit, die seit mehreren Jahrzehnten die Hanse oft beschäftigt
hatte: die Aufnahme der Fremden in Hamburg. Sie war den
Lübeckern stets ein Dorn im Auge gewesen, und wurde ihnen
noch verhasster, als diese Fremden, die Niederländer in erster

Stelle, in den Bereich des lübischen Ostseehandels eindrangen. Diese fremden Nationen, so klagte der Lübecker Rat, »mehrenteils nur residieren und heut alda, bald aber anderswo hinziehen; dennoch aber ihre grosse Gesellschaft und pratikische Handlung so stark wehren, dass sie unsere Bürger aus aller Handlung vertreiben und entsetzen und endlich Lübeck von einer Handelsstat zum schlechten port-passagio und Durchfuhr machen würden«. Wenn dagegen Hamburg den Lübeckern in Hamburg die Durchfuhr gestatte, so sei dies kein Äquivalent für die Durchfuhr, die die Hamburger in Lübeck forderten; denn beide Städte seien nach Lage, Handlung und Statuten weit verschieden. Hamburg liege am mächtigen Elbstrom, an »herrlichen Marschländern«, sei grosse Handelsstadt und habe »die herrliche Gabe und Nahrung des Brauwerkes, dergleichen nicht balt bey anderen Stätten so stattlich zu finden.« Dagegen habe Lübecks Handel, der Rat gab es offen zu, in Beobachtung der alten hansischen Rezesse abgenommen. Wenn Hamburg die Residenz der Fremden zugelassen habe, habe es notwendig auch die Durchfuhr freilassen müssen. Denn es sei »ungezweifelt wahr und für eine maximam zu halten, dass, wo die Handlung den Frembden mit Frembden zugelassen wehre, daselbsten konnte auch die Durchfuhr der frembden guter nicht wol gehindert werden, und wo solche Durchfuhr frey wehre, da kann die Handlung Frembder mit Frembden nicht verboten sein oder solch Verbot mit Nutz und Frommen nicht effectuiret werden.« Übrigens behalte ja auch Hamburg seinen Bürgern gewisse Waren, Korn, Wachs, Salz usw., für den Handel vor und entziehe sie dem Handel der Fremden, verbiete auch die Vorbeifuhr und Durchfuhr des Kornes, belege ferner aber alle zur See ein- und ausgehenden Waaren mit einem Zoll usw. Hamburg möge den Lübeckern ihren Handel gönnen; sie wollten Kaufleute bleiben und nicht »nur Schipper, Faktoren und Gastgeber.« Auch andere Nationen und Städte hätten von Lübeck ja schon die freie Durchfuhr verlangt; Wismar habe schriftlich darauf verzichtet, und im Odenseschen Rezess von 1560 — hier zuerst wird er in diesen Verhandlungen erwähnt — sei das, was man Dänemark bewilligt, bestimmt[1].

---

[1] Lüb. Rat an Hamb. Rat 23. Okt. 1609.

In fast derselben Weise antwortete Lübeck dem Kaiser auf
das oben erwähnte Dekret; namentlich fehlt auch hier nicht der
Hinweis auf Hamburg und die Bestrebungen der dort wohnenden
Fremden, die »wieder Recht und Alt Herkommen nicht allein
teutscher Nation und insonderheit dieses Ortes die Nahr- und
Handlung verterben und dieser Stadt Bürgern das Brot für dem
Munde abschneiden, sondern auch alle Barschaft und notwendige
Victualien und Wahren aus dem Reich, dajegen aber viel unnötiger
zue Hoffart, Pracht und Wollust dienliche Sachen hereinfuhren, dadurch unsers geliebts Vaterland seines Vermügens und Vorrathes
entblösen, derjegen aber mit Seiden, Sammit und dergleichen Spinn-
web und vanitatibus überheufet und geschwechet wird«[1].

Einen wirklichen Fortschritt in dem Verhältnis mit Hamburg
brachte dann eine Verhandlung, die am 8.—10. Januar 1610 in
Mölln stattfand; Hamburg war hier durch den Syndikus Rademin,
den Ratsherrn v. Bergen und den Sekretär von Holte, Lübeck
durch den Bürgermeister Brokes, Syndikus Nordanus und den
Ratsherrn Kossen vertreten[2]. Es kamen hier zunächst die beiderseitigen Zollerhöhungen zur Sprache, die wir aber, da sie mit der
Frage der Durchfuhr in keinem direkten Zusammenhange stehen,
hier nicht erörtern wollen; die hamburgisch-lübische Zollpolitik
möge einer besonderen Darstellung vorbehalten bleiben. Die
Frage der Durchfuhr wurde zunächst nur gestreift; die Hamburger
wiesen auf den Schaden hin, den Lübeck infolge der Beschwerung
des Kaufmanns durch die Durchfuhr sich selbst zufüge, »dan der
Kaufmann sich nicht zwingen liesse und leichtlich auf andere
mittel und wege bedacht sein würde·; die mit Kupfer handelnden
Kaufleute, vornehmlich Henckel, schlügen bereits andere Wege ein.

Erst am 9. Januar kam die Haupt-Streitfrage, die »Durchfuhr«, zur Verhandlung. Die Lübecker vertraten die bereits dargelegten Ansichten und zogen namentlich wieder den Odenseschen
Vertrag an. Die Hamburger erklärten hierauf, nicht zum Disputieren
seien sie gekommen, sondern um Mittel und Wege zur Abhilfe
zu finden. Sie bestritten die kaiserliche Bestätigung des von den
Lübeckern für ihren Stapel herangezogenen Privilegs, keinesfalls
könne es gegen Hamburg gelten; auch die Kaufmannsordnung

---

[1] Lüb. Rat an den Kaiser 26. Jan. 1610.
[2] Ausführliches Protokoll; vgl. auch Zeitschr. d. Ver. f. lüb. Gesch. I, 328.

könne Hamburg nicht berühren. Wenn Lübeck ein »Emporium«
sei, müsse es auch freien Handel haben, es sei aber auch eine
»Kaufstatt«. Die Ostsee gäbe »statliche Handlung«, und die lübische
Schiffahrt sei auch nicht auf sie beschränkt, auch sei die Trave
kein Privatfluss. Selbst in Lübeck seien manche Bürger und
Kaufleute mit der Neuerung nicht einverstanden.

Hierauf bestimmten die Lübecker das, was sie unter »Emporium« begriffen, näher dahin, dass »dahin alle frembde frey und
sicher kommen muchten und ihre Waaren und Güter an lübische
Bürger verkaufen, wiederumb auch ihre Notturft und allerhand
Waren von Lübischen Bürgern einkaufen und wegführen zu Wasser
und zu Lande;« woraus sie dann schlossen, es »were und bliebe
also ein Emporium principaliter den Einwohnern zum besten, conse-
quenter auch allen andern benachbarten und frembden.« Damit sei
aber nicht gemeint, dass allen Fremden die Durchfuhr gestattet
und diese somit alle Handlung an sich ziehen sollten; das Statut,
das den Handel der Fremden verbiete, sage dies auch. Man
gönne den Fremden wohl den Gebrauch der Trave, doch nicht so
weit, dass man auf der Trave Güter nach Lübeck bringe und
von dort an andere Örter schaffe, ehe sie an lübische Bürger verkauft wären. Es folgte ein Appell an die Billigkeit der Hamburger: Lübeck gehe es schlecht, habe grosse Schulden in Schweden
ausstehen, und »wolten itzo die frembden der endts die unserigen
mit der handlung gar von der Krubben stossen.« Schliesslich
legten die Lübecker den Hamburgern vier Punkte vor, auf die
man sich einigen könne:

1. Dass allen Hamburgern und Einwohnern die freie Ein-
und Durchfuhr der Güter, die »nicht in und an der Ostsehe gefallen«, sondern aus der West- in die Ostsee gebracht würden, erlaubt sein solle,

2. Ebenso die freie Ab- und Durchfuhr aller Waren, die jene
von Lübeck seewärts nach Osten oder Westen verschiffen wollten.

3. Die freie Durchfuhr aller zu Wagen angebrachten Güter,
ausser einigen Lebensmitteln.

4. Die freie Durchfuhr einiger aus der Ostsee kommenden
Waren, nämlich ungarisches Kupfer, Königsberger und Danziger
Hopfen, Danziger Kisten, Harpeus, Segeltuch, Galmey, Litauischer
und anderer Meth, auch andere Getränke.

Doch sollten die, welche die Waaren ausführten, den Zoll
dafür, wie die Lübecker Bürger, entrichten.

Damit sollte also die Durchfuhr der seewärts in Lübeck für
Hamburg eingehenden Waren, die aus der Ostsee kamen, ausgeschlossen sein und für diese der Verkaufszwang in Lübeck
bestehen bleiben. Die sub 4 ausgenommenen Waren waren freilich für den hamburgischen Handel wichtig und würden, wie die
Lübecker meinten, ihm mehr Vorteil bringen, als die Lübecker
vom Elbstrom hatten.

Die Hamburger gaben hierauf die Erklärung ab, prinzipiell
müssten sie auf ihrem Standpunkt beharren; es handle sich nicht
um Handel von Gast mit Gast, sondern darum, ob ein Fremder
seine Ware von der Ostsee über Lübeck an andere Orte bringen
dürfe. Sie nahmen die vier Vorschläge deshalb nur ad referendum.

Tatsächlich hat Lübeck den Hamburgern die Konzession
jener vier Punkte von nun an stets gewährt[1]. Allerdings aber
wurde der Wert dieser Konzession erheblich herabgesetzt durch
die am dritten Verhandlungstage von den Lübeckern aufgestellte
Forderung, dass die beiden alten Verbote: 1. Gast dürfe nicht mit
Gast handeln, 2. Ostseegüter dürften nicht glatt durchgeführt
werden, nicht zu trennen seien, dass also Fremden gehörende
Ostseegüter nicht nur nicht durchgeführt werden, sondern in Lübeck nur an lübische Bürger verkauft werden dürften. Wenn
Waren, die für auswärtige Rechnung gekauft, nach Lübeck kamen
und hier wieder an Fremde verkauft wurden, so war das nach
Ansicht der Lübecker ein Handel zwischen Gästen und dieser
war eben verboten. Auf dieser Forderung bestanden die Lübecker
steif und fest: selbst Hamburg erkenne das Verbot des Gästehandels an, müsse also auch das Verbot der Durchfuhr fremder
Güter anerkennen. Lübeck müsse um so fester darauf bestehen,
als die in Hamburg wohnenden Fremden »die grossen Handlungen
in der Ostsee in perniciem nostrorum civium« trieben; jene handelten
nicht nur mit Kupfer, Waid, Asche, sondern auch mit Wachs,
Flachs und allerlei Fettwaren, Butter, Talg usw.; diesen Handel
könnten sie den Fremden nicht gönnen, »sowohl propter publicum

---

[1] So erklärte der Lüb. Rat in seinem Dekret vom 20. Jan. 1706.

als privatum interesse; dan das ganze heilige Reich dadurch lae-
diret würde, dass die frembden alle nützlichen notwendigen Gueter
aus dem Reiche und dagegen die Wahren einführten, so mehr ad
luxum als ad utilitatem et necessitatem gehöreten.« Natürlich
war dieser Grund nur vorgeschützt; in Wahrheit wollten die Lübecker ihren Eigenhandel vor den Hamburgern und den in Hamburg wohnenden Fremden schützen. Als die Hamburger entgegneten, dass die von Lübeck verlangte Praxis des Verkaufs
und Wiederverkaufs nur eine Preissteigerung zur Folge habe,
entgegneten die Lübecker: sie wollten nur Schaden von sich abwehren, die Hamburger dagegen Gewinn an sich bringen; das
lübische Statut ziele nicht auf Erwerbung von Reichtümern,
sondern »ad conservationem civitatis.« Werde Hamburg zu Gegenmitteln greifen und den Lübeckern die Durchfuhr verbieten, so
werde Lübeck anderer Orten Hilfe und Rat finden.

So ging man in Mölln auseinander, ohne dass ein positives
Resultat erzielt war. Lübeck verwies jedesmal, wenn Hamburg in
nächster Zeit auf die Sache zurückkam, auf seine vier Vorschläge;
Hamburg wollte diese schon des Prinzips wegen nicht ausdrücklich
annehmen[1]. Eine erneute Verhandlung im März 1611 blieb gleichfalls ergebnislos.

Dagegen einigte sich um diese Zeit Lübeck über dieselbe Angelegenheit mit einer anderen Stadt, die freilich durch ihre Lage
der Frage etwas anders gegenüberstand, mit Stralsund. Diese
Stadt hatte bereits im November 1609 sich beschwert, dass einer
ihrer Bürger, der über Lübeck Wachs nach La Rochelle habe
senden wollen, diese Ware habe in Lübeck verkaufen müssen und
dass ihm die Durchfuhr selbst gegen Zahlung des Zolls verboten
sei. Es kam zu einer langen Korrespondenz, in der Lübeck sein
Verfahren mit den bereits dargelegten Motiven verteidigte; wenn
den Stralsundern früher gelegentlich die Durchfuhr gestattet sei,
so könne jetzt Lübeck dabei nicht mehr bestehen. Noch ehe es
zu einem Prozesse kam, mit dem Stralsund drohte, einigten sich
dann beide Städte im Februar 1611 dahin, dass Lübeck aus »nachbarlicher Vergünstigung« den Stralsunder Bürgern — nicht aber

---

[1] Hamb. Rat an Lüb. Rat 27. Mai, 26. Sept.; Lüb. Rat an Hamb.
Rat 29. Mai, 6. Okt. 1610.

den Fremden — folgendes gestattete: 1. Die Durchfuhr aller Waren,
die sie von Hamburg, den Niederlanden, England, Frankreich,
Spanien brächten, um sie weiter nach Pommern oder sonstwo zu
schaffen; 2. die freie Abfuhr aller Waren ohne Unterschied, die
sie nach Osten oder Westen seewärts von Lübeck abschiffen
wollten, ob sie nun von ihnen hier eingekauft oder sonst herge-
bracht würden; 3. von Waren, die ihre Bürger aus der Ostsee
nach Lübeck bringen, dürfen sie nach Hamburg durchführen
alles, was nicht aus dem Osten und dem Norden stammt; 4. von
den östlichen oder nördlichen Waren aber dürfen sie durchführen
ungarisches Kupfer, Hopfen, Danziger Kisten, Kork, Harpois, Bernstein, Segeltuch, Galmey und Wolle; 5. ebenso allerlei Getränke,
Bier, Met, Prüssing und dgl.

Diese Konzessionen entsprachen im Wesentlichen denen, die
Lübeck auch Hamburg machen wollte; Hamburg aber gab sich mit
solcher Abfindung nicht zufrieden. Zunächst beschränkte es sich
freilich auf Drohungen. Als der Lübecker Rat im Frühjahr 1613 um
Durchpassierung von Mühlensteinen und Laken in Hamburg nachsuchte, machte der Hamburger Rat Schwierigkeiten; die Durchfuhr von Mühlensteinen sei dem Herkommen zuwider, auch seien
sie nicht für die Stadt, sondern für Kaufleute bestimmt, die Laken
aber seien durch Beauftragte des Lübecker Rats in Hamburg von
Fremden gekauft, was dem Verbot des Gästehandels zuwider sei;
wenn er trotzdem diese Waren passieren lasse, so geschehe es in
der Erwartung, dass auch Lübeck die Durchfuhr hamburgischer
Güter gestatten werde; sonst müsse Hamburg die Warendurchfuhr
nach Lübeck sperren. Lübeck liess sich durch diese Drohung
von seinen Standpunkt nicht abbringen[1].

Wieder verhandelten dann beide Städte auf dem Hansetag
im Mai 1614 über diese Frage. Auf die Drohungen Hamburgs
antwortete der lübische Bürgermeister Brokes mit dem Hinweis
auf den grossen Unterschied zwischen Elbe und Trave: »Lübeck
könnte nicht Lübeck bleiben; Hamburg ist in und aussen gesegnet
als keine in Germania, praeter Amsterdam«. Auch Bremen habe
das Durchfuhrverbot Lübecks bestritten, sich aber dann beruhigt;

---

[1] Hamb. Rat an Lüb. Rat 17. Mai; Lüb. Rat an Hamb. Rat
7. Juni 1613.

ebenso Stralsund. Was letzterer Stadt zugestanden war, teilte
Brokes offen den Hamburgern mit.

Noch mehrfach in den nächsten Jahren drohte Hamburg mit
Gegenmassregeln; aber erst im Jahre 1620 wandte es sich an
das Reichskammergericht und erreichte, dass am 29. Januar 1621
von diesem eine Kommission eingesetzt wurde, die »ad perpetuam me-
moriam« den Tatbestand feststellen sollte. Die Kommission bestand
aus Dr. Rutger Rulant, Peter Jugart und Ulrich Botticher. In
45 Artikeln legte der Hamburger Rat dieser Kommission aktenge-
mäss und mit Zeugenaussagen die Sache dar.

Der Lübecker Rat nahm dies Vorgehen Hamburgs sehr übel.
Dem Hamburger Rat führte er zu Gemüte, dass doch gerade ihm
an der »Conservation, Wohlfarth und Freundschaft und gueten
Willen ihrer benachbarten Stätten viel mehr gelegen« sein sollte,
als »allein dahin zu trachten, wie man alles an sich bringen, auch
von Tage zu Tage allein reicher und groesser werden möge«.
Hamburg habe durch die Aufnahme »allerhand fremder Nationen«
zum Schaden der hansischen Priviligien und Recesse und des
heiligen Römischen Reichs Wohlfahrt »fast mehr Schiffarth, Commercien und Nahrung an sich gezogen als bey allen neun mit
den Herrn Staten verallierten Stätten noch übrig«; es sei aber
jetzt nicht die Zeit, sich so »nach Seel und Hertzen zu trachten«.
Es scheine aber, als ob der Hamburger Rat nicht so sehr für sich
selbst als auf Andringen einiger eigennütziger Leute diesen Schritt
unternommen habe. Er möge deshalb erwägen, ob es nicht besser
sei, die Sache noch zurückzustellen und lieber dahin zu trachten,
»wie das band der liebe und treuwe, so zwischen uns als Con-
foederatis et multis imminentibus periculis obnoxiis billig sein solle,
durch erweisung aller gunst und freundschaft vielmehr verknüpft
und verbunden, als durch dergleichen verfolgung dissolviert und
zerrissen werden moge«. Hamburg könne bestehen ohne die erstrebte Durchfuhr in die Ostsee, Lübeck aber nicht ohne den
Stapel.

Der Appell an die alte hansische Freundschaft fand nun freilich schon seit längerer Zeit bei Hamburg nur noch Gehör, soweit sich diese Freundschaft mit dem realen Interesse der Stadt
vereinigen liess. Auch Hamburg betonte seine Friedensliebe auf
Grund der »uhralten verwandtnuss«; aber diese Friedensliebe könne,

so setzte der Rat hinzu, sich nicht so weit erstrecken, dass er die
Schädigung seiner Bürger weiterhin dulden könne. Den ihm so
oft und nun wieder gemachten Vorwurf hinsichtlich der Aufnahme
der Fremden wies der Rat zurück; er sei wohl »mehr aus unmueth
und privat affecten als aus genugsamer erwegung der Sachen her-
geflossen«; denn dass die Aufnahme der Fremden an sich nicht
zu tadeln, bezeuge das Beispiel aller vornehmen Kaufmannsstädte
der Welt; auch Lübeck würde gern Fremde aufnehmen; wenn es
hierbei früher etwas »übersehen sein mag« ,so sei Hamburg daran unschuldig. Diesem Hieb Hamburgs ausweichend blieb Lübeck doch
den Gegenhieb nicht schuldig, indem es auf die Art hinwies, wie
Hamburg dem Hause Braunschweig-Lüneburg gegenüber das
Stapel- und Zwangsrecht behauptete[1]; wenn übrigens Hamburg
in seinen unfreundlichen Schritten gegen Lübeck fortfahre, so sei
das für dieses gefährlicher als offener Krieg und Belagerung[2].

Um sich zur Abwehr gegen den hamburgischen Angriff zu
rüsten, bat Lübeck den Magdeburger Rat um Mitteilung dessen,
was aus dem Magdeburgisch-Hamburgischen Streit über die Elb-
schiffahrt[3] für Lübeck wichtig sein könne, namentlich Rechtsbe-
lehrung und Consilia. Freilich war Lübeck so vorsichtig, die eigentliche Streitsache, die es mit Hamburg hatte, nicht näher darzulegen;
Magdeburg würde sich schwerlich dem Standpunkt Lübecks angeschlossen haben[4].

Gegen die Kommission verhielt Lübeck sich ablehnend; sie sei
von Hamburg »per meram sub- et obreptionem erlangt und aus-
bracht«. Der Hauptkommissar Ruland war den Lübeckern überhaupt »in viel wege verdechtig«. Als die Kommission trotz des
Protestes Lübecks und des Nichterscheinens der Lübecker Zeugen
weiter verhandelte, erliess Lübeck »Exceptiones« dagegen, wodurch
es erreichte, dass ein kaiserliches Mandat vom 30. Juli 1621 Ru-

---

[1] Vgl. hierüber Baasch, Der Kampf d. Hauses Braunschweig-Lüneburg mit Hamburg um die Elbe (Hannover 1905).
[2] Ruland an Lüb. Rat 20. Febr.; Lüb. Rat an Ruland 26. Febr., an
Hamb. Rat 27. Febr., 30. März; Hamb. Rat an Lüb. Rat 17. März 1621.
[3] Vgl. hierüber Mänss in Gesch. Bll. für Magdeburg 35 S. 230 ff.,
38 S. 148.
[4] Lüb. Rat an Magdeb. Rat 7 Nov., 11. Dec.; Magdeb. Rat an
Lüb. Rat 26. Nov. 1622.

land beauftragte, jene »Exceptiones« zu berücksichtigen und einen unparteiischen lübischen Notar bei dem Zeugenverhör zuzulassen. Dem fügte sich Ruland[1]. Inzwischen aber war Hamburg nicht untätig gewesen, und unter dem 19. Januar 1622 kam ein Reichskammergerichtsmandat »de non impediendo libero commerciorum usu et resarciendo damno«, in dem die Sperrung der Durchfuhr in Lübeck als allen »geist-, weltlichen und natürlichen, auch aller Völker Rechten e diametro« widerstrebend bezeichnet, die Abstellung dieser Neuerung und die Herstellung der ungehinderten Durchfuhr befohlen wurde; den den Hamburgern dadurch erwachsenen Schaden sollte Lübeck ersetzen.

Hiergegen wandte sich Lübeck mit abermaligen »Exceptiones«, in denen das ganze Material seiner Gründe von Neuem aufgeführt wurde. Namentlich die Fremdenpolitik Hamburgs wurde wiederum scharf beleuchtet; auch Lübeck tue vielleicht gut, die Fremden aufzunehmen, und würde seinen Handel dadurch mehr fördern als durch das Verbot der Durchfuhr, das manchen abhalte, nach Lübeck zu kommen; doch beobachte Lübeck die Reichsabschiede, Hanserezesse und städtischen Ordnungen. Auch halte das Durchfuhrverbot das Geld bei den Einheimischen, »dahingegen die frembde nationes, Wiedertäufer und Juden zu Hamburg das Reich umb viele Tonnen Golts ersiegen und aussaugen und fast alle desselben reichtums an sich reissen und, wann sie ihren Sack gefüllet oder die not an den mann treten will, das Hasen-Panier aufwerfen und davon ziehen«. Hamburg habe früher Ostseehandel überhaupt nicht getrieben; während die Lübecker hier oft in blutigen Kriegen »ihre freye Commercia« hätten erstreiten müssen, hätten die Hamburger ihnen »niemaln die geringste assistentz und hülfe geleistet«. Auch die im Jahre 1619 errichtete Bank in Hamburg wurde von Lübeck angegriffen und als ein den Nachbarn schädliches Institut hingestellt. Schliesslich verwahrte sich Lübeck dagegen, dass Hamburg die Streitfrage vor das Reichskammergericht gebracht habe; Streitigkeiten unter Hansestädten gehörten nach den alten Ordnungen vor ein hansestädtisches Schiedsgericht[2].

---

[1] Ein »Rotulus« vom 2. Jan. 1622 gibt einen Überblick über die Tätigkeit der Kommission.

[2] Vgl. hierüber Höhlbaum, Hans. Inventare. Köln II, 570 ff.

Schwer machte Lübeck es freilich den Hamburgern nicht, diese
Angriffe zurückzuweisen. In der Aufnahme der Fremden und
der Errichtung der Bank konnte Hamburg zwei Neuerungen verteidigen, die äusserst segensreich auf seinen Handel eingewirkt
haben. Was die Bank betraf, so betonte der Hamburger Rat in
seiner Replik[1], dass sie sehr nützlich sei, dass aber der Lübecker
Syndicus »dero dinge unerfahren und die grosse nutzbarkeit solcher
wol angeordneter Banco seines teils vielleicht nicht begreifen noch
verstehen kann«; es zeuge von »imperitia«, wenn man solche ver-
ständige Einrichtungen als »monopolisch« hinstelle. Die tatsächlich
unrichtige Behauptung Lübecks, Hamburg habe früher keine
Handlung in der Ostsee gehabt, wies Hamburg zurück; auch
hätten beide Städte oft gemeinsam gekämpft; speziell wurde auf
das Jahr 1427 hingewiesen, wo die Hamburger im Sund erschienen;
allerdings habe Hamburg »nicht allewege nach dero von Lübeck
Pfeife dantzen und sich in alle Kriege, so sie ihres eignen Nutzes-
halber ganz unnotwendig erhoben, einflechten wollen«. Was die
Durchfuhr betreffe, so verlange Lübeck weit mehr als das Stapelrecht; jedenfalls habe die Stadt nicht das Recht, Statuten zu
machen, die anderen Städten die Rechte verkümmerten; »das ist
wol uf einen grossen baurenschritt gefeilet«.

Schliesslich war der Erfolg dieses Schriftwechsels, dass das
Reichskammergericht am 22. Februar 1625 den Bericht des Dr. Ruland, der für die hamburgische Auffassung günstig war, be-
stätigte, was einer Verurteilung Lübecks gleichkam; doch legte
letzteres Revision ein, und bis in den April 1626 wurde prozessiert.
Dann aber schlief — unter den Wirren des grossen Krieges —
der Prozess ein. Lübeck aber bestand nach wie vor streng auf seinem
Anspruch; von den eigenen Bürgern verlangte der Rat in jedem
Falle, bei dem eine Verletzung des Durchfuhrverbots zu befürchten
war, einen schweren Eid; ein Ratsdekret vom 21. Juni 1630 wandte
sich scharf gegen die »eigennützige und vorteilhaftige Leute«, die
den Statuten zuwider sich Durchschleifereien und verbotene
Faktoreien erlaubten, »indem sie für Frembde mit Frembden, auch
mit frembden Geldern und frembder Leute Credit und Glauben
nicht allein selbst Handel und Wandel treiben«, sondern sogar

[1] 27. Okt. 1623.

ihre Namen, Häuser, Keller usw. dazu hergäben und dadurch den Gästehandel beförderten. Bitter beschwerte sich im Jahre 1623 der Kaufmann Niçolaus Stampeel über den ihm vorgelegten Eid, den weder er noch andere ehrliche Kaufleute schwören könnten; es sei unverständlich, ihn auf diese Weise von einem guten Geschäft abhalten zu wollen. Im Juni 1632 wurde die Kaufmannsordnung von 1607 erneuert und dabei ausdrücklich bemerkt: »Keynerley aber können des fremden Socii und Mascops Güter dieses Orts wieder die fundamental Gesetzte der Stadt an Frembde verkauft oder durchgeführt werden«[1]; zu besserer Kontrolle des Unterschleifs wurden scharfe Massregeln angeordnet. Im Juli 1644 erliess der Rat überdies auf Anregung der Schonenfahrer-Ältesten ein Dekret, nach dem nicht nur, wie schon bisher üblich, jeder eigenhändig die Güter als sein Eigentum anzugeben hatte, sondern auch die Schiffer bei ihren Eiden die Rollen und Frachtbriefe von fremden Orten, ehe sie von den Waren etwas gelöscht, vorzuzeigen hatten.

Wie scharf man aufpasste, lehrt eine Korrespondenz Lübecks mit den Herzögen Christian Ludwig, Friedrich und August von Braunschweig-Lüneburg aus den Jahren 1644 und 1645. Der erstgenannte Herzog ersuchte um Durchfuhr von Unschlitt, das aus Riga kam und in seinen Harz-Bergwerken verwandt werden sollte, also keine Kaufmannsware war. Der Lübecker Rat schlug aber das Verlangen ab und verwies den Herzog auf den Ankauf solcher Ware in Lübeck, wo sie billig zu haben sei; Unschlitt, an fremden Orten durch Kaufleute als Kaufmannsgut erhandelt und nach Lübeck gebracht, sei kein Fürstengut. Der Herzog drohte mit Gegenmassregeln; er werde sich an Lübecker Gütern schadlos halten, dann in Holland oder andern Orten ein eigenes Schiff erhandeln und die Ware aus Livland durch den Sund holen. Als dann schliesslich die Herzöge sich fügten, den Unschlitt an einen Lübecker Bürger verkauften und von diesem wieder kaufen liessen, erklärte der Rat dies als einen Scheinkauf, als die »practique, derer sich viel eigennutzige Durchschleifer zu dieser Stadt merk-

---

[1] Dreyer, Einleitung z. Kenntnis der Verordnungen etc. S. 461 hat diese Ordnung »niemalen gesehen«; auch in den Neuen Lüb. Blättern 1836, S. 316 wird ihre Existenz bezweifelt.

lichen schaden gebrauchet haben«, und verweigerte die Durchfuhr,
da der Käufer nicht schwören konnte, dass er nicht die Ware
für fremde Rechnung auswärts gekauft habe. Das Ende war,
dass die Stadt dem Herzog den Unschlitt abkaufte.

Ein solches Verfahren, das die Zufuhr der Waren von Lübeck fern hielt, musste doch dahin führen, dass die Lübecker
selbst das strenge Durchfuhrverbot immer mehr zu umgehen
suchten; nicht ohne Grund vermutete man als Anstifter und Hinter-
männer dieser Umgehungen namentlich die Faktoren fremder
Fürsten in Hamburg, deren es hier eine ganze Reihe gab.

Gegen Hamburg scheint Lübeck eine gewisse Konnivenz
beobachtet zu haben. Die Gesuche Hamburgs um Durchfuhr
wurden in der Regel bewilligt; doch pflegten beide Städte sich
ihr Recht stets vorzubehalten. Es handelte sich um Getreide,
Kupfer, Flachs.

Erst infolge des Bündnisses, das im Jahre 1645 die drei
Städte Lübeck, Bremen, Hamburg mit den Generalstaaten ab-
schlossen, wurde die Frage der Lübecker Durchfuhr wieder zur
Sprache gebracht. Im 5. Artikel dieses Vertrages[1] war nämlich
bestimmt, dass die Untertanen beider Teile die gegenseitigen Häfen,
Ströme usw. benutzen und auch andere Bequemlichkeiten geniessen
sollten (»aliis commoditatibus frui«). Auf diesen Artikel gestützt,
erinnerte der Hamburger Rat den Lübecker Rat an die frühere
Zollerhöhung wie auch an die Durchfuhr. Hierüber wurde im
Frühling 1647 zwischen beiden Städten in Hamburg verhandelt,
namentlich auch im Hinblick auf die Friedensverhandlung in
Münster und Osnabrück, bei der, wie man wusste, auch die Frage
der Zölle im allgemeinen zur Sprache kommen würde. Lübeck
aber beharrte mit derselben Energie wie schon früher und im
wesentlichen mit denselben Gründen auf seinem Standpunkt, wobei es nicht nur defensiv, sondern auch offensiv verfuhr und Hamburg, das selbst streng auf seinem Stapel bestehe, nicht schonte.
Lübeck verwies Hamburg auf die 1610 in Mölln gemachten Zugeständnisse, mit denen es sich billig zufrieden geben solle. Führe
man in Lübeck die freie Durchfuhr ein, so werde die Stadt ein
»Durchfuhrplatz« gleich Oldesloe und Lauenburg. Neben allen

---

[1] Klefeker, Sammlung VI, 277.

rechtlichen und wirtschaftlichen Gründen sei es aber von Hamburg »unbillig und unfreundlich«, dass es bei Gelegenheit des Traktats mit den Niederlanden diesen alten Streitpunkt wieder anführe, »wodurch nichts anders als mehrere diffidentz und endliche Trennungen verursachet und alle hochnötige vertrauliche Zusammensetzung und Freundschaft zu einem mal aufgehoben und benommen wird.« Hamburg blieb die Antwort nicht schuldig. Es hatte dabei die Generalstaaten, wie es scheint und ja auch natürlich ist, auf seiner Seite; der holländische Resident Schrassert spielte bei der Verhandlung eine Art Vermittlerrolle. Doch wollte Lübeck durchaus nichts davon wissen, dass die Durchfuhr mit dem niederländischen Bündnis etwas zu tun habe; auch bei den Bündnissen von 1604, 1607, 1616, 1630, 1641 sei nie davon die Rede gewesen [1].

Die Sache verlief denn auch im Sande. In Lübeck war man weit davon entfernt, die bestehende Durchfuhrpraxis zu mildern. Das lehrt ein Dekret des Rats vom 14. März 1656, das den Zöllnern streng verbot, Güter aus der Stadt passieren zu lassen, bei denen nicht ein Freizettel vorhanden. Die Durchpassierung gegen Pfandsetzung oder Spende von Trinkgeldern ohne solche Zettel wurde verboten. Nur in den Jahren 1658 und 1659 wurde, da infolge des Krieges die Strasse durch den Sund verschlossen war, die Durchfuhr etwas freier gestattet. Selbst den verhassten Fremden, den Merchants Adventurers in Hamburg, wurde im Mai 1659 die Durchfuhr einiger englischer Waren »propter notissimas Oresundici freti molestias« erlaubt. Doch erhob sich hiergegen alsbald Opposition in der Stadt. Die Schonenfahrer klagten, dass die Hamburger nicht nur die Waren, deren Durchfuhr man ihnen früher gelegentlich gestattet — Wachs, Kupfer —, sondern auch Eisen und Felle durchführten und von Hökern, Faktoren und andern dabei unterstützt würden; die Hamburger hegten nur die Absicht, »den Ostseeschen Handel an sich in totum zu bringen«.

Den Schonenfahrern in Lübeck begegnen wir überall da, wo es galt, die alten Kaufmannsordnungen zu verteidigen, der Durch-

---

[1] Hamb. Rat an Lüb. Rat 31. Dez. 1646; Lüb. Rat an Hamb. Rat 20. Febr. 1647. Zur Verhandlung in Hamburg entsandte Lübeck die Ratsherren Saffen und Popping.

fuhr, der reinen Spedition entgegenzutreten; die Schonenfahrer,
die für sich ein »Directorium über das General-Commercium« in
Anspruch nahmen, sind von jeher die Vorkämpfer der alten konservativen lübischen Handelspolitik gewesen. Sie besassen überdies durch den Handel mit Hering, Lachs und Hopfen, den sie beherrschten, grossen Einfluss. Eine von ihnen ausgehende Warnung
konnte ihre Wirkung nicht verfehlen; und der Rat befahl deshalb
sogleich den Wetteherren, »darüber zu halten, dass dem Kaufmann Satisfaction geschähe«. Speziell auf die Durchfuhr von
Eisen nach Hamburg wurde nun scharf aufgepasst[1].

Hierdurch gereizt fand nun Hamburg es für gut, die alte
Prozesssache wieder aufzunehmen. Am 17. August 1660 beantragte es beim Reichskammergericht in Speier eine Strafe gegen
Lübeck, da dieses sich dem Reichskammergerichtsmandat von 1622
nicht gefügt habe und nach wie vor die Durchfuhr hindere. Lübeck bestritt dagegen, dass jenes Mandat rechtskräftig geworden;
gegen das Urteil von 1625 habe es Revision eingelegt; im übrigen
habe es die hamburgischen Wünsche stets erfüllt; von Fall zu
Fall habe Hamburg die Durchfuhr nachgesucht. In der lebhaften
Auseinandersetzung, die nun zwischen beiden Parteien in Speier
stattfand, warf Lübeck der Schwesterstadt u. a. vor, sie wolle nur
den Prozess verwirren, »indem an Hamburgischer seiten die ge-
suchte Durchfuhr auf einer eingebildeten natürlichen Freyheit und
lange continuirten Lorrendreyerey zu gentzlichen Untergang der
Stadt Lübeck und unersättlichen reichtumb so sich in Hamburg
aufhaltenden mehrerenteils frembden Handelsleute fundieret«. Lübeck forderte eine Kommission zur Zeugenvernehmung.

Das zog sich nun lange hin. Erst am 13. Dezember 1669
beauftragte das Reichskammergericht das Domkapitel in Lübeck
mit der Vernehmung der Zeugen, »soviel deren noch im Leben«.
Es lebten aber nur noch vier. Der Hamburger Rat lehnte jedoch
seine Teilnahme am Zeugenverhör ab, weil ihm das Domkapitel
nicht als unparteiisch gelten könne; der Propst Dr. Brauer z. B.
sei zugleich Bürgermeister der Stadt und mehrere Domkapitulare

---

. [1] Supplik des Schonenfahrer-Schüttings 11. Nov.; Dekret des Rats
16. Nov. 1659; Schonenfahrer an den Rat 19. Juli 1660. Ueber die
Stellung der Schonenfahrer vgl. Siewert a. a. O. 44. ff., 388 f.

hätten nahe Verwandte im Rat. Hamburg schlug den Rat von Bremen als Kommission vor[1].

Nichtsdestoweniger untersuchten die Kommissare des Domkapitels die Angelegenheit, vernahmen 18 Zeugen und erstatteten am 25. August 1670 ihren Bericht. Die Aussagen der Zeugen gipfelten darin, dass der Anspruch Hamburgs hinfällig und rechtlich unbegründet sei; die Durchfuhr sei stets von Fall zu Fall precario gestattet gewesen, Hamburg wolle nur alles an sich reissen. Für die Behauptung des lübischen Stapels wurde u. a. auf die Verhandlung mit den Herzögen von Braunschweig-Lüneburg 1644 hingewiesen.

Hierbei beruhigte sich Hamburg vorläufig. Es fuhr fort, in jedem Falle bei Lübeck um Erlaubnis der Durchfuhr nachzusuchen, wobei es an gereizten Auseinandersetzungen nicht fehlte; so im Herbst 1673, als Hamburg sich über die Hinderung der Eisendurchfuhr beschwerte; der Hamburger Rat erklärte damals, er müsse der Stapelgerechtigkeit Lübecks »beständig contradiciren und dagegen als unrechtmässig und unleydlich protestieren[2].«

Die Macht der Verhältnisse aber erzwang doch um diese Zeit von Lübeck weitere Konzessionen. Da das Durchfuhrverbot von den Lübeckern fortdauernd übertreten wurde, verschärfte der Rat die Kontrollmassregeln; durch Dekret vom 22. November 1672[3] verfügte er, dass für jedes Gut von dem Eigner eine eidliche Bescheinigung zu erfolgen habe, dass es sein eigen.Gut sei und keinem Fremden gehöre. Hiergegen erhob sich der Widerspruch der Kaufleute-Kompagnie und Stockholmfahrer; die Bescheinigung für alle Waren schien ihnen überflüssig, die Häufung der Eide bedenklich. Die Kaufleute-Kompagnie machte nun aber in ihrer Vorstellung vom 10. Dezember 1672 gar kein Hehl daraus, dass man nicht mehr so scharf auf dem Stadtrecht und der durch dieses vorgeschriebenen Ordnung bestehen könne, da die Nachbarn jetzt andere Wege gehen und Lübeck vermeiden könnten. Den Schonenfahrern, die stets das strengkonservative Prinzip in der Bürgerschaft vertraten, wurde ihr Anspruch, der Vorstand

[1] Hamb. Rat an Reichskammergericht 2. Mai 1670.
[2] Hamb. Rat an Lüb. Rat 6. Okt., 14. Nov.; Lüb. Rat an Hamb. Rat 11. Okt., 9. Dez. 1673.
[3] Siewert, Rigafahrer S. 394 f

der Kaufmannschaft zu sein, scharf bestritten. Vor der infolge dieses Widerspruchs vom Rat eingesetzten Kommission, die nicht nur die Frage des Eides und der Zertifikate beriet, sondern auch die Durchfuhr in den Bereich ihrer Beratung zog, traten die Kaufleute offen für Freiheit der Durchfuhr des Eisens ein, da sie für diesen Artikel gewohnheitsmässig schon lange bestehe; dagegen wollten sie die freie Durchfuhr von Leinsaat, Talg, Butter, Potasche, Hanf, Flachs, Teer, Pech, Korn, Leder nicht gestatten. Wenn ein Lübecker mit einem Fremden in Mascopei stände, wovon er Vorteil habe, müsse dem Fremden auf seinen Anteil die Durchfuhr gestattet werden. Dagegen müsse man es den Fremden, die nach Lübeck mit ihren Waren kämen, ver-wehren, sie hier wieder an Fremde zu verkaufen; auch fremdes Salz dürfe hier nicht an Fremde verkauft werden.

Die übrigen Kollegien sprachen sich im wesentlichen ähnlich aus. Am 7. Februar 1673 dekretierte deshalb der Rat, dass die Durchfuhr des Eisens frei sein solle, dass aber für das zur See ausgehende Eisen ein Durchfuhrgeld von 3 Schillingen per Schiffs-pfund erhoben werden sollte. Diese Zuschlagsabgabe erregte aber den Widerspruch der Kaufleute, und über den Eid wurde noch längere Zeit verhandelt. Mit Eifer vertraten dabei die Riga-, Schonen-, Bergen- und Stockholm-Fahrer den Standpunkt, grund-sätzlich nur dann eine Lockerung des Durchfuhrverbots zu billigen, wenn die sog. Freizettel, auf die man ohne Eid Waren versenden konnte, aufhörten.

Bei diesen Widersprüchen blieb das Dekret vom 7. Februar nicht lange in Kraft; schon am 5. September 1674 verfügte der Rat, dass von Michaelis dieses Jahres ab die freie Durchfuhr des Eisens wieder abgeschafft sei, und dass er »über die Kaufmanns-ordnung und lübischen Recht gehalten haben will«. Trotzdem wurde, wie früher, die Durchfuhr von Eisen in den nächsten Jahren wiederholt gestattet, was aber die Proteste der Stockholm- und Rigafahrer, die das Durchfuhrverbot »ohne Unterschied der Person« gehandhabt wissen wollten, herausforderte. Dass dies Verlangen nicht ohne tatsächlichen Grund war, lehrt ein Vor-gang vom Jahre 1675, wo auf ein Gesuch des Hamburger Rats für Gerd Burmester wegen Durchfuhr von Eisen vom Lübecker Rat dekretiert wurde: »Die Herren Commissarii sollens den Com-

mercirenden proponieren und bestermassen recommendieren, weil
der Burmeister des Herrn Bürgermeister Schulzens zu Hamburg
Tochterman ist«[1]. Eigenmächtige Durchfuhr von Eisen ohne
vorherige Nachfrage duldete der Lübecker Rat aber durchaus
nicht. Dagegen wurde Waren wie z. B. dem isländischen Fisch
die Durchfuhr freigegeben, »weiln dieses Ortes damit eigentlich
keine Handelung«[2], ein klares Zeugniss dafür, dass nur die Absicht, den Eigenhandel in altlübischen Handelsartikeln zu erhalten, dem Durchfuhrverbot zugrunde lag.

Die Tatsache, dass mit der Durchfuhr von Eisen ein lange
Zeit streng und energisch festgehaltenes Prinzip, wenn auch nur
vorübergehend, aufgegeben wurde, beruht natürlich nicht auf
Laune, sondern guten Gründen. Man spürte in Lübeck empfindlich, dass die Hindernisse, die man der freien Durchfuhr bereitete,
lediglich der Fahrt durch den Sund zu gute kamen. Das Dekret
vom 7. Februar 1673 hatte alsbald zur Folge, dass die Durchfuhr
von Eisen in dem genannten Jahr auf 40250 Schiffspfund stieg.
Als man die Freiheit der Durchfuhr wieder aufhob und letzere in
den nächsten Jahren wieder mehr und mehr hemmte, sank die
Durchfuhr von Eisen im Jahre 1680 auf 13926 Schiffspfund.
Dagegen nahm die direkte Fahrt von Stockholm, Reval, Riga
nach Hamburg erheblich zu; nicht nur Eisen, sondern auch Kupfer,
Draht, Teer etc. wurde auf diesem Wege nach Hamburg geführt;
die Retouren benutzten dieselbe Route. In Hamburg wie in
Schweden war man offenbar über das Verfahren der Lübecker
weniger ärgerlich als erstaunt[3].

Der Lübecker Rat konnte sich diesem Zustande und den
Folgen, die er für die Stadt und ihre Einnahmen haben musste,
nicht mehr verschliessen. Als im März 1679 das Handlungshaus Seel.
Hans Hinrich Verpoorten Wwe & Sohn den Rat um Durchpassierung
von Eisen nach Hamburg bat mit dem Hinweis darauf, »dass p. t.
publicum so woll als andere Privat-Leute bey solcher Durchführung
gewinnen, da imgegen fast Alles bey diesen Zeiten still und öde ohn der
Durchführung liegen würde«, zog der Rat die Sache in Erwägung

---

[1] Hamb. Rat an Lüb. Rat 9. August; Dekret des Lüb. Rats
13. August 1675. Burmeister wird in den gedruckten Briefen des
Bürgermeisters Schulte oft erwähnt.

[2] Ratsdekret 15. Okt. 1678.

[3] Siewert a. a. O. S. 381 ff.

und verfügte am 21. Januar 1680, es sei den Zünften vorzutragen, »dass vieler bedenklichen Ursachen halber woll bey diesen Zeiten nicht undienlich zu seyn scheine, die freye Durchfuhr generaliter zu verstatten«. Die Schonenfahrer sprachen hierauf sogleich die Erwartung aus, der Rat werde die alten Kaufmannsordnungen aufrecht erhalten. Mehr Verständnis fand er bei den »Commercirenden Collegia und Zünften«, für die die Ältesten der »Spanischen Collecten« am 1. März 1681 dem Rat vorstellten, dass die Hinderung der Durchfuhr des Eisens, Teers und Pechs nicht nur in Schweden, sondern auch in Holland, England, Hamburg »viel Ungelegenheit, Neid und Missgunst« verursacht und »zu mercklichen Schaden des hiesigen Commercii« dahin geführt habe, dass jene Nationen mehr und mehr den Weg durch den Sund einschlügen. Mit Recht wurde bemerkt, dass das in Lübeck bestehende Verbot der Durchfuhr nicht auf der Lage der Stadt beruhe, sondern auf dem Zustande und den Verhältnissen der Nachbarn. Wenn bei diesen Änderungen einträten, müsse auch Lübeck in seinen Verhältnissen einen Wandel eintreten lassen. Wenn der Rat hinsichtlich der Durchfuhr des Eisens keine Änderung verfüge, sei zu befürchten, dass durch weitere Benutzung fremder Wege »diese gute Stadt wohl gar umb solch hoch importirendes Commercium und Zufluss der Waren kommen dürfte«. Auch die Belästigung mit Eiden wurde scharf gerügt und gebeten, sie nur den »Verdechtigen« aufzuerlegen.

Hierauf gab gegen Widerspruch der Schonenfahrer [1] der Rat am 22. Juni 1681 auf zwei Jahre die Durchfuhr von Eisen, Teer, Hanf, Kupfer frei. Die Auffassung, dass neben dem Eigenhandel auch der Kommissionshandel und die Spedition ihre Berechtigung hatten, hatte einen Erfolg davongetragen. In den folgenden Jahren ist dann namentlich Eisen in nicht geringen Mengen gegen Zahlung von 3 Schill. per Schiffspfund nach Hamburg durchpassiert. Wenn man aber erwartet hatte, damit den Verkehr vom Sund ab und wieder nach Lübeck zu lenken, so irrte man sich. Bereits im März 1683 ward geklagt, dass jener Zweck nicht erreicht sei, da der Aufschlag von 3 Schill. »den Fremden die Zufuhr auf hier so odiose machet«, dass sie deshalb den Weg durch den Sund vorzögen. Jene Abgabe aufzuheben, konnte man sich aber nicht entschliessen.

---

[1] Siewert S. 378 ff.

War die Durchfuhr jetzt auch freier und wurde überdies offenbar noch mehr durch die Finger gesehen als früher, so genügte das denen, die ein Interesse an einer möglichst unbeschränkten Freiheit der Durchfuhr hatten, doch bei weitem noch nicht. Das waren in erster Linie die Hamburger. Sie hatten das natürliche Bestreben, die Reihe der in Lübeck durchfuhrfreien Artikel ausgedehnt zu sehen. Im Jahre 1694 beschwerte man sich von Hamburg aus, dass in Lübeck Fettwaren nicht durchgelassen würden. Da man in Lübeck diese Waren wiederholt hatte passieren lassen, nachdem man bei der Einfuhr daselbst 3 und bei der Wiederausfuhr 17 Schillinge per Tonne hatte zahlen müssen, schloss der Hamburger Rat, dass gegen solche Abgabe die Durchfuhr von Fettwaren in Lübeck frei sei. Das entsprach aber durchaus nicht der Lübecker Ansicht; der Rat erklärte, dass solche Durchfuhr schlechterdings den Ordnungen zuwider sei; die Schonenfahrer baten sogar, da man die im Jahre 1681 erteilte »Temporal Permission« für vier Artikel nunmehr als jus beanspruche, auch jene wieder aufzuheben. Auch die übrigen Kompagnien lehnten die völlige Freiheit der Durchfuhr — auch gegen Extraauflagen — strikte ab. Selbst durch die wiederholten Proteste des hamburgischen Rats und der hamburgischen Schonenfahrer, wonach »bisher in hoc passu die Niederlage darselbst gar nicht üblich gewesen, vielmehr die Unsrige gegen Erlegung des vorhin erwähnten Passage-Geldes ihre aus Schweden kommende Fett-Waren unaufgehalten anhero kommen lassen«, liess sich Lübeck in seinem Standpunkt nicht erschüttern [1].

Das 18. Jahrhundert brachte in der Frage der Durchfuhr neue Anregung und Wandlung. Die steigende Blüte des Handels der Dänen und Schweden machte es für Lübeck immer bedenklicher, den Fremden den Zwang der Niederlage aufzudringen; auch drohten die kleineren Ostseestädte in der Nachbarschaft — Neustadt, Kiel, Eckernförde, Schleswig, Flensburg — den von Lübeck fortgewiesenen Verkehr an sich zu ziehen. Im Februar 1705 regten deshalb die Kaufleute-Kompagnie und die Novgorodfahrer

---

[1] Hamb. Rat an Lüb. Rat 6. Aug., 8. u. 22. Sept.; Lüb. Rat an Hamb. Rat 14. Sept.; Commercir.-Kollegien an Lüb. Rat 6. Sept.; Hamb. Schonenfahrer an Hamb. Rat 21. Sept. 1694.

an, die Durchfuhr freier zu gestalten. Dagegen forderten die
Schonen-, Bergen-, Riga- und Stockholmfahrer eine Verschärfung
des Durchfuhrverbots und die Zurücknahme der einer freien
Durchfuhr im Laufe der Zeit gemachten Zugeständnisse. Nicht
nur, so stellten sie dar, verstosse die freie Durchfuhr gegen die
Gesetze, den Eid des Rats, die Privilegien der Kaiser Friedrich I.
und II., sondern sie gefährde auch die Wohlfahrt der Stadt. Wenn
während der Zeit, wo die Durchfuhr freier gewesen, viel fremdes
Eisen, Roggen, Talg, Leder, Hanf, Flachs, Leinsaat usw. hier
durchgegangen sei, so sei das »zum Schaden und Ruin der
hiesigen Kaufleute« geschehen; denn die Fremden kauften die
Waren in ihrem Lande aus der ersten Hand billiger als die
Lübecker, könnten sie somit auch billiger verkaufen. Namentlich
die Kommissionen, die Kaufleute in Holland und in Hamburg
ihren Kommissionären in Lübeck zum Einkauf fremder Waren
erteilten, gereichten »nicht anders als zum gentzlichen ruin dieser
Stadt und aus diesem vor Zeiten so berumbten Emporio einen
Durchschleifer-Platz und Packhaus machen«. Dies zu verhindern,
schlugen sie als das beste Mittel die Wiedereinführung der im
Jahre 1674 vom Rat vorgeschriebenen Profess-Zettel vor, die im
Laufe der Zeit offenbar ausser Übung gekommen waren, ferner
die Beeidigung der Zulagsschreiber, dass sie niemandem Zettel
verabfolgten, er habe denn zuvor einen eidlichen Profess-Zettel
eingereicht.

Die Opposition der Kaufleute und Novgorodfahrer hiergegen
blieb wirkungslos. Der Rat lenkte wieder ganz ins alte Fahrwasser ein. Das zeigt sein Dekret vom 27. November 1705.
Nach ihm sollte jede Handlung Fremder mit Fremden ausgeschlossen sein, sowohl die direkte wie die indirekte, die Durchfuhr aller Waren gänzlich verboten sein. Nur sollte die »Faktorei«
so weit gestattet sein, dass ein Fremder seine Waren an einen
lübischen Bürger senden dürfte; doch sollten die Waren in solchem
Falle nicht an Fremde, sondern nur an Bürger verkauft werden,
es sei denn, dass der Bürger, an den die Waren gesandt, diese als
ein »Hausmann« an sich erhandelt hätte oder dass sie ihm wegen
einer wirklichen Schuldforderung zuständen. Dann galten die
Waren als seine eigenen, und er konnte mit ihnen machen, was
er wollte; doch hatte er es eidlich zu versichern. Alle anderen

Fälle des Wiederverkaufs an Fremde sollten als Handlung unter Fremden gelten und deshalb als Durchfuhr verboten sein. Doch durften die Fremden Waren, die sie hier nicht verkaufen konnten, entweder auf Lager legen oder wieder zurücknehmen.

Gleich nachdem dies Dekret Anfang Januar 1706 in Kraft getreten, erfolgte Einsprache dagegen aus Hamburg. In der Versammlung des ›Ehrbaren Kaufmanns‹ am 18. Januar klagte man, dass in Lübeck »alle durchgehende Güter aus der Ost- und West-See kommend würden angehalten und selbe gegen die alte freye Durchfuhr nicht wolten passiren lassen«. Es handelte sich damals namentlich um Getreide und Kupferwaren, denen man in Lübeck die Durchfuhr verweigerte und die nun zum Teil über Wismar nach Hamburg gingen. Doch lenkte man in Lübeck ein, schon bevor eine unmittelbare Beschwerde aus Hamburg einging, indem der Rat am 20. Januar ein Dekret[1] erliess, durch welches erklärt wurde, dass das Dekret vom 27. November zu verstehen sei nach den früheren Dekreten von 1674, 1675 und dem, was 1610 ›aus nachbarlicher Freundschaft der Stadt Hamburg concediret und nachgegeben worden‹; die damals Hamburg gemachten Konzessionen wurden ausdrücklich wiederholt und erneuert. Darüber hinaus ging Lübeck aber nicht, und die Durchfuhr des an der Ostsee gewachsenen Getreides durch Lübeck blieb nach wie vor den Hamburgern verboten[2].

Hatte man Hamburg vorläufig beruhigt, so musste von anderen Seiten gerade damals Lübeck dieselben Klagen hören, so von Preussen[3], von Riga. Der Rat befragte deshalb im März 1706 die kommerzierenden Kollegien abermals um ihre Ansicht. Wieder vertraten die Kaufleute-Kompagnie und die Novgorodfahrer das freiere Prinzip; selbst die Kramer und Gewandschneider meinten: wenn auch der Gästehandel nicht zu dulden sei, dürfe man doch die Durchfuhr nicht so schlechtweg verbieten, da die Bürger oft aus fremden Gütern ihre Bezahlung suchen müssten und sie übel daran wären, wenn sie hier keinen Käufer für solche Waren

[1] S. den Abdruck unten.
[2] Vgl. den Abdruck des Attests vom 15. März 1706 unten.
[3] König v. Preussen an Lüb. Rat 23. März, Lüb. Rat an den König 10. April 1706.

fänden und sie nicht ausführen dürften. Die Bergenfahrer schlugen
eine differentielle Behandlung der fremden durchgehenden Güter
durch einen höheren Zoll vor. Nur die Schonen-, Riga- und
Stockholmfahrer bestanden streng auf dem Dekret von 1705.
Schliesslich lehnten die Schonen- und Rigafahrer die Beteiligung
an weiteren mündlichen Beratungen ab, und die Verhandlung
blieb ohne Ergebnis. Im August 1708 wurde sie wieder aufgenommen; doch protestierten im Juni 1709 die Schonenfahrer
gegen jede Beeinträchtigung ihrer Rechte; nur über die Verbesserung der Kaufmannsordnung wollten sie in Beratung treten.
In den Jahren 1710—12 ist hierüber verhandelt worden.

Um zu verhindern, dass, wie die Schonen-, Stockholm-, Riga-
und Bergenfahrer erstrebten, die Durchfuhr ganz verboten
werde, machte der Rat den Vorschlag, für eine Reihe von Waren
eine Niederlagszeit einzuführen; innerhalb dieser Zeit — es waren
zwei Monate in Aussicht genommen — mussten diese Waren in
Lübeck liegen; wenn sie dann nicht verkauft waren, musste dies
auf Bürgereid deklariert werden, worauf sie dann durchgehen
konnten. Als solche Waren sollten Leinsamen, Hanf, Flachs,
Eisen, Korn, Leder, Pech, Teer, Stahl gelten. Die Kaufleute-
Kompagnie erklärte sich damit einverstanden, nachdem sie sich
zuerst gegen die Zulassung der drei letztgenannten Waren ausgesprochen hatte. Von den anderen Kompagnien waren die einen
ganz abgeneigt, die anderen geteilter Ansicht; die Rigafahrer
hielten eine zweimonatliche Frist für zu kurz. Das Ende dieser
langwierigen Verhandlung war aber lediglich eine Verschärfung
der Durchfuhrpraxis nach der prohibitiven Richtung. Ein Ratsdekret vom 17. Juni 1712 verfügte, dass, da dem Missbrauch der
Durchfuhr nicht mehr nachgesehen werden könne, jeder, der noch
fremde, aus der Ostsee kommende Waren lagern habe, sie, namentlich Korn, Hanf, Flachs, Leinsamen und Leder, bis Ende August
in Lübeck verkaufen müsse; alles fremde Eisen, das nicht Bürgergut sei, solle dann »an der Mauer bey der Trave nicht toleriret,
sondern daselbst weggeschafft und in Packräume geleget werden.«
Die Durchfuhr jener fünf Artikel war demnach streng verboten;
für die übrigen Waren liess man es noch bei der gewohnten Konnivenz und den Zulagen auf Freizetteln.

Bei den Auswärtigen wurde dies Dekret sogleich als das empfunden, was es auch in Wirklichkeit war, als eine Verschärfung des Durchfuhrverbots. Es sind namentlich Preussen und Hamburg gewesen. die sich gegen das Vorgehen Lübecks wandten.

Bereits im Frühjahr 1706 hatte sich der König von Preussen beschwert, dass man einem Magdeburger Kaufmann die Durchfuhr von Gütern in Lübeck verwehre, und er hatte mit Repressalien gedroht. Damals hatte der Rat sich mit seinen alten Rechten verteidigt. Nun, 1712, beschwerte sich der König abermals über das »Durchfuhrverbot«, da man in Lübeck Hanf, den ein Magdeburger von Königsberg durch Lübeck führen wolle, nicht passieren lasse. An diese Beschwerde knüpfte sich eine weittragende Verhandlung. Die kommerzierenden Zünfte, die der Rat um ihre Ansicht fragte, rieten, man müsse sich den preussischen Drohungen gegenüber an den Kaiser um Hülfe wenden. Der Rat neigte zuerst doch zum Einlenken; er meinte, man könne die Waren, die aus preussischen Landen kämen und nach preussischen Landen bestimmt seien, durchpassieren lassen. Doch wandte sich im Herbst 1713 der Rat doch an den Kaiser, während die Verhandlung in Berlin fortgesetzt wurde; der Graf Schönborn in Braunschweig vermittelte; in Wien vertrat der Agent Maul die lübischen Interessen. Die Stadt beharrte in der Sache fest auf ihrem Standpunkt und verweigerte dem Magdeburger Kaufmann Häseler nach wie vor die wiederholt nachgesuchte Durchfuhr des aus Königsberg kommenden Hanfs; an dem Widerspruch der Schonenfahrer, die sich jeder Lockerung des Durchfuhrverbots energisch widersetzten, scheiterte jeder Versuch zu einer Konzession. Nun ging der Streit mit Preussen im J. 1715 ans Reichskammergericht, während gleichzeitig Preussen drohte, sich inzwischen an den nach Leipzig zur Messe reisenden Lübecker Kaufleuten schadlos zu halten.

Mittlerweile hatte sich auch Hamburg gerührt. Bereits Ende August 1712 und dann im November beklagte sich der Hamburger Rat, dass das Durchfuhrverbot vom 11. Juni auf die Waren der Hamburger ausgedehnt werde; das könne Hamburg nicht dulden, da es »gegen die Compactata, so beyde Erb. Städte zur Unterhaltung gemeinschaftlichen Vertrauens unter einander haben und halten, directo laufet und zu ungemeiner Beschwerde des ohnedem bey gegenwertigen Conjuncturen so sehr bedruckten Commercii

gereichet«. Demgegenüber berief sich der Lübecker Rat auf seine
uralte Verfassung; die Verfügung vom Juni bezwecke nur,
der schädlichen Durchfuhr der an fremden Orten erhandelten und
Fremden zustehenden Waren entgegenzuwirken; »Special-Com-
pactatis« widerspreche es nicht. Der Hamburger Rat bezeichnete
es aber als »sehr hart und unfreundlich«, dass man in Lübeck die
Durchfuhr von Korn für die Armut in Hamburg verweigere, und
forderte wenigstens die Durchfuhr des vor Veröffentlichung der
Verfügung vom Juni gekauften Korns. Der Hamburger Rat
ging noch weiter. In einem Schreiben vom 29. März 1713 wies
er hin auf den noch immer beim Reichskammergericht schwebenden
alten Prozess wegen der Durchfuhr und forderte die Abschaffung
der Neuerungen und den Gehorsam gegen das Kaiserliche Mandat; zugleich mit der Warnung, dass sonst der Handel andere an
der Ostsee belegene Örter aufsuchen werde, drohte er, dass man
den weit grösseren Handel der Lübecker in Hamburg hier in
gleicher Weise behandeln werde[1].

Der Hamburger Rat konnte sich hierbei auf das Drängen
der Kaufmannschaft beziehen. Im »Ehrb. Kaufmann« in Hamburg
ist um jene Zeit wiederholt über das Verfahren Lübecks bitter
geklagt worden[2]. Doch blieb die Korrespondenz der beiden Städte
ziemlich ohne Ergebnis. Der Lübecker Rat holte wieder das ganze
Material der früheren Verhandlungen heran, über den Privatfluss
Trave, den Gästehandel, den Odenseer Vertrag, die Möllner Verhandlung von 1610. Hauptsächlich suchte Lübeck den hamburgischen
Angriff damit abzuwehren, dass es sich darauf stützte, Hamburg
habe durch seine zahlreichen Gesuche um Durchfuhr im Prinzip
das Durchfuhrverbot anerkannt. Doch erklärte Lübeck, die An-
gebote von Mölln im Jahre 1610 aufrechterhalten zu wollen, solange nicht die Streitfage durch Reichskammergerichtsurteil entschieden sei. Als von Seiten Hamburgs bemerkt wurde, dass das
Duchfuhrverbot Lübecks Interessen nicht entspreche, antwortete
Lübeck, es wisse selbst, was der Stadt fromme, übrigens sei auch
in Hamburg der Handel nicht frei und Hamburg hindere die Vor-

---

[1] Hamb. Rat an Lüb. Rat 30. Aug., 15. Nov. 1712, 9. März 1713;
Lüb. Rat an Hamb. Rat 26. Nov. 1712.
[2] 6. März 1713 und seitdem bis in den Juni öfter.

beifahrt auf der Süderelbe[1]. Das traf nun für die damalige Zeit doch nicht mehr zu, und Hamburg konnte mit Recht den Lübeckern gegenüber für eine grössere Freiheit des Verkehrs eintreten; gerade damals — am 5. Juli 1713 wurde die Verordnung über den »Transito« veröffentlicht — begann man in Hamburg, die den Durchgangsverkehr hemmenden Schranken langsam wegzuräumen.

Die Verhandlungen Lübecks mit Preussen waren inzwischen in Hamburg nicht unbeachtet geblieben. Die Hamburgischen Kommerzdeputierten mahnten den Rat, diese Verhandlungen im Interesse der Stadt zu benutzen; und dem Lübischen Rat schrieb am 17. November 1714 der Hamburger Rat, es sei in neuerer Zeit »von ein und andern bey der Durchfuhrs-Affaire interessirten hohen Puissancen dieserwegen causam communem mit denenselben zu machen, mehrmalige Anregung bey uns geschehen«; der Rat habe das jedoch zurückgewiesen in der Hoffnung, der Lübecker Rat werde unterdessen »mildere Entschliessungen gegen unser Commercium zu fassen von selbsten bewogen worden seyn.« Diese Erwartung war aber irrig; weiter als je war man in Lübeck davon entfernt, das Prinzip des Durchfuhrverbots aufzugeben. Grade im Januar 1715 verhandelte man wieder über einen Antrag der Schonen-, Bergen- und Rigafahrer, die das strikte Verbot der Durchfuhr auf Eisen, Talg, Butter, Speck, Pech, Teer, Alaun ausdehnen wollten; doch wurde dem Antrag, dem auch die Kaufleute und Gewandschneider widersprachen, nicht stattgegeben. Den Hamburger Angriff aber schlug der Lübecker Rat ab und rückte seinerseits die schon öfter vorgebrachten Beschwerden über die hamburgischen Zölle in den Vordergrund; Lübeck werde seine Privilegien, deren Existenz und Echtheit Hamburg bestritt, im Reichskammergericht gern vorlegen[2].

Nun wäre es wahrscheinlich auch zu einem Prozess zwischen beiden Städten gekommen, wenn nicht, wie wir oben sahen, in zwischen Preussen diesen Weg eingeschlagen hätte. Doch beschränkte sich Preussen nicht auf die Prozessverhandlung. Ein

---

[1] Lüb. Rat an Hamb. Rat 11. Mai, 28. Juli; Hamb. Rat an Lüb. Rat 9. Juni 1713.

[2] Lüb. Rat an Hamb. Rat 5. Dez. 1714, 1. Febr. 1715; Hamb. Rat an Lüb. Rat 16. Jan., 15. Febr. 1715.

königliches Schreiben vom 3. Dezember 1716 an den Lübecker
Rat beschwerte sich in scharfen Worten über die Hindernisse, die
jener dem Handel der preussischen Untertanen bereite; niemand
könne dem König verdenken, dass er seine Untertanen nicht länger
»Euren ungerechten attentatis exponieren wolle«. Der König
drohte mit »anderen Mitteln«, um »Euch durch zulänglichere Wege
zu besseren Gedanken zu bringen«. Unerhört sei es, dass man in
Lübeck die Fremden nötigen wolle, ihre Waren an Bürger »mit
grossem Verlust« zu verkaufen. Über dies »sehr harte und sehr
bedrohentliche Königliche Schreiben« beschwerte sich der Rat
zwar beim Kaiser, aber die preussische Drohung blieb doch nicht
ohne Wirkung. In den bürgerlichen Kollegien waren die Ansichten
geteilt. Die »4 grossen und sämtliche zugehörige Ämter« stimmten
für die vorläufige freie Durchfuhr der preussischen Güter; die
Kaufleute-Compagnie erklärte, sie sei nie gegen die freie Durchfuhr gewesen; man dürfe aber, wenn sie Preussen gestattet werde,
sie auch anderen nicht verweigern. Ebenso sprach sich die Schiffer-
gesellschaft für die freie Durchfuhr aus.

Hierauf verfügte der Rat vorläufig die Durchfuhr der Waren,
die für preussische Untertanen aus der Ostsee kämen, doch ohne
Präjudiz für den schwebenden Prozess[1].

So hatte Preussen schon durch seine Drohungen einen schnellen
Erfolg errungen. In Hamburg, wo man die preussisch-lübische
Korrespondenz genau kannte[2], hoffte man nun auch etwas erreichen
zu können. Doch wartete der Hamburger Rat trotz des wiederholten Drängens der Kommerzdeputierten ruhig die Entwicklung
der lübisch-preussischen Verhandlungen ab. Als aber Preussen
den erwähnten Erfolg davon trug und Lübeck keine Anstalten
machte, auch Hamburgs Wünsche zu erfüllen, gab der Hamburger
Rat schliesslich den Vorstellungen der Kommerz-Deputierten nach
und forderte von Lübeck am 19. Februar 1718 mit ausdrücklichem
Hinweis auf das Preussen gemachte Zugeständniss nun auch die
Erfüllung der hamburgischen Wünsche.

---

[1] Lüb. Rat an König v. Preussen ·19. Dez. 1716.

[2] Mehrere der wichtigsten Aktenstücke befinden sich abschriftlich
bei den Akten der Kommerzdeputierten; sie sind diesen wohl von den
Lübecker Anhängern der freien Durchfuhr zugegangen.

Dazu zeigte sich Lübeck jedoch nicht geneigt; der Rat wies darauf hin, was es Hamburg »aus diversen speziellen Ursachen zuweilen verstattet« habe; dem mit Preussen noch schwebenden Prozess könne er durch weitere Konzessionen nicht präjudizieren[1]. Dieser Prozess aber befand sich schon damals im Stadium des Versumpfens; der Lübecker Rat betrieb ihn nur noch ohne Eifer; mit Absicht; denn der Gang des Prozesses zeigte sich für Lübeck recht ungünstig; namentlich die von dem preussischen Anwalt vorgelegten, der freien Durchfuhr günstigen Eingaben der Kaufleute-Kompagnie und Novgorodfahrer aus früherer Zeit verschlechterten den Stand des Prozesses für Lübeck. Und als dann der Lübecker Rat sah, dass er ihn verlieren würde, wenn er es zu einem Urteil kommen liesse, beschloss er im Mai 1718, ihn vorläufig ruhen zu lassen und das Urteil nicht zu provozieren; dieser Beschluss sollte aber möglichst geheim gehalten werden. Da Preussen im wesentlichen schon das erreicht hatte, was es erstrebte, so drang es nicht auf weitere Prozessführung.

In Hamburg wartete man vergeblich darauf, nun auch in den Genuss der freien Durchfuhr zu kommen. Man war freilich über das, was Preussen gewährt war, nicht ganz im Klaren und wusste nicht recht, was zu machen sei, als von dem Prozess nichts weiter verlautete. Von der Kaufmannschaft wurde der Rat bestürmt, Schritte in Lübeck zu tun. Die Kommerzdeputierten bezeichneten das für um so dringender, als nach dem bevorstehenden Frieden zwischen den nordischen Mächten der Handel von Archangel sich wahrscheinlich meist nach St. Petersburg ziehen werde und in diesem Falle der russische Handel Hamburgs darunter leiden müsse, wenn die Durchfuhr in Lübeck nicht frei sei und Lübeck diesen Handel an sich ziehe. Der Rat hielt weitere Schritte in Lübeck aber für ganz aussichtslos[2]; und erst am 24. Oktober 1722 schrieb er an den Lübecker Rat, »verschiedene hiesige Negocianten, welche ein grösseres Commerce, als bisher geschehen können, auf der Ostsee über dero löbl. Stadt zu etablieren gemeinet sind«, hätten gebeten, dass es endlich mit der gehemmten Durchfuhr ein

---

[1] Lüb. Rat an Hamb. Rat 23. Febr. 1719.
[2] Komm.-Dep. an Hamb. Rat 13. Febr., 17. März 1719; Antwort des Rats 8. März, 22. März usw.

Ende nehmen müsse. Es sei zwecklos, über die beiderseitigen
Rechte zu disputieren, sondern man solle das gegenseitige Interesse betrachten, zumal es doch offenbar sei, dass der Handel sich
sehr verändert habe und die alten Grundsätze nicht mehr in
allem brauchbar seien. Deshalb möge Lübeck die freie Durchfuhr gegen Zoll gestatten.

In Lübeck erwog man hierauf die Sache sehr eingehend. Die
Kaufleute-Kompagnie war für ganz freie Durchfuhr; doch müsse
auch Hamburg für die Waren, die für lübische Rechnung aus dem
Westen kämen und hier verkauft würden, Zollfreiheit gewähren,
wie man sie dort den lübischen Durchgangswaren gewähre. Auch
die Novgorodfahrer erklärten sich für die freie Durchfuhr nach
Hamburg und für Hamburger Bürgergut im Hinblick auf die
veränderten Verhältnisse und den Schaden, den die Stadt durch
Abnahme des Ostseehandels erlitten habe und noch erleiden werde.
Die Schonenfahrer und Stockholmfahrer sprachen sich hingegen
ganz für Beibehaltung des Durchfuhrverbots aus, während die Riga-
und Bergenfahrer wie die Kramer den Hamburgern und allen
andern »Puissancen« auf 5—10 Jahre die freie Durchfuhr gegen
Erhöhung des Zolls verstatten wollten. Privatim drückten einige
Kaufleute den Wunsch aus, dass die durchzuführenden Güter zum
Nutzen für die lübischen Rheder nur in lübische und nicht in
fremde Schiffe von den Hamburgern geladen werden dürften.

Die Neigung zu Konzessionen war also vorhanden. Da aber
von Hamburg weiter nichts verlautete, hielt der Rat es für besser,
zu weiteren Verhandlungen mit Hamburg nicht die Initiative zu
ergreifen. Gleichzeitig nahm jedoch die Fahrt der Hamburger und
Bremer durch den Sund stark zu, sodass der Rat es an der Zeit
hielt, eine freiere Ausübung der Durchfuhrpraxis und eine konnivente
Behandlung in der Durchfuhr einiger Waren zu beobachten [1].
Die konservativen Elemente unter den kommerzierenden Zünften —
die Schonen-, Stockholm- und Rigafahrer — protestierten dagegen
und wiesen u. a. darauf hin, dass Lübeck von sich selbst ausser
Bier keinen Artikel habe, den es nach der Ostsee ausführen und
für den es andere Ostseeartikel einführen könne; Hamburg kaufe
die Ostseewaren ebenso gut wie Lübeck und verkaufe sie billiger,

---

[1] Lüb. Rat an die Kommerzier.-Zünfte 18. Juli 1724.

da es mehr Absatz habe; Lübeck sei für Hamburg entbehrlich; die Durchfuhr über Lübeck zu erleichtern, sei deshalb ganz überflüssig.

Hierin lag sicherlich vieles Wahre; nur die Schlussfolgerung war irrig; besser wäre wohl für Lübeck eine freiere Durchfuhr gewesen. Aber für Hamburg verlor mit der Zunahme des Verkehrs durch den Sund, die mit der Fahrt nach St. Petersburg ohne Zweifel im Zusammenhang steht, der Weg über Lübeck an Wert. Doch wurde noch einmal im Sommer 1724 bei Gelegenheit einer andern Verhandlung zwischen den Lübecker und Hamburger Ratsherrn in Büchen die Frage der Durchfuhr erörtert. Der Lübecker Bürgermeister Rodde und Syndicus Dr. Schevius sondierten die Hamburger; diese, Syndicus Winkler und Langenbeck, waren zwar nicht instruiert, äusserten sich aber dahin, dass am besten sicherlich die ganz freie Durchfuhr sei; sonst sei man auch zufrieden, wenn sie auf gewisse Zeit und allein durch Vermittlung eines Lübecker Bürgers gehe. Doch dürften keine Waren ausgenommen, auch kein höherer Zoll oder Tiefgeld erhoben werden. Ganz untunlich sei es, den durchzuführenden Waren die vorzugsweise oder gar ausschliessliche Benutzung von lübischen Schiffen vorzuschreiben. Eine vorherige Niederlage der Waren sei wegen der Unkosten und Zeitvergeudung ganz zu verwerfen. Hinsichtlich der Zölle in Hamburg werde man gerne den Lübeckern entgegenkommen.

Weitere Folgen hat diese Erörterung nicht gehabt. Wie wenig man in Lübeck geneigt war, das Prinzip des Durchfuhrverbots aufzugeben, lehrt das Verhalten der Stadt in nächster Zeit. Zuvörderst wurde im September 1724 dem Lüneburger Rat die Durchfuhr von Gerste, die er forderte, abgeschlagen, da sie gegen die Rechte der Stadt verstosse. Im Dezember 1725 beschwerte sich dann Herzog August Wilhelm von Braunschweig-Wolfenbüttel, dass man einem Braunschweiger Kaufmann Brandes die Durchfuhr von rigischer Leinsaat und Rauchleder verweigere; mit ausdrücklichem Hinweis auf den Magdeburger Valentin Häseler forderte der Herzog dasselbe Recht für seinen Untertanen und nicht nur für jetzt, sondern für alle Zeiten. Der Lübecker Rat gestattete für diesmal die Durchfuhr, behielt sich aber seine Rechte vor, und, als nach einiger Zeit ein abermaliges Gesuch jenes

Braunschweiger Kaufmanns kam zugleich mit dem Hinweis, er
müsse sonst die Leinsaat über Wismar beziehen, schlug der Rat
das Gesuch ab; die Erklärung des Braunschweigers, er habe früher
die Leinsaat in Lübeck selbst gekauft, sie sei dort aber schlechter
und der Landmann wolle sie nicht abnehmen, deshalb habe er sie
jetzt in Riga gekauft, konnte den Rat nicht günstiger stimmen.
Es folgte eine Drohung des Herzogs mit Repressalien gegen die
Lübecker, die in Braunschweig Niederlage hielten. Der Rat
wandte sich wieder an die kommerzierenden Zünfte; ihre Antworten lauteten noch um eine Schattierung entgegenkommender
als früher. Nur die Schonen- und Bergenfahrer widersprachen wie
immer; die Kaufleute-Kompagnie trat dagegen für freie Durchfuhr ein, ebenso die Novgorodfahrer, die hinzufügten »zumahlen
bey dieser Zeit«; und die Kramer meinten, es sei nicht gut, »aller
umgräntzenden hohen Herrn und Potentaten Ungnade wegen der
hiesigen Durchfuhre auf diese gute Stadt zu laden«; man möge
dem Braunschweiger die Durchfuhr gestatten und sie auch sonst
zum Versuch freimachen.

Darauf bewilligte am 8. Mai 1726 der Rat das braunschweigische Gesuch, doch »citra consequentiam« und indem er sich beim
Herzog weitere solche Gesuche verbat; mit Häseler liege die
Sache anders, da der Prozess mit Preussen noch schwebe und jener
als preussischer Untertan die Waren von einem preussischen Hafen
in preussisches Gebiet habe schaffen wollen.

Herzog August Wilhelm liess sich aber durch diese Ermahnung
nicht irre machen. Die Lübecker hatten an dem Handel mit Leinsaat nach Braunschweig ein ganz besonderes Interesse; entgegen
dem herzoglichen Verbot legten sie als »Lieger« die Leinsaat in
die Mühlen und verkauften sie in kleineren Partien an die Land-
leute. Dass diesen Lübecker Kaufleuten der Geschäftsbetrieb des
Brandes, der die Leinsaat direkt aus Riga beziehen wollte, unbequem war, ist begreiflich. Um so tatkräftiger stand der Herzog
seinem Untertan bei. Als er im April 1727 abermals für Brandes
um Durchfuhr von Leinsaat und Leder nachsuchte und nicht sofortige Antwort aus Lübeck erhielt, verfügte der Herzog im Mai
1728 den Arrest aller Lübecker Güter in seinem Herzogtum.
Das wirkte, der Rat gab die Durchfuhr für die Waren des Brandes
frei. Nichtsdestoweniger liess der Herzog den Arrest bestehen,

trotz der von und in Lübeck ertönenden Klagen. Als dann der
Herzog Schadenersatz für Brandes und Auskunft darüber forderte,
wie Lübeck sich weiterhin in Betreff der Durchfuhr verhalten
wolle, antwortete der Rat am 30. Juni 1728, sie würden »den besonders hegenden egard« für den Herzog »auch künftig, soviel mit
Beybehaltung dieser Stadt Gerechtsame und Verfassung nur möglichst geschehen mag, darzulegen« sich bemühen. Am 1. Juli hob
der Herzog den Arrest auf.

Dieser Konflikt mit Braunschweig hatte doch wichtige Folgen.
Schon während desselben war auch von andern Seiten und unabhängig von ihm wieder auf den Unwert der Durchfuhrhindernisse
hingewiesen. Im Jahre 1726 hatte man von Schweden aus die
freie Durchfuhr namentlich von Hopfen gefordert und dagegen die
Wiederherstellung der seit längerer Zeit gehemmten freien Fahrt
mit Stückgütern nach Schweden in Aussicht gestellt. Die Gewandschneider und Kramer sprachen sich dafür aus; erstere erklärten, sie hätten jederzeit »vor das Publicum besser erkandt,
dass die Durchfuhr nicht so hart eingeschrenket würde«; letztere
mahnten an die Schädigung, die Lübeck durch den Stapel des
schwedischen Wismar erleide. Die Junker- und Kaufleute-Kom-
pagnien, die Novgorodfahrer, Gewandschneider und Kramer schilderten im Oktober 1726 dem Rat, wie unzeitgemäss es sei, den
Fremden noch länger die Durchfuhr zu verwehren, und baten, die
Durchfuhr »connivendo« geschehen zu lassen und den Eid ganz
abzuschaffen, da »mehr denn bekannt ist, wie es dabey hergehet«.
Geschehen war aber auf diese Anregungen hin nichts. Erst der
Konflikt mit Braunschweig führte zu einem Entschluss. Zwar
baten noch, während der Arrest bestand, im Mai, die Schonen-,
Bergen-, Riga- und Stockholmfahrer den Rat, doch ja nichts von
den Rechten der Stadt aufzugeben. Prinzipiell tat der Rat das auch
nicht; das vermied man überhaupt stets; aber man sah doch, dass
es so nicht weiter gehen könne, und die Mehrzahl der Kollegien
sprach sich in demselben Sinne aus; der Rat beschloss deshalb am
15. Juli 1728, dass »vor der Hand« die Zulageschreiber »auf die
Certifications-Zettel in der bisherigen Form nicht eben zu dringen,
sondern selbige auch ohne der eydlichen Clausul anzunehmen
hätten«. Ausdrücklich wurde aber hinzugefügt: »Und soll hierüber
keine schriftliche Verordnung ergehen noch per Decretum etwas

festgesetzet, sondern die hergebrachte Stapel-Gerechtigkeit in ihrem
Wesen unverändert gelassen werden«. Das bedeutete nichts
anderes als stillschweigende Aufhebung des Durchfuhrverbots;
der Verzicht auf die eidlichen Erklärungen kam einer freien Durchfuhr gleich. Nur die Geheimhaltung konnte noch über den tatsächlichen Zustand hinwegtäuschen. Auch liess man von dem
Prinzip noch nicht; und in gewissen Fällen wurde dies auch noch
praktisch angewandt; so wenn bestimmte Waren aus andern Ostseehäfen zu Schiff nach Lübeck kamen und dann von hier nach
dritten Ostseehäfen verschifft werden sollten. Es waren dies
namentlich solche Waren, mit denen in Lübeck ein erheblicher
Eigenhandel bestand, wie Getreide, Hopfen. Einer Partie Hopfen,
die von Rostock nach Lübeck kam und für fremde Rechnung
weiter nach Kopenhagen verschifft werden sollte, wurde diese
Durchfuhr im Jahre 1744 auf Antrag der Schonenfahrer versagt[1].

Vom Inland aber, wie namentlich von Hamburg — noch im
Januar 1728 hatten die Kommerzdeputierten hier geklagt, dass
die Lübecker, die von dem hamburgischen Transito »ein merck-
liches profitiren«, noch immer keine Anstalten machten, den Hamburgern die freie Durchfuhr zu gewähren —, schwiegen von nun
an die Klagen über gehemmte Durchfuhr. Freilich hat Kiel, für
das Dänemark eintrat, im 18. Jahrhundert manches von dem
Durchgangsverkehr an sich gezogen; das war aber zum Teil auch
die Folge der hohen lübischen Durchgangszölle. Wir behalten
uns vor, das später zu erörtern. Jedenfalls hat mit dem Jahre
1728 Lübeck das Durchfuhrverbot, wie es bis dahin noch bestand, nicht mehr aufrecht erhalten. Seitdem duldete man die
reine Spedition; und sie hat Lübeck neben dem Eigenhandel, den
die Stadt immer noch besass und pflegte, viele erhebliche Vorteile gebracht.

---

[1] Die Schonenfahrer besorgten allein den Hopfenkauf, hatten die
Aufsicht über die Hopfenrolle und offenbar eine Art Monopol in diesem
Handel, vgl. Siewert a. a. O. 388 f.

Beilagen.

1.

**Dekret des Lübecker Rats über die Durchfuhr nach Hamburg.
1706 Januar 20.**

Lüb. Staatsarchiv, Durchfuhr vol. I.

Demnach E. H. Rath vernommen, welchermassen desselben wieder die bishero eingerissene Durchfuhren der angekommenen Wahren am 27. Nov. a. p. publicirte Decretum mehr als Ampl. Senatus Intention und Meinung dabey gewesen, restringiret werden wolle, als hat Derselbe nöthig erachtet, solches Decretum hiemit dahin zu declariren, dass solches nach Masgebung hiesiger Kaufmanns-Ordnung de anno 1607 und denen darauf erfolgten Decretis vom 5. Septembr. anno 1674 und 12. Martii anno 1675, auch was anno 1610 aus nachbarlicher Freundschaft der Stadt Hamburg concediret und nachgegeben worden, zu verstehen und darnach davon ausgenommen und ohne der Verordneten eydliche Certification nach Hamburg denen Hamburgischen Bürgern und Einwohnern durchfahren zu lassen vergönnet sein 1. alle Wahren welche nicht in und an der Ostsee gefallen; 2. alle Wahren und· Güter, welche die Hamburgsche Bürger und Einwohner von Lübeck zur See werts nach Osten oder Westen abschiffen wollen über voriges; 3. auch noch gewisse Wahren, so aus der Ostsee anhero gebracht werden, als Ungarisch Kupfer, Messinger Draht, Cöningsberger und Dantziger Hopfen, Segeltuch, Salpeter, Galmey, Pottasch, Wachs, Wolle, Littausch Mehte und andere Getränck, wie nicht weniger; 4. nach denen Mecklenburgschen und andern benachbarten Landt-Städten an Kleinigkeiten der hieselbst gekauften Wahren bis auf drey Tonnen, auch auf 2 bis 3 Rthr., im gleichen was sonst von denen Handwerksleuten, auch an Manefacturen, Leder und dergleichen hieselbst gekauft worden, welches alles nach Entrichtung des darauf bishero gewöhnlichen Zolles respective durch- und auspassiret werden soll; wird also denen Herren der Zulage hiemit committiret, dahin zu sehen, dass dieser unserer Declaration und vorigen Decreto nachgelebet werden möge, und wenn sich, wie doch nicht zu vermuthen, einiger weiterer Zweifel finden sollte, so will E. Hohw. Rath sich

sodan, wie es der Convenientz dieser guten Stadt und der Be-
foderung des Commercii convenabel befunden wird, weiter erklären. Ita decretum in Senatu den 20. Januarii anno 1706.

2.

»Attestatum von alten Kaufleuten« über die Durchfuhr von Waren durch Lübeck nach Hamburg. 1706 März 15.

(Von den Commerzdeputirten dem Hamburger Rat übergeben
9. April.)

Prot. der Hamb. Kommerz-Deputierten.

Wir unterschriebene Kaufleute dieser Stadt Hamburg attestiren
und bezeugen hiemit der Wahrheit zu Steuer, dass über 20 à
·30 Jahren es jeder Zeit üblich und der unwidersprechliche Gebrauch gewesen, dass wir das von Danzig, Riga, Reval, Königsberg und andere Ohrter der Ostsee nach Lübeck abgeschiffte Korn
und andere Wahren jeder Zeit von dannen sowohl zu Wasser als
zu Lande wieder nach erlegten gewöhnlichen Zollen frey haben
können anhero transportiren lassen. Welcher Ursachen wegen
wir dann die jetzige in der Stadt Lübeck gemachte neue Verordnung, kraft deren sowohl der hiesigen löbl. Korn-Deputation
als denen anderen Negotianten verweigert werden will, das aus
der Ostsee abgeschiffte und auf Lübeck geführte Getreyde und
andre Wahren nach dieser Stadt hinwieder auszuführen, ja auch
sogar dasjenige Korn, so vor dieser Verordnung albereits in
Lübeck gelegen, man mit darunter begreifen und extendiren will,
das eine sonderbare Neuerung, so die zwischen beyden Städten
jederzeither unterhaltene gute intelligence und nachbarliche Freundschaft aufzuheben scheinet, ansehen müssen. Urkundlich unserer
eigenhändigen Unterschriften. Hamburg den 15. Martii 1706.

Peter Wilckens, Eberhard Ludewig Schlaff, Johann Konaw,
Jochim Jarchou, Herman Gertsen Backer, Johann Jacob Leers,
Christoph Richters, Adrian Kraft, Paul Berckenholt.

IV.

Zur nord- und westeuropäischen Seeschiffahrt im früheren Mittelalter.

Von

Walther Vogel.

Vortrag [1], gehalten im Institut für Meereskunde in Berlin am 31. Jan. 1907.

I.

Betrachtet man die Karte von Europa und stellt sich im Geiste so, als blickte man von Russland nach Spanien, so fällt die eigentümlich symmetrische Gestalt dieses Erdteils ins Auge. Von Nordosten an, wo er breit aus dem asiatischen Kontinente herauswächst, entsprechen sich am südlichen und nördlichen Rande tiefeingeschnittene Meere und weit vorspringende Halbinseln, bis im äussersten Südwesten die Pyrenäenhalbinsel das gemeinsame Schlussstück beider Ränder bildet. Dazu kommt, dass das Rückgrat Europas, die Alpen und die zu ihrem System gehörigen Gebirgserhebungen, den Erdteil ebenfalls in der Längsrichtung Ost-West in zwei Hälften scheiden, die sich gewissermassen von einander abwenden: Südeuropa blickt nach Süden, Nordeuropa nach Norden und Westen. Seinen einheitlichen, geschlossenen Charakter erhält Südeuropa aber erst durch den Umstand, dass ihm die Gestade Afrikas so nahe gegenüberliegen, mit denen es in mancher Beziehung eine engere Einheit bildet, als mit dem übrigen europäischen Kontinente. Diese physische Einheit hat schon

---

[1] Der Text ist hier mit einigen Erweiterungen und mit Anmerkungen versehen.

vor Beginn unserer christlichen Ära ihren politischen Ausdruck
gefunden in dem Erstehen des römischen Weltreiches. Seitdem
hat das Mittelmeer nie wieder ganz aufgehört ein einheitliches
Verkehrsgebiet zu bilden, wenn auch die Eroberung seiner östlichen, südlichen und westlichen Küstenländer durch die Araber
seit dem 7. Jahrhundert zeitweise eine gewisse Verkehrsstockung
verursachte.

Ganz anders im Norden. Hier sind ja schon an sich die
einzelnen Meeresteile fast schärfer von einander gesondert, als
die des Mittelmeeres, vor allem aber fehlt ihnen das Bindeglied
des gegenüberliegenden Gestades: die Küstenmeere gehen unmittelbar in den freien, offenen Ozean über.

Dementsprechend hat es viel länger gedauert, bis die nördlichen Randmeere zu einem einheitlichen Verkehrsgebiet zusammen
wuchsen. Zu Beginn des Mittelalters, nachdem die Verschiebungen
der germanischen Völkerwanderung zu einem vorläufigen Still-
stand gekommen waren, sind deutlich drei, ziemlich scharf ge-
sonderte Verkehrsgebiete zu unterscheiden: die Ostsee, die Nordsee mit dem östlichen, und das Atlantische Küstenmeer
mit dem westlichen Teile des Kanals.

Bevor ich nun dazu übergehe, den Seeverkehr der nördlichen
Meere in den Jahrhunderten, die auf die Völkerwanderung folgten,
zu schildern, möchte ich noch auf zwei Dinge einen kurzen Streif-
blick werfen: einmal auf die wirtschaftliche Verfassung, in der sich
die Länder der nördlichen Hälfte Europas damals befanden, sodann auf die Zwecke, denen die Seeschiffahrt zu jener Zeit überhaupt diente.

Die germanischen Staaten, die sich auf ehemals römischem
Boden in Deutschland, Frankreich und England erhoben, waren
reine Ackerbaustaaten. Von dem städtischen Gewerbe und Handel
der Römerzeit war keine Spur mehr vorhanden. Die einzelnen
Länder, ja die einzelnen Ortschaften, produzierten alles, was sie
zur Nahrung, Kleidung usw. brauchten, selbst, sie waren fast
völlig selbstgenügsam. In genau demselben Zustande befanden
sich auch alle übrigen germanischen, keltischen. slavischen und
finnischen Völkerschaften der nördlichen Hälfte Europas.

Soweit man damals von einem Welthandel überhaupt
sprechen kann, lässt sich diese Bezeichnung ausschliesslich an-

wenden auf den Handelszug vom Orient, von China, Indien und Westasien, nach den Mittelmeerländern und in umgekehrter Richtung. Die Gegenstände dieses Verkehrs waren im wesentlichen Gewürze und Spezereien, Luxusstoffe und -gespinnste (Seide und Baumwolle vom Orient, Leinen und Wolle vom Occident), sonstige Luxusartikel, sowie Edelmetalle und Edelsteine. Was davon nach dem nördlichen Europa gelangte, kam über Italien und Südfrankreich, und erreichte höchstens die Britischen Inseln, kaum jemals Skandinavien und die Ostsee. Der östliche Handelsweg von Persien und Transoxanien die Wolga hinauf nach den baltischen Ländern gewann erst seit dem 9. Jahrhundert an Lebhaftigkeit und Bedeutung.

Massengüter, wie sie der Handel des späteren Mittelalters und der neueren Zeit kennt, beförderte die Handelsschiffahrt damals weder im Mittelmeer noch in den nördlichen Meeren. Namentlich im nördlichen Europa waren die Gegenstände des Handelsverkehrs anfänglich lauter Dinge, deren Erwerb für den Käufer einen Luxus bedeutete, und die daher nur in geringen Mengen befördert zu werden brauchten. Aber nicht nur dem eigentlichen Handel, dem Transport von Gütern, diente die Seeschiffahrt, sondern oft in grossem Massstabe dem Personentransport. Man denke z. B. an die Auswanderung der Angeln und Sachsen nach England oder an den späteren Pilgerverkehr englischer Rompilger über den Kanal. Die Fischerei war für die Seeschiffahrt zunächst von geringer Bedeutung. da der Seefischfang überhaupt gegenüber dem Süsswasserfischfang zurückstand und anfänglich nur in unmittelbarer Nähe des Strandes betrieben wurde. Erst die Norweger scheinen (im 9. Jahrhundert) mit der Hochseefischerei auf Dorsch und Wal den Anfang gemacht zu haben[1]. — Allen diesen friedlichen Zweigen der Seeschiffahrt steht die Seeschiffahrt zu kriegerischen Zwecken gegenüber. Besondere Kriegsschiffe wie im Altertum oder in neuerer Zeit, kannte man jedoch im nördlichen

---

[1] Ottar in Aelfreds Orosius ed. Sweet (London 1883) S. 17—18; später, seit dem 10. Jahrhundert, wurde der Walfang auch im Kanal und an der irischen Küste ausgeübt, s. Aethelred zu London IV, 2, 5, (um 1000; Liebermann, Gesetze d. Angelsachsen I, 232); Quazwīnī Kosmographie II, S. 388/89 (übers. bei Jacob, Ein arab. Berichterstatter aus dem 10. Jahrh., 2. Aufl., Berlin 1891, S. 19—20).

Europa anfänglich nicht. Die gleichen Schiffe wurden zu kriegerischen wie zu friedlichen Zwecken benutzt. Dies galt in besonderem
Masse für die weit verbreitete See- und Küstenräuberei; denn
diese bildete, wenn ich so sagen darf, eigentlich nur eine besondere
Art der Handelsschiffahrt, beides gehörte zusammen wie Vorder-
seite und Kehrseite der Medaille.

> »Krieg, Handel und Piraterie
> Dreieinig sind sie, nicht zu trennen.«

Dieser Goethesche Vers hat seine volle Richtigkeit für das
frühere Mittelalter. Erst seit der zweiten Hälfte der Wikingerzeit (seit etwa 900) zeigen sich gelegentlich Ansätze zum Bau
besonderer Kriegsschiffe und -flotten, und in Skandinavien scheint
die Trennung zwischen Kriegs- und Handelsschiffen am frühesten
(bereits seit dem Ende des 10. Jahrhunderts) durchgeführt
worden zu sein.

Ich komme nun wieder auf die einzelnen Verkehrsgebiete
zurück. Die Ostsee war seit der Völkerwanderung nur noch
im Westen und Norden von germanischen Völkern umwohnt.
Im Osten siedelten Finnen von Finnland bis Kurland, dann litauisch-
lettische Völker um den Rigaischen Meerbusen, die diesen verwandten Preussen zwischen Memel und Weichsel, schliesslich
westlich von der Weichsel bis Wagrien die slavischen Wenden,
die an der Eider unmittelbar mit den Dänen zusammenstiessen.

Wir wissen ausserordentlich wenig über den Ostseeverkehr
etwa vom 5. bis zum Anfang des 9. Jahrhunderts. Eines scheint
doch sicher, dass schon damals die Skandinavier durchaus das
herrschende Seevolk in der Ostsee waren. Die Wenden, Preussen
und Finnen hatten wenig Neigung zum Seefahren und trieben
höchstens eine spärliche Küstenfischerei[1]. Dagegen hören wir um
die Wende des 8. zum 9. Jahrhundert bereits von verschiedenen
bedeutenderen Handelsplätzen der Skandinavier, so von Schleswig[2],
ferner von Birka am Mälar-See in Schweden[3], die damals wohl
schon auf eine längere Vergangenheit zurückblicken konnten.

---

[1] Vgl. darüber Steenstrup, Venderne og de Danske S. 8 ff.

[2] Vita Anskarii c. 24, Annal. Regni Franc. 808 (ed. Kurze, Script.
rer. Germ. in usum schol. S. 126).

[3] Vita Ansk. c. 19 (MG. SS. II, 703).

Auch die Bewohner der Insel Gotland scheinen sich frühzeitig
als Seefahrer hervorgetan zu haben[1]. Zahlreiche Funde skandinavischen Ursprungs an den südlichen Gestaden der Ostsee beweisen, dass die Nordgermanen bei ihren südlichen Nachbarn
spätestens seit dem 8. Jahrhundert einen starken Einfluss ausübten. Noch mehr, wir wissen, dass die Skandinavier bereits zu
Beginn des 9. Jahrhunderts, noch bevor der Sturm der Wikingerzüge nach Ost, Süd und West begann, an den wendischen und
finnischen Küsten einige Seeplätze, eine Art von Handelskolonien
besassen. So lag im Lande der Abodriten, wahrscheinlich in der
Gegend von Wismar, der Handelsplatz Reric, aus dem der Dänische
König Gottfried († 810) grosse Zolleinkünfte bezog[2]; der Ort stand
also unter dessen Oberhoheit und hatte wahrscheinlich eine wesentlich dänische Bevölkerung. Die Schweden besassen etwa um den
Beginn des 9. oder vielleicht schon im 8. Jahrhundert die Ober-
herrschaft über Kurland, und ein grosser befestigter Platz an
dessen Küste trug den skandinavischen Namen Sæborg (Seeburg)[3];
zweifellos war das ein von den Schweden gegründeter Stützpunkt
ihrer Herrschaft.

Wie in der Ostsee die Skandinavier das herrschende See-
fahrervolk waren, so in der Nordsee die Friesen. Nur im
südlichen Teil der Nordsee bewegte sich ein regerer Verkehr.
Allerdings wissen wir, dass die Norweger schon seit dem 7. Jahrhundert nach den Shetland-Inseln hinüberfuhren und sie be-
siedelten[4]. Sogar Gotländer aus der Ostsee sind ihnen vielleicht
auf diesem Wege gefolgt[5]. Aber dies war doch nur ein sehr spär-
licher Verkehr, und im übrigen beschränkten sich die Norweger
auf die Küstenschiffahrt. In der südlichen Nordsee waren, wie ge-

---

[1] Vgl. Bugge, Vesterlandenes Indflydelse paa Nordboernes kultur etc.
S. 12, 179, 317 f. (Christiania Videnskabs-Selskabets Skrifter 1904, II. Hist.-
filosof. Klasse).

[2] Annal. Regni Franc. 808.

[3] Vita Ansk. c. 30. Auf seinem Zuge nach Kurland 854 wurde
das schwedische Heer von christlichen Kaufleuten begleitet, s. ibid.
c. 30 (SS. II, 714[33], 715[15]).

[4] J. Jakobsen in Aarbøger f. nord. Oldkyndigh. og. Hist. II. R.,
16. Bd., S. 68, 104. 164 f. Vgl. dazu Zimmer in Berlin. Sitz.-Ber. 1891,
S. 279 f.

[5] Bugge, Vesterlandenes Indflydelse S. 12, 179, 317.

sagt, die Friesen die wichtigsten Seefahrer[1]. Sie vermittelten den
Verkehr zwischen den Niederlanden und England, sowie nach
Dänemark. Ihr wichtigster Hafen — und wohl überhaupt der
grösste Hafen des fränkischen Reiches im Norden — war Dorestad[2], jetzt Wijk by Duurstede in der holl. Provinz Utrecht, an
der Stelle, wo sich der Niederrhein in Lek und Krommen Rijn
gabelt. Die Bedeutung des alten Dorestad beruhte vor allem darauf, dass dort der oben erwähnte orientalische Handelsweg aus-
mündete, der von Italien über die Alpen und dann den Rhein hin-
unterging. Die Friesen beförderten die levantischen Gewürze und
Luxusstoffe, ferner Rheinwein und andere Artikel nach England
hinüber und holten von dort die englische Rohwolle[3], die dann in

---

[1] Die Belege dafür sind nicht gerade zahlreich, genügen aber
doch wohl, um die Behauptung zu rechtfertigen. Zunächst steht es fest,
dass die Friesen als Kaufleute überall im Frankenreiche eine hervorragende Rolle spielten. Namentlich der Rheinhandel scheint fast ganz
in ihren Händen gewesen zu sein, worauf nicht nur die häufige Erwähnung friesischer Rheinfahrer hinweist (z. B. Annal. Bertin. 863, Mir.
S. Goaris c. 27 u. 28, SS. XV, 370), sondern vor allem die Existenz der
Friesenquartiere in Mainz und Worms (Ann. Fuld. P. III. 886, Dümmler,
Ostfränk. Reich I, 220) Da aber Rheinhandel und Rheinschiffahrt erst
in England ihr letztes Ziel fanden, so ist es nur natürlich, anzunehmen,
dass die Friesen auch den letzten Teil der Schiffahrt, über die Nordsee,
besorgten, zumal die Ausgangshäfen des Rheinlandes, namentlich Dorestad, in ihrem Stammesgebiet lagen. Ausdrücklich erwähnt werden
friesische Kaufleute in England zu jener Zeit, soviel ich sehe, nur ein
einziges Mal (s. S. 159 Anm. 2). Direkte Zeugnisse für die Tüchtigkeit
der Friesen in der Schiffahrt sind ferner die Verwendung einer friesischen Flotte durch Karl d. Gr. auf Elbe und Havel (Ann. R. Franc. 789),
vielleicht auch auf der Donau (A. Fuld. 791), ferner die Art und Weise,
wie im Saxon Chronicle 897 (ed. Plummer I, 90) neben den dänischen
nur die friesischen Schiffe als vorbildlich erwähnt werden, und die Bemannung der neuerbauten englischen Flotte mit Friesen (ibid.). Diese
Belege mögen dürftig erscheinen, sie gewinnen aber an Bedeutung,
wenn man bedenkt, dass von keinem der übrigen westgermanischen
Stämme, die an der See wohnten, ähnliches berichtet wird.
[2] Dümmler, Gesch. d. Ostfränk. Reiches I, 104, 122; Vogel, Die
Normannen u. das Fränk. Reich S. 66—68.
[3] Über diese und andere englische Stapelartikel des früheren
Mittelalters s. Cunningham, Growth of English industry and commerce
I, S. 2. Die Ausfuhr elsässischen Weines durch Friesen erwähnt Ermold.
Nig. carm. in laud. Pipp. I v. 119—20 (Poet. Car. II, 83).

Friesland und den belgischen Niederlanden verwebt wurde. Andere Seehäfen von Wichtigkeit an der fränkischen Küste waren besonders noch Quentowik (an der Canchemündung) und Rouen; in beiden Häfen landeten namentlich die englischen Rompilger und Kaufleute[1]. Die zahlreichen kleineren Hafenorte an der fränkischen Nordsee- und Kanalküste kann ich hier nicht alle aufzählen, und will nur noch hervorheben, dass auch manche Plätze, die tief im Binnenlande an den grossen Strömen lagen, z. B. Köln, als Seehäfen zu betrachten sind, da die kleinen Seeschiffe der damaligen Zeit ohne Schwierigkeit zu ihnen hinauf gelangen konnten.

In England waren die wichtigsten Hafenplätze London und York, beide schon in römischer Zeit bedeutend. Sie wurden namentlich wohl von friesischen Seefahrern besucht[2]. Die Angeln und Sachsen — schon von Haus aus, wie es scheint, in ausgeprägterem Masse Bauernvölker als z. B. die Friesen — wandten sich in England überwiegend der Landwirtschaft zu und verloren ihren bei der Eroberung bewiesenen Seefahrergeist. In der Karolingerzeit spielten sie nur eine unbedeutende Rolle als Seefahrer[3]. Dies geht unter anderem daraus hervor, dass König Aelfred von England zur Bemannung seiner Flotte, die er 897 gegen die dänischen Wikinger erbaute, neben Engländern zahlreiche Friesen verwenden musste[4]. Doch gab es an der Kanalküste sicher auch eine sächsische und fränkische Seemannsbevölkerung.

Der friesische und der skandinavische Verkehrskreis berührten sich in Schleswig, wo dänische, schwedische, norwegische, friesische und sächsische Kaufleute zusammen trafen[5]. Die Friesen fuhren dahin von Dorestad durch die Vecht, die Zuidersee, das Vlie und dann wohl meist durch das Wattenmeer hinter der friesischen Inselkette, um schliesslich ihre Schiffe in der Eider zu verlassen,

---

[1] Vogel, Normannen S. 88—89, Dümmler, Ostfränk. Reich III, 5 A. 2.
[2] Friesische Kaufleute in York s. Altfridi Vita Liutgeri I c. 11 (SS. II, 407); vgl. J. Dirks, Geschiedkundig onderzoek van den koophandel der Friezen S. 165—166 (Utrecht 1846).
[3] Vgl. Cunningham a. a. O. I, 78.
[4] Saxon Chronicle 897 (ed. Plummer I, 90).
[5] Vita Ansk. c. 24. Sächsische Kaufleute nach Dänemark s. Ann. Fuld. 873. Den Seeweg von Norwegen nach Schleswig beschreibt Ottar (Aelfreds Orosius ed. Sweet S. 19).

und von da zu Lande nach Schleswig zu gehen[1]. Dass die friesischen Schiffe bis in die Ostsee fuhren, können wir keineswegs annehmen.

Wie die Ostsee als skandinavischen, die Nordsee als friesischen, so können wir das A t l a n t i s c h e   K ü s t e n m e e r als k e l t i s c h e n Verkehrskreis bezeichnen, da die wichtigsten hier beteiligten Länder, Irland, Wales, Cornwall, Bretagne, keltische Bevölkerung hatten. Hier hatte schon in vorrömischer und römischer Zeit ein Verkehr (namentlich Zinn-, später auch Kornhandel) von Britannien nach Gallien hinüber stattgefunden[2]. Später wurde vor allem die Besiedelung der Bretagne durch britische Kelten für den Seeverkehr wichtig. Die Vertreibung der Briten durch die Angelsachsen aus dem östlichen England hatte seit dem 5. Jahrhundert eine allgemeine Flucht, eine regelrechte Auswanderung nach der romanisierten, damals aber vom römischen Schutze entblössten Bretagne hinüber zur Folge[3]. Seitdem sind die Fäden dieses Verkehrs nie abgerissen. Auch Iren waren an der Besiedelung der Bretagne beteiligt[4]. Die Iren werden als Seeleute oft unterschätzt; ich werde auf ihre Leistungen in dieser Hinsicht später noch zurückkommen. Hier möchte ich nur hervorheben, dass man oft jeden Seeverkehr der Iren nach dem Kontinent hinüber in damaliger Zeit geleugnet hat, namentlich im Hinblick darauf, dass die Iren selbst keine Münzen prägten, und auch fremde Münzen aus dieser Zeit selten in Irland gefunden werden[5]. Das ist ja in der Tat auffällig und beweist jedenfalls, dass der Handel nicht sehr entwickelt gewesen sein kann und zumeist Tauschhandel war. Dass er jedoch stattgefunden hat, dafür will ich zwei Belege anführen[6]. Als der hl. Columban (der jüngere), der grosse irische

---

[1] Den Weg beschreiben Vita Ansk. c. 8 (SS. II, 696), später Albert v. Stade in s. röm. Itinerar (SS. XVI, 340): Trajectum. Ibi intra navem, et descende usque Muthen, et ita per mare in Stauriam, et sic in Daciam.

[2] Caes. Bell. Gall. II c. 8, 9. Diodor 1. V c. 22. Strabo 1. IV c. 5 § 2 (ed. Kramer I, 312—13).

[3] Loth, L'Emigration bretonne en Armorique (Paris 1883).

[4] Vgl. Zimmer, Nennius vindicatus S. 255—59. Irische Heilige in der Bretagne s. Loth a. a. O. S. 164.

[5] Cunningham a. a. O. S. 89 A. 3. Vgl. Grueber, Handbook of the coins of Gr. Britain and Ireland in the British Museum, Introd. p. LV.

[6] Bugge sagt in seinem Aufsatz, Die nordeuropäischen Verkehrswege etc. (Vierteljahrschr. f. Sozial- u. Wirtschaftsgesch. IV, 2, S. 271):

Missionar im Frankenreiche, auf Befehl der Königin Brunhilde im Jahre 610 ausgewiesen wurde und nach Irland zurückgebracht werden sollte, schiffte er sich in Nantes nach Irland ein, und zwar in einem irischen Schiffe, welches, wie es heisst, »die Handelswaren der Iren gebracht hatte«[1]. Etwa siebzig Jahre später hören wir ähnliches. Im Jahre 677 hatte der hl. Filibert auf der Insel Noirmoutier südlich der Loire-Mündung ein Kloster gegründet. Eines Tages nun prophezeite er den Brüdern, bald werde ihnen vom Meere her glücklicher Gewinn erwachsen. Und siehe da, binnen kurzem warf ein irisches Schiff, mit allerlei Waren beladen, bei Noirmoutier Anker, und versorgte die Brüder reichlich mit Schuhwerk und Kleidern[2]. Vermutlich holten die Iren von der Loire-Mündung besonders Wein, vielleicht auch Salz, das dort schon frühzeitig in nicht unbeträchtlichem Masse gewonnen wurde[3].

Ich habe hiermit Gestalt und Wege des Seeverkehrs angedeutet, wie er sich etwa in der Zeit zwischen Chlodwig und Karl dem Grossen im nördlichen und westlichen Europa abspielte. Das gewaltige Ereignis nun, welches dem Seeverkehr seit dem 9. Jahrhundert einen mächtigen Aufschwung gab, und ihm viele neue Bahnen eröffnete, waren die Wikingerzüge. Die Wikingerzüge sind, kurz gesagt, eine Völkerwanderung der skandinavischen Stämme; sie bilden den grossen Mittel- und Wendepunkt der Geschichte Nordeuropas im frühen Mittelalter. — Wikinger oder Normannen nannte man die dänischen, norwegischen und schwedischen Krieger,

---

»Sie (die Iren) trieben keinen Handel und keine Schiffahrt nach fremden Ländern . . . . keine fremden Kaufmannsschiffe besuchten die Insel«. Beide Behauptungen entsprechen nicht den Tatsachen. Über gallische Kaufleute in Irland wird nach Fowler (Vita S. Columbae auct. Adamnano S. 39 A. 3) in der Vita S. Kierani berichtet.

[1] Vita S. Columbani auct. Jona l. I c. 23 (SS. rer. Merov. IV, 97), vgl. Columbans Brief Epp. III, 169.

[2] Vita S. Filiberti c. 29 bei Poupardin, Monuments de l'histoire des abbayes de Saint-Philibert S. 17 (Coll. de textes, Paris 1905). Diese Vita wurde kurz nach dem Tode des Heiligen, etwa zu Beginn des 8. Jahrhunderts, verfasst und erfuhr im 9. Jahrhundert eine stilistische Überarbeitung. An der Richtigkeit der aus dem 7. Jahrhundert berichteten Tatsachen zu zweifeln, liegt jedoch durchaus kein Grund vor.

[3] Agats, Der hansische Baienhandel S. 45—46.

die etwa seit dem Jahre 800 sich in immer wachsenden Scharen über alle ihre Nachbarländer ergossen, zunächst als Piraten und Plünderer, später als Eroberer, Staatengründer, Kolonisten und — Kaufleute. Wo vorher der Verkehr gleichsam nur in schmalen Bächlein geflossen war, da brausten jetzt verheerende Ströme — verheerend zunächst, später aber auch befruchtend und völkerverbindend.

Das Verdienst der Normannen ist es, die vorhin geschilderten getrennten Verkehrsgebiete zu einem Ganzen verschmolzen zu haben. Skandinavische Schiffe durchfurchten nun den finnischen Meerbusen wie den Kanal und die Bucht von Biskaya, sie umsegelten das Nordkap wie Gibraltar. Damit soll nicht gesagt werden, dass die direkte Fahrt von der Nordsee in die Ostsee und umgekehrt die Regel geworden sei. Diese Fahrt, die sogenannte »Umlandsfahrt«, nämlich um Kap Skagen und um die Halbinsel von Skanör und Falsterbo an der Südwestecke von Schonen herum, blieb im Mittelalter aus nautischen Gründen ziemlich selten, und wurde erst seit dem 15. Jahrhundert häufiger ausgeführt[1]. Aber wenn auch die Vermittelung des Verkehrs durch dänische Umschlagplätze bestehen blieb, so traten doch die baltischen Länder in viel engere Verkehrsbeziehungen zu Westeuropa, so dass man sehr wohl von einem einheitlichen Verkehr sprechen kann.

Für den Ostseehandel wurde es vor allem wichtig, dass das Vordringen der schwedischen Normannen, der »Rus« und »Waräger«, wie sie hier genannt wurden, nach Russland, sie in Handelsbeziehungen zu den Arabern und Griechen brachte. Birka verlor jetzt an Bedeutung, an seiner Stelle blühte Sigtuna empor[2]. Der Mittelpunkt dieses Handels aber wurde die Insel Gotland. Von hier aus segelte man in den finnischen Meerbusen, durch Newa, Ladoga-See und Wolchow nach dem neugegründeten Fürstensitz und Handelsplatz Nowgorod am Ilmen-See[3]. Von Nowgorod war der Wolgastrom bald erreicht, auf dessen Rücken die skandinavischen Händler nach den grossen Handelsplätzen Bolgar (unweit Kasan) und Itil

---

[1] Schäfer, Das Buch des lübeck. Vogts auf Schonen S. LXVIII bis LXXII.

[2] O. Montelius, Kulturgeschichte Schwedens (1906) S. 276.

[3] Vgl. Thomsen, Der Ursprung des russischen Staates S. 12.

(bei Astrachan)gelangten[1]; sie brachten von dort gegen ihr nordisches Pelzwerk alle möglichen orientalischen Produkte, namentlich aber grosse Mengen arabischen Silbergeldes zurück. Viele Tausende arabischer Münzen sind in Gotland und überhaupt in allen baltischen Küstenländern gefunden worden[2]. — Ein anderer viel befahrener Seeweg führte von Gotland durch den rigaischen Meerbusen in die Düna, nach der Landschaft Semgallen[3]. Von der Düna wie von Nowgorod gelangte man zu dem Dniepr — die Schiffe wurden sogar häufig auf den sogenannten »Woloks« (Schiffs-schleppstellen) über die schmale Wasserscheide zwischen dem baltischen und dem schwarzen Meere gezogen[4] — und auf dem Dniepr fuhren die Kauffahrer geradeswegs nach Kiew und weiter durch das schwarze Meer nach Konstantinopel[5]. In Preussen waren Truso (am Drausensee unweit Elbing) und die Küste Samlands die bevorzugten Anlegeplätze. Der angelsächsische Seefahrer Wulfstan besuchte diese Gegenden und erstattete seinem Herrn, dem König Aelfred, darüber genauen Bericht[6]. Auf der Fahrt von Schleswig nach Preussen und Russland legte man gern an in Julin, jetzt Wollin auf der gleichnamigen Insel an der Odermündung. Julin, auch Jumne oder Jumneta genannt, war neben Schleswig und Gotland vom 10. bis 12. Jahrhundert der grösste und wichtigste Hafen

---

[1] G. Jacob, Der nordisch-baltische Handel der Araber im Mittelalter S. 84, 103 ff.

[2] Jacob S. 29 f., 126 f. Die Gesamtzahl der in den baltischen Ländern bisher gefundenen arabischen Münzen wurde 1885 auf 100 000 geschätzt, ibid. S. 26.

[3] Vgl. die bei Bugge, Die nordeuropäischen Verkehrswege S. 243 angeführten schwedischen Runeninschriften. Sagenhafte Fahrten der Dänen nach Semgallen bei Saxo Grammaticus VI und VIII (ed. Holder S. 187, 272) und in Annal. Ryenses c. 84 (SS. XVI, 398).

[4] Über die Woloks s. Nestors Chronik ed. Schlözer I, S. 87—88.

[5] Über Runensteine, die von den Fahrten der Schweden nach Osten zeugen, s. Montelius, Kulturgeschichte Schwedens S. 272—73. Die Fahrt nach Konstantinopel beschreibt Konstantin Porphyrogenetos, De administr. imperio c. 9 (Banduri, Imperium orientale I, 53 f.).

[6] Kg. Aelfreds Orosius ed. Sweet S. 19—21. Über Samland s. Saxo ed. Holder S. 278, 308, 328, 383, Adam v. Bremen II, 19, IV, 1, 18; Kaufleute aus Samland werden erwähnt Knytlinga saga c. 87 (Fornmanna sögur XI, 322), Adam v. Bremen I, 62.

der Ostsee[1]. Ursprünglich ein slavischer Ort, wurde es im 10. Jahrhundert von den Dänen erobert, die neben ihm eine Befestigung, die Jomsburg anlegten. Die Besatzung dieser Burg, die Jomswikinger, war lange Zeit eine gefürchtete Seeräubergesellschaft. Der Hafen Julins war durch einen befestigten Damm von der Dievenow abgetrennt, konnte durch grosse Eisentore völlig verschlossen werden, und bot für 300 Langschiffe Platz[2].

Ich übergehe die kleineren Häfen an der wendischen Küste und wende mich zu Dänemark. Hier blieb nach wie vor Schleswig (Hedeby)[3] der wichtigste Seehafen; an der Westküste Jütlands blühte allmählich der einzige dänische Nordseehafen Ripen auf[4]. Ferner treten jetzt an allen skandinavischen Küsten, namentlich aber an den Meeresengen, wo Ostsee und Nordsee in einander übergehen, am Kattegatt und Skagerrak, mehrere Marktstätten hervor, die keine bedeutende, ständige Bevölkerung hatten, wohin aber zu gewissen Jahreszeiten grosse Mengen von Kaufleuten aus allen skandinavischen Reichen, zusammenströmten. Solcher Art waren die Märkte von Halör am Sund[5] (bei Helsingör oder Kopenhagen oder Skanör; die Lage ist nicht genau bekannt), dann die von Brännö an der Mündung der Göta-Elf, wo sich alle drei Jahre recht stattliche Flotten versammelten und ein, reges Handelsleben

---

[1] Über Julin vgl. bes. Adam v. Bremen II, 19 (danach Helmold Chron. Slav. I, 2), Saxo an vielen Stellen. Bemerkenswert ist auch der Bericht des Arabers Ibrâhîm ibn Ja'qûb über die Stadt des slavischen Stammes Awbâba, worunter Julin zu verstehen ist (übers. im Anh. z. Übers. des Widukind, Geschichtsschr. d. dt. Vorzeit, 10. Jahrh., 6. Bd. S. 150). Für Awbâba ist nach F. Westbergs Kommentar zu lesen Wlnâne, Wolynane, d. h. Wollin (Mém. de l'Acad. imp. des sciences de St. Pétersbourg, Hist.-phil. Klasse. VIII. Serie, 3. Bd. S. 32).

[2] Über Jomsburg und die Jomswikinger s. Steenstrup, Venderne og de Danske S. 28 f.

[3] Auf den Streit über die Frage, ob das Hedeby des 10. Jahrhunderts identisch mit Schleswig war oder südlich davon am Haddebyer Noor lag, kann ich hier nicht eingehen. Doch erscheinen mir S. Müllers und A. Bugges Folgerungen zu weitgehend und nicht völlig bewiesen.

[4] Ripen wird schon Vita Ansk. c. 32 erwähnt.

[5] Flateyarbók I, S. 123 f. und andere Stellen; Egilssaga c. 19, § 4 (ed. Finnur Jónsson S. 58) wird die Eyrarflotte, d. h. die Kauffahrerflotte, welche nach Halör fuhr, erwähnt. Vgl. Munch, Norske Folks Hist. I. 1. S. 457, I. 2. S. 35, IV. 1. S. 168 A. 3.

entwickelte[1]. Im südlichen Norwegen, in Wiken, wie man das
Land um den Christianiafjord nannte, war Skiringssal (unweit von
Larvik) der wichtigste Handelshafen. Er wurde von Norwegern,
Dänen und sächsischen Kaufleuten viel besucht. Die Vikvaeringer
(Leute von Wiken) unterhielten ihrerseits Verbindungen mit Däne-
mark, Sachsen, Flandern, Frankreich und England[2]. Im nördlichen
Norwegen waren ähnliche Marktstätten, wie die ebengenannte von
Brännö, auf der Insel Torgen (südlich von Vega) und zu Vaagen
auf den Lofoten[3]. Ihre Bedeutung verdankten sie der frühzeitig
entwickelten Lofotfischerei, die schon im 10. Jahrhundert den als
Fastenspeise vielbegehrten Dorsch (Dörrfisch) nach Westeuropa
lieferte[4], ferner dem Walfang und dem finnischen Pelzwerk, das
als Tribut und Handelsartikel von den norwegischen Finnen und
vom Biarmaland am weissen Meere an die Norweger gelangte[5].
Aus solchen Marktstätten entwickelten sich dann im 10.—11. Jahrhundert die norwegischen Städte Nidaros (später Trondhjem genannt), Bergen, Oslo, Tönsberg und Konghelle[6].

In der Nordsee blieb der Verkehr nach der friesisch-fränki-
schen Kontinentalküste für die Skandinavier zunächst (im 9. Jahrhundert) immer noch der wichtigste. Die Wikingerfahrten machten
ihn allerdings äusserst unsicher und gefährlich, doch blieb trotzdem
ein Handelsverkehr in gewissem Grade bestehen. Die Unternehmungen der Wikinger brachten sogar manchen Handelszweigen
einen Aufschwung, so trieben die Normannen, wie wir aus vielen
Zeugnissen wissen, einen schwunghaften Sklavenhandel mit ihren
Kriegsgefangenen[7], sandten auch gelegentlich ganze Flotten mit

---

[1] Laxdæla saga c. 12 (ed. Kålund S. 26 f.).

[2] Skiringssal wird schon von Ottar erwähnt (Aelfreds Orosius ed.
Sweet S. 19). Vgl. über den Ort Munch Norske Folks Hist. I. 1. S. 380—82.

[3] Bugge, Vesterlandenes Indflydelse S. 29, Die nordeurop. Verkehrswege S. 230.

[4] Ausfuhr von skreid, d. h. Dörrfisch, von Norwegen nach England wird z. B. erwähnt Egils saga c. 17 § 4—7 (ed. Finnur Jónsson in
Altnord. Sagabiblioth. Heft 3, S. 51—52).

[5] Über Waljagd und Finnentribut vgl. Ottar in Aelfreds Orosius
ed. Sweet S. 17—18.

[6] Vgl. Bugge, Studier over de norske byers selvstyre og handel
før Hanseaternes tid S. 4 f.

[7] Vogel, Normannen S. 314, 376.

erbeuteten Schätzen und Gefangenen zum Verkauf in die Heimat[1]. Die kriegerische und die friedliche Seite lässt sich bei diesen Fahrten der Normannen überhaupt nicht ganz trennen. Viele Skandinavier traten im Auslande je nach Gelegenheit bald als Plünderer, bald als friedliche Kaufleute auf. Die Friesen wussten sich den veränderten Verhältnissen anzupassen. Sie leisteten oft energischen Widerstand, schlossen sich aber auch nicht selten den Wikingern an[2] und verstanden es jedenfalls ihren Platz zu behaupten. Im einzelnen änderte sich manches: Dorestad und Quentowik wurden mehrfach geplündert und zerstört und büssten ihre Bedeutung völlig ein[3]. Auch Rouen wurde zerstört, blühte aber als Hauptstadt des normannischen Herzogtums rasch wieder auf, und wurde der wichtigste Hafen Nordfrankreichs[4]. Der Seehandel von Dorestad ging an Utrecht, Tiel, später auch an Dordrecht (seit 1018) und andere Plätze über. Die beherrschende Stellung Kölns unter den Rheinhäfen tritt mehr und mehr hervor. Die flandrischen und die Schelde-Häfen, wie Brügge, Antwerpen, Gent, Valenciennes, Cambrai, die Maashäfen Maastricht und Lüttich beginnen namentlich nach 1066 (normannische Eroberung Englands) aufzublühen[5]. Hamburg, das zu Beginn der Wikingerzeit einen gewissen Aufschwung genommen hatte und nicht selten von Dänen und Schweden besucht worden war[6], litt schwer und wollte seit seiner Zerstörung 845 nicht mehr recht gedeihen. Dagegen wurde Bremen, wohin der Hamburger Bischofssitz verlegt würde, und überhaupt die Gegend an der unteren Weser ein wichtiger Ausgangspunkt sächsischer und friesischer Schiffahrt, namentlich nach dem Norden[7].

Eine weit grössere Bedeutung als für das Frankenreich aber hatten die Wikingerzüge für die Britischen Inseln, weil hier das skandinavische Element sich noch allgemeiner verbreitete und fester Fuss fasste. In England nahm eine Anzahl von Häfen

---

[1] Vogel, Normannen S. 294.
[2] Ibid. S. 72, 311.
[3] Ibid. S. 78, 88—89.
[4] De Fréville, Rouen et son commerce maritime depuis Rollon (Bibl. de l'Ecole de Chartes II. Serie, 3. Bd. [1846], S. 17 f.).
[5] Pirenne, Geschichte Belgiens I, 188 f.
[6] Vita Ansk. c. 20, 24, 27.
[7] Schäfer, Die deutsche Hanse S. 10.

einen neuen Aufschwung, so York, Whitby und Norwich, oder
wurden neubegründet, wie Grimsby. Nachdem noch etwa bis in
den Beginn des 10. Jahrhunderts der Verkehr von Skandinavien
nach den fränkischen Reichen überwogen hatte, gewannen die Verbindungen mit England im Laufe des 10. Jahrhunderts immer
grössere Bedeutung für Dänemark und Norwegen. Seinen Höhepunkt erreichte der englisch-dänische Handel zu der Zeit, als die
dänischen Könige Knut, Harald und Hardeknut über England
herrschten (1017—1042)[1]. Die Dänen und Norweger holten jetzt
mit Vorliebe die begehrten Produkte des Westens und Südens,
feine englische und flandrische Zeuge, orientalische Seidenstoffe,
Wein, auch Weizenmehl[2] und dergleichen, von England, namentlich von London. Im Hafen von Nidaros (Drontheim), dem 996
von König Olaf Tryggvason neugegründeten norwegischen König-
sitz, lagen, wie es scheint, regelmässig eine Anzahl Englandfahrer[3].
Sogar der Handel der Gotländer nach England war nicht gering,
wie die zahlreichen in Gotland gefundenen angelsächsischen Münzen
aus dem 10. und 11. Jahrhundert beweisen. Doch wurde dieser
Handel wohl meist durch dänische Hände vermittelt; seltener jedenfalls segelten Gotländer und Schweden direkt nach England[4]. Und
selbst in der Blütezeit ihres englischen Verkehrs war ihr Handel
nach Deutschland grösser[5].

Unter allen Ländern in Westeuropa aber erfuhr Irland am
stärksten die Einwirkung der Normannen. Alle wichtigeren irischen
Hafenplätze, Dublin, Waterford, Wexford, Cork, Limerick, ver-
danken den Normannen ihre Existenz als Handels- und Hafen-

---

[1] Vgl. darüber namentlich Worsaae, Die Dänen und Nordmänner
in England, Schottland und Irland S. 67—76 (Deutsch v. Meissner, 1852).
Cunningham a. a. O. S. 88 f., 173 f. Bugge, Vesterlandenes Indflydelse
S. 188—196, Die nordeurop. Verkehrswege S. 256 ff.
[2] Vgl. z. B. Egilssaga c. 17 § 7 (ed. F. Jónsson, Altn. Sagabibl.
H. 3, S. 52).
[3] Bugge, Vesterlandenes Indflydelse S. 195. Vgl. z. B. auch Laxdæla saga c. 41 u. 43 (ed. Kålund S. 152, 160).
[4] Montelius, Kulturgeschichte Schwedens S. 268—269. Auch die
Inschriften zahlreicher Runensteine zeugen von den Fahrten vieler
Schweden nach England, ibid. S. 267.
[5] Die deutschen Münzen, namentlich Ottos III., finden sich in
Schweden in noch grösserer Zahl als die englischen. Montelius S. 269.

städte[1]. Noch Jahrhunderte später, als die politische Herrschaft der Norweger in Irland längst gebrochen war, waren die Kaufleute und Gewerbetreibenden in den irischen Städten vorwiegend skandinavischen Ursprungs[2]. Die Norweger brachten Irland in eine viel engere Verbindung mit seinen Nachbarländern als früher und verhalfen seinem Handel zu einem entschiedenen Aufschwung. Wenn seit der Wikingerzeit irgendwo von irischen Kaufleuten die Rede ist, so sind darunter stets in erster Linie Norweger zu verstehen. Am lebhaftesten war natürlich die Schiffahrt nach der gegenüberliegenden schottischen und englischen Küste, wo gleichfalls norwegische Niederlassungen begründet wurden. Bristol, damals die drittgrösste Stadt Englands, und Chester waren hier die Haupthäfen. Zahlreiche irische Sklaven wurden nach Bristol zum Verkaufe gebracht, dessen Sklavenmarkt sich noch im 12. Jahrhundert einer traurigen Berühmtheit erfreute[3]. Sodann folgten die Norweger den alten, irischen Schiffahrtswegen nach Südwestfrankreich, nach Nantes und Noirmoutier an der Loiremündung, sowie nach Bordeaux und der Gironde. Sie holten hier namentlich Wein, aber auch levantische Waren, sowie vermutlich spanische Industrieprodukte, wie z. B. Lederwaren[4].

. Endlich ist die Schiffahrt von Irland nach Norwegen und Is- zu nennen. Die Besiedelung Islands durch die Norweger seit 874 war überhaupt für die Seeschiffahrt bedeutungsvoll, weil die Fahrt dorthin, mehr als irgend eine andere in Nordeuropa, durch das freie und offene Meer gehen musste. Man muss sich vergegenwärtigen, dass nicht nur die ganze Landnahmsbevölkerung Islands —

---

[1] Worsaae S. 196 f. Bugge, Vesterlandenes Indflydelse S. 180, die nordeurop. Verkehrswege S. 271.

[2] Worsaae S. 208, 215. ·

[3] Cunningham a. a. O. S. 82, 89. Über den Handel von Chester und Bristol vgl. Bugge, Die nordeurop. Verkehrswege S. 259—61.

[4] Über den Beginn dieser Fahrten vgl. Vogel, Die Normannen u. d. Fränk. Reich S. 64—65, über die weitere Entwicklung d. Handels Bugge, Vesterlandenes Indflydelse S. 183 f., Die nordeurop. Verkehrswege S. 271 f. Bugge meint, dass die Normannen von Irland, namentlich Limerick, direkt mit dem arabischen Spanien in Verbindung traten. Das ist jedoch kaum anzunehmen, denn dann müssten z. B. auch Funde arabisch-spanischer Münzen in Irland erwartet werden. Solche sind aber, soviel mir bekannt, bisher nicht gemacht worden.

die auf einige Tausend zu schätzen ist[1] — zu Schiff dorthin gelangte,
ferner alle Stammtiere der isländischen Viehzucht[2], sondern dass auch
später noch viele Produkte, die das arme Land nicht hervorbrachte,
aus dem Ausland bezogen werden mussten, so Bauholz, Getreide
und Mehl, alle feineren Zeuge, Eisen und Kupfer, Waffen, Teer
usw.[3]. Der regste Verkehr ging natürlich nach dem Mutterlande,
und zwar über die Färöer. Lebhaft war aber auch die Schiffahrt
nach Irland und Westengland, nach Chester und Bristol, welches
bis in die neuere Zeit ein wichtiger Ausgangshafen nach Island
blieb[4]. Isländische Dublinfahrer werden oft genannt[5], und ein Isländer Hrafn führte den Beinamen Hlýmreksfari, weil er lange in
Limerick geweilt hatte[6]. Später fuhren isländische Schiffe jedoch
auch nach Ostengland, Frankreich und Dänemark; in Hull, Yarmouth, Rouen, Schleswig werden sie gelegentlich erwähnt[7]. Die
Isländer hatten keinen besonderen Kaufmanns- und Semannsstand,
vielmehr holten sich die isländischen Bauern selbst ihren Bedarf
im Auslande, ohne den Handel als Erwerb anzusehen[8]. Überwiegend jedoch wurde der Seehandel nach Island von ausländischen
Schiffen und Kaufleuten besorgt, namentlich von Norwegern,
dann von Bewohnern der Färöer und der schottischen Inseln, von
Dänen, Schweden und Engländern[9].

Ich hoffe hiermit ein, wenn auch nur skizzenhaftes, so doch
in den Hauptzügen deutliches Bild von der Entwicklung der nordeuropäischen Seeschiffahrt während und unmittelbar nach der
Wikingerzeit, d. h. bis gegen das Ende des 11. Jahrhunderts ge-

---

[1] Mindestens 6000 nach Munch, Norske Folks Historie I. 1. 556.

[2] Eine Schiffsladung Vieh wird erwähnt Landnáma III c. 8 (Ís-
lendínga Sögur udg. af d. Kgl. Nord. Oldskr. Selsk. [1843] I, 194).

[3] K. v. Maurer, Island S. 425, 433.

[4] Cunningham a. a. O. S. 89, 165, Bugge, Vesterlandenes Indflydelse S. 185.

[5] Z. B. Eyrbyggja saga c. 29, 50, 64 (ed. Gudbrand Vigfússon 1864
S. 49, 92, 119—20).

[6] Landnáma II c. 22 (Ausg. 1843 S. 130).

[7] Diplom. Island. I, S. 481, 718. Schon Egill Skallagrimsson reiste
936 von Island nach Ostengland, s. Egils saga c. 59 § 11—15 (ed. Jónsson
S. 194—95).

[8] Maurer, Island S. 428 f.

[9] Maurer S. 429—30.

geben zu haben. Seinen Höhepunkt erreichte der skandinavische Handels- und Schiffahrtsbetrieb, wie schon gesagt, in der ersten Hälfte des 11. Jahrhunderts. Dann ging es allmählich rückwärts mit ihm. Auf die Gründe dieser Erscheinung kann ich nicht ausführlich eingehen. Nur soviel möchte ich sagen, dass im wesentlichen wohl die Eigenschaften der skandinavischen Kaufleute selbst daran schuld waren. Ein eigentlicher Kaufmannsstand hat im früheren Mittelalter in Skandinavien nur sporadisch existiert. Die meisten Kaufleute beabsichtigten nicht, aus dem Handel einen dauernden Erwerb zu machen, sondern wollten sich nur in der Jugend im Auslande umsehen, sich rechtmässig oder unrechtmässig, durch Handel oder Seeraub[1], wie es sich gerade traf, einiges Vermögen verschaffen und sich dann auf einem ererbten oder erkauften Hof in der Heimat festsetzen. Sie waren immer in gewissem Grade Wikinger oder Abenteurer. Im eigentlichen, soliden Handel, wo es gilt »zu berechnen und zu spekulieren«, waren sie ihren fremden Konkurrenten nicht gewachsen[2]. Mit der fortschreitenden Christianisierung Skandinaviens wurde das Wikingerwesen mehr und mehr verpönt, und damit fiel für viele der eigentliche Anlass, ins Ausland zu gehen, weg[3]. Der Niedergang des Handels aber hatte den der Schiffahrt zur Folge. Dazu kamen politische Gründe. Während der politischen Herrschaft der Dänischen Könige in England war natürlich das dänische Element in jeder Weise begünstigt worden. Nach ihrem Sturze, unter Eduard dem Bekenner und noch mehr unter Wilhelm dem Eroberer und seinen Nachfolgern, wurde der normannisch-französische, der flämische und der deutsche Kaufmann bevorzugt[4]. Schon unter dem letzten angelsächsischen Herrscher, Aethelred II., werden »die Leute des Kaisers«, d. h. die deutschen Kaufleute in London, »guter Gesetze für würdig erachtet«[5]. Seitdem dringen sie Schritt für Schritt vor. Ausschlag-

---

[1] Ein besonders augenfälliges Beispiel Egilssaga c. 46 § 2 (ed. F. Jónsson, Sagabibl., S. 130). Vgl. Bugge, Studier over de norske byers selvstyre og handel S. 120—21.

[2] Vgl. Bugge, Vesterl. Indflyd. S. 182: »... kjøbmaend i moderne forstand vare de ikke; de manglede ævnen til at beregne ok spekulere«.

[3] Cunningham S. 174 schreibt den Verfall der skandinavischen See- und Handelsherrschaft allzu einseitig der Christianisierung zu.

[4] Cunningham S. 175 ff.

[5] Aethelred zu London IV, 2, 8 (Liebermann, Ges. d. Angelsachsen I, 234).

gebend wurde die Entwicklung der Dinge in der Ostsee. Mit dem 12. Jahrhundert bricht hier eine neue Zeit an. Das Zeitalter der Kreuzzüge war für Deutschland das Zeitalter der ostdeutschen Kolonisation und des Emporkommens der Städte. Im Laufe des 12. und 13. Jahrhunderts wurde die ganze Südküste der Ostsee von Schleswig bis Riga deutsch. Dem deutschen, namentlich dem sächsischen, Kaufmann, der hier schon lange eine Rolle gespielt hatte, folgte der deutsche Schiffer, und beide verdrängten allmählich die skandinavische See- und Handelsherrschaft.

War in dem früheren Teile des Mittelalters der Normanne der erste Seefahrer Nordeuropas gewesen, so standen in den nun folgenden Jahrhunderten Schiffahrt, Handel und Wandel unter dem Zeichen der deutschen Hanse.

II.

Ich gehe nun dazu über, die technische Seite der damaligen Seeschiffahrt zu schildern. Zunächst die Schiffe!

Es stehen uns drei Arten von Quellen zu Gebote, um die Gestalt, Einrichtung und Bezeichnung der alten Schiffe zu erkennen. Die erste Quelle sind Funde von alten Schiffen selbst, die zweite bildliche Darstellungen jeder Art, die dritte litterarische und urkundliche Nachrichten. Leider muss ich bemerken, dass unser Wissen von den Schiffen des früheren Mittelalters im Ganzen recht dürftig ist. Nur von den skandinavischen Schiffen besitzen wir eine etwas eingehendere Kenntnis. Diese werde ich daher im folgenden hauptsächlich zu beschreiben suchen, und werde daran einige Bemerkungen über die Schiffe der Angelsachsen, Franken und Friesen knüpfen.

Vorausschicken möchte ich Einiges über zwei sehr altertümliche Arten von Schiffen, nämlich die Einbäume und die sogenannten Curachs oder Coracles d. h. Schiffe aus Flechtwerk und Leder.

Der Einbaum war die älteste Schiffsform der Germanen und zu der Zeit, als die Römer mit ihnen in Berührung kamen, allgemein bei den Nordseegermanen in Brauch[1]. Ein eigentliches

---

[1] Vgl. z. B. Vell. Paterc. II, 107, Plin. nat. hist. XVI, 76, 2, Tacit. Hist. V, 23.

Seefahrzeug ist der Einbaum aber seiner Form wegen nie gewesen — eine Erfindung wie der Auslieger, durch den die Malayo-Polynesier ihre Einbäume seefähiger gemacht haben, war in Nordeuropa nicht bekannt, hätte wohl auch in der stürmischen Nordsee wenig genützt. Zu unserer Zeit war der Einbaum als Seeschiff jedenfalls schon eine veraltete Form und stand auf dem Aussterbeetat[1]. Immerhin bediente man sich seiner noch mit Nutzen als Beiboot, sowie in Buchten und Flüssen, und die skandinavischen Waräger in Russland fuhren mit Einbäumen (μονόξυλα) auf den russischen Strömen, ja sogar nach Konstantinopel[2]. Im übrigen bestehen auch unter den Einbäumen grosse Unterschiede in Grösse und Feinheit der Bearbeitung. Man braucht sich darunter durchaus nicht, wie Phantasiebilder sie häufig zeigen, elende Kähne vorzustellen, die kaum zwei Personen aufnehmen können. Man hat z. B. in England einen Einbaum von fast 15 m Länge gefunden, in dem 30 Personen gut Platz fanden, und ähnliche Funde sind nicht selten[3].

Die andere altertümliche Schiffsform, das Coracle[4], ist eine britische Eigentümlichkeit[5], und findet sich in Irland und Wales bis auf den heutigen Tag. Die neueren Fahrzeuge dieser Art, wie sie noch um die Mitte des 19. Jahrhunderts z. B. in Nordirland gebräuchlich waren, stellten eigentlich nichts anderes dar als grosse Körbe aus Weidenruten mit einem hölzernen Kiel und Spantengerüst, von länglich runder Gestalt, etwa 6—8 Fuss lang,

---

[1] Als Binnenfahrzeug kann der Einbaum nicht einmal heutzutage als veraltet gelten, da er noch in vielen Gegenden Europas, sogar Deutschlands, verwendet wird; vgl. die Aufsätze über alte Binnenschiffstypen im Korrespondenzblatt d. deutsch. Ges. f. Anthropologie, 33., 34. u. 35. Jahrg. (1902—04).

[2] Steenstrup, Normannerne I, 353.

[3] Boehmer, Prehistoric naval architecture of the North of Europe S. 537 ff. (Annual Report of the Board of Regents of the Smithsonian Institution for 1891. Report of U. S. National Museum. Washingt. 1892). Vgl. Plin. nat. hist. XVI, 76, 2.

[4] Coracle ist die moderne englische Namensform; altgall. curuca, ir. curach, kymr. corwe. Stokes, Urkelt. Sprachschatz S. 93.

[5] Apollinaris Sidonius spricht allerdings von den Raubfahrten sächsischer Seeräuber auf solchen Coracles, Carm. VII, 369—71 (MG. AA. AA. VIII, 212). Wahrscheinlich hatten die Sachsen diese Schiffsart in Britannien kennen gelernt und benutzten sie seitdem ebenfalls, oder Sidonius verwechselt die Sachsen mit Briten.

3 Fuss breit und 2 Fuss tief. Inwendig waren sie mit ungegerbten Rinderhäuten überzogen, von aussen mit Teer überstrichen. Zwei bis drei Personen fanden darin Platz[1]. Die alten Coracles der Iren und Briten werden nicht wesentlich von dieser Form abgewichen sein, wenn sie auch zum Teil grösser waren[2]. Sie wurden gerudert, führten aber oft auch einen Mast mit viereckigem Rahsegel[3]; grosse Segelkünste konnten damit freilich nicht vollbracht werden, und es scheint, dass sie nur vor dem Wind, nicht aber mit Seitenwind segeln konnten[4]. Die Coracles waren bei den Iren wohl die gebräuchlichste Schiffsform, und es ist sogar fraglich, ob sie überhaupt vollkommenere Fahrzeuge kannten[5]. Sie be-

---

[1] Vgl. die Beschreibung in den Grenzboten 1854, I, 113. Jetzt ist diese altertümliche Form in ganz Irland verschwunden; nur im Boyne-Fluss werden noch ähnliche Coracles, doch von fast kreisrunder Gestalt, zum Salmfang verwendet. In Donegal und Kerry sind sie durch verbesserte Typen ersetzt, welche einen Überzug von Segeltuch oder Calico haben.

[2] Vgl. die Schilderungen Caesar. Bell. civ. I c. 54, Lucan. de bello civ. IV. v. 130—36, Plin. nat. hist. VII, 56. Eine genauere Aufzählung der einzelnen für Bau und Ausrüstung eines Coracle nötigen Bestandteile gibt die Vita S. Brendani c. 2 aus dem 11. Jahrh. (ed. Jubinal S. 7).

[3] Vita S. Columbae auct. Adamnano l. I, c. 19, 30, l. II c. 15, 39, 42, 45 (ed. Fowler S. 32, 41, 84, 111, 116 f., 122—124). Das Segel war ein Rahsegel, denn der Mast mit Rahe sah crucis instar aus, ibid. l. II, c. 45 (S. 123). Vgl. auch Vita S. Brendani c. 2 u. 3 (ed. Jubinal S. 7 A. 2 u. S. 8).

[4] Darauf deutet die Erzählung in der Vita S. Columbae II c. 15 (S. 84). Der dort geschilderte Vorgang kann nur dann, wie Adamnan will, als Wunder betrachtet werden, wenn man einen Seitenwind nicht zu benutzen verstand.

[5] In der Vita S. Columbae kommen noch viele Bezeichnungen für Schiffe vor, wie scapha, cymba, navis oneraria, alnus, caupallus, navis longa dolata (Einbaum), doch bei keiner findet sich eine Andeutung, dass die betreffende Schiffsart grösser oder vollkommener war als das Coracle. Von den Fahrzeugen, mit denen die Iren zur Loire fuhren, möchte man allerdings annehmen, dass sie grössere Plankenschiffe waren, da Coracles kaum den Erfordernissen dieses Seehandels genügen konnten. Die Bewohner der Bretagne besassen bekanntlich schon zu Caesars Zeit trefflich gebaute, hochbordige Segelschiffe aus Eichenholz, s. Caes. Bell. Gall. III, 13. Auch der Fund zweier alter klinkergebauten Plankenboote bei Glasgow, deren Alter allerdings nicht genauer bestimmt ist, weist darauf hin, dass die Iro-Skoten auch Plankenschiffe besassen, s. Clowes, The Royal Navy I, 56—57, Boehmer, Prehist. nav. archit. S. 545—46.

nutzten die Coracles nicht etwa nur an der Küste, sondern führten die weitesten Fahrten damit aus, z. B. nach den Färöern und selbst nach Island[1]. Uns erscheint dies heutzutage ganz unglaublich, aber es besteht kein Zweifel darüber. Übrigens sollen auch jetzt noch die Iren eine staunenswerte Geschicklichkeit in der Handhabung dieser Fahrzeuge an den Tag legen; es wird beispielsweise erzählt, dass ein Coracle von den vorhin beschriebenen Dimensionen mit einer vollen Torfladung und obendrein mit einem Pferde belastet von einer Insel nach dem mehrere Seemeilen entfernten irischen Festland glücklich hinübergelangte[2].

Für die skandinavischen Schiffe stehen uns sowohl Funde wie Abbildungen und litterarische Nachrichten zu Gebote. Zur Zeit der Völkerwanderung waren die Skandinavier bereits bedeutend über so primitive Schiffsformen, wie Einbaum und Coracle, fortgeschritten. Beweis dafür ist das Nydamer Boot, ein 1863 im Nydamer Moor an der Ostküste Schleswigs gefundenes wohlerhaltenes Fahrzeug aus dem 4. Jahrhundert n. Chr. (jetzt im Schleswig-Holstein. Museum vaterländ. Altertümer in Kiel). Es ist aus 11 mächtigen Eichenplanken auf Klinker gebaut (d. h. jede Planke greift etwas über den oberen Rand der nächst unteren hinweg), besitzt eine Länge von fast 24 m, eine Breite von 3 1/2 m in der Mitte, und ist ausschliesslich zum Rudern mit 28 Riemen eingerichtet. Von Mast und Segeleinrichtung ist keine Spur vorhanden; zum Segeln wäre das Boot auch wenig geeignet gewesen, da seine Länge mehr als das Siebenfache der Breite beträgt[3]. Diese Tatsache stimmt mit der Nachricht des Tacitus von den Schiffen der Schweden (Suiones) überein, dass sie nur zum Rudern eingerichtet waren[4]. Auch die bildliche Darstellung eines Schiffes auf dem Stein von Häggeby in Schweden, die etwa aus derselben Zeit wie das Nydamer Boot stammt, zeigt nur Riemen, aber kein Segel, ebenso das Schiff auf

---

[1] Vgl. Diciulus de mensura orbis terrae 7, 14 (ed. Parthey S. 44), wo unter der duorum navicula transtrorum ein Coracle mit zwei Ruderbänken zu verstehen ist, sowie unten S. 200.

[2] Grenzboten a. a. O.

[3] C. Engelhardt, Nydam mosefund, Kjøbenhavn 1865.

[4] Die richtige Übersetzung und Erläuterung dieser oft missverstandenen Stelle (Germ. c. 44) gibt Admiral R. Werner, Das Seewesen der germ. Vorzeit in Westermanns Monatsheften, 53. Bd. (1882 Okt.), S. 88—89.

dem gotländischen Bildstein von Bro (um 700)[1]. In den folgenden Jahrhunderten, jedenfalls noch vor 800, muss dann die Erfindung des Segels- in Skandinavien gemacht oder eingeführt worden sein. Die Wikingerschiffe des 9. Jahrhunderts waren zum Rudern und Segeln eingerichtet. Das beweisen nicht nur zahlreiche geschichtliche Nachrichten[2], sondern vor allem die Funde von solchen Schiffen aus dem 9. und 10. Jahrhundert selbst, die in den letzten 40 Jahren in Norwegen, Schweden und Norddeutschland gemacht worden sind[3]. Die schönsten Funde stammen aus Norwegen. Schon das 1867 bei Tune im südlichen Norwegen gefundene Boot zeigt eine aus schwerem Eichenholz konstruierte Mastspur, war also zum Segeln bestimmt[4]. Die beste Aufklärung gewährt das 1880 bei Gokstad im südlichen Norwegen gefundene, erstaunlich gut erhaltene Boot, welches etwa der Zeit um 900 entstammen mag[5].

Das Fahrzeug, welches jetzt in der Universität zu Christiania aufgestellt ist, besitzt eine Länge von 20,10 m am Kiel und von 23,80 m zwischen den äusseren Rändern der Steven, mittschiffs eine Breite von 5,10 m und ebenda eine Tiefe (von der Reling bis zur Oberfläche des Kiels gemessen) von 1,75 m[6]; der Tiefgang beträgt bei normaler Belastung ungefähr 115 cm. Die Reling, mittschiffs etwa 92 cm über Wasser, verläuft zum grössten Teil parallel mit der Wasserlinie, um vorn und hinten ziemlich plötzlich zu etwa 2 m Höhe an den Steven emporzusteigen. Diese Höhe ist für die Seefähigkeit des Schiffes von grossem Vorteil. Bug und Heck sind

----

[1] Über den Häggeby-Stein s. Montelius, Kulturgesch. Schwedens S. 197 (mit Abbild.), vgl. Svenska Fornminn.-fören. Tidskrift XI, 321; über den Stein von Bro s. Bugge, Vesterl. Indflyd. S. 311 (m. Abb.).

[2] S. unten S. 179 A. 1.

[3] Die wichtigsten Funde sind folgende: in Norwegen die von Tune 1867, Gokstad 1880, Oseberg 1903, in Schweden die von Vendel in Upland 1882 (nur Nägellager), in Norddeutschland die von Brösen bei Danzig 1872 (Epoche unbestimmt, das Schiff ist leider zugrunde gegangen), Baumgart 1894, Frauenburg 1895 (6. bis 7. Jahrhundert?), Charbrow in Pommern (Kreis Lauenburg) 1899.

[4] Boehmer, Prehist. nav. archit. S. 616.

[5] Für das Folgende verweise ich auf N. Nicolaysen, Langskibet fra Gokstad (Kristiania 1882), und Tuxen, De nordiske Langskibe (Aarbøger f. nord. Oldkyndighed og Historie 1886).

[6] Nicolaysen S. 56 gibt irrig 1,20 m an.

völlig gleichgebaut, beide spitz zulaufend und ziemlich stark aus-
ladend. Das Verhältnis der Länge zur Breite (etwa 4 : 1) gibt dem
Schiff genügende Stabilität, um auch seitlichen Wind mit Vorteil
und ohne Gefahr benutzen zu können. Andererseits mussten seine
scharfen, eleganten Formen bewirken, dass das Schiff mit grosser
Leichtigkeit die Wogen durchschnitt. Mit voller Ausrüstung und
etwa 40 Mann Besatzung hatte es eine Wasserverdrängung von
etwa 30 t. — Der Bootskörper, bestehend aus Kiel, Vorder- und
Achtersteven, Spanten, Querbalken und Planken, ist aus Eichenholz hergestellt und klinkergebaut, wie wohl bei allen Planken-
schiffen des früheren Mittelalters im nördlichen Europa. Auf die
Einzelheiten der Bauweise näher einzugehen, würde zu weit führen.
Nur soviel sei noch bemerkt, dass die Spanten nicht bis zur
Oberkante der Reling, sondern nur bis zur Mitte der 11. Planke
(vom Kiel aus gerechnet) hinaufreichen; ihre oberen Enden sind hier
durch Querbalken verbunden. Auf diesem festgezimmerten Unter-
bau des Schiffes erhebt sich nun ein etwas leichterer Oberbau:
auf den Querbäumen sind nämlich beiderseits Kniehölzer, gewissermassen als Fortsetzung der Spanten, aufgenagelt, welche 5 weitere
Planken tragen. — Auf den Querbäumen liegende lose Planken
bilden einen Fussboden; ein festes Deck existierte nicht. Am
vordersten und hintersten Querbalken, wo der untere Teil des
Schiffes sich scharf zuspitzt, befanden sich die Schöpfräume; hier
sammelte sich das eingedrungene Wasser und wurde ausgeschöpft;
Pumpen wurden erst später, frühestens im 11. Jahrhundert eingeführt[1].

Durch die dritte Planke von oben sind beiderseits je 16 Löcher
gebohrt, durch welche die Riemen gesteckt wurden. Die Riemen
haben eine Länge von 5,30 — 5,85 m und wurden von je einem
Mann in sitzender Stellung gehandhabt. Die Ruderer sassen beiderseits auf niedrigen Querbänken oder Kisten, zwischen denen über
die ganze Länge des Schiffes hin ein breiter Mittelgang freiblieb.
Der einzige Schiffsmast ruhte etwas vor der Mitte des Schiffes in
einer schweren Mastspur und ging ausserdem in der Höhe der
Querbalken durch einen dicken fischschwanzartig zugehauenen
Holzklotz, den sog. »Mastfisch«. Die Höhe des Mastes lässt sich

---

[1] Nach Nicolaysen S. 18 zwischen 1030 und 1210.

nicht genau bestimmen, da nur der unterste Teil erhalten ist; sie mag ungefähr 13 m betragen haben. Der Mast trug eine grosse Querrahe mit einem viereckigen Segel. Die Takelage war ziemlich einfach, und bestand im wesentlichen aus mehreren Wanten (doch ohne Webeleinen) und einem Stag, das nach dem Vordersteven lief. Durch ein Loch im oberen Teil des Mastes lief ein Fall zum Aufheissen der Rahe, die ausserdem durch eine Tauschlinge, ein Rack, am Maste befestigt war. Die Rahe wurde durch Brassen, die unteren Enden des Segels durch Schoten dirigiert. Auch Halsen und Bulinen brachte man an, sobald man am Winde zu segeln lernte (s. unten). Das Verkleinern der Segelfläche geschah in der heute üblichen Weise durch Reefen, zu welchem Zwecke Reefe, Reeftaljen und Reefseisinge vorhanden waren, ebenso wie die nötigen Geitaue und Gordings zum Aufgeien des Segels[1].

Das Steuerruder ist nicht, wie in neuerer Zeit, am Achtersteven, sondern an der rechten Seite des Hecks angebracht; daher der Name Steuerbord. Es besteht aus einem ziemlich breiten Ruder, das mit Tauen und Bändern in etwas schräger Stellung so am Schiffsbord befestigt ist, dass es um seine Vertikalachse gedreht werden kann. Die Ruderpinne steht senkrecht zum Ruderblatt und liegt quer vor dem Steuermann. Zieht er die Pinne an sich heran, so wendet das Ruderblatt seine Innenseite nach rückwärts und das Schiff schwenkt nach Steuerbord; stösst er die Pinne von sich weg, so erfolgt die entgegengesetzte Drehung nach Backbord.

Die drei in der Mittellinie des Schiffes stehenden galgenartigen Hölzer von 2,30 m Höhe über dem Fussboden dienten als Träger für Mast und Rahe, wenn diese niedergelegt wurden. Auf diese Weise blieb der Verkehr im Mittelgang unbehindert. Da der Mast zu schwer war, um völlig ausgehoben zu werden, wurde er nur soweit niedergelassen, dass er auf dem hinteren Galgenholz ruhte und etwa einen Winkel von 40° mit der Wasserfläche bildete. — Das Schiff hatte mindestens einen eisernen Anker von der heute gebräuchlichen Form. Das Ankertau war, wie fast alle Taue an Bord, aus Bast gefertigt. Doch wissen wir, dass auch Taue aus Walross- und

---

[1] Unsere Kenntnisse über die Takelage stammen jedoch nicht vom Gokstad-Fund, sondern von schriftlichen Quellen und Bildern, teilweise erts aus dem späteren Mittelalter. Vgl. Nicolaysen S. 20—21.

Seehundshaut hergestellt wurden[1]. Wenn man ankerte, wurde nachts, nachdem der Mast niedergelassen, ein dachförmiges Zelt über die ganze Länge des Schiffes gespannt. Die 32 kreisrunden Schilde aus Lindenholz, abwechselnd schwarz und gelb bemalt, schmückten die Bordwände, solange man segelte. Im Seekampf konnten sie da nicht bleiben, da man im Kampfe stets ruderte, und die Schilde in dieser Stellung die Ruderlöcher verdeckten. — Schliesslich ist noch zu bemerken, dass sich keine Spur einer Feuerstelle im Schiffe befand. Wir wissen auch aus den geschichtlichen Nachrichten, dass auf den skandinavischen Schiffen des Mittelalters nicht Feuer gemacht werden konnte. Gekocht wurde nur an Land.— Bei dem Schiff fanden sich drei Boote. Mindestens eines führte jedes in See gehende Schiff mit sich, und zwar wurde das Boot entweder im Schlepptau nachgeführt, oder, bei Handelsschiffen wenigstens, hinter den Mast quer auf die Ladung gesetzt.

Alles in allem ist das Gokstader Schiff ein wohleingerichtetes, vortrefflich gebautes Fahrzeug, das den populären Vorstellungen von der Unkultur und technischen Unvollkommenheit des früheren Mittelalters wenig entspricht. Norwegische Sachverständige haben erklärt, dass ein solches Fahrzeug, namentlich was die Formen und Linien des Rumpfes betrifft, heutzutage auch nicht besser oder vollkommener ausgeführt werden könnte.

Unsere Kenntnisse von den nordischen Seeschiffen werden nun durch einige bildliche Darstellungen, sowie durch literarische Nachrichten ergänzt. Unter den Bildern sind namentlich die Bildsteine des jüngsten Typus von der Insel Gotland, wahrscheinlich aus dem 10. Jahrhundert, zu erwähnen, die ganz prächtige Segelschiffe von der Art des Gokstadschiffes zeigen[2], ferner die Tapete von Bayeux, ein Teppich, auf welchem die Eroberung Englands durch Wilhelm den Eroberer dargestellt ist; die Tapete wurde wahrscheinlich kurz nach diesem Ereignis, noch vor Ablauf des 11. Jahrhunderts verfertigt. Auch die auf ihr dargestellten normannischen Schiffe zeigen eine unverkennbare Ähnlichkeit mit dem Gokstadschiff[3].

[1] Nach Ottar (Aelfreds Orosius ed. Sweet S. 18).
[2] Abbildungen u. a. bei Bugge, Vesterland. Indflyd. S. 271, 319, 321, 324.
[3] Reproduktionen nach der Bayeux-Tapete findet man vielerorts. Die beste Wiedergabe ist: F. R. Fowke, The Bayeux Tapestry reproduced

Wir können daher gewiss den Bau und die Einrichtung des Gokstadschiffes als typisch für Skandinavien ansehen. Das Gokstadschiff ist jedoch ziemlich klein; es eignete sich wohl mehr für Fahrten längs der norwegischen Küste, innerhalb der Schären. Ob daher die eigentlichen Wikingerschiffe, die nach Frankreich, Britannien und Island fuhren, genau die gleiche Beschaffenheit hatten, darüber können Zweifel entstehen. Dass sie ebenfalls Ruder-Segelschiffe waren, steht fest[1]. Werftdirektor Tuxen[2] in Kopenhagen hat jedoch die Ansicht ausgesprochen, dass sie grösseren Tiefgang und eine kürzere, dafür vollere Form besassen, etwa wie die späteren nordischen Handelsschiffe, von denen noch zu reden sein wird; er begründet dies u. a. damit, dass die Schiffe grössere Ladungen von Vieh, Hausrat, Beute usw. aufnehmen mussten, als im Gokstadtschiff möglich wäre; tatsächlich haben die normannischen Heere bisweilen die Pferde ihrer gesamten Reiterei über den Kanal gebracht[3]. Ich glaube, dass die Wikingerschiffe, die im 9. Jahrhundert nach Frankreich und England fuhren, nicht wesentlich von der Form des Gokstadschiffes abgewichen sein

in autotype plates, London 1875 in 4°. Inwieweit die Darstellungen der Bayeux-Tapete die Wirklichkeit getreu wiedergeben, bleibt natürlich einigermassen zweifelhaft. Dass die Bilder nicht als streng realistisch anzusehen sind, liegt für jeden, der sie betrachtet, auf der Hand. Doch beweist die Übereinstimmung mit den norwegischen Schiffsfunden und gewissen geschichtlichen Nachrichten, dass tatsächlich eine Wiedergabe der Realität mit ihren Einzelheiten erstrebt wurde, wenn auch diese unter der Hand der Stickerinnen eine stilistische Umformung erfuhren und manche Irrtümer und Ungenauigkeiten vorkamen. Vgl. Clowes, Royal Navy I, 76—77, dessen Urteil man wird beipflichten können.

[1] Benutzung von Segeln bezeugt z. B. Ermold. Nig. carm. in hon. Hlud. imp. IV v. 288 (MG. Poet. Car. III, 66), Ann. Bert. auct. Hincmaro 865 (SS. I, 467); von Rudern Abbo de bell. Paris. urbis II v. 401 (Poet. Car. IV, 109); Benutzung von Ruder- und Segelkraft gleichzeitig bezeugt Chron. Namnet. c. 6 (ed. Merlet, Coll. de textes, S. 15; Mitte 11. Jahrh. nach dem Berichte eines Zeitgenossen der Ereignisse von 843 geschrieben).

[2] De nordiske Langskibe S. 68 f.

[3] Vgl. Vogel, Die Normannen u. das fränk. Reich S. 358, 371. Auch Wilhelm d. Eroberer führte 1066 die Pferde seiner Reiterei über den Kanal, wie die Tapete von Bayeux zeigt.

werden[1]. Einen bedeutend grösseren Tiefgang anzunehmen, verbietet schon der Umstand, dass die Schiffe weit stromaufwärts
fuhren, z. B. auf der Loire über Orleans hinaus, im Flusssystem
der Seine bis Noyon an der Oise, bis Sens an der Yonne und bis
in den Loing[2]. Nach Island und den Färöern hingegen müssen
wohl Schiffe von etwas anderer Bauart gesegelt sein; das Gokstadschiff und selbst ein grösseres Fahrzeug gleicher Form wären kaum
geeignet gewesen, eine Ladung Vieh glücklich nach Island zu
bringen — was doch tatsächlich vorgekommen ist[3].

Etwa seit dem Ende des 10. Jahrhunderts[4] kennen wir genauer die verschiedenen Typen der skandinavischen Seeschiffe,
und dadurch fällt auch auf die frühere Zeit etwas Licht in der

---

[1] Ich möchte auch auf folgende Äusserung des fränk. Mönches
Letald, der um 950 schrieb, hinweisen (Mir. S. Martini abb. Vertav. c. 8
in SS. rer. Merov. III, 573): gens Normannica .... contigua mari
Brittanico depopulata loca, navibusque longis alveum ingressa
Ligeris, Namneticae properat ad mœnias urbis, speciem praeferens
multitudinis negotium exercentis. Diese Erzählung setzt also
voraus, dass die normannischen Handelsschiffe und Langschiffe sich sehr
ähnlich sahen. Nun ist sie zwar, auf ihre geschichtliche Wahrheit hin
angesehen, eine blosse Fabel; aber wie hätte diese Fabel entstehen
können, wenn die normannischen Handels- und Langschiffe des 10. Jahrhunderts nicht wirklich sehr ähnlich gebaut waren? Waren diese doch
in der Loire im 10. Jahrhundert wohlbekannte Gäste.

[2] S. Vogel, Normannen S. 36, 208. Die Flusstiefen, wie sie im
9. Jahrhundert waren, lassen sich schwer abschätzen, einerseits wegen
der seitdem stark fortgeschrittenen Entwaldung Frankreichs, vor allem
aber, weil fast alle für die Normannenfahrten in Betracht kommenden
Flussläufe kanalisiert worden sind oder durch Anlegung von Parallel-
kanälen stark an Wasser verloren haben. Immerhin sei bemerkt, dass
die regelmässige Wassertiefe der Loire bei Orleans 1860 kaum 0,65 m
betrug, dass der Seitenkanal des Loing bis etwa 1890 in seinem unteren
Teile nur 1,25 m mittlere Wassertiefe besass, während er jetzt, ebenso
wie der Seitenkanal der Oise bei Noyon und die kanalisierte Yonne bei
Sens für Schiffe von 1,80 m Tiefgang zugänglich ist (s. Joanne,
Dictionnaire géogr. et administr. de la France IV, 2245, 2219, V, 3050,
VII, 5449). Man wird vielleicht nicht fehlgehen, wenn man sagt, dass
Schiffe vom Tiefgang des Gokstadschiffes (115 cm) diese Flussfahrten
gerade noch ausführen konnten, tiefer gehende jedoch schwerlich.

[3] Landnáma III c. 8 (Ausg. v. 1843 S. 194): skip .... hladit
kvikfé.

[4] Vgl. Tuxen, De nord. Langskibe S. 81, 82.

Typenfrage. Spätestens seit dieser Zeit unterschied man nämlich zwei Hauptarten: Langschiffe und Handelsschiffe. Die Langschiffe [1] (langskip) — deren Name zweifellos eine direkte Übersetzung des lateinischen navis longa darstellt, also von Westeuropa her übernommen ist — dienten hauptsächlich kriegerischen Zwecken. Sie waren vergrösserte Kopien des Gokstadschiffes. Man unterschied sie zunächst nach der Zahl der Ruderbänke auf e i n e r Seite: ein Zwanzigsitzer (tvitugsessa), die gewöhnlichste Form hatte also 20 Ruderbänke auf jeder Seite, und 40 Riemen im Ganzen; es gab aber auch Dreissigsitzer (þritugsessa) und selbst noch grössere Schiffe. Die Langschiffe von der Grösse der Zwanzigsitzer und darüber hatten in der Regel ein festes Deck. Die Besatzung betrug bei Zwanzigsitzern, wo e i n Mann für jeden Riemen genügte, etwa 90 Mann, nämlich 40 Ruderer und 50 Kämpfer und Matrosen; die Dreissigsitzer hatten eine durchschnittliche Besatzung von 260 Mann, davon 120 Ruderer, zwei für jeden Riemen [2] — Neben dieser Einteilung kannte man spätestens seit dem 11. Jahrhundert (wahrscheinlich aber bereits im 10.) noch andere Unterscheidungen, die grösseren Langschiffe, von den Zwanzigsitzern aufwärts, nannte man bald D r a c h e n, bald S k e i d e oder B u s s e n. Diese Bezeichnungen schwanken etwas, und es kommt vor, dass dasselbe Schiff bald Busse, bald Skeid oder Drache genannt wird [3]. Die Namen bezeichneten also wohl keine scharf unterschiedenen Schiffstypen: sondern waren mehr oder weniger Geschmackssache, bezogen sich höchstens auf gewisse Unterschiede in den Linien des Schiffes, der Ausstattung und dergleichen. Drachen hiessen vielleicht die besonders grossen und schön ausgestatteten Schiffe; Skeide solche mit scharfen Linien, also Schnellruderer, Bussen solche mit etwas volleren Formen [4]. Alle drei Namen stammen wohl ursprünglich aus dem Griechischen und sind auf verschiedenen Wegen, teils durch Vermittlung des Altenglischen oder Irischen, teils des Romanischen, teils vielleicht auch des Altrussischen, nach dem

---

[1] Für das Folgende vgl. bes. Tuxen S. 81 f., Nicolaysen S. 25 f.
[2] Vgl. Tuxen S. 117, 124.
[3] Nicolaysen S. 27.
[4] So Tuxen S. 87. Ob diese Erklärung freilich zutrifft, ist fraglich, namentlich, was Skeid und Busse betrifft.

Norden gelangt[1]. Die gewöhnlich ausgesprochene Ansicht, dass die Drachenschiffe ihren Namen von den geschnitzten Drachenhäuptern an ihrem Vordersteven erhielten, ist für die ältere Zeit jedenfalls nicht richtig, da der Name »Dreki« vielmehr bereits in der Bedeutung »Schiff« von den Skandinaviern übernommen zu sein scheint, und da auch andere Schiffe, sogar Handelsschiffe (Knorren), solche geschnitzte Tierhäupter trugen[2]. Später freilich scheint man der Figur am Vordersteven, die ursprünglich eine reine Verzierung war, eine mystische Bedeutung beigelegt und diese dann auf das ganze Schiff übertragen zu haben: so verglich König Olaf Tryggvason von Norwegen (999) das Segel seines Lang-

---

[1] Gr. δράκων, lat. draco, ae. draca, ir. drac, an. dreki. Nach A. Bugge, Vesterl. Indflyd. S. 202 bezeichnet ir. drac «ein Kriegsschiff» und kommt in dieser Bedeutung schon in einem spätestens Anfang 9. Jahrh. verfassten Gedicht auf Kg. Niall (379—405) vor. Das Wort muss wohl (wie auch lat. serpens > ir. serrcend, darnach an. ormr?) bei den Römern in Britannien eine Art von Kriegsschiffen bezeichnet haben (so Bugge). — Gr. σχεδία «ein Floss», lat. schedia, altruss. skedii (bei Nestor ed. Schlözer IV, S. 17, 28), an. skeið, daraus vermutlich an. scegð (vgl. wícing vel scegðman=pirata). — Gr. βοῦττις, βουτζίον «Weingefäss, Bütte», darnach mlat. butta, buza, bucia, bucius etc., afrz. buse, busse, aital. u. aspan. buzo, prov. bus, mnd. buse, butze, nnd. büse, an. buzi, bussi. Schon 1052 u. 1066 kommen in England die Butsecarlas vor, eine Seemannsbevölkerung normannischen Ursprungs in Kent und Yorkshire (Steenstrup, Normann. IV, 164 f.) Die frühesten bekannten Angaben über die Eigenschaften einer Genueser Busse von 1190 erweisen sie als langes (7 : 1), galeerenähnliches Ruderschiff (s. Jal, Glossaire nautique s. v. Bucius). Wort und Sache sind wohl vom Mittelmeer über Frankreich (Normandie?) nach England, und von da oder direkt von Frankreich nach dem Norden gelangt. Vgl. Bugge, Vesterl. Indflyd. S. 200, Diez, Roman. Wb. II, 234, und über die verschiedenen roman. u. mittellat. Formen Jal, Glossaire nautique S. 351—360.

[2] In einem Gedicht des Zeitgenossen Thorbjörn Hornklofi über die Schlacht im Hafrsfjord 872 heisst es (Heimskringla ed. F. Jónsson I, 124):

knerrir komu austan	Knorren kamen von Osten
. . . .	. . . .
með ginǫndum hǫfðum	Mit gähnenden (Tier-) Häuptern
ok grǫfnum tinglum.	Und geschnitzten Steven.

Über die Knorren s. unten! Vgl. auch Landnáma IV c. 7 (S. 258), wo kaum von Drachenschiffen die Rede sein kann.

schiffes »Ormr« (Wurm), welches ein solches Drachenhaupt führte, mit den Flügeln des Drachen[1].

Kleinere Langschiffe von mindestens 13 bis zu 20 Ruder- bänken hiessen Snekken (an. snekkja) und Skuten (skúta), später auch Jachten (jagt)[2]. Bei ihnen wurde besonders auf Schnellig- keit gesehen: das Gokstadschiff, ein Sechzehnsitzer, wäre später etwa als »Skuta« bezeichnet worden. Karfen[3] waren ebenfalls kleinere, und zwar nur zum Rudern eingerichtete Schiffe (nicht Langschiffe), die keinen kriegerischen Zwecken, sondern nur fried- lichen Reisen an der Küste dienten. Mit dem Namen Asken (an. askr, ae. aesc) d. h. »Eschen« wurden die Wikingerschiffe am Ende des 9. und im 10. Jahrhundert in Deutschland und England öfter bezeichnet; der Name kommt im Norden nur ganz selten vor[4]. Wahrscheinlich nannten die Normannen ihre Schiffe nicht selbst so, sondern die Sachsen in Deutschland und England bezeichneten mit diesem einheimischen Worte die Fahrzeuge ihrer Feinde.

Im Gegensatz zu allen diesen Langschiffen der Skandinavier standen die Handelsschiffe (kaupskip); die grösseren Handels-

---

[1] Olafs saga Tryggvas c. 80 (Heimskringla ed. F. Jónsson I, 401). Nach S. Müller, Nord. Altertumskunde II, 278 begann man erst im 11. Jahrh. solchen phantastischen Ornament-Tieren die Bedeutung von Drachen beizulegen.

[2] Nicolaysen a. a. O. S. 26 f. Tuxen S. 87, 90—91. Alle drei Namen sind germanischen Ursprungs, ob sie jedoch aus dem Altnordischen oder Niederdeutschen (wo sie ebenfalls vorkommen) stammen, vermag ich nicht anzugeben.

[3] Nicolaysen S. 25. An. karfi vom lat. carabus < gr. $\varkappa\acute{\alpha}\varrho\alpha\beta o\varsigma$. In beiden Sprachen bedeutet dies 1. eine Art Meerkrebs, 2. ein Schiff. Bei Isidor Origg. XIX c. 1 wird carabus als ein Coracle beschrieben, und dieselbe Bedeutung legt ihm der Engländer Florence von Worcester († 1118) bei, s. Jal, Glossaire nautique s. v. carabus.

[4] Saxon Chronicle 897 (ed. Plummer I, 90): ongen ða æscas. Adam v. Bremen II, 29, 30, IV, 6: pyratae, quos illi Wichingos appellant, nostri Ascomannos. Also Ascomannus und dem entsprechend wohl auch ascus waren westgermanische Namen. Schon die Lex Salica XXI § 3 u. 4 (ed. Behrend[2] S. 39) und Septem Causae III, 3 (ibid. S. 175) erwähnen ascus=Schiff. Über die Wiedergabe von aesc durch »Dromo« in einem ae. Glossar des 10. Jahrhunderts s. unten. Nach Cleasby-Vigfússon kommt askr in der Bedeutung Schiff nur zwei bis dreimal in isländ. Prosa vor, und zwar als ein kleines Fahrzeug. Ursprünglich war ascus wohl ein Einbaum.

schiffe scheinen den Namen Knǫrr (Mz. Knerrir), die kleineren den
Namen Byrðing geführt zu haben. Dies sind jedenfalls die alt-
einheimischen Bezeichnungen. Über ihre Form sind wir nur mangelhaft unterrichtet. Es scheint jedoch, dass sie gegenüber dem Gokstadschiff und den Langschiffen kürzer, dafür tiefergehend und
vollbauchiger waren und höheren Freibord besassen. Ihre sonstigen
Einrichtungen ähnelten wohl denen der Langschiffe. Das einzige
Segel war das Haupttriebmittel; doch führten viele Handelsschiffe
anscheinend auch Riemen. Der mittlere Raum um den Mast
war ohne Verdeck und diente. als Laderaum. Es war daher nur
auf dem vorderen und hinteren Halbdeck möglich zu rudern[1].

---

[1] Vgl. bes. Tuxen S. 71 f. Seine Schilderung beruht freilich auf
unsicherer Grundlage, da für die meisten angeführten Besonderheiten
der Handelsschiffe sich nur ein Beleg oder doch nur wenige finden.
Für das Aussehen der Handelsschiffe im allgemeinen ist wichtig die
Schilderung in Olafs saga h. helga c. 158 (Heimskringla ed. Finnur
Jónsson II, 378) von 1027, woraus hervorgeht: 1. unscheinbares, schmuck-
loses Aussehen des Rumpfes, Segels etc. (Segel und Wimpel werden
nämlich auf einem Langschiff entfernt, um ihm den Anschein eines Kauf-
fahrers zu geben, 2. Rudern nur vorn und achtern, nicht mittschiffs
möglich, 3. der Schiffsrumpf ist bei Langschiffen und Handelsschiffen
immerhin so ähnlich gebaut, dass sie von fern verwechselt werden
können, vgl. oben S. 180 A. 1. — Dass die für weite Seefahrten bestimmten Handelsschiffe höheren Freibord hatten als die Langschiffe,
geht aus Snorris Schilderung des Drachenschiffes «Ormr hinn langi»
Olaf Tryggvasons (999) hervor, welches ungewöhnlich gross und h o c h -
b o r d i g war (Heimskr. I, 412): „so hoch waren die Bordwände, wie
bei Seeschiffen (hafskipum)“. — Was die K n o r r e n speziell betrifft, so
geht aus vielen Stellen hervor, dass sie im allgemeinen grosse, starke
Schiffe waren, vgl. z. B. Ragnars saga Loðbrókar c. 14 (Fornaldar
sǫgur Norðrlanda I [1885] No. 3 S. 35), Egilssaga c. 23 § 4, c. 25 § 26
(ed. F. Jónsson, Sagabibl., S. 70, 80): 30 Mann Besatzung ausser Frauen
und Kindern, Olafs saga Tryggvas. c. 184, 270 (Fornm. sög. II, 107, III, 36):
50 und 60 Mann Besatzung, Haralds saga h. hardr. c. 74, 75 (Fms. VI,
305, 307), Saga Inga Barðarsonar (Fms. IX, 167): ǫll stórskip . . . bædi
knǫrru ok ǫnnur. In Gegensatz zu den Langschiffen werden sie gestellt
Karlamagnussaga (ed. Unger S. 326): langskip ok knerrir. Dass die
Knorren etwas runder, bauchiger gebaut waren, scheint aus dem weib-
lichen Beinamen knarrarbringa d. h. «mit einem Busen wie ein Knǫrr»
hervorzugehen (nach fr. Hinweis von Prof. B. Kahle) s. Landnáma II
c. 14, c. 22 (Ausg. v. 1843 S. 103, 129) und Sturlunga saga III c. 6 (ed
Guðbrand Vigfússon I, 44). — Die B y r d i n g e waren durchschnittlich

Wäre es sicher bezeugt, dass die Knorren durchgängig auch gerudert werden konnten, so würde m. E. daraus hervorgehen, dass
sie, wenn auch höher als die gewöhnlichen Langschiffe, doch keine
eigentlichen Hochbordschiffe gewesen sein können[1]. — Es lässt
sich nicht bestimmt sagen, wann die Schiffsgattung der Knorren
aufkam. Dass sie aber bereits im 9. Jahrhundert existierten, wird
dadurch bewiesen, dass nach einem Lied des Skalden Thorbjorn
Hornklofi, eines Zeitgenossen der Schlacht im Hafrsfjord 872,
Knorren schon in dieser Schlacht kämpften[2]. Ferner hören wir
ausdrücklich, dass Knorren als besonders zur Fahrt nach den
Färöern und Island geeignet galten, wohin man sich mit Langschiffen nicht getrauen durfte[3]. Vielleicht haben gerade die Fahrten
nach Island, die ersten Fahrten der Skandinavier über den weiten,
offenen Ozean, dazu beigetragen diese Schiffsart auszubilden.

------

wohl kleiner, hatten 10—12 Mann Besatzung, doch werden solche mit
20 und 30 Mann erwähnt, sie waren meist wohl Küstenfahrer, verkehrten
aber auch zwischen Norwegen und den Färöern, s. Saga Gísla Súrssonar
(Nord. Oldskrifter Bd 8, Kjøbh. 1849, S. 14), Egilssaga c. 13 § 4 (S. 43—44),
Olafs saga h. helga c. 112 (Fms. IV, 255 f.), Olafs s. Tryggvas. c. 178
(Fms. II, 90), Færeyinga saga c. 3, 24, 43, 50 (ed. Rafn u. Mohnike
[1833] S. 12, 115, 194—96, 237). Dass die Byrðinge kürzer waren als
Langschiffe, geht daraus hervor, dass Kg. Sverre (1177—1202) Byrðinge
in der Mitte aus einander schneiden liess, um sie durch Einsetzen eines
Mittelstücks und Anbringung von Ruderlöchern über die ganze
Länge der Bordwände hin in Langschiffe zu verwandeln (Sverris
saga c. 154 (Fms. VIII, 372). — Bei alledem ist zu beachten, dass die
angeführten Belegstellen, auch wo sie sich auf frühere Ereignisse beziehen, meist erst im 13. Jahrh. niedergeschrieben sind.

[1] Die Knorren hatten sicherlich in der Regel nur soviel Besatzung,
dass jeder Riemen nur von einem Mann gehandhabt werden konnte.
Tuxen S. 110—11 hebt aber selbst hervor, dass in diesem Falle die
Ruderlöcher nicht höher als 3—3 1/2 Fuss (ca. 1 m) über Wasser liegen
dürfen, da bei höherer Lage des Stützpunktes entweder die Riemen zu
lang und schwer oder ihre Stellung zu ungünstig werden würde. Der
genannten Höhe würde ein Freibord von ca. 5 Fuss (150—160 cm) entsprechen. Nicolaysen S. 34—35 meint, dass die Handelsschiffe überhaupt
nur Segel, keine Riemen führten. Dem widerspricht aber doch zu
deutlich die in der vor. Anmerkung angeführte Stelle Olafs s. h. helga
c. 158 (Heimskr. II, 378).

[2] S. oben S. 182 A. 2.

[3] Olafs s. Tryggvas. c. 184 (Fms. II, 107). Vgl. Tuxen S. 93.

Mehrere Örtlichkeiten an der isländischen Küste sind nach dem
Knorr benannt, so Knarrarnes, Knarrarsund [1]. Auf einem Knorr
konnten im Durchschnitt wohl 40 Mann, bisweilen auch 50—60 Mann
untergebracht werden [2]; die Zahl der Besatzung hing natürlich
ganz vom Zweck der Reise ab. Den Raumgehalt eines solchen
Islandfahrers schätzt Tuxen auf 40 R.T., was etwa dem der kleinsten
Segelschiffe entspricht, die jetzt zwischen Dänemark und Island
verkehren.

So wenig sicheres wir auch über die Knorren wissen, soviel
scheint doch festzustehen, dass die Skandinavier bereits im 9. Jahrhundert neben ihren scharf gebauten, langen Ruder-Segelschiffen
einen etwas kürzeren, rundlicheren Schiffstyp besassen, der infolge
seiner Geräumigkeit und seines höheren Freibords sich besonders
für Handelsfahrten und weite Reisen über offene See eignete.
Reste eines skandinavischen Handelsschiffes, die mit Sicherheit
als solche betrachtet werden könnten, hat man bisher nicht gefunden.

Bei den Schiffen der nichtskandinavischen Völker kann ich
mich kurz fassen. Die der Ostseevölker, welche ja erst spät eine
Rolle zu spielen begannen, waren wohl nichts als Kopien der skandinavischen. Was die der Sachsen, Friesen, Franken und Engländer betrifft, so sind unsere Kenntnisse davon bisher sehr gering.
An Funden ist ausser spärlichen Resten nichts zu Tage getreten.
An Abbildungen kommen einige Schiffsbilder auf der Bayeux-
Tapete, also aus dem 11. Jahrhundert, in Betracht, allenfalls auch
einige Münzbilder, und erst vom 13. Jahrhundert an Siegelbilder.
Ferner hat man wohl hie und da einige Schiffsbilder aus Hand-
schriften-Miniaturen als Beispiele frühmittelalterlicher Schiffe ver-
wertet. Ich möchte doch bemerken, dass es gar keinen Sinn hat,
diese oder jene Miniatur heranzuziehen, ohne Gewähr, dass der
Maler wirklich nach der Natur gearbeitet hat [3]. Es wäre also vor
allem nötig, zu prüfen, ob nicht gewisse feststehende Muster, etwa

---

[1] Laxdæla saga c. 38 § 11 (ed. Kålund, Sagabibl. Heft 4, S. 115),
Droplaugarsona saga (Nord. Oldskrifter II [1847] S. 4).

[2] Tuxen S. 73. Vgl. die oben S. 184 A. 1 angegebenen Besatzungs-
zahlen und Færeyinga saga c. 23 (ed. Rafn u. Mohnike S. 100.)

[3] Ich denke dabei an Bilder, wie sie z. B. Jähns, Atlas zur Geschichte des Kriegswesens, Tafel 97 Nr. 2, 3, 5, 6 wiedergibt.

antike Vorbilder nachgeahmt sind; erst eine systematische Durch-
sicht, eine Zusammenstellung von ganzen Reihen von Schiffs-
darstellungen, könnte vielleicht einen brauchbaren Ertrag geben.
Daran fehlt es aber bis jetzt. Ebensowenig sind bisher die schriftlichen Quellen systematisch durchsucht worden; vielleicht würde
dabei noch manches Neue zu Tage treten.

Von den Schiffen der alten S a c h s e n zur Zeit der Eroberung
Englands und später ist wenig sicheres bekannt. Man hat das
Nydamer Boot aus dem 4. Jahrhundert n. Chr. gelegentlich als
altsächsisches Fahrzeug angesehen, doch war es wohl eher skandinavischen (nordgermanischen) Ursprungs. Dass aber die Boote
der Angeln und Sachsen dem Nydamer Boot nicht unähnlich
waren, ist wahrscheinlich. Bei Snape in Suffolk fand man 1862
die Reste, d. h. eigentlich nur die eisernen Nägel, eines Bootes aus
angelsächsischer Zeit (wie dabei gefundene Urnen von angel-
sächsischem Typus beweisen); die Nägel hatten, obwohl das Holz
vermodert war, ihre Lage fast unverändert beibehalten, so dass
sich die ungefähre Form des Bootes noch feststellen liess: es war
etwa 14⁸/₄ m lang, mittschiffs 3 m breit und 125 cm tief. Aus dem
Verhältnis der Länge zur Breite (5 : 1) scheint hervorzugehen, dass
es mehr zum Rudern als zum Segeln (dies jedenfalls nur v o r dem
Wind) geeignet war. Das Heck war nicht, wie beim Nydamer
Boot, dem Buge gleich spitz zulaufend, sondern abgerundet[1].

Die Fahrzeuge der englischen Sachsen hiessen »Kiele« (Ciulae)[2].

---

[1] Proceedings of Society of Antiquaries of London, 2. series, vol.
II, 177. Boehmer, Prehist. nav. arch. S. 603 f.

[2] Erste Erwähnung bei Gildas § 23 (MG. AA. AA. XIII, 38): tribus
cyulis (wofür Beda Hist. eccles. I, 15 tribus longis navibus sagt), danach
Historia Brittonum c. add. Nennii § 19, 20, 31, 37, 38 (AA. AA. XIII,
162, 171, 177, 180), Beowulf (ed. A. Holder 1895) v. 38ᵇ, 238ᵇ, 1806ᵇ,
1902ᵇ; später kommt ceól in den Gesetzen Aethelreds (um 1000) vor
IV, 2, 1 (Liebermann, Ges. d. Angels. I, 232). Das Wort, vielleicht
griech. Ursprungs (von γαυλός Eimer?) kommt allgemein im Westgermanischen vor (ahd. chiol, mhd. kiel, ae. ceól) und ging von da in
das Altnordische über; in an. Prosa wird kjóll nur von englischen
Schiffen gebraucht. Von diesem Worte kiel in der Bedeutung »Schiff«
ist ein anderes mhd. kiel, an. kjǫlr = carina zu unterscheiden. Dieses
Wort allein lebt noch in nhd. Prosa fort und ist auch in die roman.
Sprachen übergegangen.

Die Angaben über Grösse und Besatzungszahl der Ciulae sind fabelhaft; sie waren zum Rudern und spätestens seit dem 7. Jahrhundert. auch zum Segeln eingerichtet[1]. Ich möchte annehmen, dass sie ungefähr dem Boote von Snape glichen. In der Wikingerzeit war das englische Seewesen sehr verfallen. Erst König Aelfred gab ihm einen Aufschwung: er erbaute eine Art von Langschiffen oder Galeeren, die weder den dänischen Wikingerschiffen noch den friesischen Schiffen glichen. Sie waren doppelt so lang als die Wikingerschiffe, höher und stabiler, und führten 60 Riemen oder mehr, waren also nach nordischer Ausdrucksweise Dreissigsitzer[2]. Man könnte vielleicht in den alten Resten eines 1875 in der Nähe von Southampton entdeckten Schiffes, welches die ausserordentliche Länge von fast 40 m hatte, die Überbleibsel eines solchen Aelfredschen Langschiffes erkennen; doch sind die darüber bekannt gewordenen Angaben zu unbestimmt[3]. Aus dem 10. Jahrhundert kennen wir eine Reihe altenglischer Namen für Schiffstypen[4]; die wichtigsten, welche grössere Seeschiffe bezeichnen, sind

---

[1] Gildas gebraucht mit Bezug auf die Kiele den Ausdruck secundis velis, da aber seine Angaben im übrigen völlig fabelhaft sind (namentlich die Zahlen!), so genügt dies allein noch nicht, um den Gebrauch des Segels zu beweisen. Dagegen steht dieser seit dem 7. Jahrhundert durch die Stellen Beowulf v. 1429 u. 1905—6 fest. Doch wurde lange Zeit wohl nur vor dem Winde gesegelt; dass man die Kunst des Lavierens übte, ist bei der damaligen primitiven Segeleinrichtung, wie ich später zeigen werde, undenkbar. Absolut nichts beweist in dieser Hinsicht die Stelle bei Claudian de consul. Stilich. II v. 253—55 (AA. AA. X, 212), aus der Barthold, Gesch. der deutschen Seemacht I, 297 (Raumers hist. Taschenb. 3. F. I [1850]) die unglaublichsten Folgen zieht, obwohl es eine blosse rhetorische Phrase ist. Auch was Boehmer, Prehist. nav. arch. S. 550—51 über Schiffe und Segelkunst der alten Sachsen sagt, z. T. wohl Barthold folgend, ist gänzlich unbegründet und falsch. Seine sonst sehr verdienstliche Abhandlung leidet überhaupt stellenweise an Kritiklosigkeit und auch an Ungenauigkeiten.

[2] Saxon Chron. 897 (ed. Plummer I, 90).

[3] Boehmer, Prehist. nav. arch. S. 630.

[4] Aus einem altengl.-latein. Glossar, abgedr. bei Jal, Archéologie navale I, 159 f. Über die Dromonen s. ibid. I, 230—243, bes. 239; z. Zt. Kaiser Leos (9. Jahrh.) waren sie schwerere Schiffe (ibid. S. 434). »Trieris« war damals jedenfalls nicht mehr ein wirklicher Terminus technicus, sondern nur ein in den Schulen oder von Laien gebrauchtes Wort, das ganz allgemein ein grosses Ruderschiff bezeichnete, s. Jal,

folgende: der schon erwähnte Name A e s c (wird mit dem griech.-
lat. »Dromo« übersetzt, also nach damaligem Sprachgebrauch ein
schweres Ruder-Kriegsschiff), dann der jedenfalls von den Dänen
übernommene S c e g d (an. Skeið, lat. »Trieris«, also ebenfalls
ein Ruder-Langschiff), endlich H u l c (wahrscheinlich ein grösseres
Frachtschiff; das lat. »Liburna«, womit es übersetzt wird, hatte im
damals üblichen Latein wohl nur die allgemeine Bedeutung »Schiff«,
nicht mehr die spezielle »Schnellsegler«). Über die genaueren
Formen und Unterschiede dieser Schiffstypen sind wir jedoch im
Unklaren. Auf der Bayeux-Tapete sind fünf mal Schiffe des englischen Königs Harald († 1066 bei Hastings) abgebildet. Sie gleichen
im allgemeinen den normannischen, zeigen aber im vorderen und
hinteren Teil eine Erhöhung der Bordwände, etwa nach Art der
späteren Back und Schanze. In diesen erhöhten Teilen sind Ruderlöcher angedeutet, was auf eine gewisse Verwandtschaft mit den
skandinavischen Handelsschiffen hinweist (vgl. das oben über die
Knorren gesagte)[1]. Ob einer der eben genannten altenglischen
Schiffsnamen, und welcher, auf diese Schiffe zu beziehen ist,
bleibt einstweilen eine unentschiedene Frage.

Noch weniger wissen wir von den f r ä n k i s c h e n und f r i e s i -
s c h e n Schiffen. Wie z. B. die Schiffe aussahen, welche Karl der
Grosse 810 gegen die Normannen erbauen liess, darüber ist
schlechterdings garnichts bekannt. Ein im Westfrankenreich frühzeitig öfter vorkommender Name ist »Barca«, und zwar nannten
die Westfranken zur Karolingerzeit so ihre grossen Schiffe, wahrscheinlich Ruderschiffe[2]. Schon Adamnan erzählt, dass der hl.

Glossaire nautique S. 1488 s. v. ΤΡΙΗΡΗΣ. Ebenso hatte »Liburna«
wohl seine spezielle Bedeutung verloren, vgl. Fock, Rüg.-Pomm. Gesch.
II, 163 A. 1. — In dem Londoner Zolltarif Aethelreds II um J. 1000
(IV, 2, 1; Liebermann, Ges. d. Angels. I, 232) werden Ceol und Hulc
gleich hoch bewertet, beide haben den vierfachen Zoll (4 d) wie ein
grösseres Segelfahrzeug niedrigster Gattung zu entrichten.

[1] Vgl. Tuxen S. 76.
[2] Hincmar 876 (SS. I, 501): navibus magnis, quas nostrates bargas
vocant. Ann. Ved. 896 (SS. II, 208), Abbo de bell. Paris. urb. I v. 30
(Poet. Car. IV, 80). Da »barca« schon bei Paulinus v. Nola (354—431)
vorkommt (Poem. 24, v. 94—95 bei Migne, Patrol. lat. 61, S. 617), ebenso
bei Isidor Origg. XIX c. 1 (Migne, Patr. lat. 82, S. 664 f.), so ist mir

Columba von Jona Ende des 6. Jahrhunderts eine gallische »Barke«
bei Cantyre in Schottland traf[1]. Dass die Schiffe der Franken und
Friesen zur Karolingerzeit Mast und Segel führten, kann nicht
bezweifelt werden[2]. Ob auch schon gedeckte Schiffe vorhanden
waren, ist unsicher. Wir hören allerdings, dass der hl. Anskar
826 in einem ihm vom Kölner Erzbischof geschenkten Schiffe mit
zwei Kajüten nach Dänemark fuhr[3]; aber darunter sind wohl
eher hüttenartige Aufbauten, die in dem sonst offenen Schiffe,
wahrscheinlich vorn und achtern, errichtet waren, als richtige
Unterdeckskajüten zu verstehen.

Von den friesischen Schiffen wissen wir zunächst aus der
oben erwähnten Nachricht über die Langschiffe König Aelfreds,
dass sie von den skandinavischen Wikingerschiffen des 9. Jahrhunderts verschieden waren, also offenbar nicht zu dem niedrigen,
langen Galeerentypus, wie z. B. das Gokstadschiff, gehörten. Ferner
aber haben es neuere Untersuchungen höchst wahrscheinlich gemacht, dass schon in der zweiten Hälfte des 9. Jahrhunderts bei
den Friesen in der Gegend der Zuidersee die Schiffsart der Koggen
aufkam[4]. Die »Kogge« war eines der bekanntesten Schiffe des
späteren Mittelalters und wurde besonders von den Seefahrern der
Hanse und den Niederländern gebraucht. Die Herkunft des Namens
»Kogge« steht noch nicht fest; gewöhnlich wird er vom griechischen
κόγχη, Muschel, abgeleitet, würde also »muschelförmiges Schiff«

---

die Abstammung vom griech.-ägypt. βᾶρις »ein Flussschiff« wahrscheinlicher als die vom altn. borkr Rinde.

[1] Vita S. Columbae I c. 28 (ed. Fowler S. 39).

[2] Die fränk. Schriftsteller sprechen oft in einer Weise von Segeln,
dass über deren allgemeinen Gebrauch kein Zweifel bestehen kann, so
z. B. Alkvin (Poet. Car. I, 220—21) und schon die Vita S. Filiberti c. 28,
29 (Poupardin, Mon. de St. Philibert S. 17), wo allerdings von breto-
nischen Schiffen die Rede ist. Auch zeigen verschiedene unter Ludwig
d. Fr. zu Dorestad und Quentowik geprägte Münzen ein Schiff mit
Mast, s. Prou, Les monnaies Caroling. Tafel 2 Nr. 63 und T. 5 N. 187.

[3] Vita Ansk. c. 7 (SS. II, 695 unten).

[4] Schäfer, Der Stamm der Friesen u. die niederländ. Seegeltung
(Marine-Rundschau 1905, 11. Heft S. 1358 f.), Vogel, Die Normannen und
d. Fränk. Reich S. 224—25. Zu erwähnen ist auch, dass zwei Land-
nahmsmänner in Island den Beinamen »kuggi« führten, der wohl von
Kogge abzuleiten ist, s. Landnáma II c. 32, III c. 8 (Ausg. v. 1843
S. 158, 194), vgl. Bugge, Vesterl. Indflyd. S. 201.

bedeuten [1]. Aber diese Etymologie ist wohl sicher zu verwerfen, da wir von einer griechischen Schiffsart dieses Namens im Mittelmeer nicht die geringste Kenntnis haben, vielmehr bestimmt wissen, dass die Koggen erst im 14. Jahrhundert von Westeuropa her im Mittelmeer Eingang fanden [2]. Wahrscheinlich ist der Name vielmehr, wie die Schiffsart selbst, friesischen Ursprungs. Im späteren Mittelalter waren die Koggen breite und verhältnismässig tiefgehende, vorn und hinten abgerundete, hochbordige und vollgedeckte Segelschiffe [3]. Ob die Koggen des 9. und 10. Jahrhunderts bereits dieselben Grundeigenschaften besassen, können wir nicht von vorn herein sagen, es ist aber natürlich das Wahrscheinlichste, wenn auch gewisse Einzelheiten, z. B. das hohe Vorder- und Hinterkastell, erst später hinzugekommen sein mögen. Diese Schiffsart stand also im entschiedensten Gegensatze zu den langen, niedrigen, oft nur teilweise gedeckten, skandinavischen Ruder-Segelschiffen und wies auch noch bedeutende Unterschiede auf gegen die vermutete, dem Typus der Rundschiffe sich etwas annähernde Form der skandinavischen Hochsee-Handelsschiffe (Knorren). Die Friesen können daher aller Wahrscheinlichkeit nach den Ruhm für sich in Anspruch nehmen, das hochbordige, ausschliessliche S e g e l s c h i f f in die nordeuropäische Seeschiffahrt eingeführt zu haben, von dem das ausgebildete Segelschiff der neueren Zeit direkt herzuleiten ist.

*   *   *

[1] Diese Ableitung vertritt u. a. Schrader, Ling.-hist. Forschungen z. Handelsgesch. u. Warenkunde S. 49, u. Die Deutschen u. d. Meer S. 10 (Wiss. Beih. z. Ztschrft. d. Allg. deutsch. Sprachvereins 11. Heft). Dagegen schon Fock, Rüg.-Pomm. Gesch. II, 163, auch Jähns, Kriegswesen S. 1256; die bei Jähns angenommene Ableitung aus dem Keltischen ist aber auch wenig wahrscheinlich. Schäfer nimmt friesischen Ursprung an.

[2] Vgl. Giov. Villani, Cronica l. VIII c. 77 (Mailänder Ausg. 1848 Bd. II, 101). Villanis Bemerkung dürfte doch, trotz dem, was Jal, Glossaire nautique S. 483 (s. v. Cocca) dagegen sagt, so aufzufassen sein, dass die Koggen erst Anfang des 14. Jahrhunderts bei den Seestädten des Mittelmeers Aufnahme fanden. Die früher, im 13. Jahrhundert, im Mittelmeer erwähnten Koggen waren wohl alle fremder, namentlich friesischer Herkunft. Auch im Norden fand die Kogge von D e u t s c h l a n d her Eingang (altn. kuggr), was in den nordischen Quellen ausdrücklich hervorgehoben wird.

[3] Beschreibungen liefern Fock, Rügensch-Pommersche Geschichten II, 163, III, 145, 259—63, u. Daenell, Blütezeit d. Hanse II, 348—49.

Wie verlief nun eine längere Seereise in damaliger Zeit[1]? Versetzen wir uns im Geiste etwa in ein Handelsschiff, das von Drontheim nach London fahren wollte, eine Fahrt, die ja seit dem 10. Jahrhundert sehr beliebt war. Selbstverständlich wird sie nur im Sommer vorgenommen; Winterfahrt — und gar über die offene Nordsee — war durchaus verpönt[2]. Unser Schiff hat also seine Ladung eingenommen, und nachdem eines Tages endlich günstiger Wind, in unserem Falle Nord oder Nordost, eingetreten ist, wird die Landungsbrücke eingezogen, der Anker gelichtet, und wir steuern, zunächst mit Ruderkraft, hinaus. Liegt dann in der Fahrtrichtung freies Fahrwasser vor uns, so wird die Rahe mit dem Segel gehisst. Das Fehlen zweier Hilfsmittel nun musste der damaligen Seeschiffahrt notwendig ein verschiedenes Gepräge von der heutigen geben: man kannte weder Kompass noch Seekarten. Man hielt sich daher, solange es irgend ging, in der Nähe der Küste, in Norwegen und Schweden womöglich innerhalb der Schären, an der friesischen Küste im Wattenmeer[3]. Brach die Dämmerung herein, so wurde geankert, ein Teil der Mannschaft fuhr oder stieg an Land und kochte die Mahlzeit — die erste Rolle spielte dabei die Grütze, ausserdem gab es für die Tage, wo man nicht landen konnte, kaltes Fleisch, Schinken, Brod, Butter, Räucherhering und dergl. Ein besonderer Koch war nicht bestellt, das Kochen ging reihum. Frischwasser und Bier wurden in Tonnen aufbewahrt und aus einem gemeinsamen Gefäss getrunken, das gewöhnlich zugedeckt vor dem Mast stand[4]. Nachts wurde, wie schon erwähnt, ein Zelt über das Schiff gespannt. Lag man, wie es meistens der Fall war, dicht am Land, so wurde eine Landungsbrücke ans Ufer gelegt, und vor diese ein Wachtposten gestellt. So ging die Reise Tag für Tag fort. Kam ein Sturm, so suchte man meist, so lange

---

[1] Im Folgenden habe ich vor allem skandinavische Verhältnisse vor Augen, weil uns darüber fast allein Nachrichten zu Gebote stehen.

[2] Später galten als die Grenztermine, zwischen denen die Schifffahrt ruhte, in der Regel Martini (11. Nov.) und Mariä Lichtmess (2. Febr.) oder Petri Stuhlfeier (22. Febr.).

[3] Schäfer in der Marine-Rundschau 1905, S. 1361.

[4] Vgl. Nicolaysen S. 23—24. Zum Schiffsproviant vgl. auch Dudo de moribus et actis primor. Normanniae ducum l. II c. 8 (ed. Lair S. 148).

es noch möglich war, am Lande Schutz[1] und zog auch wohl das
Schiff mit Hilfe von Rollen aufs Trockene, wie es jetzt noch mit
Fischerbooten geschieht. Damals wurden selbst grössere Schiffe
bei längerem Aufenthalt aufs Land gezogen[2].

Unser Schiff aber will nach England hinüber, und muss die
Küste verlassen, um die offene Nordsee zu kreuzen. Wie fand
sich nun der Seemann zurecht, wenn die Küste unter den Horizont
gesunken war? War das Wetter schön, so richtete er sich am
Tage nach der Sonne, nachts nach den Sternen, besonders dem
Polarstern, dem »Leitstern« (loadstar bei den Engländern, leidar-
stjarna bei den Skandinaviern). Klarer Himmel war also die Vorbedingung einer glücklichen Reise über offene See, und man wartete
lieber tage-, ja wochenlang, darauf, wie auf günstigen Wind, als
dass man sich der Gefahr aussetzte ins Ungewisse hinauszusegeln.
Trat allerdings während der Fahrt schlechtes Wetter ein, dann
musste man eben den Kurs zu halten suchen, so gut es ging. Es
gab dann noch gewisse Hilfsmittel: so liess der Norweger Floki
auf der Reise von Shetland nach Island mehrmals Raben steigen,
um zu erkunden, in welcher Richtung das nächste Land läge[3].
Das Erscheinen der Vögel liess überhaupt den Schiffer die Nähe
des Landes erkennen[4].

Als günstiger Wind wurde zunächst natürlich derjenige betrachtet, der recht von hinten oder schräg von hinten kam, so dass
das Schiff also vor dem Winde oder mit Backstagswind segelte.
Solchen Wind verstand man früher wohl allein zu benutzen: der
Norweger Ottar (vor 900) segelte bei einer Reise um das Nordkap nach dem weissen Meere stets vor dem Winde; musste er
einen neuen Kurs einschlagen, so wartete er jedesmal, bis der
Wind sich entsprechend änderte[5]. Auch die Iren verstanden mit

---

[1] »Die Segel bei Sturm einzuziehen, galt für Feigheit«, A. Bugge,
Die Wikinger S. 251 A. 5 nach dem Liede von Helgi Hundingsbani und
Halfs saga c. 10. Das wird aber wohl mehr in der Dichtung als in
Wirklichkeit vorgekommen sein.

[2] Nicolaysen S. 17.

[3] Landnáma I c. 2 (S. 29). Derselbe Brauch wird durch Kosmas
Indicopleustes (um 530 n. Chr.) bei den Schiffern von Ceylon bezeugt.

[4] Vgl. Færeyinga saga c. 23 (ed. Rafn und Mohnike S. 100.)

[5] Aelfreds Orosius ed. Sweet S. 17.

ihren Coracles wohl nur vor dem Winde zu segeln (s. oben S. 173
A. 4). Später jedoch, spätestens im 11. Jahrhundert, lernten die
Skandinavier auch mit halbem Winde zu segeln. Dies geht deutlich
aus der Erzählung hervor, die Snorri Sturluson von der Einfahrt
des norwegischen Königs Sigurd Jorsalafari (der Jerusalemsfahrer)
nach Konstantinopel im Jahre 1110 gibt[1]. König Sigurd war mit
seiner Flotte auf der Rückfahrt von Palästina begriffen und bis
zum Eingang der Dardanellen gelangt. Snorri erzählt nun: »König
Sigurd lag da einen halben Monat, und jeden Tag war guter Fahr-
wind nach Norden (wir würden sagen: nach Nordosten) nach dem
(Marmara-)Meer, aber er wollte auf solchen Wind warten, der von
der Seite käme, so dass er mit in der Längsrichtung des Schiffes
gebrassten Segeln fahren könnte; denn alle seine Segel waren sowohl auf der Vorder- wie auf der Rückseite mit kostbaren Stoffen
benäht, weil weder die Leute vorn, noch die hinten im Schiff die
unschöne Seite der Segel sehen wollten. — Als nun König Sigurd
nach Konstantinopel einfuhr, segelte er nahe am Lande . . . , da
sah man vom Lande in den Bauch aller Segel und nirgends erspähte
der Blick eine Lücke, als wäre es ein Wall (von Segeln). Alles
Volk stand draussen, um zu sehen, wie König Sigurd segelte«.
Was Snorri meint, ist klar: man erblickte vom Lande die volle
Breite der Prachtsegel, wie es die Eitelkeit König Sigurds wünschte,
und da die Flotte in mehreren Reihen nebeneinander segelte, so
wurden die Lücken zwischen den Segeln der dem Lande nächsten
Reihe für den Zuschauer durch die Segel der hinteren Reihen
ausgefüllt, und man erhielt den Eindruck einer ununterbrochenen
Mauer schön verzierter Segel. — Mit halbem Winde also konnte
man segeln, auf das Lavieren aber durfte man sich nicht einlassen. Bekanntlich besteht dies darin, dass man den entgegenstehenden, ungünstigen Wind abwechselnd in der einen und der
anderen Richtung als Seitenwind benutzt, indem man möglichst
dicht am Winde segelt. Die Strecke, die das Schiff bei diesem
Zickzacklauf jedesmal in einer Richtung zurücklegt, heisst ein
Schlag, und es ist klar, dass das Schiff beim Übergang von einem
Schlag zum anderen jedesmal wenden muss. Dies geschieht ent-

---

[1] Sigurðar Saga Jorsalafara c. 11—12 (Heimskringla ed F. Jónsson
III, 281).

weder, indem man das Schiff dem Wind entgegen, durch den
Wind hindurch dreht, »über Stag geht«, wie der Seemann sagt,
oder indem man das Schiff vor dem Winde wenden lässt: dieses
Manöver nennt man »halsen«. Das Über-Stag-Gehen strengt Schiff
und Takelage mehr an, ist aber auch bedeutend vorteilhafter, weil
da das Schiff sich fast auf dem Platze dreht, während es beim
Halsen einen mehr oder minder grossen Kreis nach rückwärts
beschreibt. Die alten Schiffe mit ihrem einzigen grossen Rahsegel
waren nicht gut im Stande, über Stag zu gehen; die mussten also
halsen und riskierten dabei, mehr an Weg zu verlieren, als sie bei
dem ganzen vorhergehenden Schlag gewonnen hatten. Das
Lavieren — übrigens, wie der Name beweist, eine Erfindung der
germanischen Seevölker — wurde also erst später, bei verbesserter
Segeleinrichtung vorteilhaft[1].

Was die erreichten Geschwindigkeiten betrifft, so waren sie,
wie von vornherein zu erwarten, nicht wesentlich verschieden von
dem, was man mit so kleinen Segelschiffen heutzutage erreichen
würde; eher etwas geringer. Im Einzelnen zeigten sich natürlich
grosse Unterschiede, je nach der Bauart des Schiffes und den
sonstigen Umständen. Adam von Bremen, die isländische Landnámabók und sonstige Quellen geben uns einige Daten. Der
Norweger Ottar brauchte von seiner Heimat in Halogaland im
nördlichen Norwegen bis Skiringssal einen Monat, wobei er jede
Nacht ankerte[2]. Berechnet man den Seeweg innerhalb der Schären
zu 950 Seemeilen und nimmt an, dass er täglich 12 Stunden segelte,
so ergibt sich eine Durchschnittsgeschwindigkeit von knapp 3 Seemeilen in der Stunde. Adam von Bremen[3] rechnet von Julin bis

---

[1] Über die Entstehung des Wortes (eigentlich »luvieren« von »luv«
d. h. luv gewinnen) vgl. Goedel, Etymol. Wörterbuch der deutsch. Seemannssprache S. 285. In Gottskalks Isländ. Annalen wird 1366 und 1388
ein Schiff »Bauta hluti« erwähnt (Storm, Isl. Annaler S. 361, 366), dessen
Name vielleicht soviel bedeutet wie »Ding d. h. Schiff, das zum Lavieren
geeignet ist«, von anorw. bauta lavieren und hlutr Sache, Ding. Vgl.
B. Kahle, Altwestnord. Namenstudien (Idg. Forschungen XIV, 185).

[2] Aelfreds Orosius ed. Sweet S. 19. Ottars Heim lag wahrscheinlich am Malangen-Fjord bei Malangen oder auf der Insel Senjen.

[3] II c. 19. Ob man dabei längs der schwedisch-finnischen oder der
preussisch-estnischen Küste segelt, macht wenig Unterschied. Schol. 121
werden von Birka bis Russland 5 Tage gerechnet, das macht, mit der

Russland 14 Tage Seefahrt; betrachtet man die Newamündung als
Endpunkt, und nimmt an, dass der Kurs längs der Küste ging,
und dass nur tags über gesegelt wurde, so ergibt sich eine Durchschnittsgeschwindigkeit von 4 1/2 Knoten, bei ununterbrochener Tag-
und Nachtfahrt wenig über 2 Knoten. Etwas rascher scheint die
Fahrt über offene See gegangen zu sein, weil man da eben besonders
günstigen Wind abzuwarten pflegte. Adam rechnet von Dänemark
nach England bei gutem Wind 3 Tage und Nächte, das wären etwa
4 1/2 — 5 1/2 Seemeilen in der Stunde[1]. Das bekannte Itinerar
von Ripen in Dänemark bis Akka in Palästina (in einem Scholion
zu Adams Werk)[2], worin die Fahrzeiten in Tagen und Nächten
angegeben sind, zeigt für die einzelnen Strecken grosse Verschieden-
heiten, von 3 3/4 bis etwa 10 Knoten; die meisten Durchschnitts-
geschwindigkeiten sind etwas höher als die vorhin genannten, und
liegen um 6—8 Knoten herum. Die Landnámabók[3] rechnet bei
günstigem Wind 7 Halbtage von Kap Stadt in Norwegen bis Horn
im östlichen Island; das ergibt, wenn der Kurs über die Färöer
genommen wurde (566 Sm.), 6 3/4 Seemeilen in der Stunde. Eine
solche Schnelligkeit wurde aber wohl nur in aussergewöhnlichen
Fällen erreicht. Im Allgemeinen wird man sagen können, dass
die auf längeren Strecken eingehaltene mittlere Geschwindigkeit,
namentlich bei Küstenfahrt, 2—4 Knoten, bei besonders günstigem

---

Newamündung als Endpunkt, bei täglich zwölfstündiger Fahrt 6 3/4—7
Knoten, bei ununterbrochener Fahrt 3 1/3—3 1/2 Knoten. Vgl. auch IV c. 28.

[1] II c. 50.

[2] Schol. 96. Dieses Scholion rührt wohl nicht von Adam selbst
her, da es sich nur in dem eine jüngere Textgestalt bietenden Kopenhagener Codex (4 in Lappenbergs Ausgabe) und einer anderen Kopenhagener Hs. (9) findet; vielleicht stammt es erst aus dem 13. Jahrhundert.
— Natürlich sind die danach gemachten Geschwindigkeitsberechnungen,
besonders bei den kurzen Strecken, ziemlich unsicher, weil »ein Tag«
ein sehr unbestimmter Begriff ist.

[3] I c. 1 (Ausg. von 1843 S. 25), danach Olafs saga Tryggvas. c.
112 (Fms. I, 234). Tuxen S. 74 berechnet nach dieser Stelle eine Durchschnittsgeschwindigkeit von nur 3 1/2 dän. Seemeilen in einer Wache von
4 Stunden = 3 1/2 internat. Seemeile in 1 St., also gerade die Hälfte der
von mir angegebenen. Seine Berechnung ist aber falsch, weil dœr
nie einen Ganztag von 24 St., sondern stets nur einen Halbtag von
12 St. bedeutet, s. Fritzner, Ordbog over det gamle norske Sprog
2. Aufl. I, 282.

Winde 4—6 Knoten, und in aussergewöhnlichen Fällen bis zu 8 oder 9 Knoten betrug.

Aber kehren wir zu unserem Drontheimer Schiff zurück, das inzwischen die englische Küste in Sicht bekommen hat. Der Schiffer muss nun, so gut es ihm nach seiner eigenen Kenntnis oder mündlichen Mitteilungen anderer möglich ist, den Ort zu identifizieren suchen, an dem er sich befindet, um von da den richtigen Weg zu seinem Bestimmungshafen einzuschlagen. Geschriebene Segelanweisungen mit Beschreibung der Küsten, kamen ja erst viel später, frühestens wohl im 14. Jahrhundert auf[1]. Nehmen wir an, dass unser Schiff glücklich an die Themsemündung gelangt ist. Heutzutage würde es hier einen Lotsen an Bord nehmen. Bestimmte Nachrichten von der Existenz von Lotsen haben wir aus so früher Zeit nicht. Lotsen werden zum ersten Male in den Rôles d' Oléron (Art. 13)[2] genannt, dem ältesten bekannten Seerecht der nordwesteuropäischen Meere, welches vielleicht bis ins 13. Jahrhundert zurückgeht. Der Gebrauch von Lotsen muss jedoch viel älter sein, da ihn die Eigenart der nörd-

---

[1] Die ältesten uns erhaltenen Segelanweisungen liegen in gewissen Teilen des von Koppmann herausgegebenen Seebuches (Bremen 1876) vor, welche ins 14. Jahrhundert oder noch weiter zurückgehen, s. daselbst S. XII und W. Behrmann, Über die niederdeutschen Seebücher des 15. und 16. Jahrhunderts (Gött. Diss. 1906) S. 5, 42. Noch keine Segelanweisungen, sondern blosse Aufzählungen der bei einer Küstenfahrt nacheinander zu berührenden Punkte sind Itinerare, wie das bei Langebek, Scr. rer. Dan. V, 622—23.

[2] Pardessus, Us et coutumes de la mer I (1847), S. 332, vgl. Hans. Geschichtsblätter Jahrg. 1906, S. 53. — Es ist vielleicht kein blosser Zufall, dass in eben diesen Gegenden Westfrankreichs, zwischen der Bretagne und der Girondemündung, deren Bedeutung für die ältere Geschichte der Seeschiffahrt mehr und mehr hervortritt, schon Mitte 9. Jahrhunderts ein Vorfall erwähnt wird, der das Vorhandensein von Lotsen anzudeuten scheint. Graf Lambert v. Nantes soll 843 eine normannische Flotte von der Südküste der Bretagne loireaufwärts nach Nantes geführt haben: [Normanni] accipientes iter cum magna classe navigii, sicut ipse Lambertus indicabat, qui semper eis, sicut per angulos Britanniae navigabant, primus erat, usque insulam Bas (Halbinsel Batz) pervenerunt. So die Chronik von Nantes c. 8 (ed. Merlet S. 15 f.) nach dem Bericht eines Zeitgenossen. Die Erzählung entspricht möglicherweise nicht der Wahrheit, zeigt aber doch, dass man eine lotsenartige Führung für fremde Schiffe kannte und für nötig hielt.

lichen und westlichen Meere gebieterisch erfordert. Der Mittel-
meerschiffer braucht ja eigentlich keine Lotsen, da alle wichtigeren
Häfen unmittelbar am offenen Meere liegen, wie Marseille, Genua,
Venedig, Konstantinopel. In Nord- und Westeuropa dagegen, wo
fast alle grossen Seehandelsplätze von jeher tief im Lande am Unter-
laufe grosser Ströme lagen, wo der Wechsel von Ebbe und Flut
die Strömungen und Sandbänke der Mündungen noch gefährlicher
macht, waren Lotsen wirklich ein »tiefgefühltes Bedürfnis«[1]. Sie waren
dies um so mehr, als S e e z e i c h e n , Tonnen, Baken und dergleichen,
vielleicht völlig fehlten, bestenfalls nur in sehr geringer Zahl vorhanden waren. Die ersten Nachrichten von solchen an der deutschen
Küste haben wir jedenfalls erst aus dem 13. Jahrhundert. Auch
L e u c h t t ü r m e fanden erst seit dem 13. Jahrhundert allgemeinere
Verbreitung. Der älteste uns bekannte in Nordwesteuropa ist der
von Boulogne an der Strasse von Calais. Es ist dies ein alter
Römerturm aus Caligulas Zeit, den Karl der Grosse 811 wieder
herrichten und mit einem Leuchtfeuer (natürlich keiner Lampe,
sondern einem offen lodernden Feuer) versehen liess[2]; er war dann
wohl für Jahrhunderte der einzige seiner Art.

Glücklich konnte sich der Schiffer schätzen, wenn er all den
Gefahren, die ihm auf offener See und an der Küste sowohl durch
die Naturgewalten wie durch Seeräuberei und grausames Strand-
recht drohten, glücklich entronnen war und im Hafen zu London
Anker warf. Selbst hier waren noch nicht alle Fährlichkeiten
überstanden, diente doch in London, wie in der Mehrzahl der
nordwesteuropäischen Häfen, als Hafenbecken einfach der F l u s s ,
wo die ankernden Schiffe der Strömung den Anfällen und Diebe-
reien der Flusspiraten und sonstigem Ungemach ausgesetzt waren.
Der grosse Fortschritt zur Sicherung des Hafenverkehrs durch Erbauung von Hafenbassins oder D o c k s wurde allgemein erst sehr
spät, in London beispielsweise erst zu Beginn des 19. Jahrhunderts,
gemacht.

---

[1] Vgl. Goedel, Etym. Wörterbuch d. deutsch. Seemannssprache
Seite 305.
[2] Ann. Regni Franc. 811.

III.

Die vorstehenden Ausführungen können natürlich keineswegs den Anspruch erheben, die Technik der damaligen Seeschiffahrt erschöpfend zu behandeln. Auch auf die übrigen Seiten des Schiff-fahrtsbetriebes, namentlich die rechtliche, kann ich hier nicht ein-gehen, obwohl sich z. B. über die Herkunft und Zusammensetzung der Schiffsmannschaft, über die ersten Spuren des Seerechts und der Seeversicherung in Nordwesteuropa auch aus dem früheren Mittelalter manches beibringen liesse. Ich möchte vielmehr nur noch zum Schluss die geographische Bedeutung der nordischen Seefahrten im frühen Mittelalter mit einigen Worten hervorheben. Ich meine damit die Erweiterung des geographischen Horizontes, die diese Seefahrten mit sich brachten, eine Erweiterung, die zum-teil auch praktische Folgen, z. B. für den Seehandel, nach sich zog. Wie bedeutend diese Erweiterung des geographischen Hori-zontes in den drei Jahrhunderten zwischen 800 und 1100 war, sieht man am besten, wenn man etwa die geographischen Kennt,-nisse der gelehrten Freunde Karls des Grossen, eines Einhard, Alkvin, Paulus Diakonus, mit denen Adams von Bremen vergleicht. Zur Zeit Karls des Grossen kannte man von Europa genauer nur die südlichen, mittleren und westlichen Länder mitsamt den bri-tischen Inseln. Von Skandinavien und seinen Völkern hatte man noch ziemlich unbestimmte Begriffe; es galt als eine grosse Insel. Die Ostsee hielt man für einen Meeresarm von unerforschter Länge nach Osten und Norden[1]. Adam von Bremen dagegen weiss recht gut Bescheid über die Länder und Völker Skandinaviens, er hat von den Dänen gehört, dass die Länge der Ostsee öfter erforscht worden sei[2] und dass man zu Lande von Schweden nach Griechen-land wandern könne[3]. Er kennt Island, Grönland[4] und den von den Normannen entdeckten Teil Amerikas unter dem Namen Vin-land[5], wenn er auch über die Lage dieser Länder nicht ganz klare

---

[1] Einhard, Vita Caroli m. c. 12 (SS. II, 449), Paul. Diac. Hist. Langob. I c. 1, 2 (SS. rer. Langob. S. 48).

[2] IV, c. 11.

[3] IV, c. 15.

[4] IV, c. 35, 36.

[5] IV, c. 38. Der älteste vorhandene Bericht über Amerika!

Vorstellungen besitzt. Ein Scholion zu Adams Schilderung der
nordeuropäischen Länder, welches allerdings wohl nicht von ihm
selbst herrührt, sondern vielleicht erst dem 12., spätestens dem
13. Jahrhundert entstammt, gibt ferner eine Beschreibung der
Reiseroute von Dänemark nach Palästina um Gibraltar herum[1],
eine Fahrt, die zu Karls des Grossen Zeit noch unerhört gewesen
wäre.

Diese geographischen Entdeckungen sind wieder ein Werk
der drei Völker, deren führende Rolle in der nordischen Seeschiff-
fahrt ich schon vorhin hervorgehoben habe, der Iren, der Skandinavier (besonders der Norweger) und der Friesen. Die Iren veranlasste zu ihren Forschungsreisen nicht irgend ein materieller
Grund, auch nicht, wie man vielleicht vermuten könnte, der Wunsch
zu missionieren. Es war vielmehr die Sehnsucht, sich von Welt
und Menschen abzusondern und auf fernen, unbewohnten Inseln
Gott in der Einsamkeit zu dienen, die einzelne irische Anachoreten
auf ihren gebrechlichen Coracles in die schauerliche Öde des unbekannten Ozeans hinaustrieb[2]. So fuhr schon zu Columbas Zeiten
(6. Jahrh.) Abt Cormac von Durrow dreimal vergeblich in den
atlantischen Ozean hinaus, um eine einsame Insel zu finden; auf
seiner dritten Fahrt soll er vierzehn Tage ununterbrochen nach
Norden gesegelt sein[3]. Damals entdeckten und bewohnten irische
Anachoreten die Orkney-Inseln, später die Färöer und um 790 endlich Island, wo sie bis zur Besiedelung durch die Norweger blieben[4].
Dagegen müssen die Erzählungen von irischen Niederlassungen
in Amerika (»Grossirland« und »Weissmännerland«) ins Reich der
Fabel verwiesen werden[5]. Eine poetische Verkörperung gleich-

---

[1] Schol. 96. S. oben S. 196 A. 2.

[2] Vgl. Zimmer, Keltische Kirche in Prot. Real-Encycl. X[2], 226.

[3] Vita S. Columbae auct. Adamnano I c. 6, II c. 42 (ed. Fowler
S. 21, 115—18). Vgl. ferner Saxon Chron. 891 (ed. Plummer I, 82) und
Plummers Bemerkungen dazu (ibid. II, 103—5).

[4] Die eingehendsten Nachrichten hierüber bei Dicuilus, liber de
mensura orbis terrae c. VII § 11—15 (ed. Parthey S. 42—44; geschr.
825). Einige Ortsnamen auf Island erinnern an die irische Bevölkerung:
Papey, Papafjǫrðr etc. (Aarb. f. nord. Oldk. og Hist. 1887 S. 361).

[5] G. Storm, Studier over Vinlandsreiserne (Aarb. f. n. Oldk. og
Hist. 1887, S. 355 f.)

sam dieser Fahrten ist die irische Legende vom hl. Brendan, der unermüdlich von einer Insel zur anderen segelte, bis er das Paradies, ›das Land der Verheissung‹, fand. Diese Legende, die in der Hauptsache ihren Ursprung in irischen Schiffermärchen hat[1], wurde im Mittelalter für volle Wahrheit gehalten. Die Insel des hl. Brendan wurde daher in die Karten aufgenommen und figuriert z. B. noch auf M. Behaims bekanntem Globus von 1492 und sogar auf Merkators Erdkarte von 1569; sie ist hier zwischen Irland und dem St. Lorenz-Strom eingetragen.

Die Fahrten der Normannen erweiterten die geographischen Kenntnisse in vier Hauptrichtungen. Einmal wurden, wie schon erwähnt, die Grenzen der Ostsee festgestellt und das Vorhandensein einer Landverbindung nach Griechenland, die aber mit Hilfe der russischen Ströme auch zu Schiffe überwunden werden konnte, konstatiert. Zweitens brachten die Fahrten der Norweger nach Norden Aufklärung über die Ausdehnung der skandinavischen Halbinsel nach dieser Richtung: das Nordkap wurde umsegelt und der Weg zum weissen Meere, zur Dwina, zum ›Biarmaland‹, wie es die Skandinavier nannten, gefunden. Der früheste und zugleich sehr lehrreiche Bericht darüber ist die bereits öfters erwähnte Erzählung Ottars, die König Aelfred von England der Nachwelt überlieferte[2]. Die grösste Erweiterung geographischer Kenntnis in räumlicher Beziehung brachten die Fahrten nach Westen. Die Entdeckungen der Normannen in dieser Richtung sind, wie es scheint, unabhängig von denen der Iren erfolgt. Nachdem schon

---

[1] Die Navigatio S. Brendani ist keine echte alte Legende, sondern erst Mitte des 11. Jahrh. verfasst und in der Weise entstanden, dass der Inhalt des altirischen Gedichtes Imram Maelduin (aus d. 7.—8. Jahrhundert) auf die Person des hl. Brendan übertragen wurde. Im 7./8. Jahrhundert entstand in Irland in Nachahmung von Aeneas' Meerfahrt bei Virgil eine ganze Gattung von Gedichten, die sog. Imrama, d. h. navigationes, zu denen irische Schiffersagen, Erinnerungen an die heidnische Vorstellung von den Gefilden der Seligen im westlichen Ozean etc. den Stoff lieferten. Vgl. Zimmer, Kelt. Beiträge II in d. Ztschft. f. d. Altertum Bd. 33. — Die Brendanslegende, obwohl ein spätes Produkt, wurde jedoch wichtig wegen ihrer Einwirkung auf die Kartographie; vgl. Kretschmer, Die Entdeckung Amerikas in ihrer Bedeutung f. die Gesch. d. Weltbildes (Berlin 1892) S. 186—95.

[2] King Aelfreds Orosius ed. Sweet 17—18.

um die Wende des 8. und 9. Jahrhunderts norwegische Wikinger
die Färöer aufgefunden hatten, wurde um die Mitte des 9. Jahrhunderts der Wikinger Naddoðr bei der Fahrt nach den Färöern
westwärts verschlagen und betrat als erster Skandinavier den
Boden Islands. Seine Erzählung von dem Snæland, Schneeland,
wie er es nannte, veranlasste den Schweden Garðarr das Land
aufzusuchen. Er umsegelte es zuerst und stellte seinen Insel-
charakter fest. Nach ihm kam als dritter Entdecker der Norweger
Floki, von dem die Insel den Namen bekam, den sie dauernd behalten hat, Island. Der erste ständige Ansiedler war jedoch der
Norweger Ingolfr, der sich um 874 in Reykjavik, der Stätte der
heutigen Hauptstadt Islands, niederliess[1]. Das Land wurde dann
ziemlich rasch von Tausenden besiedelt; die wenigen irischen
Anachoreten wichen ohne Widerstand aus dem Lande. Einige Jahre
später erblickte ein Mann namens Gunnbjörn von einer Inselgruppe
westlich von Island zum ersten Male Grönland. Der eigentliche
Entdecker Grönlands war aber Erik der Rote, der 983 wegen
Totschlags aus Island weichen musste und nach dem Lande
segelte, das Gunnbjörn gesehen. Ihm folgten bald viele Ansiedler.
Im Jahre 999 war Eriks Sohn Leif von Grönland nach Norwegen
gefahren. Er segelte im Frühjahr des Jahres 1000 nach Grönland
zurück, in der Absicht, das Christentum dort zu verbreiten, wurde
aber nach Südwesten verschlagen und entdeckte ein Land, in dem
Wein und Korn wild wuchsen; er war der erste Europäer der
Amerikas Boden betrat. Als er glücklich nach Grönland gelangt
war, veranlasste seine Erzählung von dem »Vinland«, wie er es
nannte, mehrere Expeditionen, um die Entdeckung auszubeuten.
Die zweite unter Thorfinn Karlsevne war erfolgreich; man entdeckte nach einander drei Länder: Helluland (d. h. Steinland), wahrscheinlich die Küste von Labrador, Markland (d. h. Waldland),
jedenfalls Neu-Fundland, und endlich Vinland, das aller Wahrscheinlichkeit nach mit Neu-Schottland zu identifizieren ist. Die
Norweger blieben dort mehrere Jahre, doch kam es zu keiner
dauernden Besiedelung; Kämpfe mit den Eingeborenen, den »Skrae-
lingern« (wahrscheinlich Eskimos), und innere Zwistigkeiten veranlassten sie, nach Grönland zurückzukehren. Später sind noch manche

---

[1] Landnáma I c. 1—8.

Versuche gemacht worden, Markland und Vinland wiederzufinden[1]. So hat möglicherweise der norwegische König Harald Haardraade (gefallen 1066 bei Stamfordbridge) um die Mitte des 11. Jahrhunderts eine, freilich vergebliche Expedition unternommen, um Vinland aufzufinden; ganz unbestritten ist dies nicht, da Einige meinen, es sei dies vielmehr eine arktische Fahrt gewesen. Jedenfalls würde aber ein solches Unternehmen gut zu dem Charakter dieses Königs passen, der so recht ein Repäsentant dieses Zeitalters der Abenteuer und Entdeckungen und vor Marco Polo vielleicht der weitestgereiste Mann Europas war: hat er doch Sizilien, Afrika, Palästina, Russland, England und die schottischen Inseln besucht[2]. Dass die Entdeckung Vinlands jedenfalls in Skandinavien Aufsehen erregte, davon zeugt der Umstand, dass Adam von Bremen darüber berichtet. Noch 1347 kam ein grönländisches Schiff nach Island, welches Markland besucht hatte, aber auf der Rückkehr nach Island verschlagen worden war. Es ist jedoch nicht anzunehmen, dass die Kenntnis, die man in Island und Skandinavien von Vinland und Markland hatte, zu der späteren Entdeckung Amerikas mitgewirkt hat. — Endlich sind auch die Fahrten der Normannen nach S ü d e n nicht ohne Ertrag für die geographische Kenntnis geblieben und haben namentlich praktischen Nutzen für die Schiffahrt gebracht. Man hatte ja eine ungefähre Kenntnis von der Küstengestaltung Spaniens, aber die Fahrt von Westeuropa um Gibraltar nach dem Mittelmeer wurde seit der Auflösung des Weströmischen Reiches bis zum 9. Jahrhundert kaum je unternommen. Erst die Normannen umsegelten 859 Spanien und gelangten bis nach Oberitalien. Im 10. und 11. Jahrhundert wurden diese Wikingerzüge mehrfach wiederholt und nahmen allmählich, ohne dass sich eigentlich eine bestimmte Grenze ziehen liesse, den

---

[1] Über alle diese Fahrten nach Amerika vgl. G. Storm, Studier over Vinlandsreiserne; Y. Nielsen, Nordmænd og Skrælinger i Vinland (Norsk Hist. Tidskr. 4. Række 3. Bd. 1905).

[2] Nielsen a. a. O. S. 15 f. Schon Thormodus Torfæus (Historia Vinlandiae, Havniae 1715, Praef. ad lectorem) vertrat die Ansicht, dass die von Adam v. Bremen IV c. 38 erzählte Fahrt Haralds zum Zwecke der Auffindung Vinlands unternommen worden sei. Dass Adam IV c. 11 dieselbe Expedition wie in c. 38 im Auge hat, wie Nielsen meint, scheint mir nicht zuzutreffen; Adam redet in c. 11 doch offenbar von einer O s t s e e expedition.

Charakter von Kreuzzügen an [1]. Spätestens zu Anfang des 12. Jahrhunderts wusste man jedenfalls über den Seeweg von Dänemark
durch die Strasse von Gibraltar nach Palästina gut Bescheid, und
von dänischer Seite scheint ein Scholiast Adams von Bremen
seine Kenntnis von diesem Seeweg erhalten zu haben [2].

Aber auch die Friesen treten uns hier im Mittelmeer frühzeitig als kühne Seefahrer entgegen. Während des ersten Kreuz-
zuges, im Jahre 1097, als ein Teil des Kreuzheeres bei Tarsus in
Cilicien lag, erschien eines Tages plötzlich eine zahlreiche Flotte
auf der Reede. Es stellte sich heraus, dass dies eine aus Flandern
und Friesland (namentlich aus den Städten Antwerpen und Tiel)
stammende Seeräuberflotte unter dem Kommando eines gewissen
Winimer von Boulogne war, welche seit acht Jahren bereits das
Piratenhandwerk trieb und sich nun den Kreuzfahrern anschloss [3].
Auch bei den späteren Kreuzzügen, die ihr Ziel zur See um
Gibraltar herum zu erreichen suchten, haben die Friesen und
Flandrer eine hervorragende Rolle gespielt.

Selbst den Entdeckungsfahrten eines Gardarr, Floki, Leif und
Harald Haardraade haben die Friesen ähnliches an die Seite zu
stellen. Unter Bischof Bezelin von Bremen (1035—45) unter-
nahmen einige friesische Adelige von der Wesermündung aus eine
Expedition, um zu erforschen, ob die landläufige Meinung begründet
sei, dass man von der Weser direkt nach Norden segelnd nirgends
auf Land treffe, sondern den unermesslichen Ozean vor sich habe.
Sie steuerten nicht direkt nördlich, sondern mehr nordwestlich,
passierten Island und gerieten weiter nördlich in eine Eisströmung,
wahrscheinlich an der Ostküste Grönlands; nur ein Teil der Schiffe
konnte sich schliesslich mit grösster Anstrengung aus der Strömung herausarbeiten. Nach allerlei Abenteuern gelangten sie glücklich nach Bremen zurück [4].

---

[1] Fabricius, Normannertogene til den Spanske Halvø (Aarb. f.
nord. Oldkyndigh. og Hist. 1897); ders., Korstoge fra Norden til den
Spanske Halvø (Aarb. 1900).

[2] Das Itinerar in Schol. 96 beginnt mit Ripen.

[3] Albertus Aquens. l. III c. 14, 59, VI c. 55 (Recueil des hist. des
crois., Hist. occid. IV, S. 348, 380, 500).

[4] Adam v. Bremen IV c. 39—40. Vgl. J. G. Kohl, Die erste deutsche
Entdeckungsreise zum Nordpol, im Brem. Jahrbuch V (1870), S. 174—191.

So sehen wir im 11. Jahrhundert sowohl im äussersten Süden wie im äussersten Norden Europas friesische Seeleute — gewiss ein Beweis, dass es diesen an seemännischer Tüchtigkeit nicht gefehlt haben kann. Die auf solchen Reisen gesammelten navigatorischen und geographischen Kenntnisse haben wohl auch ihr Teil beigetragen zu der späteren Blüte der niederländischen und hansischen Schiffahrt.

V.

Die Organisation der Hanse in ihrem letzten Jahrhundert.

Von

Paul Simson.

Im Wesen der Hanse liegt es, dass eine Organisation, eine feste Verfassung, sich erst sehr allmählich herausbilden konnte. Praktischen Zwecken dienend, herausgewachsen aus Vereinigungen von Kaufleuten im Auslande zum Schutze und zur Förderung des Handels, die erst im Laufe der Zeit eine Vereinigung der Städte in der Heimat entstehen liessen, jedesmal nach den augenblicklichen Aufgaben handelnd, musste die Hanse etwas Loses, Freies haben, musste es ihr an einer festen Fügung lange fehlen. Das wurde in ihr auch früh erkannt, und wiederholt trifft man auf Versuche, ihr eine allgemeingültige Ordnung für die Zukunft zu geben. Doch führten alle diese Anläufe nicht dazu, eine wirkliche Verfassung zu schaffen, und den Einrichtungen der Hanse haftete während ihrer ganzen Blütezeit etwas Fliessendes an, wenn sie auch damals im grossen und ganzen ihre Aufgaben ausreichend erfüllten. Dauernd wurde an ihren Einrichtungen gearbeitet, man nahm Änderungen und Verbesserungen vor, ohne aber zu einem Abschluss, zu einer durchgebildeten Verfassung zu gelangen, die für alle Fälle ausreichte und bestimmte Handhaben bot. Ein solches Werk zu schaffen, lag auch nicht in der Art des Mittelalters, das auch auf andern Gebieten grosse und abschliessende Verfassungseinrichtungen selten zu stande gebracht hat.

Als aber seit dem ausgehenden 15. Jahrhundert die Stützen
der hansischen Städtevereinigung überall wankten, als auf die
Blütezeit ein ziemlich plötzlich eintretender, wenn auch sich lange
hinziehender Verfall folgte, als die Hanse neu und kräftig empor-
strebenden Gewalten und anders sich gestaltenden Verhältnissen
erlag, da suchte man ihr eine neue, festere Organisation zu schaffen,
weil man davon Rettung und Erhaltung der alten, morsch gewordenen Verbindung erhoffte. So sehen wir im 16. und 17. Jahrhundert vielfach die hansischen Diplomaten damit beschäftigt, neue
Einrichtungen zu treffen und Bestimmungen festzusetzen, die der
Hanse eine feste Organisation geben sollten. In Anknüpfung an alte
Einrichtungen wurden neue getroffen, die einen dauernden Zustand
gewährleisten, eine sichere Grundlage bieten sollten. Es bildeten
sich nun bestimmte Gewohnheiten heraus, die teils einfach übernommen und durch fortwährende Beobachtung geheiligt, teils auch
durch besondere Beschlüsse festgelegt wurden. In dieser Zeit
erst kann man mit einigem Rechte von einer Verfassung der Hanse
sprechen.

Es dürfte eine lohnende Aufgabe sein, eine Darstellung dieser
inneren Verfassung zu versuchen, die freilich nicht bis ins einzelne
erschöpfend sein soll, die nicht alles berühren kann, aber doch die
Hauptlinien zu zeichnen hofft. Schon Sartorius hat in seiner Geschichte des Hanseatischen Bundes das Schlusskapitel der Verfassung desselben während der Zeiten des Niederganges gewidmet[1].
Doch war natürlich sein Material, dessen ungedruckter Teil sich
hauptsächlich im Braunschweiger Archive befand, lückenhaft, wenn
er auch eine für seine Zeit erstaunliche Menge von Nachrichten zu Tage gefördert und verarbeitet hat. So konnte sich kein
völlig richtiges Bild ergeben. Nachdem nun das Kölner Inventar
Höhlbaums mit seiner Fülle von Nachrichten erschienen ist, hat
sich auch für diese späten Zeiten der Hanse der Bestand der
Quellen stark vermehrt, während naturgemäss die frühere Publi-
kationstätigkeit des Hansischen Geschichtsvereins fast ausschliesslich der Blütezeit des 14. und 15. Jahrhunderts zu gute gekommen
war. Neben dem Kölner Inventar dienen diesem Aufsatz als Quellen
die Bestände des Danziger Archivs, die es in ausgiebigster Weise

---

[1] Bd. III. S. 545 ff.

ergänzen. Für die Zeit von 1591, wo Höhlbaums Veröffentlichung abbricht, bis 1625, wohin das Danziger Inventar von mir geführt werden soll, ist das Danziger Archiv die alleinige Quelle.

Die wichtigsten Grundlagen für unsere Untersuchung geben die Rezesse der Hansetage, auf denen der grösste Teil der Darstellung sich aufbaut. Dazu kommt eine Fülle von sonstigen Aktenstücken und Urkunden[1].

Bei der Herkunft eines grossen Teils des benutzten Materials aus dem Danziger Archiv wird es erklärlich sein, dass die Darstellung besonders häufig auf die Verhältnisse Danzigs und der zu ihm gehörigen Städte Preussens und Livlands eingehen wird. Man schliesse aber nicht daraus, dass diesen Städten eine besondere Bedeutung in der Hanse zukomme, sondern betrachte diese Angaben nur als Beispiele für die allgemeinen Verhältnisse, die sich ähnlich auch in den anderen Gebieten der Hanse herausgebildet hatten.

I.

Die Einteilung der Hanse in drei Drittel, das lübisch-sächsische, das preussisch-westfälische und das gotländisch-liv-ländische, besass während der Blütezeit der Hanse nicht allgemein-giltige, sondern nur eine spezielle Bedeutung für das Kontor zu Brügge und für die Beziehungen der Hansestädte zu diesem Kontor. Daneben fanden sich einzelne Gruppen zu loseren Verbänden, meist territorialer Natur, zusammen, die deren besondere Interessen innerhalb der Gesamtheit wahrnehmen sollten[2]. Diese Verbände waren nicht überall gleicher Art, hatten auch nicht immer denselben Bestand an Mitgliedern. Am Ende des 15. Jahrhunderts bildeten sich dann einige grössere Organisationen heraus, unter

---

[1] Die Rezesse sollen nicht jedesmal einzeln zitiert werden. Angaben, für die kein Beleg hinzugefügt wird, beruhen auf den Recessen des Kölner Inventars oder des Danziger Archivs, wo sie die Abteilung XXVIII bilden. Die übrigen benutzten Stücke werden nach ihrer Nummer im Kölner Inventar (Köln), dem Aktenanhang entnommene nach ihrer Seitenzahl (S.), oder nach ihrer Bezeichnung im Danziger Archiv (Danzig) zitiert werden.

[2] Für Westfalen vgl. Niehues, Hans. Geschichtsbl. Jahrg. 1879 S. 49 ff.

denen namentlich das Kölnische Drittel zu nennen ist[1]. Lübeck
hatte die wendischen Städte um sich geschart, unter denen wieder
Stralsund Einfluss auf die pommerschen Städte besass. Eine starke
Verbindung bildeten auch die sächsischen Städte, die sich auch
zu ausserhansischen Zwecken vereinigten und als deren Vororte
Braunschweig und Magdeburg galten. Die preussischen Städte
hatten während der Ordenszeit häufig untereinander die hansischen
Verhältnisse beraten und waren dabei gemeinsam aufgetreten.
Durch den politischen Zerfall des Ordenslandes war dieser Zusammenhang gelockert worden. Alle diese Verbände hatten aber
keine offizielle Geltung und umfassten auch zusammen nicht den
ganzen Bestand der Hansestädte.

Eine solche offizielle Einteilung in drei Drittel mit den Vor-
orten Lübeck, Köln und Braunschweig findet sich 1494 auf dem
Bremer Hansetage, der für jedes Drittel eine Bundeskasse an-
ordnete[2]. Aber sie blieb nur eine vorübergehende Einrichtung,
wenigstens was die einzelnen Drittel anbetrifft. Denn 1535 heisst
es: dewile de Anse in dre dele gedelet, darvan de van Lubeck
des ersten quarteres, van Coln des anderen und vann Dantzick des
drudden quarters hovede sin[3]. An Stelle Braunschweigs ist also
Danzig getreten, und demnach muss auch eine andere Zuweisung
eines Teiles der Städte zu den einzelnen Dritteln stattgefunden
haben. Es ergibt sich hier die Bezeichnung Quartier merkwürdiger-
weise als gleichbedeutend mit Drittel, sie hat also nicht den ursprünglichen Zahlenwert eines Viertels, sondern bedeutet nur
einen beliebigen Teil. Was damals zu den einzelnen Quartieren
gehörte, erfahren wir nicht. Während es bei Köln und Lübeck
wohl im wesentlichen ihre alten Gefolgschaften sind, können wir
nicht erkennen, ob Danzig zu dieser Zeit einen gleich ausgedehnten
Wirkungskreis gewonnen hat, sondern wir sehen es nach wie vor
nur in engerem Verkehr mit Thorn, Elbing, Kulm, Braunsberg und
Königsberg, während die livländischen Städte noch ganz bei Seite
bleiben. Danzig pflegte schon seit längerer Zeit die Einladung zu

---

[1] Zahlreiche Belege dafür in Abt. III der Hanserezesse.
[2] Hoffmann, Geschichte der freien und Hansestadt Lübeck I S. 196.
[3] Waitz, Lübeck unter Jürgen Wullenwever und die europäische
Politik III, S. 399.

den Hansetagen den preussischen Städten zu vermitteln, so auch
1538[1], mithin in der Zeit, wo es als Quartierhauptstadt angesehen
wurde. Die livländischen Städte, Riga, Reval und Dorpat, erhielten ihre Einladung gesondert[2], doch traten sie des Hansetages
wegen mit Danzig in Verbindung[3] und hielten unter sich Beratungen darüber ab, von deren Ergebnis sie Danzig Mitteilung
machten[4]. Riga bezeichnete damals Danzig geradezu als Haupt der
preussischen und livländischen Städte[5]. 1539 sandte Danzig mit
Thorn, Elbing und Königsberg gemeinsam festgestellte Artikel zu
dem damals geplanten, aber später nicht zu stande gekommenen
Hansetag in Lübeck[6], zu denen Riga seine Zustimmung gab, indem
es von Reval und Dorpat dasselbe erhoffte[7]. Als 1540 der auf-
geschobene Hansetag abgehalten werden sollte, wurde zwar von
Königsberg eine Vorberatung der preussischen Städte angeregt,
derart, dass die zum Hansetage deputierten Gesandten dazu in
Danzig zusammen kommen sollten[8], und Danzig lud dazu auch ein,
aber diese Beratung hat nicht stattgefunden[9]. An eine Teilnahme
der livländischen Städte an ihr war garnicht gedacht worden. Diese
hielten vielmehr wieder gesondert einen Tag ab, auf dem sie die
Besendung des Hansetages beschlossen und Danzig davon Mitteilung
machten[10]. So ergeben sich zwar engere Beziehungen zwischen den
preussischen und livländischen Städten in hansischen Dingen, aber
von einer festeren Organisation, wie sie beim Kölner Drittel bestand, namentlich auch von gemeinsamen Tagungen der ganzen
Gruppe findet sich noch keine Spur.

In dieser Zeit trat nun bereits wieder ein Wechsel ein, indem
Danzig wieder Braunschweig den Rang als Quartierhauptstadt
räumen musste. Auf der Tagung von 1540 nämlich wurde eine
Taxe beschlossen, zu deren Erhebung die Städte in drei Quartiere

[1] Danzig Miss. XV 286.
[2] Köln I, 97.
[3] Danzig Schbl. XCI 29 a.
[4] Ebenda Miss. XV 369, Schbl. XCI 29 b.
[5] Ebenda Schbl. XCI 28 a.
[6] Köln I, 105.
[7] Danzig Schbl. XCI 30 c.
[8] Ebenda Schbl. CXVIII A.
[9] Ebenda Miss. XVI 62—63, 68, 86—87, Schbl. CXVIII A.
[10] Ebenda Schbl. XCI 31 c.

eingeteilt wurden: ausser dem lübischen und kölnischen trat hier
das sächsische Quartier mit der Hauptstadt Braunschweig auf,
während Danzig mit den preussischen und livländischen Städten
zum lübischen Quartier gerechnet wurde[1]. Es scheint nicht, dass
Danzig gegen diese Zurücksetzung, die möglicherweise auf einem
Beschlusse des Hansetages beruhte, protestiert hat. Sie war auch
nicht von langer Dauer.

Schon in den nächsten Jahren 1541 und 1542 gewinnt es den
Anschein, dass Danzig gegenüber den Städten Preussens und Livlands eine mehr autoritative Stellung einnahm als früher. Durch
seine Vermittlung gingen jetzt alle Hansesachen an diese. Vor
allem nahm Danzig mit ihnen die Versiegelung des Schossbriefes
vor, was Braunschweig zusammen mit den sächsischen Städten
tat[2]. So scheint die Stellung Danzigs und Braunschweigs in diesen
Jahren eine ähnliche geworden zu sein, und aus den drei Dritteln
wurden allmählich vier Quartiere. In einem Briefwechsel zwischen
Lübeck und Danzig ist im J. 1549 davon die Rede, dass dieses
sich zu den Vorlagen zum Hansetage äussern solle, damit Lübeck
die Bedenken an die andern Quartierstädte schicken könne[3].
Daraus geht doch wohl hervor, dass Danzig auch als eine Quartierstadt, d. h. als Hauptstadt eines Quartiers, angesehen wurde[4].
Freilich ging auch damals nur die Einladung an die preussischen
Städte über Danzig[5], während die livländischen wieder direkt eingeladen zu sein scheinen. Auf dem Hansetage ward sogar aus-

----

[1] Ebenso in einem dem Entwurf zur Tohopesate von 1540 an-
gehängten Verzeichnis der Städte, Danzig XXVIII 14.

[2] Danzig Miss. XVII 248/51, 267/8, 528/30, 622/5, Schbl. CVIII A,
Schbl. CX D.

[3] Danzig Schbl. CVIII A. Miss. XX 716/7.

[4] In der Instruktion Danzigs für seine Vertreter zum Hansetage
von 1549 heisst es, dass sie dahin wirken sollen, dass Lübeck kein Geld
aus den Kontoren nehmen dürfe ohne Wissen der drei Quartiere.
Danzig XXVIII 15. Es bleibt zweifelhaft, ob hiernach auf vier oder
drei Quartiere im ganzen geschlossen werden darf. Jenes wäre der
Fall, wenn unter den drei Quartieren die andern ohne das lübische zu
verstehen wären, was mir wahrscheinlicher dünkt. Doch lässt sich wohl
auch die Meinung rechtfertigen, dass die drei Quartiere die gesamte
Hanse in sich begriffen.

[5] Danzig Miss. XX 701, 741/2.

drücklich festgesetzt, dass durch Danzig nur die preussischen Städte zu den Versammlungen geladen werden sollten, während die Ladungen der livländischen an Riga zu gehen hätten. Dementsprechend lud Danzig auch 1553 zu einer Vorberatung wieder nur die preussischen Städte ein[1], deren innigerer Zusammenhang mit Danzig sich auch darin zeigte, dass Lübeck es aufforderte, von diesen, wenn sie den Hansetag nicht besuchen würden, Vollmachten mitzubringen[2].

Anders wird es nun zum ersten Mal im nächsten Jahre 1554. Da spricht Danzig am 9. Januar von einer Gemeinschaft der preussischen und livländischen Städte und ladet beide sowohl zum Hansetage als auch zu einer Vorbesprechung ein[3]. Obwohl in diesem Schreiben das Wort Quartier nicht vorkommt, scheint mir doch mit diesem Vorgange das preussisch-livländische oder das Danziger Quartier zu bestehen[4]. Der erste Quartierstag, zu dem von den livländischen Städten nur Riga Abgesandte schickte, die aber gleichzeitig die beiden andern Städte mitvertraten[5], fand dann im Mai 1554 im Zusammenhang mit dem preussischen Ständetag in Marienburg statt[6].

Auf dem darauf folgenden Hansetag schien es einen Augenblick, als ob Braunschweig nochmals zurückgedrängt und statt der Teilung in vier Quartiere eine solche in drei Drittel beliebt werden würde. Bei den Beratungen über die neuen Statuten für das Londoner Kontor wurde nämlich die Einteilung der Hanse für dieses Kontor in ein lübisches, ein kölnisches und ein preussisches Drittel vorgeschlagen. Als Braunschweig mit dem Hinweis darauf, dass die herkömmliche Teilung statt des Danziger ein braunschweigisches Drittel[7] aufweise, dagegen protestierte, wurde zwar

---

[1] Danzig Miss. XXII 217/18.

[2] Ebenda Schbl. CVIII A.

[3] Ebenda Miss. XXII 371/2, 404.

[4] Dass damals die vier Quartiere und damit auch das Danziger Quartier allgemein in der Hanse anerkannt waren, zeigt auch der von dem Kölner Drittelstage am 12. Februar 1554 vorgeschlagene Revers. Nihues a. a. O. S. 58 f.

[5] Danzig Schbl. XCI 44—48.

[6] Ebenda Schbl. CXXB, Rezesse N. f. 39/40, 65/8, 68—77.

[7] Braunschweig spricht nicht davon, wie Sartorius S. 592 angibt, dass es mit den sächsischen Städten das vierte Quartier bilde.

kein förmlicher Beschluss gefasst, aber man schien die Berechtigung
der Ansprüche Danzigs ebenso wie die Braunschweigs anzuerkennen,
und seitdem ist die Scheidung in das kölnische, lübische, sächsische
und preussische Quartier offiziell geworden und wurde für die
Zukunft als feststehende Einrichtung beibehalten.

Von nun ab sehen wir auch Danzig als Quartierhauptstadt
fungieren. Es sendet den Städten die Einladungen zu den Hansetagen und macht ihnen regelmässig Mitteilung über die hansischen
Angelegenheiten und nimmt im ganzen die Stellung ein wie Köln
und Lübeck ihren Quartieren gegenüber.

Der Zusammenhalt in den einzelnen Quartieren war verschieden
stark. Im Kölner Drittel und unter den wendischen Städten zeigte
er sich erheblich fester als im preussischen Quartier. Das war
einerseits durch das Alter dieser Verbindungen bedingt, anderseits dadurch, dass dort die Städte näher aneinander lagen als die
preussischen und livländischen und infolgedessen die gemeinsamen
Interessen eine grössere Rolle spielten. Das trat zunächst hervor
in den gemeinsamen Tagungen. Besonders häufig waren diese im
lübischen Quartier. Die Städte dieses Quartiers, die wendischen:
Lübeck, Hamburg, Rostock, Stralsund, Wismar und Lüneburg,
kamen nach Ausweis des Kölner Inventars, z. B. in der Zeit von
1542—1569 nicht weniger als 20 Mal zusammen. Die kleineren
Städte des Quartiers waren freilich von diesen Beratungen ausgeschlossen. Auch hatten diese Tagungen, wie später noch weiter
ausgeführt werden soll, einen allgemeinhansischen Charakter. Aber
auch im Kölner Quartier lassen sich aus dem vorliegenden Material
von 1539—1567 13 allgemeine Drittelstage, deren Ort zu wechseln
pflegte, feststellen. Meist fanden diese Beratungen vor und nach
den Hansetagen statt und standen mit diesen im engsten Zusammenhange. Später wurden sie seltener. Ausser den allgemeinen
Drittelstagen traten aber auch kleinere Gruppen innerhalb des
Kölner Quartiers zu Versammlungen zusammen, so besonders häufig
die Städte von Geldern, dann die von Overijssel und von Kleve[1].
Im preussisch-livländischen Quartier lud Danzig zwar seit 1554
sehr häufig zu Quartiertagen vor den Hansetagen ein, aber diese

---

[1] Über die Organisation der westfälischen Hansestädte im Kölner
Drittel vgl. Niehues a. a. O.

kamen sehr selten zu stande und wurden namentlich von den livländischen Städten kaum jemals beschickt. Das hängt damit zusammen, dass diese und auch die andern preussischen Städte die
Hansetage nicht mehr regelmässig besuchten und schliesslich, wie
wir später sehen werden, ganz von ihnen wegblieben. So ist es schon
eine Ausnahme, wenn auf dem Quartierstage von 1580 ausser
Danzig noch Thorn, Elbing und Braunsberg vertreten sind[1].
1604 erschien auf Danzigs Einladung nur ein Abgesandter von
Thorn[2]. 1600 kam ein Quartierstag trotz mehrfacher Verlegung
nicht zu stande[3]. Mit Thorn und Elbing hielt Danzig häufiger
Beratungen über hansische Dinge bei Gelegenheit der preussischen
Ständetage und auf Städtetagen ab, bei denen die gemeinsamen
Interessen der drei grossen Städte des polnischen Preussens wahr-
genommen wurden. Im übrigen aber wurden die Verhandlungen
zwischen der Quartiershauptstadt und den zugeordneten Städten
schriftlich geführt.

Die Quartierhauptstädte waren die Vermittler zwischen den
andern Städten und der Hanse. Durch sie ergingen an jene die
Einladungen zu den Hansetagen und die Verkündigung der auf
ihnen gefassten Beschlüsse. An sie wurden die Zahlungen geleistet,
die dann von ihnen an die hansische Hauptkasse weiter abgeführt
wurden. An sie wandten sich die andern Städte mit Beschwerden
und Wünschen, die an der Zentralstelle vorgebracht werden sollten.
Sie siegelten und unterschrieben wichtige Dokumente gleichzeitig im
Namen des Quartiers. Sie sollten die Verwaltung der Quartiers-
kassen haben, die mehrfach in Aussicht genommen wurden, ohne
jedoch jemals ins Leben zu treten. Dass diese Funktionen um so
zahlreicher wurden, je weniger die übrigen Städte des Quartiers
sich noch direkt am hansischen Leben beteiligten, ist klar. So war
Danzig in viel höherem Grade die Vermittlerin zwischen den
Städten seines Quartiers und der Hanse als Köln und Lübeck.
Im lübischen Quartier bestand zudem noch eine besondere Gruppe
der pommerschen Städte, deren Haupt Stralsund vielfach die Befugnisse einer Quartierstadt für sie ausübte, während Bremen in

---

[1] *Danzig* XXVIII 54.
[2] Ebenda XXVIII 71.
[3] Ebenda Miss. XLVII 13/6, 18/9, 20/2, 38, 51/2.

einem gewissen Autoritätsverhältnis zu Stade und Buxtehude stand.
Die Quartierstädte waren nicht nur für ihr Quartier und dessen
Stellung zur Gesamtheit von Bedeutung, sondern sie hatten auch
wichtige allgemeinhansische Aufgaben zu erfüllen. Über diese
wird erst weiter unten zu sprechen sein.

II.

Die Zahl der zur Hanse gehörigen Städte verminderte sich
in dieser Periode des Verfalles sehr. Es kam aber verhältnismässig selten vor, dass eine Stadt geradezu ihren Austritt erklärte,
vielmehr entzogen sie sich, meist durch Notlage gezwungen oder
weil sie keinen materiellen Vorteil mehr von der Hanse hatten,
ihren Pflichten gegen sie und schieden so tatsächlich aus. Halfen
alle Vorstellungen nicht, so wurde ein Beschluss gefasst, dass die
Städte als ausgeschieden zu betrachten seien, sie wurden »abgeschnitten«. So geschah es z. B. schon 1518 mit nicht weniger als
14 Städten[1]. Dennoch wurden solche Städte auch weiter zur
Hanse gerechnet. Wir haben mehrfach Verzeichnisse von Hansestädten aus dieser Zeit, die immer noch die alten hohen Zahlen
aufweisen und der Wirklichkeit keineswegs mehr entsprachen. So
sah die Theorie ganz anders aus als die Praxis, und von Seiten
der Hanse täuschte man sich durch solche glänzenden Zahlen über
die augenblickliche Schwäche hinweg, während auch ausgeschiedene
Städte keinen Einspruch gegen ihre Aufnahme in die Listen erhoben, da sie ihnen gleichgiltig war und sie vielleicht auch noch
einmal Nutzen von ihrer Zugehörigkeit zur Hanse erhoffen konnten.
So wurden 1554 63 Städte als hansisch aufgezählt[2], und 1560
wurde entsprechend einer Erklärung des hansischen Syndikus von
1554[3] dem englischen Geheimen Rat eine Liste von 66 namentlich
aufgeführten Hansestädten überreicht, denen dann noch 13 von
den 14, die 1518 als ausgetreten erklärt waren, unter der Bezeichnung »demembratae« hinzugefügt wurden[4]. Auf den Hansetagen von 1553 und 1601 war wieder von 72 Hansestädten die Rede,

---

[1] Köln II, 1764.
[2] Danzig XXVIII 24.
[3] Köln I, S. 380.
[4] Ebenda S. 468.

von denen allerdings einige ausdrücklich als ausgetreten bezeichnet wurden. Sie alle aber standen damals noch in finanziellen Beziehungen zum Bunde. Dieselbe, durch das Alter geheiligte Zahl 72[1] spielte auch mehrfach in den 1606—1608 mit Spanien geführten Verhandlungen eine Rolle. Aus diesen Angaben ist ersichtlich, dass man aus den offiziellen Listen keinen Schluss auf den wirklichen Bestand des Bundes ziehen darf.

Sehr häufig wurde von den einzelnen Städten verlangt, dass sie erklären sollten, ob sie zur Hanse gehörten oder nicht. Das kam vor, wenn es sich um die Anteilnahme an auswärtigen Privilegien, um die Beteiligung an den später zu besprechenden Konföderationen, um die Aufbringung von Geldmitteln handelte. So wurde 1572 von allen auf dem Hansetage vertretenen Städten erklärt, dass sie hansisch sein und bleiben wollen, ähnlich 1591. Als es sich 1599 um die Bestätigung der dänischen Privilegien handelte, wurde eine Formel aufgesetzt[2], nach der sich alle Städte über ihre Zugehörigkeit zur Hanse erklären mussten. Im preussischen Quartier liefen solche Erklärungen damals von Riga, Thorn und Kulm ein[3], während Reval nicht antwortete und daher von Danzig aufgefordert wurde, das entsprechende Formular ausgefüllt direkt an Lübeck zu senden[4]. 1579 wurde als Kriterium der Zugehörigkeit zum Bunde hingestellt, dass von der betreffenden Stadt die Konföderationsnotel von 1557 genehmigt sei, und 1608 hat man allgemein festgesetzt, dass jede Stadt zur Hanse gerechnet werden solle, die sich zum corpus Hansae bekenne und die letzte hansische Konföderation besiegelt habe oder besiegeln wolle.

Ohne dass ein Ausscheiden aus dem Bunde erfolgte, kam es vor, dass einzelnen Städten nicht mehr Mitteilung von hansischen Beschlüssen gemacht wurde und dass man ihnen keine hansischen Akten mehr zusandte. Prinzipiell sprach der Danziger Rat seine Stellung dazu in der seinen Gesandten zum Hansetage von 1576 mitgegebenen Instruktion[5] dahin aus, dass man die seit längerer Zeit der Hanse entfremdeten kleinen Städte des Braunschweiger

---

[1] Vgl. Daenell, Die Blütezeit der D. Hanse 2, S. 300.
[2] Danzig XXVIII 64, 11¹—14¹.
[3] Ebenda Miss. XLVII 46—50, 102—105.
[4] Ebenda 123/4.
[5] Ebenda XXVIII 46.

Quartiers nur dann zur Hanse rechnen dürfe, wenn sie nicht in
solcher Dienstbarkeit seien, dass sie ihrer Landesherrschaft alle ver-
traulichen hansischen Dinge eröffneten. 1599 wurde beschlossen,
dass Danzig Königsberg ermahnen solle, die hansischen Consilia
nicht mehr mit dem Herzog von Preussen zu besprechen, widrigenfalls ihm keine Rezesse und Akten mehr zugeschickt werden würden.
Diese Drohung ist dann auch eine Zeit lang wahr gemacht worden.
1606 bemühte sich Danzig ganz besonders, Königsberg und Braunsberg zu der Überzeugung zu bringen, dass ihren Landesherren,
dem Herzoge von Preussen und dem Bischofe von Ermland, keinerlei Einfluss auf ihre hansischen Beziehungen zustehe [1]. Doch blieb
der Erfolg aus. Auch an Elbing wurden lange Zeit keine hansischen
Akten gesandt, weil es in den englischen Beziehungen eine der
Hanse entgegengesetzte Stellung einnahm.

Wurden auch sehr viele Städte immer weiter zur Hanse gerechnet, die an ihren Bestrebungen keinen wirklichen Anteil nahmen,
so waren es doch nur wenige, die man in dieser Zeit noch als
tätige Glieder der hansischen Städtevereinigung bezeichnen kann.
Namentlich die nicht an der See liegenden Städte zogen sich mit
geringen Ausnahmen immer mehr zurück. Aber die Hanse bemühte sich auch darum, solche abgetrennte Glieder wieder zur Teilnahme zu bewegen, und manchmal waren diese Bestrebungen nicht
vergeblich. So wandte sich der Hansetag von 1591 an eine Anzahl von Städten, die sich lange von den gemeinhansischen Bestrebungen fern gehalten hatten, mit der dringenden Aufforderung,
sich wieder mehr an ihnen zu beteiligen [2]. Bei einigen hatte das
auch Erfolg. So wurde Kulm bewogen, sich der Hanse wieder
mehr zu nähern und einen regelmässigen kleinen Beitrag zu zahlen.
1600 verpflichtete es sich ebenso wie Thorn zu einem solchen [3],
obwohl es aus der Zugehörigkeit zur Hanse keinen direkten Vorteil mehr zog. Dieselbe Erklärung gaben 1598 im Braunschweigischen Quartier Hannover und Einbeck ab. Göttingen,

---

[1] Danzig IX 313.
[2] Köln II, 2845. Das Schreiben an Kulm im Kulmer Stadtarchiv
Abt. 1 Nr. 33. Vgl. dazu auch Schultz, Die Stadt Kulm im Mittelalter,
Ztschrft. d. Westpr. Geschichtsver. 23, S. 130, wo aber die Kenntnis
von dem Zusammenhang der Ereignisse fehlt.
[3] Danzig Miss. XLVII 105/7.

das 1557 und endgiltig 1566, und Goslar, das bald darauf ausgeschieden war[1], beschloss der Hansetag von 1598 ebenso wie die
schon 1518 abgeschnittenen Städte Halle, Aschersleben, Quedlinburg, Halberstadt und Helmstedt wieder zur Hanse zurückzuführen.
Die sechs zuletzt genannten Städte nebst Northeim gaben darauf
die Erklärung ab, dass sie zum Eintritt bereit seien, und wurden
1601 nochmals aufgefordert. Aber erst 1619 erklärten Goslar und
Aschersleben, dass sie sich wieder zur Hanse halten wollten, 1621
wiederholte Hannover seine Erklärung, während Göttingen und
Quedlinburg endgiltig ablehnten und die übrigen Städte zu keiner
Meinungsäusserung zu bringen waren. 1618 trat Reval, das der
langjährigen livländischen Wirren wegen allen hansischen Angelegenheiten fern geblieben, auch in Konflikte mit der Hanse geraten war, mit Lübeck wegen seines erneuten Eintritts in Verbindung; doch scheint es nicht mehr dahin gekommen zu sein.
In derselben Zeit waren Verhandlungen mit einer Anzahl nieder-
ländischer |Städte, im Gange, welche die Hanse verlassen hatten
und nun wieder herangezogen werden sollten; aber sie blieben
ohne Erfolg. 1600 wurde durch Stralsund Demmin veranlasst, sich
wieder als Mitglied der Hanse zu bekennen, nachdem es schon
während des ganzen letzten Jahrhunderts nicht mehr dazu gerechnet worden war. Dagegen wurde Salzwedel, das sich 1555
um Wiederaufnahme bemühte, zwar nicht geradezu zurückgewiesen, aber man verschleppte die Angelegenheit doch so, dass
nichts zustande kam. Der Grund war die abhängige Stellung
dieser Stadt. Ebenso erging es Narwa, das niemals zur Hanse
gehört hatte, als es sich in derselben Zeit zum Eintritt meldete.
Dagegen schien es eine Zeit lang so, als ob die Hanse ein neues
wichtiges Mitglied gewinnen würde, die Stadt Emden, die ebenfalls niemals zu ihr gehört hatte. Emden, das seit 1564 durch die
englische Handelsniederlassung einen grossen Aufschwung genommen, bemühte sich 1579 um die Aufnahme in die Hanse[2].
Doch wurde wegen allerlei Bedenklichkeiten nichts daraus, und
auch spätere Verhandlungen führten zu keinem Ziel. Noch 1615

---

[1] Mack, Das niedersächsische Quartier der Hanse im 16. Jahrhundert, Braunschweigisches Magazin I, S. 36—38.
[2] Köln II, S. 579 ff.

beschloss der Hansetag, die Stadt neuerdings zur Meldung auf-
zufordern, doch auch damals ohne Ergebnis. Immerhin zeigt dieser
Vorgang noch das Vorhandensein eines gewissen Masses von
werbender Kraft bei der Hanse, das für jene Zeit bemerkenswert
erscheint.

Verhältnismässig am kräftigsten war, abgesehen von den
wendischen Städten, während des 16. Jahrhunderts das hansische
Bewusstsein immer noch in den Städten des kölnischen Quartiers,
wo es auch innerhalb der einzelnen Gruppen durch die Organisation gestärkt ward[1]. Hier machten in den 50er Jahren des
16. Jahrhunderts sogar noch zahlreiche Plätze, die stets nur in
ihrer Eigenschaft als kleine Städte oder auch gar nicht zur Hanse
gehört hatten, Anspruch auf die Zugehörigkeit zur Hanse, hauptsächlich wegen des Mitgenusses der englischen Privilegien[2]. Sonst
aber hielten ausser den Quartierhauptstädten nur noch wenige
regelmässig an der Hanse fest. Es war die Mitgliedschaft bei den
meisten nur noch ein leerer Name, eine Form. Wirklich tätige
Glieder waren in dieser ganzen Zeit nur noch Lübeck, Bremen,
Rostock, Stralsund, Wismar, Lüneburg, Hamburg, Braunschweig,
Magdeburg, Hildesheim, Danzig. Köln zog sich seit dem Ende
des 16. Jahrhunderts, während dessen es zu den eifrigsten Mitgliedern gehört hatte, geflissentlich gänzlich zurück. In zweiter
Linie standen etwa noch Stettin, Greifswald, Soest, Dortmund,
Münster, Buxtehude, Deventer. Von den anderen taucht hier und
da eine noch selbständig auf, während die meisten nur durch die
Vermittlung der Quartierstädte den Zusammenhang aufrecht erhielten und eine ganze Anzahl überhaupt ganz fern blieb. Im
einzelnen wird sich das im nächsten Teile, wenn von dem Besuch
der Hansetage zu sprechen sein wird, zeigen lassen.

So lässt sich zusammenfassend sagen, dass ebenso wie in der
Blütezeit die Zahl der Hansestädte sich nicht jederzeit mit Sicherheit bestimmen lässt, so auch später die Zugehörigkeit der einzelnen von augenblicklichen Verhältnissen abhing, dass die angebliche Zahl der Hansestädte die wirkliche weit übertraf und
dass der tatsächlich und dauernd an gemeinhansischer Tätigkeit
beteiligten Städte nur sehr wenige waren.

---

[1] Vgl. oben S. 214.
[2] Köln I, S. 369, 377, 381.

III.

Dass nur die grössten und kräftigsten Städte noch dauernd an den Aufgaben der Hanse tätig mitwirkten, zeigen besonders die Hansetage.

Ebensowenig wie früher fanden die hansischen Versammlungen in regelmässigen Fristen statt, sondern ihre Einberufung richtete sich nach dem Bedürfnis. Es haben von 1535—1621 im ganzen 40 allgemeine Hansetage stattgefunden, die sich aber sehr verschieden auf die einzelnen Zeiten verteilen. Während von 1535—1552 nur drei Tage, von 1568—1597 nur fünf abgehalten wurden, sind die Jahre von 1553—1567 und von 1598—1621 Zeiten hochgesteigerten hansischen Lebens, wenigstens so weit es in den allgemeinen Tagungen zum Ausdruck kommt. In der ersten der beiden Perioden, die einen Zeitraum von vierzehn Jahren umfasst, finden wir 12, in der zweiten Periode zählen wir 20 Hansetage in dreiundzwanzig Jahren. In den Jahren 1556, 1600, 1612 und 1614 kamen die Sendeboten der Städte sogar zweimal zusammen. Der grösste Zwischenraum zwischen zwei Hansetagen betrug dagegen neun Jahre und fiel in die Zeit zwischen 1540 und 1549.

Dagegen war der Ort der Versammlungen jetzt fast regelmässig Lübeck. Mit Ausnahme des ersten Teiles des Hansetages von 1535, der in Lüneburg abgehalten wurde, und der Tagung von 1558, deren Ort Bremen war, hat nur noch Lübeck, bekanntlich auch in der Blütezeit meist der Sitz der Versammlungen, Hansetage in seinen Mauern gesehen.

Die Hansetage wurden vorbereitet durch die wendischen Städte, die einige Monate vorher in Lübeck zusammentraten und die Tagesordnung aufstellten. Diese wurde in Form von Artikeln gefasst und mit der Einladung an die einzelnen Städte versandt, die um ihre Meinungsäusserung dazu gebeten wurden. Einzelne Städte und Städtegruppen und Quartiere schickten dann ihre Bedenken zu den Artikeln ein, nachdem sie sich vorher schriftlich, durch Gesandte oder auf Tagungen darüber verständigt hatten. Auch kam es vor, dass sie selbständige Anträge, ebenfalls nach Artikeln angeordnet, für die Versammlungen stellten. Die Konföderationsnotel von 1579 bestimmte, dass die Abhaltung eines Hansetages den Quartierstädten so zeitig mitgeteilt werden sollte, dass sie sich vorher schon über die zu den Artikeln zu äussernden Wünsche mit den Angehörigen ihres Quartiers schlüssig werden könnten[1].

Über die Art der Ausschreibung der Hansetage wurden verschiedentlich Beschlüsse gefasst und eingehalten, die mit der Gliederung der Hanse zusammenhängen. Zuerst findet sich eine solche Ordnung aus dem Jahre 1549. Danach sollte die Ladung ergehen an Bremen, Rostock, Stralsund, Wismar, Danzig, Riga, Hamburg, Lüneburg, Köln, Dortmund, Nimwegen, Deventer, Wesel, Braunschweig. Von diesen luden ihrerseits wieder ein Bremen: Minden, Herford, Paderborn, Lemgo, Stade, Buxtehude; Stralsund: die pommerschen Städte; Danzig: die preussischen; Riga: die livländischen; Köln: Münster und Osnabrück; Dortmund: die westfälischen; Nimwegen: die geldrischen; Deventer: die overijsselschen nebst Groningen; Wesel: die kleveschen Städte und Soest; Braunschweig: die Städte Magdeburg, Göttingen, Goslar, Einbeck und Hannover. 1556 wurde diese Ordnung durch eine neue ersetzt, in der sich schon deutlicher die Einteilung in Quartiere zeigt. Danach verschrieben nicht mehr die wendischen Städte, sondern die Einladung ging allein von Lübeck aus; doch finden sich auch später noch Einladungen durch die wendischen Städte. Lübeck ladet direkt ein: die drei Quartierstädte Köln, Braunschweig, Danzig, ferner Bremen, die fünf wendischen und die livländischen Städte[2]. Bremen verschreibt Stade und Buxtehude[3], Stralsund die pommerschen Städte. Köln gibt die Einladung weiter an Münster, Wesel, Nimwegen, Deventer und Groningen. Von diesen ladet Münster die westfälischen Städte Osnabrück, Soest, Dortmund, Paderborn, Minden, Lippe, Hamm, Unna, Herford, Lemgo, Bielefeld, Koesfeld, Warburg; Wesel: die kleveschen; Nimwegen: die geldrischen; Deventer: die overijsselschen; Groningen: die friesischen Städte. Danzig verschreibt die preussischen und Braunschweig die sächsischen Städte. An dieser Festsetzung wurden 1579 noch die Änderungen getroffen, dass Soest und Dortmund ihre Einladung zum Hansetage unmittelbar von

---

[1] Köln II, S. 559.

[2] Tatsächlich wurden die livländischen Städte seit 1554 durch Danzig verschrieben; vgl. oben S. 213.

[3] Vgl. oben S. 215 f..

Köln erhielten, die livländischen Städte aber auf Danzigs ausdrücklichen Wunsch, wie es auch den tatsächlichen Verhältnissen
entsprach, diesem als der Quartierstadt zugewiesen wurden[1].

Waren in der Blütezeit die Tagungen schon immer verhältnismässig schwach besucht gewesen, so wurde dass Missverhältnis
jetzt noch grösser. Der am stärksten besuchte Tag während der
ganzen Periode, der von 1553, weist 26 vertretene Städte auf.
Dagegen werden 1567 nur 9 Städte genannt. Seitdem wurde die
Zahl 15 nicht mehr erreicht. Als den am zahlreichsten besuchten
Tag der Folgezeit kann ich den von 1608 nachweisen, den noch
14 Städte beschickt haben. Während in der ersten Zeit vielfach
noch einige Städte sich durch ihre Nachbarn mit vertreten liessen,
hörte das im 17. Jahrhundert fast ganz auf und kam nur noch in
Ausnahmefällen vor.

Werfen wir einen Blick auf die einzelnen Städte, die wir noch
auf den Hansetagen finden. Im ganzen beschickten in dieser Zeit
48 verschiedene Städte die Versammlungen, abgesehen von denen,
die sich hier und da vertreten liessen. Auf sämtlichen 39[2] Tagen
vertreten war nur Lübeck. Es folgen die wendischen Städte: Hamburg und Lüneburg mit je 36, Rostock mit 35, Wismar mit 31 Tagen;
ihm gleich kommt Bremen, auf welches Braunschweig mit 30 Tagen
folgt, während Danzig mit 29 die wendische Stadt Stralsund noch
um einen Tag übertrifft. Köln, das von den 21 Tagen bis 1598
17 besandt hatte, schickt nur noch 1605 und 1606 Vertreter. Es
hatte sichtlich das Bestreben, seine eigenen Wege zu gehen, und
hielt sich daher fern. Anders war es mit Magdeburg. Während
dieses von 1535—1591 nur 8 Tage besucht hatte, erschien es von
1600—1621 auf 13 Tagfahrten. Ebenso schickte auch Hildesheim
in der letzten Zeit häufiger Vertreter, im ganzen 9 Mal. Von den
übrigen Städten erscheinen am häufigsten Stettin mit 9 Tagen in
ziemlich gleichmässiger Verteilung, Stade und Buxtehude mit je 8,

---

[1] Dass die einzelnen Städte auf ihr Recht, die ihnen zugeordneten
Genossinnen einzuladen, eifrig hielten, zeigt sich z. B.1600, wo Stralsund
sich darüber beschwert, dass von Lübeck Stettin und Greifswald direkt
eingeladen seien; es gibt sich erst zufrieden, als Lübeck sich mit der
Kürze der Zeit entschuldigt und verspricht, dass dergleichen nicht mehr
vorkommen solle.

[2] Die Besucher der Versammlung von 1604 lassen·sich aus dem
Danziger Material nicht feststellen.

beide im 17. Jahrhundert überhaupt nicht mehr, Dortmund und Deventer mit je 7 Tagen, davon beide nur mit einem im 17. Jahrhundert, ebenso Soest und Münster mit im ganzen je 6. Dieselbe Anzahl weisen Riga und Reval, aber nur im 16. Jahrhundert, auf. Nimwegen, Osnabrück und Königsberg waren je 5 Mal, davon die beiden ersten einmal im 17. Jahrhundert vertreten. Viermal sind Greifswald, Thorn, Elbing, Kolberg und Zwolle Besucher der Hansetage, von ihnen nur Greifswald noch einmal im 17. Jahrhundert. Dreimal waren vertreten Kampen, Wesel, Groningen, Zütfen, zweimal Paderborn, Roermond, Minden, Arnheim, und je einmal Göttingen, Hannover, Einbeck, Dorpat, Anklam, Staveren, Bolsward, Goslar, Braunsberg, Venlo, Duisburg.

Von Interesse dürfte das letzte Erscheinen der einzelnen Städte auf Hansetagen sein. Es waren zum letzten Mal auf einem Hansetag vertreten: 1535 Göttingen, Hannover, Einbeck; 1540 Dorpat; 1553 Staveren, Bolsward, Anklam, Kampen; 1556 Paderborn; 1557 Zwolle, Venlo, Roermond, Groningen, Zütfen, Goslar, Braunsberg; 1559 Riga, Minden; 1562 Kolberg; 1564 Duisburg; 1572 Thorn; 1576 Elbing, Reval; 1579 Königsberg, Wesel; 1584 Stade: 1591 Buxtehude; 1606 Greifswald; 1608 Dortmund, Soest; 1615 Arnheim, Deventer, Nimwegen; 1618 Stettin; 1619 Münster, Osnabrück; 1621 Hildesheim. Die andern 11 Städte: Lübeck, Hamburg, Bremen, Rostock, Stralsund, Wismar, Magdeburg, Braunschweig, Lüneburg, Danzig und nach langer Pause auch Köln hielten noch 1628 einen Hansetag ab, einige von ihnen den letzten Hansetag in alter Art im Jahre 1629[1].

Diese Übersicht zeigt, dass der Besuch der hansischen Versammlungen sehr zu wünschen übrig liess. Das war schon ein altes Leiden der Hanse; auch in der Blütezeit hatten alle Massregeln und Strafandrohungen selten Besserung erzielt[2]. Jetzt, wo einerseits das Interesse vieler Städte an der Hanse geringer war als früher, anderseits der schlechte Stand der Finanzen die Aufbringung der Kosten solcher Tagefahrtreisen den einzelnen Städten erschwerte, wurde es noch schlimmer. Dazu kam auch jetzt ebenso wie früher,

---

[1] Hoffmann a. a. O., II, S. 90. Wohlwill, Hans. Geschichtsbl. Jahrg. 1899 S. 6.
[2] Daenell a. a. O., S. 315 ff.

dass manche Städte die Versammlungen nicht besuchten, wenn sie sich Beschlüssen, die ihnen unbequem waren, nicht fügen wollten. 1549 wurde zum ersten Male vom Hansetage ein Zugeständnis in Bezug auf die Beschickungspflicht gemacht. Es wurde nämlich festgesetzt, dass der Hansetag beschickt werden müsse mindestens von den wendischen Städten, Köln, Bremen, Danzig, dazu drei klevischen, drei overijsselschen, drei geldrischen, drei westfälischen, zwei pommerschen, zwei preussischen, von denen jedoch eine durch Danzig mit vertreten werden konnte, vier braunschweigischen, zwei livländischen Städten; im ganzen also 30 Städten. Etwas weiter zurück in den Anforderungen ging man 1556 und verpflichtete sich im nächsten Jahre in der Konföderationsnotel, den damals gefassten Beschlüssen nachzuleben [1]. Nach längeren Verhandlungen kam 1579 eine neue Ordnung zu stande, die wieder in ihren Ansprüchen mässiger war. Danach sollten auf den Hansetagen zum mindesten vertreten sein: die wendischen und Quartierstädte, Bremen, Stade und Buxtehude abwechselnd, je zwei pommersche, westfälische, geldrische und livländische Städte, je eine klevische, overijsselsche, friesländische, braunschweigische und preussische Stadt; im ganzen 24 Städte. Die auf demselben Tage einige Wochen vorher aufgestellte Konföderationsnotel verpflichtete die Bundesglieder dagegen noch auf die alte Ordnung [2]. Wer die von dieser festgesetzten Strafen nicht erlegte, sollte von dem Genuss der hansischen Privilegien ausgeschlossen werden. Doch auch diese Vorschriften wurden nicht eingehalten, und es machten sich, wie wir gesehen haben, immer mehr Städte vom Besuch der Hansetage frei. So liess man es schliesslich gehen, wie es ging. In der Konföderationsnotel von 1604 [3] berief man sich demgemäss auch nicht mehr auf die älteren Satzungen, sondern man verpflichtete die Städte nur dazu, das zu befolgen, was man darüber »dieser Zeit« vereinbart habe. Damals wurde auch festgesetzt, dass die Hansetage nicht so häufig, sondern nur etwa alle 3 Jahre und zwar möglichst im Sommer

---

[1] Köln II S. 556.
[2] Ebenda S. 559. Es ist zwar das Jahr 1553 genannt, es kann aber dem ganzen Zusammenhange nach nur 1556 gemeint sein, da 1553 keine derartigen Beschlüsse gefasst sind.
[3] Danzig XXVIII 71.

stattfinden, auch dass sie nicht über Gebühr ausgedehnt werden sollten. 1605 wurde endlich beschlossen, dass aus Pommern ausser Stralsund nur Stettin und Greifswald abwechselnd die Tage zu beschicken brauchten. Aber auch das ist nicht eingehalten worden, da auf den fortan abgehaltenen Hansetagen Stettin nur noch zweimal und Greifswald nur einmal vertreten war.

Schon in der Blütezeit hatte man versucht, durch Strafbestimmungen einen regelmässigeren und stärkeren Besuch der Hansetage zu erzwingen, auch Eide darüber verlangt, dass die Besendung aus wirklicher Not unterbleibe. Mit solchen Massregeln suchte man auch jetzt zu wirken. So wurde 1549 beschlossen, dass unentschuldigtes Ausbleiben zum ersten Male mit 2 Mark Gold, im Wiederholungsfalle mit 3 Mark Gold, beim dritten Male mit Ausschluss aus der Hanse bestraft werden solle. Zum ersten Male wurde von dieser Strafe 1556 Göttingen gegenüber Gebrauch gemacht, 1557 und 1562 verfiel eine ganze Anzahl von Städten dieser Busse. 1567 wurde der Beschluss ausdrücklich erneuert, und Goslar, Göttingen, Hannover, Hameln zur erhöhten Strafe, Stade, Buxtehude, Stettin, Anklam, sowie alle Städte des Kölnischen Quartiers zum einfachen Satze verurteilt. Doch ist es sehr fraglich, ob die Bussen eingegangen sind; Besserung wurde jedenfalls nicht erzielt, ja Göttingen und Goslar scheinen gerade im Zusammenhang mit dieser Angelegenheit ihren Austritt aus dem Bunde erklärt zu haben. Man musste daher vorsichtig mit der Bestrafung sein, da man sonst leicht Mitglieder, die keinen grossen Wert mehr auf die Zugehörigkeit zum Bunde legten, verlor. Das wurde auch 1576 von einigen hervorgehoben, als man auf die strengen Strafen des 15. Jahrhunderts zurückzugreifen beschloss. Tatsächlich hatten so strenge Vorschriften durchaus keinen Erfolg, und so gab man später die Strafen ganz auf und begnügte sich mit Vorwürfen. So hiess es 1601, es sei für Köln schimpflich, dass es als vornehme Quartierstadt sich nicht habe vertreten lassen, während doch das entlegenere Danzig seinen Gesandten geschickt habe. In der Konföderationsnotel von 1604 ist denn auch keine Strafandrohung für die ohne oder ohne genügende Entschuldigung ausbleibenden Städte enthalten.

Städte, die ihre Gesandten zur Tagung nicht schickten, reichten häufig Gutachten zur ganzen Tagesordnung oder zu einzelnen Punkten ein, Bedenken genannt, die dann verlesen wurden und nicht selten Einfluss auf den Gang der Verhandlungen ausübten. Von jeher war in der Hanse der Anspruch erhoben worden, dass die ausbleibenden Städte die Beschlüsse der Tagfahrten im voraus genehmigen sollten. Freilich hielten sie sich vielfach nicht daran gebunden, so wenig wie die Städte, deren Gesandte auf der Tagfahrt anwesend waren, das taten. Aber die Hanse versuchte das in dieser Zeit von neuem durchzusetzen; wenigstens wollte man den alten Brauch als ein Zwangsmittel zur Besendung der Versammlung benutzen. In der Konföderationsnotel von 1557[1] wird festgesetzt, dass Städte, die auf einem Hansetag unvertreten bleiben, sich dann aber den Beschlüssen widersetzen, straffällig sind; in der von 1579[2] wird ausdrücklich vorgeschrieben, dass die Anordnungen der Hansetage auch von den Ausgebliebenen zu befolgen sind. Diese Bestimmung wurde auch in der Konföderationsnotel von 1604[3] beibehalten. Aber trotz aller Beschlüsse stellte sich der Erfolg nicht ein, die nicht vertretenen Städte erkannten die Tagfahrtsbeschlüsse nicht als für sich verbindlich an. Häufig leitete vielmehr eine Stadt daraus, dass sie einen Hansetag nicht beschickt hatte, die Berechtigung für sich ab, sich den auf ihm gefassten Beschlüssen zu entziehen.

Rückte der Hansetag heran, so wurden in den einzelnen Städten die Instruktionen für die Sendeboten festgestellt. Es geschah das entweder durch Besprechungen im Rat der Stadt oder auch durch Beratungen in den Versammlungen der Quartiere und kleineren Gemeinschaften. Städte, die selbst keine Gesandten zum Tage schickten, gaben ihre Instruktion den Vertretern der Stadt, die sie bevollmächtigten, mit, so häufig Thorn den Danzigern, z. B. 1605[4]. Es kam auch vor, dass zwei Städte, die gemeinsam Gesandte zum Hansetage schickten, diesen eine gemeinsame Instruktion mitgaben, z. B. 1591 Stade und Buxtehude[5], wie auch gemeinsam Bedenken oder Suffragia von mehreren Städten eingereicht wurden, z. B.

[1] Köln II, S. 557.
[2] Ebenda S. 560.
[3] Danzig XXVIII 71.
[4] Ebenda XXVIII 71, Miss. XLIX 24.
[5] Ebenda XXVIII 59.

1591 von den westfälischen Städten durch Münster[1] und von Zaltbommel und Tiel[2]. Die Instruktionen pflegten in ganz offizieller
Form abgefasst und daher auch besiegelt zu werden[3]. Möglichst
eingehend abgefasst, liessen sie den Sendeboten fast gar keinen Spiel-
raum. Auch wurde diesen häufig noch während der Verhandlungen
brieflich eingeschärft, dass sie sich streng an ihre Instruktion zu
halten hätten. Wie sehr dadurch die Verhandlungen erschwert
wurden, ergibt sich von selbst und wird später noch in grösserem
Zusammenhange zu betrachten sein.

Leidlich pünktlich zu dem angesagten Termine pflegten sich die
Gesandten einzustellen. Freilich ergingen manchmal die Ladungen
an die entlegeneren Städte so spät, dass an rechtzeitiges Eintreffen
nicht zu denken war, ja dass die Besendung überhaupt unmöglich
wurde. Hier und da ergab das auch einen willkommenen Vor-
wand dafür, niemand zu der Tagfahrt abzusenden. So erklärte
z. B. Riga am 6. Juni 1566, dass es den zum 9. Juni berufenen
Hansetag, der tatsächlich am 13. Juni eröffnet wurde, nicht besenden könne, weil es die Einladung zu spät erhalten habe[4]. Am
1. Februar 1611 teilte Danzig Lübeck mit, dass die Zeit zu kurz
sei, um den auf den 14./24. Februar ausgeschriebenen Tag wohl-
vorbereitet besenden zu können, und dass es deshalb sich nicht
daran beteiligen werde[5].

Gegen verspätetes Eintreffen der Sendeboten suchte man sich
durch Strafbestimmungen zu schützen. So wurde 1559 bestimmt,
dass jeder Deputierte für jeden versäumten Tag eine Strafe von
20 Talern erlegen sollte. Auch in der Konföderationsnotel von
1604[6] wurde den zu spät Kommenden noch mit Strafe gedroht.
Doch ist es fraglich, ob jemals davon Gebrauch gemacht worden
ist. Auch damit hatte man zu kämpfen, dass die Gesandten die
Versammlungen zu früh verliessen, und traf deshalb auch für
diesen Fall Strafbestimmungen. 1576 wurde deshalb Stade eine

---

[1] Köln II 2796, Anhang S. 944.
[2] Ebenda 2771, Anhang S. 943.
[3] In Danzig sind die meisten Instruktionen im Original, viele auch
in Abschrift oder im Entwurf erhalten.
[4] Danzig Schbl. XCI 106.
[5] Danzig Miss. LI, 14.
[6] Danzig XXVIII 71.

Busse auferlegt. 1566 lehnte der Hansetag ein schriftliches Gesuch Magdeburgs ab, seine Sendeboten zu entlassen, und genehmigte es erst, als es drei Wochen später unter der Begründung, dass die Pest zu Hause ausgebrochen sei, wiederholt wurde. Ebensowenig wurde 1567 ein gleicher Wunsch Rostocks erfüllt.

Manchmal versuchte noch der Hansetag selbst, nicht vertretene Städte zur Besendung zu veranlassen. So wurde 1599 am ersten Tage der Beratungen an Hamburg in diesem Sinne geschrieben. Als das ohne Erfolg blieb, schickte man den auf der Tagfahrt anwesenden früheren Sekretär des Londoner Kontors Georg Liseman nach Hamburg, um die säumige Stadt zur Teilnahme zu veranlassen; es gelang ihm wirklich, sein Ziel zu erreichen. Häufiger allerdings hatten die Bemühungen, nachträglich noch eine bessere Beschickung des Hansetages zu erzielen, kein Ergebnis.

1605 beschloss man, künftig mit den Beratungen zu beginnen, wenn auch nur die Gesandten von drei Städten anwesend sein sollten. Zur Ausführung ist dieser Beschluss aber nicht gekommen.

Die Verhandlungen fanden nach altem Brauch im Lübecker Rathause, bald in der unteren, bald in der oberen Stube statt, wo die Vertreter der Städte zunächst im Namen des Lübecker Rates begrüsst wurden. Das geschah in der früheren Zeit durch einen der Bürgermeister, seit 1591 aber regelmässig durch einen Syndikus. Die Sendeboten sollten Mitglieder des Rates der einzelnen Städte sein. 1549 wurde die alte Verordnung wiederholt, dass Syndici und Sekretäre nicht zugelassen werden sollten. Aber dieses Verbot war nicht durchzuführen. Vielmehr nahm die Vertretung durch die rechtskundigen Syndici und Sekretäre immer mehr überhand, ohne dass man dagegen einschritt. Danzig ist auf den Tagen des 17. Jahrhunderts meist nur durch einen Sekretär vertreten gewesen. Es erscheinen dieselben Persönlichkeiten immer wieder auf den Hansetagen, da man in den Städten von dem Grundsatz auszugehen pflegte, möglichst häufig dieselben oder verwandte Geschäfte denselben Personen anzuvertrauen, um von der Geschäftskenntnis schon erfahrener Männer Gebrauch zu machen. So kann man im allgemeinen sagen, dass das hansische Dezernat in den einzelnen Städten in festen Händen lag.

Während der Sitzungen nahmen die Gesandten fest bestimmte

Plätze ein, worüber schon in früheren Zeiten Anordnungen getroffen waren. In der Mitte sassen die Vertreter Lübecks, meist
vier Bürgermeister, zwei Syndici, vier Ratmannen, neben den
Bürgermeistern seit 1572 der hansische Syndikus. Rechts und
links gliederten sich die Sendeboten der anderen Städte an. Rechts
sassen in folgender Reihenfolge[1]: Köln, Bremen, Rostock, Stralsund,
Wismar, Magdeburg, Braunschweig, Thorn, Elbing, Danzig,
Königsberg, Braunsberg, Riga, Dorpat, Reval, Stettin, Anklam,
Stade, Göttingen, Osnabrück, Buxtehude, Staveren, Hildesheim[2],
Goslar, Einbeck, Soest, Hannover, Paderborn, Minden. Auf der
linken Seite nahmen Platz: Hamburg, Lüneburg[3], Dortmund,
Greifswald, Münster, Kolberg, Nimwegen, Deventer, Wesel, Duis-
burg, Zütfen, Zwolle, Groningen, Arnheim, Kampen, Roermond,
Venlo, Bolsward. Von dieser Reihenfolge ward selten abgewichen[4].
Eifersüchtig wachten die Städte darüber, dass ihre Gesandten den
ihnen zukommenden Platz erhielten[5], und wiederholt kam es zu
erbitterten Rangstreitigkeiten.

So spielte ein heftiger Kampf um den Platz zwischen Königsberg und Danzig bereits seit 1469[6]. Königsberg hatte damals
seinen Platz über Danzig diesem räumen müssen, und es war
ihm auch später nicht gelungen, ihn wieder zu erhalten. Daher
beschickte es seit 1511 keinen Hansetag mehr. 1540 war ein
Ausgleich durch die Vermittelung des Herzogs Albrecht von Preussen
erzielt worden, wonach die beiden Städte in den Plätzen abwechseln
sollten. Allein praktisch war dieser Ausgleich nicht geworden.
Den in demselben Jahre abgehaltenen Hansetag besandte Königsberg nicht, weil, wie es erklärte[7], der Sessionsstreit mit Danzig

---

[1] Von Anklam auf der rechten und von Wesel auf der linken
Seite an liess sich die Reihenfolge nicht mit völliger Sicherheit feststellen, da immer nur ein Teil der Städte gleichzeitig vertreten war.

[2] Seit 1572 rangierte Hildesheim über Osnabrück.

[3] 1535 rangierte Lüneburg hinter Kampen, 1540 hinter Dortmund.

[4] 1600 sitzt Hamburg z. B. auf der rechten Seite.

[5] 1608 wurde ausdrücklich in den Rezess die Erklärung aufgenommen,
dass auf diesem Tage vorgekommene Irrtümer in der Session für die
einzelnen Städte unverbindlich sein sollten.

[6] Vgl. Fischer, Königsberg als Hansestadt, Altpreussische Monats-
schrift 41 S. 332 ff., und Die Beendigung des Königsberg-Danziger
Sessionsstreites, ebenda 43 S. 116 ff.

[7] Danzig Schbl. CXVIII A. act. int. VI 127/31.

noch nicht entschieden sei. Danzig wollte das nicht als Ent-
schuldigungsgrund gelten lassen[1], da es selber sich so nachgiebig
gezeigt habe, trat aber schliesslich doch auf dem Hansetage ent-
schuldigend für Königsberg ein. Als 1549 der nächste Hansetag
bevorstand, wünschte Königsberg selbst die endgiltige Austragung
des Streites und trat darüber mit Danzig in Verhandlung[2]. Wie-
wohl es vorläufig befriedigt zu sein schien, wie der Umstand zeigt,
dass es den Hansetag von 1549 sowie den von 1557 besuchte und
sich mit dem Platz unter Danzig begnügte, ohne auf den leidigen
Punkt zurückzukommen, griff es doch den alten Hader auf dem
Tage von 1559 wieder auf. Auch auf der letzten hansischen Versammlung, an der Königsberg teilnahm, im Jahre 1579 protestierte
es nochmals gegen den ihm angewiesenen Platz unter den Danzigern.
Ähnliche Zwistigkeiten entzweiten auch andere Städte.

Hatte man, um die Sessionsstreitigkeiten einigermassen zu
verringern, schon früh das Auskunftsmittel der Anordnung rechts
und links von Lübeck gefunden, so gab es auch andere Gelegenheiten, wo auf den Versammlungen der Stolz der Sendeboten auf
ihre Heimatstadt zu Entzweiungen führen konnte. So bot die
Reihenfolge der Meinungsäusserung und der Stimmabgabe sowie
die Anordnung bei Unterschriften in Urkunden und Briefen häufig
genug Anlass dazu. Schon seit früher Zeit lagen Braunschweig
und Lüneburg in Fehde über ihre Rangstellung[3], und noch 1567
legten Lüneburgs Vertreter feierlichen Protest dagegen ein, dass
in den Schreiben des Hansetags an die Könige von Polen, Dänemark und Schweden die Unterschrift Braunschweigs der ihrer
Stadt voranging[4]. Mit Lüneburg hatte auch Danzig einen ähnlichen Streit über den Vortritt der Gesandten beim Eintritt in den
Sitzungssaal. 1599 instruierte es seinen Deputierten dahin, dass
er vormittags vor, nachmittags nach den Lüneburgern zur Sitzung
gehen solle[5].

Die Leitung der Verhandlungen stand Lübeck zu, das in
einem seiner Bürgermeister den Vorsitzenden zu stellen pflegte.

---

[1] Ebenda Miss. XVI 87/8, 89/90.
[2] Ebenda Schbl. CXVIII A, Miss. XX 747/8.
[3] Sartorius III, S. 584.
[4] Danzig XXVIII 39.
[5] Ebenda XXVIII 64.

Erst in der letzten Zeit, zuerst 1611, pflegte man die Leitung der Beratungen dem hansischen Syndikus zu übergeben.

Bevor man in die Tagesordnung eintrat, wurden die Entschuldigungen der ausgebliebenen Städte verlesen und geprüft. wobei vielfach lange Zeit verging, ehe entschieden werden konnte. ob die Stadt für entschuldigt zu halten sei oder nicht.

Da der Hansetag nach wie vor das oberste beschliessende Organ in der Hanse war, so gehörten vor ihn alle Angelegenheiten, welche diese angingen. Sie waren jedesmal in den bereits mehrfach erwähnten Artikeln zusammengefasst, die allen Städten vorher zugegangen waren und nun als Tagesordnung dienten. Meist wurden diese für die Beratung in ihrer ursprünglichen Reihenfolge belassen; nur ab und zu nahm man aus praktischen Gründen Umstellungen vor. Den einzelnen Artikeln fehlte es an scharfer Fassung und Abgrenzung. Es wurden dabei mancherlei Dinge, die nur in losem Zusammenhange mit ihnen standen, herangezogen, so dass es nicht möglich ist, aus der blossen Bezeichnung des Artikels den Inhalt und Gegenstand der Beratung zu erkennen. So lautete, um ein Beispiel anzuführen, die Überschrift des ersten Artikels auf dem Tage von 1619: Verrichtung im Gravenhage. d. h. es sollte über eine nach den Niederlanden geschickte Gesandtschaft Bericht erstattet werden. Nachdem dieses aber geschehen, beriet man noch über Schritte, die man in Dänemark zur Erleichterung des Handels tun könne, über eine Gesandtschaft, die dem jungen König Gustav Adolf von Schweden die Glückwünsche der Hanse überbringen sollte, über ein Schreiben an den Grossfürsten von Moskau. Die Verbindung aller dieser Gegenstände mit dem Hauptstück des Artikels beruhte darauf, dass man bei ihnen durchweg auf die Unterstützung der Niederlande rechnete. Wenn aber dann bei demselben Artikel noch ein Schreiben an Reval wegen seines Wiedereintritts in die Hanse beraten und beschlossen wird, so ist gar keine Verbindung mit dem Hauptinhalt des Artikels mehr erkennbar.

Nicht selten kam es vor, dass die Beratung der Tagesordnung unterbrochen werden musste. Ein häufig wiederkehrender Grund dafür ist das Eintreffen auswärtiger Gesandtschaften, die möglichst bald abgefertigt werden mussten. So wurde auf dem Tage von 1598 die Beratung sofort ausgesetzt, als ein kaiserlicher Gesandter eintraf, um zunächst dessen Botschaft anzuhören und darauf Antwort zu erteilen. Auf demselben Tage wurde ein spanischer Gesandter zwar an dem Tage, an dem er es wünschte, empfangen und sein Anliegen entgegengenommen, aber auf die Antwort musste er warten, bis der Artikel der Tagesordnung, der mit seiner Werbung in Zusammenhang stand, herangekommen war. Anders war das Verfahren auf einem Tage von 1600, der in erster Linie zur Verhandlung mit einer dänischen Gesandtschaft bestimmt war. Da diese des schlechten Wetters wegen bei Beginn der Verhandlungen noch nicht eingetroffen war, beschäftigte man sich zuerst mit anderen Dingen. Sowie aber am dritten Tage gemeldet wurde, dass die Gesandten eingetroffen seien, brach man die Verhandlungen ab, um jene zu begrüssen und ihre Angelegenheit zuerst zu erledigen. Gesandte fremder Fürsten fanden ehrenvolle Aufnahme. Sie wurden »aus der Herberge quittiert«, d. h. man bezahlte ihre Gasthauskosten, wobei übrigens häufig von einzelnen Sendeboten über die unnötigen grossen Ausgaben Klage geführt wurde. Meist erhielten sie auch ein in Wein oder Bier bestehendes Ehrengeschenk, ab und zu wohl auch ein Wertstück, wie 1600 für jeden der dänischen Gesandten ein vergoldeter Becher bewilligt wurde.

Einen anderen Anlass zur Unterbrechung der vorgesehenen Verhandlungen boten Vorgänge in einzelnen Städten, die eine eilige Erledigung verlangten und von den bereits anwesenden oder zu diesem Zwecke eigens erscheinenden Vertretern dieser Städte an die Versammlung gebracht wurden. So kam es z. B. im 17. Jahrhundert mehrfach vor, dass die Lage Braunschweigs, das von seinem Landesherrn, dem Herzog Heinrich Julius, hart bedrängt wurde, auch ausserhalb der Tagesordnung auf Anregung seiner Abgesandten den Gegenstand der Beratungen bildete.

Solche Angelegenheiten wurden meist allerdings nach den Artikeln beraten; in gleicher Weise auch Dinge, die erst während des Verlaufs der Tagung auftauchten, Anträge einzelner Städte sowie Anliegen von Privatpersonen an die Hanse.

Der Gang der Beratungen war ebenso wie auf dem deutschen Reichstage und in ständischen Körperschaften jener Zeit sehr schleppend. Es wurde bei Beginn der Beratung jedes Gegenstandes der betreffende Artikel nebst den dazu gehörigen Schreiben und Aktenstücken sowie den eingelaufenen Suffragien einzelner

Städte verlesen und durch einen der Lübecker oder den hansischen
Syndikus, unter Umständen auch den Vertreter einer anderen
Stadt ein vollständiges Referat erstattet. Danach fragte man die
einzelnen Sendeboten um ihre Meinungen, die sich meist recht
breit über den Gegenstand ausliessen. Darauf folgten oft ausgedehnte Debatten, in denen zumeist nur bei den Lübeckern das
Bestreben hervortrat, eine Einigung zu erzielen. Zu endgiltigen
Entscheidungen entschloss man sich sehr schwer, weil man vor
schwerwiegenden Entschlüssen zurückscheute, und zog es häufig
vor, die Sache hinzuziehen, wie man es nannte, zu »temporisieren«.
Daher rüsteten die Städte ihre Vertreter auch niemals mit un-
bedingten Vollmachten aus[1], sondern schärften ihnen in den Instruktionen ausdrücklich ein, sich auf nichts einzulassen, was der
Stadt präjudizierlich, beschwerlich oder versehrlich sein könne.
So kam es, dass häufig nach langen Beratungen kein Resultat erzielt werden konnte, da ein grosser Teil der Städteboten, wie es
auch in früheren Zeiten zu geschehen pflegte, sich auf ihre Städte
oder ihre Ältesten zurückzog oder die Sache ad referendum nahm,
manche auch wohl geradezu mit einem Protest drohten. Da halfen
alle Versuche gütlichen Zuredens nichts, wobei oft die Verhandlung über einen Gegenstand nachträglich noch einmal aufgenommen
wurde und meist die Lübecker Herren in versöhnendem und ver-
mittelndem Sinne sich bemühten, die einzelnen blieben hartnäckig
bei ihrer Haltung und zogen das Sonderinteresse ihrer Stadt dem
allgemeinen Besten vor. Infolgedessen mussten die Entscheidungen
oft vertagt werden, weshalb dieselben Angelegenheiten häufig viele
Jahre hindurch auf den Hansetagen wiederkehrten und in er-
müdender Breite immer dieselben Bedenken sich wiederholten,
ohne dass man zu einem Abschluss kam. Fast verwunderlich erscheint es, wenn doch einmal ein wichtigerer Beschluss gefasst
und eine grössere Sache unternommen wurde.

Diese grossen Mängel erklären sich zum Teil aus dem Umstand, dass es an festen, allgemein anerkannten Vorschriften für
die Abstimmung fehlte. Zwar sagte die Konföderation von 1579[2],
dass die Mitglieder der Hanse dasjenige unweigerlich zu befolgen
hätten, »was einhellig durchaus oder auch den ansehenlichen

---

[1] Vgl. oben S. 228.
[2] Köln II, S. 560.

mehren teil der anwesenden vorwanten stedte geschlossen wirt«,
setzte also zweifellos die Giltigkeit von Majoritätsbeschlüssen fest,
während die Konföderationsnotel von 1557 nur die Verbindlich-
keit von einstimmig gefassten Beschlüssen betonte[1]. Doch wie
geringe Wirkung hatte eine solche Bestimmung! Trotz ein-
stimmiger Annahme der Konföderationsnotel, die jene Festsetzung
enthielt, erhob sich sofort Opposition dagegen. Köln erklärte, dass
es sich zunächst noch nicht an sie halten könne[2], obwohl seine
Vertreter auf dem Hansetage ihr zugestimmt hatten.   Auf dem
unmittelbar darauf folgenden Tage des Kölner Drittels in Wesel
wurde die Annahme der neuen Konföderationsnotel fast einstimmig
abgelehnt[3], wobei von verschiedenen Seiten gerade darauf hingewiesen wurde, dass es unmöglich sei, Mehrheitsbeschlüsse als
allgemein verbindlich anzuerkennen.   Nach einer Korrespondenz
mit Lübeck[4], worin dieses sich bemühte, den Widerspruch zu beseitigen, erklärte sich Köln auf einem neuen Drittelstage im
April 1580 zwar unter gewissen Einschränkungen mit der Konföderationsnotel einverstanden, aber die wichtigeren Städte seines
Drittels verblieben bei ihrer Gegnerschaft[5]. Ähnlich wie damals
pflegte es immer zu sein: kaum jemals fand ein Mehrheitsbeschluss
Anerkennung, und es gab stets Bundesmitglieder, die sich ihm
nicht fügten.   So wurde schliesslich, nachdem auf einem Tage der
wendischen und Quartierstädte nebst Bremen 1581 nochmals die
Beschlüsse der Hansetage für allgemein zwingend erklärt waren[6],
in der Konföderationsnotel von 1604 die allgemeine Verbindlich-
keit der einstimmig oder durch Mehrheit gefassten Beschlüsse ausdrücklich auf die Angelegenheiten der vier Kontore und die Bestrafung der Städte beschränkt, die wider die hansichen Rezesse,
Statuten und Ordinantien handelten, während alle anderen Sachen
davon nicht berührt werden sollten[7].

---

[1] Köln II, S. 557.
[2] Ebenda 1556.
[3] Ebenda S. 601 ff.
[4] Ebenda, 1669, 1683, 1689, 1712, 1753.
[5] Ebenda S. 629.
[6] Ebenda S. 702 f.
[7] Danzig XXVIII 71: »dann andere eigene der städte sachen und
handelungen, die von den cunthoren, gemeinen hansischen privilegien
und commercien nicht her fliszen, hiermit nicht gemeinet.«

Neben den Verhandlungen des Hansetages gingen Beratungen in besonderen Ausschüssen her. Von diesem Mittel zur Vereinfachung der Beratungen machte man sehr häufig Gebrauch. Es wurden die Deputierten bestimmter Städte, die in einer bestimmten Sache besonders gut unterrichtet oder an ihr vorwiegend interessiert waren, mit einer Vorberatung beauftragt. Nicht selten kam es vor, dass wegen dieser Ausschussverhandlungen die Plenarsitzungen für einige Tage ganz unterbrochen wurden. War der Ausschuss mit seinem Gegenstande fertig geworden, so wurde von einem seiner Mitglieder im Plenum referiert und die Verhandlung hier fortgesetzt. Aber auch in den Ausschüssen zeigte sich dieselbe Uneinigkeit wie bei der Gesamtheit und dieselbe geringe Neigung, sich der Mehrheit zu fügen.

Die Dauer der einzelnen Hansetage war sehr verschieden. Im allgemeinen wünschte man wegen der Kosten und Unbequemlichkeiten möglichste Kürze der Verhandlungen, aber das war selten durchzuführen. Die gewöhnliche Dauer schwankte zwischen drei und fünf Wochen. Doch zogen sich die Sitzungen oft noch länger hin. Den ausgedehntesten Tag wies das Jahr 1591 auf, wo die Beratungen am 11. Juni begannen und erst am 28. August geschlossen wurden, also über 11 Wochen umfassten. Ausnahmen dagegen waren so kurze Hansetage wie 1555 mit zehn, 1558 mit sieben und 1556 mit sechs Tagen. Erst in der letzten Zeit fertigte man sich kürzer ab: seit 1612 dauerten die Tagungen kaum noch über zwei Wochen, und 1613 blieb man nur fünf Tage beisammen.

Der Schluss der Verhandlungen eines Hansetages erfolgte in feierlicher Form. Zunächst wurden die beschlossenen Schreiben und das Protokoll, der Rezess, verlesen und von den Anwesenden genehmigt. Sodann sprach einer der Lübecker Herren Worte des Abschieds und wünschte den Gesandten eine glückliche Heimreise.

Die Rezesse waren recht ausführlich und gingen auch auf die Debatten ein. Freilich ist es oft schwer, aus ihnen die wirklich gefassten Beschlüsse zu erkennen. Dass sie gegen Ende der Zeit kürzer ausfallen als früher, erklärt sich wohl aus der kürzeren Dauer der Hansetage. Dass sie wesentlich inhaltsleerer geworden[1], kann ich nach dem mir vorliegenden Material nicht finden.

---

[1] Wie Sartorius III, S. 588 meint.

Die Rezesse trugen offiziellen Charakter, wurden in Lübeck hergestellt und in Abschrift an die einzelnen Städte versandt, auch an die, welche den Hansetag nicht beschickt hatten, sofern sie es wünschten. In Danzig ist die Reihe der Rezesse ziemlich vollständig vorhanden; es fehlt, so weit ich sehe, nur der des Tages von 1604. Die Kosten für die Abschriften sollten von den einzelnen Städten getragen werden, aber diese verweigerten vielfach die Zahlung, und so erwuchsen der Gesamtheit daraus Lasten. 1609 wurde ausdrücklich beschlossen, dass Kopialkosten in Höhe von 1 lüb. Schilling für das Blatt von der betreffenden Stadt, der die Abschrift zuging, zu erlegen seien[1]. Wegen den Kosten haben viele der kleineren Städte auf die Zusendung der Rezesse verzichtet und sie nur dann bezogen, wenn sie den Hansetag beschickt oder besonderes Interesse an bestimmten Angelegenheiten hatten. Später erhielten die kleineren Städte, welche die hansischen Versammlungen nicht mehr besuchten, die Rezesse von ihren Quartierstädten zugestellt, aber auch nur auf ausdrücklichen Wunsch, so 1599 Thorn durch Danzig[2]. Manchmal kam es auch vor, dass eine Stadt erst längere Zeit nachher Rezesse früherer Hansetage verlangte. So wünschte und erhielt Reval 1600 durch Danzig die Rezesse von 1591, 1598 und 1599[3].

Es geschah auch, dass man einer Stadt die gewünschten Rezesse verweigerte, so Nimwegen und Zütfen 1549, weil sie nicht Ratsmitglieder, sondern nur Sekretäre zum Hansetage gesandt hatten. Grundsätzlich pflegte man solchen Städten die Rezesse, wie auch die anderen hansischen Akten nicht zuzusenden, die in zu grosser Abhängigkeit von ihrer Landesherrschaft standen und von denen man befürchten musste, dass sie ihr geheime hansische Dinge berichten würden und sich darin von ihr beeinflussen liessen[4]. So wurde vom Hansetage 1600 beschlossen, an Königsberg, das nach eigenem, in einem Briefe an Lübeck ausgesprochenem Eingeständnis in hansischen Sachen bei seinem Landesherrn sich Rat geholt hatte, keine Rezesse mehr zu verschicken. Ein anderer Grund

---

[1] Danzig XXVIII 77.
[2] Ebenda Miss. XLVI 137
[3] Ebenda Miss. XLVII 102, 121/3.
[4] Vgl. oben S. 217 f.

für die Verweigerung der Rezesse ergab sich, wenn eine Stadt
sich in Gegensatz zur Hanse stellte. Das war mit Elbing seit
1579 der Fall, weil es gegen den Willen und das Interesse der
Hanse den englischen Kaufleuten eine Niederlassung in seinen
Mauern gestattet hatte und dabei beharrte. Auch ihm ;wurden
infolgedessen seit 1600 keine Rezesse mehr zugeschickt.

Ausser den allgemeinen hansischen Tagfahrten gab es noch
kleinere Versammlungen, die mit jenen eng verwandt sind. Man
nannte sie Deputationstage. Auf ihnen waren manchmal ebensoviele Städte vertreten wie auf allgemeinen Hansetagen: nämlich
die wendischen Städte, dazu die Quartierstädte nebst Bremen, die
einen ständigen Ausschuss zur Beratung`wichtiger Fragen gebildet
zu haben scheinen. Diese Versammlungen wurden von den wendischen Städten ausgeschrieben. Während diese Tagfahrten meist
nur Vorversammlungen zu allgemeinen Hansetagen waren, gab es
aber auch Deputationstage, die selbstständig endgiltige Beschlüsse
fassten. Dahin gehören z. B. die Tage von 1602, wo man über
die englischen Angelegenheiten, besonders das Londoner Kontor,
und von 1609, wo man über die finanziellen Verhältnisse der Hanse
beriet. Der von allen 10 in Betracht kommenden Städten besuchte
Tag von 1609 war nicht von den wendischen Städten berufen,
sondern von der vorhergehenden allgemeinen Versammlung von
1608 beschlossen worden.

Manchmal wurden auf einem Hansetage auch dauernde Ausschüsse für bestimmte Sachen bestellt, die dann nach Bedürfnis
Sonderversammlungen abhielten. So wurden 1579 Lübeck, Hamburg und Bremen mit der Weiterberatung der englischen Sache
beauftragt und vereinigten sich daraufhin im Dezember zu einer
Versammlung in Hamburg[1]. In derselben, damals im Mittelpunkt
des hansischen Interesses stehenden Frage wurden 1591 Lübeck,
Köln, Bremen, Hamburg, Danzig und Lüneburg als Ausschuss
niedergesetzt, der ständig diese Angelegenheit bearbeiten sollte.
Als bald darauf schwere Zwistigkeiten im Londoner Kontor aus-
brachen, lud Lübeck zur Entscheidung darüber die Städte des
Ausschusses 1594 zu einem Tage ein. Freilich erschienen nur
Vertreter von Lübeck, Hamburg und Lüneburg zu dieser Beratung,

---

[1] Danzig XXVIII 52.

in der man energisch der eingerissenen Unordnung zu Leibe zu gehen versuchte [1].

Über die mehrfach erwähnten wendischen Tagfahrten, die in organischer Beziehung zu den Verwaltungseinrichtungen der Hanse standen, wird im nächsten Abschnitt zu handeln sein.

IV.

Das Haupt der Hanse war in dieser Zeit in noch ausgeprägterem Masse als früher Lübeck. Von ihm wurden die laufenden Geschäfte erledigt, seine Bürgermeister und Ratsherren ebenso wie die Unterbeamten der Kanzlei mit allgemein hansischen Angelegenheiten, namentlich auch der Finanzverwaltung, befasst. Ausserhalb der Hansetage erledigte Lübeck auch einen grossen Teil der hansischen Korrespondenz und gab sein Siegel dazu her. Es konnte als allgemein anerkannt gelten, obgleich ein förmlicher Beschluss darüber niemals gefasst worden ist, dass Lübeck in der Hanse das Direktorium führte.

Lübeck eignete sich nach wie vor wie keine andere Stadt zu der Aufgabe, an der Spitze der Hanse zu stehen, deren Interessen ja wie ehemals mit den seinigen zusammenfielen. Aber es ist auch nicht zu leugnen, dass in Lübeck meist eine gemeinnützigere Gesinnung herrschte als in allen übrigen Hansestädten. Unablässig war es bemüht, zusammenzuhalten, was noch zusammen zu halten war, Risse zu heilen, Gegensätze auszugleichen, streitende Ansprüche zu versöhnen. So liefen in seinen Mauern alle Fäden der hansischen Politik zusammen. Es hatte daher nicht allein die Ehre und den massgebenden Einfluss in der Hanse, sondern trug auch die Mühe, die Sorge und den Ärger einer solchen Stellung. War es doch jetzt noch weit schwieriger als in früheren Zeiten, die Mitglieder der Hanse mit ihren vielfach einander entgegenstehenden Interessen einigermassen in Einigkeit zu erhalten. Nicht selten hat Lübeck für die Gesamtheit leiden müssen. Auch ungerechte Vorwürfe von andern Städten blieben ihm nicht erspart.

So ist es nicht zu verwundern, dass Lübeck mehr als einmal seiner Stellung müde wurde und das Direktorium niederzulegen drohte. So geschah es 1584: da erklärte Lübeck, dass es wegen

---

[1] Ebenda XXVIII 62.

allzu starker Belastung und wegen ungenügenden Respektes vor
den hansischen Beschlüssen das Direktorium nicht länger behalten
könne[1]. Es schlug vor, dass Bremen als »caput Hansae« an seine
Stelle treten solle. Als aber die anderen Städte durch die Vertreter Bremens die Meinung aussprachen[2], es sei zum Wohle der
Hanse durchaus nötig, dass Lübeck das von ihm so lange ehren-
voll verwaltete Direktorium weiter führe, erklärte Lübeck sich für
eine Weile dazu bereit, unter der Voraussetzung, dass grössere
Einigkeit unter den Städten eintrete. 1591 aber drohte es schon
wieder mit der Niederlegung des Direktoriums, falls die Verbindung
der Städte nicht enger und wirksamer würde[3]. Damals scheint
von Lübeck Köln für die Nachfolge in Aussicht genommen worden
zu sein. Aber dieses instruierte seine Gesandten zum Hansetage
dahin, dass sie für Beibehaltung des bisherigen Zustandes eintreten
und die Last des Direktoriums keinesfalls Köln aufladen lassen
sollten[4]. Auch Danzig trug seinen Vertretern auf, im allgemeinen
Interesse dahin zu wirken, dass Lübeck das Direktorium behalte[5].
So wurde denn auch damals nichts geändert. Derselbe Vorgang
spielte sich 1598 ab, wo Lübeck mit seiner Drohung die Anstellung
eines hansischen Syndikus und Sekretärs erzwingen wollte, aber
schliesslich auch, ohne dies erreicht zu haben, sein Vorhaben aufgab.
Nochmals wiederholte Lübeck dieselbe Drohung 1614, um andere
Städte zum Anschluss an seine, auf ein engeres Bündnis mit den
niederländischen Städten gerichtete Politik zu bestimmen[6]. Daraus
ist übrigens ersichtlich, dass es Lübeck mit seiner so häufig ausgesprochenen Absicht niemals recht Ernst gewesen ist, sondern dass
es sie hervorzukehren pflegte, um auf die anderen Städte einen

---

[1] Köln II, S. 761.
[2] Danzig hatte seine Gesandten dahin instruiert, dass sie für die
Beibehaltung des Direktoriums durch Lübeck wirken sollten, da keine
Stadt so gut gelegen und mit den Verhältnissen der Hanse so vertraut
sei und da »es auch bey diesem iezigen baufelligen wesen ein seltzam
ansehen haben wurde, nicht anders, als wen die Erb. von Lübeck an
der sozietet nunmehr desperireten«. Danzig Schbl. CVI, act. int. 34 f. 437.
[3] Köln II, S. 941.
[4] Ebenda S. 945.
[5] Danzig XXVIII 59.
[6] Danzig XXVIII 71, Brief Mittendorffs an Danzig von 1614 Mai
30/20, und XXVIII 79.

Druck auszuüben und die Erfüllung seiner dem allgemeinen Besten dienenden Wünsche von ihnen zu erlangen.

Lübeck, als dem Haupt und Direktor der Hanse, standen zur Seite die wendischen Städte Rostock, Stralsund, Wismar, Hamburg und Lüneburg, seit alters in naher Verbindung mit ihm. Die sechs Städte bildeten gewissermassen einen engeren Ausschuss der Hanse, der häufig zu Beratungen zusammentrat und dessen Mitglieder eine eingehende Korrespondenz über die Angelegenheiten des Bundes führten. Diese Tage der wendischen Städte fanden bis 1569 sehr häufig[1], seitdem nur noch selten statt. Ich kann sie nur noch 1572[2], 1575[3], 1598[4] und 1601[5] feststellen. Ihre Hauptaufgabe war, wie erwähnt, die Vorbereitung der Hansetage; aber sie führten auch selbständig Verhandlungen mit dem Auslande, mit den Kontoren und mit Privatpersonen. Auch fungierten sie als richtende Behörde in hansischen Angelegenheiten. Vor sie kamen Anklagen gegen einzelne hansische Kaufleute, die sich Übertretungen hansischer Vorschriften und Gebräuche hatten zu Schulden kommen lassen[6].

Die Geschäftsführung Lübecks und der wendischen Städte fand nicht immer allgemeinen Beifall. So verlangte auf dem Hansetage von 1572 Danzig, dass die Artikel ihm schon vor Ausschreibung des Tages mitgeteilt würden, um seine Wünsche anhängen zu können. Doch musste es sich von Lübeck im Namen der wendischen Städte die Zurechtweisung gefallen lassen, dass ein derartiges Verfahren ganz ungebräuchlich sei und nicht eingeführt werden könne. In heftige Erregung geriet Danzig über Lübeck im J. 1603, weil damals die nach Moskau bestimmten Gesandten Lübecks, als sie durch Danzig reisten, es ablehnten, dass sich ihnen ein Danziger auf eigene Kosten anschliesse[7], und in Moskau

[1] Vgl. oben S. 214.
[2] Köln II 28.
[3] Ebenda 694.
[4] Danzig, 1598 Januar 14, Lübeck und wendische Städte an Danzig.
[5] Ebenda XXVIII 68, Miss. XLVII 280.
[6] 1553 wird z. B. Adrian Koseler so lange aus dem Londoner Kontor ausgeschlossen, bis er sich vor den wendischen Städten gerechtfertigt hat. Danzig XXVIII 21a, f. 110/1.
[7] Danzig Miss. XLVIII 15/20.

nur für sich, nicht für Danzig tätig waren[1]. Briefe, die Danzig
damals an Lübeck richtete, wurden monatelang nicht beantwortet.
Indem es sich bitter darüber beklagte, fügte es hinzu, dass man es
immer zu finden wisse, wenn es sich um eine Abgabe handele[2].
1609 war es wiederum über die hansischen Angelegenheiten
schlecht unterrichtet worden und schärfte daher seinem Gesandten
zum Deputationstage ein, Lübeck zu grösserer Rücksicht zu veranlassen[3]. Sehr gekränkt fühlte es sich 1617 durch die Geschäfts-
leitung. Damals war es über eine Reihe der wichtigsten Fragen
nicht unterrichtet worden, eine Anfrage blieb länger als zehn
Monate unbeantwortet, und man hatte nur Annahme bereits ge-
fasster Beschlüsse von ihm gefordert. Da brach sein Unwille über
Lübeck hervor: das sehe nach Absicht aus, als ob man es übergehen und »pro tributaria halten wolle«, es bat sich bessere Behandlung aus[4]. Ähnliche ·Reibungen zwischen Lübeck und den
wendischen Städten auf der einen und hervorragenden Mitgliedern
der Hanse auf der andern Seite haben auch sonst nicht gefehlt.

    Ausser den wendischen Tagfahrten finden sich auch Ver-
sammlungen, an denen ausser den wendischen Städten Bremen
und die Quartierstädte oder auch nur einige von diesen in wechselnder
Zusammenstellung beteiligt waren. Der erste derartige Tag lässt
sich 1552 nachweisen; freilich war auf ihm ausser den wendischen
Städten nur Köln, und zwar bloss durch einen Sekretär, vertreten,
da seine bereits ausgesandten Ratsherren wieder umkehrten, als
sie hörten, dass Danzig den Tag nicht beschicken würde[5]. Damals
wurden auch die Artikel für den nächsten Hansetag festgestellt.
1560 wurde Bremen zu einem wendischen Tage zugezogen[6], ebenso 1563 Braunschweig[7]. Häufiger fanden diese Versammlungen
statt, seit die wendischen Tage eingeschränkt wurden. So finden
sich 1577 und 1578 drei Tagfahrten der wendischen Städte mit
Bremen und Brauschweig[8]. Seit 1581 traten öfters die wendischen

---

[1] Ebenda 159/61.
[2] Ebenda 53/4, 61/2.
[3] Ebenda IX 313.
[4] Ebenda Miss. LIV 145/7.
[5] Köln I S. 352 ff.
[6] Ebenda 1861.
[7] Ebenda 2199.
[8] Köln II 1021, 1149, S. 503 ff.

mit den Quartierstädten zusammen [1], dahin gehören auch die früher erwähnten [2] sogenannten Deputationstage, die vollständige Hansetage vertraten und deren letzter, soweit ich sehe, 1612 abgehalten wurde.

Mit den Quartierstädten bildete Lübeck noch eine andere Vereinigung innerhalb der Hanse. Da sie als Vermittler zwischen der Zentralstelle und den Städten ihres Quartiers dienten, musste Lübeck sie über alles auf dem Laufenden halten. Aber sie vertraten andererseits auch wieder die Städte ihres Quartiers. So vollzogen sie in deren Namen Urkunden und stellten Verschreibungen aus. Daher wurden allgemein verbindliche Abmachungen von den vier Quartierstädten gemeinsam besiegelt. Sie verbürgten sich gemeinsam für pekuniäre Verpflichtungen der Hanse, aber sie leisteten sich auch gegenseitig Sicherheit, indem immer drei der vierten in notwendigen Fällen eine Schadlosverschreibung ausstellten. Von ihnen wurden ferner die Rechnungen der Kontore geprüft. Dem Auslande gegenüber galten die vier Quartierstädte vielfach geradezu als die berufene Vertretung der ganzen Hanse. Daher entnahm man aus ihnen auch meistens die nach dem Auslande geschickten Gesandten, doch finden sich häufig auch solche aus Bremen und Hamburg.

Die verschiedenen Ausschüsse litten an dem Mangel, dass sie nur schwer zusammenzubringen waren und dass es daher an einer ständigen Vertretung der Gesamtheit zur dauernden Führung der laufenden Geschäfte fehlte. Eine solche wünschte man deshalb in den letzten Zeiten ins Leben zu rufen. So wurde auf die Tagesordnung der Versammlung von 1619 die Einrichtung eines Consilium perpetuum oder ordinarium gesetzt. Danzig erklärte aber in seiner Instruktion für seine Vertreter ein solches für unnötig [3], auf der Tagfahrt selbst wurde die Sache gar nicht besprochen. 1621 kehrte sie wieder. Damals riet Köln in seinem Schreiben an Lübeck von einem solchen Ausschusse direkt ab [4], während Danzig erst genauer darüber unterrichtet zu werden wünschte [4]. Auf der

---

[1] Ebenda S. 701 ff.
[2] Oben S. 238.
[3] Danzig XXVIII 82.
[4] Ebenda XXVIII 83.

Versammlung wurde zwar der Gegenstand besprochen, aber zu einem Beschlusse kam es nicht. Dabei ist es dann für die allerletzten Zeiten der Hanse verblieben.

Die Geschäftsführung der Hanse war, wie sich aus der Darlegung dieser unvollkommenen Einrichtungen ergibt, recht schwerfällig. Eine geordnete, gesetzmässige Vertretung der Hanse gab es nicht. Vollversammlungen und Ausschüsse waren schwer zusammen zu bringen, ermangelten der Vollmachten und der genügenden Autorität. So blieb tatsächlich Lübeck, da es die hauptsächlichsten Geschäfte erledigte und sein Interesse mit dem der Gesamtheit immer noch am meisten verknüpft war, allein übrig als der gewissermassen einzige dauernde geschäftsführende Ausschuss der Hanse. .

(Wird fortgesetzt.)

VI.

Eine isländische Urkunde.

Von

Rudolf Meissner.

Der 10. Band des Hansischen Urkundenbuches enthält eine
bisher unbekannte isländische Urkunde (Nr. 489, S. 314), die für
die Geschichte der deutschen Islandfahrt von Interesse ist; sie
bezieht sich auf einen Zusammenstoss englischer und hansischer
Islandfahrer im J. 1475, über den bisher nur Berichte von hansischer Seite vorliegen. Hier aber wird eine durchaus abweichende
Darstellung des Falles gegeben und zwar nach dem gewichtigen
Zeugnis angesehener Isländer, die englische Kaufleute gegen hansische Ansprüche unterstützen. — Die Urkunde fällt in eine Zeit,
aus der wir so viele Beschwerden der Isländer gegen die englischen Islandfahrer kennen. Manche Klagen über Gewalttätig-
keiten sind auch gegen die deutschen Kaufleute von den Isländern
vorgebracht worden, aber niemals haben die Deutschen in Island
so piratenmässig gehaust wie die Engländer im 15. Jahrhundert.
Ich beschränke mich hier auf Ergänzungen zu Finn Magnusen,
Om de Engelskes Handel og Færd paa Island i det 15de Aar-
hundrede in Nordisk Tidskrift for Oldkyndighed 2, 112 ff. und zu
Baasch, Die Islandfahrt der Deutschen 5 ff.

Es ist ein furchtbares Sündenregister, das Hannes Pálsson
im J. 1425 der dänischen Regierung übersendet[1]. Abgesehen von

---

[1] Diplom. Island. 4,324, erwähnt von Baasch a. a. O. 4 Anm. 1.

Widerstand gegen die königlichen Beamten, Raub, Mord, Plünde-
rungen, Gewalttaten aller Art wird hier den Engländern besonders
vorgeworfen, dass sie sich in Besitz der Fischgründe an der isländischen Küste setzen und den Bewohnern der Insel die wichtigste
Nahrung entziehen; das ist die von den Isländern bis in die neuste
Zeit erhobene Klage; umsonst bemühte sich die dänische Regierung
durch Verordnungen gegen die duggarar diese gefährliche Fischerei
einzuschränken. Die Engländer erneuerten bei ihren Raubzügen
nach Island ein altes Wikingermanöver, indem sie Inseln in der
Nähe der Küste zu festen Lagern umschufen (quia ipsi Anglici
recipiunt se infra unum locum circumdatum aqua et eundem locum
muniunt omni anno quasi castrum). Diese Klagen wiederholen
sich durch das ganze Jahrhundert, bis die englischen Kaufleute
von den deutschen verdrängt werden.

Zu den von Magnusen und Baasch angeführten Zeugnissen
ist jetzt noch hinzuzufügen der Brief Christophs von Bayern an
den König von England vom 23. Oktober 1443[1]. Die Beschwerden
sind dieselben: Islandfahrt der Engländer ohne Erlaubnis des
dänischen Königs, Verweigerung der Handelsabgaben, Bedrückung
und Ausplünderung der Isländer, Menschenraub; dabei wird, das
ist für die Rezeption des römischen Rechtes interessant, auf die
lex Fabia de plagiis Bezug genommen. In der Antwort Heinrich VI.
vom 1. Juli 1444 wird, wie üblich, darauf hingewiesen, dass die
Islandfahrt den englichen Kaufleuten bei schwerer Strafe verboten
sei[2], während doch die englischen Könige den Islandhandel durch
Freibriefe unterstützten. — Englische Gewalt wurde, wenn es
möglich war, von den Isländern mit Gewalt vergolten, wozu sie
durch königliche Verordnung ermächtigt waren. So fällt es z. B.
dem Einar Ormsson auf seinem Sterbelager schwer ins Gewissen,
dass er einst durch seine Leute in Grindavík hat Engländer erschlagen lassen, und er bestimmt in seinem Testament vom 4. Juni
1470, dass für die Getöteten Seelenmessen gelesen werden sollen
(só og skipa eg at láta syngia sálumessu Eingelskum er sleigner
vóru í Grindavík af mínum mönnum)[3].

Das grösste Aufsehen machte die Ermordung des Björn Thor-

---

[1] Dipl. Isl. 4, 646.
[2] A. a. O. 4, 652.
[3] A. a. O. 5. 571.

leifsson durch die Engländer im J. 1467[1]. Diese Gewalttat, begangen an dem königlichen Statthalter, führte bekanntlich zu schweren politischen Verwicklungen, in die auch die Hanse hineingezogen wurde[2]. Erst der Vertrag von Utrecht (28. Februar 1474) brachte den Frieden. — In der isländischen Überlieferung blieb der Kampf Björns mit den Engländern bei Rif sehr lebendig. Die Gestalt der Gattin Björns Olöf Loptsdóttir hat sagamässige Züge. In den Biskupa-Annálar des Jón Egilsson (1548—1640) lautet der Bericht so: »Das war das Ende seines Lebens, dass er von den Engländern in Rif erschlagen wurde; sie hieben ihn in Stücke und schickten diese der Ólöf; die Veranlassung dazu ist mir nicht bekannt. Zur Rache dafür liess sie im Sommer darauf alle Engländer töten, zwölf von ihnen liess sie an einen Strick binden und ihnen den Kopf abschlagen, vieles gewaltige wird noch von ihr erzählt (vgl. Maurer, Isl. Volkssagen 205. Jón Árnason, Ísl. Thiodsögur 2, 112). — Als ihre Todesstunde kam, bat sie zu Gott, er möchte bei ihrem Tode ein Zeichen geschehen lassen, das lange im Gedächtnis der Menschen bliebe; und so geschah es, dass ein so grosser Sturm hier im Land und weit umher in Norwegen sich erhob, dass eine Menge Häuser und sehr viele Kirchen zusammenstürzten und die Menschen sich nicht auf den Füssen halten konnten — das nennt man seitdem einen Ólöf-Sturm«[3]. Jón Gízurarson (c. 1590 bis 1648) erzählt, Frau Ólöf sei in Helgafall gewesen, als sie den Tod ihres Mannes erfuhr, und habe gesagt: »nicht beweinen sollen wir Björn, sondern unsere Leute sammeln«. Sie zieht eine Ringbrünne an, ihre Frauenkleider darüber. Mit ihren Leuten überfällt sie die Engländer, tötet alle mit Ausnahme eines, der ihrem Sohne bei dem Kampfe Björns mit den Engländern das Leben gerettet hatte. Eine lausavísa bewahrt die Erinnerung an den Kampf: »Schlimm gings in Rif her, als der reiche Björn dort fiel«:

Rustugt varð í Rifi
þá ríki Björn þar dó[4].

---

[1] Nicht 1468 (Baasch a. a. O. 6), vgl. Dipl. Isl. 5, 497. Der Kampf, in dem Björn fiel, muss nach dem 26. Juni und vor dem 6. Sept. 1467 stattgefunden haben.
[2] Hans. UB. 9, 326 Nr. 468.
[3] Safn til sögu Íslands 1, 58.
[4] Safn 1, 674.

Noch heute wird am Strand von Rif der Bjarnarsteinn gezeigt,
wo Björn erschlagen wurde (Kaalund, Bidrag til en historisk-
topografisk Beskrivelse af Island 1, 421). Der Bericht Espolíns
ist von Magnusen a. a. O. im Auszuge wiedergegeben. Björn gilt
in der isländischen Überlieferung als der reichste Mann, den Island
íe gesehen hat (Espolín, Árbœkur 2,70). Sein gleichnamiger Enkel
wurde am Schluss des 15. Jahrhunderts in einen weitläufigen Erb-
streit verwickelt, der erst 1530 sein Ende fand.

Die Engländer haben es sogar versucht, die isländische Kirche
für ihren Handel nutzbar zu machen; denn es kann kein Zufall
sein, dass wir sowohl in Hólar wie in Skálholt in der ersten Hälfte
des 15. Jahrhunderts englische Bischöfe finden, die sich direkt an
dem englisch-isländischen Handel beteiligen, (vgl. Magnusen a. a. O.
119. 120). Die urkundlichen Zeugnisse sind jetzt bequem im 4. Bande
des Diplomatarium Islandicum vereinigt. Am 18. September
1431 kauft Bischof Jón Vilhiálmsson für sich und die Kirche
von Hólar die Hälfte eines englischen Handelsschiffes Bartho-
lomeus von den Kaufleuten William Bell und Edmund Smith[1].
Am 3. Oktober desselben Jahres stellt er eine Urkunde aus, in
der er die Besatzung des Schiffes, die nach einem Zusammenstoss
mit den Isländern sich in die Kirche von Hólar geflüchtet hatte,
in seinen Schutz nimmt. Zugleich erklärt er, dass er eine Hälfte
des Schiffes gekauft und die andere zum Geschenk erhalten habe[2].
— Dieses Ereignis wird bei Björn von Skarðsá (Annálar 1,28),
Espolín 2,34 und mit einigem Zweifel bei Magnusen mit einer Erzählung in Verbindung gebracht, die bei dem Mannskaðahóll
(»Männerschadenhügel«) an der Ostküste des Skagafjörður lokali-
siert ist. Dort sollen in einem scharfen Gefecht 80. Engländer erschlagen worden sein. Fünf Grabhügel werden noch heute gezeigt,
in denen sie begraben liegen. Dieses Gefecht fand c. 40 Kilometer
von Hólar statt; die Zahl der Toten ist gewiss übertrieben, natürlich besonders wenn es sich um die Besatzung eines Schiffes handeln
soll[3]. Irgend ein Grund für die Annahme, dass diese Engländer
sich grade auf dem Schiff befunden haben sollen, das 1431 im Hafen
von Kolbeinsárós ankerte und zur Hälfte vom Bischof von Hólar

---

[1] Dipl. Isl. 4, 475.
[2] A. a. O. 477.
[3] Baasch a. a. O. 99 ff.

gekauft wurde, liegt nicht vor. Über diesen Bischof und seine Streitigkeiten mit den Diözesanen vgl. F. Jónsson, Hist. eccl. 2, 577—580. Sein Nachfolger war ebenfalls ein Engländer, der aber wie es scheint, nie nach Island gekommen ist (Safn 1, 6 Anm. 1). Drei englische Königsurkunden lassen diese wunderlichen Verhältnisse klar erkennen. Die erste ist vom 28. Mai 1436 datiert[1]: Johannes (in regno nostro Angliae oriundus) ist vor kurzem (nuper) zum Bischof von Hólar ernannt worden. Da er sich aber scheut, den Bischofssitz einzunehmen (cum . . . . ob discrimina tam maris quam terrae episcopatum suum praedictum personaliter adire et visitare ac possessionem inde capere ac ibidem installari quam plurimum pertimescat) gestattet ¡der König, unbeschadet des Verbots der direkten Islandfahrt, dass Johannes May, Meister des Schiffes la Katryne de Londonnia, als procurator und attornatus des Bischofs nach Island fährt, um die Verhältnisse im Bistum zu untersuchen und darüber zu berichten. Am 18. Februar 1438 gestattet der König dem Bischof, der sein Bistum besuchen will (qui adeundum partes praedictas causa visitandi episcopatum suum praedictum se disponit), dass er zwei englische Schiffe mit Dingen, die für ihn und die Seinen notwendig sind, befrachten, und eins davon mit Rückfracht nach England senden darf (ac navem illam in eisdem partibus cum aliis bonis et rebus suis in regnum nostrum praedictum reducendis recarcare et in idem regnum nostrum remittere possit licite et impune). Es ist fast ein Hohn, wenn auch hier auf das Verbot des Verkehrs mit Island hingewiesen wird[2].. Aus dem Handelsgewinn wollte der Bischof offenbar der päpstlichen Kammer die vorgeschriebene Abgabe für seine Ernennung bezahlen. Das geht aus dem dritten Diplom des englischen Königs hervor (8. November 1438)[3]. Der Bischof hat sein Amt noch nicht angetreten, er kann die päpstlichen Dokumente, die sich in den Händen von Kaufleuten in London befinden, nicht erhalten ob defectum primorum fructuum in camera apostolica. Wenn er nicht bis Ende Januar des nächsten Jahres die Dokumente auslöst, sollen sie nach Rom zurückgehen und er seines Amtes verlustig sein. Der König gestattet ihm nun, Produkte

---

[1] Dipl. Isl. 4, 557.
[2] A. a. O. 4, 574.
[3] A. a. O. 4, 582.

aller Art aus seinem Bistum in einem oder mehreren Schiffen nach England zu verfrachten. — Die isländischen Quellen wissen nichts von diesem Bischofe. — Ebenso wird zwischen Skálholt und England eine feste Handelsverbindung eingerichtet. Am 22. Nov. 1436 gestattet Heinrich VI. dem Bischof Jón, der zweifellos ein Engländer ist, in einer Urkunde, die z. T. im Wortlaute mit der oben erwähnten, vom 18. Februar 1438 übereinstimmt, sein Bistum auf einem englischen Schiffe aufzusuchen und das Schiff mit isländischer Ware befrachtet zurückzusenden [1]. Von der Rückfracht sollen Gläubiger in England bezahlt werden. Diese Erlaubnis wird am 29. Januar 1438 wiederholt. Auch dieser Jón wird in den isländischen Quellen nicht erwähnt. Schon in einer Urkunde vom 25. August 1437 erscheint Godsvin, ein Holländer [2], als Bischof von Skálholt und Verweser des Bistums Hólar [3]. Es ist daher bezeichnend, dass noch im J. 1438 von England aus der Versuch gemacht wird, die beiden isländischen Bistümer in Besitz zu nehmen.

Wie allmählich die deutsche Konkurrenz im 15. Jahrhundert den Engländern gefährlich wird, braucht hier nicht ausgeführt zu werden [4]. Aus den Nachrichten von den Zusammenstössen zwischen Engländern und Deutschen darf man sich kein falsches Bild machen. Diese Zusammenstösse waren nur Unterbrechungen eines im Sinne der Zeit normalen und friedlichen Handelsverkehrs, der trotz aller Verbote sich so entwickelte, wie die Bedürfnisse der Insel es verlangten [5]. Aber von diesen normalen Zuständen schweigen natürlich unsre Quellen. Nicht immer stehen die Deutschen und die Engländer auf dem Kriegsfuss miteinander, gelegentlich helfen sie sich in der Not. Im Jahre 1484 löst ein lübisches Schiff englische

---

[1] A. a. O. 4, 563.

[2] W. Moll, Gozewijn Comhaer, in Verslagen en Mededeelingen d. k. Ak. van Wetensch. Afd. Letterkunde 2. R. D. VI. Amsterdam 1876. Godsvin war, ehe er Bischof von Skálholt wurde, Beichtvater Erichs von Pommern gewesen. Auch Godsvin hielt übrigens die Verbindung Skálholts mit England aufrecht. Am 6. Febr. 1440 gestattet ihm Heinrich VI, zwei Schiffe für sich mit englischen Waren (Bier, Wein, Brod, Tuch) zu befrachten, Dipl. Isl. 4, 605.

[3] Dipl. Isl. 4, 569.

[4] Vgl. Baasch a. a. O. 7 ff. Gute Kenntnis des Deutschen gehört im 16. zur Bildung in Island. Björn von Skardsá 1, 308. 2, 14. 2, 22.

[5] Isländer benutzten deutsche Schiffe zur Ausreise. Dipl. Isl. 6, 406, 677.

Kaufleute mit einer Last Bier, einer Last Mehl und einer Last Butter aus[1].

Es ist bekannt, dass Hamburg trotz der Beschwerden der Bergenschen Kaufleute, die sich auf ihr Stapelrecht für die norwegischen Schutzlande beriefen, seine direkte Islandfahrt nicht aufgab; im Dipl. Isl. 8, 203 ist aus der Arnamagnæanischen Sammlung eine Urkunde vom 16. April 1508[2] abgedruckt, aus der hervorgeht, wie der Hamburgische Handel für die Kasse des Königs von Dänemark nutzbar gemacht wurde. Bürgermeister und Rat der Stadt Hamburg erinnern den hirðstjóri Vigfús Erlendsson[3] daran, dass er sich verpflichtet habe, den Kaufleuten Dangkquard Smijd, Clawes Schomaker, Hermen Moysan und Jacob Prutze zwölf Lasten isländischen Fisches, die Last zu 20 rheinischen Gulden, zu liefern. Der Kaufpreis sollte dann dem König Christian zugesandt werden. Dieser halte es aber nicht für geraten, die Summe über »See und Sand« gehen zu lassen. Daher wird der hirðstjóri aufgefordert, den Fisch den Kaufleuten auszuliefern, der Kaufpreis werde dem Könige direkt zugehen.

Ein Jahr nach dem Abschluss des Friedens von Utrecht (1474) hatten sich die deutschen Islandfahrer schon wieder über eine schwere englische Gewalttat zu beklagen, auf welche sich die im Hansischen Urkundenbuch 10, 314 Nr. 489 abgedruckte Abschrift einer Urkunde bezieht. Sie ist ohne Ort vom 10. Juni 1476 datiert und hat folgenden Inhalt: Johann Goodman, Johannes Brent und Robert Stevenson, Kaufleute aus Bristol, und Johannes Cruse, Führer des Schiffes »Mary von Bristol« sind beim Könige Eduard verklagt von Henryk van Furstene und Hans Loreholt, Kaufleuten der Hanse. Die Klage behauptet: Henryk van Furstene und Hans Loreholt lagen im Sommer 1475 mit einem »Balinger«[4] von Lübeck, genannt »die Lilie«, apud Sudwellisiokyll in Island und hatten eine Ladung isländischen Fisches eingenommen. Johannes Goodman, Johannes Brent, Johannes Cruse und viele andere englische Schiffskapitäne haben das Schiff am 22. Juli 1475 mit Waffengewalt

---

[1] Dipl. Isl. 7, 13.

[2] Sonderbar ist, dass in der Urkunde Christian König genannt wird.

[3] Über ihn vgl. Safn til sögu Íslands 2, 664. Er wird] in den isländischen Quellen als hirðstjóri in den Jahren 1507—1509 genannt.

[4] Vgl. Schiller-Lübben 6, 29.

angegriffen und Schiff und Ladung geraubt. Führer des hansischen
Schiffes war Hans Rothenbergh, ein Lübecker, nicht ein Untertan des Königs Christian. Eigentümer des Schiffes waren Lau-
rencius Lange[1] und Courte Bode[2], Kaufleute von Lübeck, Eigentümer der Ladung Henryk van Furstene, Hans Loreholt und andere
lübische Kaufleute, kein Untertan des Königs von Dänemark hat
am Schiff oder Ladung einen Eigentumsanteil gehabt. — Demgegenüber bezeugen die Isländer, die die Urkunde ausstellen
folgendes: in den Monaten April, Mai und Juni des Jahres 1475
hat ein Schiff (der Name ist hier in der Urkunde ausgefallen)
apud Sudwellisiokyll gelegen und ist mit isländischem Fisch beladen
worden. Das Schiff wurde am 22. Juli 1475 durch zwei Schiffe
von Bristol, auf denen, ut vulgariter dicitur, Johannes Goodman
und die anderen vorgenannten complices sich befanden, angegriffen,
genommen und beraubt. Das Schiff gehörte nach Bergen und
hiess Anna von Bergen (Anna de Northeberg), Führer und Besitzer war Hans Rothenberg, die vorhergenannten Lübecker, Lau-
rencius Lange und Courte Bode hatten keinen Eigentumsanteil
am Schiffe. Hans Rothenberg hat seinen Wohnsitz in Bergen,
ist Untertan des Königs von Dänemark, nicht ein Kaufmann der
Hanse. Ein anderes Schiff ist an dem genannten Tage sowie ein
Jahr vorher und nachher von den Leuten aus Bristol nicht beraubt
worden. Die Grösse der Ladung ist den Ausstellern der Urkunde
nicht bekannt (von den Klägern war sie auf 80 Lasten angegeben),
doch bezeugen sie, dass nur 40 Lasten in den Besitz der vorhergenannten Kaufleute von Bristol gekommen sind. Eigentümer der
Ladung waren Hancse Rothenberg[3] und Hancse Loreholt, Jacobus
Jocombe, Hanze Monke, Jacobus Fosse[4], Hermann Laffrans[5],

[1] Ältermann des deutschen Kaufmanns in Bergen; Hanserec. II, 7
Nr. 278, 343, 15, 416 u. ö.
[2] Cort Bader, Ältermann des deutschen Kaufmanns in Bergen;
Hanserec. II, 7, Nr. 338 Einleitung; Cort Bade Nr. 378.
[3] Nimmt sich in Bergen einiger Kaufleute aus Kampen an, Hanserec,
II, 7, Nr. 388.
[4] Vielleicht ein Danziger. Hans. UB. 9 (Register); ihm wird 1463
ein Kaperbrief von Danzig ausgestellt. Ein Jakob Vos (Hanserec. II, 7,
S. 131 ff., S. 138, S. 478 Anm. 2) überbringt 1473 dem Könige von
Frankreich hansische Briefe.
[5] Ist wohl ein Norweger. Ein Hermann Lafranzson ist in einer
Urkunde von 1475 bezeugt. Dipl. Norv. 4, 979.

Sven Jonsson, Hanze Haltyng, allesamt Kaufleute aus Bergen und Untertanen des Königs von Dänemark. Leider ist hier in der Abschrift der Zusammenhang der Urkunde gestört, doch aus der Randbemerkung S. 316 c geht hervor, dass im Widerspruch zur vorhergehenden Aussage ángegeben wird, dass ungefähr 8 Lasten Fisch des genannten Schiffes dem lübischen Kaufmann Henricus van Furstan und einem andern unbekannten Lübecker gehört haben. — Daran schliesst sich eine Aussage, die sachlich garnichts mit der Klage zu tun hat: vor dem 22. Juli 1475, aber in demselben Jahre, hat Henricus Daniel, der königliche Vogt in Island, gegen englische Schiffe aus Scarborough gekämpft, dabei ist er von Hanze Rothenberg, Henryk von Furstan und dem unbekannten Lübecker tatkräftig unterstützt worden. Zum Schluss wird bezeugt, dass das beraubte Sehiff von der Besatzung verlassen und dann gestrandet sei.

Dass die uns erhaltene Abschrift flüchtig und schlecht ist, geht aus der starken Entstellung der isländischen Namen hervor. Eine gleichzeitige, ebenfalls englische Hand (nach W. Stein) hat Randbemerkungen hinzugefügt, in denen die Zuverlässigkeit der Urkunde bezweifelt wird. Der Ausdruck takillementum wird aufgegriffen und für englisch erklärt; der Kritiker hält die Urkunde für eine Fälschung und weist auf die Widersprüche hin, die sich in den Aussagen finden.

Folgende Zeugnisse beziehen sich auf den in der Urkunde behandelten Streitfall.

1. Bischof Johannes von Bergen und Thorstan magister capellarum an der Kirche der Zwölf Apostel bezeugen dass der hansische Kaufmann (mercator de Hensa) Johannes Mønik[1] zweimal von Engländern in Island beraubt worden ist, das zweite Mal am 22. Juli 1475 im Schiffe des Johannes Røremberg. Bergen 7. März 1476. Dipl. Norv. 3, Nr. 914.

2. Dieselben und andere angesehene Männer Bergens treten für Johannes Rorembergh, institor de Hensa derselben Gewalttat wegen beim König von England ein. Bergen 1476. Dipl. Norv.

---

[1] Wohl kaum identisch mit dem Hans Moneke, über dessen Beraubung durch Engländer 1447 Klage geführt wird. Hanserec. II, 7, Nr. 488, 56. Ein lübischer Kaufmann Johannes Monick wird 1464 als verstorben erwähnt. Hans. UB. 9, 50 (S. 24).

7 Nr. 481 (die Urkunde ist in der Abschrift entstellt, statt Eduard
ist der Name des englischen Königs Heinrich. Von Joh. Rorembergh wird gesagt, das er aliquot retro annis nach Island gesegelt
sei, so konnte 1476 nicht geschrieben werden).

3. In der Verhandlung von Lübeck im Mai—Juni 1476 wurde
auf den Antrag des Kaufmanns von Bergen beschlossen, wegen
des Raubes Beschwerde beim Könige von England einzureichen:
to scrivende an den heren koningk van England des Yslandeschen
visches halven eren (den bergischen) kopluden genomen. Hanserec. II, 7 Nr. 338 § 142.

4. Eine Abschrift des von der Versammlung am 15. Juni
1476 an den König von England gerichteten Schreibens befindet
sich in Rostock (Hanserec. II, 7 Nr. 348). Die Geschädigten:
Johannes Rorberg, Johannes Larholt, Hinricus de Vorsten, Theo-
doricus Berninghusen, Lambertus Vruchterbeker, Tylemannus
Luringk[1] werden hier als Lübecker bezeichnet (huius imperialis
loci concives)[2].

Die im 10. Bande des Hansischen Urkundenbuches abgedruckte Urkunde bringt eine Menge bisher unbekannter Einzelheiten über den Streitfall, doch hat der Mann, der die Randbemerkungen geschrieben hat, Recht, wenn er die Urkunde ver-
dächtigt. Ihre Tendenz ist, nachzuweisen, dass die Hanse kein Recht
habe, für die Geschädigten einzutreten, da diese Untertanen des
Königs von Dänemark seien. Dabei ist die Darstellung des Falles
nicht frei von Widersprüchen. Schon der alte Glossator hat, wie
oben bemerkt ist, darauf aufmerksam gemacht, dass einmal Schiff
und Ladung für norwegisch erklärt werden, gleich darauf aber
vom Eigentumsanteil zweier Lübecker die Rede ist. Das allein
macht die ganze Beweisführung hinfällig. Zu Anfang der Urkunde
wird Hans Lorholt mercator de le Hanze genannt, später den
dänischen Untertanen aus Bergen zugerechnet. Wie seltsam ist
es, wenn zuerst der Engländer Johannes Goodman mit seinen Genossen als unschuldig hingestellt wird (quamvis ipsi in nullo pre-

---

[1] Die drei letzten kommen in der isländischen Urkunde nicht vor.
[2] Eine Abschrift des Briefes verdanke ich der Güte des Herrn
Ratsarchivar Dr. Dragendorff. Der Brief erwähnt nur mit allgemeinen
Ausdrücken die Beraubung der hansischen Kaufleute an der isländischen
Küste.

missorum versus dictos Henryk et Hans Lozeholt sint culpabiles),
dann die Aussteller zunächst zugeben, dass nach allgemeiner Ansicht, der nicht widersprochen wird, Johannes Goodman und
Genossen sich auf den beiden englischen Schiffen befanden, durch
die das hansische Schiff überfallen wurde (per duas naves Bristol-
lienses, in quibus, ut vulgariter dicitur, prefatus Johannes Goodman et certi sui complices predicti degebant), schliesslich gesagt
wird — und das ist doch ausschlaggebend — dass Johannes Goodman und seine Gefährten Anteil an der Beute bekommen haben
(devenere ad manus mercatorum Bristolliensium predictorum; dazu
gehörten doch auch Goodman und die andern, deren Namen angegeben werden). Ebenso sonderbar ist, dass in die Urkunde eine
Aussage über die Beteiligung des Hans Rothenberg und Heinrich
van Fursten an dem Kampfe des Vogtes gegen die Schiffe von
Scarborough aufgenommen worden ist. Das sieht fast wie ein
plumper Versuch aus, englische Richter von vornherein gegen die
Kläger einzunehmen. Man beachte auch, wie Henricus Daniel
hier eingeführt wird, der doch zu den Ausstellern der Urkunde
gehört und schon zu Anfang mit vollem Titel genannt wird; hier
aber: quidam Henricus Daniell tunc locumtenens et capitaneus
domini nostri regis in partibus Islandie. Auch dieser Umstand
macht es wahrscheinlich, dass dieser ganze Abschnitt, der mit
der Anklage nicht das geringste zu tun hat, erst nachträglich ein-
geschoben ist.

Die Abschrift ist zweifellos durch englische Hände gegangen,
das beweist schon ein Ausdruck wie a balinger de Lybyk vocate
the Lylly. In einer von Isländern ausgestellten Urkunde ist der
Name Northeberg auffallend; in dem' Bericht des Hannes Pálsson
an den dänischen König über die Gewalttaten der Engländer (1425)
heisst es zwar: civitatem bergensem, quam vocant hic nortberne [1].
Damit wird aber der Name nicht als ein isländischer, sondern als
ein bei den ausländischen Kaufleuten gebräuchlicher gekenn-
zeichnet. Vgl. z. B.: stapulam suam de Norbarne (englische Urkunde
1483), Dipl. Isl. 6, 480, vgl. 5,72 (von 1450); 4, 542 (von 1434);
Hans. UB. 9, S. 377 (englisch von 1468), by Nortbergen, Hanserec. II, 2,66; de coplude van Nortberge II, 7, 731.

---

[1] Dipl. Isl. 4, 324.

Zur Beurteilung der Urkunde ist es von Interesse, die Namen der als Aussteller genannten Isländer mit Hülfe der isländischen Überlieferung zu prüfen:

1. Gislo Johannis officialis Scalotensis. Er erscheint in einer Urkunde vom 12. November 1472 als Síra Gísl Jónsson rádzmann í Skálholte (Dipl. Isl. 6, 59). Aus einer Urkunde vom 8. Juli 1488 Dipl. Isl. 6, 628) ergiebt sich, dass er Priester in Oddi gewesen und damals schon tot war. 1483 lebte er noch (Dipl. Isl. 6, 493). Dass er einmal Offizial gewesen ist, darauf scheint seine Erwähnung in der im Dipl. Isl. 6, 314—315 abgedruckten Liste hinzudeuten.

2. Halldorus ordinarius ejusdem ecclesiae = Haldór Ormsson. Er wird oft in den Urkunden erwähnt, zuerst als Priester im Bistum Skálholt, 1470 und später war er officialis, 1480 wurde er Abt in Helgafell (1480—1513).

3. Der Name ist in der Handschrift ausgefressen. Da auf die Lücke sancti montis folgt, kann nur der Abt von Helgafell gemeint sein. Das war damals Magnús[1] Eyjólfsson mókolls, von 1477—1490 Bischof in Skálholt, vgl. F. Jónsson Hist. eccl. 2, 488. Espólin Árb. 2, 88.

4. Steinmodus Barderdus de Videy = Steinmóðr Bárðarson. 1423 als Priester im Nordlande bezeugt, gestorben 1481, seit 1444 Abt in Viðey[2], 1457 war er Vicarius des Bistums Skálholt.

5. Barderus Audom de Thickaby. Mit Steinmóðr Bárðarson und Haldór Ormsson zusammen ist er 1470 in einer zu Skálholt ausgestellten Urkunde bezeugt, damals schon Abt von þykkvaboer í Veri. Dipl. Isl. 5, 574; dieselbe Würde bekleidete er noch 1490. Dipl. Isl. 6, 697. Audom ist wohl als Auðunarson zu deuten.

6. Magnus antedicte Scalotensis ecclesie presbyter ist nicht mit Sicherheit zu identifizieren, vielleicht ist es Magnús Helgason, der in einer Urkunde von 1482 unter Priestern des Bistums erscheint. Dipl. Isl. 6, 442.

6. Henricus Daniel capitaneus et locumtenens domini nostri Cristierni. Ein hirðstjóri Heyndrek Daniel wird in der Beschwerde der Isländer an den König über die Winterlager der ausländischen

---

[1] Der Abdruck im Urkundenbuch hat als ersten Buchstaben des Namens J.

[2] Über einen Angriff der Deutschen auf Viðey im Jahre 1549 s. Björn von Skarðsá 1, 160. Jón Arason, der letzte katholische Bischof Islands, hat eine lausavísa darüber gemacht.

Kaufleute vom 4. Juli 1480 erwähnt. Dipl. Isl. 6, 283. Jón Sigurđsson setzt diese Urkunde in das Jahr 1479 (Safn til sögu Íslands 2, 180. 89), doch wird die Datierung der Handschriften mit guten Gründen im Dipl. Isl. 6, 281 verteidigt. Henricus Daniel war damals nicht mehr hirđstjóri, wie aus andern Zeugnissen hervorgeht. Es wird ein Beschluss erwähnt, den er mit dem lögmađr Brandr Jónsson und andern beim Thing eingebracht hat. Da Brandr Jónsson nicht länger als 1478 lögmađr war, muss diese Verhandlung vor 1478 stattgefunden haben[1]. Im J. 1473 ist hirđstjóri yfir allt Ísland Henrick Kepkin (Dipl. Isl. 5, 693), ebenso ist er als hirđstjóri im J. 1471 bezeugt (Dipl. Isl. 5, 642; diese Urkunde wird von Björn von Skarđsá fälschlich ins Jahr 1481 gesetzt. Annálar 1, 56—58). Schon im J. 1464 ist er in königlichem Auftrage in Island (Dipl. Isl. 5, 388); in einem Briefe Christians I. an die Isländer nennt ihn der König seinen lieben hofsvein (Dipl. Isl. 5, 564). Im Register zum 6. Bande des Dipl. Isl. (unter Heinrekr Daniel) wird angenommen, dass dieser und Heinrich Kepken dieselbe Person sind. Dafür liegt kein Beweis vor[2]. Der Nachfolger des Heinrich Daniel war Didrik Pining, doch haben die Isländer versucht, einen einheimischen Vogt im Amte zu halten und zwar Thorleifr, den Sohn des von den Engländern ermordeten Björn. Im J. 1478 ist Thorleifr hirđstjóri über das Nord- und das Westviertel, Didrik Pining hirđstjóri über das Süd- und das Ostviertel, Dipl. Isl. 6, 140—141, ebenso am 26. Mai 1479 (Dipl. Isl. 6, 200), am 1. Juli 1479 (6, 211) und am 29. Februar 1480 (6, 249). Wenn daneben sowohl Thorleifr wie Didrik Pining hirđstjóri yfir Ísland genannt werden (6, 150, 213), so ist zu beachten, dass vor Ísland ein allt fehlt. — Im Sommer 1480 wird Thorleifr von den Isländern ausgesandt, um dem Könige die Beschwerde über die Winterlager der ausländischen Kaufleute

---

[1] Die Angabe des Gottskalks Annáll, dass Henric Daniel 1480 hirđstjóri gewesen sei, ist lediglich aus dieser Urkunde abgeleitet. Islandske Annaler 372. Ebenso bei Arngrímr Jónsson Crymogaea III, 11.

[2] Ein Daniel Kepken de Nulant ist als clericus Leodiensis, Kanonicus von Nidaros und Secretarius des Bischofs von Skálholt um 1450 bezeugt. Dipl. Isl. IV und V passim. Später war er Sekretär und Kanzler König Christians von Dänemark, Hanserec. II, 4 u. 5 Reg., Hans. UB. 8 u. 9 Reg., Christensen, Dansk Statsforvaltning i det 15. årh. Reg. S. 722.

vorzutragen und darum zu bitten, dass gemäss den alten
Rechten des Landes nur Isländer af gömlum hirðstjóraættum das
Amt des hirðstjóri erhalten sollen. Dipl. Isl. 6, 282—285. Die
letzte Bitte ist offenbar gegen Didrik Pining gerichtet, der beauftragt war, königliche Forderungen an das Erbe des Björn Thor-
leifsson einzutreiben. Dipl. Isl. 6, 273. Nach dem Tode Christians I.
wird Thorleifr vom Reichsrat in Norwegen zum hirðstjóri über
Island und die Vestmannaeyjar auf drei Jahr von seiner Heimkehr
ab bestellt. Dipl. Isl. 6, 397. Thorleifr nennt sich hirðstjóri yfir
allt Ísland am 27. September 1481 (6, 407) und am 20. Januar
1483 (6, 469), den gleichen Titel beansprucht Didrik Pining am
31. Juli 1482 (6, 447) und am 20. Juli 1483 (6, 496). In einem
königlichen Befehl vom 26. November 1483 wird Didrik Pining
in seinem Amte bestätigt, Thorleifr aber, weil er nicht nach Dänemark zur Huldigung gekommen war, mit Zustimmung des norwegischen Reichsrats abgesetzt. 6, 506.

8. Gyeclfus Eccar. Der stark entstellte Name ist mit Sicherheit nicht zu deuten. Vielleicht ist gemeint Eyjólfr Einarsson, der
von 1480 ab lögmaðr war. Safn til sögu Íslands 2, 92.

9. Thorlavus Arnerus, vielleicht der oft in den Urkunden von
1461 ab erwähnte Thorleifr Árnason aus dem Nordlande. 1485
war er tot. Dipl. Isl. 6, 541.

10. Hallstanus Johannis, Hallsteinn Jónsson ist nicht mit
Sicherheit nachzuweisen.

Die Prüfung der Namen ergiebt also nichts, aus dem die Unechtheit der Urkunde erwiesen werden könnte, und zunächst ist
an die Möglichkeit zu denken, dass wirklich ein isländisches Zeugnis in dem Streit zwischen den hansischen Kaufleuten und den
Engländern vorliegt; es sind angesehene Männer, die hier aussagen,
hohe Geistliche und der oberste Beamte des Königs. Ob die Widersprüche der Darstellung, die Haltlosigkeit der Beweisführung auf
ihre Rechnung oder die der englischen Kaufleute zu setzen ist,
wird sich kaum entscheiden lassen; den Versuch, die hansischen
Kaufleute als vom dänischen Könige abhängige Leute zu behandeln,
haben die Engländer damals auch bei andern Gelegenheiten gemacht. Liegt hier wirklich die Abschrift einer echten isländischen
Urkunde vor, so muss diese unter englischem Einfluss mit ein-
seitiger Parteinahme gegen die Beraubten zu Stande gekommen

sein; hat aber der alte Glossator Recht, so muss ein englischer Fälscher Namen und Siegel einer echten Urkunde, die vielleicht einen ganz andern Inhalt hatte, gemissbraucht haben.

Von den Ortsnamen ist einer sicherlich stark entstellt. Das hansische Schiff hat apud Sudwellisiokyll gelegen. Ein Küstenplatz dieses Namens ist [in Island nicht zu finden. Eine freundliche Mitteilung des Herrn Dr. Valtýr Guðmundsson weist mich auf den Snæfellsjökull hin, den gewaltigen, mit ewigem Schnee bedeckten Berg, der sich auf der äussersten Spitze der Halbinsel zwischen dem Breiðifjörður und dem Faxafjörður erhebt. In der Nähe dieses Jökull[1] lagen die von deutschen Kaufleuten oft besuchten Handelsplätze Búðir und Stapi.

*   *

Da die Namen der von den Islandfahrern besuchten Hafenplätze häufig stark entstellt sind, will ich zum Schluss die von Baasch a. a. O. 106 gedruckten Namen in isländischer Form wiedergeben und einige Verbesserungen und Ergänzungen anschliessen. Mit R bezeichne ich ein durch Resenius erhaltenes Hafenverzeichnis bei Kaalund (Bidrag til en historisk-topografisk Beskrivelse af Island 2, 376); es ist kurz nach dem Verbot des hansischen Handels angelegt (hafner som findis her under Isslandt, som nu seigler skib udj, och som och thilforne hafver seiglet skib udj, och nu icke mun seigle, som er landet storlig thil skade), bei einzelnen Häfen ist angegeben, von wem sie zuletzt besegelt worden sind.

Ich folge dem Verzeichnis bei Baasch:

Westküste:

Akrenaes(Akernisse) = Akranes, eine Landzunge, deren Spitze Skagi heisst, zwischen dem Hvalfjörður und dem Borgarfjörður. R: Wed Skagen paa Aggersneess. Under thiden ligger her skib.

Bodenstede (Budenstadt) = Búðir an der Südküste der Halbinsel zwischen dem Breiðifjörður und dem Faxafjörður, auch jetzt noch Handelsplatz. Nach R von Bremen besegelt.

---

[1] undir Jökli = in der Gegend des Snæfellsjökull. Björn von Skarðsá 2, 124 und oft. Árbók hins ísl. fornleifafél. Reg. (1906) Formáli.

17*

Dyrefiord = Dýrafjörður im Nordwesten der Insel. Der wichtigste Handelsplatz war hier Thingeyri an der Südküste des Fjords. R: Thingöer y Dyrefiordt.

Flatoe = Flatey, die bekannte Insel im nördlichen Teile des Breiðifjörður. .

Grunderfiord (Grönderfiord) = Grundarfjörður, Fjord und Handelsplatz an der Nordküste der Halbinsel zwischen Faxafjörður und Breiðifjörður. R: Grunde fiordt, godt hafn.

Hanefiord (Hafnefiord) = Hafnarfjörður, Handelsplatz südlich von Reykjavík. R: Haune fiorde, jj Hamburger[1].

Holmen = der Hafen von Reykjavík (Holmens Havn, Grandholm), nach einer Klippe sogenannt, die auch Bremerholm hiess. R: Holm j Hamburger. Der Hafen lag westlicher als jetzt.

Isafiord = Ísafjörður im Nordwesten der Insel. Der Name ist jetzt eingeschränkt auf den innersten, sich verengendem Teil des Fjords, der breite äussere heisst Ísafjarðardjúp. Der westlichste der Seitenfjorde am Südufer, die in das Ísafjarðardjúp münden, heisst Skutilsfjörður, in ihm liegt der Handelshafen Ísafjörður, der erst in neuerer Zeit zur Blüte gekommen ist. In der von Baasch genannten Quelle ist der ganze, durch Fischreichtum ausgezeichnete Fjord gemeint. R nennt als Hafenplätze des Ísafjörður: Øyre y Schultels fiordt = Eyri, oder Eyrr im Skutilsfjörður, Olte fiordt = Álftafjörður, an der Südküste östlich neben dem Skutilsfjörður (von Lübeck besegelt), Edtöe = Aeðey, eine Insel im Ísafjörður, berühmt durch ihre Eiderdaunen.

Kiblevig (Kieblaviik) = Keflavík, Handelsplatz am Südrande des Faxafjörður. R: Kippel wigh, j Hamburger. — Der von Baasch a. a. O. 106 Anm. 10 angeführte Name Turlock ist Thorlákshöfn an der Südküste der Insel westlich der Mündung der Ölfúsá.

Kolbeinstadr. Baasch a. a. O. 106 Anm. 11 identifiziert diesen Ort mit dem oft erwähnten portus Kolbeinsaarosensis = Kolbeinsárós im Skagafjörður an der Nordküste. Ein Hof Kol-

---

[1] Ein interessanter Bericht über einen Kampf von Engländern und Holländern vor diesem Hafen im Jahre 1473 steht Hanserec. II, 7 Nr. 39, 30. Die Holländer befreien gefangene deutsche Kaufleute.

beinsstaðir liegt in der Hnappadalssýsla nahe der Küste (der Nord-ostecke des Faxafjörður). Dort mündet ein nicht unbedeutender Fluss, die Haffjarðará, in die See. Ob hier Schiffe ankern können, ist nur an Ort und Stelle zu entscheiden.

Kommerwaag (Kummerwage) = Kumbaravogur, ein guter Hafen am Südrande des Breiðifjörður, etwas westlich von Helgafell. R: Kommer wogh, j Bremmer.

Refet, (Reff) = Rif am Südrande des Breiðifjörður, und zwar an der Küste nördlich des Snæfellsjökull, schon in der Sagazeit als Hafen erwähnt.

Stappen = Stapi auf derselben Halbinsel, aber südlich vom Snæfellsjökull am Nordrande des Faxafjörður westlich von Búðir.

Strome (Strömfiord). Diese beiden Namen sind zu trennen. Strome = Straumur liegt in der Gullbríngusýsla in der Nähe von Bessastaðir. Strömfiord dagegen ist Straumfjarðarós am Nord-rande des Faxafjörður, nicht weit westlich von Kolbeinsstaðir, das oben erwähnt wurde. Straumfjörður ist schon in der Sagazeit als Ankerplatz fremder Kaufleute bezeugt. Ein andrer Hafen Straum-fjörður liegt in der Mýrasýsla etwas nordwestlich der Mündung des Borgarfjörður.

Das sind die Hafenplätze an der Westküste, die Baasch auf-zählt. Von diesen sind aber nach isländischer Anschauung der Südküste zuzurechnen: Akranes, Hafnarfjörður, Hólmur, Keflavík, Straumur.

Südküste:

Bosande (Bussande, Baadsende) = Bátsandar an der Westküste der Halbinsel, die von der Gullbringusýsla eingenommen wird. Der Handelsplatz wurde 1799 durch eine Sturmflut zerstört.

Grindevik (Gronelwick), = Grindavík, der östlich vom Kap Reykjanes sich hinziehende Küstenstrich. Nur bei Staður ist ein Hafen, der auch nicht leicht anzusegeln ist. Die gefährliche Küste wurde der Fischerei und des Fischhandels wegen seit alter Zeit aufgesucht. R: Grindewich, j Bremmer. Der Küstenstrich nörd-lich von Reykjanes heisst Hafnir (= die Häfen). Hier liegen die in der Hansezeit viel besuchten Plätze Thórshöfn (R: Thores Hafn, j Bremmer) und Kirkjuhöfn.

Oereback = Eyrarbakki östlich der Mündung der Ólfúsá. in der Sagazeit hiess dieser wichtige Hafen Eyrar.

Ostfjord kann nicht einen Hafen an der Südküste bezeichnen. Die Zusammenstellung Ostforth edder Papie (Baasch a. a. O. 107 Anm. 6) führt darauf, Ostfjord als allgemeine Küstenbezeichnung im Sinne von Austfirðir zu nehmen und Papie mit der Insel Papey zu identifizieren, die an der Ostküste, südöstlich von Djúpivogur liegt. R: Dupa weck, j Bremmer. Fulwick, Fuglvik (a. a. O. Anm. 6), das in der Nähe gelegen haben soll, kann ich nicht nachweisen; um einen festen Hafenplatz handelt es sich gewiss nicht. Der Name kann überall an der Küste Islands gelegentlich gebildet werden. Nicht weit südwestlich von Papey liegt vor dem Haff, das der dahinter liegenden Landschaft den Namen gegeben hat, eine Insel Vigr, die einen reichen Ertrag an Daunen gibt.

Wattlose. Baasch a. a. O. 107, Anm. 7 sagt: »muss dicht bei Ostfjord liegen; ich habe es nicht auf den neuen Karten identifizieren können. Wurde besonders von Bremen aus befahren«. Hier muss ein Irrtum vorliegen, denn Wattlose ist eine Küstenstrecke am Südrande des Faxafjörður, Vatnsleysa westlich vom Hafnarfjörður. R: Watlösse.

Nordküste:

Hapsaashavn (Hofsos) = Hofsós am Ostrande des Skagafjörður.

Húsavík, der schon in der Sagazeit vielbenutzte Hafenplatz am Skjálfandi. R bezeichnet ihn als der Kön. Majestät reserviert.

Oefiord = Eyjafjörður, R zählt in diesem Fjord als Handelsplätze auf: Ackeröer als königlichen Hafen = Akureyri, Aadtöer = Oddeyri, dicht bei Akureyri, Haldtöer = Hjalteyri.

Wapnefiord = Vopnafjörður im Nordosten. Der Fjord gehört zur Ost-, nicht zur Nordküste. Von den in den Anm. 11 noch angeführten Namen Gotsande, Hamborough, Neszwage ist Gotsande wohl verschrieben für Botsande (= dem oben erwähnten Bátsandar). Hamborough verstehe ich als Hafnaberg; das ist ein Berg, der unmittelbar südlich von Kirkjuhöfn (s. oben) sich an der Küste erhebt. Neswage ist Nesvogur, eine schmale Bucht bei Stykkishólmur am Südrande des Breiðifjörður.

In dem Verzeichnisse R stehen noch folgende Häfen:

Süden:

Wespenöe (königlicher Hafen) = Vestmannaeyjar.

Bessa Sölle (königlicher Hafen) = Bessastada Seila. Gemeint ist die kleine Bucht an der Nordostspitze der Halbinsel Álftanes, dort lag das Schiff des obersten königlichen Beamten.

Westen:

Watröen i Patrisfiordt = Vatneyri am Nordrande des Patreksfjördur.

Bildals wogh = Bíldudalur an der Südküste des Arnarfjördur.

Hafuedals oc (l. oer) y Tolckerfiordt = Höfdadals eyri an der Südküste des Tálknafjördur.

Norden:

Spaa Konne fiell = Spákonufell. Name eines Berges und Hofes nahe der Westküste der grossen Halbinsel zwischen Húnafjördur und Skagafjördur. Es schiebt sich dort eine Klippenzunge ins Meer (Spákonufellshöfdi). So entsteht ein freilich ziemlich schlechter Hafen (Skagastrandar verzlunarstadur oder Höfdakaupstadur).

Seldt wigh = Saltvík am Skjálfandi, südlich von Húsavík.

In der Verordnung Christians IV. von 1602 in der die Kaufleute von Kopenhagen, Helsingør und Malmö das Privileg des Handels mit Island erhalten (Ketilsson, Forordninger 2, 217), sind zwanzig isländische Häfen bestimmt, die jährlich besegelt werden müssen. Von Kopenhagen die Häfen: Grundeviig (Grunnavík auf der Halbinsel zwischen Ísafjardardjúp und Jökulfirdir?, wahrscheinlich ist Grindavík gemeint), Kiebleviig (Keflavík, s. o.), Haffnefiord (Hafnarfjördur, s. o.), Dyrefiord (Dýrafjördur, s. o.), Iszefiord (Ísafjördur, s. o.), Hoffsosz (Hofsós s. o.); von Malmö: Riffnet (Rif s. o.), Holmen (Reykjavík s. o.), Grundefiordt (Grundarfjördur s. o.). Stichesholm (Stykkishólmur, Handelsplatz an der Nordküste der Halbinsel zwischen Faxafjördur und Breidifjördur), Patriszfiord (der Patreksfjördur im Nordwesten der Insel), Waapnefiord (Vopnafjördur s. o.), Berufiord (es gibt zwei Fjorde dieses Namens, der Beru-

fjörđur an der Ostküste, an dessen Eingange Djúpivogur liegt, s. o.;
dann der Berufjörđur in der Barđastrandarsýsla am Nordrande
des Breiđifjörđur, den einen hat Helsingør, den andern Malmö); von
Helsingør: Stappen (Stapi s. o.), Buder (Búđir s. o.), Kummervog
(Kumbaravogur s. o.), Spaakonefelszhoffde (Spákonufell s. o.), Eyja-
fiord (Eyjafjörđur s. o.), Berefiord (s. bei Malmö), Ørrebache (Eyrarbakki s. o.).

VII.
Kleinere Mitteilungen.

1. Die Wismarschen Bürgersprachen.

Eine Entgegnung

von

Friedrich Techen.

Gegen die Rezension, die meiner Ausgabe der Wismarschen Bürgersprachen im vorigen Jahrgange dieser Blätter (S. 388—418) von Herrn Dr. Herm. Joachim zuteil geworden ist, bin ich gezwungen, Verwahrung einzulegen. Ich will ausdrücklich anerkennen, dass der Rezensent an seine Kritik Arbeit gewendet hat. Ich erkenne mit Dank, dass er weitere Texte von Bürgersprachen nachweist[1], und seine Darlegungen über das Verhältnis von Bürgersprache und Echteding erscheinen mir einleuchtend. Auch darüber will ich nicht rechten, ob es nicht an sich den Vor-

---

[1] Als wirkliche Bürgersprachen ergeben sich etwa die Hälfte. Es ist übrigens für solche Zusammenstellungen ein grosser Unterschied, ob jemand auf die Benutzung auswärtiger Bibliotheken angewiesen ist, mögen die Verwaltungen auch noch so zuvorkommend sein, oder ob er in einer Bibliothek verkehren, die Kataloge einsehen kann und womöglich selbst zu den Büchersälen Zutritt hat. — Das bei mir vermisste Prinzip der Ordnung wäre wohl ohne Entwicklung allzu grossen Scharfsinns aufzufinden gewesen. So gut wie es mir möglich war, habe ich nach Rechtsgebieten geordnet, und innerhalb derselben zum Teil nach örtlichen Gesichtspunkten, zum Teil nach der Beschaffenheit des Materials gruppiert — gewiss nicht ohne Fehler. Die alphabetische Ordnung hat nur einen Vorzug, dass man dabei Fehler nicht machen kann.

zug verdienen würde, den in der Einleitung behandelten Stoff
unter dem Gesichtspunkte bestimmter Institutionen und Kultur-
erscheinungen unter Heranziehung aller dazu dienlichen Quellen
in allgemeineren Werken zu verarbeiten. Nichtsdestoweniger halte
ich dafür, dass meine Einleitung bei allen Mängeln das geeignete
Mittel war, den nicht immer leicht verständlichen Text der Bürgersprachen zu erschliessen. Und dass ich. ein in mancher Hinsicht
brauchbares Buch geliefert habe, nimmt auch mein Kritiker nicht
in Abrede.

Hierüber würde kein Wort zu verlieren gewesen sein. Entschiedenen Einspruch aber muss ich erheben gegen die Bemänge-
lung, dass ich nicht die richtige Abgrenzung zwischen Bürgersprache und Willkür zu finden gewusst habe, und dass an der
Zuverlässigkeit meiner Ausgabe etwas auszusetzen sei.

Mein Rezensent bedauert, dass ich die Wismarschen Will-
küren nicht mit veröffentlicht habe. »Verursacht ist das offenbar
durch die irrige Vorstellung, die sich der Herausgeber von dem
Wesen einer Bursprake gebildet hat. Begrifflich besteht kein
Unterschied zwischen der zu bestimmten Terminen im Jahre und
in herkömmlichen Formen verkündeten Zusammenfassung von
Einzelsatzungen und den daneben noch nötig werdenden Verordnungen, die zu beliebiger Zeit ... bekannt gemacht wurden.
Auch die letzteren fallen unter den Begriff der Bursprake«
(S. 389 f.). Mit Verlaub. Ist etwa, weil jedes Pferd ein Tier ist,
auch jedes Tier ein Pferd? Wohl sind die allermeisten Sätze der
Bürgersprachen Willküren, aber nicht jede Willkür ist als Bürgersprache anzusehen. Hätte ich eine Sammlung der Wismarschen
Willküren herausgeben wollen, so würde, wenn nicht etwa die Rücksicht auf den Raum oder andere Erwägungen das ausgeschlossen
hätten, der Inhalt der Bürgersprachen darin aufzunehmen gewesen
sein. Nicht aber umgekehrt. Die Bürgersprachen umfassen einen
durch die Bedürfnisse des Lebens bestimmten Kreis von Willküren, der demgemäss nicht unabänderlich derselbe war. Nur eine
solche Zusammenfassung, wie sie in fester feierlicher Form der zu
diesem Zwecke berufenen Bürgerschaft bekannt gemacht wird, fällt
unter den Begriff der Bürgersprache, wie er sich historisch herausgebildet hat. Diesem Sachverhalte gemäss sind von jeher in Wismar Bürgersprachen und Willküren, reinlich geschieden, in ver-

schiedenen Büchern von den Stadtschreibern gesammelt. Auch steht keineswegs fest, dass hier zu Lande und überhaupt im Gebiete des Lübischen Rechts einzelne Willküren in gleicher oder ähnlicher Weise verkündet sind wie die Bürgersprachen. Manche sind angeschlagen worden, die meisten werden von den Kanzeln verlesen sein[1]. Dass es anderswo anders gewesen zu sein scheint, tut, wo es sich um Wismarsche Bürgersprachen handelt, nichts zur Sache. Die Beschwerden aber der Bürger von 1427 sind deshalb mit abgedruckt, weil es keinen Sinn hatte, dies einzige Stück aus dem Bürgersprachen-Kodex zurückzulassen, und weil wenigstens der erste Teil der Burmeisterschen Bürgersprachen und Bürgerverträge durch die neue Ausgabe vollständig ersetzt werden sollte. Das wird mir selbst mein Rezensent nicht zutrauen, dass ich diese Beschwerden für eine Bürgersprache gehalten habe.

Das Urteil des Rezensenten, dass meine Ausgabe billigen Anforderungen durchaus genüge und einen lesbaren, im ganzen einwandfreien Text biete (S. 389), kann ich hinnehmen, aber nur unter der Bedingung, dass zu billig der Gegensatz unbillig ist.

Eine gewisse Ungleichmässigkeit in der Verwendung der eckigen Klammern bei Verbesserungen und Ergänzungen und in der Anbringung von Warnungstafeln gebe ich zu. Von beiden habe ich während des Druckes eine Anzahl beseitigt. Ein sicheres Rezept über die Verwendung der letzteren ist mir unbekannt. Ich weiss damit wohl einen Anfang zu machen, sehe aber kein Aufhören. Bei Wiederholungen auffälliger Formen sind sie überflüssig, und aus der ganzen Art einer Ausgabe wird man sich schon ein Urteil über ihre Zuverlässigkeit im einzelnen bilden können und müssen. Einer eckigen Klammer sehe ich an, dass der Herausgeber an seiner Vorlage geändert oder sie ergänzt hat, aber nicht, was die Vorlage bot. Demnach sind Anmerkungen daneben nicht überflüssig. Wunderlich erscheint mir der Vorwurf, ich sei bei Aufnahme von Verbesserungen nicht folgerichtig verfahren (S. 392). Offenbare Schreibfehler ändere ich jedesmal, auch bei Autographen, wenn nicht etwa praktische Rücksichten es widerraten. Abweichungen dagegen vom Üblichen, auch Formenfehler zu verbessern habe ich kein Recht, wo ich annehmen darf,

---

[1] Vgl. meine Bürgersprachen S. 13 Anm. und S. 234.

dass der Autor so hat schreiben wollen. Im einzelnen jedoch wird
man verschiedener Meinung sein können, ob ein Schreibfehler
vorliegt oder nicht, und ich fürchte, dass auch der Rezensent bei
all seinem Selbstvertrauen keine Norm wird geben können, die
darüber sicher entscheidet. Das Ansinnen, alle Fehler einer Vorlage drucken zu sollen, würde ich ablehnen. Ich habe illi domine
in ille domine, vocati in vocate und diderint in dederit geändert,
weil ich darin Schreibfehler sehe. Dagegen habe ich proiceat,
carpeat, invenirit und ähnliches als grammatische Schnitzer, die
nicht stören, stehn lassen. Und ich bin überzeugt, richtig gehandelt zu haben.

Weiter wird mir der Vorwurf gemacht, ich hätte unnötiger-
weise ergänzt oder geändert (S. 393). Es ist aber, wenn an den
angegebenen Stellen auch opus, cum und sit fehlen können, noch
nicht bewiesen, dass sie dort nicht ergänzt werden durften. Indem
ich ergänzte, nahm ich an, dass sie nur durch eine Nachlässigkeit
im Abschreiben der Vorlage ausgefallen seien[1]. Und es wird
damit, dass jene Worte auch später fehlen, wo wiederum diese
Texte abgeschrieben sind, nicht erwiesen, dass anfangs die Kürzung
gewollt war. Fortsetzen durfte ich die Ergänzungen nicht und
habe es auch nicht getan. — Unrecht hat der Kritiker mit der
Behauptung, dass XVI 14 bonis überflüssiger Weise ergänzt und
dass XXXIV 19 et unberechtigter Weise gestrichen sei. Der Belehrung, dass et bekanntlich »und zwar« heissen könne, bedurfte ich
wirklich nicht. Das mittelalterliche Latein ist mir, wie mein
Kritiker wissen konnte, nicht so ganz unbekannt. Was er gegen
meine Besserung in I 5 sine ali[qu]o vorsatinghe vorbringt, ist
sehr unbedacht und nur erklärlich, wenn man annimmt, dass er
von der vorsate nichts weiss. Aus äusseren Gründen endlich soll
IV 2 die Ergänzung von intra civitatem vel jurisdictione civitatis
zu jurisdictionem statt zu in jurisdictione vorzuziehen sein. Darüber
lässt sich streiten. Jedenfalls habe ich die späteren Texte auf
meiner Seite.

Ich komme zu den Punkten, worin meine Ausgabe un-
zuverlässig sein soll, und bedaure nur, dass ich den Leser nicht

---

[1] Vgl. zu XXX 3 XI 5 und XXI 25, zu XXXIV 16 XXXIII 1, zu
XL 16 XXXVI 22.

mit der Durchgehung des Einzelnen verschonen kann. In V 3 glaubt der Rezensent entweder, dass ich potestis statt potest verlesen habe, oder er verlangt entgegen seinen kurz vorher ausgesprochenen Grundsätzen, dass ich potest herstellen sollte, weil potestis »einen ungewöhnlichen Übergang in die persönliche Form (er meint die Form der Anrede) darstellen würde«. Er hat mit dem einen so wenig recht wie mit dem andern. Es steht potestis (abgekürzt) in der Vorlage, und Ungewöhnliches darf man doch nicht beseitigen, nur weil es ungewöhnlich ist. — In drei Fällen soll die Lesung des Meklenb. UB. quando pluit statt pluerit bei mir vorzuziehen sein, weil ich an anderen Stellen selbst pluit drucke. Eine etwas merkwürdige Begründung. Im Kodex steht pluerit, wo es in meiner Ausgabe steht, und ebenso ist es mit pluit. Sollte ich etwa ändern? — In XXV 10 soll die Ligatur nō mit grösserer Wahrscheinlichkeit in nemo aufzulösen sein als in non. Keineswegs. Genau dasselbe Bild muss vorher und nachher non gelesen werden, während es für nemo in der Vorlage nie vorkommt. Angegeben ist die Ligatur nur, um die Lesung des Urkundenbuches begreiflich zu machen. — Als sicher betrachtet der Rezensent, dass an vier Stellen nicht clerus, sondern clericus zu lesen sei. Ich muss ihn enttäuschen. Meine Lesung ist richtig, und ihn hätte die vierfache Wiederholung vor Zweifel bewahren sollen, wie sie mich abgehalten hat, zu ändern. — Auch quam hoc volunt judicare hat seine Richtigkeit, was mein Lesen betrifft. Dass es mangelhaftes Latein ist, weiss ich auch. — Weitere Unzuverlässigkeiten hat der Rezensent nicht gefunden. Diese aber würde er, wie man sieht, besser für sich behalten haben.

Nun die Ungenauigkeiten. Ich werde belehrt, dass ich X[1] nicht infra octavas, sondern infra octavam hätte ergänzen müssen. Ich habe nach dem Eindrucke ergänzt, der mir von einer eingehenden Beschäftigung mit den gleichzeitigen Meklenburgischen Urkunden geblieben war, und ein rasches Nachschlagen bestätigt mir, dass ich mich nicht geirrt habe. Ich finde fünf Mal infra octavas[1] gegen einmal infra octavam[2] und einmal infra quamlibet

---

[1] Mekl. UB. 4603 (1287), 7660 (1352), 7964 (1354), 4603 n. (1355), 8760 (1360).

[2] A. a. O. 8021.

octavam[1], will aber hervorheben, dass ich nur an den Hauptfund-
stellen eilig nachgesehen habe und nur die Beispiele mitteile, auf
die ich gestossen bin, diese aber alle. — Der Rezensent hat weiter
auszusetzen, dass ich die Martini-Oktave vom 12. November an
rechne, und belehrt, dass sie am Martini-Tage selbst beginne.
Ehe ich diese Belehrung annehme, darf ich um Beweise bitten.
Einstweilen habe ich Grotefend[2] auf meiner Seite, der nach
freundlicher Auskunft die Sache auch heute nicht anders ansieht. —
Unklar ist mir, wie meine Ergänzung m[ediocres] et ill[ustres],
die nicht das Glück hat dem Rezensenten einzuleuchten, unter
meine Ungenauigkeiten gebucht werden kann. Auf alle Fälle
bitte ich um einen bessern Vorschlag. Bis dahin bin ich berechtigt,
meine Ergänzung nicht schlecht zu finden. Sie drückt das Niederdeutsche de mittelmaten unde de vormogenden erträglich aus, und
das ist am Platze. — In II 4 fehlt wirklich ein Komma. Dieser
Fund verdient besondere Anerkennung. Es ist der einzige in der
nicht kurzen Reihe dieser Art Ausstellungen. — Auch XXXVI 18
fehlt ein Komma, und zwar hinter missa. So habe ich XXXIII 1
und XXXVI 16 mit vollem Bedacht interpungiert. Der Satz
lautet gleichmässig: quod mulieres, quando transitus fit cum uno
mortuo, de vigiliis seu missa, quod tunc nulle mulieres secum retransire debent ad domum defuncti forcius quam . . . Rezensent
zieht de vigiliis seu missa übereilt in den Temporalsatz hinein. Eine
Folge mit der Leiche von den Vigilien oder der Messe her? Der
Satzbau ist nicht fortgesetzt, wie er anfangs gedacht war, sondern
durchbrochen. Die Präposition de steht in Abhängigkeit von einem
in anderer Konstruktion vorschwebenden retransire. Dass der Satz
keine durchgeführte Konstruktion hat, ist nicht meine Schuld,
meine Interpunktion aber ist richtig. — Ebenso wenig ist inutantes
ein Druckfehler, sondern es steht für innutantes, einnickend.
Wir haben eine anschauliche Übersetzung von slepehoiken vor
uns. — Den Druckfehler bebbenden für hebbenden habe ich selbst
angezeigt.

Das Ergebnis. Von all den aufgezählten angeblichen Unzu-
lässigkeiten und Ungenauigkeiten bleibt Ein fehlendes Komma und

---

[1] A. a. O. 9851 (1368).
[2] Zeitrechnung des Deutschen Mittelalters I, S. 137.

Ein Druckfehler, der im Fehlerverzeichnisse stand. Hinzukommt das Fehlen eines anderen Komma.

Doch halt. Der Rezensent hat noch eine weitere Unzuverlässigkeit entdeckt. Wenigstens imputiert er mir auf S. 418, ich möchte noch eine Abkürzung verlesen haben. Ich könnte ihm die Entdeckung gönnen. Leider ist auch daran nichts. Die Stelle ist weder verlesen noch verschrieben noch von mir falsch erklärt. Da der betreffende Satz nicht ganz gleichgültig ist, wage ich die Geduld des Lesers auch noch für diese Zurechtstellung in Anspruch zu nehmen. In XXI 18 ergeht das Verbot, quod nemo civium nostrorum aut hospitum debet navigare cervisiam Wismariensem ad alienam cervisiam. Ich habe dazu auf S. 173 gesagt: noch weniger wollte man eine Verwechslung mit fremdem Bier und verbot darum Wismarsches Bier mit fremdem zusammen zu verschiffen. Der Rezensent versteht materiell nicht, warum einer Verwechslung mit fremdem Bier nicht durch dieselben Mittel gesteuert werden konnte, wie einer Verwechslung der verschiedenen heimischen Biere unter einander. Sodann aber leugnet er, dass navigare ad sprachlich (!) »verschiffen zusammen mit« bedeuten (!) könne. Nun denn. Ich will ihm den beanstandeten Satz ins Niederdeutsche übersetzen: dat nemant unser borger edder geste Wismarisch ber to vromedem bere schepe, d. h. niemand soll Wismarsches Bier in ein mit fremdem Biere geladenes Schiff einschiffen. Dass das sprachlich richtig sei, wird hoffentlich nicht geleugnet werden. Sonst mag man in den Wörterbüchern nachschlagen. Gehindert sollte werden, dass Wismarsches Bier etwa mit Hamburgischem oder auch Lübischem zusammen verladen in Flandern oder Norwegen entweder unter dem Hamburgischen verschwinde, oder weniger geschätztes mit seinem Namen decke und dass dann sein Ruf darunter leide. Von beidem würde die heimische Brauerei den Schaden gehabt haben. Eine Privat-Marke konnte davor kaum schützen. Zweihundert Jahre später liessen die Rostocker, deren Bier seitdem in Aufnahme gekommen war, ihre Tonnen mit dem Ochsenkopf brennen[1]. Warum die Wismarschen nicht schon um 1350

---

[1] 1565 beschwerte sich Rostock bei Wismar, dass man dort den Rostocker Ochsenkopf auf die Biertonnen brenne. Crull in den Beitr. z. Gesch. d. St. Rostock IV, 2, S. 46.

auf ein solches Auskunftsmittel verfallen seien, die Frage wird
doch unterbleiben? Soviel zur Rechtfertigung des Textes und
meiner Auslegung. Der Rezensent will nun das zweite Mal für
cervisiam civitatem einsetzen. Er hätte weiter gehn und den
Plural nehmen, auch wohl ad durch in, alienus durch alius ersetzen
müssen, und immer noch hätte er den natürlichen Ausdruck nemo...
debet educere Wismariensem cervisiam ex civitate verfehlt. Jedoch
sehen wir davon ab. Rezensent behauptet, dass nach seiner
Änderung erst der Gegensatz herausspringe, in dem dies erste
Satzglied zum folgenden stehe. Ein schöner Gegensatz das. Ein
Verbot heimisches Bier auszuführen und fremdes einzuführen in
Einem Atem. Man kann auch zu geistreich sein. Und nun Glück
auf den Weg, den Grund zu suchen! Das vom Rezensenten gleich
darauf angezogene Verbot, Wismarsches Bier nach Lübeck zu
verführen, hatte seinen Grund in einem dortigen Einfuhrverbote[1].

Ich widerstehe der Versuchung, nun in Anschluss an die
notgedrungene Abwehr alle Punkte durchzugehn, wo mein Rezensent sich noch m. E. vergriffen hat, wie ich auch keine Veranlassung
habe, seine mehrfachen guten Beobachtungen aufzuzählen. Nur
ein weniges sei noch rasch gestreift. Für die Ansicht des Kritikers,
dass die lateinischen Texte nach der Verkündigung niedergeschrieben
seien, spricht der gewählte Eingang, für meine, dass es sich um
die zur Verkündung bestimmten Texte handle, die Korrekturen,
mit denen die spätern Rezensionen in ältern Texten vorbereitet
werden. Die Frage, von welcher Zeit ich bei Erwähnung der
Ackerlose (S. 35) rede, wäre bei Benutzung des Registers zu er-
sparen gewesen. Ich rede nicht von einer Episode in der Entwicklung der Stadt, sondern von einem Zeitraume, der vor der
Niederschrift der ersten erhaltenen Bürgersprache begann und
über die Zeit der Redaktion der letzten hinausragt[2]. Wiederholt
wird angedeutet, dass ich allgemeine Erscheinungen durch lokale
Gründe erklären wolle. Ich wüsste nicht, dass ich das getan habe.
Seit wann aber ist es verkehrt, dafür, dass weiter verbreitete Verordnungen in einer bestimmten Stadt zu bestimmter Zeit verkündet

---

[1] Meine Bürgersprachen, S. 174.
[2] Vgl. Crull, Ratslinie der St. Wismar (Hans. Gesch.-Qu. 2,
S. XXXVIII). Böhlau, Hans. Geschichtsbl. Jahrg. 1875, S. 175.

werden, den besondern Anlass aufzusuchen? Ich verabschiede mich von meinem Kritiker, indem ich noch eine Probe seiner Interpretationskunst darbiete und beleuchte. Das 1430 (und 1480) erscheinende Verbot: nullus debet visitare fossata vel piscina sive lantwere civitatis probando, frangendo vel perambulando (LIX 62) soll ich auf S. 43 mangelhaft wiedergegeben haben. Mein Kritiker findet unter Berufung auf die öfter vorkommende Verwechslung von approbare und appropriare, dass probare hier als propriare zu verstehn sei (S. 409 f.). Er übersetzt es schlankweg mit sich aneignen, zu Nutze machen, und unbekümmert um die Konstruktion schiebt er als Objekt unter, was ihm passt. In Wirklichkeit ist probare hier nicht propriare, propriare nicht sich zu Nutze machen, sondern eignen oder vereignen. Objekt aber könnte nur die Landwehr sein, und nicht dort gehauenes Strauchwerk. Probare heisst proven, prüfen, und in Rücksicht darauf habe ich den Ausdruck durchsuchen, untersuchen gewählt, nicht aber, wie mir vorgeworfen wird, um visitare so zu übersetzen. Der Sinn der Stelle ist, dass niemand die Stadtgräben, die Teiche, die Landwehr besuchen, sie untersuchen, durchbrechen oder darüber gehn soll — wie ich es auch auf S. 45 bei Besprechung der Landwehr in allem wesentlichen richtig hingestellt habe, während für die Stadtgräben und Teiche (S. 43) die Gerandia nicht in Betracht kommen konnten.

Auch ich kann z. T. Dank freundlicher Hinweisungen oder Zuwendungen, z. T. auf Grund eigner Lektüre n o c h e i n i g e B ü r g e r s p r a c h e n meiner und Joachims Zusammenstellung hinzufügen.

Für W i s m a r hat Herr Staatsarchivar Dr. Hasse in Lübeck die Güte gehabt, mir datierte Auszüge von den Rezensionen LXX und LXXI aus dem dortigen Archiv[1] zugänglich zu machen. Sie sind wahrscheinlich in Hinsicht auf die vorbereitete Revision des Lübischen Rechts angefertigt. Da stark gekürzt wird, sind nur wenige Lesarten zu notieren. Von LXX (1578) sind ausgezogen §§ 5, 7—9, 15, 31, 34, 36, 42—46, 50—52, 55, 57, 62, 64, 67—70, 72, 74, 75 (ock mitt schuffelen und spaden umme in den wellen in der ile tho arbeiden). Von LXXI (1579!) sind be-

---

[1] Appendix ad Meklenb. Städte, Fasc. 3, Miscell. Wism. Vorangehn Auszüge aus der Bettel- und Hochzeitordnung.

rücksichtigt §§ 1 f., 3 (brandewin, beer oder ander gedrencke), 4, 9, 12, 22 (up vorgheende citirung der erven . . . eropenett, affgelesen und in datt dartho verordente bock wortlick geschreven werden), 23, 24 (erven edder creditorn), 28, 33, 35, 40—42, 48 (= den eigendomer), 57, 59.

Für Pernau hat Hausmann die Bürgersprache aus dem Ende des 15. Jahrhunderts (!) in seinen Studien zur Geschichte der St. P. (Sitzungsberichte der altertumsforschenden Ges. zu P. IV. 1906) auf S. 119—121 neu herausgegeben. Auf S. 122 weist er Drucke von Bürgersprachen der Städte Dorpat, Windau, Fellin nach.

Den wesentlichen Inhalt der 1590 zu Stettin gehaltenen Bürgersprache »der Stadt Willkür oder die Bürgergeradung« hat Michael Franck aus Frankfurt a. O. aufgeschrieben und zugleich über den ihm fremdartigen Hergang berichtet. Der Tag der Verkündung war der Sonntag Misericordias domini, die Stunde 1 Uhr mittags. Der älteste Bürgermeister verliest die Bürgersprache und nennt zugleich den neuregierenden Bürgermeister neben den andern Ratsherren. Den Bericht finden wir in v. Bülow, Wanderung eines fahrenden Schülers durch Pommern und Meklenburg 1590, Baltische Studien XXX (1880), S. 71—73.

Für Hamburg ist nachzutragen Koppmann, Die mittelalterlichen Geschichts-Quellen in Bezug auf Hamburg, S, 50, Anm. 4.

Die Hildesheimische Bürgersprache von 1422, Pufendorf Observ. app. IV, S. 312—4 ist neu gedruckt von Döbner im Urkb. der Stadt Hildesheim IV, S. 21.

Auf Töppens Elbinger Antiquitäten weist Gehrke in einer Anzeige meines Buches in den Rostocker Anzeigen hin als Ertrag verheissend.

Piersche Hofbuchdruckerei Stephan Geibel & Co. in Altenburg.

HANSISCHE

ESCHICHTSBLÄTTER.

HERAUSGEGEBEN

VOM

VEREIN FÜR HANSISCHE GESCHICHTE.

JAHRGANG 1907.

ZWEITES HEFT.

LEIPZIG,

VERLAG VON DUNCKER & HUMBLOT.

1907.

HANSISCHE

GESCHICHTSBLÄTTER.

〜〜〜〜〜

HERAUSGEGEBEN

VOM

VEREIN FÜR HANSISCHE GESCHICHTE.

JAHRGANG 1907.

BAND XIII.

LEIPZIG,

VERLAG VON DUNCKER & HUMBLOT.

1907.

Inhalt.

HANSISCHE

GESCHICHTSBLÄTTER.

HERAUSGEGEBEN

VOM

VEREIN FÜR HANSISCHE GESCHICHTE.

JAHRGANG 1907.

ZWEITES HEFT.

LEIPZIG,

LEIPZIG,

VERLAG VON DUNCKER & HUMBLOT.

1907.

HANSISCHE
GESCHICHTSBLÄTTER.

HERAUSGEGEBEN

VOM

VEREIN FÜR HANSISCHE GESCHICHTE.

JAHRGANG 1907.

ZWEITES HEFT.

LEIPZIG,

VERLAG VON DUNCKER & HUMBLOT.

1907.

schlungen bleiben. Also nicht mit einem deutschen, sondern mit einem lateinischen Namen ist die Ansa sehr passend benannt worden«. (HUB. IX, Nr. 584 § 2. Daenell, Die Blütezeit der deutschen Hanse 2, 296.)

Etwas über ein Jahrhundert nach diesem Deutungsversuch findet sich eine zutreffendere Erklärung in den Aufzeichnungen, die der päpstliche Diplomat Minutio Minucci auf dem Augsburger Reichstage von 1582 nach Gesprächen mit dem Hansesyndikus Dr. Heinrich Sudermann machte (HGBl. 1895, S. 112). »Über den Namen Hansa streitet man sehr. Einige wollen ihn vom Hand-schlag bei Abschluss eines Bündnisses herleiten, also von dem deutschen Worte Hand. Andere meinen, er sei so viel wie An See, am Meere, denn die Städte des Bundes liegen fast alle an der See. Sudermann hielt eine andere Ansicht für richtiger: es sei ein gotisches Wort, hansa bedeute so viel wie Rat oder Versammlung. Er erzählte, im Kloster Verden in Vandalia sei eine sehr alte gotische Handschrift des neuen Testaments. Wo es in diesem heisst: »consilium fecerunt in unum, ut Jesum dolo traderent«, wird consilium durch hansa übersetzt. Jenes Buch, sagte er, sei lange unbekannt gewesen, aber zuletzt durch den sprachkundigen Caspar erklärt worden.«

Der Italiener führt ziemlich genau eine Stelle aus dem An-fang von Matthäus K. 26 an. Wie er aber auch sonst Sudermanns Mitteilungen nicht genau aufgefasst zu haben scheint, so auch hier. Denn vermutlich hat ihm sein Gewährsmann die ähnlich lautenden Anfangsworte aus Markus K. 15 genannt, wo im Vers 16 hansa zur Bezeichnung der Kohorte römischer Soldaten vorkommt.

Du Cange, dessen Glossar in Paris 1678 erschien, erklärt hansa 1. durch pensitatio, nach der Bedeutung, die es in den ältesten Urkunden des Mittelalters hat, 2. durch societas merca-toria. Unter Hanseaticae civitates weist er zuerst Hickes' Ansicht zurück, der in der Vorrede zu seiner angelsächsischen Grammatik sagt, setan und setenan bedeute Einwohner, und von diesem Worte hätten die urbes Ansetenses vel Ansætenses ihren Namen, nicht von hansa. Du Cange billigt, was Franciscus Junius in seiner Ausgabe des Ulfilas, Dordrecht 1665, ausgesprochen hatte, das Wort sei von der Menge der Einwohner hergenommen, ex Hansa nimirum, multitudo congregata, concilium. . Die Gleichsetzung von hansa mit an See ist trotzdem im ganzen 17. Jahrhundert noch beliebt. (S. Deutsches Wörterbuch unter Hansestadt.)

Nachdem man das Wort aus der gotischen Bibelübersetzung im Sinne von Kohorte und Volksmenge, aus einer Tatianstelle, in der es ebenfalls còhors übersetzt, und aus dem Beowulf kennen gelernt hatte, wo in der Verbindung mägða hóse, in der Schar der Jungfrauen, ein lokativer Kasus steht, haben die Lexikographen die Bedeutung Schar an die Spitze gestellt und daraus die übrigen ohne Bedenken abgeleitet. So erklärt das deutsche Wörterbuch: 1) societas mercatorum. got. hansa, ahd. hansa gilt von einer streitbaren Schar, ags. hôs von einer Schar, einer geschlossenen Vereinigung schlechthin; als kaufmännische Vereinigung mit bestimmten richterlichen Befugnissen erscheint hans, hanse in süddeutschen Handelsplätzen, . . . auch anderswo bis viel später. Gewöhnlicher ist das Wort hanse auf jene corporative Vereinigung norddeutscher, Seehandel treibender Kaufleute bezogen, die sich nach und nach zu einem politischen Bunde erweiterte. 2) hanse ist auch, von der allgemeinen Bedeutung einer Vereinigung, Genossenschaft ausgehend, der Zins, den eine solche zu entrichten hat, Kaufmannsschoss, Handelsabgabe.

Genauer sind die Historiker. Hegel, Städte und Gilden der germanischen Völker im Mittelalter I, S. 71, sagt: Hansa bedeutet zuerst Gesellschaft, dann in Verbindung mit gilda mercatoria speziell Handelsgesellschaft und schliesslich die Handelsabgabe, die an sie für das Recht Handel zu treiben von Nichtberechtigten gezahlt werden musste. Vgl. II, S. 512. Köhne, Das Hansgrafenamt S. 258 ff., führt aus: Der Begriff Schar hat sich zum Begriff Genossenschaft verengert, und zwar wurde damit gewöhnlich eine Genossenschaft von Kaufleuten, zuweilen auch eine Genossenschaft von Handwerkern bezeichnet. Hanse bedeutet sowohl den Verband der an ihrem Heimatsort Handel treibenden, wie auch die ausserhalb genossenschaftlich auftretenden Kaufleute einer oder verschiedener Städte, dann nicht nur das Eintrittsgeld in die Kaufmannsgenossenschaft, sondern gleichzeitig die Gebühr für die Erlaubnis zum Handelsbetriebe, welche nur den Mitgliedern des Verbandes zustand, ferner die durch das Eintrittsgeld erworbene Berechtigung zum Handelsbetriebe, welche sich mitunter auf be-

19*

stimmte Arten von Geschäften beschränkte, endlich auch das Haus, in dem sich die Genossenschaft zu versammeln pflegte.

Es ist dem Worte Hanse also ähnlich ergangen wie dem Worte Innung, für das Doren in seinen Untersuchungen zur Geschichte der Kaufmannsgilden des Mittelalters S. 143 folgende Entwicklungsreihe aufstellt: 1. Vereinigung, Genossenschaft, 2. Verkehrsrecht (gratia emendi et vendendi), 3. Gebühren, 4. Beschränkungen der allgemeinen gratia, wozu sich noch fügen liesse 5. Tag, an dem die Innung ein Fest feierte.

In den Göttingischen gelehrten Anzeigen 1893, S. 664 ff. hat K. Schaube das Köhnesche Buch vom Hansgrafen besprochen. Er vertritt eine dem bisher Dargelegten diametral entgegenstehende Meinung, die er in der Festschrift des Germanistischen Vereins in Breslau 1902, S. 125 ff. eingehend ausgeführt hat, davon ausgehend, dass vor dem 13. Jahrhundert hansa nirgends in der Bedeutung Genossenschaft nachweisbar ist, wohl aber im 12. Jahrhundert mehrfach als Handelsabgabe, zuerst im Privileg für Saint-Omer 1127, wo gleichzeitig eine Kaufmannsgenossenschaft als die Gilde erwähnt wird. Hansa ist ihm danach, wenn ich die gegebenen Auslegungen zu ordnen versuche:

1. eine Abgabe für Teilnahme an Handelsrechten (S. 128 der zweiten Schrift), nicht für die Aufnahme in eine Genossenschaft (S. 153), bei einzelnen Handwerken die Abgabe für Erlangung des Meisterrechts (S. 161), la bien venue oder der Willkomm im 15. Jahrhundert (S. 163), ein Bussgeld für Verletzung von Gildestatuten in Mecheln 1276 (S. 131), jeder der Hansekasse entnommene Betrag in Rouen im 14. Jahrhundert (S. 161). Demgemäss heisst hansen, frz. hanser, nicht in die Genossenschaft aufnehmen, sondern eine Abgabe leisten und auch ihre Leistung herbeiführen (S. 134), einen fremden Kaufmann, der dem Stapelrecht zuwider handelt, bestrafen (S. 144);

2. das Handelsrecht, für dessen Erwerb jeder in die Gilde Eintretende ausser dem Eintrittsgeld eine besondere Abgabe zu leisten hatte (S. 131), lokal der Inbegriff der für Auswärtige geltenden Handelsbeschränkungen in Steiermark im 15. Jahrhundert (S. 157), das Recht über Schuldklagen zu richten in Paderborn (S. 146), das Recht des Kleinverkaufs gewisser

Waren in Göttingen 1354, in Hofgeismar nach altem Herkommen im 16. Jahrhundert (S. 145. 151), das Gebiet, wo das Recht herrscht in Paris 1309 (S. 158);

3. das Amt, dem der Hansgraf in Regensburg vorsteht, auch das Amtshaus (S. 155), das Stadthaus, wo die Abgabe zu leisten ist, in Rouen 1320 (S. 162);

4. die Kaufmannsgenossenschaft, zuerst in Gent 1199 (S. 132), die Vereinigung der nach England Handel treibenden Kaufleute, zuerst in Brügge 1241 (S. 135), die Vereinigung der deutschen Kaufleute in London seit 1282 (S. 172), der Bund der niederdeutschen Städte seit 1320, HUB. 2, 358 (S. 174), in späterer Zeit das Bundesgebiet (S. 174), lokal im 14. Jahrhundert Handwerkervereinigung (S. 149).

Der durchgehende Gedanke ist, dass der Name Hansa von der Hansa-Abgabe stamme und nicht umgekehrt.

Hiergegen werden sich Einwendungen erheben lassen, wie sie auch erhoben worden sind.

Abgabe bedingt als Korrelat einen, dem sie geleistet wird, die Abgabepflicht das durch die Abgabe erlangte Recht. So schildert Schaube die den flandrischen Privilegien von 1127, 1168 und 1183 zugrunde liegenden Verhältnisse folgendermassen: Im Auslande Handel treibende Flandrer erhoben — doch wohl für die Teilnahme an den dort von ihnen erworbenen Handelsrechten — von Bürgern von Städten, die sich neu an diesem Handel beteiligen wollten, eine Abgabe hansa. Auch die Empfänger und das Recht heissen hansa, allerdings erst später. Da nun aber hansa vom 4. bis 9. Jahrhundert eine Vereinigung bezeichnet, so war nach Grundsätzen der Etymologie bei der Untersuchung der Bedeutungsentwicklung davon auszugehen, dass die Empfänger der Abgabe Hanse genannt werden, und die Frage zu stellen: warum werden sie nicht auch in den Urkunden des 12. Jahrhunderts so genannt? Das kann bei der geringen Zahl urkundlicher Nachweise zufällig sein. 1241 kommt hansa in Brügge unzweifelhaft als Name für die Vereinigung der nach England Handel treibenden Kaufleute flandrischer Städte vor: hansam Londoniensem adipisci, hansa Flandrensis, Brugensis (Höhlbaum will Brugensium verbessern) scilicet et illorum, qui ad hansam illam pertinent. Weil der Zweck der Vereinigung offenbar die

Wahrung der in England erworbenen Handelsrechte gewesen sei,
die den Kaufleuten jeder Stadt die heimische Karität gegen eine
hohe Abgabe beim Eintritt gewährt habe, folgert Schaube: »Auch
hier dürfte wohl die Bedeutung Abgabe, beziehungsweise das
für diese Abgabe gewonnene Handelsrecht die Grundlage für die Bedeutung genossenschaftliche Vereinigung
gebildet haben.« Sehen wir die Namen der heimischen Genossenschaften an. In Saint-Omer hiess die Vereinigung 1127 gilda
mercatoria. In den jener hansa Flandrensis ungefähr gleichzeitigen
französischen Statuten, als die Gilde die mit England, Schottland
und Irland handelnden Kaufleute umfasste, heisst auch sie Hanse.
Dort wird aber hinzugefügt, que li anchisour de Saint-Omer
ont establi pour le franchise et pour le bonheur des marcheans
une confrarie, ke on apele hanse. Mag der geschichtliche Sinn
der Kaufleute auch nicht stark entwickelt gewesen sein — Dr. Joh.
Osthusen erhob wenigstens keinen Einspruch gegen die englische
Behauptung, quod a tempore, cuius inicii memoria hominum non
existit, fuit in Alemania quaedam societas Ansa Theutonica nun-
cupata — auf ein Jahrhundert werden sich wohl ihre Erinnerungen
zurückerstreckt haben, und sie hatten auch gewiss jetzt verlorene
Urkunden. Doch gesetzt, dass das Präsens apele auf die Zeit der
Abfassung jener Statuten zu beziehen ist, so wird man fragen,
warum sich statt des späteren hanse vordem nur der Name Gilde
und Bruderschaft findet. Ich suche die Erklärung in dem, was
Hegel über den Ursprung des Gildewesens namentlich in der Einleitung, aber auch an vielen sonstigen Stellen seines Werkes sagt.
      In der ältesten fränkischen Zeit sind collectae, consortia,
geldoniae, confratriae verschiedene Bezeichnungen derselben Sache,
die beiden ersten allgemeine, die dritte ein an das germanische
Heidentum erinnernder Ausdruck, die letzte ein Wort, welches die
vom Christentum in die germanische Genossenschaft eingeführte
Idee widerspiegelt. Das gotische Neutrum gild ist gleich φόρος,
tributum, daher geld, wie im Deutschen Wörterbuch 4, 1, S. 2890 f.
gezeigt ist, das Wort für Opfer, auch Opferschmaus und Fest-
versammlung. Bei den Mahlen wurden, das lehrt schon Tacitus,
Germania Kap. 23, auch weltliche Angelegenheiten verhandelt.
Die christliche Kirche verwies dann auf Werke der Frömmigkeit
und deshalb nannten sich die Verbände, da die Mitglieder sich zu

gegenseitiger Hilfeleistung aneinanderschliessen sollten, Brüderschaften. Auch unter den englischen Gilden des 11. Jahrhunderts
kann man geistliche, weltliche und solche gemischten Charakters
unterscheiden. An einem Orte, der wie Saint-Omer die Gewohnheiten der Stadt mit dem altgermanischen Worte lagae seu con-
suetudines benannte, lebte in der Volksseele gewiss die Erinnerung
an die alten Versammlungsgebräuche neben christlicher Frömmigkeit fort, und man hielt dort an dem feierlichen Ausdruck Gilde
gleich fest wie an dem frommen Namen Brüderschaft, für den in
anderen flandrischen Städten auch amicitia und caritas gebraucht
wurde. Die religiösen Gilden waren mit der Kirche verbunden;
die weltlichen waren Genossenschaften der Kaufleute und der
Gewerbetreibenden und anderer Korporationen in der Stadtgemeinde; sie waren Gilden besonderer Art gegenüber den
alten Gilden, deren Einrichtungen und Bräuche sie nachbildeten,
Gilden in abgeschwächter Gestalt, die dem Gemeinwesen der
Stadt dienten, ihm eingefügt und untergeordnet waren (Hegel
2, 502. 511). Das Gildrecht war das Recht Handel zu treiben,
aber nur im nächsten Umkreise, noch 1439 beschränkte sich das
Groninger auf Friesland zwischen Ems und Lauwers, d. h. auf
das Land Groningen (Hegel 2, 308).

Sobald man aber über den engeren Bezirk hinausging, vornehmlich sobald sich eine Stadt mit anderen in Handelsunter-
nehmungen zusammentat, wie das für Saint-Omer und Bourbourg
um 1160 feststeht (si forte Audomarenses et Burburgenses ghildam
habentes Graveningis super aliquam mercaturam venerint commu-
niterque eam emerint, Giry § 385, Hegel 2,160), so eignete sich
für die Verbindung zweier Gilden der Name Gilde nicht mehr, ein
umfassenderer und allgemeinerer Ausdruck musste statt seiner
gewählt werden. Pirenne sagt in seinem Aufsatz La hanse flamande
de Londres (Académie Royale de Belgique. Bulletin de la Classe
des Lettres. Brüssel 1899) S. 85: C'est un exemple intéressant
de l'emploi de plus en plus fréquent, à partir du 12e siècle, du mot
hanse pour désigner la réunion de plusieurs gildes locales en un
seul corps. Er führt an, dass die Statuten der Kaufleute von
Valenciennes, die auf das 11. Jahrhundert zurückgehen und mit
der neuen Organisation der Gilde erweitert wurden, hanseurs
kennen, Mitglieder einer vereinigten Genossenschaft mehrerer

Städte, die der von Saint-Omer und Bourbourg glich. Als sich der
Handel gar über See ausdehnte, konnte der alte Name vollends
nicht mehr am Platze sein, daher erscheint im 13. Jahrhundert die
Bruderschaft der Kaufleute, welche man Hanse nennt. Auf den
Handel mit dem Auslande, namentlich den überseeischen, geht
der Name Hanse. Hegel 2,262, 294, 310. So wurde das in anderen
Gegenden deutscher Zunge erlöschende, in Flandern erhaltene
Wort zu neuem Leben gebracht und von anderen Ländern über-
nommen.

Die Bürger von Saint-Omer hätten, wenn sie nicht einem
durch seinen uralten Sinn ehrwürdigen Namen den Vorzug gegeben hätten, ihre Genossenschaft mit demselben Recht Hanse
nennen können, mit dem zu der nämlichen Zeit, wo in ihren erhaltenen Urkunden das Wort zum ersten Mal in einer abgeleiteten
Bedeutung vorkommt, zwischen 1119 und 1135, die Gildhalle zu
Beverley hanshûs benannt wird. Denn dass dieses Hansehaus etwas
anderes bezeichnete als die Gildhalle, halte ich für unmöglich.
1388 erscheint die Gilde als magna gilda Sancti Johannis de Be-
verlaco de hanshus. Ich vermag beim besten Willen nicht Schaube
zu folgen, der darüber sagt (S. 165): »Das scheint mir vielmehr
darauf hinzuweisen, dass hanshus eben ursprünglich nicht Gildhalle
bedeutete, wenn es auch tatsächlich als Gildhalle diente,
sondern dass es das Haus war, in dem die Hansaabgabe erhoben
wurde«.

Auch den Namen des Hansgrafen will Schaube nicht von einer
als Hanse bezeichneten Genossenschaft herleiten. Weil in Brüssel die
Prüfung von Laken der Gilde und dem Hansgrafen zustand, soll
er ein ausserhalb der Gilde stehender Beamter sein (S. 137), und
weil in Middelburg jeder, der, ohne Nachfolger seines Vaters in
der Gilde zu sein, aufgenommen werden wollte, ein Eintrittsgeld
und eine Abgabe an den Hansgrafen zu entrichten hatte, soll
dieser seinen Namen offensichtlich von der Abgabe erhalten haben
(S. 138). Pirenne hatte schon in dem erwähnten Aufsatz S. 99 ff.
Köhne gegenüber nachgewiesen, dass der Hansgraf der Hanse von
London das Haupt einer autonomen Genossenschaft war und seine
Befugnisse einzig von der Korporation erhielt, der er vorstand, und
hatte besonders die Keuren der Tuchmacher von Oudenaarde herangezogen, nach denen die Hansgrafen ursprünglich von der

Kaufmannsgilde eingesetzte Munizipalbeamte sind, die natürlichen Richter der Kaufmannsgesellschaft, welche die Kaufleute
nach den verschiedenen Märkten begleiteten, auf die sie sich zusammen begaben. In einem Nachtrage in demselben Bande S. 525 ff.
teilt er einen neuen Fund über die Hansgrafen mit. Nach einem
Register des städtischen Archivs von Saint-Omer werden sie 1316
—1317 comtes du hanse genannt, 1317—1318 comites mercatorum
super hansam, 1318—1319 comites hanse, und von 1319 an heissen
sie maieurs de la hense. Die Hansgrafen sind sicher Nachfolger
der Gildevorsteher, die später städtische Beamte wurden und im
14. Jahrhundert vermutlich von den Schöffen gewählt wurden.
Ihre Funktion war Überwachung der Tuchfabrikation und die
Rechtsprechung über die Tuchmacher der Stadt auf den Märkten
und in der Halle.

Ich hebe noch einige Stellen aus, die Schaube nach seiner
Grundansicht deutet, während sie bei unbefangener Betrachtung
einen anderen Sinn ergeben.

Nach den französischen Statuten von Saint-Omer wird die
Hanse von der Bruderschaft der Hanse für 6 Schilling Sterling
gekauft, so wie 1276 in Mecheln 6 Schilling 4 Pf. kölnisch als
hansa an die Gilde gezahlt werden. Ich meine für die Zugehörigkeit. Denn unter die forefacta, die zu strafen sind, braucht die
hansa durchaus nicht einbegriffen zu werden. Man vergleiche die
Statuten von Middelburg, HUB. 1, Nr. 694, wo ebenfalls zunächst
über das hansare und den Erwerb der confraternitas Bestimmungen
getroffen sind — hier sind 60 Pf. zu zahlen, die natürlich der
Bruderschaft zugefallen sein müssen, während der Hansgraf 2 Pf. besonders erhält — und dann die emendae folgen. Die Gilde in
Mecheln hatte ein Zwangsrecht gegen die ihr nicht angehörenden
Bürger, sobald sie Handel treiben wollten. Das erkennt Schaube
S. 136 an. Warum will er die Hansa als ein Bussgeld auffassen?
Der Erbvogt bestimmt nach meiner Meinung, wie die Brüche für
Verletzungen der Gildestatuten zwischen ihm und der Gilde ge-
teilt werden sollen, und fügt ein: die Abgabe für die Zugehörigkeit
zur Hanse fällt natürlich speziell der Gilde zu. Über die ganze
Frage s. Höhlbaum in den HGBl. 1898, S. 152 f.

In den Keuren von Sluys aus dem Jahre 1380 steht: zo wie
van den vornomeden ambohte anzebroeder zijnde met hem men-

gheltucht hadde usw. Danach spricht Schaube von den Hanse-
brüdern des Amtes (S. 134 f.), während doch van den ambohte mit
zo wie zu verbinden ist.

In Utrecht darf 1233 Wein zum Verzapfen nur an Bürger
verkauft werden. Für den Übertreter der Verordnung wird eine
Strafe bestimmt, et si ipse solus emerit vinum Colonie, hoc nullus
fratrum hanse potabit. Schaube sagt (S. 140): Die Genossen
des Rechts heissen fratres hansae, so wie er auch in einer
Göttinger Urkunde henzebroder als die Teilnehmer des Rechts
auffasst (S. 146). Hegel, der den Ausdruck hansa sua versus Rhenum
sit privatus als vom Recht des auswärtigen Handels geltend ansieht, nimmt fratres hansae einfach als Hansebrüder. Desgleichen
ist in einem Dordrechter Privileg von 1200 (in fraternitate et in
ansa esse oppidanorum ad Durtreth attinentium) fraternitas so
viel wie hansa, gemeint sind Hansebrüder; keineswegs »dürfte
ansa hier das der Brüderschaft zustehende Recht bedeuten«
(S. 139).

Ein Brügger Weistum sagt: con doit par droict ceste hanse
waegner en Engeltière ou à Bruges, wofür es in dem entsprechenden Yprer lautet: qui hansam suam lucrari volunt, debent habere
hansam Londoniensem. Indem Schaube übersetzt: »Alle die,
welche ihr Handelsrecht nutzen wollen, müssen die Londoner
Hanse haben«, gibt er dem Verbum lucrari einen Sinn, den es
nicht hat. Es heisst nur gewinnen = erhalten, also so viel wie
sonst adipisci, habere oder deutsch winnen, hebben. So wird lucrari
schon im klassischen Latein gebraucht bei Horaz carm. 4,18, eius,
qui domita nomen ab Africa lucratus rediit, der seinen Namen erhalten hat. Vgl. caritatem suam habere, gaaignier sa confrarie
bei Hegel 2, 187 [1]. Nutzen würde uti, frui, deutsch sik bruken oder
gebruken heissen, Hegel 2, 408 [2].

In einer Hameler Ordnung lässt sich scere freilich auch mit
Scherenrecht übersetzen (S. 149): So welc borgere to Hameln de
scere wint, . . . de scol gheven teyn marc. Ist das aber noch
aufrecht zu erhalten, wenn es weiter heisst: So wat he sone hedde,
de borghere boren wesen, de volghet der schere malc um eyn
punt? Zeigt diese Stelle nicht deutlich den gleichen sinnfälligen
Ausdruck für die Ausübung des Gewandschnitts wie z. B, die
Wendung: We to der scheeren steyt, also dat he eyn want-

snider is unde eyne stede heft uppe dem kophus, de ghift 6 p. to tinse (Schiller-Lübben unter schere)?

Auch Gilde bezeichnet häufig nicht sowohl die Vereinigung als die Zugehörigkeit zu ihr und das daraus entstammende Recht; daher gildam assignare, gilde unfân, gilde besitten unde hebben, der gilde brûken, gilde dôden (Hegel 2, 408 f.). Wer wird aber die erste Bedeutung aus der folgenden herleiten wollen und nicht vielmehr umgekehrt!

Welchen Sinn ein Wort wie Hanse, Gilde, Innung an einer bestimmten Stelle hat, das ist den Beteiligten und in die technische Verwendung Eingeweihten aus dem Zusammenhange immer so klar gewesen, wie der hansische Kaufmann ganz genau wusste, ob er kopmanschop als Handel, Gewinn oder Ware zu verstehen habe, oder in welchem Sinne das vieldeutige Wort Recht gemeint sei.

Schaubes Entwickelung der Wortbedeutung würde methodisch falsch genannt werden müssen, wenn nicht ein Satz in seiner Besprechung von Köhnes Hansgrafenamt zeigte, wohin seine Darlegungen im Grunde zielen: »Wenn ein Wort im Gotischen und Althochdeutschen (im 9. Jahrhundert) vorkommt, so braucht ein gleichlautendes im 12. Jahrhundert zuerst auftauchendes von ganz anderer Bedeutung mit jenem überhaupt nichts zu tun zu haben« (Gött. gel. Anz. 1893, S. 687). Er will also beide Wörter von einander trennen, und darauf geht auch eine Anmerkung auf S. 125 des zweiten Aufsatzes: »Es müsste auffallen, dass man in den englischen Urkunden, wenn jenes hansa (nämlich das gotische) und host identisch mit dem späteren hansa wäre, nicht host gebraucht, sondern das Fremdwort hansa sich geliehen hat«. Er vergleicht nämlich das englische host mit dem angelsächsischen hóse. Aber mit Unrecht. Host, jetzt in Wendungen wie the Lord of hosts, der Herr der Heerscharen, a host of flies oder a host of· questions gebraucht, bedeutet einen Schwarm, eine grosse Menge. Murray führt aus dem Jahre 1486 a host of sparrows an. Aber nach ihm wie nach den etymologischen Wörterbüchern von Ed. Müller und Skeat ist host von romanischer Herkunft und auf das lateinische hostis zurückzuführen, welches im frühen Mittellatein Heer bedeutet, nach Du Cange unter hostis 2 exercitus, castra, expeditio bellica. Von einer Verbindung mit hansa ist es auszuschliessen.

Weitere Andeutungen über die Abstammung von hansa hat
Schaube nicht geäussert, und man kann auch, wie der folgende
kurze Bericht ergeben wird, nicht sagen, dass von anderen bis
jetzt etwas Sicheres über das Urwort ausgemacht sei.

S. Bugge führt in den Beiträgen zur Geschichte der deutschen
Sprache und Literatur, herausgegeben von Paul und Braune, 12,
S. 418 folgendes aus: Die vorgermanische Form des Präfixes *kom-
musste betont im Germanischen *ham- werden. Diese Form liegt
in hansa vor, das sich ausser in den im Vorstehenden erwähnten
Sprachen nach Noreen im Arkiv for nordisck Filologi 3,12 im
Nordischen findet, insofern in der Präposition hos, (in Gesellschaft)
mit, eine Spur zurückgeblieben ist. Auch das Finnische hat kansa,
populus, societas, früh aufgenommen und daraus die Präposition
kanssa, cum, entwickelt. Die urgermanische Form *hansō (χonsō)
ist aus einem vorgermanischen Nominativ *kómsōd f. vom Stamme
*komsōd geworden, der kom-, zusammen, und sed-, sitzen, enthält.
*Kómsōd- ist analog dem indischen den Hauptton auf der zweiten
Silbe tragenden samsád- f. consessus.

Dagegen bemerkt K. Osthoff in derselben Zeitschrift 13,
S. 428, aus einer Grundform *kómsōd, Zusammensitzung, wäre
vielmehr got. und ahd. *hamsa zu erwarten gewesen. Denn es sei
keineswegs urgermanischer Lautwandel, die ererbte Konsonanten-
folge von labialem Nasal und indog. s assimilatorisch in -ns- um-
zusetzen. Osthoff hält das urgermanische *χansō f. für entstanden
aus indog. *kóm-tˢtā »condita«, scil. societas. Der Eintritt des
deutschen Nasals sei zu einer Zeit geschehen, als im Urgerma-
nischen die im indog. Wort unmittelbar auf das -m- folgende dentale
Verschlussbildung noch nicht untergegangen war. Lateinisch
Cōnsus <*Com-su-s ist unter allen Umständen lautgesetzlich, der
Name dieses Gottes aber eine altberechtigte Nebenform des Parti-
zips con-ditus.

In der Festschrift dem Hansischen Geschichtsverein und dem
Verein für niederdeutsche Sprachforschung dargebracht Göttingen 1900, S. 59 ff. ordnet R. Meissner die verschiedenen Ver-
wendungen, in denen hansa im 12. und 13. Jahrhundert erscheint,
ohne dass eine sichere Scheidung überall möglich wäre, unter drei
Gesichtspunkte: 1. Genossenschaft von Kaufleuten, besonders privi-
legierte im Auslande, Faktorei, kaufmännische Niederlassung, Bund

von Städten, deren Kaufleute einer solchen Genossenschaft angehören; 2. Zugehörigkeit zu einer kaufmännischen Genossenschaft,
Inbegriff der damit verbundenen Rechte und Handelsprivilegien;
3. Abgabe, Zahlung, durch die die Mitgliedschaft oder der Genossenschaft zustehende oder von ihr angemasste Rechte erkauft
werden, Handelsabgabe in weiterem Sinne. Er bespricht den Gebrauch des Wortes in England, den Niederlanden, Frankreich und
Norddeutschland, ferner das süddeutsche Hansgrafenamt. Schaube
ist nach ihm völlig im Recht, wenn er sich gegen Köhnes voreilige
Schlüsse wendet, der geneigt ist, überall Hanse als alten Namen
der Kaufmannsgenossenschaften einzusetzen; seinen Grundsatz,
nach der zufälligen zeitlichen Aufeinanderfolge von ein paar Belegen die Bedeutungsentwicklung eines Worts zu bestimmen, weist
er als unberechtigt zurück. Die Begriffe Genossenschaft und Abgabe, das nimmt er als sicher an, gehören bei Hanse zusammen.
Doch ist nicht zu übersehen, dass im Gegensatz zu Gilde das Wort
Hanse im Sinne von Genossenschaft sich gewissermassen erst aufs
neue vom 12. Jahrhundert ab auszubreiten scheine, und zwar
aus sprachlichen Gründen vom Niederfränkischen und Niederländischen aus, wo erst in jüngerer Zeit n aus der Verbindung ns mit
Vokalverlängerung ausfällt. Von dort muss das Wort als Wort
des Handels seinen Weg nach England, Frankreich, Nieder- und
Oberdeutschland genommen haben. Dem altgermanischen hansa
legt er die Bedeutung Genossenschaft bei und nimmt für das
Gotische, Althochdeutsche und Angelsächsische einen abgeblassten
Sinn an. Wie sich in der altgermanischen Gilde die Mitglieder
durch Eid und gemeinsames Opfer verbanden, so könne man auch
in der alten Hanse eine solche Gemeinschaft erkennen; dafür
spreche das gotische Neutrum hunsl, altn. und ags. húsl, Opfer,
das dem Sinne nach nahe steht und zu einem gemeinsamen Stamm-
worte gehören werde.

Meissner bespricht auch die im Nordischen neben hanse her-
gehende Form hense, die in Niederdeutschland üblich wurde. und
äussert [die Vermutung, das e sei aus Formen wie afrz.
henser = hansarius, frz. hansier, eingedrungen. Im Korrespondenzblatt für niederdeutsche Sprachforschung 21, S. 60 ist dagegen
Walther der Meinung, dass diese Form über England ins Mittel-
niederdeutsche gelangt und am einfachsten aus der englischen

Aussprache zu erklären sei. Zwar lautet das Wort in den französisch abgefassten englischen Urkunden haunsse, haunce, verbürgt also eine nach o geneigte Aussprache, allein wie die englischen Formen man, hand, land über die angelsächsischen mon, hond, lond siegten, so könne es auch hier zu der Aussprache nach e hingekommen sein. Das scheint mir annehmbarer als die Vermutung Kauffmanns in dem bald zu nennenden Aufsatze, der Umlaut in hense könne von dem neben hansen vorkommenden Verbum hänseln herrühren.

K. Helm billigt in den Beiträgen von Paul, Braune und Sievers 29, S. 194 ff. durchaus Schaubes Ansicht und hält auch die Trennung des mittelalterlichen Wortes hansa von dem älteren für notwendig da Osthoffs Etymologie hansa < *condita zwar lautlich in Ordnung, aber zu verwickelt sei, um zu überzeugen. Er fasst das Wort nicht als ein Kompositum, sondern als ein Simplex auf, einen femininen a-Stamm von der indogermanischen Wurzel kens, die auch im lateinischen censēre vorliege. Dieses Verbum entspreche abgesehen vom Ablaut genau einem germanischen *hansēn. Die Bedeutung der Wurzel müsse gewesen sein abschätzen, Wert oder Menge bestimmen. So sei also *χansō Abschätzung oder der dadurch ermittelte Wert oder die Menge, daher 1. Menge von Menschen, so im grössten Teil des germanischen Sprachgebietes, 2. Menge von Geld, Abgabe, so im Niederfränkischen und Niedersächsischen.

Zu censere hatte schon früher Zupitza das Wort hansa gestellt; doch sehe man den Einspruch Hirts in Bezzenbergers Beiträgen zur Kunde der indog. Sprachen 24, S. 278.

Am Schluss des Helmschen Aufsatzes wirkt ein blunder belustigend. Die Bedeutung gross an Wert wird in dem friesischen hansîg gefunden, das durchaus nicht eine junge Ableitung von Hanse sein müsse, sondern sehr wohl ein altes Adjektiv sein könne. Schon ein Einblick in Richthofens Altfriesisches Wörterbuch belehrt, dass dieses in vielfachen Formen und nur in der Formel hanzoch and heroch, abhängig und gehorsam, vorkommende Wort zu h a n g e n gehört, und § 130 der Geschichte der friesischen Sprache von Siebs in Pauls Grundriss der germanischen Philologie belegt die vor i eintretende palatale Quetschung des g in der Verbindung ng und die Assibilierung durch zahlreiche Beispiele.

Zuletzt hat sich Fr. Kauffmann in der Zeitschrift für deutsche Philologie 38, S. 238 mit der Etymologie von hansa beschäftigt. Gegen Helms Ableitung äussert er Bedenken; sie führe eher auf hunsl als auf hansa. Ich stimme ihm darin bei, dass eine allgemein anerkannte und wirklich einleuchtende Entstehung aus vorgermanischer Sprachstufe bisher noch nicht erwiesen ist, soweit ich mir ein Urteil erlauben darf. Die Abhandlung enthält aber einen sehr bemerkenswerten Hinweis auf das Vorkommen des Wortes in der Schweiz. Das schweizerische Idiotikon von Staub, Tobler und Schoch bringt die Formen haus und heis und führt die ganze Gruppe auf ein Femininum hans zurück. Haus bedeutet die Abgabe für den Eintritt in eine Korporation, besonders in die Burschenschaft oder Knabenschaft des Dorfes, den Einstandstrunk nach der Konfirmation oder die Gabe eines fremd hergekommenen Bräutigams, schliesslich die aus den Gaben veranstaltete Lustbarkeit, daher auch wie im Kärntischen (Lexer, Kärntisches Wörterbuch, S. 133) Unterhaltung, Geplauder. Die militärische Organisation der Knabenschaft steht fest. Daher vermutet Kauffmann, haus sei ein Terminus für die Gesellschaft der jungen Leute gewesen, wozu das mägda hós im Beowulf gut stimmt. Dieser jugendlichen Gesellschaft steht die Gilde als Verein der Verheirateten gegenüber, wie bei den Angelsachsen der geoguð die duguð. So hätte sich hier in der Volkssprache die uns aus dem Gotischen bekannte älteste Bedeutung von hansa = σπεῖρα erhalten, und es ergibt sich folgende Reihe von Bedeutungen:

militärisch = cohors,
genossenschaftlich = societas,
a) Pflicht der Abgabe beim Eintritt,
b) Recht auf die Privilegien der Genossenschaft.

Die kluge Vermutung wird geeignet sein, die hansischen Historiker zu befriedigen.

IX.

Die Askanier und die Ostsee.

Von

Christian Reuter.

Vortrag, gehalten in der Versammlung des Hansischen Geschichtsvereins zu Hildesheim am 22. Mai 1907.

---

magna voluisse magnum.

Alt ist die Behauptung und gern wird sie erneuert, dass die Menschheit aus der Geschichte nichts lerne. Ein Beweis für die Richtigkeit dieses Ausdrucks wehmütiger Resignation scheint das Verhalten unserer Zeit zu sein, die historischer Bildung und historischem Denken so abgeneigt ist und statt dessen sich lieber daran gewöhnt, auf die Massen zu hören, für deren historische Bedürfnisse der Tag und die Woche schon ausreichende Tummelplätze bieten.

Aber trotz dieser angeblichen Aussichtslosigkeit der Beschäftigung mit der Geschichte befassen wir uns doch mit Vorliebe mit solchen Problemen der Vergangenheit, die auch unserer Zeit besonders zu arbeiten und zu denken geben. Das lehrt ein Hinweis auf die Beschäftigung mit der sozialen Frage im Altertum und im Mittelalter, das erklärt das immer neue Interesse, welches das Verhältnis von Kaiser und Papst durch die wechselnde Stellung von Staat und Kirche gewonnen. Und haben nicht das Aufblühen des Seehandels und koloniale Bestrebungen, Flottenfrage und Ostmarkenpolitik in gleicher Weise befruchtend auf das historische Interesse gewirkt?

Vorgänge unserer Zeit und eigene Erlebnisse lenken daher wie von selbst auch den Blick zurück auf die Geschichte der

deutschen Hanse, auf die Geschichte ihrer Glieder und deren Beziehungen zueinander. Wir bemerken, dass neben den Beziehungen
der Städte zueinander die Berührung mit benachbarten Territorialfürsten vielfach den Anlass bietet, in friedlicher oder feindlicher
Weise einen Ausgleich der verschiedenen Interessen herbeizuführen.
Bald gehen Städte und Fürsten Hand in Hand, z. B. bei der
Förderung der deutschen Einwanderung, bei der Kolonisation und
Germanisation des deutschen Ostens, bald befehden sie sich, wenn
die Geldwirtschaft der Städte der Naturalwirtschaft der Territorien lästig wird, oder wenn die Fürsten durch die Last der
Soldzahlung, die durch den Wettbewerb der Städte bei den krieg-
führenden Rittern immer mehr gesteigert wird, oder infolge kost-
spieliger Hofhaltung — man denke an die Minnesänger und die
prächtigen Turniere — Schuldner der Städte oder reicher Bürger
werden. Solche Zusammenstösse können zu Ereignissen von weit-
tragender Bedeutung werden, wenn auswärtige Mächte, wie Dänemark und Polen, Schweden oder Burgund in die Kämpfe eingreifen.

In ein volles Jahrhundert besonders heftiger Kämpfe werden
wir hineingeführt, wenn wir die Stellung der brandenburgischen
Askanier zu den Städten und Ländern an der Ostsee von 1230
bis 1320 einer Untersuchung unterziehen. Diese Kämpfe bilden eine
wichtige Epoche in dem gewaltigen Ringen des deutschen und des
dänischen Volkes um die Herrschaft über die Ostsee und hängen auf
das engste zusammen mit den Bestrebungen, die von Kaiser Lothar
eröffnet, dann in ständigem Wettbewerb von Heinrich dem Löwen
und Albrecht dem Bären aufgenommen, dem deutschen Volke eine
neue Welt eröffneten. Besonders bedeutungsvoll für das Verständnis der Lage sind dabei nach des Löwen jähem Sturz naturgemäss die Pläne der Erben Albrechts; doch ist es hier nicht
möglich, auf Einzelheiten einzugehen; es mag nur angedeutet
werden, wie die Teilungen der Askanischen Besitzungen —
ohne Frage durch den steten Kampf mit dem einer freien
Machtentfaltung nach Osten hinderlichen Erzbistum Magdeburg
veranlasst — in sich ein weitausschauendes Programm enthalten.
Beide Elbufer von Wittenberg bis Magdeburg, dann Anhalt und
die Altmark mit beiden Elbufern wieder — dazwischen nur kleine,
meist abhängige Grafen in Dannenberg und Lüchow — bis zur
holsteinischen Grenze, sowie Lauenburg bis vor die Tore Lübecks —

das bedeutet — wenn wir jetzt von Brandenburg absehen — wohl ein grosses Programm, aber es ist in der Hauptsache auch ein Programm geblieben und darf deshalb im folgenden unberücksichtigt bleiben.

Ein solches Verfahren hat ausserdem noch den Vorteil, dass wir uns den Überblick über die Politik der brandenburgischen Askanier erheblich erleichtern, und das ist erwünscht; denn dieser Abschnitt deutscher Geschichte ist besonders unübersichtlich, weil einmal ein bestimmtes Ziel der brandenburgischen Politik zu fehlen scheint und sodann, weil ein Überblick über die zahlreichen, vielfach gleichzeitig regierenden Markgrafen schon bei dieser einen Linie des damals weit verzweigten Askanischen Hauses schwierig ist — es sollen einmal gleichzeitig 19 Markgrafen bei Brandenburg versammelt gewesen sein[1] -- und weil die ganze Zeit voller Unruhe ist, und weil die hundert Jahre völliger Anarchie, die auf den Tod des grossen Waldemar folgen, das Interesse an dieser Zeit auch bei der Chronistik lange gelähmt haben. Deshalb darf durch einen kurzen Überblick die Geschichte des askanischen Hauses in Erinnerung gebracht werden.

Mit Magnus Billung war das sächsische Herzogsgeschlecht im Mannesstamm erloschen; seine Töchter haben dafür gesorgt, dass er unvergessen blieb, wie Maria Theresia Habsburgs Ruhm in eine andere Zeit gerettet hat. Die Enkel der einen Tochter sind Friedrich der Rotbart und sein Vetter Heinrich der Löwe, während die andere Tochter, Frau Eilike, ihrem Manne, dem Grafen Otto von Ascharien oder Askanien einen Sohn schenkte,

---

[1] Vgl. Sello, Forschungen zu brandenb. u. preuss. Gesch. I (1888) S. 175, und zum Jahre 1280* W. Pierson, Preuss. Gesch. I⁹, 18/19. Es handelt sich wohl sicher um eine Sage späterer Zeit. Zur Literatur über die brandenburgischen Askanier ist vor allem hinzuweisen auf Georg Sello, Chronica Marchionum Brandenburgensium in Forschungen I, S. 111—180, daneben auch, besonders für die Zeitverhältnisse, auf J. G. Droysen, Gesch. d. preuss. Politik, I, 15, 70 und E. Jacobs, Geschichte der in der preuss. Provinz Sachsen vereinigten Gebiete S. 167—288, wegen der Stellung zu Magdeburg bes. S. 202; ferner G. Sello, Brandenburgisch-magdeburgische Beziehungen 1266—83, in den Geschichtsbl. für Stadt und Land Magdeburg, Magdeburg 1888. Der Vollständigkeit halber sei auf K. F. Klöden, Diplom. Gesch. des Markgrafen Waldemar v. Br., und Riedel, Die Mark Brandenburg im J. 1250 hingewiesen.

der mit jenen beiden im Liede hochgefeiert, der Gründer der Mark
Brandenburg ward. Das war Albrecht der Bär, der durch seinen
zweiten Sohn Bernhard Stammvater wurde der Herzoge von
Sachsen-Laüenburg (ausgestorben 1689) und von Sachsen-Wittenberg (ausgestorben 1422) sowie des noch blühenden Anhaltschen
Herrscherhauses. Seinem ältesten Sohne Otto I. vermachte Albrecht
der Bär dagegen die Altmark und Brandenburg; Albrechts Enkel,
Albrecht II., versuchte, Waldemars des Siegers gefährlichem Vordringen nach Süden durch die Besetzung von Pasewalk und Stettin
den Weg zu verlegen. Mächtig blühte dann die Mark auf unter
dieses Albrechts Söhnen Johann I. und Otto III., die 45 Jahre einträchtig zusammen regierten und den Grund zu der Macht legten,
die ihre Nachfolger in den Stand setzte, in die grossen Händel
der Welt mutig einzugreifen, während im übrigen Deutschland
die kaiserlose, die schreckliche Zeit die Auflösung des Reiches in
viele kleine, selbständige Territorien einleitete. Der ältere von
beiden hinterliess die Regierung drei Söhnen, von denen Otto mit
dem Pfeile, der Minnesänger, am bekanntesten sein dürfte; Ottos
Bruder hatte wiederum drei Söhne, unter ihnen den grossen
Waldemar, der seit 1317 allein das ausgedehnte Gebiet der brandenburgischen Askanier beherrschte, und der sehr zu Unrecht in
Laienkreisen meist weniger bekannt ist als der falsche Waldemar.
Denn er hat Gewaltiges geleistet, Grösseres noch geplant; zu
seiner Zeit hatte das Gebiet der Askanier unter den deutschen
Fürstentümern nicht seines Gleichen. Ausser den Marken —
der Altmark, Priegnitz, Mittelmark, Ukermark, Neumark — umfasste es die beiden Lausitzen, die Mark Landsberg (das Osterland),
die Pfalzgrafschaft in Sachsen, die Lande Sternberg und Krossen
jenseits der Oder bis zur Obra, dann vom östlichen Pommern einen
Strich Landes von der Ordensgrenze bis hinab zur See, deren
Küste von Leba bis gegen Köslin, ja zeitweise Danzig, Schwetz und
Dirschau, über Pommern und Mecklenburg die Lehnshoheit; ferner
war von der Meissener Mark das Land auf dem rechten Elbufer
gewonnen, auf dem linken Dresden, Torgau, eine Zeitlang Meissen
pfandweise im Besitz der Brandenburger, dazu kam die Grafschaft
Henneberg-Coburg, die sich bis an den Main (Mainberg bei Schwein-
furt) ausdehnte und die vormundschaftliche Regierung in Schlesien,
während die Besitzungen der Lauenburgischen Vettern sich bis

vor die Tore Lübecks erstreckten. Das war ein Gebiet, wie es
sich in solcher Ausdehnung in Deutschland nicht wiederfand, eine
Macht, die wohl geeignet war als Grundlage einer grossen Politik
zu dienen, und in jener unruhigen Zeit, in der die staatlichen Ge-
bilde des Ostens noch im Werden waren, das Werkzeug einer
solchen werden musste. Da musste solche Macht in einer Hand
nach aussen wirken und die Richtung, in der sich diese Kraft
äusserte, ergab sich ohne weiteres aus den Verhältnissen der Zeit.
Die aus dem »Reich«, aus dem Westen und Süden in der Richtung
der Wenden-Kreuzzüge und der deutschen Einwanderung den
Markgrafen zuströmenden Hilfskräfte drängten nach Nordosten;
an der schlesischen und polnischen Grenze war die Besiedelung
nicht so dicht, das Gefühl der Zusammengehörigkeit nicht so
lebendig, weil der leichte Verkehr auf einer allgemein zugäng-
lichen Wasserstrasse fehlte und deshalb für den fürstlichen Ehrgeiz, der schnelle und greifbare Erfolge suchte, geringe Aussicht
auf Gewinn bot und bei Böhmen und Polen, dann auch den Habs-
burgern auf gefährlichen Widerstand zu rechnen war. Anders
lockten die schwächeren Mächte in Mecklenburg und Pommern,
West- und Ostpommern, zu immer neuen Versuchen. Gleichzeitig
trieb das wachsende Geldbedürfnis die Markgrafen immer wieder
dazu, auf einzelne Punkte der gewinnbringenden Handelsstrasse die
Hand zu legen oder auch den Handel durch das eigne Land zu
lenken. Handelt es sich soweit um Bestrebungen, welche in der
Politik der Territorialfürsten gegenüber den Städten, die schnell
reich und mächtig geworden waren und den Vorteil des baren
Geldes voll ausnutzten, immer wieder zu Tage traten, so kam für
die Askanier in Brandenburg hinzu, dass sie die erstrebten Vorteile nur erreichen konnten, wenn sie den Weg an die See er-
zwangen, um so am Ostseeverkehr teilnehmen zu können[1]. Es

---

[1] Übereinstimmend urteilt Paul von Niessen, dessen inhaltsreiche
und anregende Geschichte der Neumark, Landsberg a. d. W. 1905
(Schriften des Vereins für Gesch. d. Neumark), ich leider zu spät kennen
gelernt habe, um sie noch ganz verwerten zu können, auf S. 494/5:
»Mit der Grösse des Territoriums stiegen die Verpflichtungen der Markgrafen, ihre Inanspruchnahme auf allen Gebieten wuchs ausserordentlich,
im Gegensatz dazu sanken die Naturaleinkünfte an Wert, das Lehns-
wesen bezw. die Dienstmannschaft an Schlagfertigkeit, andererseits

ist leicht verständlich, dass dieses Drängen der brandenburgischen
Askanier nach der Ostsee für die Hansische Geschichte von Bedeutung werden musste. Indem aber bei dieser Politik ein Zusammenstoss mit Dänemark unvermeidlich war, erstreckt sich ihre
Bedeutung auf die Geschichte des deutschen Volkes. Bei Bornhöved
hatten Adolf IV. von Holstein und Lübeck verhindert, dass die
Ostsee ein dänisches Binnenmeer wurde; neunzig Jahre später
sind es Waldemar von Brandenburg und Stralsund, denen wir es
zu danken haben, dass sie ein deutsches Meer geblieben ist.

Die Annahme, dass es sich hier nicht um die Auswüchse
planloser Fehdelust handelt, wie es auf den ersten Blick wohl
scheinen mag und wie noch vielfach geglaubt wird, sondern um
eine grosszügige Politik, deren Ziel im allgemeinen früh feststand
und an dem auch in schwierigen Zeiten zähe festgehalten wurde,
wird auch dadurch gestützt, dass Besitzungen oder Erwerbungen,
die im Westen oder Süden liegen, wie die Herrschaft Henneberg
mit den Gütern in Franken (Kissingen), auch die Mark Meissen abgestossen werden, um nach der andern Seite freie Hand zu
schaffen[1].

spielte das bare Geld eine von Jahr zu Jahr grössere Rolle, und die
Mark brachte doch keine eigenen Silberschätze zu Tage. Es ist auf
diese Weise bald ein fühlbarer Mangel an Bareinkünften eingetreten,
der auch trotz immer erneuter siegreicher Kriege nicht überwunden
wurde. Die Binnenlage der Mark war trotz aller Vorstösse nach der
See nicht zu beseitigen, ein auch für den Fürsten ertragreicher Anteil
am Seeverkehr nicht zu erreichen; die Folge war, dass sich die Markgrafen genötigt sahen, Ansprüche an die Geldhülfe seitens ihrer Untertanen zu stellen; so entstand die Bede.‹

[1] Trotzdem infolge der Aufhebung des Templerordens, der in den
Marken grosse Besitzungen hatte — noch heute erinnern viele Ortsnamen daran — die Macht der Markgrafen im Lande sehr gesteigert
wurde, wird 1308 Bleckede an Otto von Lüneburg verkauft (Riedel,
Cod. dipl. Brandenb. III, 3, 15) und die Grafschaft Henneberg-Coburg,
die 1291—1312 brandenburger Markgrafen zu Herren hat, verkauft,
desgleichen Meissen 1306 an Böhmen gegen Pommerellen eingetauscht.
Es kommen noch einige kleinere Abtretungen in Betracht, doch darf
nicht verschwiegen werden, dass die Geldnot der Markgrafen gelegentlich auch zu Veräusserungen ausserhalb der Marken führen konnte; wie
verhängnisvoll der Verkauf landesherrlicher Rechte innerhalb der Marken
geworden ist, braucht hier nicht betont zu werden.

Wer nun in diesem Kampfe, in dem es sich doch schliesslich
.um den Erwerb der Gebiete handelte, von denen im neunzehnten
Jahrhundert die Erneuerung des Reiches ausging, ein Eingreifen
des Kaisers, des »Mehrers des Reiches«, sucht, bemüht sich vergeblich. Wenn in den Kreisen des Volkes auch zu jener Zeit
nationale Empfindungen gewiss vorhanden waren[1], bei den Fürsten
jener Tage sucht man sie vergeblich; bei ihnen wie bei den Rittern
herrscht fast ausschliesslich Standesbewusstsein und dynastisches
Interesse. Deshalb darf man sich auch nicht allzusehr wundern,
dass Kaiser Friedrichs II. verhängnisvolle Abtretung der Länder
jenseits der Elbe und Elde an den König von Dänemark (1214)
in der Folgezeit nicht nur vom Papste in Zeiten, die für Deutschland ungünstig waren, zweimal (1256 und 1308), sondern auch
vom Kaiser (1304) erneuert wurde. Entsprechend ist auch die
Stellung, welche die Kaiser den Herzogen von Pommern gegenüber einnahmen. Hatte Albrecht der Bär die Lehnshoheit über
Pommern besessen, so war 1181 vor Lübeck kaiserliche Belehnung
erfolgt. ;Dank dem Umstande, dass seit 1219/20 in West- und
Ostpommern die vormundschaftliche Regierung von Frauen geführt wurde, konnten die Brandenburger Markgrafen 1231 von
Kaiser Friedrich II. wieder die Belehnung mit Brandenburg u n d
Pommern erreichen. Das war ein vielversprechender Anfang für
das Zusammenwirken der Brüder Johann und Otto; bald folgte
die Abtretung des Landes Stargard, in dem alsbald die Städte
Friedland, Neubrandenburg und Lychen gegründet wurden[3]. Da
Wartislaw von Demmin die Lehnsabhängigkeit von Brandenburg
ausdrücklich anerkannte, bot der erbliche Anfall von Schloss und
Land Wolgast, der bald darauf erfolgte, schon damals die Aussicht,
den Weg zur See zu gewinnen. Doch fehlte die sichere Landverbindung mit den Marken, und deshalb ist es wohl begreiflich,
dass die Markgrafen Wolgast bereitwillig gegen die ungleich wert-
vollere Ukermark mit Prenzlau und [Pasewalk austauschen[4]. Auf

[1] Vergl. Hans. Geschichtsbl. Jahrg. 1904—1905, S. 7/8 Anm. 8.
[2] Ravenna 1231 Dez., Riedel, Cod. dipl. II, 1, 12.
[3] 1236 Juni 20. Riedel I, 19, 2. 1242 Bündnis der Herren von Wenden
mit den Markgrafen auf zehn Jahre, Riedel II, 1, 23. 1244 Friedland
1248 Neubrandenburg und Lychen gegründet.
[4] 1250 apud Landin, Riedel II, 1, 31. Johann I. war mit einer

diese Weise wurde die Grenze weit nach Norden vorgeschoben, und das Land Stargard und die Ukermark boten abgesehen vom Zugang zum Haff eine vortreffliche Grundlage, um nach Osten, Norden oder Nordwesten an die See zu kommen. Zugleich beherrschten die Markgrafen nun die Landstrasse von Lübeck nach Stettin und Preussen sowie von Stralsund-Greifswald nach dem Süden.

Bald bot sich an der Küste selbst Gelegenheit zu noch günstigerer Erwerbung. Nachdem Konrad IV. (1251) nach Italien gezogen war, gewann Wilhelm von Holland auch in Norddeutschland Anerkennung, besonders durch seine Vermählung mit Elisabeth, der Tochter Ottos von Braunschweig (1252). Hier in Braunschweig war es, wo er den Brandenburgern als Preis der Anerkennung das Angefälle an die Besitzungen des Herzogs Albrecht von Sachsen (Lauenburg und Wittenberg waren noch ungeteilt, Teilung nach Albrechts Tode 1260) verleiht[1], den Bewohnern der Mark Brandenburg die Zollfreiheit in der Grafschaft Holland erteilt, wie die Lübecker sie besitzen[2], und wo er endlich die Markgrafen mit der Stadt Lübeck belehnt[3]. Von demselben Tage ist ein Schreiben des Königs an den Rat und die Bürgerschaft von Lübeck mit der Forderung, die Markgrafen als ihre Herren anzuerkennen, und ein Schreiben des Kardinallegaten Hugo an die Bischöfe von Schwerin und Havelberg mit dem Auftrage, die Stadt Lübeck zur Anerkennung des Königs Wilhelm und zum Gehorsam gegen die Markgrafen von Brandenburg anzuhalten. Die Bischöfe sind dem Auftrage auch nachgekommen und haben die Stadt im Falle der Weigerung mit dem Bann bedroht, sie haben die Exkommunikation auch vollzogen und die Grafen von Dannen-

---

dänischen Prinzessin Sophie, Tochter König Waldemars II. († 1241), verheiratet, die 1248 starb (ihr Grabstein in der Nikolaikirche in Flensburg. Sello, Forschungen I S. 142, 146; Haupt, Bau- u. Kunstdenkmäler v. Schleswig-Holstein I, 275). Das Land Wolgast war ca. 1231—1241 in dänischem Besitz. Über die Änderung in den rügenschen Verhältnissen nach Waldemars Tode Fabricius, Urk. zur Gesch. des Fürstent. Rügen II, S. 16, Text S. 54.

[1] 1252 Februar 15, Braunschweig, Riedel II, 1, 37.
[2] 1252 März 26 ebda., Hans. UB. I S. 424, Riedel, II, 1, 33.
[3] 1252 März 25 ebda., Riedel II, 1, 32, Lüb. UB. I, S. 167/8.

berg haben den Kampf mit der Stadt begonnen[1]. Erst zwei Jahre
später nahm der Papst sich der bedrängten Stadt an, sodass der
Angiff auf die Reichsfreiheit der Stadt abgeschlagen schien. Aber
schon 1257 musste der vielgenannte Alexander von Soltwedel vor
dem Domkapitel, den Dominikanern und Franziskanern unter Berufung auf päpstliche Entscheidung die mündlich vor dem Rat
ausgesprochene Protestation gegen die der Freiheit und den Privilegien der Stadt seitens der Markgrafen Johann und Otto drohen-
den Eingriffe wiederholen, als bei der Wahl des Alfons von
Kastilien die Markgrafen ihre Ansprüche erneuerten[2]. Die Markgrafen haben ihre Ansprüche in der Folgezeit wohl zeitweise ruhen
lassen, aber nicht aufgegeben. Zunächst verbesserten sie ihre
Stellung gegen Lübeck, indem sie von den Grafen von Holstein zum
Dank für die Hilfeleistung gegen Dänemark sich die Feste Rendsburg verpfänden liessen[3] und Schloss und Land Parchim wenigstens in Lehnsabhängigkeit brachten[4]. Ob aus dieser Zeit auch
die Erwerbung der schleswigschen Insel Aerroe, in deren Besitz
die Markgrafen sich 1277 befinden, stammt, habe ich nicht er-
mitteln können[5].

---

[1] Lüb. UB. I, S. 170. 172.

[2] Lüb. UB. I. S. 219.

[3] Ohne Frage hängt mit dieser Furcht vor brandenburgischer Herrschaft auch die Zusicherung dänischen Schutzes durch König Christoph
1253 Juli 31 zusammen, Lüb. UB. I. S. 175.

[4] 1253 verpfändeten die Grafen von Holstein Rendsburg an den
Markgrafen Otto von Brandenburg, in dessen Besitz die Stadt bis
zum Jahre 1264 blieb; Suhm X, 240, 519; Dahlmann, Gesch. Dänemarks
I, 406. Vgl. auch S. 409: Als aber eine dänische Macht Schleswig be-
setzte, erschienen die Holsteiner im Felde, verdrängten mit brandenburgischer Hilfe (infolge davon jene Verpfändung Rendsburgs) die Dänen
aus dem Herzogtum; I, 417/8. Hoffmann, Gesch. d. St. Lübeck I, 54.
Dass der Besitz Ärroes auch mit diesen Verhältnissen zusammenhängt,
ist nicht erwiesen, aber möglich. 1277 Jan. 18, Galenbeke (Riedel II,
1, 129; Fabricius, Urk. zur Gesch. des Fürstent. Rügen III, 18/25, Mecklenbg. UB. II, 1425): terram quam possident ad presens sepedicti marchi-
ones in regno Dacie, Erra videlicet, Seboy et Grosboe.

[5] 1261 Sept. 3 Sandow (Riedel II, 1, 68) trägt Pribislaw, Herr zu
Parchim, Schloss und Stadt Parchim, die Graf Günzel von Schwerin
inne hat, dem Markgrafen Johann zu Lehen auf; dagegen 1264 Jan. 29
Lauenburg (Riedel II, 6, 8): Herzogin Helene von Sachsen verlobt ihre
Tochter dem Grafen Helmold von Schwerin, wogegen die Grafen der

Johann I und Otto III, die in Eintracht das Erbe ihrer Väter
seit 1221 regiert und vermehrt hatten, waren allmählich zu Jahren
gekommen; bald nach ihrem Tode (1266) äussert sich die unruhige
Tatenlust, die dies Geschlecht auszeichnet, in ihren Nachfolgern
in neuen, weitausschauenden Unternehmungen, zu denen die günstigen Zeitverhältnisse freilich geradezu drängten.

Von den Marken, die soeben noch um die »Lande über Oder«,
mit Frankfurt a. O. vergrössert waren, führte der nächste Weg zur
Ostsee durch Pommern. Deshalb haben die Versuche diesen Weg
zu gewinnen auch nicht aufgehört, sobald politisches Leben in den
Marken herrschte, denn ohne die Verbindung mit der See sind
die Marken nicht entwickelungsfähig. Lange hat es freilich gedauert, bis dies Ziel erreicht wurde. Diesmal lagen die Dinge
für Brandenburg besonders günstig. Bald nach 1260 hatte Herzog
Barnim seinen kinderlosen Bruder Wartislaw in Demmin beerbt
und sich nach dem Tode seiner zweiten Gemahlin mit einer Tochter
des Markgrafen Otto vermählt, seinen einzigen, noch im Knabenalter
stehenden Sohn Bogislaw mit einer Tochter des Markgrafen Johann
verlobt. So stand es in Westpommern [1].

Gleichzeitig eröffnete sich in Ostpommern oder Pommerellen
eine andere, günstige Aussicht [2]. Hier war um dieselbe Zeit Herzog
Swantopolk gestorben. Von seinen Söhnen Mestwin und Wartislaw hatte der erstere schon bei seines Vaters Lebzeiten ein eigenes
Herrschaftsgebiet — Schwetz — sich gesichert und erhob insgeheim
Ansprüche auf das ganze Erbe des Vaters. Um diese unter Ver-
drängung seines Bruders Wartislaw durchzusetzen, hatte er sich
an seinen Vetter in Westpommern, den eben genannten Barnim,
gewandt und ihn 1264 gegebenenfalls zu seinem Erben eingesetzt.

Nach Swantopolks Tode (1266), der fast gleichzeitig mit dem
Tode der Markgrafen Johann und Otto eintrat, regierten seine
Söhne Mestwin und Wartislaw nebeneinander in Schwetz und
Danzig und hielten anfangs gegen den deutschen Orden zusammen;
doch bald brach Zwist aus, den die Brandenburger zur Einmischung

---

Herzogin Land, Stadt und Schloss Parchim bis zur brandenburgischen
Grenze abzutreten versprechen.

[1] Paul von Niessen, Die Erwerbung der Neumark durch die Askanier S. 226 ff.

[2] Perlbach, Pommerellisches Urkundenbuch, Einleitung S. XI ff.

benutzten. 1269 sucht Mestwin in Arnswalde bei ihnen Schutz; er trägt den Markgrafen Johann, Otto und Konrad alle seine Güter zu Lehen auf und empfängt sie mit Ausnahme von Schloss und Land Belgard von ihnen als brandenburgische Lehen zurück[1]. Schloss und Land Belgard gehen sofort in den Besitz der Markgrafen über, wobei zu beachten ist, dass der Weg von Arnswalde über Dramburg und Belgard nach Kolberg[2] oder über Köslin nach Rügenwalde[3], jedenfalls an die Ostsee führt.

Im Vertrauen auf die Unterstützung der Brandenburger fällt Mestwin nun über seinen Bruder her: 1271 befindet er sich im Besitz von Danzig, wird hier aber hart bedrängt — wohl von seinem Bruder und dessen deutschfeindlichen, polnischen Anhängern — und ruft die Brandenburger zur Hilfe. Er trägt ihnen Stadt, Schloss und Land Danzig zum Eigentum an und versichert sie, dass sie den Schutzheiligen des Ortes und den Bürgern preussischer, deutscher und pommerscher Abstammung willkommen sein werden.

Zu so grossen Unternehmungen gebrauchten die Brandenburger Geld: dies Bedürfnis und der Wunsch, die Lübecker für die Unterstützung ihrer Bestrebungen in Pommerellen zu gewinnen, führte die Markgrafen nach Lübeck. Hier befreit Markgraf Johann II die Lübecker in seiner Stadt Danzig für die Auf- und Niederfahrt auf der Weichsel und durch ganz Pommern zu Wasser und zu Lande von Zoll und Ungeld und sichert ihnen den vollen Besitz schiffbrüchiger Güter zu. Am folgenden Tage wurde das Privilegium von allen drei Markgrafen wiederholt[5]. Es ist auch kaum zweifelhaft, dass die Lübecker dem Wunsch der Markgrafen entsprachen und kräftig Hilfe leisteten, denn sie

[1] 1269 April 1 Arnswalde, Perlbach, Pomm. UB. Nr. 238, Riedel II, 1, 101.

[2] Kolberg gehört dem Herzog von Pommern-Stettin, später dem Bischof von Kammin, s. u. S. 303.

[3] Rügenwalde 1271 von Wizlaw II. von Rügen gegründet, 1275 von Mestwin beansprucht, s. u. S. 302 u. Kratz-Klempin, Die Städte Pommerns S. 327.

[4] Perlbach a. a. O. Nr. 250, Riedel a. a. O. II, 1, 112. Die Urkunde ist undatiert, gehört aber sicher in diese Zeit.

[5] Riedel, Cod. dipl. II, 1, 116, 117 (Nr. 149, 150), Hans. UB. I, 708, 709. Lüb. UB. I, S. 314, 315.

hatten es mit Mestwin bis an sein Lebensende gründlich ver-
dorben[1].

Nachdem der Versuch, an der Trave und Odermündung die
See zu gewinnen, missglückt war, hier war erreicht, wonach man
so lange gestrebt hatte, eine Seehandelsstadt an einer grossen
Wasserstrasse.

Aber Mestwins Bruder Wartislaw, der rechtmässige Herr
von Danzig, starb, und Mestwin bedauerte bald die fremden Herren
gerufen zu haben. die ihm genommen hatten, was mit seines Bruders
Tode ihm von selbst zugefallen wäre. Er rief gegen die Brandenburger die stammverwandten Polen herbei und ihrem unerwarteten
Angriff erlagen die Brandenburger, denen zu einem weitausschauenden Kriege die Mittel gefehlt zu haben scheinen[2]. Auch
war ihre Stellung im Rücken und in der Flanke durch ein Bündnis bedroht, das Erzbischof Konrad von Magdeburg bereits im Mai
desselben Jahres mit den Herren zu Werle, Mecklenburg und
Rostock, dem Grafen von Schwerin und dem Fürsten Wizlaw von
Rügen gegen sie geschlossen hatten[2]. Jedenfalls wurde der Anspruch auf das soeben erst errungene Danzig einstweilen fallen
gelassen, und eine slavische Reaktion trat ein, die erst mit Mestwins spätem Tode ihr Ende fand. Der Gewinn für die Markgrafen
blieb ausser Belgard die Abtretung der Länder und Schlösser Stolp
und Schlawe[3]. Freilich betrachtete auch Fürst Wizlaw II von
Rügen diese Lande als sein Eigentum und erst kürzlich hatte er
hier die Stadt Rügenwalde gegründet. Aber Wizlaws Verschul-
dung ermöglichte bereits 1277 den Verkauf, der in Galenbek bei
Friedland stattfand[4]. Von den 3600 Mark Silbers, die den Kaufpreis bildeten, wurden 2300 abgezogen, welche König Erich von
Dänemark schuldig war; für weitere tausend Mark überliessen die
Markgrafen und Fürsten Wizlaw ihr Land im dänischen Reiche,

[1] Perlbach, Einleitung S. XII.

[2] 1272 Mai 1 Magdeburg, Riedel, Cod. dipl. III, 3, 2.

[3] Riedel, Cod. dipl. 1273 Sept. 3 in ponte Drawe, Perlbach,
Pommerell. UB. Nr. 256, Riedel II, 1, 121. Sehr treffend bemerkt
P. von Niessen, Geschichte der Neumark S. 270: »Wieder zogen sie
(die Markgrafen) den kleinen Sperling in der Hand der grossen Taube
auf dem Dache vor.«

[4] S. o. S. 299 Anm. 4.

nämlich die Insel Ärroe (zwischen Alsen und Fühnen) mit Søby und Grossbøl; ausserdem übernahmen die Markgrafen 319 Mark, die Wizlaw den Magdeburger Juden schuldig war.

So war jedenfalls bei Rügenwalde die Ostsee erreicht, während ein Anschlag auf Kolberg, der gleichzeitig gemacht zu sein scheint, fehlschlug. So darf man es wenigstens deuten, meine ich, wenn Herzog Barnim von Pommern 1277 das Land Kolberg dem Bistum Kammin schenkt, unter der Bedingung, dasselbe an die Markgrafen von Brandenburg n i c h t abzutreten. Er stellte Kolberg offenbar unter den Schutz der Kirche, weil er es auf andere Weise vor den Brandenburgern nicht retten konnte[1].

Noch weiter führten gleichzeitige Verhandlungen mit dem landflüchtigen König Waldemar von Schweden, der mit Dänemarks Hilfe sein Reich wieder zu erobern hoffte und auch die Unterstützung der Brandenburger zu gewinnen suchte. Er versprach dafür (Kopenhagen 1277 Sept. 8) den Markgrafen G o t l a n d abzutreten, Gotland, die reiche und für den Ostseehandel noch immer so wichtige Insel, auf der sich damals noch der Oberhof der Städte befand. Es kommt für uns gar nicht in Betracht, dass die Schenkung erfolglos blieb, weil Waldemar nicht wieder zur Herrschaft gelangte[2]. Da eine päpstliche Bulle (1274 Jan. 19) die Neuwahl eines Königs einstweilen verboten hatte — der König wollte seine Schuld durch eine Wallfahrt nach Rom sühnen — da Dänemark ihn unterstützte, er auch erst 1302 starb[3], konnte immerhin mit der Möglichkeit gerechnet werden, dass er seinen Thron wiedergewinnen würde. Für uns kommt es überdies nur darauf an, zu zeigen, welchen hohen Flug die Ostseepolitik der Askanier damals nehmen durfte.

Schon der Gedanke, Gotland könne jemals in die Hände der Brandenburger geraten, musste die Städte auf das äusserste beunruhigen, besonders Lübeck, das zwar bei der Wahl Rudolfs von Habsburg, durch die Erfahrungen mit Wilhelm von Holland und Alfons von Kastilien gewitzigt, sich beruhigende Versicherungen betreffs der Reichsfreiheit hatte geben lassen, auch mit der Über-

[1] Riedel, Cod. dipl. II, 1, 130. P. v. Niessen a. a. O. S. 262.
[2] Hans. UB. I, S. 267 Anm. 2.
[3] Geijer, Gesch. Schwedens übers. v. Leffler I, 160.

tragung der Reichsvogtei an die rivalisierenden Herzoge von
Sachsen-Wittenberg und von Braunschweig wohl zufrieden sein
konnte[1]. Es war auch noch zu ertragen, dass Lübeck auf Rudolfs
Anweisung an die Brandenburger, die bisher zu Ottokar von
Böhmen gehalten hatten, die beträchtliche Summe von tausend
Mark Silbers zahlen musste[2]. Aber neue Sorgen weckte es dann
nach dem Tode Alberts von Braunschweig (1280), dass neben
Albert von Sachsen der Markgraf Otto von Brandenburg zum
Reichsverweser in Sachsen und Thüringen ernannt wurde. Und
das Befürchtete trat bald wirklich ein. Etwa 1281 übertrug König
Rudolf wenn auch nur auf kurze Zeit den Markgrafen Johann,
Konrad und Otto die Reichsvogtei über Lübeck[3]. Ausserordentlich
verbesserte sich ausserdem die Stellung der Markgrafen, als sie
nach Fehden mit dem Erzstift Magdeburg erreichten, dass Mark-
graf Erich Erzbischof werden sollte[4]. Harte und langwierige
Kämpfe mit den Pommern müssen sich damals abgespielt haben.
Mit beweglichen Worten bittet (1280) Stettin die Lübecker um
Beistand gegen ihre beiderseitigen grausamen Unterdrücker, die
Markgrafen von Brandenburg, und Herzog Bogislaw von Pommern
schloss sich der Bitte Stettins an. Auffallend kontrastiert damit
die Unterstützung Hamburgs durch die Markgrafen[5].

---

[1] Lüb. UB. I S. 316, vgl. auch S. 331/332.

[2] Lüb. UB. I S. 338.

[3] 1282 Mai 15. Ulm, Lüb. UB. I, S. 388. König Rudolf schreibt
der Stadt Lübeck, dass er die den Markgrafen Johann, Konrad und
Otto früher übertragene Vogtei der Stadt denselben wieder abgenommen
habe.

[4] 1283—95; vgl. Jacobs a. a. O. S. 237/8, Sello in Forschungen I
S. 123, 144.

[5] Hans. UB. I, Nr. 851. Stettin bittet Lübeck um Hilfe gegen die
Markgrafen von Brandenburg, ersucht die Lübecker ihrem Versprechen
gemäss (!) Sonntag nach Peter-Paulstag zu Schiff zur Fähre bei Anklam
zu kommen, indem es mit dieser Hilfe die Freiheit der Lübecker, der
eigenen und derjenigen aller Kaufleute zu stiften hofft, und zeigt an,
dass sein Herr Bogislaw IV. alles bestätigt, was seine Mutterbrüder (die
Fürsten von Werle), andere Fürsten und die gemeinen Städte verabredet
haben. In demselben Sinne schreibt auch Herzog Bogislaw; Hans. UB.
I Nr. 852; Lüb. UB. I Nr. 408; II Nr. 48; Riedel, Cod. dipl. II, 1, 186;
II, 6, 2201.

[6] Hans UB. I Nr. 924, 928; Riedel II, 1, 224, 226. Die Beziehungen

Ein merkwürdiges Licht wird auf die Verhältnisse dieser Zeit durch zwei Urkunden geworfen, die in die Jahre 1280—84 gehören, in denen die Markgrafen Otto, Albrecht und Otto den Klöstern Dargun und Doberan — östlich und westlich von Rostock gelegen — alles Eigentum, das ihnen von den eigenen oder benachbarten Fürsten verliehen ist, für den Fall bestätigen, dass dieses Eigentum durch den Tod des Landesherren oder sonst irgendwie an die Markgrafen fallen sollte[1]. In diesen Klöstern hatte man gewiss wie einst an den Orakelstätten des Altertums ein feines Gefühl für das, was sozusagen in der Luft lag, und richtete sich auf alle Fälle ein.

Die Gefahr, die den Ostseeländern von Lübeck bis Pommern von seiten der Markgrafen drohte, war ernst, sie wirkte auf die Fürsten derart beunruhigend, ja geradezu lähmend, dass sie

der Kaufleute der Mark zu Hamburg sind alt und die ältesten Handelsbeziehungen Hamburgs zur Mark gelten wohl ihnen, nicht den eigenen Kaufleuten, so dass Hamburgs Sonderstellung genügend erklärt zu sein scheint.

[1] Mecklenbg. UB. II Nr. 1555 , 1556. »Die Urkunden fallen aus Gründen, die in den Namen der Aussteller liegen, in die Zeit dieses Kampfes der Markgrafen gegen den Herzog Bogislaw von Pommern und die mit ihm verbündeten Fürsten von Werle und Rügen, die Grafen von Schwerin und die Seestädte. Es ist auffallend genug, dass beide Urkunden den Klöstern, für welche sie bestimmt waren, auch in ihrer unfertigen Gestalt übergeben sind, und dass von der Darguner Urkunde die Siegel gewaltsam entfernt sind, von der Doberaner Urkunde aber gerade die Ecke abgeschnitten ist, wo die Namen der Markgrafen standen.« Von dem Kampfe, der zwischen Brandenburg und Pommern ausgefochten sein muss, ist wenig bekannt. Erst am 13. August 1284 kam der Friede zustande. Wehrmann, Gesch. Pommerns I, 121. Über den Ausbruch des Krieges vgl. Niessen, Gesch. d. Neumark S. 264 Anm. Es scheint mir doch zweifelhaft, dass der Kampf erst dadurch zum Ausbruch gekommen sein soll, dass die Markgrafen entgegen dem Abkommen von 1277 einen Teil des Landes Kolberg besetzten. Es müssen lange und ernste Kämpfe vorausgegangen sein, ehe der sog. Rostocker Landfriede zustande kam. — Für das Verhältnis zwischen Pommern und Lübeck, dass Bogislaw IV. 1284 April 4 (Lüb. UB. I S. 417 und Hans. UB. Nr. 934, 939) jetzt, von Brandenburg bedrängt, den Lübeckern die alten Privilegien erneuert, die Barnim und Wartislaw 1232 und 1234 im dänischen Kriege den Lübeckern bewilligt hatten (Lüb. UB. I S. 68, 69, Hans. UB. I Nr. 261—264, 338, 339), vgl. Hans. Geschichtsbl. Jahrg. 1904—1905 S. 17.

auf jede Bedingung eingingen, die ihnen ihre Stellung sicherte,
auch wenn die Bedingungen mit fürstlicher Würde sich schlecht
vertrugen.

Nur so ist es zu verstehen, dass Lübeck damals, auf die
Städte und die fürstlichen Vasallen gestützt, die Herzoge von
Sachsen-Lauenburg und Pommern, den Fürsten von Rügen, die
Herren von Werle, die Grafen von Schwerin und von Dannenberg, die Herren von Mecklenburg und die Junker von Rostock
zu einem Bündnis veranlassen konnte, das Lübecks Machtstellung
ebenso deutlich erkennen lässt wie die Grösse der Gefahr, die
jenem Teile der Ostseeküste von den Brandenburgern drohte[1].
In diesem sogenannten Rostocker Landfrieden gelang es Lübeck.
seinen Einfluss zwischen die Fürstenhäuser und ihre Vasallen und
Städte zu schieben und das norddeutsche Fürstentum zu nötigen,
die Interessen der deutschen Städte zu den seinigen zu machen.
Einem solchen Bündnis trat ein Jahr darauf selbst der König von
Dänemark, Erich Glipping, bei. Dass eine solche Demütigung der
Fürsten diese später wieder gegen die Städte einigen würde, auch
mit denen, gegen die das Bündnis ursprünglich geschlossen war,
ist nach dem, was wir vorhin über die Fürstenpolitik jener Zeit
gesagt haben, ohne weiteres zu erwarten.

Das nächste Ergebnis war, dass den Brandenburgern der
Weg zur See von der Trave bis zur Oder vorläufig versperrt war
und dass der Handel der Städte sich friedlich und rasch zu grosser
Blüte entwickeln konnte. Sein Mittelpunkt wurde immer mehr
die Stadt an der Trave, die nach Ablauf des allgemeinen Bündnisses den Bund der Städte erneuerte und bald den kühnsten
Schritt ihrer Politik tun konnte, die Verlegung des Oberhofs
von Wisby nach Lübeck, das damit als Mittelpunkt des Ostseeverkehrs allgemein anerkannt wurde.

Zugleich zeigte sich aber, mit welcher Lebhaftigkeit von den
Brandenburgern die Notwendigkeit empfunden wurde, den Weg

---

[1] Mit Recht hebt Wehrmann, Gesch. Pommerns I, 120 in diesem
Zusammenhang die gewaltige Mehrung der brandenburgischen Macht-
stellung durch die Wahl des Markgrafen Erich zum Erzbischof von
Magdeburg hervor. Die Wahl erfolgte Anfang 1283, die päpstliche
Bulle ist vom 14. Mai. Der Entwurf des Landfriedens ist wohl von
Ende Mai, der Abschluss vom 13. Juni 1283.

zur See zu gewinnen. Denn nach diesen wiederholten Misserfolgen an der Trave und an der Oder eröffnete sich wieder die Möglichkeit, nach Osten einen Ausweg zu finden. Es schien fast, als ob die Markgrafen für diese Pläne östlich der Oder eine neue Grundlage sich hätten schaffen wollen — gegen hundert Städte sind allein bis 1300 in Brandenburg gegründet, im ganzen neugewonnenen Osten sind es in derselben Zeit etwa 350 Städte — und wenn auch bei Mestwins Lebzeiten wenig Aussicht war, dass der alte Versuch auf Pommerellen und Danzig mit Erfolg erneuert würde, so wurde doch die Angelegenheit nicht aus den Augen gelassen, vielmehr alles vorbereitet. Schon 1289 vertrugen sich die Markgrafen mit dem gleichfalls erbberechtigten Fürsten Wizlaw von Rügen über eine Teilung der ostpommerschen Lande auf den Fall von Mestwins Tod, während Mestwin nach den schweren Enttäuschungen, die er mit den Deutschen erlebt hatte, sich den polnischen Verwandten anschloss, auch einen von ihnen zum Erben einsetzte, da seine eigenen Söhne alle im jugendlichen Alter gestorben waren. Der Thronwechsel vollzog sich (1294) noch ohne Störung. Przemyslaw, Polens König, konnte seinen Einzug in Danzig halten; aber schon im nächsten Jahre wurde er ermordet, wohl nicht ohne Mitwissen der Brandenburger. Bald bot sich den slavischen Völkern hier eine glänzende Aussicht, denn Wenzel II. von Böhmen und Polen, Ottokars Sohn, gewann (1300) das Land, aber ihm lag sein Erbland Böhmen mehr am Herzen als Pommerellen, und so entschloss sich sein gleichgesinnter Sohn Wenzel III. bereits wenige Jahre nach seinem Regierungsantritt, Pommerellen für Meissen an die Brandenburger abzutreten. Damit waren alle Anstrengungen Mestwins und Przemyslaws, das wichtige Küstenland dem erstarkenden polnischen Staate zu sichern, fallen gelassen; und wenn der Vertrag auch nicht ausgeführt wurde, weil Wenzel III. schon im folgenden Jahre (1306 August 4) starb, so hinderte das die Markgrafen nicht, noch im Herbst 1306 sich in den Besitz des westlichen Teils von Pommerellen zu setzen.

Im Weichselland freilich behauptet sich einstweilen der rechtmässige polnische Erbe; aber schon im nächsten Jahre treten die einflussreichen Schwenzonen auf die Seite der Eroberer und bald öffnet, wie 30 Jahre vorher, das deutsche Danzig seine Tore; nur die Burg wird noch von pommerellschen Baronen für ihren fernen

Lehnsherrn gehalten. Da tritt eine Wendung ein, indem sie auf
Rat des Dominikanerpriors den deutschen Orden zur Hilfe rufen.
Bereitwilligst wurde die Hilfe gewährt; das Ende war, wie so oft,
dass der Bundesgenosse sich zwischen Freund und Feind eindrängt
und das Land, das er schützen soll, für sich selbst behält. 1308
wird Danzig erobert, im folgenden Jahre Schwetz und Dirschau.
Bald ist der Orden Herr des ganzen Landes und schafft sich nun
den polnischen Ansprüchen gegenüber einen formellen Rechtstitel,
indem er den Brandenburgern die ihnen von Wenzel angeblich
verliehenen Rechte für 10 000 Mark Silbers abkauft [1].

Polen war auf diese Weise wie Perlbach, dem ich hierin
gefolgt bin, mit Recht hervorhebt, in den 150 Jahren seiner Er-
starkung von der See abgeschnitten. Aber auch Brandenburgs
Versuch, selbst gegen das Opfer blühender Landschaften an der
Elbe hier einen Zugang zur See zu gewinnen, war abermals und
endgültig gescheitert. Erst Friedrich der Grosse hat hier die Arbeit
der Askanier wieder aufgenommen. Für den Orden wird die neue
Erwerbung die Grundlage einer starken Seemacht.

Wir kommen zum letzten Akt des gewaltigen Schauspiels,
das sich vor unsern Augen abspielt; er steht an dramatischer Zu-
spitzung hinter den andern nicht zurück. Hatten die ersten Bemühungen der Markgrafen der Stadt Lübeck gegolten, so schien
zwanzig Jahre später im Bunde mit Lübeck ein Anschlag auf
Danzig Gelingen zu verheissen. Vergeblich. Aber Rügenwalde
ward doch gewonnen und der Name Gotland eröffnete unerhörte
Aussichten. Ein zweiter Versuch auf Lübeck und Mecklenburg-
Pommern führte zum sogenannten Rostocker Landfrieden. Ebenso bleibt ein erneuter Anschlag auf Danzig ohne Ergebnis. Noch
einmal wagten es dann die Markgrafen, in die Verhältnisse der
wendischen Städte einzugreifen, und die Veranlassung gab jetzt
der planmässige Kampf des von Erich Menved geführten deutschen
Fürstentums gegen die Ostseestädte in den beiden ersten Jahrzehnten des vierzehnten Jahrhunderts.

Zunächst drohte Lübeck aufs neue die Vogtei der Brandenburger, indem Adolf von Nassau sie dem Markgrafen Otto übertrug und zugleich höchst ungnädige Briefe an die Stadt schrieb.

---

[1] Riedel, Cod. dipl. II, 1, 283. 289. 290. 292. 296. 311.

die ihm an Macht gewiss gewachsen war[1]; wie bei jedem Thronwechsel wiederholte sich die Gefahr für die Selbständigkeit der
Stadt unter König Albrecht, der seinem Schwiegersohne, dem
Markgrafen Hermann, die Vogtei. über die Stadt übertrug[2]. So
wechseln die Könige, während die Bedroher der Lübschen
Freiheit dieselben bleiben; die Markgrafen hatten zu gut erkannt,
wo der Schlüssel zur Ostsee zu suchen sei.

In der Tat haben die Lübecker vierzehn Jahre lang die Reichs-
steuer an die Markgrafen gezahlt, wie wir gleich sehen werden,
bald unter gleichzeitiger Zahlung derselben Steuer an den dänischen
König. Dieser — Erich VII. Menved — war nämlich Schutzherr der
Stadt geworden, indem er noch einmal denselben Versuch erneuerte, an dem hundert Jahre früher — dem Gelingen so nahe —
Waldemar der Sieger gescheitert war. Er fand, wie schon angedeutet, willige Bundesgenossen an den deutschen Fürsten und
ward zunächst auch von den deutschen Städten gern gesehen, weil
er ihnen Ruhe vor den Markgrafen und Sicherheit des Handels
verschaffte.

Nachdem der König von Dänemark sich Anerkennung verschafft und seine Macht befestigt hatte, ging er unter kluger Berechnung der besonderen Verhältnisse jener Zeit ans Werk. Rasch
waren die deutschen Städte im südwestlichen Winkel der Ostsee
emporgekommen, fast alle haben in den ersten hundert Jahren
ihres Bestehens eine Ausdehnung gewonnen, die bis 1870 kaum
irgendwo überschritten ist; bis zu welchem Umfange die baren
Geldmittel die Städte befähigten, selbständig Politik zu treiben,
hatte der sogenannte Rostocker Landfrieden gezeigt. Gern traten
die Ritter in ihren Sold; die Beziehungen zwischen Patriziat und
Ritterschaft waren überhaupt eng und unterstützten die Ritter in
ihren Streben nach Unabhängigkeit vom Landesherren, während

[1] Lüb. UB. I, S. 568, 1295 Jan. 9; Riedel, Cod. dipl. II, 1, 210/211.
[2] Lüb. UB. S. 124; Riedel, Cod. dipl. II, 6, 31, 1301 Dezember 3,
Heilbronn. König Albrecht bekundet, dass er seinem Schwiegersohne,
dem Markgrafen Hermann von Brandenburg, die Vogtei über die Stadt
Lübeck übertragen und demselben, eintretendenfalls dessen Witwe und
Kindern, die dortigen Kaiser- und Reichsgefälle auf 14 Jahre, nach Ab-
lauf der beiden nächsten überwiesen habe. Vgl. auch Lüb. UB. II.
S. 152. 154. 160. 160. 164.

21*

die Fürsten gleichzeitig auf Begründung der Territorialhoheit hin-
arbeiteten. ,Unter solchen Umständen fand Erich begreiflicherweise
bei den Fürsten williges Gehör, als er daran ging, den Städten
ihre Selbständigkeit zu nehmen. Dies Bündnis war eben nichts als
eine Reaktion gegen den Druck, den die ·Städte im Rostocker
Landfrieden 1283 auf die Fürsten ausgeübt hatten.

Dass auch die Städte ihm vielfach entgegen kamen, scheint
auf den ersten Blick wunderbar, erklärt sich aber ohne Schwierig-
keit aus den Zuständen, die hier herrschten. Als nämlich die
Städte etwa seit der Mitte des 13. Jahrhunderts anfingen, auswärtige Politik zu treiben, trat von selbst der Rat hervor, während
Vogt und Gemeinde an Einfluss verloren. Die Mitglieder des
Rats, der sich durch Kooptation ergänzte, gehören bald wenigen
mächtigen und zum Teil ·sehr reichen Familien an, die mit der
Ritterschaft vielfach verschwägert in strenger Exklusivität ein
Regiment führen, dessen Druck bald überall starken Gegendruck
hervorruft, besonders bei den weniger berechtigten, aber durch be-
häbigen Wohlstand und persönliche Unternehmungslust selbstbewusst gewordenen übrigen Bürgern.

Indem König Erich nun überall den Handel schützte, seine
Freiheit gewährleistete, die Landstrassen sicherte, bot sich den
Bürgern Gelegenheit zu reichlichem Verdienst, und während die
Masse der Bürger die Tätigkeit des Königs als segensreich empfand, legte man das·Odium, das die Eintreibung der grossen Geld-
summen, die König und Fürsten nach kriegerischen Unternehmungen von den Städten forderten, der falschen Politik des verhassten Rates zur Last. So nötigte die Rücksicht auf die eigene
vielfach angegriffene Stellung den Rat zur Nachgiebigkeit gegen
den dänischen König; den besten Beweis dafür liefert die Vertreibung des Rats in Rostock[1] und das damals hervortretende·
später wieder rückgängig /gemachte Eindringen der Amtsälterleute
in die Verwaltung in Stralsund[2].

Und wer sollte dem Rat helfen? Der Kaiser Albrecht I. war,
anstatt Mehrer des Reiches zu sein, nur auf Sicherung seiner

---

[1] Meckl. UB. VI, 3590, 3669 ff.; Hans. UB. II, 225. Koppmann,
Gesch. d. St. Rostock I, 6/7. Vgl. bes. d. Urk. der acht vertriebenen
Ratsherren 1314 Jan. 8, Dassow, Meckl. UB. VI, 3670, u. 1314 Jan. 19.
[2] O. Fock, Rügensch-Pomm. Gesch. III, 228.

Stellung und Erweiterung seiner Hausmacht bedacht; erneuerte er doch sogar, wie schon erwähnt, im Jahre 1304[1] die Schenkung Friedrichs II. vom Jahre 1214, und wenn er diesmal auch Lübeck ausnahm, so geschah das nicht mit Rücksicht auf Lübeck. Auffallender ist schon, dass dem König auch die Sprengung des Bundes, der die wendischen Städte seit 1256 oder 1264 einte und 1283 so gewaltig dastand und zehn Jahre später von den meisten Städten auch ohne die Fürsten erneuert wurde, der so fest schien, dass Lübeck den grossen Schritt von 1295 wagen durfte, ohne allzu grosse Schwierigkeiten glückte, offenbar weil Lübeck, das ihn lediglich im eigenen Interesse gegründet hatte, nun seine Interessen auf andere Weise besser verfolgen zu können glaubte. Sentimentalitäten scheinen auch der Politik jener Zeit fremd gewesen zu sein.

Den ersten Erfolg verdankte Erich den Brandenburgern, indem Rostock, vor ihnen Schutz suchend, sich unter Dänemark begab[2]. 1306 ward Lübeck von Holstein und Mecklenburg hart bedrängt; der Turm in Travemünde, das feste Haus auf dem Priwall[4], des Bischofs Anspruch auf Alt-Lübeck zeigen, um was es sich handelte. Als die Lübecker mürbe geworden waren, vermittelte Erich im folgenden Jahre zu Fehmarn den Frieden, und 1308 scheidet Lübeck vom Reiche, indem es sich unter den Schutz des dänischen Königs stellte[5]. Bei alledem bleiben die Verhältnisse lange unklar. Lübeck zahlt das Schutzgeld gleichzeitig an Däne-

---

[1] Lüb. UB. II, 152, 1304 Mai 23.

[2] S. Koppmann a. a. O.

[3] 1303 Jan. 27, Hans UB. II, 30. Lübecks Bündnis mit der Holsteinischen Ritterschaft, 1306 April 6, Hans. UB. II, 85 mit Hamburg (vgl. Nr. 89).

[4] Hans. UB. II, 95.

[5] Hans. UB. II, 109, Lüb. UB. II, Nr. 218. Der Rat ist verpflichtet, den Übergang Lübecks aus dem römischen Reich in den Besitz Erichs in jeder Weise zu fördern. Das Schutzgeld wird halb zu Johannis, halb zu Weihnachten entrichtet und meist Heinrich von Mecklenburg zugewiesen (in den Jahren 1307—1318 [1310 nicht]); weshalb gerade ihm? — 1308 Dez. 7 Bündnis zwischen Greifswald, Wismar, Rostock und Stralsund, Hans. UB. II, 132; 1310 Aug. 14 tritt Lübeck bei, Hans. UB. II, 175: sed civitas Lubicensis contra gloriosum Dominum regem Daciae hiis durantibus nichil penitus attemptabit.

mark und für das Reich an Brandenburg, und neben den brandenburgischen Schirmvögten zeigt sich Herzog Erich von Lauenburg
in gleicher Eigenschaft. Erhebliche Erweiterung der bisherigen
Privilegien und Sicherung des Handels, kurz die Süssigkeit des
Friedens sollte die Lübecker für die verlorene Freiheit entschädigen.

Dieser Friede konnte nicht von langer Dauer sein. Einstweilen kämpften die Brandenburger freilich noch um Danzig; dass
sie ihre dortigen Seehandelspläne auch nach dem Sieg des deutschen Ordens nicht völlig aufgaben, zeigt die Bewidmung Stolps
mit lübschem Recht, mit Zollfreiheit bis ans Meer und Steuerfreiheit
für den Häringsfang[1]. Als aber Markgraf Waldemar hier die
Hände frei hatte, und der vom Orden bezahlte Preis für Danzig
seine Kasse wieder füllte, ging er bereitwillig auf Erichs Einladung
ein, sich am Kampf gegen die Städte zu beteiligen.

Wesentlich erleichtert wurde Waldemar die Teilnahme an
dem Kampfe, der nun um Rostock entbrannte, durch den engen
Anschluss, den die Herzoge von Pommern-Stettin (Otto) und Pom-
mern-Wolgast (seit 1309 Wartislaw IV.) bei ihren Brandenburger
Lehnsherren suchten[2]. Otto hatte den brandenburgischen Untertanen den freien Verkehr auf der Oder bis Stettin gestattet[3], der
andere wünschte mit Waldemars Hilfe den Fürsten von Rügen zu
beerben. So vereinigte 1311 der vielbesungene Tag vor Rostock
mit seinen höfischen Festlichkeiten und prächtigen Turnieren die
Fürsten Norddeutschlands um Erich von Dänemark. Da Rostock
selbst voll begreiflicher Sorge seine Tore verschloss und Wismar
gleichzeitig dem Landesherren zur Hochzeitsfeier die Stadt versagte, galt der Groll der Fürsten diesen Städten zuerst. Es half ihnen
nicht, dass die wendischen Städte ohne Lübeck einen Bund
schlossen, dass Stralsund und andere Städte mit ihrer Flotte die
dänischen Küsten heimsuchten, sie mussten sich ergeben. Rostock
zahlte dem König und dem Markgrafen von Brandenburg 14000 Mark
in Tuch, dem eigenen Herren gar 16500 Mark, musste die Gefangenen ohne Lösegeld entlassen, dem König von Dänemark den

---

[1] 1310 Sept. 9, Riedel, Cod. dipl. 1I, 1, 296; Hans. UB. II, Nr. 180.
[2] Wehrmann, Gesch. Pommerns I, 131; v. Niessen a. a. O. S. 366/67.
[3] 1311 Juli 4, Riedel, Cod. dipl. II, 1, 130.

Schwur der Treue und des Gehorsams leisten und den alten Rat wieder aufnehmen[1].

Der Bund der Städte war nun völlig gesprengt; nachdem auch Greifswald von Stralsund sich losgesagt hatte, blieb die Stadt am Sunde allein noch übrig. Ihre Stelle war, abgesehen von der Busse für die Unterstützung Rostocks, bis dahin günstig gewesen — diese Busse war zum Teil auch an Brandenburg gezahlt und durch Anleihen gedeckt, die nach Ausweis der Stadtbücher (vielleicht nicht ohne Grund) in Kolberg und Stettin untergebracht wurden[2]. Es hatte nicht nur an den dänischen und schleswigschen Privilegien, durch welche Erich die Städte an sich fesselte, in vollem Umfange teilgenommen, es hatte auch gestützt auf die Rügensche Ritterschaft und die kleinen Städte Tribsees, Grimmen, Barth und Loitz von seinen Fürsten die ausdrückliche Anerkennung gewonnen, fürstliche Vergewaltigung mit jenen vereint abwehren zu dürfen[3]. Solche Stellung hatte Stralsund noch 1304 erreicht, als König Albrecht I. dem Dänen die Lande jenseits der Elbe und Elde schenkte, und damit das Bestreben gezeigt, neben dem Schutz, den der Bund der Städte bieten sollte, aber wie wir gesehen haben, nicht geboten hatte, innerhalb des rügenschen Territorialverbandes eine zweite Stütze zu suchen, deren Festigkeit sich besser bewährt hat. Zunächst freilich sah es trübe aus; Rostock war gefallen, Greifswald untreu geworden — darf man sich da wundern, dass Stralsund, von den Städten verlassen, seinem Fürsten gegenüber auf die von ihm und seinen Vorfahren verliehenen Handfesten und auf Einungen jeder Art ohne Zustimmung des Fürsten verzichtete? 1313 ein grosses Handelsprivileg Erich Menveds für Stralsund und das Jahr darauf die Unterwerfung unter den Landesherren, das zeigte deutlich das Ziel der Fürstenpolitik. Und dies Ziel schien nunmehr völlig erreicht zu sein.

Wie kam nun der Umschwung? Gewiss hatten anfangs Erich von Dänemark, so gut wie Waldemar von Brandenburg, der seit

---

[1] Meckl. UB. V, 3576. VI, 3606, 3648, 3674; s. a. Koppmann, Hanserecesse I, 54, 55. Meckl. UB. V, 3484, 3488, 3504, 3589, und Dragendorff, in Beitr. zur Gesch. d. St. Rostock III, 1 S. 55.

[2] Zweites Strals. Stadtbuch.

[3] Hans. UB. II, 50. Fabricius, Urk. zur Gesch. d. Fürst. Rügen IV, Nr. 324, vgl auch Nr. 331.

1302 selbständig handelnd auftrat und seit 1308 fast die ganze
Macht der Brandenburger in seiner Hand vereinigte, gedacht, den
Rivalen der eigenen Politik dienstbar machen zu können. Bei der
Kapitulation von Rostock 1313 war der Turm zu Warnemünde
zur Hälfte an den Brandenburger abgetreten, der auf diese Weise
wenigstens zum Teil erreicht zu haben schien, wonach er bei Beginn des Jahrhunderts im Kampfe mit Mecklenburg um Rostock
und das Land Stargard gestrebt hatte. Aber Waldemar scheint
bald zu der Überzeugung gekommen zu sein, dass er eine societas
leonina mit Erich einzugehen im Begriff sei. Wenn es wahr ist,
was dänische Chronisten behaupten, dass Herzog Otto von Stettin
sich im Dezember 1310 in Middelfahrt auf Fühnen dazu verstand,
König Erich zu huldigen oder bald darauf vor Warnemünde mit
König Erich einen Dienstvertrag abzuschliessen, so ist wohl verständlich, dass Waldemar sich bereits im Jahre 1313 (Febr. 20)
dazu entschloss den Turm von Warnemünde für 5000 Mark an
König Erich zu verkaufen[4], was er gewiss nicht ohne Not tat.
wenn man ferner erwägt, dass Erichs Pläne mit Entschiedenheit
weiter gingen — die Lande Rostock und Rügen hat er ihren Fürsten
nicht als erbliche Lehen, sondern nur auf Zeit übertragen, auch
das zu Pommern gehörige, also unter Brandenburgischer Lehnshoheit stehende Land Loitz nahm Wizlaw vom Dänenkönig zu
Lehen, so war Brandenburg nun offenbar vor die sichere Aussicht
gestellt, durch die dänische Übermacht völlig von der Ostsee ausgeschlossen, nicht nur das Land Stargard, sondern auch die Lehnshoheit über Pommern zu verlieren. Als nun ein gefährlicher Aufstand in König Erichs Reich die Schwäche seiner heimischen
Machtstellung zeigte, die Rügensche Ritterschaft auf das einst mit
Stralsund abgeschlossene Bündnis zurückkam[5], da ergriff Waldemar entschlossen die Hand, die sich ihm von Stralsund entgegen-
streckte[6]. Bot sich ihm doch auf diese Weise eine Möglichkeit in

---

[1] Hans. UB. II, 226 und 244.
[2] Hans. UB. II, 225; Meckl. UB. VI, 3589.
[3] Wehrmann I, 129; Hvidtfeld, Danm. Rigis Kronicke (Fol.) I, 352
u. 359; Riedel II, 1, 329.
[4] Riedel II, 1, 340.
[5] Hans. UB. II, 249; Fabricius IV, Nr. 447.
[6] Hans. UB. II, 250; Fabricius IV, 451, 453.

die drohende Umklammerung mit dänischen Vasallenstaaten einen Keil zu treiben. Ernst genug muss die Gefahr dem Markgrafen Waldemar vor Augen gestanden haben, denn er hat die inzwischen offenbar durch dänischen Einfluss erschütterte Treue seiner pommerschen Lehnsträger mit grossen Opfern wieder zu gewinnen versucht. Es klärt die Situation — um dies vorweg zu nehmen, — dass Waldemar, als er schliesslich in den Kampf eintrat, dem Herzog von Pommern-Stettin das Land Bernstein gegen 7000 Mark abtrat und Wartislaw IV. von Wolgast und Demmin, sogar die Länder Stolp, Rügenwalde und Schlawe überliess[1].

Für solchen Preis hielten beide treu zu ihrem Lehnsherrn, aber ihre Kräfte konnten für die Entscheidung kaum schwer ins Gewicht fallen.

Um die Ereignisse im Zusammenhang darzustellen, sei kurz daran erinnert, dass am 12. März 1313 König Erich mit Stralsund Frieden gemacht hatte. Zu Johannis desselben Jahres sollte die Stadt mehrere tausend Mark an den König und seine Bundesgenossen — damals auch noch an Brandenburg zahlen; bürgerliche Zwistigkeiten traten ein wie in Rostock; seit Johannis 1313 treten in den Urkunden der Stadt neben die Ratmänner die Älterleute der Gewerke, und am 1. März 1314 erfolgt die Unterwerfung der Stadt unter Wizlaw. Bald darauf muss die Verbindung mit Brandenburg hergestellt sein. Obwohl Waldemar durch einen Angriff auf Meissen und durch die Königswahl im Reich lebhaft in Anspruch genommen war, finden wir ihn gegen Ende des Jahres in der Ukermark[2], wo er in Templin mit Wizlaw sich dahin einigt, dass Waldemar seine Ansprüche auf Loitz abtritt und Wizlaw den Stralsundern alle Rechte und Freiheiten zu sichern verspricht. Aber dieser Vertrag bedeutete ebenso wie der Brudersdorfer Vergleich vom 11. Juni 1315 nur einen Aufschub[3]. Eifrig rüstete man auf beiden Seiten zum Kampfe und warb Bundesgenossen. Von Waldemars pommerschen Anhängern ist schon gesprochen. In Betracht kommen eigentlich nur Stralsund und die Ritter und

---

[1] S. o. S. 312 Anm. 2.
[2] 1314 Dezember 9 Templin, Riedel, Cod. dipl. II, 1, 362, 363; Fabricius IV, Nr. 453.
[3] Fabricius IV, Nr. 469 b.

Knappen von Rügen, die ihren Bund mit der Stadt erneuerten[1].
Aber gewaltig war die Rüstung der Gegner. Ausser Schweden
und Schleswig, den Grafen von Holstein, den Fürsten von Meklenburg, Wizlaw von Rügen schlossen sich die Vettern der Brandenburger, die Herzoge von Sachsen-Lauenburg dem Könige von
Dänemark an. Besonders lästig war der Angriff des Markgrafen
Friedrich von Thüringen auf Meissen, des Grafen Otto von Anhalt
auf die Altmark. Selbst Polen und Ruthenen beteiligten sich am
Kampfe. Die Lage Brandenburgs fordert unwillkürlich zum Vergleich mit Preussens Lage im siebenjährigen Kriege heraus.

Vor Stralsund fiel die Entscheidung. Dass hier alle Kräfte
angespannt wurden, lässt sich leicht denken; waren doch alle Opfer
für den Krieg voraussichtlich klein im Vergleich mit der Busse,
die im Falle des Unterliegens zu erwarten stand. Ein Blick in
die Stadtbücher der Zeit zeigt, dass der Geldverkehr in Stralsund
im Jahre 1316 fast ganz ruhte[2].

Während die grosse Flotte der Dänen und ihrer Verbündeten
sich noch sammelte, rückte das Landheer, bei dem sich die Fürsten
befanden, durch Mecklenburg vor die Stadt, in der sich auch ein
brandenburgisches Hilfskorps befunden haben soll.

Ein Teil des Hauptheeres zog, wie es scheint, voraus, und
lagerte vor der Stadt im Hainholz; dreihundert Jahre später befand sich hier auch Wallensteins Hauptquartier. Fürsten und
Ritter mögen sich den Städten gegenüber sehr überlegen und sehr
sicher gefühlt haben, so dass es den Bürgern in der Frühe des
21. Juni 1316 gelang, das feindliche Lager zu überrumpeln und
viele Fürsten und Ritter gefangen zu nehmen. Der Erfolg hob
den Mut der Bürger; sie wehrten die folgende Belagerung durch
das Hauptheer und durch die Flotte erfolgreich ab. Die Belagerung
wurde aufgehoben und das Heer löste sich auf. Waldemar selbst
hatte inzwischen ohne Erfolg bei Gransee gefochten; aber Erich
wurde in seinem eigenen Lande von seinem Bruder Christoph bedroht, die Geldmittel der Fürsten waren erschöpft. So kam es

---

[1] a. a. O. Nr. 480.

[2] Eintragungen im liber de hereditatum obligatione von 1310—1320:
67, 50, 24, 56, 67, 39, 7 (1316), 44, 65, 60, 48. Resignationen durchschnittlich im Jahre 31,5 — 1314 ff.: 11, 9, 12, 35' 67, 54, 66.

im November 1317 zum Frieden, der Stralsund die alten Freiheiten wiedergab und auch die Versöhnung mit Erich und Wizlaw
brachte. Wie später Wallensteins Abzug bedeutet auch diesmal
die Aufhebung der Belagerung Stralsunds einen Wendepunkt in
der Politik[1]. Trotzdem Waldemar selbst grosse Erfolge in dem
gewaltigen Ringen nicht aufzuweisen hatte, das Ergebnis bleibt
doch bestehen, dass Waldemar im Bunde mit Stralsund und der
Rügenschen Ritterschaft, die dänische Gefahr, die der deutschen
Ostseeküste ebenso wie ihm selber drohte, endgültig beseitigt hatte.

Aber nicht ohne Wehmut sehen wir doch, dass das Ziel, nach
dem er selbst wie seine Vorfahren fast ein volles Jahrhundert mit
nie erlahmendem Eifer getrachtet hatte, der Weg von den Marken
zur Ostsee, nicht erreicht war. Nach einem beispiellos unruhigen
Leben voller Wechselfälle, das ihn uns bald in der Mark, bald in
Danzig, auf Fühnen, bald in Soest und Lübeck, Rostock und Frankfurt am Main zeigt, starb Waldemar erst 28 Jahre alt (1319); bald
nachher starb der letzte askanische Markgraf in Brandenburg.
Ohne Zweifel hatten die vielen kriegerischen Unternehmungen
die Kräfte der Markgrafen und ihrer Länder völlig erschöpft, und
die Ohnmacht der Nachfolger ist gewiss durch Waldemars Ver-

---

[1] Zwar schien das in der Folgezeit nicht gleich bemerkbar zu sein.
Auf ein besonders interessantes Beispiel für die in der Folgezeit herrschende Verwirrung weist Dietrich Schäfer, Die Hansestädte und König
Waldemar S. 105, hin. Da bekennen (Meckl. UB. VI, Nr. 4213) die
ukermärkischen Städte Prenzlau, Pasewalk und Templin ihren Landesfürsten, den Herzögen von Pommern, dass sie den »Herren« dieser
Fürsten, König Christoph von Dänemark (Erich Menveds Bruder und
Nachfolger) zum »Vormund und Schirmherrn« annehmen; »würde ein
römischer König gewählt einträchtig von allen Kurherren, und sende er
einen Fürsten in diese Lande zu den Städten und Mannen, und beweise
dieser, dass er ein besseres Recht habe auf das Land als der König
von Dänemark oder die Herzöge von Pommern und ihre Erben, so
sollen der König und die Herzöge von ihrer Vormundschaft ablassen«,
vorausgesetzt, dass ihnen zuvor alle aufgewandten Kosten ersetzt würden.
Doch hat diese dänische Lehnshoheit ebenso wenig praktische Bedeutung wie die Übertragung der Lehnshoheit auf den Bischof von
Kammin, 1320 Aug. 16, und auf den Papst, 1331 März 13. Alles beweist nur die heillose Verwirrung, die nach Waldemars Tode eintrat,
und die Ohnmacht Kaiser Ludwigs, der die Lehnshoheit 1328 wieder
auf Brandenburg übertrug. Wehrmann I, S. 133 ff.

pfändungen wesentlich verschuldet. Trotzdem ist es ungerecht.
ihn als »eitel, phantastisch und wetterwendisch in seinem Verhalten
und doch wieder eigensinnig hinzustellen«, der »den allgemeinen
Widerstand aller seiner Nachbarn herausfordern musste«; man
wird ihn gerechter beurteilen, wenn man das, was er wollte, aus
der Lage seines Landes zu verstehen sucht, und seine Politik als
die Fortsetzung dessen, was seine Vorfahren gewollt hatten, betrachtet. Dann wird man auch verstehen, wie der erste Geschichts-
schreiber, den die Mark hervorgebracht, Engelbert Wusterwitz
aus Brandenburg, zu Anfang des 15. Jahrhunderts wehmütig und
sehnsuchtsvoll »der streitbaren Markgrafen« gedenkt, »die zu ihren
Zeiten die Mark Brandenburg getreulich und seliglich regieret,
die nicht allein in der Mark gestritten, sondern auch in fremden
Landen ihre Pferde angebunden und grosse Dinge getan«.

Den Gewinn aus dem gewaltigen Ringen haben die Ostseestädte geerntet. Für die Marken sind völliger Verfall, Rückgang
in Wohlstand und Kultur die Signatur der Folgezeit; das zeigt
ein Blick auf Münzen und Siegel der späteren Jahre. Nur mit
Widerstreben, oft mit unverhohlener Abneigung sind die ersten
Hohenzollern an ihre Aufgabe gegangen; sie kamen aus dem
sonnigen Franken mit seiner den Märkern weit überlegenen Kultur.
Dazu kam, dass sie durch die Reichsgeschäfte vielfach in Anspruch
genommen wurden und deshalb ihr Augenmerk in erster Linie
auf die Angelegenheiten des Binnenlandes richteten. Auch die
Schwierigkeiten, die der Aufrichtung einer starken Herrschaft im
eigenen Lande lange hinderlich waren, erklären es zur Genüge,
weshalb ihnen der Gedanke so fern lag, dass zur Erschliessung
und Belebung der Mark der Weg an die See gewonnen werden
musste. Erst der Grosse Kurfürst gewann in Holland diese Einsicht; erst er und Friedrich Wilhelm der Erste haben dann das Ziel
erreicht, nach dem die Askanier so eifrig gestrebt, um teilnehmen zu können am commercio der Welt, festen Fuss zu fassen
an der Ostsee.

X.

Die Ablösung des Sundzolles und die preussische Politik.

Von

Richard Krauel.

Am 14. März dieses Jahres war ein halbes Jahrhundert ver-
flossen, seitdem in Kopenhagen auf einer europäischen Konferenz die
Abschaffung der von Dänemark erhobenen Sund- und Beltzölle für
ewige Zeiten durch einen internationalen Vertrag feierlich ausgesprochen wurde. Es fiel damit ein letztes Stück Mittelalter, das aus
der Zeit, wo normännische Freibeuter von allen durchfahrenden
Schiffen ein Lösegeld erhoben, seltsam hineinragte in das 19. Jahrhundert, welches eine Belastung der fremden Schiffahrt auf den natürlichen Verbindungsstrassen zwischen zwei offenen Meeren als unvereinbar mit dem Grundsatz der Meeresfreiheit ansah. Früher
hielten die dänischen Könige sich für befugt, die Fahrt durch den
Sund oder die Belte den Schiffen anderer Nationen ganz zu versagen
oder gewissen Beschränkungen zu unterwerfen, ihr Recht zur Zollerhebung wurde als Regal angesehen und begründet mit staatlichen Hoheitsansprüchen über den Oresund, dessen beide Ufer
bis 1658 zu Dänemark gehörten. Zahlreiche Verträge regelten
seit dem 15. Jahrhundert die Erhebung und die Höhe des Sundzolles und galten nach dänischer Auffassung als ebensoviele Beweise für seine Gesetzmässigkeit. In der völkerrechtlichen und
staatsrechtlichen Literatur stritt man über das juristische Fundament des Sundzolles, aber die Berechtigung Dänemarks, ihn auf
Grund unvordenklichen Besitzes einzufordern, wurde von den
anderen Regierungen auch dann nicht ernstlich in Frage gestellt,

als von den schiffahrt- und handeltreibenden Kreisen immer lautere
Klagen über die damit verbundene Belastung und Erschwerung des
Verkehrs zwischen Nord- und Ostsee erschollen. Dass auf dem
Wiener Kongress (1815) der Sundzoll Gegenstand von Verhandlungen
gewesen und dessen Forterhebung Dänemark als Kompensation
für den Verlust Norwegens zugesichert sei, ist eine tendenziöse von
Kopenhagen aus verbreitete Legende, für die nie der geringste Beweis erbracht werden konnte. Der Sundzoll, der in der Geschichte
der nordischen Reiche einst eine so wichtige Rolle gespielt hatte,
ist zu keiner Zeit unter eine europäische Garantie gestellt worden,
aber er galt als eine durch jahrhundertlanges Gewohnheitsrecht
sanktionierte Einrichtung, an der ein einzelner Staat nicht
rütteln konnte, ohne sich dem Verdachte auszusetzen, die politische
und finanzielle Selbständigkeit der dänischen Monarchie gefährden
zu wollen. Die vielen Missbräuche, welche das Anhalten der
Schiffe auf der Rhede von Helsingör, die willkürliche Handhabung
des aus dem Jahre 1645 stammenden Tarifes und Zollplackereien
der verschiedensten Art im Gefolge hatten, gaben häufig zu Rekla-
mationen Anlass, aber man begnügte sich mit gelegentlichen Verbesserungen und Erleichterungen in einzelnen Punkten, ohne die
Axt an die Wurzel des Übels zu legen. Die überaus wachsame und
geschickte Diplomatie des Kopenhagener Kabinetts wusste stets eine
europäische Koalition zur Bekämpfung des Sundzolles zu verhindern.
Diejenige Macht, die unter dem Druck der Sundzölle vielleicht
am meisten zu leiden hatte, war Preussen, das, damals ohne Nord-
seeküste, für seinen ganzen Verkehr mit den westeuropäischen
Häfen und mit transatlantischen Ländern auf die Verbindung
durch den Oresund angewiesen war. Alles, was Preussen an Ko-
lonialwaren, wie Reis, Tabak, Baumwolle auf dem Wege der
direkten Einfuhr durch seine Ostseehäfen beziehen wollte, musste
die dänischen Zölle in Helsingör bezahlen. Nach Bildung des
deutschen Zollvereins traten die hiermit verbundenen wirtschaftlichen Nachteile noch greller hervor. Eine gründliche Änderung
des Abgabesystems am Sunde und, womöglich, die völlige Beseitigung der Sundzölle, die nur durch ein gemeinsames Vorgehen
der hauptsächlich beteiligten Mächte herbeigeführt werden konnte,
musste daher ein wichtiges Ziel der preussischen Handelspolitik sein.
Wie dies Ziel auf der Sundzollkonferenz von 1856—57 erreicht wurde,

ist neuerdings kurz geschildert in den 1905 erschienenen Lebenserinnerungen Rudolphs von Delbrück (B. II, S. 66—72), der damals als vortragender Rat im preussischen Handelsministerium bei
den Arbeiten über die Sundzollfrage amtlich beteiligt war, an der
Redaktion des Sundzollvertrages mitwirkte und infolge intimer
persönlicher Beziehungen im Auswärtigen Ministerium auch in die
einschlägigen politischen Verhältnisse Einblicke erhielt. Delbrück
wollte nur die Grundzüge der preussischen Aktion geben. Seine
Darstellung bedarf in vielen Punkten der Ergänzung und Be-
richtigung, um ein vollständiges Bild zu gewinnen von dem Anteil
der preussischen Politik an der endgiltigen Abschaffung eines
schon von der Hanse bekämpften Tributs, den Dänemark so viele
Jahrhunderte hindurch von dem baltischen Handel erhob.

Preussen hatte in seinem für 20 Jahre gültigen Handelsver-
trage mit Dänemark vom 17. Juni 1818 eingewilligt, dass seine
Schiffe und Waren beim Passieren durch den Sund und die Belte
die gleichen Abgaben und Gebühren zahlen sollten, wie die in
Dänemark am meisten begünstigten Nationen. In einer geheimen
Deklaration vom gleichen Tage war für die pommerschen Städte
Kammin und Kolberg Sundzollfreiheit ausbedungen, wie sie ihnen
bisher infolge alten Herkommens und der Willfährigkeit (condes-
cendance) der dänischen Regierung zugestanden hatte. Durch
diese Bestimmungen war von preussischer Seite ein Vertragsrecht
Dänemarks zur Erhebung der Sundzölle anerkannt, während die
Frage von der Rechtmässigkeit des völkerrechtlichen Titels, auf
welchen die dänische Krone ihre Ansprüche wegen Belastung des
durch den Sund und die Belte führenden Handels- und Schiffahrt-
verkehrs gründete, offen gelassen wurde. Nach Ablauf des Handelsvertrages im Jahre 1838 fanden Verhandlungen über dessen
Erneuerung in Kopenhagen statt, wobei Preussen, das inzwischen
durch zahlreiche Beschwerden seines Handelsstandes auf die nachteiligen Folgen des Sundzolles für die preussischen Ostseehäfen
aufmerksam geworden war, eine gründliche Reform des Zolltarifes
und der Abgabenerhebung im Sunde verlangte und dabei auch
deren völkerrechtliche Zulässigkeit in Zweifel zog. Die Einforde-
rung eines Zolles auf einer offenen Meeresstrasse, wofür dänischerseits nichts geleistet werde, sei eine auf kein ursprüngliches Rechts-
prinzip zurückzuführende Massregel, die Tatsache der Erhebung

und langjähriger Besitz, auf den Dänemark sich berufe, könnten den Mangel eines positiven Rechtes nicht ersetzen. Das Kopenhagener Kabinett geriet über diese Argumentation, die in der völkerrechtlichen Theorie schon früher viele Verteidiger gefunden hatte. so in Harnisch, dass es anfangs auf weitere Verhandlungen sich nicht eher einlassen wollte, bis Preussen erklärt habe, das Dänemark zustehende Recht der Sundzollerhebung überhaupt nicht angreifen noch bestreiten zu wollen. Als Preussen diese Erklärung nicht abgab, lenkte die dänische Regierung freilich ein und legte später den Plan einer Ablösung des Sundzolles im Wege der Kapitalisierung durch die Ostseemächte vor, was an der mangelnden Zustimmung Russlands scheiterte. 1842 erfolgte die Entsendung eines neuen preussischen Unterhändlers nach Kopenhagen, der unter anderm auch eine Verlegung der Erhebung der Sundzollabgaben für die preussischen Schiffe in die preussischen Ostseehäfen gegen Zahlung eines Aversum an die dänische Staatskasse vorschlug. Allein Dänemark hatte sich inzwischen durch Separat-Abkommen mit England und Schweden, wo gleichfalls eine lebhafte Opposition gegen die Missbräuche und Willkürlichkeiten der Zollerhebung in Helsingör entstanden war, eine weitere vertragsmässige Anerkennung des Sundzolles gegen Herabsetzung einzelner Positionen des Tarifes gesichert und behandelte unter Berufung auf diese Verträge, die zunächst bis 1851 in Kraft bleiben sollten, die preussischen Anträge ausweichend und dilatorisch. Alles, was Preussen nach jahrelangen Verhandlungen durchsetzen konnte. war eine Konvention vom 26. Mai 1846, worin Dänemark in Tariffragen einige weitere Zugeständnisse machte, ohne die sonstigen Beschwerden des Handelsstandes abzustellen oder der Eventualität einer Aufhebung des Sundzolles näher zu treten. Auch nach Ablauf der für fünf Jahre abgeschlossenen Konvention erfolgte keine Kündigung. Preussen wollte einen vertragslosen Zustand nicht eintreten lassen ohne die Sicherheit, dass neue Verhandlungen zu einem besseren Ergebnis führen würden. Darauf aber war nicht zu rechnen. solange die andern an der Freiheit des Ostseeverkehrs interessierten Mächte untätig blieben und namentlich Russland die Weitererhebung des dänischen Zolles aus politischen Gründen offen begünstigte.

In dieser Situation erstand den preussischen Wünschen eine unerwartete Bundesgenossenschaft in dem Vorgehen der Vereinigten

Staaten von Amerika. Hier hatte schon im Jahre 1843 der Staatssekretär Upshur in einem durch die Presse veröffentlichten Berichte
an den Präsidenten Tyler ausgeführt, dass Dänemarks Anspruch,
von allem den Sund passierenden Schiffen und Waren Abgaben
zu erheben, sich durch kein Prinzip des Natur- oder des Völker-
rechts begründen lasse, und dass dort von den fremden Nationen
ein unnützer und erniedrigender Tribut gezahlt werde, für den
Dänemark nicht einmal das Recht des Stärkeren geltend machen
könne. Dieser Bericht machte grosses Aufsehen in Kopenhagen,
doch geschah nach dem plötzlichen Tode von Upshur, der bei
einer Dampferexplosion sein Leben verlor, von amerikanischer Seite
nichts, um den energischen Worten Taten folgen zu lassen. Erst
1848 wurde der amerikanische Geschäftsträger in Kopenhagen
aufs neue angewiesen, der dortigen Regierung zu erklären, dass
die Vereinigten Staaten nicht gewillt wären, die Erpressung des
Sundzolles von ihren Schiffen länger zu ertragen. Der dänische
Minister des Auswärtigen bat wegen der politischen Lage um
Aufschub, der auch zugestanden wurde. Die Verhandlungen
ruhten dann, bis im Jahre 1853 eine neue Aufforderung von Washington nach Kopenhagen erging, die unberechtigte Erhebung des
Sundzolles von den amerikanischen Schiffen einzustellen, widrigenfalls die Vereinigten Staaten genötigt sein würden, ihren Handelsvertrag mit Dänemark vom 26. April 1826 zu kündigen. Art. 5
dieses Vertrages enthielt für die Zeit seiner Geltung eine indirekte
Anerkennung des Sundzolles, insofern bestimmt war, dass die
amerikanischen Schiffe und deren Ladungen bei der Fahrt durch
den Sund oder die Belte keine höheren oder anderen Abgaben
entrichten sollten, als von den am meisten begünstigten Nationen
gezahlt würden. Beim Aufhören des Vertrages — so argumentierte
man in Washington — würde auch die Verpflichtung zu weiterer
Zollzahlung aufhören, da die Vereinigten Staaten sich nur zeitweilig
einer Abgabe unterworfen hätten, die mit dem allgemeinen Recht
der freien Schiffahrt auf offener See im Widerspruch stände.

In Berlin verfolgte man mit grosser Aufmerksamkeit den
dänisch-amerikanischen Zwischenfall: die Klagen der preussischen
Handels- und Schiffahrts-Interessenten über den Sundzoll waren
immer lauter geworden, in den Zeitungen und in besonderen Denk-
schriften, deren Verfasser der Generalkonsul Lemonius in Stettin

war, wurde die Regierung aufgefordert, die günstige Zeit des Krim-
krieges zu benutzen und die Initiative zu einer gründlichen Reform
und, womöglich, der gänzlichen Abschaffung des Sundzolles zu ergreifen. Zur Übernahme einer führenden Rolle war man nun freilich in den amtlichen Kreisen Preussens noch nicht bereit, doch
erkannte man wenigstens die Wichtigkeit, für die bevorstehenden
neuen Verhandlungen einen Alliierten zu finden, der nicht wie die
europäischen Mächte Dänemark gegenüber durch politische Rücksichten gebunden war. Der preussische Gesandte in Washington,
Herr von Gerolt, wurde daher im Oktober 1854 verständigt, dass
es für Preussen nützlich sein würde, wenn die Vereinigten Staaten
sich in energischer Durchführung ihrer Absichten, eine Befreiung
von Sundzoll zu erlangen, von keiner Seite beirren liessen und
daher möglichst bald die geplante Kündigung ihres Handelsvertrags
mit Dänemark zur Ausführung brächten. Der Gesandte sollte
sich bemühen, in diesem Sinne auf die öffentliche Meinung und die
Entschliessung der leitenden Persönlichkeiten in Washington ein-
zuwirken, ohne jedoch amtliche Schritte zu tun. Die dänische Regierung, die hiervon Kenntnis erhielt, versuchte es mit Gegen-
wirkungen. In New-Yorker Zeitungen erschienen auf Veranlassung
der dänischen Gesandtschaft in Washington Briefe über die Sundzollfrage, welche den dänischen Standpunkt vertraten und heftige
Ausfälle gegen Preussen enthielten[1]. Allein der einmal im Rollen
befindliche Stein war nicht länger aufzuhalten. Der Präsident
Pierce teilte in der Jahresbotschaft vom 4. Dezember 1854 dem
Kongress mit, dass Unterhandlungen mit Dänemark im Gange
wären, um der ungerechten Belastung amerikanischer Schiffe und
Ladungen mit dem Sundzoll ein Ende zu machen, und dass er zu
diesem Zwecke eine sofortige Kündigung des Handelsvertrages
mit jenem Staate für nützlich halte. Die Aufnahme dieses Passus
in die Botschaft war, wie eine in Leipzig erschienene Broschüre:
»Der Sundzoll und der Welthandel« zu berichten wusste, »von dem
Geschäftsträger einer deutschen Ostseemacht bewirkt worden, um
eine neue Bürgschaft für die Ernstlichkeit der amerikanischen Ab-

---

[1] Verfasser der »Letters on the Soud-Dues question« war Herr
v. Bille, der früher den Posten eines dänischen Geschäftsträgers in
Washington bekleidet hatte und dann als Privatmann in Philadelphia lebte

sichten zu erhalten« [1]. Nachdem der Präsident Pierce von dem
Senat zur Kündigung des Vertrages ermächtigt war, erfolgte diese
durch eine Note des amerikanischen Ministerresidenten Bedinger
in Kopenhagen vom 14. April 1855. Da eine zwölfmonatliche
Kündigungsfrist bedungen war, blieb der dänischen Regierung
noch Zeit zu neuen Verhandlungen, um die Folgen der Kündigung
für den Bestand des Sundzolles abzuwenden.

Auch in Preussen hatte sich die Regierung unter dem Druck
der öffentlichen Meinung zu einem neuen diplomatischen Anlauf
gegen Dänemark in der Sundzollfrage entschlossen. Beide Kammern
des Landtages hatten im März und April 1855 Resolutionen angenommen, worin auf die nachteiligen Folgen des Sundzolles für
den Handel und die Rhederei Preussens hingewiesen und die Erwartung ausgesprochen wurde, dass die Regierung keine zur Abschaffung des Sundzolles geeignete Gelegenheit unbenutzt lassen
werde. Es kam in der Debatte zu sehr scharfen Worten über die
Haltung Dänemarks, dem jedes Recht zur Erhebung des Zolles
abgesprochen wurde. Preussen, so hiess es, sei gross und stark
genug, um sich von Dänemark keine Fesseln anlegen zu lassen, eine
Macht der Gewohnheit dürfe die Erniedrigung nicht rechtfertigen,
einem machtlosen Staate ohne eine anerkannte Rechtsgrundlage
geradezu tributär zu bleiben. Die Regierungsvertreter hatten schon
in den Kommissionssitzungen erklärt, dass die bestehenden Verträge eine Anerkennung des behaupteten dänischen Hoheitsrechtes
nicht enthielten. In der Hauptverhandlung sprach der Ministerpräsident Freiherr v. Manteuffel sein volles Einverständnis mit den
vorliegenden Resolutionen aus, bat aber um Ablehnung eines im
Abgeordnetenhause gestellten, weitergehenden Antrages, worin die
Regierung aufgefordert wurde, schleunig vorzugehen, da der gegen-
wärtige Augenblick geeignet sei, um entschiedene Schritte zur
Beseitigung des Sundzolles zu tun. Der Minister wollte die Wahl

---

[1] Der erste, 1854 erschienene Teil dieser Broschüre wurde auf Veranlassung der Stettiner Kaufmannschaft ins Englische und Französische
übersetzt und im Auslande verbreitet, um eine Agitation gegen den
Sundzoll ins Leben zu rufen. Ein vollständiger Abdruck erschien unter
anderem in der amerikanischen Zeitschrift Merchants Magazine and
Commercial Review, Oktober 1855. — Das obige Zitat ist dem zweiten
Teile der deutschen Ausgabe S. 12 entnommen.

des geeigneten Momentes der Regierung vorbehalten wissen und meinte, dass nach der zeitigen Sachlage die erwarteten Taten besser durch Schweigen als durch Worte eingeleitet würden,

Viel liess sich allerdings über den bescheidenen Feldzugsplan nicht sagen, den die preussischen Minister damals vorbereiteten, um den Handel und die Schiffahrt in den Ostseeprovinzen von der Last des Sundzolles zu befreien. Ausgearbeitet war der Plan durch den Geheimen Regierungsrat Delbrück im Handelsministerium, das überhaupt die treibende Kraft in den Verhandlungen mit Dänemark war. Sein Vorschlag ging dahin, die Zollerhebung im Sunde zu ersetzen durch eine für dänische Rechnung in den Ostseehäfen zu erhebende Abgabe, um so das zeitraubende Anlegen der Schiffe in Helsingör zu vermeiden und den Beschwerden über die hohen und willkürlichen Nebenkosten, welche die dänische Zollverwaltung berechnete, abzuhelfen. Der Sundzoll sollte seinen Charakter als Warenzoll verlieren und in ein nach den Gegenständen der Ladung abgestuftes Tonnengeld verwandelt werden, das alle den Sund passierende Schiffe zu zahlen hätten. Für später war der völlige Wegfall dieser Abgabe in Aussicht genommen. Der Vorschlag war ein kümmerlicher Notbehelf, wie sein Urheber sich nicht verhehlte[1], er sollte die Brücke bilden zu einer radikaleren Lösung auf Grund einer pekuniären Abfindung Dänemarks, die Preussen nicht sofort zum Ausgangspunkt der neuen Verhandlungen nehmen wollte. Bevor dieser Plan in Kopenhagen vorgelegt wurde, suchte die preussische Regierung sich der Zustimmung des Londoner Kabinetts zu versichern, da bei dem Vorwiegen der englischen Flagge im Sundverkehr der grösste Teil der vorgeschlagenen Abgaben der englischen Rhederei zur Last fallen musste. Von Russland, der an zweiter Stelle beteiligten Macht, war in Berlin bekannt, dass es eine Änderung in der Erhebung des Sundzolles überhaupt nicht wünschte.

Die dänische Regierung schien zunächst an den Ernst der amerikanischen Forderungen nicht recht glauben zu wollen. Sie mochte hoffen, im Falle eines Konfliktes mit der Union Unterstützung und Schutz bei den ihr wohlgesinnten europäischen Grossmächten zu finden, und beantwortete deshalb die Kündigung des

---

[1] Vgl. Delbrück, Lebenserinnerungen, Bd. II S. 68.

Handelsvertrags ziemlich herausfordernd mit der Erklärung, dass nach dessen Ablauf die Schiffe der Vereinigten Staaten bei ihrer Durchfahrt durch den Sund und die Belte auf demselben Fuss behandelt werden müssten wie die Schiffe der nichtprivilegierten Nationen, das heisst, sie müssten noch höheren Zoll entrichten als bisher. Doch hielt diese zuversichtliche Stimmung nicht lange vor. Die dänischen Staatsmänner mussten sich bald überzeugen, dass sowohl in London als in Paris eine durchgreifende Reform der Zollerhebung am Sunde, wenn auch unter Schonung der finanziellen Interessen Dänemarks, für notwendig erachtet wurde. Namentlich die Äusserungen der französischen Presse liessen hierüber keinen Zweifel. Auch hatten die amtlichen Erklärungen in den preussischen Kammern, worin das Ziel einer Abschaffung des Sundzolles offen ausgesprochen war, ihren Eindruck nicht verfehlt. Im Juni 1855 wusste der preussische Gesandte in Kopenhagen, Graf Oriolla, zu berichten, Dänemark wolle die unveränderte Erhebung des Sundzolles für weitere 20 Jahre vorschlagen, nach Ablauf dieser Zeit solle die Abschaffung ohne Entschädigung stattfinden. Eventuell sei die Regierung auch bereit, schon jetzt Separatkonventionen mit den einzelnen Staaten wegen einer sofortigen Ablösung zu vereinbaren. Wenige Monate später entschloss sich das Kopenhagener Kabinett, noch einen Schritt weiter zu gehen und die Regelung der Sundzollfrage durch eine internationale Konferenz zu beantragen. In dem Einladungsschreiben des Ministers von Scheel an die beteiligten Mächte vom 1. Oktober wird ausgeführt, dass durch die Erklärung der Vereinigten Staaten, die amerikanischen Schiffe von der Erlegung des Sundzolles befreien zu wollen, eine endgültige Ordnung notwendig geworden sei und dass, um ein Aufhören des Zolles mit den Rechten der dänischen Krone in Einklang zu bringen, eine billige Entschädigung an Dänemark zu gewähren sei, und zwar am zweckmässigsten durch Kapitalisation der bisherigen Einnahmen und Verteilung der Entschädigungssumme auf die einzelnen Staaten nach Massgabe ihres Anteils an dem Waren- und Schiffsverkehr im Sunde. Der Minister hob dabei hervor, dass ein solches Ziel nur durch gleichzeitiges Zusammenwirken seitens sämtlicher Mächte erreicht werden könne, und dass die vorliegende Frage nicht als eine Handels- oder Geldfrage, sondern als eine politische behandelt

werden müsse, die im Zusammenhang stehe mit Friedensverträgen
und sonstigen Abmachungen über das System des politischen Gleichgewichts in Europa.

In Berlin war man durch dieses dänische Rundschreiben
einigermassen überrascht. Der Handelsminister von der Heydt
und der Finanzminister Bodelschwingh sprachen sich gegen grössere
finanzielle Opfer für den Loskauf vom Sundzoll aus, dessen völkerrechtliche Zulässigkeit Preussen niemals eingeräumt habe. Die Regierung vergewisserte sich zunächst, dass England, Frankreich und
Russland, die sich damals im Krimkriege einander gegenüber-
standen, die Konferenz in Kopenhagen beschicken würden, und
nahm dann ihrerseits die Einladung in einem sehr vorsichtig gehaltenen Schreiben an. Preussen, so hiess es in der Antwort, ist
niemals in der Lage gewesen, einen Rechtstitel für die Erhebung
des Sundzolles anzuerkennen, die kommerzielle und finanzielle
Seite der Frage darf über der politischen nicht ausser Augen gelassen werden, der Plan einer Kapitalisierung hat Schwierigkeiten,
die Erhebung des Zolles in den Ostseehäfen für dänische Rechnung
während einer bestimmten Zeit würde einfacher sein. Auch in
London und Paris hatten die Minister Bedenken über die Zweck-
mässigkeit der vorgeschlagenen Kapitalisation geäussert, waren
aber im übrigen entschlossen, Dänemark freundschaftlich entgegen-
zukommen und vor allem dessen Berechtigung zur Erhebung des
Zolles nicht in Frage zu stellen. Russland fand den Augenblick
für die Einberufung der Konferenz nicht glücklich gewählt, war
aber mit den dänischen Vorschlägen einverstanden. Auch Schweden
erklärte, ohne jeden Vorbehalt auf das dänische Kapitalisations-
projekt eingehen zu wollen. Eine Ablehnung der Konferenzeinladung erfolgte nur seitens der Vereinigten Staaten von Amerika.
Sie wollten sich nicht an Verhandlungen beteiligen, die eine Anerkennung des von ihnen bestrittenen dänischen Rechtstitels zur
Voraussetzung oder zur Folge haben könnten, und die ausserdem
mit dem ihnen fremden politischen System der Aufrechterhaltung
des europäischen Gleichgewichts in Verbindung gebracht wären.
Preussen hatte nicht unterlassen, sich auch über die Ansichten der
andern deutschen Seestaaten, die ebenfalls zur Teilnahme an der
Kopenhagener Konferenz aufgefordert waren, zu informieren. Es
ergab sich dabei, dass die Hansestädte, insbesondere Lübeck und

Hamburg, die Auffassung hatten, jede Erleichterung in der Sund-
zollerhebung müsse auch dem Warentransit zu Lande auf den die
Nordsee mit der Ostsee verbindenden Eisenbahnen und sonstigen
Strassen in Schleswig-Holstein zu teil werden, da sonst der Ver-
kehr von diesen abgelenkt würde[1]. Hieraus zog die preussische
Regierung den voreiligen Schluss, dass ihre Interessen in der
Sundzollfrage nicht gleichartige wären mit denen der Hansestädte,
und überliess es zunächst den letzteren, für ihre vermeintlichen
Sonderinteressen zu sorgen.

Unter diesen Verhältnissen fand am 4. Januar 1856 die Er-
öffnungssitzung der sogenannten Sundzollkonferenz in Kopenhagen
statt unter dem Vorsitz des dänischen Kommissars, des Geheimen
Etatsrat Bluhme, der früher Minister der auswärtigen Angelegenheiten gewesen war und das einträgliche Amt eines Sundzoll-
direktors in Helsingör bekleidete. Der preusische Vertreter, Graf
Oriolla, hatte die Instruktion erhalten, die dänischen Vorschläge
lediglich ad referendum zu nehmen und alle Äusserungen zu vermeiden, welche die Freiheit der Entschliessungen seiner Regierung
beeinträchtigen könnten, da diese zunächst das Ergebnis der
weiteren dänisch-amerikanischen Verhandlungen abzuwarten ge-
dachte[2]. Allein es kam in dieser ersten Konferenzsitzung überhaupt zu keiner Diskussion. Der Vorsitzende beschränkte sich
darauf, statistische Nachweisungen über die von den einzelnen
Staaten gezahlten Schiffs- und Warenzölle beim Verkehr durch
den Sund vorzulegen und daran die Bemerkung zu knüpfen, dass
die dänische Regierung keine Revision des Tarifs, sondern eine
Ablösung der gesamten Abgaben vermittelst einer nach einem
bestimmten Modus zu berechnenden und zu verteilenden Pauschal-
summe vorzuschlagen beabsichtige. Von keiner Seite wurde eine
Erörterung der Rechtsfrage angeregt. England hatte schon bei
Annahme der Konferenzeinladung die Berechtigung Dänemarks

---

[1] Darüber vgl. F. Fehling, Vor fünfzig Jahren. Zur Erinnerung
an Friedrich Krüger und Lübecks Politik am Sunde, Jahrg. 1906 dieser
Blätter S. 219 ff.

[2] Diese Verhandlungen wurden durch den Vertrag vom 11. April
1857 beendigt, worin die Vereinigten Staaten unter Wahrung ihres
Rechtsstandpunktes der dänischen Krone als Entgelt für die Instand-
haltung und Verbesserung des Fahrwassers im Sund und in den Belten
eine Abfindungssumme von 717 829 Reichstalern bewilligten.

zur Erhebung eines Zolles von dem Sundverkehr als einen »Bestandteil der internationalen Gesetze Europas« anerkannt. Von den übrigen Mächten nahmen Russland, Frankreich, Österreich, Schweden und Holland den gleichen Standpunkt ein, ausser Preussen hatte nur Belgien einen prinzipiellen Vorbehalt gemacht mit Rücksicht auf den Scheldezoll, der lediglich für die Staaten, die ihn vertragsmässig anerkannt hatten, zu Recht bestand. Stillschweigend war man daher in der ersten Sitzung übereingekommen, den Bestand und die Aufhebung des Sundzolles nur als eine Geldfrage zu behandeln, was für Dänemark ein grosser Erfolg war. In der zweiten Sitzung, am 2. Februar, erfolgte die bestimmte Erklärung der dänischen Regierung, dass sie bereit sei, gegen eine Entschädigung von 35 Millionen dänischer Reichstaler auf die Zollerhebung im Sunde und in den Belten zu verzichten. Das anfangs auf 60 Millionen berechnete Entschädigungskapital war hiernach sehr erheblich herabgemindert, der dänische Kommissar bezeichnete es als das unabänderliche Minimum, das seine Regierung zu verlangen berechtigt sei. Ausführliche Tabellen über die Einnahmen aus dem Waren- und Schiffsverkehr während der letzten 13 Jahre und über den Anteil der einzelnen Nationen vervollständigten die dänischen Vorschläge, welche einen günstigen Eindruck auf die Versammlung machten. Die Konferenz vertagte sich zunächst, um für eine Verständigung zwischen den einzelnen Regierungen Zeit zu gewinnen.

Preussen war mit dem Prinzip einer billigen Abfindung Dänemarks auf Grund einer Kapitalisation der bisherigen Einnahmen jetzt einverstanden. Sein früherer Vorschlag, die Abgabenerhebung in die Ostseehäfen zu verlegen und dort für dänische Rechnung noch eine zeitlang fortdauern zu lassen, war offenbar durch die Ereignisse überholt. Nachdem die Vereinigten Staaten von Amerika sich geweigert hatten, über einen bestimmten Termin hinaus den Sundzoll zu bezahlen, würden sie die Zahlung einer an dessen Stelle tretenden Abgabe in preussischen Häfen gleichfalls abgelehnt haben. Es konnte sich nur noch darum handeln, die Höhe der Ablösungssumme und die Zahlungsmodalitäten zu regeln. Preussen war die einzige Macht, welche die dänische Gesamtforderung von 35 Millionen Reichstalern als übertrieben bezeichnete und für deren Herabsetzung sowohl in

Kopenhagen als bei den übrigen zahlungspflichtigen Regierungen
tätig war. Der auf Preussen fallende Anteil betrug nach dem von
Dänemark entworfenen Verteilungsmassstab, dessen Richtigkeit
von keiner Seite beanstandet wurde, rund 4 440 000 Reichstaler =
3 330 000 Taler preuss. Courant. Der Finanzminister Bodelschwingh,
der, wie Delbrück in seinen Lebenserinnerungen bemerkt, handelspolitische Fragen nicht nach ihrer Bedeutung für das Gesamtinteresse
des Landes, sondern lediglich nach ihrer unmittelbaren Wirkung auf
die Staatseinnahmen beurteilte [1], hielt diese Summe für viel zu hoch,
trotzdem mit deren Zahlung verschiedene finanzielle Opfer in Wegfall kamen, die Preussen bisher aus Anlass des Sundzolles für seinen
Handel gebracht hatte. Der preussische Fiskus vergütete nämlich,
um Stettin und die übrigen Ostseehäfen konkurrenzfähiger zu machen,
für den dortigen übersundischen Warenbezug 2¹/₂ Prozent der
tarifmässigen Eingangs- und Durchgangsabgaben und hatte ausserdem die Verteuerung durch den Sundzoll bei den für fiskalische
Rechnung eingeführten Salztransporten zu tragen. Diese beiden
Posten verursachten jährlich im Durchschnitt eine Ausgabe von
96 000 Talern, die also in Abzug zu bringen waren von den auf
rund 133 000 Taler berechneten Jahreszinsen des auf Preussen
fallenden Ablösungskapitals. Die verbleibende Differenz von
37 000 Talern wurde sicher durch die Vorteile einer Beseitigung
des Sundzolles für die gesamten Handelsinteressen Preussens ausgeglichen. Sie war auch zu gering, um ihretwegen einen diplomatischen Feldzug bei den anderen Höfen wegen Herabsetzung
der von Dänemark verlangten Entschädigungssumme zu unternehmen. Das Ministerium des Auswärtigen in Berlin hatte ein
richtiges Gefühl für diese Situation, sah sich aber auf Drängen
des Finanzministeriums genötigt, wenigstens einen Versuch zu
machen, um einen Abstrich von den beanspruchten 35 Millionen
zu erlangen. Wie zu erwarten, war das Ergebnis ein vollkommen
negatives, Preussen fand nirgends Unterstützung, es blieb mit
seinem Widerspruch isoliert und vermehrte nur den Argwohn und
das Misstrauen der dänischen Regierung, die geneigt war, auch
die unnachgiebige Haltung der Vereinigten Staaten von Amerika
auf preussische Einflüsterungen zurückzuführen.

---

[1] Delbrück, Lebenserinnerungen, Bd. II, S. 133.

Grösseren Erfolg hatten dagegen die von Berlin ausgehenden Bemühungen, eine Verständigung unter den Mächten über die Art der Zahlung des geforderten Pauschquantums zu erzielen. Preussen schlug vor, die Abfindung, anstatt durch einmalige Zahlung des ganzen Betrages, durch eine jährliche Rente unter Hinzurechnung von Zinsen für die einzelnen Amortisationsraten zu bewirken, sodass etwa binnen einer 18 jährigen Periode das ganze Kapital getilgt sein würde. Es suchte für diesen Plan zunächst England und Russland zu gewinnen, die bei der Ablösung des Sundzolles finanziell am meisten interessiert waren. Die englische Anteil der an Dänemark zu zahlenden Gesamtentschädigung von 35 Millionen Reichsbanktalern betrug rund 10 127 000, der russische 9 740 000 Taler. In Petersburg gab man sich anfangs den Anschein, auf Teilzahlungen überhaupt nicht eingehen zu wollen. Russland, so versicherte der Reichskanzler Nesselrode, werde seine ganze Anteilsquote sofort in sechsmonatlichen Wechseln bezahlen und ohne weitere Verhandlungen mit den übrigen Mächten die dänischen Februar-Vorschläge einfach annehmen. Letzteres geschah auch in einem zu Kopenhagen unterzeichneten Protokoll vom 9. Mai 1856, dem Schweden beitrat, jedoch unter Vorbehalt einer besonderen Abrede über die Art und den Zeitpunkt der Zahlung des von den beiden Mächten angenommenen Entschädigungsbetrages. Auch in England hatte die preussische Diplomatie zunächst mit grossen Schwierigkeiten zu kämpfen. Das dortige Kabinett erhob Bedenken gegen eine Abfindung Dänemarks auf der Grundlage einer Kapitalisation des Sundzolles und erklärte, dem früheren preussischen Vorschlage einer Erhebung der Abgabe in den Ostseehäfen für eine bestimmte Reihe von Jahren den Vorzug zu geben. Der Grund hierfür lag in der Besorgnis, dass das Parlament Anstand nehmen würde, die von Dänemark verlangte Entschädigung für die Befreiung von einer Abgabe zu bewilligen, die nach einer auch in englischen Regierungskreisen herrschenden Ansicht nur denjenigen Teil der Handels- und Schiffahrtsinteressen Englands treffe, die mit dem Verkehr in der Ostsee verknüpft wären. Zur Widerlegung dieser, auf falschen nationalökonomischen Voraussetzungen beruhenden Auffassung wurde im preussischen Handelsministerium eine Denkschrift ausgearbeitet und nach London mitgeteilt, welche den Nachweis führen sollte, dass keineswegs nur der englische Ostseehandel, sondern die Gesamtheit der wirtschaftlichen Interessen Englands unter dem Sundzoll zu leiden hätten. Der Ministerpräsident v. Manteuffel, der damals auf dem Pariser Friedenskongress mit dem englischen Staatssekretär des Auswärtigen, Lord Clarendon, zusammentraf, bemühte sich, diesen von der Nützlichkeit eines gemeinschaftlichen Vorgehens der beiden Mächte in den Verhandlungen mit Dänemark zu überzeugen. Das Ergebnis war, dass die englische Regierung Anfang Juni die Ernennung einer parlamentarischen Kommission im Unterhaus zur Prüfung der Sundzollangelegenheit beantragte. Der gutachtliche Bericht dieser Kommission empfahl die Ablösung des Sundzolles durch jährliche Zahlungen an die dänische Krone und sprach die Überzeugung aus, dass ein solches Opfer aus öffentlichen Mitteln gerechtfertigt sei, weil die Ausfuhrartikel aus den Ostseestaaten in ganz England Absatz fänden und deren Verteuerung durch die Abgaben im Sunde eine Last für die gesamte englische Industrie bilde, wie es die preussische Denkschrift behauptet hatte. Die Kommission hob dann noch einen andern wichtigen Punkt hervor, indem sie dringend empfahl, dass bei allen etwaigen Verhandlungen über die Abschaffung der Sundzölle in nachdrücklicher Weise dahin gewirkt werden solle, auch dem Landtransit zwischen der Nord- und der Ostsee durch dänisches Gebiet die gleiche Zollfreiheit zuzusichern.

Dieser Gesichtspunkt war kein neuer für die englischen Handelsinteressen. Schon als im Jahre 1838 eine dänische Zollordnung für die Herzogtümer Schleswig und Holstein die bisher zollfreie Landstrasse zwischen Hamburg und Lübeck mit Durchfuhrabgaben belegt hatte, wurden in der englischen Presse Klagen über diese Verordnung geführt[1]. Bei einer Interpellation über den Sundzoll im englischen Unterhause am 16. März 1841 erklärte der Antragsteller Herr Hutt, dass Dänemark, um das Übel des Sundzolles noch zu vermehren, die Verbindungsstrasse zwischen Lübeck und Hamburg sperre und so alle nach der Ostsee bestimmten Handelsartikel zwinge, den Weg in die dänische »Falle« zu Helsingör zu nehmen. Es sei unmöglich, einen solchen Anschlag auf den englischen Handel und die englische Industrie ohne Entrüstung an-

---

[1] Wurm, Der Sundzoll und dessen Verpflanzung auf deutschen Boden. Hamburg 1838, S. 4

zusehen[1]. Als jetzt die Hansestädte auf dem Kongress in Kopenhagen eine Regelung der Transitfreiheit des Warenverkehrs auf den Landwegen durch Holstein und Lauenburg in Verbindung mit der Sundzollfreiheit anregten und hierfür die Unterstützung Englands nachsuchten, fanden sie in London ein williges Ohr, da man dort auf die in dieser Frage vorliegende Interessengemeinschaft schon früher aufmerksam geworden war. Der englische Gesandte in Kopenhagen wurde daher angewiesen, den dänischen Minister des Auswärtigen zu benachrichtigen, dass die englische Regierung eine wichtige Modifikation der Transitzölle als notwendige Folge einer Ablösung der Sundzölle betrachte. Der Gesandte erhielt hierauf, wie er berichtet, »befriedigende Zusicherungen«, obgleich die dänische Regierung eine Konnexität zwischen den beiden Gegenständen nicht anerkannte und keineswegs geneigt war, auf eine vertragsmässige Verpflichtung für die Befreiung von Landtransitzöllen einzugehen[2]. Indessen in London begann man jetzt ganz bestimmte Forderungen zu stellen, deren Ablehnung für das Kopenhagener Kabinett um so schwieriger wurde, als es der rührigen hanseatischen Diplomatie gelungen war, auch Frankreich für eine Aufhebung bezw. Ermässigung der Transitzölle auf den Verbindungsstrassen zwischen der Nordsee und der Ostsee zu interessieren. Der von Paris aus unterstützte englische Plan ging dahin, zwar nicht die völlige Abgabenfreiheit des Landverkehrs zu verlangen, wohl aber eine gleichmässige Zollerhebung auf allen Durchgangsstrassen unter Anwendung des auf der Hamburg-Berliner Eisenbahn vertragsmässig eingeführten niedrigen Betrages von 5 Schilling Hamburger Kourant = 16 Schilling dänisch für ein Warenquantum von 500 Pfund, wobei die auf einer der vorhandenen Routen bestehenden Zollbefreiungen auch den andern zugute kommen sollten. Beide Mächte erklärten die Annahme dieser Vorschläge als conditio sine qua non ihrer Einwilligung zu einer Ablösung der Sundzölle durch Geldentschädigung. Jetzt endlich begann man auch in Berlin die Bedeutung dieser Frage einzusehen. Solange es sich nur um Erleichterungen des Güterverkehrs auf der Lübeck-

---

[1] Scherer, Der Sundzoll. Berlin 1845, S. 50 Anm.
[2] Vergl. den Bericht des Gesandten Buchanan vom 22. März 1857 in Martens, Nouveau Recueil Général de traités, Bd. XVI T. II S. 331—340.

Hamburger Eisenbahn handelte, schien ein dringender Anlass für
eine Mitwirkung Preussens, die auch von den Hansestädten nicht
nachgesucht war, kaum vorzuliegen, da Begünstigungen dieser Art
zu einer Erschwerung der Konkurrenz Stettins mit den Nordsee-
häfen führen konnten. Jetzt aber, wo die Berlin-Hamburger Bahn
mit der Fortsetzung nach Stettin in ihrer ganzen Ausdehnung zu
den Landwegen zwischen Nord- und Ostsee gerechnet werden und
mithin der hamburgisch-preussische Verkehr alle Vorteile und
Zollbefreiungen der übrigen Durchgangsstrassen mitgeniessen sollte,
liess sich das hierin liegende wichtige Interesse Preussens nicht
länger verkennen. Graf Oriolla erhielt daher Ende September
Auftrag, die Schritte Englands und Frankreichs wegen Herabsetzung der Transitzölle nachdrücklich zu unterstützen und die
Aufnahme einer entsprechenden Bestimmung in den mit Dänemark
wegen der Sundzölle abzuschliessenden Vertrag zu verlangen.
Die Kopenhagener Regierung sträubte sich auf das heftigste gegen
diese Forderung, die ihr neue finanzielle Opfer auferlegte und die,
wie sie anfangs erklärte, mit der Würde des Königs und der Unabhängigkeit des Landes unvereinbar wäre. Allein sie war, als
diese stolzen Worte keinen Eindruck machten, klug genug, sich in
das Unvermeidliche zu fügen. Der Geheime Staatsrat entschied
sich in einer Sitzung am 4. Oktober, welcher der mit dem Gang
der Verhandlungen unzufriedene Finanzminister Andrae nicht bei-
wohnte, für die von England vorgeschlagene Herabsetzung des
Transitzolles auf 1 Schilling Hamburger Kourant für 100 Pfd. auf
allen Strassen zwischen Nordsee und Ostsee. So büsste Dänemark
seine seit 1838 verfolgte Politik, »den Sundzoll auf das Festland
zu verpflanzen«, mit dem Verlust des grössten Teiles seiner Einnahmen aus den Transitzöllen, ohne hierfür irgendwelche Entschädigung zu erhalten.
Der unter Englands Leitung errungene Erfolg in Sachen des
Landtransitzolls war ein Fortschritt, bedeutete aber noch keineswegs den glücklichen Abschluss für die Aufgaben der Sundzollkonferenz. Zunächst entstand eine neue Schwierigkeit dadurch,
dass England, den dänischen Wünschen entsprechend, über ein
Sonderabkommen in Kopenhagen verhandelte, während Preussen
den grössten Wert darauf legte, dass die Sundzollangelegenheit mit
allen dazu gehörigen Fragen durch einen gemeinschaftlichen Vertrag

sämtlicher Konferenzmächte erledigt würde. Das Bestreben Dänemarks, Separatverträge zunächst mit England und Frankreich abzuschliessen, erklärte sich, wie Graf Oriolla berichtete, hauptsächlich aus dem Misstrauen gegen die Absichten der preussischen Regierung, von der man das Aufstellen neuer und drückender Bedingungen erwartete. Die englisch-dänischen Verhandlungen
nahmen einen so raschen Verlauf, dass schon am 10. Oktober der
englische Gesandte in Berlin den Entwurf der geplanten Separatkonvention vertraulich zur Kenntnisnahme vorlegen konnte. Die
preussischen Minister erklärten sofort, dass dieser Entwurf, der auf
der Grundlage des erwähnten, mit Russland und Schweden am
9. Mai 1856 gezeichneten Protokolls abgefasst war, unzureichend
sei, da er die von Dänemark zu übernehmenden Verbindlichkeiten
nicht in genügender Vollständigkeit enthalte, und dass ausserdem
der Abschluss eines Generalvertrages den Vorzug verdiene. Glück-
licherweise dachte man ebenso in Paris, wohin der englische Vertragsentwurf gleichfalls mitgeteilt war. Hier stellte man sofort einen
ausführlicheren Gegenentwurf auf in der Form eines allgemeinen
Vertrages und liess ihn zur Begutachtung an die preussische Regierung gelangen. Diese war im allgemeinen einverstanden, nahm
jedoch an einzelnen Artikeln noch Abänderungen vor und übersandte die neue Redaktion nach Paris und London. Die englische
Regierung liess sich überzeugen, dass es zweckmässiger sein würde,
auf den Gedanken eines Generalvertrages einzugehen, wünschte
jedoch nebenher Separatverträge über den Abzahlungsmodus der
auf die einzelnen Mächte fallenden Entschädigungsquoten, da
hierüber und namentlich über die Verzinsung der Restbeträge bei
den jährlichen Abzahlungen grosse Meinungsverschiedenheiten
herrschten. England wollte nur $3\frac{1}{8}\%$ zugestehen, da es zu diesem
Zinsfuss selber Geld borgen konnte, Dänemark verlangte 4%, womit der preussische Finanzminister einverstanden war, während
Frankreich wieder einen billigeren Zinsfuss wünschte. Auch über
die Umrechnung des dänischen Reichstalers in die Währung der
andern Mächte war eine Einigung schwierig. Es wurde daher beschlossen, die Zinsberechnung aus dem Hauptvertrage wegzulassen
und der separaten Verständigung zu überweisen. Anfang Dezember
war nach einem fortgesetzten Meinungsaustausch zwischen den
Kabinetten von London, Berlin und Paris in allen wesentlichen

Punkten ein Einverständnis erzielt, sodass die französische Regierung ersucht werden konnte, die definitive Vertragsredaktion zu übernehmen. Preussen, welches auf dem Londoner Posten in dem Grafen Bernstorff einen sehr geschickten Vertreter besass, hatte seine Wünsche fast überall durchgesetzt. Es bestand namentlich darauf, dass Dänemark die Verpflichtung übernehmen sollte den Sundzoll für alle Staaten, mochten diese dem abzuschliessenden Generalvertrage beitreten oder nicht, gleichzeitig aufzuheben, und zwar vom 1. April 1857 an, damit jede fernere Störung des Warenverkehrs durch den Sund infolge des Anhaltens der Schiffe von Nicht-Vertragsstaaten vermieden würde. Es war Preussen ferner gelungen, eine Bestimmung in den Vertrag zu bringen, wodurch Dänemark die Pflicht auferlegt wurde, für die dauernde Einrichtung und Unterhaltung der im Interesse der Schiffahrt erforderlichen Anstalten im Sund und in den Belten Sorge zu tragen.

Für die dänische Regierung bildete das gemeinsame Vorgehen der Westmächte und Preussens eine sehr unerwünschte Erscheinung. Sie versuchte diesen Bund zu sprengen, indem sie Mitte November durch den dänischen Gesandten in Berlin den Abschluss einer Separatkonvention mit Preussen vorschlagen liess, was jedoch sehr entschieden abgelehnt wurde. Ebenso scheiterte eine gleichzeitig eingeleitete Intrigue, die deutschen Kleinstaaten, die infolge einer verspäteten Einladung Dänemarks bei den beiden ersten Sitzungen der Konferenz im Januar und Februar 1856 nicht vertreten gewesen waren, von dem allgemeinen Vertrage auszuschliessen und auf Separatverhandlungen zu verweisen. Mecklenburg, Hannover und namentlich die Hansestädte gerieten hierüber in grosse Aufregung und riefen mit Erfolg die Vermittlung Preussens und der andern Grossmächte an, um zur Mitunterzeichnung des Kollektivvertrages zugelassen zu werden.

Bei Beginn des Jahres 1857 war alles fertig, um jetzt in Kopenhagen die letzte Hand an das sorgfältig vorbereitete Werk zu legen. Der zwischen England, Frankreich und Preussen vereinbarte Entwurf eines allgemeinen Vertrages über die Abschaffung der Sundzölle wurde den übrigen Konferenzmächten und der dänischen Regierung vertraulich mitgeteilt. Nachdem letztere sich mit den Hauptpunkten einverstanden erklärt hatte, stellten die Gesandten Preussens, Frankreichs und Englands dem Geheimrat

Bluhme, als Vorsitzenden der Konferenz, mittelst gemeinschaft-
licher Verbalnote vom 31. Januar den Vertragsentwurf zu und
verlangten die schleunige Berufung einer Konferenzsitzung. Am
3. Februar versammelten sich die Delegierten wieder im Palais
Friedrichs VI., wo vor fast genau einem Jahre die letzte Sitzung
stattgefunden hatte. Diesmal verlief alles programmmässig. Der
dänische Kommissar nahm den Vertragsentwurf ad referendum.
verschiedene Delegierte erklärten das Einverständnis ihrer Regierungen mit dessen Inhalt, die Vertreter Mecklenburgs und der
Hansestädte gaben über die Auslegung der Bestimmungen über
den Landtransit eine mit Preussen verabredete Erklärung zu
Protokoll, der sich der preussische Gesandte anschloss. Für
Preussen kam es dabei hauptsächlich auf eine ausdrückliche Zusicherung an wegen Gleichstellung der Berlin-Hamburger Bahn
mit den übrigen Landrouten. In drei weiteren Sitzungen wurde
dann noch über einige Veränderungen in dem Text der Konvention
verhandelt, deren Grundzüge dänischerseits angenommen waren.
Auch hier gelangte man ohne grössere Schwierigkeiten zu einer
Einigung. Die Gesandten Preussens, Englands und Frankreichs
waren angewiesen, sich über die noch verbleibenden Differenz-
punkte untereinander zu verständigen, und konnten so den dänischen
Amendements entweder beistimmen oder gemeinsame Gegenvor-
schläge machen, deren Ablehnung dann für Dänemark untunlich
war. Auf diese Weise wurde ein schneller Abschluss herbeigeführt.
Am 12. März waren die Beratungen beendigt, der Text des ganzen
Vertrages endgültig festgestellt. Mit dem Ergebnis konnten alle
Teile zufrieden sein. Dänemark erhielt den vollen Betrag der von
ihm verlangten Entschädigung für die Aufgabe des Sundzolles,
aber es' war genötigt, andere wichtige Konzessionen zu machen
weit über das Mass dessen hinaus, wozu es anfangs bereit gewesen
war. Es hatte sich dazu verstehen müssen, die Sundzollerhebung
vom 1. April 1857 an endgültig einzustellen auch gegenüber den
Waren und Schiffen derjenigen Mächte, die dem vorliegenden
Vertrage noch nicht beigetreten waren, es hatte eingewilligt in die
sehr erhebliche Ermässigung der Transitzölle auf den Durchfuhr-
strassen zu Lande und auf den Kanälen, die innerhalb des
dänischen Gebiets zur Verbindung der Nordsee mit der Ostsee dienten,
unter Ausdehnung der jetzt bestehenden oder in Zukunft ein-

geführten Zollbefreiungen auf alle diese Strassen, es hatte endlich dem preussischen Vorschlage entsprechend, das Prinzip der Teilzahlungen zugelassen für die von den einzelnen Staaten zu leistenden Entschädigungsbeiträge anstatt der anfangs geforderten einmaligen Zahlung des Gesamtbetrages.

Die näheren Bestimmungen über Art und Ort der Teilzahlungen, über den Kurs bei Umrechnung der dänischen in die ausländische Währung und über die Amortisationsbedingungen sollten in Sonderverträgen geregelt werden, über welche die einzelnen Mächte gleichzeitig mit dem Hauptvertrage in Kopenhagen verhandelten. Preussen wollte seine Vertragsquote in 20 Jahren abtragen mittelst 40 halbjährlicher Zahlungen von gleicher Höhe unter Gewährung eines Zinsfusses von 4% für die rückständigen Termine. Dabei sollten 4 Taler dänisch = 3 Taler preussisch gerechnet werden. Diesen Kurs anzunehmen, weigerte Dänemark sich hartnäckig, obgleich es ihn für Hannover, das bereit war, den kleinen auf ihn fallenden Betrag von 123, 387 Reichstalern durch einmalige Zahlung zu tilgen, zugestanden hatte. Die dänische Regierung wollte in der Konversionsberechnung einen Unterschied machen zwischen den Staaten, die ihre Quote auf einmal und denen, die in Raten zahlten, Preussen bestand auch in dieser Frage auf dem Prinzip völliger Gleichstellung. Die Differenz betrug nur 40—50,000 Taler, aber der Finanzminister Bodelschwingh setzte es durch, dass die Annahme des Kurses von 4 zu 3 als conditio sine qua non aufgestellt und Graf Oriolla angewiesen wurde, den Hauptvertrag nicht eher zu unterzeichnen, bis Dänemark dieser preussischen Forderung nachgegeben hätte. Der Gesandte geriet hierdurch in eine unangenehme Lage, da er gleichzeitig verhindern sollte, dass der allseitig genehmigte Hauptvertrag ohne Preussen von den andern Mächten unterschrieben würde. Als die Konferenzbevollmächtigten sich am 13. März zu dem feierlichen Akt der Vertragszeichnung versammelt hatten, erklärte Oriolla, dass er wegen der entstandenen Meinungsverschiedenheit über die Kursfrage noch nicht zur Unterschrift autorisiert sei. Die Konferenz vertagte sich darauf in Erwartung einer weiteren Instruktion aus Berlin, doch war die Entrüstung über das Verhalten des preussischen Kabinetts eine allgemeine. Die grosse Mehrheit der Delegierten zeigte sich entschlossen, eventuell auch ohne Preussen zu zeichnen.

Inzwischen waren die Minister in Berlin doch ängstlich geworden
über die drohende Isolierung Preussens und ermächtigten daher
telegraphisch den Gesandten, im äussersten Fall, wenn ein Abschluss ohne Preussen sonst nicht zu vermeiden wäre, den Vertrag
zu vollziehen. Doch kam Oriolla nicht mehr in die Lage, von
dieser Instruktion Gebrauch zu machen. Der dänische Ministerrat,
welcher die Verantwortlichkeit nicht übernehmen wollte, wegen
einer geringfügigen Gelddifferenz den Beitritt des mächtigen
preussischen Nachbarn zu dem mühsam vollendeten Werke aufs
Spiel zu setzen, hatte in letzter Stunde nachgegeben und die verlangte Konversion zugestanden. So hatte der preussische Finanzminister gesiegt. Noch am Abend des 14. März konnte die vertagte Konferenz wieder zusammentreten, kurz vor Mitternacht war
der allgemeine Vertrag von allen Delegierten unterzeichnet. Der
Sundzoll gehörte der Geschichte an.

In Preussen war die Freude über den glücklichen Abschluss
der Verhandlungen eine grosse und allgemeine. In beiden Häusern
des Landtages, wo der Vertrag einstimmig angenommen wurde,
beglückwünschte man die Regierung zu ihrem Erfolge. »Dem
Ministerpräsidenten ist ein Meisterstück gelungen«, erklärte der
Generalkonsul Lemonius, der seit Jahren unermüdlich für die Aufhebung des Sundzolles tätig gewesen war. Auch mit den
finanziellen Bedingungen waren die Kammern um so mehr zufrieden, als ja zwei Drittel der preussischen Jahreszahlungen ihre
Deckung in Ersparnissen fanden, die sich aus dem Wegfall des
am Eingangszoll für übersundische Waren bisher gewährten
Rabatts und des Sundzolls für fiskalische Salztransporte ergaben.
Der Austausch der preussischen und dänischen Vertragsratifikationen
wurde noch am 31. März in Kopenhagen bewirkt. Am Tage des
Beginnes der vertragsmässigen Sundzollfreiheit, am 1. April morgens
6 Uhr, passierte das erste preussische Schiff mit aufgezogener Flagge,
ohne zu klarieren und ohne einem Aufenthalt unterworfen zu sein,
die Zolllinie bei Helsingör. Die Unterzeichnung der Separatkonvention mit Dänemark über die Zahlung des preussischen
Anteils an der Sundzollentschädigung erfolgte, ohne dass bei den
Verhandlungen weitere Zwischenfälle eingetreten wären, am
25. April in Kopenhagen. Preussen behielt sich darin vor, statt
der stipulierten 40 halbjährlichen Zahlungen nach Belieben den

ganzen Restbetrag auf einmal auszuzahlen, hat von dieser Befugnis jedoch keinen Gebrauch gemacht. Die erste Rate ist am 1. Oktober 1857, die letzte am 1. April 1878 mit 365,193 Mk. an Dänemark bezahlt worden. Eine weitere Bestimmung der Konvention sicherte Preussen die Meistbegünstigung bei etwaigen Erleichterungen, die Dänemark künftig auf den Verkehrsstrassen zwischen Nordsee, Elbe und Ostsee einführen würde. Auch dieser Vertrag erhielt ohne Widerspruch die Genehmigung der preusischen Kammern. Die Regierung erlebte sogar die Genugtuung, Anerkennung zu finden von einer Seite, wo sie es nicht erwartet und wenigstens in den Anfangsstadien der Sundzollverhandlungen auch kaum verdient hatte. Der Senat der Freien und Hansestadt Lübeck dankte in einem an den preussischen Minister-Residenten in Hamburg gerichteten Schreiben für die Unterstützung, die Graf Oriolla dem hanseatischen Vertreter in Kopenhagen bei der hauptsächlich die Lübecker Verkehrsinteressen berührenden Verhandlung über die Ermässigung der Holstein-Lauenburgischen Transitzölle gewährt habe. Die Thronrede, mit der am 12. Mai 1857 die Sitzungen des preussischen Landtages geschlossen wurden, brachte die gehobene Stimmung der Regierung kurz und treffend zum Ausdruck: »Durch das mit der Krone Dänemark getroffene Abkommen vom 14. März d. Js. ist die vollständige Aufhebung des Sundzolles endlich erreicht und hierdurch der Ostsee-Schiffahrt wie dem Ostseehandel die Bahn zu glücklicher Entwicklung geöffnet, welche ihre segensreiche Einwirkung auch über die zunächst beteiligten Landesteile hinaus erstrecken wird«.

XI

Der Hamburgische Syndikus Karl Sieveking (1787—1847).

Ein Lebensbild aus der Zeit der Erneuerung der Hansischen Selbständigkeit.

Von

Heinrich Sieveking.

Als der Hamburgische Syndikus Karl Sieveking 1847 gestorben war, wurde sein Freund der Professor am Akademischen Gymnasium C. F. Wurm vom Senate beauftragt, ihm der Sitte gemäss eine Memorie zu schreiben. Wurm hat mit der Sammlung und Verarbeitung des Materials begonnen, die Arbeit aber nicht vollendet. In der ¡Christoterpe für das Jahr 1882 hat W. Baur Sievekings religiöse Stellung behandelt und diesen Aufsatz dann seinen »Geschichts- und Lebensbildern aus der Erneuerung des religiösen Lebens in den Deutschen Befreiungskriegen« einverleibt. Ein umfassenderes Lebensbild des Syndikus zeichnete G. Poel 1887 im zweiten Teile der »Bilder aus vergangener Zeit«. Doch wird uns hier nach den Briefen an seine Mutter und seine Frau mehr das persönliche und gesellschaftliche Leben Sievekings vorgeführt. Als Herrn des Hammer Hofes schildert ihn Herman ¦Sieveking im zweiten Teil seiner »Geschichte des Hammer Hofes« 1902. Die beruflichen Leistungen Sievekings sind noch nicht gewürdigt, und doch lohnt es sich, ihnen in den Akten der Hansischen Archive, wie sie mir in liebenswürdigster Weise zur Verfügung gestellt wurden, nachzugehen, um einen vollständigen Eindruck nicht nur der Persönlichkeit, sondern auch der Zeit zu erhalten; war Karl

Sieveking doch beteiligt an der Erneuerung der Hansischen Selbständigkeit 1813—15, und hat er doch in den späteren Jahren
dieser Selbständigkeit weitere Bedeutung zu verschaffen gesucht in
den Beziehungen zum übrigen Deutschland und zum Weltverkehr.

I.

Hamburg erfreute sich zu Ausgang des 18. Jahrhunderts eines
kommerziellen Aufschwungs, wie ihn die Stadt noch nicht gesehen
hatte. Wie im 16. Jahrhundert die Aufgabe der althansischen
Stadtwirtschaft, die Zulassung der Engländer, Niederländer und
Portugiesen, so kam im 18. die Lockerung der Schranken des
Kolonialsystems der Stadt zugute. Französischer Kaffee und Zucker
strömten seit 1734 neben französischem Wein und Salz und eng-
ischen Manufakturwaren zur Elbestadt, und der Abfall der amerikanischen Kolonien von England eröffnete ein weites Feld der
Spekulation. Wie einst der Fall Antwerpens zu Hamburgs Blüte
beigetragen, so jetzt die Eroberung Amsterdams durch die Franzosen. Büsch schildert uns, wie im 18. Jahrhundert der rationelle
Handelsbetrieb in Hamburg Eingang fand: die doppelte Buch-
führung wurde allgemein, der Wechselverkehr fing an, rege zu
werden, die Bank wurde 1770 auf die solide Basis des ungemünzten
Feinsilbers neugegründet, Kapitalassoziationen bildeten sich in den
Assekuranzkompagnien auf Aktien. Aber nicht nur der Handel
blühte in Hamburg. Der orthodoxe Eifer der Pastoren hatte im
17. Jahrhundert die Ansiedlung der reformierten Refugiés ver-
hindert, jetzt vertrat auf der Kanzel ein Alberti gegen Götze den
Standpunkt der Aufklärung. Lessing schrieb am Hamburger
Theater seine Dramaturgie und Klopstocks Oden begeisterten die
Hamburger zu einem Überschwang des Gefühls.

Mitten in dem kommerziellen und geistigen Leben des damaligen Hamburg standen, durch Handels- und Herzensgemein-
schaft verbunden, Caspar Voght und Georg Heinrich Sieveking.

Georg Heinrich Sieveking, der Vater Karls, war 1751 geboren und 1766 als Commis in das Comptoir des Senators Voght
eingetreten. Als dieser 1781 starb, traten sein Sohn und Sieveking
an die Spitze des Handelshauses, das sich vor allem durch seine
amerikanischen Beziehungen zu einem der ersten Hamburgs empor-
schwang. Aus Mocca und Surinam wurde Kaffee, aus Baltimore

Tabak, aus Afrika Gummi geholt. Aber in den Briefen Georg Heinrich Sievekings an Caspar Voght ist nicht nur die Rede vom Preiskurant. Einst hatten die jungen Commis Lessingsche Stücke aufgeführt und waren, ehe sie sich auf den Comptoirbock schwangen, in der Morgenfrühe zu Metas Grabe gepilgert; dann wurden Lesegesellschaften gegründet, und jetzt bewegten Pläne von grosser Gemeinnützigkeit die jungen Unternehmer.

Sieveking erhob seine Stimme gegen Vorurteile und veraltete Einrichtungen. Er eiferte gegen die Steifheit der Geselligkeit und die Schranken der Zünfte. An Stelle der Gräber in den Kirchen sollte ein Begräbnishain an dem Ufer der Elbe oder Alster gepflanzt werden. Als Logenbruder hätte Sieveking am liebsten alles Zeremoniell abgeschafft. Bemerkenswert ist sein ausführlicher Vorschlag einer Erbschaftssteuer.

In diesem Kreise kam man der französischen Revolution mit Begeisterung entgegen. Zum 14. Juli 1790 lud Sieveking mit einigen Freunden zur Festfeier des Bastillesturms nach seinem Garten in Harvestehude ein. Die Tricolore schmückte die Damen, Klopstock las Freiheitsoden vor, und man sang ein Lied Sievekings auf Freiheit und Tugend. Dies Eintreten für die französische Bewegung zog Sieveking den Argwohn Preussens und Hannovers und den Tadel Goethes zu. Allein gerade seine französischen Beziehungen setzten Sieveking in den Stand, seiner Vaterstadt 1796 den grössten Dienst zu leisten, als die Nichtanerkennung des französischen Gesandten Reinhard Hamburg in Konflikt mit des französischen Regierung zu bringen drohte. Der Senat wollte aus Rücksicht auf Preussen, Österreich und England nicht mit Frankreich verhandeln, Sieveking aber vermochte als Privatmann die französischen Machthaber zu einem Abkommen zu bewegen. Sein Kredit, den er dem Staate zur Verfügung stellte, bewirkte die Aufhebung der gegen die Hamburger Schiffe erlassenen Massregeln. Bei seiner Rückkehr holten ihn die Kommerzdeputierten in Harburg ein, und jubelnd wurde er in Hamburg begrüsst.

Karl Sieveking, 1787 geboren, verlor den Vater früh, schon im Jahre 1799. Voght aber folgte seinem Freunde erst 1839. Er hat auf den jungen Sieveking, wie dieser selbst bezeugt, den grössten Einfluss ausgeübt. Wir sehen den Syndikus später dem Manne nacheifern, der sich durch seine Reisen weltmännische Bildung er-

warb, der in seinem Flottbeck 1785 den rationelleren englischen
Fruchtwechsel als erster in Deutschland einführte, der vor allem
durch seine Armenordnungen zu einem europäischen Rufe gelangte.

Durch seine Mutter gehörte Karl Sieveking dem Hamburgischen Gelehrtenkreise an. Dem Polyhistor Johann Albert Fabricius
war sein Schwiegersohn, der rationalistische Kritiker Hermann
Samuel Reimarus, gefolgt, dessen Sohn Johann Albert sich den
Naturwissenschaften widmete. Schelling nennt ihn 1812 einen
Philosophen der guten alten Zeit, der noch auf feste Begriffe
halte und mit philosophischem Wissen und Vermögen jenen unschätzbaren Natursinn verbinde, ohne den in der Weltweisheit
nichts Ordentliches erzeugt werde. Neben philosophisch-naturwissenschaftlichen Werken wie ›Über den Kunsttrieb der Tiere‹
schrieb Reimarus auch über nationalökonomische Fragen. Seine
Haupttätigkeit galt seinen Kranken. Gemeinnützig wirksam führte
er die Blatternimpfung und den Blitzableiter ein. Als er 1814
starb, veröffentlichte sein Enkel Karl Sieveking ˌseine Selbstbiographie.

Johanna Margaretha Reimarus, die Georg Heinrich Sieveking
1782 heimführte, stammte aus des Doktors erster Ehe. In zweiter war
er 1770 mit Sophie Hennings verheiratet, deren Teetisch durch
das regste Interesse an den politischen und literarischen Tagesfragen belebt wurde, und deren Briefe an ihren Bruder, den
Kammerherrn Hennings in Ploen, ein reiches Bild jener Zeit entwerfen. Es fällt auf, dass dieser aufklärerische Kreis sich wohl
mit Kant, sehr wenig aber mit Goethe und Schiller beschäftigte.
Erst durch Jacobi, der 1794 aus Düsseldorf nach Holstein flüchtete,
knüpften sich Beziehungen zu Goethe.

1795 kam als Gesandter der französischen Republik der
Schwabe Reinhard nach Hamburg. Er gewann bald das Herz
Christinens, der Tochter der Doktorin Reimarus. 1796 wurde die
Hochzeit gefeiert, und ‹Stinchen‹ teilte fortan das wechselvolle
Leben Reinhards, das sie nach Florenz und nach der Schweiz,
nach der Wallachei und an den Hof Jéromes nach Kassel führte.
1807 sollte Reinhard mit Goethe eng befreundet werden, 1796
aber antwortete er mit scharfen Epigrammen gegen die Xenien.

Reimarus nachbarlicher Freund ˌwar der Professor Büsch,
in dessen Handelsakademie Georg Heinrich Sieveking gelernt

hatte. Eine seiner Töchter führte der Herausgeber des Altonaer Merkur, Poel, heim.

Eigenartig ist es, zu sehen, wie diese Familien sich zu einem Kreise zusammenschlossen. 1793 erwarben Sieveking und Poel gemeinsam ein Gartenhaus in Neumühlen. Die Frauen teilten sich in wöchentlichem Wechsel die Lasten des Hauswesens. Alltags lebte man ruhig für sich da draussen, da die Torsperre Abendbesuche erschwerte. Sonntags aber ergoss sich ein Strom von Gästen nach Neumühlen. Schon das umfangreiche Geschäft brachte eine grosse Geselligkeit mit sich, dazu kamen die durchreisenden literarischen und politischen Grössen. Vollends füllten sich die Räume, als der Fortschritt der Revolution ein Heer von Emigranten nach Hamburg führte. Für 60 und mehr Personen wurde dann Sonntags in Neumühlen gedeckt. Von dem zwanglosen und anregenden Verkehr, der sich hier entwickelte, können die Zeitgenossen nicht genug berichten. In seinen »Fragmenten über Luxus, Bürgertugend und Bürgerwohl« schildert uns Sieveking, wo er das Ideal seiner Geselligkeit her habe: Nicht nur der Wein der Garonne belebte den Hamburger Zirkel, auch die freieren Formen der französischen Geselligkeit, in der »die Gelehrten und schönen Geister, die Künstler und die schönen Weiber den Ton abgaben,« fanden in Hamburg Eingang, ohne dass zugleich die französische Frivolität in diesen Kreisen Platz griff.

Von Hanchen Sieveking, Karls Mutter, sagt ein begeisterter Gast, sie habe an geistigen wie an körperlichen Reizen wie eine Königin unter ihren Freundinnen gestanden. Nach allen Äusserungen war sie eine sehr sympathische Erscheinung. Hilfreiche Grazie zeichnete die junge Frau, besonnenes Urteil die Mutter gegenüber dem stürmischen Drängen ihrer Kinder aus.

Karl Sievekings Jugend stand unter dem Glanze des Neumühlener Kreises, wenngleich der Tod des Vaters und die herannahende Kriegsgefahr die alte Sorglosigkeit trübten und die Begeisterung für Frankreich der Sympathie für England wich. Sein Vater hatte ihn zum Kaufmann bestimmt; so trat Karl nach dessen Tode zuerst in die Guyotsche Pension in Altona ein, wo vor allem fremde Sprachen getrieben wurden. Allein die Neigung des Jungen zog ihn der gelehrten Bildung zu; er ging nach Lübeck zu Trendelenburg, dann auf das Hamburger Johanneum zu Gurlitt. Besonders durch seine mathematischen Leistungen zeichnete er sich aus. Die Rede, die er 1805 beim Abgang hielt, druckte Gurlitt ab.

Schon als Schüler hatte Sieveking 1804 mit dem Passe seines Freundes Hanbury nach England auskneifen wollen. 1806, nachdem er noch ein Jahr auf dem akademischen Gymnasium studiert hatte, ermöglichte ihm sein Grossvater die Reise. Im Herbst 1806 zog Karl Sieveking auf die Universität nach Heidelberg. Dort und in Göttingen verbrachte er seine Studienzeit. In den Ferien unternahm er weitere Reisen, die ihn nach München zu Jacobi führten, nach der Schweiz zu Pestalozzi, nach Weimar zu Goethe. »Die Welt sei ernsthafter geworden als in seiner Jugend«, sagte ihm Goethe im April 1809, »damals hätte man Jahre verlieren dürfen, jetzt keinen Tag; wie der Schiffbrüchige müssten wir uns an die Planke halten, die uns rettete, und die verlorenen Kisten und Kasten uns aus dem Sinne schlagen«.

II.

Den jungen Juristen zogen die Fachstudien weniger an. Er benutzte die Studienjahre vielmehr dazu, sich eine allgemeine, weltmännische Bildung anzueignen. Verkennen wir nicht, dass diese neue Bildung ihn vielfach in Gegensatz brachte zu den Anschauungen seines elterlichen Hauses! Der Aufklärung trat die Romantik entgegen. Man erschöpft diesen Gegensatz nicht, wenn man sagt, die Aufklärung habe sich vor allem an den Verstand, die Romantik an das Gefühl gewandt. In Gefühlen schwärmten die Aufklärer seit Rousseau genug, und die Romantiker ergingen sich in philosophischen Systemen. Der Widerspruch der neuen gegen die alte Zeit äusserte sich hier nach folgenden drei Richtungen hin.

Selbstbewusst traten die Aufklärer auf. Sie vertrauten ihrem Verstand und ihrem Herzen; sie glaubten, die Gesetze des Lebens aus eigner Kraft begreifen und der Stimme ihres an sich guten Herzens folgen zu können. Die schweren Schicksalsschläge der Schreckenszeit und des napoleonischen Druckes liessen in der Jugend ein solches Gefühl nicht aufkommen. Wenn Schleiermacher Religion das Gefühl der Abhängigkeit nennt, so wurde man jetzt wieder religiös. Karl Sieveking hat seinem Onkel Reinhard gegenüber diesen Gegensatz besonders scharf empfunden. Reinhard war ein Mann der Aufklärung. Wie der junge schwäbische Hauslehrer von Bordeaux aus begeistert mit den Girondisten nach Paris zog, um die Ideen der Aufklärung zu verwirklichen, die von Frankreich aus auch seinem Vaterlande zugute kommen sollten, so ist er sein ganzes Leben diesen Ideen treu geblieben und glaubte ihnen zu dienen auch unter dem Kaiserreich. Welch tragisches Geschick, dass dieser Mann, der Sieyès und Napoleon mit Kantischen Ideen zu erfüllen hoffte, tatsächlich mit seinem grossen Talente und seiner Arbeitskraft den Despotismus und die Fremdherrschaft förderte! Als Reinhard 1838 starb, meinte Sieveking, es habe ihn wie Rousseau das täuschende Bewusstsein selbstgenügsamer sittlicher Reinheit charakterisiert. Diese Selbstgenügsamkeit bedurfte aber doch der Anerkennung der Freunde. Das Misstrauen in diese Anerkennung der Freunde habe wie ein schwarzer Faden sich durch Reinhards Leben gezogen.

Einer ganz anderen Stimmung gibt Sieveking als Student 1807 bei dem Zusammenbruch Deutschlands Ausdruck. Er schreibt »Nur der Gedanke, dass die nicht eigentlich handeln, welche zu handeln scheinen, dass die Geschichte solche, welche sie zu machen glauben, nur als Werkzeuge benützt, ist es, was trösten kann«. Der ungeahnte Umschwung 1812 und 1813 erhöhte dies Gefühl der Ergebenheit. »Ich weiss«, schreibt 1815 an Karl sein Bruder aus Montpellier, »du hängst dein Heil an einen andern Faden als an die bunte Schnur der Weltlichkeit«.

Das religiöse Gefühl wurde in Karl Sieveking vertieft durch die Freundschaft mit Neander. Schon auf dem Gymnasium waren sie zusammengewesen, aber damals hatte Sieveking sich von dem jüdischen Rivalen eher abgestossen gefühlt. Jetzt führte sie in Göttingen das Studium Platos und des neuen Testaments zusammen.

Es schien eine Zeitlang, als sollte dieser Bund auch zu einer Arbeitsgemeinschaft werden. Neanders Julia nsetzte Sieveking eine Schrift über die Platonische Akademie in Florenz zur Seite. Wiederum in den ersten Monaten des Jahres 1815 suchte Sieveking in Berlin Anschluss bei dem Freunde. Es führte dies fast zu einem Konflikte mit seiner Mutter, die in ihrer nüchternen, praktischen Art schwärmerische Äusserungen Karls auf eine Hinneigung zum Katholizismus glaubte deuten zu müssen. In dieser Hinsicht konnte sich die Mutter beruhigen. Der Sohn behauptet ihr gegenüber nur den Glauben, »das Licht, was überall das bessere hervorbringt, die

verfinsterten Herzen der Menschen erleuchtet, sei einst auf Erden
in Menschengestalt erschienen, ohne dass die Finsternis es begreifen konnte«, während die Mutter meint: »Ob Gott in Menschengestalt auf Erden gewandelt, das weiss ich nicht, kann sein,
kann auch nicht sein. Wenn ich nur fähig bin, das höhere,
bessere zu fühlen, zu erkennen — das Bild, wie ich es mir auf-
stelle, scheint mir dann gleichgiltig. Eben weil ich es rein haben
will, male ich es nicht aus«.

Sievekings Frömmigkeit war eine biblische, frei von dog-
matischer Bindung. Er hoffte, die Rückkehr zu den Urkunden des
Glaubens würde immer mehr dogmatische Schranken niederreissen.
Wie später in Hamburg der französische Prediger Merle d'Aubigné
sein Hausfreund wurde, wie ihm Radowitz 1839 in ein Exemplar
von Taulers Predigten die Worte schrieb: »Christianus mihi nomen,
catholicus cognomen«, so äusserte der Syndikus 1843, er hätte sich
in die Fremdenliste zu Prag am liebsten als reformiert-katholisch
eingetragen, da ihm das lutherische doch als gar zu ketzerisch er-
schiene. In diesem Gegensatz gegen die Orthodoxie begegnete er
sich mit seinem sonst so anders gerichteten Ahnherrn Reimarus:
in der Religion war ihm Gesinnung und Tat alles, nichts die dogmatische Formulierung.

Ein zweiter Unterschied gegen die Aufklärungszeit war das
neugefundene Verhältnis zur Kunst, die nicht mehr nur als eine
Verstandes- oder Gefühlssache betrieben wurde, sondern in der die
ganze Persönlichkeit sich ergehen und ihre Selbständigkeit finden
wollte. Schon in Lübeck hatte Sieveking mit Rumohr und Runge
Freundschaft geschlossen, in Heidelberg lernte er Gries, den Über-
setzer Tassos und Ariosts, kennen. Novalis und Tieck wurden mit
den Freunden gelesen. Auch hier hatte Karl dem Widerspruch
des mütterlichen Kreises, der der neumodischen Literatur vorwarf,
sie mache weichlich und unbestimmt in Wort und Tat, entgegen
zu halten, wahre Bildung bringe erst, wenn man ernsthafte Bücher,
die kräftigen Anteil an der Erde unterhalten, mit dem poetischen
Spiel anderer verbinde, das doch auch seine ernste Seite habe.
»Grüsse Runge!« schreibt er 1808, »malen und bilden heisst doch
auch tätig sein, und ich würde alle Tätigkeit an den Nagel hängen,
wenn ich daran verzweifeln müsste, auch im bürgerlichen Leben
Künstler zu sein«.

In seinen Studien ist Sieveking der Entwickelung der Kunst mit besonderer Vorliebe nachgegangen. Seine Briefe und Berichte sind glänzend, oft mit künstlerischem Schwunge geschrieben. Wie er in seinem Hause der Kunst eine Heimstätte bereitete, so sollte das öffentliche Leben in der Kunst seinen Ausdruck finden. 1814 trat Sieveking mit dem Plane eines Domes auf dem Schlachtfelde von Leipzig hervor. Auf neue Weise, aus der Tiefe des Herzens und mit der Blüte menschlicher Kräfte sollte Gott dafür gedankt werden, dass er dem Volke die Selbständigkeit wiedergegeben. Dieser Dom aller Deutschen sollte ein Denkmal der Auferstehung deutscher, d. h. gotischer Kunst sein und zugleich ein Sinnbild der Vereinigung der christlichen Konfessionen. Der Chor hätte dem katholischen, die Kanzel dem evangelischen Gottesdienst zu dienen.

Zu Religion und Kunst trat ein drittes. Die Aufklärung hatte auf allgemeine Sätze das Hauptgewicht gelegt, die Romantik hob die Bedeutung [der historischen Besonderheit hervor. Schon in seiner Abschiedsrede vom Gymnasium betonte Sieveking diesen Gegensatz: »Statt universaler Sätze sollten Erfahrung und Geschichte die Grundlage der Politik ausmachen. Die Gracchen sollten lehren, wie auch die gute Absicht verderblich wird, wenn nicht das Gesetz ihre Ausführung heiligt. Philipps Geschichte hätte die Deutschen lehren sollen, dem fremden Eroberer gegenüber der heimischen Streitigkeiten zu vergessen«.

Den Hamburger zog es vor allem hin zu den Reichsstädten. Historicus der Hanse zu werden, schien ihm später einmal ein würdiges Ziel. Bei seiner ersten Ausfahrt tat ihm nach dem Unbelebten und Eingeschnürten in den hannöverschen Städten und Kassel die reichsstädtische Regsamkeit in Frankfurt wohl. In Heilbronn, in Ulm, in Augsburg, in Strassburg schlug sein Herz höher. »Das kleine Genf«, so ruft er aus, »wird einer Geschichte, die weiss, was sie will, dereinst wichtiger erscheinen als alle Reiche der Mongolen, wie die Reihe derer, die Athen lenkten, wichtiger, als die Kaiser von China.« Aber er machte sich klar, dass die Reichsstädte schwerlich die alte Unabhängigkeit retten könnten. »Wenn aber nur aus dem Tode des einzelnen das allgemeine Vaterland werden kann, so müssen wir mit Freude das alles absterben sehen.«

Ein ähnliches Geschick verband den Reichsstädter mit dem Reichsadel. In Heidelberg lernte Sieveking die Grafen Fugger kennen, die er auf ihrem Schlosse Glött bei Dillingen auf dem Wege nach München besuchte, und den Grafen Erbach, mit dem er nach der Schweiz wanderte. Von diesem alten Adel hatte er eine hohe Meinung: »Er wäre gezwungen, so viel altes und herrliches, was im Geiste lebte, zu verteidigen, dass er nicht den schlechtesten Teil der Nation ausmachte. Später äussert Sieveking einmal, der hohe Adel müsse nicht auf ererbten Vorrechten bestehen, sondern suchen, sich in den neuen Verfassungen eine zeitgemässe, etwa dem englischen Oberhause entsprechende Stelle zu verschaffen.

Um das französische Recht an der Quelle zu studieren, gleichzeitig um nach dem Stande einiger Forderungen des Voghtschen und Sievekingschen Hauses zu sehen, verbrachte Karl Sieveking den Sommer 1810 in Paris. Wie einst die Franzosen in Neumühlen gastfreie Aufnahme gefunden hatten, so öffneten ihm Neumühlener Bekanntschaften die Pariser Kreise. Durch Voghts Empfehlung wurde er in den Salon der Madame Recamier eingeführt. Wie sehr Sieveking es genoss, Leben und Treiben an dem Mittelpunkt nicht nur der politischen, sondern auch der kulturellen Interessen der damaligen Zeit kennen zu lernen, voll befriedigte ihn dies Paris doch nicht. Das Hasten nach Carrière schien die Geselligkeit hier, wo die Kunstschätze der Welt vereinigt waren, wo die besten Köpfe zusammenkamen, dennoch schal und geziert zu machen. »Wirklich gut«, so schrieb er, »waren nur die Gesellschaften, in denen sich ein anderes Zeitalter, eine grosse Begebenheit vorarbeitete, die Gesellschaft Voltaires, der Economisten, die des Cosimo, padre della patria, des Lorenzo magnifico, die der Reformatoren, vielleicht die der deutschen Philosophen in Jena. Auch muss Copet vielleicht genannt werden, denn was man dort will, ist für Frankreich wenigstens neu«.

Kein Zweifel, die günstigen Vermögensverhältnisse hätten in Sieveking eine romantische Vorliebe für das Alte begünstigen können. Er schreibt einmal, er habe mehr Sinn fürs Ererben als fürs Erwerben. Aber die Zeit war nicht dazu angetan, dass man sich solchen Gedanken hätte hingeben dürfen. »Was wissen die Menschen«, schreibt er seinem Freunde Gries, »die sich in die Zeit schicken, von der Geschichte? Von der weiss nur, wer im Kampf ist; denn sie selbst ist, für Menschenaugen wenigstens, ein Kampf wie der Geist mit seiner Erbkrankheit, der Erde, es fortdauernd sein muss».

1808 hatte Sieveking seinem väterlichen Freunde Voght geschrieben, er sei überzeugt, dass es nicht genüge, hilfreich und gut zu sein, sondern dass man in der Wissenschaft oder im Staat denkend und bildend eine lebendig fortwirkende Schöpfung hinterlassen müsse. Als Student hatte er sich eine Weltanschauung erkämpft. Es fragte sich jetzt, in welchem Berufe er seine Talente und Kenntnisse am besten verwerten würde.

III.

Von Paris zurückgekehrt, promovierte Karl Sieveking im Dezember 1810 in Göttingen zum Doktor juris. Schlabrendorf hatte ihm in Paris zu einer bürgerlichen Tätigkeit geraten. Das war Wasser auf die Mühle der Mutter, die ihn nicht früh genug in Hamburg sehen konnte. Ihn selbst freilich zog es mehr zum Gelehrtenberufe hin und er entgegnete der Mutter: »Denken müssen doch auch einige, auf dass die bürgerliche Ordnung zu etwas führe«. Immerhin ging er Ende 1810 nach Hamburg und versuchte dort, dem Wunsche der Mutter zu willfahren. Doch gerade im Dezember 1810 hatte Napoleon die Einverleibung der Hansestädte beschlossen. Von Versuchen, der Vaterstadt etwa durch Anschluss an die hanseatische Deputation in Paris zu dienen, konnte bald nicht mehr die Rede sein. »Was hat man vom bürgerlichen Leben«, schrieb Sieveking am 12. Februar 1811 seinem Freunde Gries, »wenn es weder Leben ist, noch bürgerlich?«

Der elterliche Kreis dachte an Hamburg, wenn es galt, sich als Patriot zu zeigen, Karl Sieveking hatte von vornherein den Begriff des Vaterlandes weiter gefasst. Durch Jacobi hatte er Beziehungen zu München, durch Reinhard zu Kassel. Eine Anstellung in Bayern oder Westfalen, die mit Sendungen an die grossen Höfe verbunden wäre, war ihm früher verlockend erschienen. Jetzt aber bemühte sich Reinhard, ihn direkt in französische Dienste zu bringen. Auch die amerikanischen Beziehungen des Hauses konnten ausgenutzt werden. Mancherlei Pläne bewegten den jungen Doktor, wie er an Gries schrieb, »von französischem Ehrgeiz, amerikanischer Beschränkung, wissenschaft-

lichem Winterschlaf, der am Ende doch wohl siegt«. Wie im
Winter wollte er sich verschliessen, »zu zehren von der Freiheit alter
Zeiten, um zu der Freiheit der neuen Zeit die Kräfte zu sammeln«.

In der Handelskrise des Jahres 1811 musste auch das Haus
Sieveking im April seine Zahlungen einstellen. »Schwerlich«,
schrieb Reinhard »ist der Fall eines Hauses so durch allgemeines
Bedauern geehrt worden. Du musst deinen den Unglücklichen
immer offenen Kasten nun schliessen, liebes Hannchen! aber dir
bleibt noch so viel zu geben. Drum erhalte dich deinen Freunden,
die deinen ganzen Wert fühlen!« In dieser Lage traf es sich
günstig, dass Reinhard am 29. Mai Karl vorschlagen konnte, sein
Privatsekretär zu werden. Es war keine Stelle, aber eine vorläufige Beschäftigung. Er hatte den erledigten Posten des Sekretärs zu versehen und dabei den Kindern einigen Unterricht zu
geben. Es blieb ihm aber noch Zeit für gelehrte Studien. In
Kassel konnte er seine Arbeit über die platonische Akademie in
Florenz abschliessen und im Verkehr mit den Gebrüdern Grimm
in das deutsche Altertum sich vertiefen.

Die Freunde, die, wie Leopold v. Gerlach, ihm Vorwürfe
machten, konnten sich beruhigen: es war Sievekings Absicht nicht,
auf Reinhards Ideen einzugehen und in den französischen Staats-
dienst zu treten. Als Reinhard ihn im Mai 1812 mit Depeschen
an den Herzog v. Bassano gesandt hatte, um sich ihm bei der Gelegenheit persönlich vorzustellen, verfehlte Sieveking den Herzog
in Aschaffenburg auf seinem eiligen Marsche nach Russland. Ein
Leben, der Wissenschaft und Kunst geweiht, war, wie Gries
schrieb, damals das einzige, worin ein Deutscher noch Heil zu
finden vermochte. In einer Zeit, in der er nicht wirken konnte
und mochte, trug Sieveking kein Bedenken, sich den glänzenden
Fesseln der Diplomatie zu entziehen. Eine würdigere Aufgabe
schien es ihm zu sein, durch das Studium der Geschichte eine
bessere Zeit vorbereiten zu helfen.

So ging Sieveking nach Göttingen, wo er sich für Geschichte
habilitierte. Dem so mannigfach Angeregten kam freilich das
akademische Leben jezt einigermassen trocken vor. »Was ich bin«,
meinte er, »bin ich durch Gespräch. Die Leute hier haben schon
alles drucken lassen«. Allein auch hier fand er durch hanseatische
Beziehungen Förderer. Wie Reinhard durch die Politik vom

Deutschen zum Franzosen geworden war, so Villers und Constant, Frau v. Staëls Freund, durch die Literatur von Franzosen zu Deutschen. Das Wintersemester 1812/13 brachte Sieveking eine günstige Einführung als Schriftsteller und Dozent.

Das kleine Schriftchen über die platonische Akademie in Florenz ist nicht nur interessant durch die Schilderung der Gestalten, die in den Gärten von Fiesole und Careggi zusammen kamen, sondern auch durch die persönliche Stellungnahme des Verfassers. Die Platoniker wollten nach einem Ausdruck Ficins den Glauben der Bewusstlosigkeit und die Spekulation dem Unglauben entreissen. Sie scheiterten, nach Sievekings Meinung, weil sie sich entwöhnten, die Tat als das letzte zu nehmen.

Sieveking las über Florentinische Geschichte. Diese Vorlesungen hat er 1815 in Berlin durchgearbeitet, sie sind 1844 als erster Band der Schriften einer Akademie von Ham gedruckt. Das Buch ist auch heute noch von Wert. Der Hanseat vermochte die wirtschaftlichen Grundlagen der Florentiner Verfassung scharf zu erfassen; besonders gelungen ist die Schilderung der Zünfte, des Handels und Gewerbes. Gleichzeitig wurden aber auch die grossen Dichter in den Kreis der Betrachtung gezogen, Dante, Petrarca, Boccaccio. Indessen das lebhafte Interesse, das diesen Vorträgen nicht nur Studenten sondern auch Docenten entgegenbrachten, beruhte auf ihrem politischen Kern: Machiavelli wurde in seiner historischen Grösse verstanden. Die Geschichte des Florentiner Freistaates erschien wie eine Geschichte der Freiheit überhaupt, und so setzte Sieveking ihr das thukydideische Motto voran: »τὸ μὲν ἐλεύθερον εὔτυχον, τὸ δ'εὔθυμον ἐλεύθερον, das Glück liegt in der Freiheit, die Freiheit aber im Mut.«

Nicht auf dem Boden einer liberalen Theorie sondern auf dem der historischen Rechtsschule waren diese Auffassungen gewachsen. Es war eine konservative Anschauung, die vor allem den adlichen Zuhörern einleuchten mochte, die aber in der Wirkung sich berührte mit dem Enthusiasmus der Fichteschen Philosophie. Wie Sieveking seinen Studenten Burke empfahl, so war der feste historische Boden der englischen Verfassung sein Ideal. Sein Werk klingt aus in eine Vergleichung der italienischen Geschichte mit der englischen: »Hätte auf dem Capitol eine gemischte, gemein-italische Tagsatzung von ständischen Abgeordneten mit der

Stimme des Volks, mit den Wünschen des Vaterlandes die eng-
herzige Selbstsucht der Machthaber zum Schweigen gebracht, so
konnte jene heilige Ligue sich almählich zu einem Fürstenbund.
ja zu einem Bundesstaat ausbilden: das schöne, von Meer und
Alpen umgebene Land wäre nicht die Beute der Fremden geworden. Statt eines Geschlechts gurgelnder Castraten und ver-
schmitzter Hofleute hätte der italienische Boden Männer hervorgebracht wie Demosthenes und Chatham« —

Aus dieser hoffnungsvoll begonnenen Tätigkeit riss Sieveking
die Erhebung des Jahres 1813 heraus. Er eilte nach Hamburg.
um sich der Bürgergarde zur Verfügung zu stellen. Am 10. Mai
wurde er zum Second Major ernannt. Er kommandierte am
Steintor eine Wache, als Graf Canitz aus dem Tettenbornschen
Hauptquartier nach Berlin zurückkehrte. Mitte Mai brachte er
einige Nächte unter den auf dem Bauhof versammelten Truppen
zu. Aber nicht lange war der Stadt die durch Tettenborns An-
rücken eroberte Selbständigkeit vergönnt. Wenig Tage vor dem
Waffenstillstande musste Hamburg sich den Franzosen wieder
ergeben.

Seine Mutter weilte damals in Flottbeck, Sieveking selbst
hatte Hamburg, als es in die Hände der Franzosen fiel, verlassen.
Man hatte in der äussersten Not an den Kronprinzen von Schweden
eine Deputation gesandt, die um Succurs bitten sollte. Ihr hatte
sich Sieveking als Sekretär des Syndikus Gries angeschlossen. So
konnte er auch in der Zeit der Fremdherrschaft für seine Vaterstadt tätig sein. Ausserhalb der vom Feinde besetzten Städte lebte
die freie Hanse fort. Auf Perthes Vorschlag bildete sich Ende
Juli das Hanseatische Direktorium, zu dem ausser den Vertretern
des offiziellenHamburg und Lübeck, den Syndicis Gries und Curtius,
Perthes, Mettlerkamp, Benecke und Sieveking zusammentraten.
Es kam darauf an, die Selbständigkeit der Hansestädte auf diplo-
matischem Wege zu vertreten, die Anerkennung ihrer Unabhängigkeit nach Beendigung des Krieges bei den Mächten zu betreiben, für die Erringung dieser Freiheit eine hanseatische Truppen-
macht, Legion und Bürgerwehr, zu organisieren und die aus
England eingehenden Unterstützungen an die bedürftigen Aus-
gewanderten und Bewaffneten zu verteilen.

Mit diesen Aufgaben finden wir Sieveking in den nächsten

Monaten beschäftigt. Das Austeilen der englischen Hilfsgaben an die Vertriebenen im Mecklenburgischen machte weniger Schwierigkeiten als die Führung der Truppen, denen genügende Ausrüstung und Einübung fehlten. Sieveking erzählte später, wie er einmal einen französischen Posten an der Elbe hätte aufheben sollen. Als man die Stellung geräumt fand, konnte Sieveking seine Freiwilligen nicht hindern, auf dem Rückweg ihrer Freude durch Abfeuern der Flinten Ausdruck zu geben. Bürgergarde und Legion, unter denen es mancherlei Reibung gegeben hatte, wurden Ende Oktober vereinigt. Oberst Witzleben übernahm die Führung der Truppen, denen die Engländer Sold zahlten. Gleichwohl klagte Witzleben im November Sieveking, dem treuen Verfechter des hanseatischen Bundes, sein Leid über den Zustand der Truppen. Auch er hatte mit dem Mangel an Bekleidung und der Disziplinlosigkeit seiner Leute zu kämpfen.

Das Hauptgewicht war somit auf die diplomatischen Verhandlungen zu legen. Als die Deputierten Ende Mai zum Kronprinzen von Schweden nach Stralsund kamen, zögerte dieser mit dem Entsatze Hamburgs. Im August hatte Sieveking wiederum eine Audienz beim Kronprinzen, bei dem er Moreau traf. Anfänglich sahen die kleineren deutschen Staaten in dem Kronprinzen von Schweden ihren Beschützer gegen preussische und russische Annexionsgelüste. Sieveking glaubte, ihm könnte in der zu erwartenden Deutschen Konföderation eine wichtige Aufgabe zufallen. Später freilich, im November, erfasste die Hanseaten Angst vor der schwedischen Freundschaft, da es nicht ausgeschlossen erschien, dass Schweden Hamburg und Lübeck nur besetzen wollte, um sie Dänemark gegen Norwegen auszuliefern, während Hannover Bremen mit einem die Unabhängigkeit nicht minder gefährdenden Schutze bedachte.

Ebenso verhängnisvoll wie eigennützige Helfer konnten der Freiheit der Städte innere Zwistigkeiten werden. Perthes, aber auch Gries und Benecke, glaubten die Gelegenheit benutzen zu sollen, dem neu zu befreienden Hamburg auch eine neue zeitgemässe Verfassung zu sichern. Demgegenüber wies Sieveking schon im September auf die sich regende Macht der Reaktion hin und meinte, die Unabhängigkeit der Hansestädte schiene ihm ganz von ihrer selbstgenügsamen Ruhe abzuhängen. Konservativ warnte

er Perthes davor, mit den besten Absichten Zwistigkeiten und
damit die gefährliche Einmischung der Fürsten herbeizuführen.

Die Entscheidung über das Schicksal der Hansestädte fiel in
Frankfurt, wohin sich nach der Schlacht von Leipzig das Haupt-
quartier der Verbündeten begeben hatte. Den Mann, der den
hansischen Dingen in der ersten Hälfte des 19. Jahrhunderts das
Gepräge seines Geistes aufgedrückt hat, den Bremer Bürgermeister
Smidt, der einst in Jena Fichtes Lehren gelauscht hatte, finden
wir auch hier, wo es galt, die Garantie der Mächte für die Unabhängigkeit der Städte zu erreichen, an der Spitze. Den Bremer
Deputierten Smidt und Gildemeister schlossen sich Perthes und
Sieveking an. Stein konnte die Hanseaten beruhigen. Vom Kronprinzen von Schweden hätten sie nichts zu befürchten. In der Hand
Österreichs und Preussens läge die Entscheidung, und diese Mächte
wollten den Städten wohl. In Audienzen bei Metternich, dem
Kaiser Franz, König Friedrich Wilhelm III. und Hardenberg wurde
diese Auffassung bestätigt, und am 20. Dezember 1813 konnten
Perthes und Sieveking im Ratsweinkeller zu Bremen dem Senate
diese frohe Botschaft mitteilen.

Mitten unter diesen grossen vaterländischen Begebenheiten
sehnte sich Sieveking doch nach der Musse des Gelehrten. »Ich
konnte«, schreibt er, »die grossen Geschäfte ziemlich nahe beobachten. Wenn ich zu der Darstellung früherer Zeiten zurück-
kehre, kann mir diese Anschauung wichtig werden«. Zunächst
aber ging er nach Flottbeck zu den Seinen, bei denen er die
endliche Befreiung Hamburgs erwartete.

Konnte nicht in dem befreiten Hamburg der Wunsch der
Mutter sich erfüllen, ihren Sohn in einer bürgerlichen Stellung zu
sehen? Es galt, die Wunden der Okkupationszeit zu heilen. Dazu
gehörte ein Versuch, die von Davoust beschlagnahmten Bankdepots
wieder zu erlangen: 7 1/2 Millionen Mark Bco waren am 4. November 1813 in der Kasse gewesen; als die Bank am 2. Juni 1814
wieder eröffnet wurde, war sie leer. Von den Interessenten wurden
die Bankbürger Pehmöller, Schwartze und Jean De Chapeaurouge
zur Reklamation nach Paris geschickt. Ihnen schloss sich auf ihren
Wunsch Karl Sieveking an. Allein die Sendung hatte keinen
Erfolg; ohne dass ihr Mémoire einer Antwort gewürdigt wurde.
musste die Deputation am 7. Oktober Paris wieder verlassen.

Da sich für Sieveking in Hamburg keine weitere ihn aus-
füllende Tätigkeit fand, ging er noch vor Weihnachten 1814 nach
Berlin zu Neander. Dort hoffte er dem akademischen Leben sich
widmen zu können. Aber wiederum zersplitterten die Zeitumstände
seine Tätigkeit, die Kriegsstürme rissen ihn diesmal endgiltig aus
dieser Laufbahn.

IV.

Als die Rückkehr Napoleons Deutschland zu den Waffen
rief, dachte Sieveking zunächst daran, gleich seinen Berliner
Freunden dem preussischen Heere sich anzuschliessen. Allein
Familienrücksichten riefen ihn nach Hamburg, wo er unter die
Jäger ging. Der Senat ernannte ihn zum Kapitän und beauftragte
ihn mit einer Mission in das Hauptquartier Wellingtons, um dort
einen Subsidienvertrag für die Hansestädte abzuschliessen.

Wie einst bei Schweden, so suchte man jetzt bei England
einen Rückhalt gegen die preussische Hegemonie, der man noch
immer misstraute. Der schnelle Lauf des Krieges liess Sieveking
erst nach der Schlacht bei Waterloo Wellington erreichen. Es
sei schwer, zugleich zu fechten und Traktate zu schliessen, meinte
der auf Paris vorrückende Herzog. Dennoch gelang es Sieveking
vor andern, den Subsidienvertrag für die Hansestädte zu Stande
zu bringen.

Mit der Bitte um Abschluss des Subsidienvertrages hatte
Sieveking das Gesuch um Ernennung eines Brigadiers und Er-
teilung einer Marschroute für die hanseatischen Truppen verbunden.
Man war aber doch erstaunt, als der Herzog, ohne den Vorschlag
der Städte, der den Prinzen Ernst von Hessen Philippsthal in
Aussicht nahm, abzuwarten, schon am Tage nach Einreichung des
Gesuchs, am 15. Juli, den schottischen Obristen Sir Neil Campbell
zum Führer der Hanseaten ernannte. Die Ernennung dieses
Fremden machte bei dem hanseatischen Kontingent viel böses
Blut: Die Führer fühlten sich zurückgesetzt, und es gelang dem
Obersten, den die Senate zum Generalmajor ernannten, nicht,
durch seine militärischen Eigenschaften das Vertrauen der Truppen
zu erwerben. Kamen doch die Hanseaten gar nicht ins Feuer;
nur ihre Verpflegung in Frankreich und Holland machte Sorge.

Umsonst wies Sieveking auf die Vorzüge des englischen Ver-
pflegungssystems aus Magazinen hin, dem Wellington seine Er-

folge in Spanien verdankte. Die Hanseaten glaubten um so mehr,
in Frankreich ähnlich hausen zu dürfen wie die Franzosen in
Deutschland, da auch die Preussen Requisitionen übten. Eine
Solderhöhung, die auf Vorschlag Sievekings von den Senaten beim
Einmarsch in Frankreich bewilligt wurde, konnte nur vorübergehend
die Zufriedenheit herstellen. Es kam zu unliebsamen Auftritten
zwischen dem englischen Führer und seinen deutschen Offizieren
und zu Ausschreitungen der Truppen in ihren Quartieren.

Allein nicht nur von den Insubordinationen des Kontingents
und von den Summen, die die Städte aus der Subvention und aus
der Kriegsentschädigung zu erwarten hatten, erzählten die Berichte, welche Karl Sieveking 1815 aus Paris schrieb, er benutzte
vielmehr die mannigfachen Verbindungen, die dort anzuknüpfen
waren, sie zu Stimmungsberichten über die europäische Lage zu
gestalten. Der Hamburger Bürgermeister Bartels dankte Sieveking
für seine unermüdliche Tätigkeit und seine trefflichen Berichte.
»Die vortrefflichen Verbindungen, in denen Sie gestanden haben,
haben uns zu Aufklärungen verholfen, die wir ohne Sie nie erhalten haben würden«. Wichtiger als die allgemeine Anerkennung
der Städte war die Versicherung Bartels, er wünschte in der Folge
etwas zu dem beitragen zu können, was ihm lieb wäre; Sieveking
wäre ein Mann, den er gern Hamburg erhalten möchte. Diese
Aufmunterung veranlasste Karl Sieveking, in Hamburg zu bleiben.
Die Sendung zu Wellington wurde also bestimmend für sein
späteres Leben.

Das Chaos der französischen Verhältnisse schien anfangs eine
längere Dauer des Krieges wahrscheinlich zu machen. Die Berichte Sievekings wiesen im Juli darauf hin, wie das Ungestüm
der deutschen, besonders der preussischen Truppen die Franzosen
zu einem Volkskrieg aufstacheln könnte, dessen Folgen nicht abzusehen. Gegenüber dem ungezügelten Übermut der preussischen
Armee schienen ihm die Engländer den Sieg würdiger auszunutzen,
und er pries die Hansestädte, dass sie sich einer Macht angeschlossen hätten, die durch ererbte Verfassungen die sicherste Gewähr der Freiheit und des Friedens böte.

Der Kampf Deutschlands gegen Frankreich trat zurück vor
dem Kampf der Regierungen gegen Volksbewegungen. England
unterstützte Ludwig XVIII., damit es in Frankreich eine legitime

Dynastie gäbe. Russland, ärgerlich über die schnellen Siege des
preussischen Volksheeres, suchte gegen die Patrioten die europäische Lage und die Zaghaftigkeit der preussischen Regierung
auszuspielen. Österreich durfte Russland nicht übermächtig werden
lassen und musste die Berechtigung der deutschen Interessen anerkennen, allein seine Angst vor einer Volksbewegung kam Frankreich zugute, das dadurch Strassburg rettete. Dadurch, dass England sich auf die Seite Österreichs gegen die Frankreich allzu
günstigen russischen Vorschläge stellte, kam ein Friede am 2. Oktober zustande, der überall die Spuren seiner stückweisen Entstehung an sich trug und der weder Deutschland noch Frankreich
befriedigte.

Talleyrand hatte gehofft, durch Herstellung der Legitimität
Frankreich die Integrität seiner Grenzen zu verschaffen. Die
blosse Rückführung der Dynastie sicherte aber dem Lande noch keine
Ruhe. »Ohne eine Verfassung«, so schreibt Sieveking, »die zugleich
Schranke und Stütze der höchsten Gewalt wäre, könnte keine
Dynastie die Ruhe in Frankreich lange erhalten«. Aber auch
die Verfassung böte nur eine unzuverlässige Garantie. Das eigentliche Übel läge in der Zentralität einer willkürlichen und ver-
dorbenen Verwaltung. Das Heilmittel fände sich in der Begünstigung lokaler und provinzialer Verwaltung, in der Annähe-
rung zum Federalismus. Durch ihn nähmen die defensiven Kräfte
Frankreichs in eben dem Masse zu, wie seine offensiven abnehmen
würden. Frankreich würde glücklich, ohne fürchterlich zu sein.

So wenig Zutrauen Sieveking die Rücksichtslosigkeit der
preussischen Kriegsfaktion einflösste, so sehr freute er sich, als im
September die Frage der von Frankreich abzutretenden Festungen
und zu leistenden Kontributionen zum ersten male nach so langer
Zeit wieder zu einer deutschen Politik, zu gemeinsamen deutschen
Interessen im Gegensatz auch zu den Alliierten England und Russland führte, und er riet den Hansestädten, ihr Verhältnis zu England nicht zu besonderen Vorteilen vor andern deutschen Bundes-
staaten zu benutzen. Man müsse sich als Glied des deutschen
Bundes fühlen und Rücksicht auf die öffentliche Meinung in
Deutschland nehmen. Betrachteten doch schon manche es als eine
Art von Hochverrat an der deutschen Nation, dass man den Ober-
befehl Wellingtons dem eines deutschen Feldherrn mit sichtbarer

Neigung vorgezogen habe. Bei den Verhandlungen mit Frankreich empfahl Sieveking den Hansestädten, mehr auf Handelsvorteile in Europa und in den Kolonien als auf Erstattung doch nicht im ganzen Umfange zu erhaltender Forderungen zu sehen. Eine bleibende Quelle der Bereicherung müssten kaufmännische Freistaaten einem augenblicklichen Geldvorteil vorziehen, wie er wohl das höchste Ziel der kleinen inländischen Fürstentümer sein möchte. —

Nach Beendigung seiner Sendung kehrte Karl Sieveking nach Hamburg zurück. Es begann für ihn eine wenig erfreuliche Zeit, da eine Anstellung, wie sie ihm in Aussicht gestellt war, sich nicht so bald ergab. Vergebens hoffte er auf diplomatische Sendungen nach Afrika anlässlich der Schwierigkeiten mit den Barbareskenstaaten oder nach dem dänischen Hofe wegen Zollstreitigkeiten. Das Zusammensein mit den Seinen konnte ihm den Mangel an ausreichender Tätigkeit nicht ersetzen und zur Advokatur konnte er sich nicht entschliessen. So widmete sich Sieveking noch einmal den Studien. Er beschäftigte sich mit Fragen der Hamburgischen Verfassung und der Volkswirtschaft. Perthes regte ihn zu einer Neubearbeitung des Büschschen Buches »über Geld und Banken« an. Von diesen Arbeiten ist nichts dem Druck überliefert. Abgeschlossen wurde eine »Geschichte der Hamburger Bank 1619—1819«, die der Verfasser der Bank zu ihrem 200 jährigen Jubiläum überreichte. Als Historiker hatte Sieveking die Urkunden zu Rate gezogen, aber gerade die Mitteilung bisher unbekannter Urkunden schien den Bankbürgern bedenklich. Sie liessen deshalb die Arbeit nicht drucken, sprachen aber dem Verfasser ihren Dank für die heute in der Kommerzbibliothek aufbewahrte Schrift aus und verehrten ihm zum Andenken vier Portugalöser.

Sieveking schildert, wie anfangs die Veränderungen in der Talerwährung und die Belehnung auf Pfänderwaren der Bank solche Schwierigkeiten machten, dass sie mehr als einmal der gänzlichen Auflösung nahe war, bis der Rat- und Bürgerschluss vom 18. Januar 1770 dem Giroverkehr in einem bestimmten Gewicht feinen Silbers eine feste Grundlage schuf. Die Belehnung wurde auf Piaster und andere Metalle als Silber eingeschränkt. Seit 1638 wurden Depositen zur Unterhaltung eines Kornmagazins hingegeben. Der dabei mögliche Verlust überstieg aber nie den jährlichen Über-

schuss der Bank und war durch die gesamten Staatseinkünfte
garantiert. Durch die Wegnahme des Silbers von seiten der Franzosen waren die Grundlagen der Bank eher erprobt als erschüttert;
denn statt 7 498 343 Mk. 12 sh. 6 Pf., die in den Büchern standen,
fanden sich 7 506 958 Mk. 4 sh. vor. Sieveking sah in der Girobank nicht den Gipfelpunkt der Organisation, aber als Girobank
erschien ihm die Hamburger Bank vollkommen. Er meinte: »liesse
sich auch ein scheinbar weniger kostbares Geldsystem aussinnen,
eines, wo die Ansprüche der Gerechtigkeit heiliger geachtet werden, dürfte es immer schwer sein, zu entdecken. Die Beständigkeit
des Wertmasstabes ist Gerechtigkeit, und diese ist um keinen Preis
zu teuer.«

Zu einer umfassenden Geschichte des Bankwesens liess sich
Sieveking durch seinen Bruder, der sich in Kopenhagen etabliert
hatte, Material liefern. Niebuhr schrieb ihm aus Frascati am
7. August 1817 einen ausführlichen Brief über das Bankwesen, in
dem er gegen Büsch, der nur das Hamburger System gelten lassen
wollte und den Massnahmen der englischen Bank von 1797 das
grösste Misstrauen entgegenbrachte, darauf hinwies, wie die englische Zettelbank sich bewährt habe, die in der Diskontierung
sicherer Wechsel ihre Hauptaufgabe suchte.

Die Bank von England, die seit 1797 ihre Barzahlungen ein-
gestellt hatte, bildete den Gegensatz zur Hamburger Bank. Ihr
widmete sich Sieveking vor allem. Büschs Prophezeiung, die ungedeckten Noten der Bank von England würden derselben Entwertung unterliegen wie die Lawschen Zettel, bewahrheitete sich
nicht. Allerdings wurden die Noten der Bank von England ent-
wertet, sie bekamen ein Disagio gegen Gold, aber die Entwertung
war keine grosse, weil der Bank zur Deckung liquide Forderungen,
vor allem ein reiches Material kurzfristiger Handelswechsel, zur
Verfügung standen, während bei den früheren verunglückten Versuchen schwer zu realisierende Werte, Staatsschulden, Grundstücke,
Hypotheken oder Kolonialaktien nur eine nicht bankmässige
Deckung lieferten.

Das Aufgeld des Goldes gegen Banknoten hatte Ricardo aus der
Ausgabe von zu viel Noten erklärt. Durch eine Beschränkung und Fest-
legung der Menge der nicht in bar gedeckten Noten glaubte er den Wert
der Noten dem des Goldes gleich setzen zu können. Gegen diese Quan-

titätstheorie, die nur in der Menge des ausgegebenen Geldes den Grund
von Kursänderungen sah, wandte sich wie Niebuhr so auch Sieveking.
Er wies auf die andere Ursache der Kursänderung hin, auf die
Veränderung der Bedürfnisse, Missernte und dadurch bedingte
Korneinfuhr, Krieg und Subsidien. Die Erfahrung bewies, dass
bei starker Nachfrage nach Zahlungsmitteln eine vorübergehende
Vermehrung der ungedeckten Banknoten unbedenklich sei. »Kaum
war der Friede geschlossen, kaum öffneten sich die Häfen des
Kontinents und füllten sich mit den in England aufgespeicherten
Vorräten, als unerachtet fortwährender Vermehrung des Bank-
papiers, die Kurse plötzlich stiegen, ja in kurzer Zeit ihr Pari er-
reichten«.

Als Nationalökonom stand Sieveking nicht im Banne der
grossen Theoretiker. Gleich Büsch schätzte er Stewart höher als
Smith und Ricardo oder gar die Physiokraten. Vor allem verehrte
er Möser. Erfüllt mit den Traditionen Göttingens, hätte er als Schriftsteller zwischen den alten Merkantilisten und der neueren historischen Schule die Brücke geschlagen. Die Untersuchungen über
die Quellen der Wohlhabenheit schienen ihm nur dadurch Würde
zu erhalten, dass man den Zusammenhang zwischen Reichtum und
Macht, zwischen Wohlstand und Freiheit hervorhob.

Der Streit zwischen Gelehrtenlaufbahn und diplomatischer
Tätigkeit, der bis dahin fortwährend Karl Sievekings Leben durch-
zogen hatte, spitzte sich 1819 noch einmal zu. Es wurde ihm eine Pro-
fessur für Geschichte in Dorpat angetragen, die er aber ausschlug,
da die Hansestädte ihn als Ministerresidenten nach St. Petersburg
sandten. 1821 wurde er zum Syndicus in seiner Vaterstadt ernannt. Damit hatte er einen einigermassen festen Wirkungskreis
gefunden. Er schrieb an Perthes: »Was das Amt aus mir oder
ich aus dem Amte mache, das weiss ich noch nicht, aber so viel
weiss ich, dass jeder Berührungspunkt mit dem übrigen Deutschland mir darin besonders wert sein wird«.

V.

Die Aufgabe, die den Hansestädten nach den Befreiungskriegen zufiel, war, dem deutschen Handel Anteil am Weltverkehr
zu sichern. Dem rastlosen Eifer des »nach drüben«, über See,
wandernden Kaufmanns musste der Staat durch Verträge mit dem

Ausland und durch Anstellung von Konsuln Schutz gewähren.
Vor allem schien es der Beruf der Hansestädte, zwischen Deutschland und dem emanzipierten westlichen Kontinent zu vermitteln.
Wie einst der Abfall der Vereinigten Staaten, so eröffnete jetzt die
Loslösung der spanischen und portugiesischen Kolonien vom Mutterlande dem hansischen Handel die grössten Aussichten. In Südamerika hatte Deutschland gewissermassen seine Kolonien gefunden.

Seine Sprach- und Länderkenntnis, seine diplomatische Erfahrung ermöglichten es Karl Sieveking, auf diesem Gebiete seinem
Vaterlande wesentliche Dienste zu leisten. 1827 wurde er zusammen mit dem Bremer Senator Gildemeister nach Rio geschickt,
um mit dem neuen Kaiserreiche Brasilien einen Handelsvertrag
für die Hansestädte zustande zu bringen. Es galt, der hansischen
Flagge und den deutschen Waren die Vergünstigungen zu verschaffen, die die Engländer sich bereits gesichert hatten. So war
bei den Verhandlungen nicht nur der brasilianische, sondern auch
der englische Widerstand zu überwinden. Es kam den Hanseaten
das stattliche Auftreten ihrer Gesandtschaft, die Bewirtung der
wichtigsten Persönlichkeiten aus Sievekings gutem Rheinweinkeller
zugute. Nach langem Harren gelang den Unterhändlern ein durch-
schlagender Erfolg. Es wurde nicht nur der hanseatischen Flagge
Gleichberechtigung mit der brasilianischen gewährt, sondern die
Meistbegünstigung auf fremde Waren, ja auf fremde Schiffe ausgedehnt, die von den Hansestädten aus kamen. Das Ziel, die
exklusiven Begünstigungen der Engländer zu Löschpapier zu
machen, war erreicht. Der Vertrag erlangte dadurch allgemeinere
Bedeutung, dass die Hansestädte für sich keine neuen Sondervor-
teile erstrebten, sondern der freien Konkurrenz Bahn machten.
Dies musste vor allem den Waren des deutschen Hinterlandes zu
gute kommen, wie der König von Sachsen rühmend anerkannte.

1836 entwarf Sieveking einen Vertrag mit Venezuela, den
1837 Gramlich für die Hansestädte abschloss und der einer Reihe
von Verträgen mit den mittel- und südamerikanischen Staaten zum
Muster dienen sollte. Schon in Brasilien war Sieveking das
Problem der deutschen Auswanderung vor Augen getreten. 1836
erliess Hamburg eine Verordnung über die Verschiffung von Aus-
wanderern, die Sieveking freilich nur wie Brosamen von dem Tisch

der unternehmungslustigeren Schwesterstadt Bremen auffasste. Er
schrieb an Smidt, er habe bei dem Entwurf zum Teil mit bre-
mischen Kälbern gepflügt, wies aber zugleich darauf hin, wie
wichtig es sei, die Auswanderung mehr nach Brasilien und Austra-
lien als nach den Vereinigten Staaten zu leiten.

Im Mittelmeer hatten die Hanseaten hart unter den See-
räubereien der Barbaresken zu leiden gehabt. Die Befriedigung
Algiers durch die Franzosen, die Besetzung des griechischen
Thrones durch einen deutschen Prinzen und die Krise des türkischen
Reiches eröffneten hier ihrem Handel ein weiteres Feld. Dem
diplomatischen Agenten der Hansestädte in London, James Colquhoun, gelang es 1839, einen Vertrag mit der Pforte zustande zu
bringen, der den Hanseaten freie Schiffahrt ins Schwarze Meer
sicherte. Mit der Erledigung der Ratifikation des Vertrages und
der Überbringung von Geschenken wurde Patrick Colquhoun,
James Sohn, betraut, der diese Reise zu Verhandlungen mit Persien
und 1843 mit Griechenland benutzte. Sieveking liess es sich an-
gelegen sein, diese Verträge zu fördern und für hanseatische Kon-
sulate in der Levante zu sorgen. 1845 wurde Dr. Mordtmann
nach Konstantinopel geschickt als Sekretär des die hanseatischen
Geschäfte wahrnehmenden spanischen Gesandten und um seine
von Ritter so hoch geschätzten Studien zu betreiben. Weiter war
der Hamburgische Kaufmann nach Indien gedrungen. In Singa-
pore und Kanton hatte das Haus Behn-Meyer sich niedergelassen.
Die Hamburgische Flagge war von der chinesischen Regierung
anerkannt, als die preussische Flagge dort noch nicht bekannt war,
so dass ein Schiff der preussischen Seehandlung in jenen Gewässern die hamburgische Flagge aufziehen musste. Auch hier
suchte Sieveking durch Ernennung von Konsuln den deutschen
Handel zu fördern.

1846 zählte der Hamburgische Staatskalender 162 Hamburgische Generalkonsuln, Konsuln und Vizekonsuln auf. Man
zog in Hamburg Vertreter der einzelnen Städte vor, da man mit
dem gemeinsamen hanseatischen Konsul in Lissabon schlechte Erfahrungen gemacht hatte. Anders verfuhr man, wo gemeinsamer
Besitz die Hansestädte zusammenhielt, wie in London und Antwerpen, oder, wo an den grösseren Höfen diplomatische Interessen
zu vertreten waren. So war Rumpff hanseatischer Ministerresident

in Paris und 1839 forderte Sieveking die Schwesterstädte auf, die diplomatischen Schildwachen Hamburgs in Wien und Berlin durch Gehaltszuschüsse zu hanseatischen Gesandtschaftsposten zu erhöhen.

Gerade bei Verhandlungen mit dem Auslande mussten die Hansestädte ihre politische Schwäche empfinden, die in einem traurigen Missverhältnis stand zu den deutschen Handelsinteressen, die sie vertraten. Sie waren nicht die Hausherren in Deutschland, sondern nur die Türhüter. Wie ganz anders hätte ein handelspolitisch geeintes Deutschland auftreten können! Stein hatte den Deutschen Bund zum Organ dieser Einheit machen wollen. So hatten auch 1817 die Hansestädte den Versuch gemacht, den Bund zu gemeinsamen Massregeln gegen die Barbareskenstaaten zu bewegen. Jedoch nicht vom Bunde, sondern von den Einzelstaaten und ihren Sonderbündnissen sollte der handelspolitische Zusammenschluss Deutschlands ausgehen.

Der Anschluss an den Zollverein wurde auch den Hansestädten nahe gelegt. Allein seine fiskalischen und schutzzöllnerischen Tendenzen erinnerten die Hanseaten allzusehr an die Leiden der Kontinentalsperre. Bildete doch den Kern des hansischen Handels der Import von Rotwein, Zucker und englischen Manufakturwaren, dem freilich der Export norddeutschen Getreides und schlesischen sowie sächsischen Leinens gegenüber stand. Es kam hinzu, dass der Zollverein den Schwierigkeiten des Weltverkehrs wenig Verständnis entgegenbrachte und insonderheit die Behördenorganisation des führenden Staates Preussen, wie Smidt am 30. Juni 1843 an Sieveking schrieb, gar nicht auf den Welthandel zugeschnitten war.

Lag es unter diesen Umständen nicht nahe, die deutschen Schiffahrtsstaaten zu einem dem Zollverein ähnlichen Bunde zu verbinden? Gleichmässig hatten sie unter den Differentialzöllen Portugals, Spaniens und Frankreichs zu leiden, und nur gemeinsame Massregeln konnten diesen Ländern einen gleichwertigen Druck entgegensetzen. So trat Sieveking 1836 mit dem Projekt einer erneuerten »Deutschen Schiffahrtshanse« hervor, die die norddeutschen Uferstaaten umfassen sollte. Gegen die die gemeinsame Flagge der Hanse schlechter behandelnden Staaten sollte die gleiche Waffe discriminierender Zölle als Retorsion angewandt werden; das Ziel dieser Vereinigung sollte aber die Beseitigung aller solcher Differentialbelastungen und die Herstellung humanerer Grundsätze im Seekriege sein. Sieveking kam mit diesen Vorschlägen den Wünschen der Hamburger Rheder entgegen, die ihm eifrig zustimmten und ihm den wärmsten Dank für die ihren Angelegenheiten bewiesene Teilnahme aussprachen. Allein in der Kommission, die der Senat am 28. Nov. 1836 einsetzte, überwogen die Bedenken. Man fürchtete, durch ein Zusammengehen mit Preussen seiner Unabhängigkeit etwas zu vergeben. Vor allem aber wurden gegen die Interessen der Rheder die gewichtigeren Interessen des Hamburgischen Zwischenhandels geltend gemacht, den die Retorsionsmassregeln weiter schädigen würden.

Noch einmal kam Sieveking auf den Gedanken eines deutschen Schiffahrtsbundes zurück, als er 1841 dem Rhedereiinteresse durch den Plan einer die deutsche Auswanderung der deutschen Flagge erhaltenden Kolonisation einen grösseren Hintergrund zu geben suchte. Neben den Vereinigten Staaten boten Südamerika und in geringerem Masse Südafrika der Auswanderung ein Feld dar. Vor allem war die australische Welt damals noch nicht fest vergeben. Wie Frankreich dort sich festzusetzen strebte, so schien in jenen Gebieten der deutschen Flagge noch die Möglichkeit gegeben, sich neben der britischen zu entfalten.

Sieveking war der Meinung, den die Zeit erfüllenden nationalen Ideen müsste irgendwo fester Boden gegeben werden, damit sie sich in die Praxis umsetzen könnten. So benutzte er sein Zusammentreffen mit dem Sekretär der Neuseeländischen Kompagnie, Ward, sich die bei Neuseeland gelegenen Chatham-Inseln, Warekauri, zu sichern. Am 12. September 1841 schloss Sieveking mit Ward einen Vertrag, nach dem die Inselgruppe einer Deutschen Kolonialgesellschaft verkauft werden sollte, die sich unter den Schutz einer Deutschen Admiralität zu stellen hätte, einer in Hamburg nach Art des Deutschen Bundes zusammentretenden Versammlung von Bevollmächtigten des Zollvereins und der Hansestädte.

Als am 1. Februar 1842 ein provisorisches Komitee einen Aufruf zur Aktienzeichnung für die Deutsche Kolonisationsgesellschaft erliess, stellte es sich heraus, dass die Neuseeland-Kompagnie gegen den Willen der englischen Regierung gehandelt hatte, die nicht gewillt war, auf die Souveränität über Warekauri zu verzichten. So scheiterte dieser erste Versuch, statt in der Luft, in wirklichem Wasser zu schwimmen, und es blieb Sieveking nur das Verdienst, die Frage ins Rollen gebracht zu haben.

Freilich sollte die Antipodenkolonie nur der Anfang eines die ganze Welt umspannenden Planes deutscher Kolonisation sein. Wir hören von Projekten deutscher Kolonisation in Brasilien und in den spanischen Republiken, in Texas und in Südafrika. Der junge Colquhoun wies auf Thasos und Samothrake und auf die Bereitwilligkeit des Fürsten von Samos hin. Fromme Schwaben zog es nach Palästina. Allein die hanseatischen Kolonisationspläne wurden dadurch unterbrochen, dass die Hamburger nach dem Brande ihrer Stadt 1842 alle Gedanken auf deren Wiederaufbau konzentrieren mussten, während Sieveking durch die Dresdener Elbschiffahrtskonferenzen und die Sitzungen des Bundestags Hamburg ferngehalten wurde. Das Ziel, die deutschen Handelsinteressen zu vereinigen, verfolgte Sieveking weiter, und seine Versuche kamen schliesslich doch wieder auf eine Benutzung des Bundestages hinaus.

Wenn an Hamburg die Reihe kam, die Städtische Kurie am Bunde zu vertreten, übernahm der Syndikus Sieveking diese Aufgabe, und so finden wir ihn 1831, 1835, 1839 und 1843 in Frankfurt.

Das erste Mal schien es hoch hergehen zu sollen. Der Deutsche Bund beschloss die Exekution gegen Luxemburg, und Hannover wurde die Exekution aufgetragen. Da nun Hannover erklärte, wegen der Unruhen im eignen Lande nur die Hälfte seiner Truppen entbehren zu können, musste auch die zweite Division des 10. Armeekorps, zu der neben Mecklenburg, Oldenburg und Holstein die Hansestädte gehörten, sich bereit halten. Ende März erschien es wahrscheinlich, dass die Truppen in vier Wochen Marschordre bekommen würden. Allein es kam nicht so weit. Nur die Waldecker und Lipper verstärkten die Luxemburgische Garnison, das 10. Korps und mit ihm die Hanseaten brauchten nicht auszurücken. Bis in das Jahr 1839 erstreckten sich jedoch die Verhandlungen über den Kostenersatz für die Vorbereitung der Luxemburger Exekution, und erst im nämlichen Jahre wurde die Luxemburger Frage für den Bund dadurch erledigt, dass an Stelle des belgischen Luxemburg Teile von Holländisch Limburg zum Bundesgebiet geschlagen wurden.

Die Mängel des Militärwesens, die bei dieser Mobilmachung hervortraten, veranlassten eine Reorganisation. Die Hansestädte vereinigten sich mit Oldenburg zu einer Brigade. Am 25. Juli 1835 wurde die Schlussakte des 10. Korps von den Bundestagsgesandten und Militärbevollmächtigten vollzogen. Bei einem gemeinsamen Lager in Lüneburg 1843 ernteten die Hamburger Truppen das Lob der Inspektoren.

Der Deutsche Bund war auf den Londoner Konferenzen, die über das Schicksal Belgiens entschieden, nur durch die Österreichischen und Preussischen Gesandten vertreten. Man war in Frankfurt oft lange ohne Information, und wie konnte sich vollends eine »zur Behauptung der Bundesinteressen gegen das Ausland unentbehrliche öffentliche Meinung bilden, wo eine jede Wechselwirkung zwischen der Presse und dem Organ des federativen Willens verstummte?« Das Schiff«, so schrieb Sieveking am 29. Juli 1831, »ist auf eine Sandbank geraten. Der Kapitän schläft. Der Steuermann, der das Ruder ergreifen sollte, hofft mit den Trümmern sein Boot zu kalfatern. Schon rührt sich das Schiffsvolk. Was es durch anarchische Anstrengung rettet, wird es als sein Eigentum betrachten«.

Indessen erwachte der Bund doch wieder zu einer wenn auch höchst einseitigen Tätigkeit. Er wurde das Organ der Reaktion gegen den demokratischen Geist der Kammern und der Presse. Sieveking gab in seinen Berichten dem Bedauern darüber Ausdruck, dass der federative Patriotismus der Bundesversammlung sich auf eine polizeiliche Tätigkeit beschränkt sähe, die am wenigsten geeignet wäre, ihr die entfremdete öffentliche Meinung wieder zu gewinnen. Freiheit der Presse schien ihm eine politische Notwendigkeit zu sein, da die Zensur nur den Verteidigern der bestehenden Ordnung das ritterliche Gefühl der Bekämpfung gleich freier Gegner und dadurch jede Grundlage überzeugender Beredsamkeit, sowie das günstige Vorurteil der Menge entzöge. Wie der Architekt die Launen des Bauherrn, so müsse der Staatsmann die Opposition nicht als ein Hindernis betrachten, sondern als einen Stoff, welcher künstlerisch zu bezwingen sei.

Während 1831 Preussen liberaler auftrat und nur wegen Österreichs Vorstellungen einen Antrag auf Öffentlichkeit der Bundestagsverhandlungen zurückhielt, waren 1835 die Rollen vertauscht. Damals wollte Preussen das Wandern der Handwerksburschen ins Ausland, wo sie, wie in der Schweiz, aufrührerische Gedanken einsögen, am liebsten ganz verbieten und Verleger und Autoren des Jungen Deutschland gänzlich unterdrücken, während Österreich den Beschlüssen eine mildere Form gab. Sieveking wies darauf hin, dass ein Verbot des Wanderns nach preussischem Vorschlag die den Deutschen bundesgesetzlich und verfassungsgemäss zugesicherte persönliche Freiheit zum Nachteil der Gewerbsentwickelung auf eine monströse Weise beschränken würde und dass eine unbedingte Ächtung noch ungeschriebener Werke ungehörter Schriftsteller die Kompetenz der Bundesversammlung und die verfassungsmässigen Schranken der Regierungsgewalt überschritte. Er schloss sich deshalb der österreichischen Proposition an, die nach dem Wunsche mehrerer Gesandten, auch des städtischen, die gesetzliche Sphäre der einzelnen Regierungen respektierte.

Wenigstens als obersten Hüter des Rechts in Deutschland glaubte man den Bundestag ansehen zu müssen. 1831 hatte Österreich versucht, in der braunschweigischen Frage das Prinzip der Legitimität gegen den neuen Herzog Wilhelm zu vertreten, aber der Bund hatte sich im wesentlichen auf Preussens Standpunkt gestellt, dass hier die Autonomie der Landes- und Hausgesetze, die den neuen Herzog begünstigten, zu entscheiden hätte. Dieser Auffassung war auch die städtische Kurie beigetreten. 1839 wurde die Autorität des Bundes zum Schutze der Hannöverschen Verfassung angerufen. Unter Führung Bayerns vereinigten sich die konstitutionellen deutschen Staaten, denen sich auch die Städte anschlossen, hier die Kompetenz des Bundes anzuerkennen. Allein Preussen und Österreich wussten die Mehrheit zur Ablehnung des Einschreitens zu gewinnen.

Damit schien der Bund sich selbst das Todesurteil gesprochen zu haben, und in einem Briefe an den Lübecker Syndikus Curtius meinte Sieveking 1839, bei dem Versagen des Bundes müsste man das Verhältnis zum Zollverein ins Auge fassen, an den die materiellen Interessen des Bundes übergegangen wären. Wenn wir ihn trotzdem in den nächsten Jahren es noch einmal mit dem Bundestage versuchen sehen, so hängt dies mit dem Einfluss Smidts und den bei der Thronbesteigung Friedrich Wilhelms IV. neubelebten vaterländischen Hoffnungen zusammen. Bei den Dresdener Konferenzen über den Stader Zoll kam Sieveking

1843 der Gedanke, diesen Zoll zu einem Bundeszoll zu machen
und ihn als Kampfmittel gegen Differentialzölle des Auslandes
zu verwerten. Vor allem aber sollten die von Portugal dem
deutschen Handel gemachten Schwierigkeiten den Anlass zu ge-
meinsamem Auftreten geben.

Die Gelegenheit war insofern günstig, als die Berliner Regierung nicht wie 1834 alle gemeinsamen Schritte, die nicht zum
Eintritt in den Zollverein führten, ablehnte. Smidt und Sieveking
fanden sie vielmehr zur Unterstützung eines gemeinsamen Vorgehens bereit, wenn nur von anderer Seite die Initiative ausginge.
Im Frühling 1843 ging Sieveking nach Wien und den süddeutschen Höfen. Metternich kam seinen Plänen aufs freund-
lichste entgegen. Es kam nun darauf an, dass die Hansestädte,
der Unterstützung der Grossmächte sicher, auf dem Bundestage
einen Antrag stellten. Wenn auch Preussen, Österreich und die
Hansestädte durch Einzelverhandlungen einiges erreichen konnten,
so bot die federative Sanktion die Basis eines deutschen Schiff-
fahrtsbundes, der zu grösseren Hoffnungen berechtigte. Der Bund
sollte zum Abschluss eines Handelsvertrages mit Portugal auf
Grundlage der Reziprozität eine ausserordentliche Gesandtschaft
nach Lissabon senden, mit der Sieveking sich betraut dachte.
Hier aber liessen die Hamburger ihren Syndikus im Stich. Es
wurden seine Vorschläge wohl einer Kommission überwiesen und es
kamen in Hamburg die Vertreter der Hansestädte zu ihrer Beratung zusammen, aber diese Beratungen führten zu keinem Ergebnis. Vergebens ermahnte Smidt die Hamburger, die Schäfer-
stunde, die Gunst des Augenblicks wahrzunehmen, den Gang der
Weltgeschichte, der auf eine deutsch-nationale Handelspolitik hin-
drängte, zu verstehen und sich die guten Vorarbeiten Sievekings
zu nutze zu machen; sie konnten sich nicht für seinen Argonauten-
zug erwärmen.

Sollten die Bundesversammlungen einen Inhalt erhalten, so
konnte er ihnen nur mehr durch Beschäftigung mit der deutschen
Handelspolitik gegeben werden; hansische Politik musste in der
Führung der deutschen Handelsinteressen ihre Aufgabe finden.
Es ist daher begreiflich, wenn der Syndikus im Sommer 1843,
als der Antrag der Städte ausblieb, missmutig meinte, mit hanseatischer und deutscher Politik sich befassen, hiesse wirklich den

Bock melken, damit andere das Sieb unterhielten. Der Grund des Stockens seiner Pläne lag aber doch nicht nur darin, dass die Hamburgische Politik in die Kloaken geraten zu sein schien, die Sielfrage alle Gemüter allein beschäftigte, sondern es handelte sich hier um einen tiefergreifenden Gegensatz. Syndikus Banks, der Vorsitzende der Kommission, stand auf dem Boden der Hamburger Kaufmannschaft, die schon 1836 gegen eine mit der zweischneidigen Waffe der Differentialzölle verbundene Handelseinheit aufgetreten war. Die Sievekingsche Auffassung wurde später besonders durch den Bremer Senator Duckwitz in der Öffentlichkeit vertreten. Ihm kam der Chef des 1844 errichteten preussischen Handelsamts v. Rönne entgegen, während der Hamburger Senator Kirchenpauer 1847 in einer Denkschrift den Standpunkt der Kaufleute darlegte. In der Tat sollten die Fortschritte der deutschen Handelseinheit nicht auf dem Wege gemeinsamer Schutzmassnahmen, sondern durch die Begünstigung des Freihandels erfolgen.

VI.

Bald nachdem er Syndikus geworden, heiratete Sieveking 1823 Caroline De Chapeaurouge. Die überaus glückliche Ehe wurde mit einer stattlichen Kinderschar gesegnet, zwei Mädchen und vier Knaben, die Sieveking gern seine Haimonskinder nannte. Die vielen diplomatischen Reisen unterbrachen wohl das Familienleben. Besonders schmerzhaft war die Trennung, als der Syndikus kurz nach der Geburt seines Erstgeborenen nach Brasilien aufbrechen musste. Auch 1835 war er allein in Frankfurt. Dafür sind uns aus solchen Zeiten seine ausführlichen Briefe erhalten, die er fast täglich seiner Gattin schrieb. Häufig auch wurde die Familie mitgenommen, so 1831 nach Frankfurt, wo die zweite Tochter geboren wurde. An den Frankfurter Aufenthalt schloss sich eine Reise nach Italien. Mit Chateauneuf ging es über Marseille bis Neapel; in Rom wurden Kunststätten und Künstler besucht. Wiederum begleitete die Familie den Syndikus, als er 1842 nach Dresden zu den Elbschiffahrtskonferenzen ging.

Aus der De Chapeaurougeschen Erbschaft war Sieveking 1829 der Hammer Hof zugefallen. Die häufige Abwesenheit von Hamburg hinderte ihn nicht, hier sich ein reiches Heim zu schaffen. Das Haus wurde von Chateauneuf im klassischen Stile ausgebaut.

Milde schmückte den Saal mit dem Fries des Tempels von Bassae.
Spekter malte das nach Art einer Kajüte eingerichtete Arbeits-
kabinet aus mit allegorischen Darstellungen der Tageszeiten und
der Elemente. Holländische Bilder, aus der Mettlerkampschen
Sammlung auf Rumohrs Rat erworben, zierten die Wohnzimmer.
In diesen von der Kunst geweihten Räumen entfaltete sich eine
Geselligkeit, die wohl an Neumühlen erinnern konnte. Schon die
diplomatische Stellung des Syndikus brachte reichen gesellschaft-
lichen Verkehr mit sich. Sogar gekrönte Häupter wurden unter
dem Strohdach von Ham bewirtet. 1840 wurde hier Christian VIII.
zu Ehren eine Ausstellung der Werke Hamburger Künstler ver-
anstaltet. Lieber aber noch pflegte der Syndikus anregendes Gespräch im kleinen Kreise, wo die Teilnehmer zwischen der Zahl
der Grazien und der Musen die Mitte hielten.

Von Voght holte sich Sieveking Rat über die Bewirtschaf-
tung des Gutes, das er fast einer landwirtschaftlichen Versuchs-
station gleich machte. An die Viehwirtschaft wurde eine Brennerei
angelehnt; Brauerei und Ziegelei erweiterten den Betrieb, und
sogar dem Weinstock hoffte der Syndikus an einem sonnigen Hügel
hier im Norden eine Stätte bereiten zu können. Freilich meinte
er gegen Voght, von dem rationellen Landwirt hielte er im Grunde
nicht viel mehr als von dem rationalistischem Theologen. »Was
ist jener ohne lokale Tradition, dieser ohne Überzeugung von Tatsachen höherer Ordnung?«

Wie er den Tag mit einer Morgenandacht im Kreise der
Familie zu eröffnen liebte, so pflegte der Syndikus die religiösen
Interessen im Verkehr mit Wichern und seiner philanthropischen
Kousine, Amalie Sieveking. In dem Hammer Landhaus hatten
früher die Eltern der Frau Syndica eine Erziehungsanstalt nach
Art des Fellenbergschen, von Pestalozzi beeinflussten Hofwyl eingerichtet. Der letzte Zögling dieser Anstalt hatte das Haus verlassen, als Wichern am 13. November 1832 dem Syndikus den
Plan seiner Rettungsanstalt eröffnete. Diesem Werke widmete
sich Sieveking fortan mit dem grössten Eifer. 1833 stellte er
dem Unternehmen das »Rauhe Haus« zur Verfügung, das Haus
neben der alten Kastanie, von dem aus Wicherns Anstalt so kräftig
sich ausbreiten sollte. Sieveking half die Anstalt mit begründen
und widmete ihr als Präses des Verwaltungsrats eine Teilnahme,

die ihm fast mehr Befriedigung gewährte als seine politische Tätigkeit. ›Was wiegen‹, so meinte er, ›die besten politischen Ideen, verglichen mit einem Trunk aus dem übersprudelnden Jungbrunnen praktischen Christentums?‹

Immerhin widmete sich der Syndikus in erster Linie politischen Fragen. Am 27. Juni 1837, einem ›philanthropischen Tage‹, da Malchen Sieveking ihren 5. Bericht, Julius sein Kapitel über Rettungsanstalten vorlesen wollte und mit Smidt und Rist das Rauhe Haus besucht werden sollte, lud Sieveking den Professor Wurm ein, zu so viel Braminenkost etwas politisches Salz zu bringen. In hanseatischen Fragen schloss sich der Syndikus immer mehr an den Bremer Bürgermeister Smidt an, dessen gewaltige Arbeitskraft, dessen weiten Gesichtskreis und dessen glückliches Geschick er bewunderte. Er nennt ihn den Patriarchen der Hansestädte, das Selbstbewusstsein der hanseatischen Politik in seiner idealen Objektivität und meint einmal, nach dem Tode Talleyrands erkenne er nur drei Diplomaten in Europa an, den Kaiser Nikolaus, den Fürsten Metternich und den Bürgermeister Smidt

Der preussischen Politik wurde Sieveking durch Radowitz, den er in Frankfurt kennen lernte, und durch Bunsen, der ihn in Rom und in London herumführte, näher gebracht. Auch dem Könige Friedrich Wilhelm IV. trat er nahe. Aber er war kein blinder Verehrer seines Regiments. Vor allem waren ihm die staatskirchlichen Tendenzen seines alten Freundes von Gerlach zuwider. 1839 schrieb Sieveking zu der Absicht des Thronfolgers, zu seinen Dienern nur Christen zu nehmen: ›Hoffentlich wird es ihm klar werden, dass er dadurch nicht das Reich Gottes, sondern das der Heuchelei auszubreiten Gefahr läuft‹. So kirchlich er war, von der Vereinigung über ein Symbol erwartete Sieveking wenig, alles von der Freiheit christlicher Assoziation. ›Erlöse uns Herr‹ so ruft er aus, ›von der Staatskirche, wie von dem, was man christlichen Staat nennt‹. Das Recht der Konventikel nahm er als sein ursprüngliches Menschenrecht in Anspruch. Die französischen Sozialisten hätten ganz Recht: In den Menschenrechten sei vergessen das Recht, zu arbeiten und zu beten und sich für beides frei zu vereinigen.

Wälle und Mauern schlossen die alte Stadt von der Aussenwelt ab und zwängten das städtische Leben in ihren engen Um-

kreis zusammen, aber in der Stadt vereinigten sich auch die Strassen,
die sie mit dem Weltverkehr verbanden. So muss der einzelne
ins weite streben und doch für praktische Tat in engerem Kreise
sich zusammenfassen. Offenbar war bei Karl Sieveking der Sinn
für die Ferne stärker ausgebildet. Stark zogen ihn die Probleme
der Weltpolitik an. Der in Asien sich anbahnende Gegensatz
zwischen England und Russland schien ihm eine Zeitlang selbst
die deutsch-französische Frage zurücktreten zu lassen. In der
Oregonfrage zwischen England und den Vereinigten Staaten war
er einmal zum Schiedsrichter ausersehen. Wir wiesen darauf hin,
wie er Deutschland durch Kolonien Anteil an der Weltpolitik
nehmen lassen wollte.

In den Plänen Sievekings, den deutschen Bund zu einer
nationalen Handelspolitik fortzureissen, ist der romantische Geist
der Zeit zu verspüren. Man darf romantische Politik durchaus
nicht reaktionärer gleich setzen. Sie ist vielmehr gleich weit von
reaktionärer wie von liberaler Doktrin entfernt. Ihr Wesen könnte
man darin sehen, dass sie den Mitteln zu grosse Bedeutung bei-
legt, während der Realpolitiker alles dem Ziel unterordnet. Friedrich Wilhelm IV. wollte so gut wie Bismarck die deutsche Einheit,
aber er wollte das Gottesgnadentum seiner fürstlichen Brüder nicht
angetastet sehen, während es Bismarck einerlei war, ob es einen
König von Hannover oder einen Kurfürsten von Hessen weniger gab.

Karl Sieveking gehörte nicht zu den Geschichtsliebhabern,
denen das Verstehen des Alten den Blick für die Forderungen
der Gegenwart schwächt. Lübecks Stagnation machte den
Schwesterstädten Sorge und man durfte sich nicht verhehlen, dass
dem Festhalten Lübecks am Alten ein Teil der Schuld bei-
zumessen wäre. 1843 schrieb deshalb Sieveking an Syndikus
Curtius: »Lübeck darf sich wahrlich dem Wahn nicht länger überlassen, im Wetteifer mit so vielen andern Küstenstädten der Ostsee, die zum Teil wie Danzig und Stettin eine natürliche Handels-
provinz beherrschen, eine zünftige Handelspolitik zu behaupten«.
Wie einst Hamburg die Engländer zugelassen hatte, so sollte
Lübeck den russischen Aktivhandel durch eine Niederlassung
bärtiger Russen mit ihren Popen unter dem Schutz des Heiligen
Andreas in Travemünde und durch gänzliche Zollfreiheit an der
Trave zu heben suchen.

Wie Sieveking in Hamburg die der Rhederei ungünstigen Zunftschranken bekämpfte, so trat er ein für die neuen Verkehrsmittel, von denen er hoffte, dass sie nicht nur dem materiellen Fortschritt dienen, sondern auch den geistigen Austausch und den nationalen Zusammenschluss erleichtern würden. Gegen die Oppositionder Hamburger Kaufmannschaft nahm sich der Syndikus 1837 einer telegraphischen Verbindung mit Cuxhaven an. Ebenso trat er gegen die Opposition der Kaufleute, die für die Monopolstellung der Elbe fürchteten, ein für Eisenbahnen. 1838 konnte eine Aktiengesellschaft für den Bau der Hamburg-Bergedorfer Bahn zusammentreten, deren Fortsetzung nicht nur nach Lübeck und Berlin, sondern vor allem nach Lüneburg ins Auge gefasst war. Zur direkten Verbindung mit Lübeck konnte von Dänemark 1838 aber nur der Bau einer Chaussée durchgesetzt werden.

»Was könnte aus Deutschland werden«, schreibt 1836 Sieveking an Smidt, »wenn nur der zehnte Teil der Pferde, die man hinter den Wagen spannt, vor denselben gespannt würde!« Hatte man vom deutschen Bunde keine Förderung zu erwarten, so galt es wenigstens, die Einschränkungen, die er brachte, möglichst abzuschwächen. Durch die milde Handhabung der Zensur hat sich Karl Sieveking in der Geschichte Heines einen Namen gemacht. Er meinte 1844 vom Wintermärchen: »Es ist schade um die guten Spässe, doch besorge ich, dass manches von dem gestrichenen nach den Bundesgesetzen nicht wohl zulässig ist. Am sichersten ist es wohl, wenn man den Verleger an den Zensor verweist und diesem das Kommissorium gibt, mit dem Knaben Absalon fein säuberlich zu verfahren«. Der Ärger über die verhältnismässige Freiheit der Presse in den Hansestädten, die Nichtunterdrückung von Bremer Artikeln über galizische Verhältnisse, riss 1846 Österreich dazu hin, über sie den diplomatischen Bann zu verhängen, es liess den Posten seines Gesandten unbesetzt. Sieveking aber schrieb entrüstet an Smidt, es frage sich, ob es nicht endlich an der Zeit sei, daran zu erinnern, dass die Pressgesetzgebung des Bundes, deren die Nation müde sei, die vaterländische Einheit eher gefährde als befördere«.

Bei allen Anregungen, die ihm seine Stellung brachte, musste Sieveking seine Tätigkeit gelegentlich resigniert betrachten. Nicht mit Unrecht hatte der König von Württemberg 1843 die Bundes-

tagsgesandten den Totengräbern verglichen. Auch von der Verwaltung der damals noch mit richterlichen Funktionen belasteten
Ratsregierung hielt Sieveking nicht viel. Dem Frankfurter
Bürgermeister Thomas schrieb er 1836, man wunderte sich manchmal, wie bei diesen Sitzungen doch das und jenes gefördert würde,
was man von der Stelle zu rücken verzweifelte. Dem schwer-
fälligen Geschäftsgang der freien Munizipalitäten hätte eine grössere
Zentralisation abhelfen müssen. Verkennen wir nicht, dass in den
Ratssitzungen der Syndikus, der erste Beamte des Staates, bei
weitem nicht den Einfluss ausübte, wie etwa Smidt oder Thomas
als regierende Bürgermeister. Der Syndikus hatte in seiner
Person eine Reihe von Aufgaben zu vereinigen, die in grösseren
Staaten verschiedenen Kräften zufallen. Die wichtigste war die
Leitung der auswärtigen Angelegenheiten. Für diese gelang
es Sieveking 1844, eine regelmässig tagende Kommission durchzusetzen. Seine Tätigkeit in Hamburg war durch manche ausserordentliche Sendung, wie 1840 nach Kopenhagen, unterbrochen
worden und mancher angefangene Faden war dann liegen geblieben.

Dazu trübten die letzten Jahre des Syndikus finanzielle
Sorgen. Der Brand von Hamburg war nicht nur störend zwischen
seine politischen Pläne getreten, er hatte ihm auch starke Verluste
gebracht; die geminderte Konsumkraft der Stadt zeigte sich in
den geringeren Erträgen vor allem der Milchwirtschaft. Die
Kinder waren darauf angewiesen, aus eigener Kraft sich eine
Stellung zu erringen.

In dieser Lage sah Karl Sieveking wohl sehnsüchtig auf
seine gelehrten Studien zurück. War nicht in jener Zeit des
dreissigjährigen Friedens eher durch gelehrte als durch praktische
Arbeit etwas zu leisten? Ein ähnlicher Konflikt durchzog auch
das Leben anderer Männer der damaligen Zeit, das eines Niebuhr,
eines Bunsen. Sieveking wollte wenigstens neben seinen übrigen
Beschäftigungen der Wissenschaft eine Stätte gründen. Neben
dem christlichen Element des Rauhen Hauses und dem ökonomischen des Pachtbetriebes wollte er in einer grossartigen Erziehungsanstalt das Hellenische einer harmonischen Entwickelung
fördern und so die Perikleischen Träume seiner Jugend verwirklichen. 1843 forderte Sieveking Curtius auf, durch Säkulari-

sierung einiger der reichen Stiftungen in Lübeck die Grundlage einer Hanseatischen Universität zu schaffen, um wie Preussen nach der Schlacht bei Jena die materiellen Kräfte durch geistige zu ersetzen. 1846 trat er mit dem Plane einer Kosmopolitischen Universität in Hamburg hervor, deren Mittel die in eine diskontierende Notenbank zu verwandelnde Bank von Hamburg hergeben sollte.

Wie den Kolonialplänen hat auch den Universitätsplänen des Syndikus erst eine spätere Zeit angefangen, Folge zu geben. Er vermochte nur das Herannahen einer neuen Zeit zu spüren, in der die öffentliche Meinung, nicht mehr durch die ihm verhasste Zensur zurückgehalten, durch Eisenbahn und Presse verbunden, den nationalen Aufgaben sich widmete. »Aber freilich«, meinte er 1841, »gehöre ich dann schon zu der älteren Generation. Gesellige Gewohnheiten, reaktionäre Freundschaften werden meine Sympathien dem plebejischen Landsturm verdächtig machen. So steht zu hoffen, dass mir das Schicksal in der unausbleiblichen Entwickelung Deutschlands die Stellung eines Zuschauers anweisen wird«. 1845 schrieb er an Smidt, ohne ein politisches Fieber sei für den Marasmus, an dem Preussen und mit ihm Deutschland zugrunde gehe, schwerlich eine Hilfe. 1847 erfüllte es ihn mit neuer Hoffnung, dass unser Vaterland von parlamentarischem Morgenhauch durchströmt wurde. Am 25. März schrieb er an Bunsen: »Was gäbe ich darum, wenn Preussen sich von der Mitschuld an der Reinkorporation Krakaus losgesagt hätte und nun in dem Kampf, der Europa bedroht, den Händen Frankreichs das Banner der Nationalität zu entwinden imstande wäre!«

Stets jedoch unterschied der Syndikus zwischen Freiheit der Bewegung und liberaler Doktrin. Über Gutzkows Wally schrieb er seiner Frau: »Auf einem meiner älteren Krüge steht: Venturo saeculo, auf einem andern: Antiqua fides; das möchte mein junges Deutschland von dem dieser Frivolitäten unterscheiden«. Ebensowenig wie von fürstlicher Willkür erwartete er von der »Oberherrlichkeit des verfassungslosen Demos«. Gegen beide, glaubte er, gewähre in Staat und Kirche Schutz nur ein unabhängiger, nur dem Gesetze unterworfener Beamtenstand, wie ihn Deutschland besitze.

Seinem Sohne gegenüber klagte Sieveking wohl über das

Zerrissene, Folgelose seines Lebens. Wir sahen, wie die Viel-
seitigkeit seiner Interessen und die Zeitumstände ihn zersplitterten.
Dennoch erscheint uns Nachlebenden durch seine rastlose Tätigkeit für das Gemeinwohl sein Leben wie ein Kunstwerk. Vorbildlich ist es, wie er in den Zeiten der Fremdherrschaft den
Studien sich widmete, in der Zeit der Erhebung sich ganz in den
Dienst des Vaterlandes stellte, in den Zeiten des Bundes versuchte, was er zum Ausbau der nationalen Grösse tun konnte, erreichte, was zu erreichen war in seinem Hause und in christlicher
Liebestätigkeit, dabei das heilige Feuer hütend, dass es, wenn die
Zeit gekommen, aufschlage in reiner Flamme.

XII.

Die Organisation der Hanse in ihrem letzten Jahrhundert.

Von

Paul Simson.

V.

Während des Mittelalters gab es in der Hanse keine hansischen Beamten. Alle Geschäfte waren durch die Ratsmitglieder, Sekretäre und Unterbeamte der einzelnen Städte, namentlich Lübecks, erledigt worden. Wie aber in den Städten allmählich rechtsgelehrte, besoldete Beamte, Syndici, neben die im Ehrenamt tätigen Bürgermeister und Ratmannen traten[1], so empfand man auch in der Hanse das Bedürfnis nach einem Beamten, der seine ganze Kraft in den Dienst der Gesamtheit stellen konnte. 1556 wurde, wahrscheinlich in Köln, eine Denkschrift[2] ausgearbeitet, welche die Notwendigkeit eines ständigen Beamten, Syndikus, Aktor, Generalprokurator oder ständigen Gesandten, nachwies. Dieser müsse die alten Rezesse, Akten und Privilegien sammeln, ordnen und für die Benutzung bereit halten, auf den Versammlungen stets anwesend sein, die Sachen der Kontore in den Niederlanden und England besorgen, sowie die hansischen Interessen in Frankreich vertreten. Diese Denkschrift war die Veranlassung, dass auf dem Hansetage im November 1556 beschlossen wurde, mit Dr. Heinrich Sudermann aus Köln[3], der seit 1552 zu ver-

---

[1] In Danzig ist der erste Syndikus 1528 nachweisbar. Lengnich, Der Stadt Danzig Verfassung und Rechte S. 226.

[2] Köln I, 1303 nebst S. 427 Anm. 1.

[3] Über Sudermann vgl. Ennen, Der hansische Syndikus Heinrich Sudermann aus Köln, Hans. Geschichtsblätter Jahrg. 1876 S. 1 ff. und Keussen, Allg. Deutsche Biogr. 37 S. 121 ff. In beiden Arbeiten finden

schiedenen Geschäften, namentlich auch 1553/4 zu einer grossen
Gesandtschaft nach England, von der Hanse gebraucht worden
war und sich dabei vorzüglich bewährt hatte, wegen Übernahme
einer solchen Stellung zu verhandeln. Das Ergebnis war, dass
am 18. November 1556 die Vertreter der Quartierstädte und
Hamburgs einen förmlichen, auf sechs Jahre laufenden Vertrag[1]
mit ihm abschlossen. Dadurch wurde Sudermann Syndikus der
Hanse und verpflichtete sich: 1. alle England und die Niederlande
betreffenden hansischen Sachen zu erledigen, 2. sich auf Verlangen
stets zu den Hansetagen einzustellen, 3. die Privilegia und Rezesse
der Hanse zu ordnen und einen Auszug daraus zu machen[2],
4. sich zu allen notwendigen Gesandtschaften, ausser nach Bergen
und Moskau, gebrauchen zu lassen. Dafür sollte er von der
Hanse jährlich 100 Pfd. Sterl., ausserdem zur Unterhaltung seiner
Schreiber, Jungen und Diener 100 Taler erhalten. Beide Beträge
sollte ihm das Londoner Kontor jährlich zu Weihnachten entrichten.
Für ungewöhnlich lange dauernde Reisen nach England sollte ihn
das Londoner Kontor angemessen entschädigen. Ebenso soll er
alle Reisekosten, über die er sorgsam Rechnung zu führen hat,
vom Londoner Kontor zurückerstattet erhalten. Nach seinem
Tode sollten seine Erben alle in seinem Besitz befindlichen hansischen Akten und Schriften ausliefern. Der Vertrag war ein Jahr
vor Ablauf beiderseits kündbar.

Sudermann bewährte sich in den folgenden sechs Jahren auf
das glänzendste und wurde die Seele der ganzen Hanse. Die
nähere Darlegung seiner bewundernswerten, vielseitigen Tätigkeit, für die er eine unverwüstliche Arbeitskraft, einen lebhaften
Geist und scharfen Verstand und eine uneigennützige, auf das
Gemeinwohl bedachte Gesinnung mitbrachte, gehört nicht in den
Rahmen dieses Aufsatzes. Man erkannte seine Verdienste auch
willig an. Freilich war die Hanse bei ihrer ungünstigen Finanzlage nicht imstande, ihren Verpflichtungen gegen ihm nachzukommen. Daher verpfändete sie ihm für seine Ansprüche aus der
abgelaufenen, sowie für die kommende Zeit 1559 das Ostersche

---

sich in bezug auf das amtliche Verhältnis Sudermanns zur Hanse Lücken,
die hier ergänzt werden.

[1] Danzig XXVIII, 122 Kopie.
[2] Vgl. zu diesem Punkte Hans. Geschichtsblätter Jahrg. 1906 S. 342 f.

Haus auf dem alten Kornmarkt in Antwerpen[1]. Als der Vertrag 1562 ablief, wurde er am 9. Juli dieses Jahres auf dieselbe Dauer verlängert[2]. Gleichzeitig wurde Sudermanns Gehalt um 100 Taler, die auf das Antwerpener Kontor angewiesen wurden, verbessert und ihm halbjährliche Zahlung zugesagt. Doch auch jetzt stand es mit der Auszahlung nicht besser[3]. Nicht nur, dass er selten etwas erhielt, er musste auch bei seinen fast andauernden Reisen viele Auslagen machen, die ihm ebenfalls nicht erstattet wurden. Daher drang er darauf, dass er aus seinem Dienste entlassen werde. Doch die Städte gingen nicht darauf ein, sondern versprachen ihm, seine Forderungen zu erfüllen, ja stellten ihm ein besonderes Gnadengeld in Aussicht. So liess er sich endlich zum Ausharren bewegen, und auf dem Hansetag von 1567 wurde ihm am 2. Juni Befriedigung seiner aufgelaufenen Forderungen und Erstattung seiner Auslagen zugesagt. Über das Gnadengeld versprach man sich in kurzer Zeit zu erklären. Aber auch jetzt folgten den Worten die Taten nicht. Über neun Jahre dauerte es, bis die Hanse sich entschloss, ihm ein Gnadengeld von 4000 Talern zu bewilligen. Natürlich konnten sie nicht in bar gezahlt werden, sondern ihm wurden nur die fünfprozentigen Zinsen in Höhe von 200 Talern jährlich in Aussicht gestellt. Gleichzeitig wurde unter Aufhebung des alten am 25. August 1576 ein neuer, diesem ähnlicher Vertrag[4] mit ihm abgeschlossen, der ihn für seine Lebenszeit der Hanse verpflichtete und ihm als Sicherheit wiederum das Ostersche Haus auf dem Kornmarkt in Antwerpen verpfändete. Über den früheren Vertrag hinaus nahm Sudermann es jetzt auf sich, eine Geschichte der Hanse zu schreiben, ein Verzeichnis der in seiner Verwahrung befindlichen Privilegien, Rezesse, Urkunden und Akten aufzustellen und den Quartierstädten einzuliefern, sowie ein hansisches Seerecht abzufassen. Für diese Arbeiten wurde ihm von den Städten Unterstützung durch Entlastung in seiner sonstigen Arbeit und durch Übersendung von Material zugesagt.

---

[1] Köln I, 1738; II, S. 910.

[2] Danzig XXVIII, 122.

[3] Die folgende Entwicklung vorwiegend nach zwei ausführlichen Schreiben Sudermanns aus den Jahren 1587 und 1588, Köln II, S. 902 ff., 910 ff.

[4] Von diesem Vertrage war bisher nur ein kleiner Teil bekannt, Köln II S. 903 Anm. 2. Jetzt hat er sich vollständig gefunden, Danzig XXVIII 147.

Ausdrücklich musste Sudermann jetzt auf Erstattung aller aussergewöhnlichen Unkosten verzichten. Aber auch jetzt erhielt er so
gut wie nichts. 1589 beliefen sich seine Forderungen auf mehr
als 23 000 Taler[1]. Noch 1591 wurde ihm eine ganze Anzahl von
Forderungen gestrichen und ihm schliesslich eine einmalige Entschädigung von 13 000 Talern angeboten, mit der er aber nicht
zufrieden war. Als er wenige Wochen darauf starb, wurde auf
derselben Grundlage mit seinen Erben weiter verhandelt[2], ohne
dass aber ein Abschluss erzielt worden zu sein scheint.

Sudermann hatte während seiner 35 jährigen Dienstzeit als
hansischer Syndikus ein wahres Nomadenleben geführt. Nicht
weniger als 47 lange Reisen, die zusammen 14 1/2 Jahre erforderten,
hat er in diesen Jahren ausführen müssen. War auch seine Anstellung ein sehr guter Griff gewesen, und bedeutete überhaupt
die Einrichtung seines Amtes einen wesentlichen Fortschritt in
der Verwaltung, so fehlte doch bei seinem wechselnden Aufenthalt
und seiner Überlastung mit den mannigfaltigsten Geschäften die
Stetigkeit. Es wäre ein dringendes Bedürfnis gewesen, dem Syndikus einen festen Amtswohnsitz zu geben. 1567—1569 und
1571—1577 hat Sudermann sich fast dauernd in Antwerpen auf-
gehalten. 1581 wurde beschlossen, dass er ganz dahin übersiedeln
solle[3]. Aber da er aus mannigfachen Gründen eine entschiedene
Abneigung dagegen hatte[4], wurde dieser Beschluss nicht ausgeführt. Als ständiger Amtswohnsitz für den Syndikus konnte
nur Lübeck in Betracht kommen. So beantragte Lübeck in den
Artikeln zum Hansetage von 1584, dass Sudermann sich am Orte
der hansischen Geschäftsführung niederlassen oder, wenn das
nicht zu erreichen sein würde, dort einen Gehilfen erhalten
solle[5]. Der Kölner Rat, in dessen Stadt Sudermann sein freilich
selten bewohntes Heim hatte, wünschte zwar die Erhaltung des
bisherigen Zustandes, war aber bereit, sich der Mehrheit auf dem
Hansetage zu fügen[6]. Danzig hielt es für richtig, dass der Syndikus sich am Sitze des Direktoriums aufzuhalten habe, zweifelte

---

[1] Ennen a. a. O. S. 39.
[2] Köln II, S. 963 ff.
[3] Ebenda II, 1935.
[4] Ebenda 1947, 1948, 1950, 1953, 1961.
[5] Ebenda S. 762.
[6] Ebenda S. 774.

aber daran, ob Sudermann bei seinem hohen Alter zu der Übersiedelung zu bestimmen sein werde, und wollte die Entscheidung
ihm anheimstellen. In jedem Falle aber müsse er in Lübeck
jemanden zu seiner Unterstützung erhalten[1]. Sudermann selbst
erklärte auf dem Tage seine Übersiedelung nach Lübeck für unmöglich. Daher kam man auf den zweiten Vorschlag zurück, »eine
deuchtige und qualificirte person, so den hansischen sachen ob-
liegen und noch bei leben des hern hansischen syndici von den
sachen informirt werden konte«, ihm beizugeben, die in Lübeck
ständig sich aufhalten sollte. Aber da Sudermann, an den man
sich wandte, niemanden, der dafür geeignet war, nachweisen konnte,
begnügte man sich mit dem Beschluss, sich nach einer solchen
Persönlichkeit umzusehen, während man das Wichtigste, die Beratung über die Besoldung und die Aufbringung der dazu nötigen
Mittel, noch verschob. In der Tat hat sich dann bis zu Sudermanns Tod an den Verhältnissen nichts geändert, und man scheint auf
die früheren Vorschläge auch nicht mehr zurückgekommen zu sein.

Dieselben Gründe, Arbeitsüberhäufung und dauernder Wechsel
des Aufenthaltes, bewirkten es auch, dass Sudermann der einen
Aufgabe, die man ihm gleich in seiner Bestallung aufgetragen
hatte, der Sammlung der hansischen Akten und Urkunden und
der Herstellung eines Auszuges daraus, nicht gerecht werden
konnte. Ebenso ging es auch mit den 1576 dazukommenden Aufgaben. Obwohl man längere Zeit eine gewisse Rücksicht mit ihm
übte, verlangte man doch in den 80er Jahren sehr energisch die
Erfüllung seiner Verpflichtung, ja es kam noch die Abfassung
einer gegen England gerichteten Schrift hinzu. Trotz grosser
Vorarbeiten konnte Sudermann, da er auch von den Städten nicht
genügend durch Lieferung von Material unterstützt wurde, nichts
fertig bekommen[2]. Daher gab es in der letzten Lebenszeit des
verdienten Mannes häufige Konflikte zwischen ihm und der Hanse,
die durch die elende Behandlung seiner finanziellen Ansprüche
noch verschärft wurden[3].

---

[1] Danzig Schbl. CVI; act. int. 34 f. 438.

[2] Vgl. Hans. Geschichtsblätter Jahrg. 1876 S. 41 f., 1906 S. 342 ff.

[3] Köln II S. 902 ff. und Danzig XXVIII, 147, wo Sudermann in
zehn Punkten auseinandersetzt, dass die Verpflichtungen des Vertrages
von 1576 zum Teil ungerecht sind und man ihm die meisten Ver-
sprechungen nicht gehalten hat.

Alles in allem war man doch sehr mit ihm zufrieden, und wusste, was man an ihm hatte. Die Einrichtung hatte sich eingebürgert und bewährt, und es wäre nur natürlich gewesen, dass man Sudermann nach seinem Tode sofort einen Nachfolger gegeben hätte. Aber da traten die traurigen finanziellen Verhältnisse der Hanse hindernd in den Weg. Die Beamten Lübecks mussten zunächst helfend eintreten. Wie wenig Neigung dafür bestand, einen neuen Syndikus anzustellen, zeigt, dass Danzig wenige Monate nach Sudermanns Tod sich entschieden gegen fest besoldete hansische Beamte aussprach[1]. Doch drückte die Last auf Lübeck so schwer, dass es 1598 die Anstellung eines Syndikus und eines Sekretärs, denen auch noch ein Kopist beizugeben sei, für durchaus notwendig erklärte; sonst müsse es sich vom Direktorium zurückziehen[2]. Man lehnte das aber unter Hinweis auf die mangelnden Mittel ab und verstand sich nur dazu, einen Sekretär Lübecks, der die hansischen Sachen bearbeiten möge, auf Kosten der Gesamtheit dafür zu bezahlen. Als Lübeck dann seine Forderung auf Anstellung eines Sekretärs und eines Amanuensis ermässigte, wurde das ad referendum genommen. Im nächsten Jahre wurde der Antrag angenommen und beschlossen, dass man sich nach einer gelehrten und qualifizierten Person umsehen wolle, um diese für 10 Jahre als Sekretär zu bestellen. Als jährliches Gehalt wurden 400 Taler in Aussicht genommen, wovon der Sekretär jedoch den Amanuensis bezahlen sollte. Das Geld dafür sollte durch eine besondere Abgabe von den einzelnen Städten aufgebracht werden, mit denen darüber verhandelt werden musste.

Doch hatten diese Verhandlungen, wie zu erwarten war, wenig Erfolg: Trotz vieler Mahnschreiben kam wenig Geld ein und so erklärte Lübeck auf dem Tage von 1600, dass seine Sekretäre nicht mehr imstande seien, die hansischen Sachen nebenher zu erledigen. Die Quartiersstädte wurden nun aufgefordert, die Städte ihres Quartiers zur Zahlung eines jährlichen Beitrages zur Besoldung des Sekretärs zu veranlassen[3]. Obwohl eine ganze Anzahl von Städten sich dazu bereit erklärte, konnte man doch noch nicht übersehen, ob die Mittel ausreichen würden. Daher

[1] Danzig Miss. XLIIf. 700/9.
[2] Vgl. oben S. 240.
[3] Über diese Zahlung vgl. unten.

beschloss man im Oktober 1600, vorläufig mit den vier Personen, die sich um das Amt bewarben, noch nicht zu verhandeln, zumal Lübeck erklärte, dass seine Syndici und Sekretäre die hansischen Geschäfte vorläufig mit besorgen würden. Doch nahm man bereits den Lübeckschen Sekretär Johannes Brambach, der unter den vier Bewerbern war und für die nächste Zeit in erster Linie mit den hansischen Sachen befasst werden sollte, für den Posten in Aussicht. Es vergingen aber noch mehrere Jahre, ehe die Angelegenheit zum Abschluss kam. 1602 wurde die Entscheidung über die den Lübecker Beamten zu bewilligende Entschädigung noch hinaus geschoben [1]. Auf die Tagesordnung der Versammlung von 1605 wurde dann endlich wieder die Anstellung eines hansischen Sekretärs oder Syndikus gestellt. In der Sache selbst war man einig, dass ein solcher durchaus Bedürfnis sei [2], und dieses Bedürfnis wurde von den Lübecker Deputierten unwiderleglich nachgewiesen. Darauf hin wurde die Genehmigung der Forderung beschlossen Namentlich auf Anregung des Lübecker Ratsherrn Heinrich Brokes hin wurde der aus Osnabrück stammende Stralsunder Syndikus Dr. Johann Doman [3], wahrscheinlich ebenso wie einst Sudermann auf die Zeit von sechs Jahren, zum Syndikus der Hanse erwählt [4] und leistete sofort in feierlicher Form einen Amtseid. Über sein Gehalt hinaus wurden ihm 200 Taler Handgeld und 50 Taler Umzugskosten bewilligt; denn er sollte seinen Wohnsitz nach Lübeck verlegen, womit er auch gern einverstanden war, da er in Stralsund wegen der Erbitterung des pommerschen Herzogs, gegen den er die Freiheit der Stadt sehr energisch verteidigt hatte, sich nicht sicher fühlte. Doch musste er auf Stralsunds Wunsch noch ein Jahr lang im Dienste dieser Stadt verbleiben. Da er auch noch eine Gesandtschaft nach

---

[1] Danzig Miss. XLVII, 334.

[2] Danzig erklärte sich damit einverstanden, vorausgesetzt, dass nicht neue Abgaben dadurch hervorgerufen würden. Danzig XXVIII, 74.

[3] Über Doman vgl. Brokes' Mitteilungen über den Hansasyndikus Dr. Doman, Ztschr. d. Vereins f. Lübeck. Gesch. 2, S. 466 ff., Mantels in der Allg. Deutschen Biogr. 5, S. 323 f., Bachmann und Krause, Zwei Lieder Domans, Hans Geschichtsblätter Jahrg. 1879, S. 91 ff.

[4] Das erzählt Brokes selbst, Ztschr. d. Ver. f. Lübeck. Gesch. 2, S. 467. Auf dem Hansetage von 1605 ist er nicht anwesend gewesen·

Schweden übernehmen musste, konnte er erst im September 1606 nach Lübeck übersiedeln und dort sein neues Amt antreten, das ihn sehr bald darauf auf einer mehr als anderthalbjährigen Gesandtschaftsreise nach den Niederlanden, Frankreich und Spanien führte.

Auch Doman war ebenso wie sein Vorgänger Sudermann mit Arbeiten aller Art überlastet und fast dauernd im Interesse der Hanse auf Reisen. Daher konnte er sich einem Werke, das ihm gleich bei seiner Wahl aufgetragen wurde, nur wenig widmen. Er sollte nämlich das vollenden, was Sudermann nicht zustande gebracht hatte. Ausdrücklich verlangte man vier grosse literarische Arbeiten von ihm: ein Kompendium der Hanserezesse, eine hansische Geschichte, eine Schrift zur Verteidigung der hansischen Rechte gegenüber den Engländern, endlich die Abfassung eines hansischen Seerechts. Bis zum März 1611 blieben ihm für diese umfangreichen Schriften, für die das Material zusammen zu bekommen bei der mangelhaften Ordnung der Archive sehr schwierig war, nur 16 Monate, in denen er aber auch noch die laufenden Geschäfte zu erledigen hatte[1]. Die geringen Fortschritte dieser Arbeit erregten die grosse Unzufriedenheit der Städte, so dass er dauernd Vorwürfe darüber hören musste. 1609 wurde auf dem Deputationstage beschlossen, dass die einzelnen Städte zunächst Verzeichnisse ihrer hansischen Akten, später diese selbst leihweise zum Gebrauche Domans einreichen sollten. Köln wurde noch besonders die Verpflichtung auferlegt, zu demselben Zwecke nach den hinterlassenen Papieren Sudermanns zu forschen und sie nach Lübeck schaffen zu lassen. Obwohl diesem Beschlusse nur mangelhaft nachgekommen wurde, konnte Doman doch 1611 berichten, dass er die Verteidigungsschrift gegen England und das Seerecht fertig gestellt und von dem Kompendium der Hanserezesse den grösseren Teil vollendet habe, während die hansische Geschichte dagegen noch in den ersten Anfängen stecke. Das Seerecht wurde damals einem Ausschuss übergeben und von diesem zum Druck vorbereitet. Aber die Verhandlungen darüber, in denen es noch verschiedenen Veränderungen unterzogen wurde, dauerten noch drei Jahre, sodass es erst 1614 durch den Druck veröffentlicht

[1] Danzig XXVIII, 78, Bl. 75—95.

werden konnte[1]. Obgleich man bei gerechter Beurteilung mit Domans Tätigkeit auch auf diesem Gebiete hätte zufrieden sein müssen, war das doch nicht der Fall. Danzig, dem gegenüber er sich noch besonders verantwortet hatte[2], sprach ihm seine Befriedigung aus und wünschte ihm guten Fortgang seiner Arbeiten[3], die Mehrheit der andern Städte aber hatte kein Wort der Anerkennung für ihn.

Aber es gab auch andere Konflikte, die Domans Stellung erschütterten. Bei seinem offenen, rücksichtslosen Wesen, das ihn niemals abhielt, seine Meinung gerade heraus zu sagen, wenn er auch bei andern Anstoss erregte, wobei er auch manchmal über das Ziel hinausschoss, war es nur natürlich, dass er häufig verletzend wirkte. Während er das Wohl des Ganzen im Auge hatte, trachteten manche darnach, nur den Vorteil ihrer eigenen Stadt zu befördern. Das war besonders bei Hamburg der Fall. So kam Doman schon bei der grossen Gesandtschaftsreise nach Spanien mit seinem Hamburger Kollegen hart aneinander[4]. Das war wohl der Grund, weshalb er sofort nach seiner Rückkehr heftig angefeindet wurde. Es wurde das ganz sinnlose Gerücht ausgestreut, dass er in den Dienst des Königs von Spanien treten wolle und zu diesem Zwecke katholisch geworden sei. Da er es verschmähte, auf diese Beschuldigung zu antworten, wurde die Erregung gegen ihn noch grösser[5]. Auch die unregelmässige Bezahlung seines Gehalts führte zu Konflikten und machte ihm selbst seine Stellung unleidlich.

So war bereits 1610 die Rede davon, Doman zu entlassen. Als die Zeit seiner Verpflichtung ablief, wurde durch schriftliche Meinungsäusserung der Städte festgesetzt, dass Doman noch bis zum nächsten Hansetage im Dienste bleiben, dann aber über eine Neubesetzung der Stelle entschieden werden solle[6]. Er kam jedoch der Kündigung zuvor, indem er auf dem Hansetage im März

---

[1] Sartorius a. a. O. III, S. 511 ff.
[2] Danzig, XXVIII, 78, Bl. 75—95.
[3] Ebenda Miss. LI, 69.
[4] Ztschr. d. Ver. f. Lüb. Gesch. 1, S. 316.
[5] Danzig, Act. int. 58, Arnold von Holten an Danzig 1608 Sept. 12/2.
[6] Ebenda Miss. LI, 103/5.

1611 sein Amt aufsagte [1], nachdem er schon vorher von dem Rate von Rostock die Stelle eines Syndikus dieser Stadt erhalten hatte.

Es zeigte sich jedoch bald, dass man den tüchtigen und geschäftskundigen Mann nicht entbehren konnte, und so knüpfte man bereits im nächsten Jahre wieder mit ihm Verhandlungen an. Obwohl Bremen und Hamburg sich heftig widersetzten, wurde auf einem Tage im Februar 1612 Domans Wiederanstellung in Aussicht genommen und auf einem Hansetage im Mai desselben Jahres vollzogen [2]. Doch behielt Doman daneben seine Stellung in Rostock bei, wo auch sein Wohnsitz verblieb. Die Bestallung erfolgte jetzt nur auf 2 Jahre. Sein Gehalt betrug zunächst nur 300 Taler. 1614 wurde ihm eine besondere Verehrung von 200 Talern bewilligt und der Vertrag mit ihm auf 2 Jahre verlängert. 1615 wurde eine Erhöhung seines Gehaltes in Aussicht genommen, wobei Danzig den Vorschlag machte, ihm fortan 500 Taler zu zahlen [3]. Doch kam damals eine endgiltige Festsetzung nicht zustande. Rostock scheint sich in der nächsten Zeit um die Sicherung von Domans Stellung bemüht zu haben [4]. So wurde 1617 beschlossen, dass er für das abgelaufene Dienstjahr ebenso wie für das folgende je 600 Taler beziehen sollte. Man verlangte damals aber, dass er von Rostock wieder nach Lübeck übersiedele. Dieser Beschluss wurde 1618 wiederholt, als es sich darum handelte, Doman für die Dauer besser zu stellen. Danzig sprach sich damals dafür aus, dass er auf Lebenszeit bei einer guten Besoldung im Dienst bleiben solle [5]: Gegen den Widerspruch Kölns, dem die Kosten zu hoch erschienen, und Rostocks, welches Doman gern bei sich gehabt hätte, setzte der Hansetag vom Mai 1618 sein Gehalt auf 1000 Taler fest, deren regelmässige Zahlung ihm ver-

---

[1] Der Rezess des Hansetages bestätigt Brokes' Angabe a. a. O. S. 468, dass Doman »renuncirte«.

[2] Dafür, dass das nicht schon auf dem Tage im Februar geschah, wie Brokes a. a. O. S. 468 behauptet, spricht der Umstand, dass Doman bei Beginn des Hansetages im Mai lediglich als Vertreter Rostocks erscheint.

[3] Danzig IX, 314.

[4] Ebenda Miss. LIV, 52/3, 97.

[5] Ebenda Miss. LIV, 145/7.

sprochen wurde, bewilligte ihm ein einmaliges Gunstgeld von 2000 Talern und ein jährliches Wohnungsgeld von 100 Talern und wies ihm Lübeck als Wohnsitz an. Mehrere Städte sagten ihm noch besondere Gehälter für die Wahrnehmung ihrer Interessen zu[1]. Doch hat Doman sich dieser gesicherten Stellung nicht mehr lange erfreuen können, da er bereits am 24. September desselben Jahres auf einer Gesandtschaftsreise im Haag, erst im Alter von 54 Jahren stehend, starb. Die Geschichte der Hanse und die Sammlung der Rezesse hatte er nicht zu Ende geführt[2].

Nach Domans Tode wurde noch in unwürdiger Weise mit seiner Witwe über seine rückständigen Forderungen gefeilscht, ebenso wie auch die hohen Kosten des von den Generalstaaten im Haag veranstalteten Begräbnisses bemängelt wurden. Während Danzig dafür war, dass ihr noch das letzte Quartalsgehalt ausgezahlt werde, sich auch dafür aussprach, dass ihr die Akten, »die nicht publica noch Hansam angehen,« ausgehändigt würden[3], bewilligte ihr der Hansetag 1619 nur 300 Taler »aus Gnaden« und wies die Befriedigung ihrer Forderung von 825 Talern zurück.

Lübeck fragte bald nach dem Tode Domans bei den anderen Städten an, ob sie jemanden zu seinem Nachfolger empfehlen könnten. Danzig schlug damals den aus Lüneburg stammenden Dr. Jakob Godeman, den früheren Syndikus von Riga, vor, der sich damals in polnischen Diensten befand, äusserte aber zugleich seinen Zweifel, ob er geneigt sein würde, die Stellung anzunehmen[4]. Die Anstellung eines Subsyndikus, die Lübeck gleichzeitig angeregt hatte, wies es als unnötig und unzeitgemäss zurück. Danzig trat mit Godeman in Verhandlungen, und dieser erklärte sich auch zur Annahme des Amtes bereit, falls er darum ersucht werden sollte[5]. Doch inzwischen war von anderer Seite bereits mit dem Bürgermeister und Syndikus von Stralsund Dr. Lambert Steinwich angeknüpft worden, der vorläufig einen Teil der Syndikatsgeschäfte übernahm. 1620 jedoch legte er sie bereits wieder

[1] Brokes a. a. O. S. 469.
[2] Danzig liess ihn durch seine Hansetagsgesandten sowohl 1614 als 1615 an die Vollendung dieser Arbeiten erinnern. Danzig IX, 314.
[3] Danzig XXVIII, 82.
[4] Ebenda Miss. LIV, 179/80.
[5] Ebenda Miss. LV, 50/1.

nieder[1], und der Lübecker Syndikus Dr. Johann Faber führte sie provisorisch fort. Der Hansetag von 1621 sollte endgültig Beschluss über die Neubesetzung des Amtes fassen. Danzig schlug wiederum Godeman vor, meinte aber, dass ein Syndikus vielleicht gar nicht nötig sei, sondern die Geschäfte auch durch einen Sekretär erledigt werden könnten, jedenfalls sei ein Substitut für den Syndikus völlig überflüssig[2]. Ganz entschieden sprach sich Köln unter Hinweis auf die schlechte Finanzlage gegen einen Syndikus aus[3]. Die Versammlung beschloss demgemäss, Faber die provisorische Verwaltung weiter auf drei Jahre zu übertragen und ihm dafür je 300 Taler zu bewilligen, während er für die abgelaufenen drei Jahre jährlich 200 Taler erhalten sollte. Aus diesem Provisorium wurde dann eine endgültige Einrichtung: dauernd hat bis zum völligen Untergang der Hanse einer der Lübecker Syndici die Stellung des hansischen Syndikus im Nebenamte· mitbekleidet[1].

Der bei der Überlastung des hansischen Syndikus mit Geschäften nahe liegende Gedanke, ihm eine Stütze in einem Subsyndikus, Sekretär, Beigeordneten oder Amanuensis zu geben, tauchte, wie wir gesehen haben, mehrfach auf und wurde besonders von Lübeck, das die beste Einsicht in die Verhältnisse hatte, vertreten. Doch stiess der Plan der ungünstigen Finanzen wegen stets auf Widerspruch und wurde daher immer wieder fallen gelassen. So blieb der Syndikus für die ganze Zeit der einzige allgemeinhansische Beamte.

Wohl aber gab es gewissermassen mittelbare Beamte der Hanse bei den Kontoren in London und Antwerpen, während sich das Bergensche Kontor der Oberleitung der Zentralstelle fast ganz entzogen hatte. Diese Dinge können hier jedoch nur gestreift werden. Die Älterleute der Kontore können für die frühere Zeit kaum als Angestellte der Hanse, sondern nur als solche der Kontore bezeichnet werden, da sie von den Mitgliedern des Kontors erwählt und aus den Mitteln desselben besoldet wurden. Erst als bei den traurigen Verhältnissen die Einnahmen der Kontore ganz zurückgingen, wurde auf dem Hansetage von 1591 Heitman zur

---

[1] Danzig, Miss. LV, 92/4.
[2] Ebenda XXVIII, 83.
[3] Sartorius III, S. 583.

Lahn mit einem Gehalt von 100 Pfd. Sterling als Ältermann des Londoner Kontors von der Hanse angestellt. Als dieser 1594 abgesetzt wurde und Hermann Langerman an seine Stelle trat, erhielt er nur noch 50 Pfd. Unter ihm ging mit der Schliessung des Stalhofs die Bedeutung des Kontors gänzlich zurück. Sein 1598 vorgebrachtes Gesuch auf Verdoppelung des Gehaltes wurde daher abgelehnt. Trotz der ganz verschwindenden Einnahmen des Kontors wurde noch 1600 beschlossen, weiter einen Älter-mann bei dem Kontor zu halten. Aber in den nächsten Jahren liess man die Stelle eingehen. Dasselbe war bereits 1584 bei dem Antwerpener Kontor geschehen und dessen Direktion dem Sekretär übergeben worden.

Mehr als die Älterleute tragen die Sekretäre der Kontore den Charakter von hansischen Beamten. Das Londoner Kontor hatte in den fünfziger Jahren des 16. Jahrhunderts zwei Sekretäre [1], ebenso in den siebziger und achtziger Jahren [2]. Von diesen ist Wachendorf 1590 nicht mehr im Amt [3], und es bleibt nur Georg Liseman bis 1591 Sekretär des Londoner Kontors. Als sein Nachfolger wird Heinrich Damstorf, der früher Gehilfe von Wachen-dorf war, von dem Hansetage vereidigt. Sein Gehalt wurde 1594 auf 50 Pfd. Sterl. fest gesetzt. 1601 wurde seine Bitte um Ge-haltserhöhung und einen vier- bis fünfmonatlichen Urlaub nach Frankreich zur Erlernung der französischen Sprache vom Hanse-tage abgeschlagen. Am 31. Juli 1603 ist er an der Pest ge-storben [4]. Ob danach noch ein neuer Sekretär ernannt wurde, ist fraglich [5].

---

[1] Köln I, S. 412. Christoph Stahl, 1544—1561 nachweisbar Köln I, 2017 und Balthasar Reinstorf, 1557—1560 nachweisbar, Köln I, S. 479. Vgl. zu den Londoner Älterleuten und Sekretären die nicht vollständigen Angaben bei Lappenberg, Urk. Gesch. d. hans. Stahlhofes zu London S. 157 ff.

[2] Adam Wachendorf, 1565 zuerst nachweisbar, Köln I, 2613, 2640; Jochim Brandt, 1569, Lappenberg a. a. O. S. 158; wahrscheinlich nach dessen Ausscheiden Georg Liseman aus Danzig, 1574 zuerst nachweis-bar, Danzig XXVIII, 44, Köln II, 563.

[3] Köln II, 2718.

[4] Lappenberg a. a. O. S. 159.

[5] Die Angabe Lappenbergs, S. 159, dass Martin Otto Damstorfs Nachfolger geworden sei, ist unbelegt. 1605 ist jedenfalls in London

Die Stelle des Antwerpener Kontorsekretärs ging 1591 ein, dem damaligen Sekretär Adolf Osnabrug wurden von seiner Forderung 1400 Taler bezahlt[1], und die Aufsicht über das Kontor wurde an Köln übertragen. Mit der Verwaltung des glänzenden, schon seit Jahren verödeten Hauses wurde Johann thor Westen als Hausmeister betraut, dem 1598 für seine bisherigen Dienste 40 Pfd. und für die Folgezeit 5 Pfd. jährlich bewilligt wurden. Sein Gesuch, sein Einkommen auf 150 Taler zu erhöhen, wurde 1600 abgelehnt, doch billigte man ihm im nächsten Jahre 10 Pfd. jährlich zu. Unter seinem 1604 eingesetzten Nachfolger, dem aus Danzig stammenden Tobias Mittendorf[2], vollzog sich der völlige Verfall des Kontors[3].

Ebenso wie in Antwerpen begnügte man sich in London damit, die elenden Reste einstiger hansischer Herrlichkeit durch einen Inspektor oder Verweser verwalten zu lassen[4]. Dazu wurde 1609 Hermann Holdscho, der schon 1605 der Angelegenheiten des Londoner Kontors sich angenommen hatte[5], ernannt, 1614 bezog er eine Jahreseinnahme von 10 Pfd. Sterl. Als er 1616 starb[6], setzten sich die wenigen übrigen hansischen Kaufleute selbst einen Vorstand von vier Verwesern, von denen einem die Verwaltung des Stalhofs übertragen wurde. Dieser pflegte dann vom Hansetag bestätigt zu werden[7].

Auch die Kontorbeamten der Hanse wurden ebenso wie der Syndikus sehr unregelmässig bezahlt. Sekretäre und Älterleute waren stets mit ihren Forderungen im Rückstande. Als Beispiel möge die Behandlung gelten, die der Sekretär des Londoner

kein Sekretär mehr vorhanden. Denn damals erliess der Hansetag Aufträge für das Kontor an zwei von den dortigen Kaufleuten Hermann Holdscho und Ehlers von der Heiden.

[1] Köln II, S. 982.
[2] Nicht Middelburg, wie Ennen, Hans. Geschichtsblätter Jahrg. 1873, S. 62 angibt.
[3] Vgl. dazu Ennen und Wehrmann, Hans. Geschichtsblätter Jahrg. 1873, S. 39 ff. und S. 77 ff.
[4] Für die Jahre 1904/8 liegen Rechnungslegungen für den Stalhof von Johann Wachendorf vor. Danzig XXVIII 95.
[5] Vgl. oben S. 393 Anm 5.
[6] Lappenberg a. a. O. S. 159.
[7] Danzig XXVIII, 83, 84.

Kontors Georg Liseman erfuhr. Seine Schlussrechnung von 3325 Talern wurde ihm, als er 1591 den hansischen Dienst ver-verliess, auf 1200 Taler zusammengestrichen[1]. Er erhielt trotz-dem seine Ansprüche aufrecht[2]. Selbst die ihm vom Hansetag bewilligte Summe war ihm am 1. Januar 1594 noch nicht ge-zahlt[3]. Erst auf wiederholte Mahnung, die durch seine Vaterstadt Danzig, in deren Dienst er inzwischen getreten war, unterstützt wurde, erhielt er im Mai 1594 775 Taler, während weitere An-sprüche zurückgewiesen wurden[4]. In Danzig fand der tüchtige Mann reichliche Verwendung, besonders auch in England, dessen Verhältnisse ihm ja besonders vertraut waren. Hier weilte er in Danzigs Auftrage während der kritischen Zeit der Jahre 1597 und 1598 und hatte dort auch Gelegenheit, im hansischen Interesse tätig zu sein. Auch 1599 machte er sich noch durch erfolgreiche Verhandlungen mit Hamburg und Bremen und durch eine Ge-sandtschaft nach England, mit der ihn der Hansetag betraute, um das allgemeine Wohl verdient. Trotzdem blieben seine Forderungen unbefriedigt. 1598 verlangte er ohne Erfolg 60 Pfd. Sterl. als rückständiges Gehalt[5]. Danzig, wo Liseman 1595 Schöffe, Schöffenältermann und 1601 Ratsherr wurde[6], verwandte sich 1599 und 1600 für ihn[7]. Auf dem Hansetage von 1600 wurde, obwohl auch Lübeck dafür eintrat, seine Forderung nur ad referendum genommen. Man empfand aber doch die Ungerechtigkeit der Be-handlung, und als Danzig 1601 nochmals sich für Liseman ver-wandte[8], wurde auf Lübecks Antrag unter Hinweis auf seine Ver-dienste und in der Hoffnung, dass er noch weiter mit Nutzen gebraucht werden könne, beschlossen, ihm, nicht weil man dazu verpflichtet sei, sondern aus »gutem, freiem willen und sonderbarer gunst« 300 Taler zu bewilligen, deren Auszahlung Danzig über-

---

[1] Köln II, S. 969, 978.

[2] Danzig, Liseman an Lübeck 1592 Mai.

[3] Ebenda XXVIII 131.

[4] Ebenda Miss. XLIII 199; Lübeck an Liseman 1594 Februar 11, Liseman an Lübeck 1594 Mai 1.

[5] Ebenda Liseman an Lübeck 1598 Juni 30.

[6] Ebenda Kürbücher.

[7] Ebenda Miss. XLVI 71/2, Miss. XLVII 54/5.

[8] Ebenda XXVIII 67.

nahm. Doch Liseman war nicht befriedigt; unterstützt von Danzig. brachte er seine Ansprüche weiter vor[1]. 1603 erhielt er darauf von Lübeck noch 200 Taler. Seine Sache wurde dann immer weiter verschoben, bis auf dem Deputationstage von 1609 eine allgemeine Abrechnung gehalten wurde. Damals erklärte der Hansetag, Liseman habe das ihm Zustehende erhalten. Dass man aber davon nicht völlig überzeugt war, zeigt der Zusatz, dass er sich in solchem Wohlstande befinde, dass er wohl seine Forderung zurückziehen könne. Aber er war nicht zum Verzicht zu bewegen. So kam man 1611 auf die Entscheidung von 1609 zurück und verlangte von Danzig, dass es ihn zur Zurückziehung seiner Ansprüche veranlasse. Doch auch dieses ging nicht darauf ein und beauftragte im nächsten Jahre nochmals seinen Vertreter auf dem Hansetage, sich um Lisemans Befriedigung zu bemühen[2]. Aber der Hansetag scheint gar nicht mehr auf die Sache zurückgekommen zu sein, die von jetzt ab aus den Akten verschwindet. da Liseman am 19. Mai 1612 starb[3]. So waren seine Forderungen in den mehr als zwanzig Jahren von seinem Ausscheiden aus dem hansischen Dienst bis zu seinem Tode nicht befriedigt worden. Ebenso war es dem Antwerpener Kontorsekretär Osnabrug gegangen. Als nach seinem Tode seine Erben 1598 noch eine Rechnung einreichten, antwortete der Hansetag, dass ihnen nichts mehr zukomme.

So zeigt auch das Verhältnis der Hanse zu ihren Beamten immer mehr und mehr das Bild unaufhaltsamen Verfalls.

VI.

In dem Jahrhundert, da ihre Macht sich dem Ende zuneigte, wurde die ganze Hanse beherrscht von dem Gefühl der Unsicherheit, das jede Politik grösseren Stiles unmöglich machte. Dem Verhängnis der Zeit, in dem das Sinken der Hanse begründet ist, unterlagen auch gelegentlich auftretende Männer mit etwas bedeutenderen Richtlinien, die sich über den Durchschnitt der damaligen hansischen Politiker erhoben.

[1] Danzig, Miss. XLIX 56/7; XXVIII 76, IX 313.
[2] Ebenda IX 314.
[3] Ebenda Kürbuch G 4.

In den Städten selbst hatte man ganz allgemein die Vorstellung, dass die Hanse dem Untergang entgegengehe. Das Leiden, an dem sie von jeher krankte, die innere Uneinigkeit, trat natürlich in der Zeit äusserer Schwäche, wo die neuen Zeitgewalten sich gegen sie erhoben, mehr hervor als in der Epoche der Blüte, wo die Interessengegensätze zwischen den einzelnen Städten und Städtegruppen leichter überbrückt worden waren. Dessen war man sich in den Schichten des mittleren Bürgertums ebenso bewusst wie in den leitenden Kreisen: gleichmässig erhoben ein einfacher Bürger in einem ergreifenden Schreiben an die Stadtobrigkeiten [1] und der hansische Syndikus Doman in seinem Lied von der deutschen Hanse [2] ihre warnende und anklagende Stimme. Auch auf den Hansetagen selbst musste der augenscheinliche Verfall des Bundes zur Sprache kommen. Besonders charakteristisch dafür ist das Ausschreiben zum Tage von 1572 [3], wo geklagt wird, dass das alte Vertrauen zerrüttet, dagegen der Sonderinteressen wegen unfreundliche Entzweiung, Missverständnis, Sonderung, feindliche Erörterungen an der Tagesordnung sind. 1579 kam man zu der Einsicht, dass es »viel besser were, das eine feste zusamensetzung zwänzig stedten were, die es treulich und wol mit herzen meinten, als hundert und mehr stedt, worinne das wiederspiel gefunden.[4]« Dass man wusste, wie es mit der Hanse aussehe, dafür sprechen Äusserungen, wie sie sich in den Instruktionen Danzigs für seine Hansetagsgesandten z. B. von 1584 [5] und 1612 [6] finden. Da ist von dem baufälligen Wesen der Hanse die Rede und wird »bey diesem mühseligen zustande des hansischen corporis« zur Vorsicht gemahnt, »damit nicht das baufellige wesen gar über einen haufen falle«.

Man war allgemein der Überzeugung, dass etwas zur Reform geschehen müsse. Bezeichnend dafür ist folgende Äusserung

---

[1] Hänselmann, Eine hansische Zeitbetrachtung aus dem Jahre 1586, Hans. Geschichtsblätter Jahrg. 1873 S. 149 ff.

[2] Ztschr. d. Ver. f. Lüb. Gesch. 2 S. 470 ff.

[3] Köln II, S. 335.

[4] Ebenda S. 582.

[5] Danzig Schbl. CVI; act. int. 34 f. 437.

[6] Ebenda IX 314.

Danzigs gegen Lübeck aus dem Jahre 1617[1]: Es solle in seinen
Bemühungen für die Hanse fortfahren, »damit das nunmehr sehr
geschwechete corpus Hansae so viel müglich zu vorigem vigor undt
krefften gebracht, die zerfallene conthore auffgerichtet, die commercien restituiret, bey friedtlichem guttem regiment die städte in
besseres auffnehmen undt gedeyen gesetzet undt also auf unsere
nachkomelinge alle heilsame wolfahrt, wie sie von unseren vorfahren trewe erworben undt durch vertrewliche zusammensetzung
erhalten, propagiret undt fortgepflanzet möge werden«.

Lange schon suchte man damals nach Mitteln, wie dieses Ziel
zu erreichen sei. Zunächst kam man da auf die alten hansischen
Bündnisse, die Tohopesaten, zurück[2], die man in früheren Zeiten
zum Schutze gegen die aufsteigende Fürstenmacht geschlossen
hatte. Eine solche wurde bereits auf dem Tage von 1535 aufgesetzt. In dieser »vorwetinghe« handelte es sich ausser um das
Verhalten gegen äussere Feinde nur um das Vorgehen der Hanse
bei inneren Zwistigkeiten in den einzelnen Städten und Streitigkeiten zwischen verschiedenen Städten, die durch die Nachbar-
städte ausgeglichen werden sollen. Doch kam dieses Statut, obwohl sich auf dem Hansetage die überwiegende Mehrheit dafür
aussprach, hauptsächlich wegen der Gegnerschaft Danzigs, dessen
Verhältnis zu Lübeck damals sehr gespannt war, nicht zur Voll-
ziehung[3]. Ebenso wenig wurde hauptsächlich aus demselben
Grunde 1540 die Annahme eines neuen, dem vorigen sehr ähnlichen Entwurfes[4] erreicht. Als dieser wieder 1549 zur Beratung
gestellt wurde, instruierte Danzig seine Sendeboten dahin, dass
sie sich auf nichts einlassen, sondern nur anhören und die Sache
zurückbringen sollten[5]. Eine entschiedenere Opposition ging diesmal von Köln aus, während die Städte aus den andern Quartieren
den Entwurf zum grösseren Teile befürworteten. Während nun
Köln die Städte seines Quartiers zu völliger Ablehnung der Tohopesate bestimmte und der Kölner Drittelstag die Erklärung ab-

---

[1] Danzig Miss. LIV 189/91.
[2] Über die Tohopesaten vgl. Daenell a. a. O. II S. 479.
[3] Waitz, Lübeck unter Jürgen Wullenwever und die europäische
Politik III. S. 55 ff., 399 ff.
[4] Köln I 174, Danzig XXVIII 14.
[5] Danzig XXVIII 15.

gab, dass man sich nur auf eine kaufmännische Vereinigung zur Erhaltung drei Kontore einlassen werde [1], hüllte sich Danzig völlig in Schweigen und gab seinen Vertretern 1553 dieselbe negative Instruktion mit wie 4 Jahre früher [2]. Köln blieb bei seiner Haltung [3] und setzte es auf dem Hansetage von 1553 durch. das ein neuer Entwurf, in dem nicht die Sicherung gegen Gewalt, sondern die Verteidigung der Kontore und Privilegien im Vordergrunde stand, aufgesetzt wurde [4]. Jetzt, wo dieser Urkundenentwurf vielseitiger wird, tritt zum ersten Male für die Sache der Ausdruck Konföderation und für die Urkunde die Bezeichnung Konföderationsnotel auf. Die Quartierstädte erhielten Abschrift des Entwurfs und wurden beauftragt, die Meinungen der ihnen zugehörigen Städte darüber einzuholen. Während Danzig die preussischen Städte lediglich aufforderte, ihre Ansicht Lübeck direkt mitzuteilen [5], berief Köln einen Drittelstag, auf dem der Entwurf für unannehmbar erklärt und ein Ausschuss zur Vorlegung eines neuen eingesetzt wurde [6]. Unter den Städten des Drittels waren die Meinungen sehr geteilt: einige hielten eine Konföderation überhaupt für unnötig [7], andere waren mit dem Entwurf des Drittelstages einverstanden [8], nur Münster erklärte den Entwurf des Hansetages wenigstens in einigen Punkten für den besseren [9]. Wegen der grossen Schwierigkeiten wurde auf dem folgenden Hansetage 1554 die Sache vertagt und tauchte erst nach 2 Jahren wieder auf Damals wurde ein Ausschuss, bestehend aus den Quartierstädten Bremen, Hamburg und Deventer eingesetzt, der die streitenden Ansichten versöhnen und einen Entwurf ausarbeiten sollte, der sowohl auf die Verteidigung der Städte gegen Rechtskränkung und Überfall als auf die Sicherung der Privilegien und Kontore Rücksicht zu nehmen habe. Der so zustande

---

[1] Köln I, S. 345 f.
[2] Danzig XXVIII 21 b.
[3] Köln I, S. 361.
[4] Ebenda S. 366.
[5] Danzig Miss. XXII 281/3.
[6] Köln XI, S. 368, Niehues a. a. S. 58 ff.
[7] Köln I, 914. 920. 921. 924—927.
[8] Ebenda 922. 923. 928. 933. 938.
[9] Ebenda 929.

kommende Vorschlag wurde ad referendum genommen. Auf dem
Hansetage im nächsten Jahre 1557 wurde dann der Entwurf angenommen, auch Köln hatte unter einigen Verklausulierungen
seinen Widerspruch zurückgezogen. Einige Städte seines Drittels,
ausserdem Hamburg und die pommerschen Städte hatten zwar
noch einige Bedenken. Das hinderte jedoch nicht, dass die Konföderationsnotel auf 10 Jahre für angenommen galt und beschlossen
wurde, sie mit den Siegeln der 4 Quartierstädte auszufertigen.
Die erwähnten Städte sollten sich in einigen Wochen gegen Lübeck resp. Köln erklären. Versäumnis dieser Frist oder Ablehnung sollten den Ausschluss aus der Hanse nach sich ziehen. Auf
einem Drittelstage wusste Köln die Bedenken einiger Städte
seines Drittels zu besiegen [1], und auch die noch übrigen sandten
ebenso wie Hamburg und die pommerschen Städte in der nächsten
Zeit ihre Zustimmungserklängen ein [2], und die Quartierstädte be-
siegelten die Konföderationsnotel [3]. So war das Werk nach 22 jäh-
riger Arbeit gelungen, die Ergebnisse dagegen waren nicht sehr
bedeutend [4].

Als die 10 Jahre, für welche die Konföderation gelten sollte,
sich ihrem Ende näherten, wurde 1566 ein Ausschuss bestellt,
der darüber beraten sollte, wie man die Konföderation »etwas mehr
utbreiden, mehren, dichte maken und vorbeteren muchte«. In
seiner Erklärung zu den Artikeln des nächstjährigen Tages
äusserte der Kölner Rat, dass er sich nach Lage der Zeit und
Verhältnisse zur Erneuerung der Konföderation nicht entschliessen
könne [5]. Auf dem Tage von 1567 legte Sudermann einen nicht
erhaltenen neuen Entwurf vor. Aber da fast alle anwesenden
Gesandten — Köln war nicht vertreten — keine Vollmacht hier-

---

[1] Köln I, S. 446.

[2] Ebenda S. 456.

[3] Köln sandte die versiegelte Notel am 21. Februar 1558 an Lübeck,
Köln I 1554, Lübeck die Notel zur Versiegelung an Danzig am 24. Juni
1558, Danzig Schbl. CVII B 437. Dieses hat besiegelt am 19. Juli 1558:
ebenda Miss. XXV 83.

[4] Die Köln II, S. 553 ff. abgedruckte Konföderationsnotel wird in-
haltlich erst weiter unten besprochen werden, nachdem die Entwicklung
der ganzen Konföderationsangelegenheit dargelegt ist.

[5] Köln I, S. 589.

für hatten, wurden nur den einzelnen Städten Kopieen zugestellt. Stillschweigend galt die Konföderation von 1557 weiter. Erst 1572 wurde die Erneuerung resp. Abänderung derselben wieder auf die Tagesordnung gesetzt. Köln stellte sich wieder auf seinen alten Standpunkt und wollte nicht über die Konföderation von 1557 hinausgehen, auch sich auf keine Abmachungen, die etwas anderes als die Sicherung des Handels beträfen, einlassen, da das mit seinen Pflichten gegen das Reich in Widerspruch stehen würde [1]. Während der Verhandlungen äusserte es sich ebenso. Bemerkenswert sind die damals vorgebrachten Wünsche der Thorner Gesandten, die zugleich andere preussische Städte vertraten, dass, bevor eine neue Konföderation abgeschlossen werden könne, erst die »Mängel, Gebrechen und Beschwerden« der einzelnen Quartiere und Städte »mit ewigem vergessen aller misheglligkeit und alles mistrauwens« beseitigt werden müssen. Da das jetzt nicht möglich sei, müsse die Angelegenheit verschoben werden. Sie dürften sich auf nichts Neues einlassen, wohl aber die Erneuerung der Konföderation von 1557 annehmen. Zwar wurde ein Ausschuss eingesetzt, dem der Lübeckr Bürgermeister von Vechtelde den Entwurf einer neuen Konföderation [2] vorlegte; doch einigte man sich dahin, dass vorläufig die alte Konföderation in Kraft bleiben und der Entwurf nur den Sendeboten zur Meinungsäusserung der einzelnen Städte mitgegeben werden sollte. Obwohl man mit dem Entwurf im allgemeinen ziemlich einverstanden war, trat die Sache doch in den Hintergrund, da sich in einzelnen Quartieren keine Beratung zustande bringen liess [3]. Daher wurde auf dem Hansetage von 1576 die Sache auf allgemeinen Wunsch weiter verschoben und die alte Konföderation als vorerst verbindlich erklärt.

Auf dem nächsten Tage von 1579 war allgemeine Stimmung für die neue Konföderation vorhanden, wenn auch Köln sich

[1] Köln II, S. 342.

[2] Ebenda 221; Danzig XXVIII 42.

[3] Köln hat bis 1576 die Städte seines Quartiers nicht versammeln können, Köln II S. 418. Auf einem Danziger Quartiertage im Februar 1576 wurden einige Abänderungen gewünscht, Danzig XXVIII 51, Miss. XXX 219, 223.

dahinter verschanzte, dass die Städte seines Quartiers sich noch
nicht dazu geäussert hätten, und seine Besiegelung von deren Zustimmung abhängig machte[1]. Da aber noch einige Abänderungs-
wünsche verlauteten, so wurde der Entwurf nochmals an einen
Ausschuss gegeben, der ihn nach kurzer Beratung in die endgiltige Fassung brachte. Diese wurde dann einstimmig auf 10 Jahre
angenommen. Auch nach Verlauf dieser Zeit sollte die Konföderation, ebenso wie es bereits 1557 festgesetzt war, noch so lange
Giltigkeit behalten, bis sie ausdrücklich aufgehoben oder durch
eine andere ersetzt werden würde[2]. Wie stark sich auch gegen
diese Konföderation die Opposition im Kölner Quartier erhob, ist
bereits ausgeführt worden[3]. Doch scheint sie sich seit 1580 gelegt
zu haben.

In der nächsten Zeit blieb man bei der Konföderation von
1579. So sprach sich Danzig 1584, als eine Erklärung über die
Zugehörigkeit zur Hanse verlangt wurde, dahin aus, dass eine
solche weder ratsam noch nötig sei, da ja die Konföderation vorläufig die Grundlage des Bundes bilde[4], und Köln trat 1591 für
ihre Beibehaltung ein[5]. Erst als die zehnjährige Dauer sich zum
zweiten Male ihrem Ende näherte, wurde 1598 die Erneuerung
angeregt. Während Danzig, das den Hansetag nicht beschickte,
sich schon vorher damit einverstanden erklärte[6], hatten andere,
vor allem wieder Köln, Bedenken, so dass nur ein Teil der Gesandten die erneuerte Konföderationsnotel versiegelte. Die Frage
wurde im nächsten Jahre dringender, da der König von Dänemark,
als Bedingung der Bestätigung der hansischen Privilegien in seinem
Reiche, ausdrückliche Erklärungen der einzelnen Städte über ihre
Zugehörigkeit zur Hanse verlangte und die Hanse selbst als
Zeichen der Zugehörigkeit die Versiegelung der Konföderationsnotel ansah und forderte[7]. Der Vertreter Danzigs zum Hansetage

---

[1] Köln II, S. 551.
[2] Auch über diese Konföderationsnotel, die Köln II, S. 553 ff. abgedruckt ist, vgl. oben S. 400 Anm. 4.
[3] Oben S. 235.
[4] Danzig Schbl. CVI; act. int. 34 f. 413.
[5] Köln II, S. 944.
[6] Danzig Miss. XLV 164/6.
[7] Ebenda Lübeck an Danzig 1599 Februar 19.

des Jahres 1599 erhielt den Auftrag, die Versiegelung zu vollziehen, falls andere Städte das auch tun würden[1]. Da der Tag aber sehr schwach besucht war und ausser dem Danziger nur noch die Stralsunder Deputierten die Vollmacht mitbrachten, wurde beschlossen, die Notel zur Versiegelung an die Quartierstädte und durch diese an die Städte der einzelnen Quartiere zu schicken. Dieser Beschluss wurde sofort ausgeführt[2].

Doch kam es auf dem Frühjahrstage von 1600 nochmals zu lebhaftem Widerspruche gegen die Konföderation. Namentlich bildeten hier Bremen, das sich mit Braunschweig, Magdeburg und Hildesheim über eine neue Art von Bündnis, eine sogenannte engere Konföderation, über die später zu sprechen sein wird, geeinigt hatte, und Hamburg die Opposition, während die übrigen wendischen Städte für die Beibehaltung der alten Notel lebhaft eintraten. Gegen Bremen und Hamburg wurde die alte Konföderation in allen Artikeln schliesslich angenommen. Danzig hatte inzwischen die Konföderationsnotel ebenso wie Kulm und Thorn besiegelt[3] und übersandte sie zum Herbsttage desselben Jahres nach Lübeck, ebenso vollzogen andere Städte 1600 und 1601 die Notel. 1601 setzten dann Bremen und Hamburg einige Abänderungen durch und stellten ihre Zustimmung zu der so umgestalteten Konföderation in Aussicht. Bis zum Zustandekommen der neuen Notel sollte die alte weiter in Kraft bleiben. Es dauerte aber noch bis 1604, ehe aus der alten Notel die neue[4] endgiltig hervorging, die eine ganze Reihe erheblicher Abweichungen aufwies.

Die Versiegelung durch alle Städte, die wiederum verlangt wurde, konnte nicht so leicht erreicht werden. Danzig[5] und einige andere Städte waren zwar dazu bereit, andere aber machten

---

[1] Danzig XXVIII 64.

[2] An Danzig sandte Lübeck die Notel am 1. August. Danzig XXVIII 131.

[3] Danzig Miss. XLVII 125/6, 127/8; IX 313; XXVIII 68. Den anderen preussischen Städten wurden in jener Zeit keine hansischen Akten zugesandt, vgl. oben S. 218, 237, und mit den livländischen war damals wegen der dortigen kriegerischen Verwicklungen nur wenig Verbindung vorhanden.

[4] Danzig XXVIII 71, vgl. auch hierzu oben S. 400 Anm. 4.

[5] Danzig Miss. XLVIII 178/9; XXVIII 71.

Schwierigkeiten, namentlich Hamburg, Rostock und Wismar. Wismar bequemte sich 1605 dazu, Hamburg erklärte sich damals unter einigen Bedingungen dazu bereit, wollte aber erst nach Köln und Bremen versiegeln[1] und Rostock machte seine Zustimmung von der der ihm im Range vorausgehenden Städte Köln und Bremen abhängig, die ebenso wie Danzig die Zusendung des Originals verlangten. 1608 hatten Köln, Hamburg und Rostock noch nicht versiegelt und wurden unter Drohung des Ausschlusses dazu ermahnt. 1609 siegelte Rostock, während Köln und Hamburg jetzt, nachdem die Hälfte der 10 Jahre, für welche die Konföderation gelten sollte, bereits verstrichen war, sich dazu bereit erklärten. Ob sie diese Absicht ausgeführt haben, geht aus dem mir vorliegenden Material nicht hervor.

Als die Konföderation 1614 ablief, wurde ohne weitere Schwierigkeiten ihre Verlängerung beschlossen. Sie hat dann bis zum gänzlichen Zerfall der Hanse Rechtskraft gehabt.

Aus den eben gegebenen Darlegungen kann man schon schliessen, wie es um die Einhaltung der Bestimmungen der verschiedenen Konföderationsnoteln bestellt war. Ebenso wenig wie die einzelnen Bundesglieder sich an die Beschlüsse der Hansetage kehrten, nahmen sie, wenn es ihnen nicht passte, auf die Noteln Rücksicht. Diese waren und blieben nicht viel mehr als ein Stück Papier. Das empfand man in Danzig, wie es aus der Instruktion zum Hansetage von 1614 hervorgeht. Darin heisst es, dass es nicht so notwendig sei, den alten Bund mit »umbschreiben und besiegelung« zu erneuen, als ihn auch wirklich zu halten[2]. Immerhin aber ist es von Interesse, die verschiedenen Konföderationsnoteln etwas näher ins Auge zu fassen, da sie einen lehrreichen Einblick in die innere Organisation der Hanse gewähren. Es handelt sich dabei nur um die drei Noteln von 1557, 1579 und 1604, denn alle übrigen sind, wie sich aus den früheren Ausführungen ergibt, blosse Entwürfe ohne rechtliche Geltung geblieben[3].

---

[1] Danzig Miss. XXVIII 74 f. 10/1.

[2] Ebenda XXVIII 79.

[3] Die Darstellung bei Sartorius a. a. O. S. 558 ff. ist recht dunkel. Er ist sich nicht darüber klar, welche Konföderationen Gesetze geworden und welche Entwürfe geblieben sind.

Die Konföderationsnoteln waren fast zu vollständigen Statuten des hansischen Bundes geworden, weit über Zweck und Umfang der alten Tohopesaten hinausgehend. Man glaubte, mit ihnen die Mängel und Risse, die sich überall zeigten, heilen zu können, und schob andererseits vielfach auf ihre Unvollkommenheit die tiefen Schäden, die in den Zeitverhältnissen begründet waren. Daraus erklärt sich die lebhafte Tätigkeit, die auf diesem Gebiete ausser den drei zu Gesetzen gewordenen noch so zahlreiche Entwürfe zu Konföderationsnoteln gezeitigt.hat.

Die in 10 Abschnitte zerfallende Notel von 1557 führt in ihrem Eingang 64 namentlich benannte Hansestädte an als diejenigen, von welchen sie erlassen wird. Zunächst (1.) wird Gehorsam und Pflichterfüllung gegen Kaiser und Reich, sowie gegen die sonstigen Fürsten, denen die einzelnen Städte untertan sind, gelobt. Dann folgt (2.) die Verpflichtung, nach der Ordnung von 1556 die Hansetage zu besenden und ihren Beschlüssen nachzukommen mit Androhung von Strafe gegen die Zuwiderhandelnden [1]. Städte, die in Zwist miteinander geraten, sollen sich nicht an fremde Gerichte und Obrigkeiten wenden, sich auch nicht mit Arresten beschweren, sondern die Sache durch ein Schiedsgericht der benachbarten Hansestädte entscheiden lassen. Sollte das nicht gelingen, so sollte der Hansetag als oberste Instanz gelten (3.). Ebenso sollte auch kein einzelner Bürger gegen einen andern Angehörigen der Hanse mit Arresten und Repressalien vorgehen, sondern alles an die gebührliche Obrigkeit oder das zuständige Gericht bringen (4.). Die Städte verpflichteten sich ferner (5.) zum Schutz der Strassen zu Wasser und zu Lande gegen Räuber und zur Unterstützung der auf ihnen von solchen Angefallenen und Geschädigten. Ganz besonders sollte das für hansische Gesandte gelten; die dabei aufgewandten Kosten sollte der Bund tragen(6.). Einer der wichtigsten Punkte (7.) war, dass die Städte sich verpflichteten, für Aufrechterhaltung des Landfriedens zu sorgen, wenn eine Stadt angegriffen würde, zunächst die obrigkeitlichen Gewalten zum Einschreiten zu veranlassen und, wenn das keinen Erfolg haben sollte, selbst gegen die Friedebrecher vorzugehen und der bedrohten Stadt mit Waffengewalt beizuspringen. Demselben Zweck, der Wahrung

---

[1] Vgl. oben S. 225, 227.

der inneren Ruhe, dienten auch die strengen Bestimmungen (8.), die den einzelnen Städten scharfe Aufsicht über die Fremden, Bettler, Müssiggänger und Handwerker zur Pflicht machten. Die Aufrührer gegen die Stadtobrigkeit, aber auch diejenigen, die sich an fremde Gerichte wenden oder den Spruch der hansischen Gerichte nicht befolgen, sollten aus ·allen Hansestädten ausgewiesen werden. Bestehende Sonderbündnisse einzelner Städte mit nicht zum Bunde Gehörigen sollten durch die Konföderation nicht beeinträchtigt werden, ebenso wie auch die Aufnahme anderer in die Hanse frei stehen sollte (9.).

Die Konföderation von 1579[1] ist wesentlich vielseitiger. Sie enthält wörtlich aus der Notel von 1557 die Artikel 1 (1)[2] 4 (7), 5 (8), 6 (9), 9 (15), 10 (16)[3]. Die Bestimmungen über die Ausschreibung und den Besuch der Hansetage, sowie über Abstimmung, Geltung der Beschlüsse und Strafe für die Widerspenstigen (5)[2], die zum Teil auf die Ordnung von 1556 zurückgehen, sind uns bereits bekannt[4]. Für den Austrag von Streitigkeiten zwischen zwei Städten wurde auf eine gleichzeitig beschlossene Austragformel[5] verwiesen (6). Diese bestimmte, dass solche Streitigkeiten zunächst vor zwei bis drei benachbarte, von den Parteien zu ersuchende Städte kommen und, wenn diese keine Entscheidung treffen, an den zuständigen Quartiertag gehen sollten. Wenn auch dieser keine Einigung zustande bringen würde, sollte der Hansetag ohne Appellation entscheiden bei einer Strafe von 100 Mark lötigen Silbers gegen die Ungehorsamen. Bei Übereinstimmung beider Parteien konnte auch die Zwischeninstanz des Quartiertages übergangen werden. Würde sich die Sache nicht mündlich erledigen lassen, so ist ein schriftliches Verfahren einzuschlagen, für das genaue Vorschriften gegeben werden. Dabei können auch Gutachten von Rechtsgelehrten oder Universi-

---

[1] Aus ihr macht Mitteilungen Hoffmann, Gesch. d. freien u. Hansestadt Lübeck II, S. 67.

[2] Die in Klammern gesetzten Zahlen beziehen sich auf die Artikel der Konföderation von 1579.

[3] Bezieht sich auf die Dauer der Konföderation und die Verpflichtung, sie zu halten.

[4] Vgl. oben S. 221 f., 225, 227.

[5] Köln II, S. 570 ff.

täten eingeholt werden. Sehr viel energischer lauten die Bestimmungen zum gegenseitigen Schutz (2,10). Die Städte verpflichten
sich, sich gegenseitig vor Gefahr zu warnen und diese durch Rat
und Tat abwenden zu helfen, den Religions- und Landfrieden im
Reich zu wahren und sich nicht wegen Religionsgegensätzen zu
bekämpfen. Für Bremen wurde wegen der Religion noch eine
besondere Verklausulierung aufgenommen. Sollte eine Stadt angegriffen werden, so sollen die andern, vornehmlich die desselben
Quartiers, den Angreifer zu Recht fordern und im Falle des Miss-
lingens die Stadt zu unterstützen und entsetzen suchen. In Bezug auf die Aufsicht über die Handwerker wurde auf einen ausführlichen Beschluss des Hansetages von 1572 verwiesen (14). Neu
waren folgende Bestimmungen: Die Vorschriften über den Handel
sollen unweigerlich gehalten werden (3). Die von den Hansetagen
beschlossenen Kontributionen und Zulagen müssen gezahlt werden
bei Strafe der Verdoppelung im ersten und des Ausschlusses von
den Privilegien im Wiederholungsfalle (4). Sollte in einer Stadt
Aufruhr entstehen und der Rat gestürzt werden, so soll die
Hanse zunächst durch Ermahnung eingreifen und die veränderten Verhältnisse nicht anerkennen. Sollte das keinen Erfolg
haben, so ist die Stadt aus der Hanse auszuschliessen. Aufrührer
sind in keiner Bundesstadt zu dulden, vielmehr zur Strafe zu
ziehen. Es wurden zu diesem Zweck die alten Bestimmungen von
1412, 1447 und 1487[1] erneuert (11). Innere Zwistigkeiten in den
einzelnen Städten sollten möglichst ebenso ausgetragen werden
wie Streitigkeiten zwischen verschiedenen Städten[2] (12). Aus einer
Stadt ausgewiesene oder freiwillig ausgewanderte Aufrührer und
Missetäter dürfen in den andern Städten sich nicht aufhalten, entweder soll ihnen der Prozess gemacht werden, oder sie sind aus-
zuweisen. Sie sind nur für einige Zeit zu dulden, falls sie Sicherheit stellen, dass sie ihr vermeintliches Recht verfolgen wollen,
oder ausreichende kaiserliche oder fürstliche Schutz- und Schirm-
briefe beibringen können. Aber auch dann haben sie sich alles
Lästerns und Schmähens gegen ihre Stadt zu enthalten. Keine
solche Person darf in einer hansischen Stadt das Bürgerrecht er-

[1] Hanserezesse I, 6, 68, II, 3, 288, III, 2, 160; vgl. Daenell a. a. O.
S. 510 f., 516.
[2] Vgl. oben S. 406 f.

halten, ohne dass durch gerichtliches Urteil nachgewiesen ist, dass ihr von der Stadt, aus der sie ausgewiesen ist oder die sie verlassen hat, Unrecht geschehen ist (13). Zum Schluss der Konföderationsnotel versprachen sich die Städte, alle zwischen ihnen vorhandenen Zwistigkeiten mit Ausnahme der vor dem Reichskammergericht schwebenden Prozesse abgetan sein zu lassen[1].

Die Konföderationsnotel von 1604 hat von ihrer Vorgängerin von 1579 völlig unverändert nur die Artikel 7 (10)[2], 9 (12), 13 (11), 14 (13), 15 (13) übernommen, also die Artikel 4, 6, 8 teilweise, 9 der Konföderationsnotel von 1557. In allen übrigen finden sich mehr oder minder wesentliche Veränderungen. Bei der Gehorsamserklärung gegen Kaiser und Fürsten (1) wird hinzugesetzt, dass die Frei- und Gerechtigkeiten, Privilegien, Verträge und Gebräuche der einzelnen Städte dadurch nicht beeinträchtigt werden sollen. Die neuen Bestimmungen über die Ausschreibung, Häufigkeit und Dauer der Hansetage, über ihren Besuch, über die Abstimmungen, die Giltigkeit der Beschlüsse für die Abwesenden und die Strafen (4, 5, 6) sind uns bereits bekannt[3]. Die Bestimmungen über die Austräge zwischen den einzelnen Städten sind weggefallen, ebenso die über die Sicherung der Landstrassen. In den Artikeln, die über den gegenseitigen Schutz handeln (2, 8) ist der Hinweis auf den Religions- und Landfrieden weggefallen und die Hilfeverpflichtung durch die Auslassung der Worte, »so viel tuelich« schärfer betont worden. Bei dem Gebot über die Haltung der Vorschriften für den Handel ist hinzugefügt,

---

[1] Willkommen wird ein tabellarischer Vergleich der einzelnen Artikel der Konföderationsnoteln von 1557 und 1579 sein. Es entsprechen einander:

1557	1579		1557	1579
1	1		9	15
2	5		10	16
3	6		—	3
4	7			4
5	8			11
6	9			12
7	2, 10			13 z. Teil.
8	14 u. z. Teil 13.			

[2] Die in Klammern gesetzten Zahlen beziehen sich auf die Artikel der Konföderation von 1604.

[3] Vgl. oben S. 225 ff., 235.

dass ein Kompendium der Rezesse und Statuten angefertigt werden solle[1] (3). Bezeichnend ist, dass man auf die allgemeine Verpflichtung zur Zahlung der Kontributionen und Zulagen verzichtet hat. Dafür werden mehr eingeschränkte Bestimmungen
über regelmässige Zahlungen getroffen (7), über die später bei den
Finanzverhältnissen genauer gesprochen werden soll. Die Verpflichtung zu deren Zahlung wird aber nur auf 10 Jahre übernommen, während die Konföderation ohne weiteres auch nach
deren Ablauf weiter in Kraft bleiben soll (14). Bei der Bestrafung
aufrührerischer Städte ist von ihrem Ausschluss aus der Hanse
abgesehen (9). Die äussere Form der betreffenden Vorschriften ist
wesentlich verkürzt[2].

Wie die Noteln zeigen, sah man sich nach allen Seiten vor,
aber es hielt doch sehr schwer, ihnen Ansehen zu schaffen. Die
Strafbedingungen sahen als höchste Strafe den Ausschluss von
den Privilegien der Hanse vor. So heisst es noch in der Notel
von 1604: »Wo aber eine oder mehr städte darwider sich auf-
lehnen und umb eigen nucz oder privat gesuchs oder ander ursachen willen herwider brüchig werden würden, sollen dieselben in
den cunthoren und anders wo unsrer privilegien und freyheiten
nicht zu geniessen haben, noch sie oder ihre burger, einwohner
verwandten und angehörige zu einigen handel und wandel in den
verwandten städten gestattet noch darinnen vor burger noch ihre
handtwercksgesellen zur werckstedte und arbeit aufgenommen,
sondern vielmehr von den allen auf vorgehende denunciation
abgehalten werden also lange, bis solche städte sich deshalben mit

---

[1] Vgl. oben S. 388.
[2] Es entsprechen einander in den Konföderationen von 1579 und
1604 die Artikel:

1579	1604	1579	1604
1	1	10	8
2	2	11	9
3	3	12	9
4	7	13	11
5	4, 5	14	13
6	—	15	13
7	10	16	14
8	—	—	6
9	12		

gemeinen erbarn hänsestedten zu deren begnügen verglichen und
abgetragen haben.« Aber es fehlte die Macht, um solche Drohungen wahr zu machen. Die Privilegien der hansischen Kontore verloren immer mehr von ihrem Wert, und ausserhalb der Hanse konnte
man ebenso gut Handel treiben wie in ihr, so dass der Ausschluss
keine Existenzvernichtung bedeutete. Auch entschloss man sich
in der Folge trotz häufiger Übertretungen kaum zu den äussersten
Konsequenzen, um nicht noch mehr Mitglieder aus dem so locker
gewordenen Bunde zu verlieren. Ganz besonders war es immer
Danzig, das in Erkenntnis der Schwäche der Hanse vor den
»scharfen Mitteln« und den »extremis« warnte und riet, »keinen
rigorem« zu gebrauchen[1].

In der Tat ist es zum Ausschluss einer Stadt nur sehr selten
gekommen. Das bedeutendste Beispiel bietet Bremen, das wegen
innerer Unruhen und Umwälzungen 1563 aus der Hanse ausgeschlossen wurde[2]. Die Berufung auf die Konföderation von
1557 bei der Verkündigung dieses Beschlusses war nicht gerade
glücklich, da in jener über das Eingreifen der Hanse in innere
Zwistigkeiten der Städte noch nichts enthalten ist. Wie gering
die Kraft einer solchen Verhansung damals war, zeigte die Folge.
Bremen wurde in seinem Handel kaum geschädigt, und die Hanse
wurde hauptsächlich durch das Vorgehen des Kaisers, an den sich
die ausgeschlossene Stadt gewandt hatte, genötigt, Bremen 1576
wieder aufzunehmen. Als seit 1567 die Engländer sich in den
deutschen Städten Hamburg, Stade und Elbing, festsetzten und
diese sie gegen das Interesse und den Willen der Hanse bei sich
behielten, entschloss sich die Hanse gegen ihre ungehorsamen
Glieder zwar zu allen möglichen Drohungen, aber nicht zu wirklich energischem Vorgehen. Nur Stade scheint schliesslich 1601
ausgeschlossen worden zu sein[3], während man sich Elbing gegenüber auf die Entziehung der hansischen Akten beschränkte. Doch
hatte es von der englischen Residenz in seinen Mauern sehr viel
mehr als von seiner Zugehörigkeit zur Hanse, so dass es sich um
die Wiederaufnahme gar nicht mehr bemühte.

[1] Z. B. in der Instruktion zum Hansetage 1601, Danzig XXVIII 68.
[2] Vgl. zu dieser Angelegenheit Schäfer, Hans. Geschichtsblätter
Jahrg. 1874 S. 33 ff. und von Bippen, Gesch. der Stadt Bremen II S. 179 ff.
[3] Wenigstens schrieb der Hansetag im November 1601 an diese

Sehen wir noch an einigen Beispielen, wie die Bestimmungen der Konföderationsnoteln gehalten wurden. Streitigkeiten zwischen den Städten waren an der Tagesordnung, und Arreste und Repressalien kamen trotz der Noteln sehr häufig vor. So waren Lübeck und Danzig in den 30er und 40er Jahren des 16. Jahrhunderts heftige Gegner, die sich namentlich zur See schädigten, wo sie irgend konnten. Zwischen Hamburg und Magdeburg brach 1598 ein Streit über das Stapelrecht Magdeburgs aus. Beide wandten sich, nachdem Hamburg der Notel zuwider schon den Kurfürsten von Brandenburg angerufen hatte, 1600 an die Hanse, der es aber trotz der eifrigsten Bemühungen nicht gelang, diesen Zwist beizulegen. Noch 1606 war die Sache unausgeglichen. Ein ähnlicher Streit spielte sich damals zwischen Hamburg und Lüneburg vor den Hansetagen ab. Die Beispiele liessen sich ins unendliche vermehren.

1576 wurden auf der Rückkehr vom Hansetag die Danziger und Elbinger Gesandten vom Herzog Ulrich von Mecklenburg angehalten Lübeck verwandte sich zwar sofort für ihre Freigebung, aber ohne grosse Energie. Danzig begehrte von Lübeck, Rostock und Wismar unter Berufung auf die Konföderation, dass sie für die Gefangenen eintreten sollten, und bestimmte sie auch zu weiteren Schritten. Auch ein Städtetag richtete ein Schreiben an den Herzog, ohne jedoch viel ausrichten zu können. Erst nach einem halben Jahre wurden die Gefangenen gegen beträchtliche Zahlungen los gelassen [1]. Danzig war wenig mit dem Vorgehen der Bundesverwandten zufrieden und beauftragte noch 1579 seine Gesandten zum Hansetage, den Wunsch auszusprechen, dass man sich künftig einer solchen Sache mehr annehmen solle [2].

Stadt, dass sie die Merchants adventurers hinausschaffen solle, widrigenfalls sie aus der Hanse ausgeschlossen werden würde. Danzig XXVIII 68 f., 61—68. Stade hat nicht gehorcht. Das Buch von Jobelmann und Wittpenning, Geschichte der Stadt Stade, neu bearbeitet von Bahrfeldt 1897 S. 119/20 berichtet, dass Stade aus der Hanse ausgeschlossen worden ist, irrt aber, wenn es meint, dass das auf Veranlassung Hamburgs geschehen sei.

[1] Über diese Sache zahlreiche Stücke in Danzig Miss. XXX, XXXI, act. int. 24; XXVIII 48.

[2] Danzig XXVIII 51.

Über das Eingreifen der Hanse in innere Wirren in den
einzelnen Städten haben wir schon bei Gelegenheit des Ausschlusses von Bremen gehört[1]. Aber auch nachdem in die Konföderation von 1579 darauf bezügliche Anweisungen aufgenommen
waren, ist derartiges mehrfach vorgekommen. Ganz besonders
herrschten zu Beginn des 17. Jahrhunderts innere Unruhen in
Braunschweig. Als dort 1601 zwischen Rat und Bürgerschaft
ein heftiger Streit ausgebrochen war[2], forderte der Hansetag die
Stadt auf, für Eintracht zu sorgen, widrigenfalls die gerade damals
von ihr begehrte Geldunterstützung versagt werden würde.
Weiter scheint die Hanse sich allerdings nicht um diese Braunschweiger Wirren, die 1602 zur Ersetzung des patrizischen Rates
durch einen demokratischen führten und 1604 mit einer blutigen
Reaktion endeten, gekümmert zu haben. Aber als nach einigen
Jahren innerhalb des Rates ein heftiger Streit ausbrach[3], erschien
der Braunschweiger Bürgermeister Döring 1612 auf dem Hansetage, beschwerte sich über den Syndikus Rörhand und seine anderen
Gegner im Rat und erbat auf Grund der Konföderationsnotel das
Einschreiten der Hanse. Der Hansetag begnügte sich damit, die
anwesenden Braunschweiger Gesandten und den Braunschweiger
Rat zu friedlicher Beilegung des Haders zu ermahnen, und auch
die Versammlung des nächsten Jahres behielt auf eine neue
Supplikation Dörings dieselbe Haltung bei. Als der innere Streit
in Braunschweig weiteren Umfang annahm, regte Danzig an, dass
auf dem Tage 1614 wieder darüber beraten wurde[4]. Obwohl es
den Vorschlag machte, dass Gesandte zur Wiederherstellung der
Eintracht nach Braunschweig geschickt würden und dass man,
falls das keinen Erfolg haben sollte, mit der Ausschliessung der
Stadt drohen solle[5], wiederholte der Hansetag nur sein Mahnschreiben aus den vergangenen Jahren. Im September desselben
Jahres führte die Entwicklung zur Absetzung des ganzen Rates
und der Herstellung eines demokratischen Regiments. Einer auf

[1] Vgl. oben S. 410.
[2] Vgl dazu von Heinemann, Gesch. von Braunschweig und Hannover
III, S. 18 ff.
[3] Ebenda S. 33 f.
[4] Danzig Miss. LII 44/5.
[5] Ebenda XXVIII 79.

dem Hansetage im November erscheinenden Gesandtschaft des
neuen Rates, die um Unterstützung bat, wurde erklärt, dass die
alte Verfassung wiederhergestellt werden müsse, sonst könne man
die Stadt nicht mehr als hansisch ansehen. Eine Gesandtschaft
der Hanse nach Braunschweig zur Aufrichtung der Ordnung
wurde zwar angeregt, aber nicht beschlossen. Doch verlief die
Sache im Sande, obwohl sich Danzig noch 1615 dahin aussprach,
dass der alte Rat wieder in seine volle Macht eingesetzt werden
und Genugtuung erhalten müsse[1]. Die Sache wurde durch die
Entwicklung des später noch zu erwähnenden Streites Braunschweigs mit seinem Landesherrn überholt.

Ebenso schwächlich war das Auftreten der Hanse in ähnlichen Fällen. So war 1604 in Greifswald ein Aufstand der
Bürgerschaft gegen den Rat ausgebrochen und dieser abgesetzt
worden, wobei die Aufständischen allerdings einen Rückhalt an
dem Landesherrn, dem Herzog Philipp Julius von Pommern,
hatten[2]. Auch hier wurden nur Ermahnungsschreiben abgeschickt,
die natürlich gänzlich ohne Erfolg blieben; ebenso machte die
Drohung mit dem Ausschluss 1606 keinen Eindruck. Nicht anders
waren das Vorgehen und die Wirkung in einem in derselben Zeit
spielenden inneren Hader in Paderborn, an dem ebenfalls der
dortige Bischof als Landesherr beteiligt war. Der Hansetag von
1612 lehnte schliesslich ein Einschreiten von Bundes wegen ab
und verwies die vertriebenen Mitglieder des Rates an die einzelnen Städte. Ähnlich wie in den eben genannten Städten war
auch in Stralsund in einem 1612 ausbrechenden Streite zwischen
Rat und Bürgerschaft der Landesherr Herzog Philipp Julius der
eigentliche Sieger[3]. Von der Opposition herbeigerufen, setzte er
einen Teil des Rates ab und griff in die Verwaltung ein. Die
Hanse erlangte zwar beim Kaiser, dass er in einem Schreiben die
Stralsunder zur Eintracht ermahnte, schrieb auch selbst in diesem
Sinne an sie und forderte sie unter Androhung der Auschliessung
auf, die Sache durch ein hansisches Schiedsgericht beseitigen zu
lassen. Sie erhielt jedoch nur ein hochfahrendes Schreiben vom

[1] Danzig IX 314, XXVIII 80.
[2] Wehrmann, Geschichte von Pommern II, S. 107.
[3] Ebenda S. 106.

Herzog, in dem er sich ihre Einmischung verbat. Die Sache
wurde wiederum auf die Tagesordnung von 1614 gesetzt. Obwohl der Danziger Vertreter die Überzeugung hatte, dass solche
revolutionäre Vorgänge für die ganze Hanse gefährlich seien,
zumal auch in Stettin ähnliches vorging, und er hörte, dass es
auch in Danzig unter der niederen Bürgerschaft gäre, und deshalb auf Massregeln dagegen drängte[1], beschloss der Hansetag
doch ruhig abzuwarten. Während sich in Stralsund eine Neu-
ordnung der Verwaltung unter dem Drucke des Herzogs vollzog,
richtete der Tag von 1615 ein Schreiben an Stralsund, in dem
er seine Bürger zur Eintracht ermahnte und sich erbot, einige
Städte zu deputieren, die in Wismar auf Grund der Konföderation
die Streitigkeiten schlichten sollten. Auch hier gingen die Ereignisse also über die überlebten Einrichtungen der Hanse hinweg.

Nicht ganz so kläglich wie bei inneren Wirren waren die
Ergebnisse, wenn es sich um Unterstützung einer Hansestadt
gegen auswärtige Feinde oder in sonstigen Nöten handelte. Allerdings kam es dann meist auch nur auf diplomatisches Eintreten,
höchstens auf eine Geldhilfe, sehr selten auf erfolgreichen Beistand mit Waffengewalt heraus. Einen breiten Raum nehmen in
dieser Beziehung die livländischen Verhältnisse ein. Als dort im
Anfang des Jahres 1558 die Russen ins Land fielen und es unter
furchtbaren Verheerungen eroberten, wobei auch bald Dorpat in
ihre Hand geriet[2], wandten sich die Livländer mit flehenden Hilfs-
gesuchen an die verschiedensten Stellen. So baten Reval und
Riga auch bei Lübeck um Unterstützung durch die Hanse. Lübeck
forderte die Quartierstädte sofort auf, sich darüber zu äussern und
Hilfe aufzubringen[3], und diese gaben die Angelegenheit an ihre
untergehörigen Städte weiter[4]. In den preussischen Städten war
natürlich am meisten Neigung vorhanden, den Nachbarn beizu-

---

[1] Danzig XXVIII 71. Wessel, Mittendorf an Danzig 1614 Mai 18
und Mai 23.

[2] Vgl. Schiemann, Russland, Polen und Livland bis ins 17. Jahrhundert II S. 293 ff. Mettig, Geschichte der Stadt Riga S 238 ff. Nottbeck und Neumann, Geschichte und Kunstdenkmäler der Stadt Reval I,
S. 50 ff.

[3] Köln I 1595, 1615, Danzig Schbl. CVII B 435.

[4] Köln I 1601, Danzig Miss. XXV 84.

springen, zumal diese sich auch noch unmittelbar an sie gewandt hatten[1]. So sandte Danzig an Riga und Reval bereits im August Munition und andere Kriegsbedürfnisse[2], und Königsberg, das ebenfalls sofort bereit war, zu helfen, brachte bald darauf 200 Taler auf[3], und auch Braunsberg, das sich anfangs Bedenkzeit ausgebeten hatte[4], opferte später 60 Taler[5]. · In den anderen Quartieren war man natürlich lauer: so erklärte sich Köln zwar trotz schwerer Bedenken zur Unterstützung von Riga und Reval bereit[6], aber die Städte seines Quartiers hatten zunächst trotz seiner Befürwortung nichts dafür übrig[7].

Lübeck berief hauptsächlich wegen der livländischen Sache einen Tag der wendischen und Quartierstädte auf den 16. Oktober nach Bremen, auf dem auch Gesandte des Meisters von Livland und Revals als Hilfeflehende erschienen. Hier trat für Gewährung der Bitte energisch nur Lübeck ein, noch unterstützt von Bremen, während alle übrigen sich lau oder ablehnend verhielten. Das Resultat war lediglich, dass man sich wegen einer Geldhilfe wieder an die einzelnen Städte wenden wollte. Im Kölner Quartier lauteten alle Stimmen ablehnend[8], obwohl Köln wenigstens etwas zuredete[9], ebenso auch die Braunschweigs, Buxtehudes, Stades und einiger wendischer Städte. Günstiger äusserten sich nur Wismar, Bremen, Stralsund, Lüneburg, Hamburg, Kolberg, Danzig, Stettin und nach anfänglicher Ablehnung auch Deventer, Kampen und Zwolle[10].

Inzwischen wandte sich Riga nochmals mit der Bitte um Lieferung von Lebensmitteln und Munition sowie um eine Anleihe von einigen 1000 Talern an die preussischen Städte[11]. Von diesen

---

[1] Danzig Schbl. XCI.
[2] Ebenda Miss. XXV 87, 92.
[3] Ebenda Schbl. CXVIII A, Köln I 1683.
[4] Köln I Schbl. CXX B.
[5] Ebenda Miss. XXV 113.
[6] Ebenda 1599.
[7] Ebenda 1610, 1612.
[8] Ebenda 1641, 1643, 1648, 1651—1656, 1658, 1659, 1662, 1663, 1676—1679.
[9] Ebenda 1647.
[10] Ebenda S. 452 Anm. 2.
[11] Ebenda 1683, Danzig Schbl. XCI 77.

konnte sich jetzt nur Thorn zu einer Hilfe verstehen[1], das bisher noch nichts geleistet hatte, während Danzig das Gesuch an den Hansetag und an Braunschweig befürwortend weiter gab[2]. Der Hansetag von 1559, auf dem Riga und Reval vertreten waren, bewilligte dann für Livland eine Geldbeihilfe in Höhe einer fünf fachen Kontribution. Riga und Reval ersuchten die Quartierstädte noch besonders um deren schleunige Einsendung[3]. Im preussi schen Quartier ging sie auch glatt ein[4], während im Kölner trotz der Empfehlung durch die Quartierhauptstadt[5] sich nur Osnabrück, Wesel und Lippstadt zur Bewilligung entschlossen, alle übrigen ablehnten[6] und auch die Zusagenden im Februar 1560 noch nicht bezahlt hatten[7]. Es scheint von diesen Städten aus überhaupt nichts nach Livland gesandt worden zu sein[8], auch das Braun schweiger Quartier hat nichts geleistet[9]. Dagegen hat Danzig noch einmal gegen Ende des Jahres 1560 Reval Hilfe an Kriegs material zukommen lassen[10]. Inzwischen brach der livländische Ordensstaat gänzlich zusammen, und Estland mit Reval fand durch Unterwerfung unter Schweden, Livland zunächst noch ohne Riga durch Unterwerfung unter Polen einigen Schutz vor den Russen[11].

Ähnlich ging es, als die Russen 1575 wieder in Livland ein fielen und das Land in barbarischster Weise verwüsteten[12]. Da wandte sich Riga zunächst an Danzig mit der Bitte, Hilfe bei der Hanse zu veranlassen[13]. Der von Lübeck nach Empfang der Nachricht durch Danzig berufene wendische Tag empfahl eine

---

[1] Danzig Miss. XXVI 84/5, 91.

[2] Ebenda 63/4, 70/1.

[3] Köln I 1773, Danzig Schbl. XCI 84.

[4] Danzig Schbl. CXX B, Miss. XXVI 190.

[5] Köln I 1755.

[6] Ebenda 1760—1762, 1764, 1765, 1767, 1770, 1773, 1774, 1776.

[7] Ebenda 1813.

[8] 1561 August 30 schreibt Köln an Lübeck, die Steuer für Livland würde zu spät kommen, ebenda 2000.

[9] Mack, Braunschweigisches Magazin I S. 37 f.

[10] Danzig Schbl. XCI 87, 89, Miss. XXVI 268/9.

[11] Schiemann S. 305 ff., Mettig S. 250, Nottbeck u. Neumann S. 57 ff.

[12] Schiemann S. 356 ff.

[13] Köln II, 663, 668.

Gesandtschaft an den Kaiser und Reichstag, um deren Hilfe für Livland anzurufen, und schrieb einen Hansetag aus[1]. Noch vor Ablauf des Jahres leistete Danzig wieder einige Hilfe[2].

Zum Hansetag instruierte Danzig seine Sendeboten für energisches Eintreten zugunsten der aufs äusserste gefährdeten Schwesterstädte, nicht ohne Lübeck den Vorwurf zu machen, dass es die Russen durch Zufuhr gestärkt habe[3]. Köln war wenigstens dafür, die Sache an den Reichstag zu bringen, eine Gegenwehr gehe dagegen über die Macht des Bundes hinaus[4]. Der Hansetag, auf dem die Revaler Abgesandten die Lage ihrer Stadt im traurigsten Lichte darstellten, schrieb in der Tat an Kaiser und Reich[5] und bewilligte wieder eine fünffache Kontribution, während die Bitte um Pulver trotz Lübecks Empfehlung nur ad referendum genommen wurde. In Preussen brachte nur Danzig seinen Anteil an der Kontribution in Höhe von 400 Talern durch Anleihe bei seinen Bürgern auf und sandte ihn an Reval[6], während die anderen Städte wegen der damaligen auch bei ihnen herrschenden Kriegsnöte ebenso wie die pommerschen Städte zur Zahlung nicht zu bewegen waren[7]. Im Kölner Quartier gingen dagegen diesmal· von den eigentlich fälligen 1000 Talern doch infolge von Kölns eifrigem Eintreten wenigstens 800 ein[8]. Im ganzen war das Ergebnis auch jetzt wieder recht gering, und an der heldenmütigen, erfolgreichen Verteidigung Revals gegen die Russen im Jahre 1577[9] konnten sich die hansischen Genossen kein Verdienst zuschreiben.

Ähnlich wie die livländischen Städte wurde auch Danzig 1577 in seinem ruhmvollen Kriege mit König Stephan Bathory

---

[1] Köln II, 672, 694, Danzig Schbl. CVIII A.

[2] Danzig Schbl. XCI 136, 137.

[3] Ebenda XXVIII 46.

[4] Köln II, S. 418.

[5] Ebenda 849.

[6] Danzig Miss. XXX 352/5, Schbl. XCI 147, 150.

[7] Ebenda Schbl. XCI 152; Miss XXXI 189/90.

[8] Köln II 946, 948, 949, 984, 985, 1004, 1007, 1012, 1105, 1114, 1125, 1126.

[9] Schiemann S. 362 f., Nottbeck und Neumann S. 135 ff.

von Polen¹ von einer Anzahl hansischer Städte mit Geld unterstützt, das es aber bald zurückzahlte².

Am Beginn des 16. Jahrhunderts nahm Braunschweig in dem
erbitterten Kampfe mit seinem Herzog Heinrich Julius³ die finan-
zielle Unterstützung der Hanse sehr reichlich in Anspruch. Auf
seine Bitte bewilligte ihm der Hansetag von 1600 ein zinsfreies
Darlehen von 20 000 Talern, die von Lübeck, Bremen, Rostock,
Stralsund, Wismar, Danzig, Hamburg, Lüneburg, Köln, Stettin,
Greifswald, Magdeburg und Hildesheim aufgebracht werden sollten.
Auch erklärten sich einige der Deputierten dafür, dass ihre Städte
Braunschweig auf Wunsch wohl auch noch mehr leihen würden.
Doch lehnte Danzig Braunschweigs Bitte ab, es noch über seinen
Anteil von 2160 Talern hinaus, den es im Februar 1602 an
Lübeck eingesandt hatte⁴, zu unterstützen⁵. Ähnlich werden
wahrscheinlich auch die andern Städte gehandelt haben. Dagegen
trat die Hanse in einem Schreiben an Kaiser, Kurfürsten und
Reich 1603 für das immer mehr bedrängte Braunschweig ein⁶,
und beschloss 1605, dem Herzog ihre Vermittlung anzutragen.
Danzig riet damals, den Kurfürsten von Brandenburg zu bitten.
den Streit zwischen Herzog und Stadt auszugleichen⁷. Inzwischen
war es zu einer Belagerung Braunschweigs durch den Herzog
gekommen, die allerdings abgebrochen werden musste, aber im
Frühjahr 1606 erwirkte Heinrich Julius die Reichsacht gegen
seine unbotmässige Stadt Auch jetzt erhielt Braunschweig wieder
durch eine Reihe von Hansestädten Geldhilfe, zu der Danzig
4000 Taler beitrug⁸. Auch beim Kaiser und Reich traten sie
für ihre Genossin ein⁹. Sogar den König von Spanien suchten
sie bei Gelegenheit einer Gesandtschaft zu gleichem Zwecke zu

¹ Vgl. darüber Simson, Geschichte der Stadt Danzig S. 66 ff.
² Von Lüneburg hatte es 600 Taler erhalten, die dieses, obwohl
sie bereits 1580 zurückgezahlt waren, irrtümlich noch 1609 von Danzig
verlangte, Danzig Miss. L 118/9, von Lübeck 2000 Taler XXVIII 51.
³ Vgl. dazu von Heinemann a. a. O. S. 17 ff.
⁴ Danzig Miss. XLVII 328, 329/30, 350/2.
⁵ Ebenda 375/6, 381/2.
⁶ Ebenda Miss. XLVIII 22,3.
⁷ Ebenda Miss. XLIX 80/1.
⁸ Ebenda Miss. XLIX 1/2, 7, 11/2, 29/30.
⁹ Ebenda XXVIII 75.

gewinnen[1]. Braunschweig konnte wieder Luft schöpfen und zahlte 1608 sogar das letzte Darlehen zurück, während es das ältere, das es nach Ablauf der vier Jahre mit 5 Prozent verzinsen musste, noch länger behielt[2]. Als 1610 die Acht gegen Braunschweig erneuert wurde, trat die Hanse wieder diplomatisch für die Stadt ein. 1612 sandte sie eine Gesandtschaft an den Kaiser und die Kurfürsten, die dadurch bewogen wurden, an Herzog Heinrich Julius wegen gütlicher Beilegung des Streites zu schreiben. Aber durch solche wenig wirksamen papiernen Waffen konnte wenig geschafft werden. Doch hatten schon einige Jahre zuvor gerade die Braunschweiger Händel Anlass gegeben, ein schon seit längerer Zeit geplantes Reformmittel in der Hanse zur Ausführung zu bringen: es war das die sogenannte e n g e r e K o n f ö d e r a t i o n

Da ein grosser Teil der Hansestädte sich schon lange von den hansischen Angelegenheiten fern hielt und nichts oder wenig für sie leistete, wurde 1581 angeregt, ob es nicht besser sei, das Bündnis zu verengen und nur die »treuherzigen« Städte, die wirklich und nicht nur mit Worten hansisch sein wollten, darin zu vereinigen[3]. Als die Sache auf dem Tage von 1584 zur Beratung kam, beschloss man nach längerer Debatte, alles beim alten zu lassen. Ebenso wurde 1591 die Sache zwar besprochen, aber nicht gefördert. Als dann 1599 der Streit zwischen Braunschweig und Herzog Heinrich Julius ausbrach, hielten Braunschweig, Bremen, Magdeburg und Hildesheim in Braunschweig eine Versammlung ab, in der auf Vorschlag Bremens der Gedanke einer politischen Verbindung der Hansestädte »zur Beschützung der hergebrachten Privilegien, Frei- und Gerechtigkeiten gegen fürstliche Gewalt« erwogen wurde[4]. Es war also ziemlich dasselbe wie die alten Tohopesaten, was man hier als neu aufbrachte[5]. Die vier Städte wandten sich mit dem Vorschlage Bremens an die Hanse. Auf dem Tage von 1600 opponierten sie infolgedessen gegen die Erneuerung der alten Kon-

---

[1] Danzig J i 3 f. 475, 476, 705/8.
[2] Ebenda act. int. 58, Miss. L 93/4.
[3] Köln II S. 685 f., 703 f.
[4] von Bippen, Geschichte der Stadt Bremen II S. 243 f.
[5] Vgl. oben S. 398.

föderation[1]. Ihren eigenen Anregungen gegenüber zeigte sich die
Versammlung zwar nicht abgeneigt, setzte auch einen Ausschuss
ein, der nähere Vorschläge für das engere Bündnis machte, aber
man konnte sich nicht einigen. Ebenso ging es auf dem nächsten
Tage im Herbst desselben Jahres. Hier stritt man besonders
darum, welche Städte der Vereinigung angehören sollten. Die einen
wollten nur wenige und besonders kräftige Mitglieder haben.
während andere meinten, dass eine möglichst grosse Zahl wünschens-
wert sei. Die einen wollten ohne bestimmte andere Städte nicht
beitreten, anderen wieder war die Mitgliedschaft bestimmter
Städte bedenklich, von denen sie befürchteten, dass sie wenig
leisten, aber viel die Konföderation in Anspruch nehmen würden.
Wenn man auch schon kriegerisches Einschreiten für Braunschweig
im Sinne der geplanten Konföderation in Aussicht nahm, so kam
man doch nicht zu dem geringsten Ergebnis. Erst im Jahre 1605
wurde die Sache von Bremen wieder vorgebracht, aber auch die
Hansetage von 1605 und 1606, die darüber weiter berieten.
brachten nichts zustande. Da traten wieder unter Bremens
Führung Lübeck, Bremen, Hamburg, Magdeburg, Lüneburg und
Braunschweig im Herbst 1605 zu Verhandlungen zusammen[2],
die schon gleich darauf zur militärischen Unterstützung Braunschweigs und 1607 zum Abschluss eines engeren Bündnisses
zwischen den sechs »korrespondierenden Städten« führten, zu dem
auch den anderen Hansestädten der Zutritt offen stehen sollte.
Als dann 1613 der Kampf Braunschweigs mit dem Sohne des
Herzogs Heinrich Julius, Friedrich Ulrich, von neuem ausbrach,
da wurde auch die Frage des engeren Bündnisses und seiner Erweiterung wieder auf den Hansetagen besprochen, aber ohne zu
Resultaten zu führen. Wohl aber traten aufs neue die verbündeten Städte mit den Waffen für Braunschweig ein und machten
doch solchen Eindruck damit, dass 1615 ein billiger Friede zustande kam[3].

Damals waren auch die Niederlande Braunschweig zu Hilfe

_____

[1] Vgl. oben S. 403.
[2] von Bippen a. a. O. S. 250 ff., vgl. auch Hoffmann, Gesch. d.
freien u. Hansest. Lübeck II S. 84.
[3] von Bippen S. 273.

geeilt. Das geschah auf Grund eines von Lübeck betriebenen
Bündnisses, über das seit 1611 Verhandlungen stattgefunden
hatten [1]. Auch dieses sollte der Stärkung der verfallenden Hanse
dienen. Man sah in den Niederlanden, in denen eine Anzahl früher
zur Hanse gehöriger Städte eine grosse Rolle spielte, natürliche
Verbündete. Zunächst hatte Lübeck 1613 mit den Generalstaaten
abgeschlossen, ihm war noch in demselben Jahre Braunschweig
gefolgt, 1615 traten neun andere Städte bei, und 1616 wurde im
Haag ein Bündnisvertrag zwischen der Hanse und den Generalstaaten vereinbart, der direkt auf die Zugehörigkeit vieler nieder-
ländischer Städte zur Hanse Bezug nahm. Dieses Bündnis schien
der Hanse noch einmal grössere Aussichten zu erwecken und ihre
Stellung zu kräftigen. Doch vernichtete der bald danach aus-
brechende dreissigjährige Krieg diese Hoffnungen.

Ein anderes Bündnis zur Stärkung der Hanse, das diese
mehrfach ins Auge fasste, war das mit den Reichsstädten, die
»nähere Korrespondenz«, wie man es nannte. Zum ersten Male
wurde ein solches von den Reichsstädten 1557 angeregt [2]. Die Hansestädte kamen dem Gedanken freundlich, aber ohne sonderlichen
Enthusiasmus entgegen. Nachdem mehrfach darüber korrespon-
diert und auf den Hansetagen beraten war, wurde 1562 eine
Korrespondenz des Inhalts von ihnen angenommen, dass man sich
gegenseitig beraten und vor Gefahr warnen wolle. 1566 traten
die Reichsstädte auf dem Augsburger Reichstage lebhaft für
Lübeck in seinem Kampfe mit Schweden ein [3] und liessen weitere
Vorschläge an die Hanse zu einer engeren Verbindung ergehen [4],
ohne dass jedoch eine solche zustande kam, obwohl sie einstimmig
für notwendig erklärt wurde. 1605 wurde die damals von den
Reichsstädten gegebene Anregung von den Hansestädten aufs
neue aufgenommen. Köln erhielt damals den Auftrag, mit jenen
darüber zu verhandeln. Doch übernahmen die Aufgabe Bremen,
Lübeck, Magdeburg und Braunschweig, deren Gesandte auf dem
Reichsstädtetage in Worms im Mai 1606 mit den Reichsstädten

[1] von Bippen S. 268 ff., Hoffmann S. 85 f.
[2] Köln I, S. 427 ff.
[3] Ebenda 2820.
[4] Ebenda S. 560 f.

28 *

in Verhandlung traten[1]. Freilich konnten sie ausser schönen
Versicherungen der Freundschaft kein weiteres Ergebnis erzielen,
als dass sie aufgefordert wurden, spätestens in drei Monaten bei
Strassburg, Nürnberg, Ulm und Frankfurt auf neue Verhandlungen anzutragen. Demzufolge beauftragte der Hansetag den
hansischen Syndikus, Bremen und Magdeburg mit den weiteren
Besprechungen, nachdem er von Köln Vorschläge· für einen
Bündnisentwurf erhalten hatte. Diese weiteren Besprechungen
fanden erst auf dem Regensburger Reichstage von 1608 statt,
den die Hanse beschickte, und hatten kein greifbares Resultat.
Auf dem Hansetage desselben Jahres wurde die Angelegenheit
einem Ausschuss übergeben und verschwand damit für diese
Epoche.

Ein anderes Projekt, das dazu dienen sollte, die Hanse lebens-
fähiger zu machen, aber von vornherein aussichtslos war, zielte
auf die Verbindung mit einem mächtigen Fürsten ab. Soweit ich
sehe, tauchte es zuerst 1556 auf, wo man einen ›Konservator und
Protektor der Privilegien‹ wählen wollte, aber die Ausführung
mit Rücksicht auf die wenig freundliche Stellung der Fürsten
zum Bunde vertagte. 1584 nahm Danzig, das bereits 1556 Vorschläge gemacht hatte, den Gedanken wieder auf, indem es seine
Sendeboten zum Hansetage damit beauftragte, anzuregen, dass
die Hanse den König von Polen zum ›Recuperator oder Defensor
oder Conservator Hansae‹ machen solle[2]. Doch scheinen sie den
Auftrag nicht ausgeführt zu haben. Erst 1606 ist wieder davon
die Rede, jedoch als von einer Sache, über die vorher, wahrscheinlich 1604, beraten worden ist. Damals verschob man nach
längerer Verhandlung über einen ›hansischen Patronus oder Protektor‹ die Angelegenheit, um erst 1614 darauf zurückzukommen.
Jedoch auch damals versprach man sich mit Recht nicht viel von
einem fürstlichen Beschützer und trat daher gar nicht in nähere
Beratungen ein.

Während des ganzen Jahrhunderts also war die Hanse bemüht, neue Stützen, sei es im Innern durch Statuten und Reformen, sei es nach aussen durch Verbindungen mit anderen poli-

---

[1] von Bippen S. 254.
[2] Danzig Schbl. CVI.

tischen Gewalten, sich zu errrichten. Es war aber eine Sisyphus-
arbeit: mit jedem Jahre wurde das Gefüge der Hanse morscher,
und es war ein Ding der Unmöglichkeit, dem greisen Körper noch
einmal jugendliche Frische zu verleihen. Dass das wohl auch im
Grunde die Überzeugung der leitenden Männer im Bunde selbst
war, haben wir gesehen [1]. Einen Einblick in einen der fressendsten
Schäden soll noch der letzte Abschnitt gewähren.

VII.

Eine geregelte **Finanzwirtschaft** hatte die Hanse auch
in ihren guten Zeiten nicht ausgebildet. Regelmässige Einnahmen
hatte sie auch früher nie gekannt [2], sondern nur zufällige, mit der
Zeit wechselnde: Strafgelder, vom Auslande entrichtete Ent-
schädigungssummen, Pfundzölle. Die Kosten der Besendung der
Hansetage mussten die einzelnen Städte tragen, während die
Kontore meist die für die Gesandtschaften übernahmen. Jetzt,
wo die Kontore [3] zurückgingen, und wo bei den schlechten Zeiten
die Opferwilligkeit der einzelnen Städte immer geringer wurde,
machte sich das Fehlen fester Einnahmen sehr empfindlich fühl-
bar. Andere Bedürfnisse, wie namentlich das Gehalt für den
hansischen Syndikus, kamen mit der Zeit dazu, so dass man den
Wunsch hegte, sich regelmässige Einnahmen zu verschaffen.

Zunächst war es da von Wichtigkeit, eine Grundlage für die
Leistungen der einzelnen Bundesglieder zu besitzen. Schon in
der Blütezeit hatte man für bestimmte Zwecke, namentlich für
Hilfeleistungen bei Fehden auf Grund der Tohopesaten, An-
schläge oder Matrikeln gemacht, welche die Leistung der einzelnen Städte zu einer bestimmten Zahl von Bewaffneten fest-
setzte. Doch war es zu einer generellen Aufstellung darüber niemals gekommen. Darauf griff man im 16. Jahrhundert zurück.
Auf dem Hansetage von 1540 wurde zur Aufbringung der Kosten
einer Gesandtschaft nach Brügge eine allgemeine Taxe aufgestellt,

---

[1] Vgl. oben S. 397 f.

[2] Daenell a. a. O. S. 325 ff.

[3] Die Finanzverhältnisse der Kontore fallen nicht in den Rahmen
dieses Aufsatzes.

die 57 Hansestädte betraf. Den höchsten Satz sollten Lübeck und Köln, mit je 350 Talern, den niedrigsten Buxtehude, Stargard, Anklam, Gollnow, Lemgo, mit je 30 Talern, entrichten[1]. Die Sätze wurden meist von den einzelnen Städten auch angenommen und gezahlt[2]. Nur das Braunschweiger Quartier machte erhebliche Schwierigkeiten und hatte noch 1554 nicht gezahlt[3].

Im Zusammenhang mit den Beratungen über die Konföderation tauchte auf dem Tage des Kölner Drittels im Februar 1554 der Gedanke auf, dass die Städte jährlich eingeschätzt werden und nach dieser Taxe regelmässig zu Ostern ihre Beiträge an die Quartierstädte einzahlen sollten[4]. In den Quartierstädten sollten dafür Kassen errichtet werden. Auf dem darauf folgenden Hansetage im Juli wurde im Anschluss an den Kölner Vorschlag beschlossen, für die nächsten fünf Jahre eine bestimmte Kontribution alljährlich zu erlegen, und eine Taxe dafür aufgestellt. Diese Taxe weist 63 Städte auf[5]. Die höchsten Beträge fallen auf Lübeck und Köln mit je 100 Talern; es folgen Hamburg und Danzig mit je 80, Bremen, Lüneburg, Königsberg mit je 60[6], Rostock, Stralsund, Riga, Deventer, Braunschweig, Magdeburg mit je 50 Talern. Dann stufen sich die Sätze über 40, 35, 30, 25, 20, 15 und 12 Taler zu 10 Talern ab, mit denen Ülzen, Buxtehude, Anklam, Gollnow, Kulm, Lippe, Bielefeld und Emmerich veranlagt sind. Strafbestimmungen für säumige Zahler und Verweigerung der Zahlung wurden festgesetzt. Natürlich erhoben

---

[1] Vgl. Wehrmann, Hans. Geschichtsblätter Jahrg. 1873 S. 97, Hoffmann II, S. 66.

[2] Das Kölner Drittel bewilligt 1540 die Kontribution, Köln I. S. 333, einige seiner Städte haben jedoch 1554 noch nicht gezahlt, ebenda S. 370, Thorn und Elbing bewilligen noch 1540 die Taxe, Danzig Miss. XVII 60/1, Braunsberg zahlt die Hälfte, ebenda 91/4, Königsberg will erst später zahlen, ebenda Schbl. CXVIII A, Danzig hat am 20. Januar 1541 gezahlt, ebenda Schbl. CVII B 192.

[3] Köln I 908.

[4] Niehues a. a. O. S. 59.

[5] Danzig XXVIII 24.

[6] Braunsberg ist in dem Verzeichnis zwar auch mit 60 Talern veranlagt. Dass dieses aber lediglich ein Schreibfehler ist, geht sowohl aus der unverhältnismässig geringeren Bedeutung dieser Stadt hervor als auch daraus, dass sie in der Folgezeit stets nur mit einer Grundtaxe von 20 Talern herangezogen wurde.

sich sofort überall Proteste gegen die Höhe der Taxe, während mit der regelmässigen Beitragspflicht im Prinzip fast alle Städte einverstanden waren[1]. Quartierkassen, wie der ursprüngliche Kölner Entwurf sie vorsah, scheinen jedoch nicht eingerichtet worden zu sein[2]. In die Konföderationsnotel von 1557 wurden die Bestimmungen über die Kontribution nicht aufgenommen.

Von jetzt ab wurde die regelmässige Kontribution als ständige Einrichtung betrachtet und lief immer für fünf Jahre. Doch ging sie durchaus nicht regelmässig ein, die Städte suchten sich auf jede mögliche Weise der Zahlung zu entziehen, indem sie Ausflüchte machten, auf Unglücksfälle und schlechte Zeiten hinwiesen. Vielfach wurden auch Nachlässe rückständiger Zahlungen erzielt, seltener dagegen Befreiungen, und garnicht wurden die Taxen herabgesetzt, sodass die ursprüngliche Taxe von 1554 für die Städte, welche sich überhaupt noch zur Hanse hielten, bis zum Schluss beibehalten wurde. Auf den Hansetagen von 1576, 1579 und 1584 wurde zwar über die Ermässigung der Taxen beraten, aber es blieb alles beim alten.

Die Taxe der Kontribution wurde zugrunde gelegt, wenn es sich darum handelte, zu besonderen Zwecken Geld aufzubringen, was jetzt namentlich für Gesandtschaften erforderlich wurde. So beschloss man, ein Simplum, Duplum, Triplum, eine 8-, 10-, 20-, 27-, ja 1591 eine 40 fache Kontribution zu erheben. Natürlich ging es auch bei diesen aussergewöhnlichen Auflagen meist nicht ohne Streit und Versuche, sich ihr zu entziehen, ab. Vielfach wollten einzelne solche Ausgaben für Gesandtschaften und Kontore den Bundesgliedern aufbürden, die vorwiegend daraus Vorteil ziehen würden.

Es war auf die Dauer unmöglich, bei der schwachen Finanzlage und dem geringen Interesse zahlreicher Städte die Kontributionen regelmässig und vollständig einzuziehen. Namentlich die Städte des Braunschweiger Quartiers zeigten sich, mit Ausnahme von Braunschweig und Magdeburg, in der Verweigerung der Kontributionen sehr hartnäckig[3]. So zahlte Göttingen schon

---

[1] Köln I S. 381 f.
[2] Dagegen Hoffmann a. a. O. S. 66.
[3] Vgl. Mack a. a. O.

seit 1555 nichts, weil es von den Kontoren keinen Vorteil habe,
und auch die Leistungen der andern liessen sehr zu wünschen
übrig. Der Hansetag von 1567 hatte sich geradezu über die ·un-
gehorsamen und nicht schickenden Städte des Braunschweiger
Quartiers‹ schlüssig zu machen. Doch blieb es nur bei Drohungen.
Göttingen hatte damals schon seinen Austritt angezeigt, und
Goslar folgte ihm bald nach[1]. 1576 wurde zur Beratung gestellt,
ob die Städte des Braunschweiger Quartiers, die nichts zur Kontribution beitragen können, bei der Hanse verbleiben dürfen[2].
Köln war dafür, dass diese und andere Städte in gleicher Lage
dem Bunde weiter angehören sollten, dass aber der Hansetag, sobald er sie dazu wieder für fähig halten würde, die Kontribution
von ihnen verlangen dürfe[3]. Danzig machte den Vorschlag, mit
ihnen eine mässige Anlage zu vereinbaren[4]. Die Beratung
darüber wurde verschoben. 1579 boten Hameln, Hannover und
Einbeck anstatt der Kontribution eine regelmässige Jahresbeisteuer,
ein A n n u u m, an und baten, dafür mit allen aussergewöhnlichen
Kontributionen verschont zu werden. Der Hansetag verlangte
zwar für diesmal noch die Kontribution, wollte aber für die Zukunft sich mit dem Annuum zufrieden geben. Inzwischen hatten
auch andere Städte sich bereits mit der Bitte um zeitweilige Er-
lassung der Beiträge an den Hansetag gewandt, so z. B. 1579
Thorn, das für 20 Jahre befreit zu werden wünschte, und Riga[5].
1581 sprachen Königsberg denselben Wunsch auf 15 und Braunsberg auf 10 Jahre aus[6]. Die Folge war, dass die Versammlung
von 1584 sich dem Gedanken eines Annuums für die unver-
mögenden Städte im allgemeinen freundlich gegenüberstellte.
1591 wünschten sogar leistungsfähige Städte wie Braunschweig
und Magdeburg nur ein Annuum zu entrichten. Nichtsdestoweniger wurde damals noch die grosse 40 fache Kontribution von
allen Städten verlangt. ¡Freilich wurden hier und da Ermässi-
gungen zugestanden: so war man zufrieden, dass Kulm, welches

---

[1] Vgl. oben S. 218 f.
[2] Köln II, S. 411.
[3] Ebenda S. 419.
[4] Danzig XXVIII 46.
[5] Ebenda XXVIII 122.
[6] Ebenda XXVIII 108.

ja eigentlich kaum noch hansische Interessen hatte, die Hälfte mit 200 Talern zahlte[1]. So gingen von dieser Kontribution, die auf 44 600 Taler veranschlagt war[2], bis 1598 immerhin noch 30 476 Taler ein. Doch man sah ein, dass es so nicht weiter gehen könne und etwas getan werden müsse, um regelmässige Einnahmen zu erzielen.

Brennend wurde die Frage, als es sich um die Neuanstellung eines hansischen Syndikus handelte. Da beschloss der Hansetag von 1600, dass die Quartierstädte mit den einzelnen Städten über die Erlegung eines regelmässigen Annuums verhandeln sollten[3]. Der Erfolg war verschieden. Köln erklärte, dass es seine Städte dazu nicht zwingen könne. Dagegen versprachen Paderborn, Herford, Lemgo, Bielefeld und Warburg, das Annuum zu zahlen, wenn man sie mit anderen Kontributionen verschonen würde. Die meisten pommerschen Städte waren zu einem Annuum von 8—40 Talern bereit, darunter auch Stettin und Greifswald, die aber nicht zum Annuum zugelassen werden, sondern die Kontributionen bezahlen sollten. Von den preussischen Städten verpflichteten sich Thorn und Kulm zu einem Annuum von 20 und 10 Talern[4] und haben es seit 1601 regelmässig durch Danzig an Lübeck gezahlt[5], ja Thorn erhöhte das seinige 1614 um 10 Taler[6]. Paderborn sagte 1601 16, Herford und Lemgo je 15 und Bielefeld 10 Taler zu. Der Hansetag von 1601 setzte dann die Annua für alle Städte fest, die im allgemeinen der einfachen Taxe von 1554 entsprachen. Die zahlungskräftigeren sollten zu den Kontributionen verpflichtet sein. Doch haben in der Tat dann nur folgende 14 Städte in der Folge die Kontributionen erlegt: Lübeck, Köln, Bremen, Rostock, Stralsund, Wismar, Braunschweig, Magdeburg, Danzig, Stettin, Greifswald, Hildesheim, Hamburg, Lüneburg. Von ihnen machte Stettin 1605 noch den Versuch, mit dem blossen Annuum davonzukommen, wurde aber abgewiesen.

---

[1] Danzig Miss. XLIII 82/3, 93/4.
[2] Ebenda act. int. 53 a.
[3] Vgl. oben S. 386.
[4] Danzig Miss. XLVII 105/7 vgl. oben S. 218.
[5] Ebenda 280.
[6] Ebenda act. int. 57.

Die Sache stellte sich jetzt so, dass alle Städte das Annuum erlegen mussten. Bei allen besonderen Ausgaben aber wurden Kontributionen ausgeschrieben, zu denen nur die 14 genannten »vermögenden« oder »kontribuierenden« Städte herangezogen wurden. Diese wurden durch die Konföderationsnote[1] von 1604 ausdrücklich verpflichtet, falls die einfache Kontribution zur Befriedigung der Bedürfnisse nicht ausreichen sollte, höhere Kontributionen zu erlegen, die auch jetzt auf ein Ein- oder Vielfaches der Grundtaxe des Annuums bemessen wurden. Bei Städten, die wieder für die Hanse gewonnen werden sollten, wurde gleich von vornherein das Annuum festgesetzt.

Aber auch jetzt gingen die Zahlungen nur schwer ein; Klagen und Drohungen hören daher nicht auf. Bei mancher Stadt war gar nichts zu erreichen, und man musste sich damit zufrieden geben, dass die regelmässigen Einnahmen immer geringer wurden. So wurde schon 1601 genehmigt, dass die livländischen Städte vorläufig von Beiträgen befreit bleiben sollten. Häufig ergingen Mahnungen zur Erlegung der schuldigen Summen an die einzelnen Städte. Aber auch die kontribuierenden Städte blieben vielfach mit ihren Zahlungen im Rückstande.

So bildeten die »Retardaten« oder »Restantien« einen ständigen Punkt der Tagesordnungen bei der Beratung der Hansetage. Waren die Schulden einer Stadt beträchtlich angewachsen, so wurde sie veranlasst, eine Verschreibung, eine Obligation darüber aufzusetzen und sie zu verzinsen. Aber die Zinsen pflegten ebenso unregelmässig einzugehen wie die Schuldsummen selbst. 1601 wurden die Schulden der einzelnen Städte festgestellt. Da ergab sich, dass Köln mit nicht weniger als 8300 Talern im Rückstande war, Königsberg 3600, Deventer 3000, Kampen 2400, Groningen 2100 Taler, die meisten anderen Städte kleinere oder grössere Summen bis zu 1800 Talern schuldeten. 1609 betrugen die Rückstände so viel, dass nach Abzahlung aller Schulden davon noch über 20 000 Taler übrig geblieben wären. Nur Lübeck kam seinen finanziellen Verpflichtungen meist pünktlich nach, so dass es in den Abrechnungen gewöhnlich heisst: »Lübeck schuldet nichts«. 1601 waren ausserdem noch Hamburg, Stralsund, Lüneburg, Stettin, Greifswald in derselben günstigen Lage.

---

[1] Danzig XXVIII 71.

Um die Schulden einzutreiben, griff man manchmal zu einem besonderen Mittel. Es wurden nämlich Deputierte zu ganzen Städtegruppen gesandt, um sie zur Zahlung zu veranlassen. Das wurde z. B. 1601 hinsichtlich der Städte des Kölner und Braunschweiger Quartiers beschlossen. Aber der Erfolg war dabei sehr gering, 1604 wurde Magdeburg damit beauftragt, die im Rückstand befindlichen Städte seines Quartiers zu mahnen, aber es konnte nur sehr wenig ausrichten[1]. Da sich namentlich Köln mit feinem Quartier den hansischen Anforderungen entzog, wurde 1617 Nimwegen ersucht, mit den Städten dieses Quartiers zu verhandeln. Da es sich dieser Aufgabe nicht unterzog, wurde sie im folgenden Jahre ihm und Deventer, inbezug auf die westfälischen Städte Bremen übertragen. Auch der hansische Syndikus sollte auf der Durchreise in Osnabrück die westfälischen Städte zu einer Besprechung darüber um sich versammeln. Doch kam es nicht dazu, da Doman schon vorher im Haag starb[2]. Daher wurden die Verhandlungen Bremen, Osnabrück und Münster aufgegeben. Köln, das zehn Jahre lang weder seine noch der ihm unterstellten Städte Beiträge entrichtet hatte, sollte auf Beschluss des Hansetages von 1619 durch den Bremer Syndikus Dr. Buxtorf energisch gemahnt werden. Doch wurde dieser Beschluss nicht ausgeführt. Köln behauptete 1621, dass es sich mehrfach erboten habe, nach Übersendung der Kassenrechnung seinen Beitrag für zehn Jahre einzusenden, doch sei ihm darauf gar keine Antwort zu teil geworden[3]. Auf dem Tage dieses Jahres wurde es nochmals dringend ermahnt, während die westfälischen Städte aufgefordert wurden, ihr Annuum nicht mehr an Köln, sondern direkt an Lübeck einzusenden. Wahrscheinlich hat man damit nichts erreicht.

Ausser den Kontributionen und den Annua der Städte mussten hier und da zu bestimmten Zwecken noch besondere Einnahmen geschaffen werden, zu deren Aufbringung man diejenigen heranzog, die von den Aufwendungen Vorteil hatten. Es war also etwas Ähnliches wie der Pfundzoll älterer Zeiten. Als 1606

[1] Sartorius a. a. O. S. 626.
[2] Vgl. oben S. 391.
[3] Danzig XXVIII 83.

eine Gesandtschaft nach Spanien geschickt wurde[1], mussten
Lübeck, Hamburg und Danzig, welche die Gesandten stellten, die
Kosten zunächst allein aufbringen. Damit sie aber wieder zu
ihrem Gelde kämen, wurde eine besondere Abgabe beschlossen.
Von jedem nach oder von Spanien segelnden Schiffe wurde in
allen Hansehäfen ein Lastzoll von 1 Schilling lüb. von der Schiffs-
last und ein Wertzoll von 18 Pfennigen von je 100 Mark der
Ladung erhoben[2]. Die Abgabe, die als »spanische Kollekten« bezeichnet wurde, wurde zunächst auf drei Jahre bewilligt. Viertel-
jährlich sollte Rechnung gelegt und alljährlich zu Michaelis der
Ertrag nach Lübeck geschickt werden, wo er unter die drei
Städte, welche die Kosten verauslagt hatten, verteilt werden
sollte. Aber die Einnahmen reichten bei weitem nicht aus, um
in absehbarer Zeit die Kosten zu decken. Daher wurde auf dem
Hansetage von 1608 ihre Verdoppelung angeregt, aber auf Hamburgs Wunsch im nächsten Jahre abgelehnt. Dagegen wurde
damals die Erhöhung der Abgabe um einen Sechsling auf jede
lübische Mark beschlossen, aber nicht von allen Städten in der
Folge erhoben. Die Kollekten gingen sehr unregelmässig ein,
auch dabei war Hamburg wieder besonders nachlässig, es weigerte
sich sogar, darüber Rechnung zu legen[3]. Ebenso blieben Unter-
schleife und Hinterziehungen nicht aus, wie denn namentlich
Schiffer, die auf ihrer Fahrt nach Spanien mehrere hansische
Häfen anliefen, versuchten, sich der Bezahlung zu entziehen, indem sie in dem einen behaupteten, schon in dem andern gezahlt
zu haben[4]. Daher wurde 1609 bestimmt, dass Schiffe, die auf
der Reise nach Spanien mit Ballast von einer Hansestadt zur

---

[1] Über diese Gesandtschaft vgl. Pauli, Aus den Aufzeichnungen
des Lübeckischen Bürgermeisters Henrich Brokes, Ztschr. d. Ver. f.
Lüb. Gesch. I, S. 296 ff., und Kestner, Die Handelsverbindungen der
Hansa, speziell Danzigs mit Spanien und Portugal seit 1583, Zeitschr. d.
Westpreuss. Geschichtsver. V, S. 14 ff.

[2] Die Angaben über die Höhe des Zolles entsprechen sowohl bei
Pauli als auch bei Kestner nicht den Zahlen des Rezesses.

[3] Danzig XXVIII 76, Miss. L 75/6, 121/2, LI 67/8, 103/5. 1609
schreibt Danzig an Lübeck. dass es eine leonina societas sein würde,
wenn Hamburg seine Kollekten nicht einschicke.

[4] Danzig Miss. XLIX, 98/9.

andern laufen, um dort zu laden, die Schiffsabgabe am ersten, die Warenabgabe am zweiten Orte entrichten sollten.

Wenn auch andere Städte wie Danzig gewissenhaft viertel-jährlich Rechnung legten und jährlich den Ertrag der bei ihnen eingekommenen Kollekten einsandten, so entsprachen die Ein-gänge doch bei weitem nicht den Anforderungen, zumal ausser der Befriedigung der drei Städte die Kollekten noch zur Unter-haltung je eines Konsuls in Lissabon und Kastilien und eines Agenten am spanischen Hofe dienen sollten. Wie gering im Verhältnis zu den Kosten die Einnahmen waren, möge folgendes Beispiel zeigen. Danzig hatte allein für die Gesandtschaft 17 400 fl. verauslagt[1]. In seinem Hafen kamen an Kollektengeldern in den zehn Jahren von 1608–1618 1022 Talern, das sind, wenn man den Reichstaler = 1⅓ fl. setzt[2], 1362⅔ fl. ein[3]. In den beiden ersten Jahren erhielt es aus dem Gesamtertrage der Kollekten 874 Taler[4], im dritten 971 Mark = 485½ Taler[5], das sind für die drei Jahre im Durchschnitt 453 Taler = 604 fl. Es wären bei dieser Durch-schnittseinnahme also etwa 29 Jahre zur Abtragung der Auslagen erforderlich gewesen. Aber die Einnahmen gingen in den nächsten Jahren erheblich zurück, so dass die Frist eine ungleich längere werden musste, zumal auch der Wert der preussischen Mark und des polnischen Guldens rapid sank[2]. Ähnlich ging es Danzig mit 1600 Talern, die es 1603 zu einer Gesandtschaft nach Moskau ausgelegt hatte, und die 1621 trotz häufiger Mahnungen noch nicht zurückgezahlt waren[6]. Von einer Ver-zinsung in dieser langen Zeit ist gar nicht die Rede. Man sieht also, ein wie schlechtes Geschäft es war, für die Gesamtheit Vor-schüsse zu leisten. Bei der unzureichenden Befriedigung war es

[1] Danzig J i 3 f. 1118/9. Lübecks Auslagen beliefen sich auf 11 835 Taler, Hamburgs auf 13 655 Taler. Danzig XXVIII 110,93.
[2] 1608 und ebenso noch 1617 hat der Taler 40 Groschen, 1620 gilt er 60 und 1633 90 Groschen. Die Mark dagegen hat stets 20, der Gulden stets 30 Groschen. Vgl. dazu Simson, Ztschr. d. Westpreuss. Geschichtsver. XL, S. 116 ff., ausserdem Danzig XXVIII 98.
[3] Danzig Miss. L 121/2, LI 122, 116; XXVIII 79; Miss. LII 125, 142, LIII 148, 147, LIV 189/91, 130.
[4] Ebenda Miss. LI 121/2.
[5] Ebenda 20/1.
[6] Ebenda XXVIII 83.

kein Wunder, dass auch Danzig seit 1618 mit der Bezahlung der
Kollekte säumiger wurde. Vier Jahre lang scheint es keine Abrechnungen eingesandt zu haben und versprach erst 1622 wieder,
das nachzuholen. 1620 wurden die spanischen Kollekten in Danzig
überhaupt nicht eingefordert; dafür wurden am Schluss des Jahres
45 Taler aus der Kämmerei gezahlt[1]. Sehr lange ist diese Abgabe überhaupt nicht mehr erhoben worden. In Danzig wurde sie
seit 1630 nicht mehr eingefordert. Daher beschloss der Rat 1633,
für jedes der Jahre 1630/2 statt dessen 120 Mark aus der Kämmerei
zu zahlen, sie künftig aber wieder fleissig einziehen zu lassen[2].
Nur in Lübeck erhielt sie sich noch. Doch schied sie hier 1633 aus
der Verwaltung des Rates und wurde ein unabhängiges Institut
der Kaufmannschaft. So wurden die spanischen Kollekten in
Lübeck etwas ganz anderes, als sie ur- sprünglich gewesen waren[3].

Städte, die für die Hanse Auslagen machten, kamen gewöhnlich sehr schwer wieder zu ihrem Gelde, wie wir es an dem Beispiele von Danzig gesehen haben. Da eben eine gemeinsame
Kasse mit sicheren Einnahmen fehlte, so mussten die Kosten für
gemeinsame Unternehmungen, besonders Gesandtschaften, zunächst
immer von den einzelnen Städten, welche die Gesandtschaften
stellten, verauslagt werden. Welche Schwierigkeiten im Rech-
nungswesen dadurch entstanden, liegt auf der Hand. Es wurden
stets Rechnungen und Gegenrechnungen aufgestellt, aus denen
sich dann erst das finanzielle Verhältnis der einzelnen Stadt zur
Gesamtheit ergab. Ausgleichungen, Kompensationen spielten dabei
eine grosse Rolle. Da nun die Schulden oft lange Zeit hindurch
nicht reguliert wurden, konnte es nicht ausbleiben, dass die heil-
loseste Unordnung im Rechnungs- und Kassenwesen der Hanse
entstand. Auf der Tagesordnung der einzelnen Hansetage findet
sich sehr oft, in der späteren Zeit fast regelmässig, der Punkt
»Rechnung«, aber zu einem Abschluss kam es kaum jemals. Seit
dem Hansetage von 1562 beschäftigte man sich fast dauernd mit
dieser Frage. Wenn es aber dazu kommen sollte, waren bald die
Rechnungen der einzelnen Städte nicht alle zur Stelle, in einigen

---

[1] Danzig XXVIII 98.
[2] Ebenda XXVIII 110.
[3] Siewert, Gesch. und Urk. der Rigafahrer in Lübeck im 16. u.
17. Jahrh., Hans. Geschichtsqu. N. F. 1, S. 35.

Rechnungen fanden sich Unklarheiten, die Ansprüche der verschiedenen Städte kollidierten miteinander. So wurde die Erledigung der wichtigen Angelegenheit immer von einer Tagefahrt auf die andere verschoben. Nachdem 1579 die Rechnungen von 13 Städten vorgelegt und genehmigt waren[1], wurde 1591 ein Anfang gemacht, indem man wenigstens mit den hansischen Angestellten abrechnete und dasselbe mit den Kontoren versuchte. Auf dem nächsten Tage, der erst sieben Jahre später abgehalten wurde, stellte man zum ersten Male die Ansprüche fest, die an sämtliche Städte vom Bunde zu erheben waren. 1601 fuhr man damit fort. 1605 ging man endlich energischer heran. Aber da stellten sich sofort die grossen Schwierigkeiten heraus, so dass man zur endgültigen Abrechnung einen besonderen Deputationstag für das nächste Jahr in Aussicht nahm. Inzwischen sollten alle Rechnungen eingesandt und von den Quartierstädten, Bremen und dem hansischen Syndikus geprüft werden. Doch als, wie vorauszusehen, bis zu dem in Aussicht genommenen Termin die Rechnungen nicht alle eingingen, wurde dieser um ein Jahr verschoben. Es sollte jetzt jedoch vorher die Prüfung durch alle 14 kontribuierenden Städte erfolgen. Noch zweimal wurde die Verschiebung wiederholt, wobei 1608 festgesetzt wurde, dass die Forderungen der Städte, die auf dem endgültigen Abrechnungstage nicht durch Gesandte oder schriftlich vertreten sein würden, keine Kraft mehr haben sollten.

Als 1609 wirklich allein zum Zwecke der Abrechnung ein Deputationstag gehalten wurde, da zeigte es sich, dass manche Einzelrechnungen fast 100 Jahre zurückreichten, dass sie zum Teil sehr »obskur gefasst« waren und Nichthineingehöriges und Privatsachen in sich schlossen, die Belege zweifelhaft waren und zum Teil fehlten. Manche Städte waren, seitdem nicht gründlich abgerechnet war, aus der Hanse ausgetreten, andere ganz und gar verarmt. Die damals zu verrechnende Gesamtsumme belief sich auf 300—400 000 Taler. So verzweifelt sah die Sache aus, dass Danzig seinen Abgesandten dahin instruierte, er solle dahin wirken, dass die Städte, »die zu viel tausenden zu berechnen haben, sich ihrer anforderung vorzeihen undt die rechnungen ins fewer

---

[1] Köln II 1577.

geworffen werden«, während die Städte, die geringe oder keine
Beiträge leisten, etwas zu der gemeinsamen Kasse beitragen
sollten[1]. Wenn man auch zu diesem Radikalmittel nicht griff.
so wurden doch die vor dem Jahre 1579 liegenden Posten überhaupt nicht berücksichtigt und zahlreiche Forderungen kassiert.
um einigermassen leidliche Ordnung herzustellen. Alle mündlich
und schriftlich erhobenen Einsprüche wurden abgewiesen. Die
ganze Rechnung bis zum Jahre 1604 sollte in etwa zwei Monaten
erledigt sein, die Schulden bis dahin bezahlt oder Verschreibungen
darüber ausgestellt und die Beträge mit 5 Prozent verzinst werden.
Säumigkeit sollte mit Ausschliessung bestraft werden.

Natürlich wurden die Beschlüsse von 1609 nicht von allen
Städten und von vielen nur säumig ausgeführt. 1614 waren
Obligationen im Gesamtwert von 11900 Talern eingeliefert.
während die Kasse ausserdem noch von einer Anzahl von Städten
10729 Taler zu fordern hatte. Nicht lange dauerte es, bis alles
wieder verfahren war. Bereits 1621 fand man sich aus der Rechnung nicht mehr heraus und setzte die Liquidierung von der
Tagesordnung ab. Statt dessen beauftragte man den damaligen
provisorischen hansischen Syndikus damit, die Rechnung erst einmal in Ordnung zu bringen, Erst 1628 ist es einmal wieder zu
einem Rechnungsabschluss gekommen.

Da man 1609 die Unhaltbarkeit der augenblicklichen Verhältnisse der Kasse klar erkannte, beschäftigte man sich, um diese
gesunder zu gestalten, damals mit der »Verfassung der hansischen
Kasse in futurum«. Damals rechnete man bestimmt damit, dass
von den ausstehenden 20000 Talern[2] der grössere Teil eingehen würde, und beschloss daher, um die laufenden Ausgaben.
namentlich die Besoldung des Syndikus, zu decken, 17000 Taler
zinsbar anzulegen. Aber man täuschte sich: es war keine Rede
davon, dass die hansische Kasse zu dem Ihrigen kam. Überhaupt
rechnete man vielfach mit Summen, die nur auf dem Papier
standen, und an deren Einziehung nicht zu denken war, und blieb
so stets in der finanziellen Misere. 1609 beschloss man für die
Zukunft äusserste Sparsamkeit: es sollten keine Reisen, abgesehen

---

[1] Danzig IX 313.
[2] Vgl. oben S. 428.

von denen des Syndikus zu den einzelnen Hansestädten, mehr von
den jährlichen Einnahmen bestritten werden. Die Kassenver-
waltung sollte ohne Entschädigung von den beiden zur Kassa verordneten Lübecker Ratmannen geführt werden, ohne dass besondere Kassenschreiber angestellt wurden. Die Kopialkosten für
mitzuteilende Akten und Rechnungen sollte die einzelne Stadt
tragen[1], an Botenlohn sollte gespart werden, und man sollte möglichst keine besonderen Boten ausschicken, sondern sich der gewöhnlichen Kuriere, die wöchentlich von Lübeck nach Osten und
Westen ausgingen, bedienen. Man beschloss auch, alle Gläubiger
der Hanse und der Kontore nach Möglichkeit zu befriedigen.
Aber es war auch bei gutem Willen nicht möglich, in die ver-
fahrenen Verhältnisse Ordnung zu bringen.

Eine grosse Rolle in der Finanzpolitik der Hanse spielten die
Bemühungen, eine Art von Bundesschatz, ein Ärarium oder
einen Vorrat, zu schaffen. Auch die Blütezeit hatte einen solchen
nicht gekannt. 1494 war zum ersten Male in Anregung gebracht
worden, einen gemeinsamen Schatz anzusammeln, aber bei dem
Widerstande einer grossen Anzahl von Städten war man davon
zurückgekommen[2]. Auch spätere Verhandlungen darüber. hatten
ebensowenig zum Ziele geführt wie der Vorschlag des Kölner
Drittels von 1554 zur Anlegung von Quartierkassen[3]. Erst in der
Zeit des tiefen Verfalls tauchte der Gedanke wieder auf. Nachdem der Plan 1601 auf die Tagesordnung des Hansetags gesetzt,
damals aber nicht weiter erörtert worden war, ging man 1604
näher darauf ein und machte den Vorschlag, dass diejenigen, die
in einer Hansestadt das Bürgerrecht erwerben, je nach Vermögen
eine kleine Summe zum hansischen Bundesschatz geben sollten[4],
eine Abgabe, die Danzig bereits 1591 angeregt hatte, um dadurch
die Kontorschulden bezahlen zu können[5]. Doch fand das viel Widerspruch, und auch Danzig erklärte jetzt diese Einrichtung als für
sich unannehmbar[4]. 1606 schlug der Syndikus Doman vor, dass
alle, die als Jungen oder Gesellen im Bergenschen Kontor ge-

[1] Vgl. oben S. 239.
[2] Daenell a. a. O. S. 327, Hoffmann a. a. O. I, S. 196.
[3] Vgl. oben S. 424.
[4] Danzig XXVIII 74.
[5] Ebenda XXVIII 59.

dient haben, sobald sie einen eigenen Handel anfangen, 6—10 Reichstaler zum Vorrat zahlen sollten, und dass dieselbe Einrichtung
auch bei den andern Kontoren zu treffen sei, sobald es ihnen besser
gehe, dass von allen Strafgeldern die Hälfte ins Ärar fliessen
solle, dass vom Bürgergelde je ein Reichstaler dafür verwandt
werde, und dass eine besondere Kontribution für ein Ärar zu erheben sei. Während die beiden ersten Vorschläge angenommen
wurden, lehnte man den dritten glatt ab und nahm die Kontribution
ad referendum. Doch kamen auch die beiden Beschlüsse noch
nicht zur Ausführung. Der Danziger Rat, der von den beiden
Mitteln wenig hielt, sprach sich 1608 dafür aus, sechs Jahre lang
eine zweifache Kontribution zu dem erwähnten Zwecke zu erheben
oder eine 50—60fache Kontribution zu beschliessen, die aber auch
durch eine Obligation, von der nur jährlich die Zinsen zu zahlen
wären, erlegt werden könne[1]. Der folgende Hansetag dagegen
wiederholte die Beschlüsse seines Vorgängers, während man sich
über eine Kontribution nicht einigen konnte. Danzig hielt seinen
Antrag auf eine sechs Jahre hindurch zu erhebende, zweifache
oder eine auf einmal zu entrichtende 50—60fache Kontribution
aufrecht[2], erfuhr aber damit auf dem Deputationstage von 1609
eine endgültige Ablehnung. Damals beschloss man, wie bereits
erwähnt[3], 17 000 Taler aus den eingehenden Rückständen zinsbar
anzulegen. Zu der Ausführung der Beschlüsse von 1606 dagegen
scheint es nicht gekommen zu sein, des einen wahrscheinlich wegen
das Widerspruchs des Bergenschen Kontors, das nicht imstande
war, seinen Bedarf an Lehrlingen oder Jungen nur aus den Hansestädten zu decken, und das durch Auflegung der Verpflichtungen
junge Leute nicht vom Eintritt abschrecken wollte, des andern,
weil die Städte selber widerwillig und säumig gegenüber der
Einlieferung der Hälfte der Strafgelder an den Bund waren.

Trotzdem findet sich in der nächsten Zeit eine gemeinsame
hansische Kasse, deren Bestand sich 1612 auf 850 und 1614 auf
1243 Reichstaler belief. Möglicherweise war in sie der Erlös
aus dem Verkauf des 1604 nach Lübeck geschafften Silber-

---

[1] Danzig XXVIII 74.
[2] Ebenda IX 313, XXVIII 77.
[3] Vgl. oben S. 434.

geschirrs des Stalhofes[1] ganz oder teilweise geflossen[2]. 1614 beschloss man auch, einen etwaigen Überschuss aus einer zur Aufbringung von Gesandtschaftskosten zu erhebenden Kontribution dem Vorrat zugute kommen zu lassen. Natürlich blieb nichts übrig. Sehr langsam nur wuchs der Kassenbestand. 1615 betrug er 1446 Taler, von denen 1000 zu 5 Prozent ausgeliehen waren. Ein Vorschlag Lübecks, zur Vermehrung des Vorrats das Annuum zu verdoppeln, wurde 1619 nur ad referendum genommen, und man kam später nicht mehr darauf zurück. Wie aussichtslos die ganze Angelegenheit bei der Geringfügigkeit der Summen, welche die Kasse damals besass, war, erkannte in jenem Jahre der Danziger Rat, indem er seinen Bevollmächtigten anwies, da das Zusammenkommen eines Ärariums aussichtslos sei, nur auf grösst-mögliche Sparsamkeit zu dringen[3].

Sparsamkeit war auch das Einzige, was man für die Kasse empfehlen konnte. Denn neue Einnahmen waren nicht zu erschliessen. Seit 1605 zwar dachte man daran, die hansischen Häuser in Boston und Lynn zu verkaufen, aber es ist nicht mehr dazu gekommen[4]. Etwas später wurde der Vorschlag gemacht, das kleine Ostersche Haus in Antwerpen, dessen Reparaturen die Einnahmen überstiegen, loszuschlagen, und 1614 wurde ein Beschluss in diesem Sinne gefasst[5]. Der Verkauf kam zwar 1622 zum Abschluss, aber es dauerte noch bis zum Jahre 1638, ehe von der Kaufsumme von 11 000 fl., die durch einen sich an den Verkauf anschliessenden Prozess sehr verringert war, der Rest in Höhe von 3632 fl. an die Kasse in Lübeck gelangte, zu einer Zeit also, in welcher die Hanse im alten Sinne nicht mehr bestand. Ebenso wie hier bedeutete auch eine andere kleine Einnahme den Zerfall alter hansischer Herrlichkeit. Sie ergab sich durch den Verkauf der 1607 nach Bremen und Hamburg geschafften wert-

---

[1] Lappenberg a. a. O. S. 110.
[2] 1606 befand sich das Silbergeschirr noch unverkauft in Lübeck, 1609 beschloss der Deputationstag, den Rest zu verkaufen.
[3] Danzig XXVIII 83.
[4] Vgl. Lappenberg a. a. O. S. 164 f., 171.
[5] Vgl. Wehrmann, Der Verkauf des kleinen Osterschen Hauses in Antwerpen, Hans. Geschichtsblätter Jahrg. 1874, S. 107 ff.

vollen Geschütze des Bergenschen Kontors an diese beiden Städte im Jahre 1621.

Ein hansisches Ärarium ist nicht mehr zustande gekommen.

Nachtrag.

Ein nachträglich aufgefundenes, »Ordinantie von den dren dordendeylen 1540« überschriebenes Aktenstück⁴ gibt Anlass zu folgenden Bemerkungen:

Zu S. 212. Der als wahrscheinlich angenommene Beschluss der Einteilung in ein lübisches, kölnisches und sächsisches Quartier von 1540 ist tatsächlich erfolgt. Es ist dabei zum Ausdruck gebracht, dass innerhalb der Quartiere eine gewisse Gewalt hatten, »in bevell hebben«: Bremen über Minden, Herford, Paderborn, Lemgo; Stralsund über die pommerschen, Danzig über die preussischen, Riga über die livländischen Städte; Hamburg über Stade und Buxtehude; Dortmund über die westfälischen; Nimwegen über die geldrischen; Deventer über die oberijsselschen Städte nebst Groningen; Wesel oder Soest über die kleveschen Städte.

Zu S. 222. Es wird 1540 festgesetzt, dass die wendischen Städte einladen sollen: Köln, Braunschweig, Danzig, Riga und Stralsund, die ihrerseits die andern Städte zu benachrichtigen und mit ihnen zu beraten haben.

Zu S. 225. Die 1549 festgesetzte Anordnung über die Beschickung der Hansetage ist ganz ebenso bereits 1540 getroffen worden.

¹ Danzig XXVIII 147; vgl. dazu Köln I S. 332.

XIII.

Zur Topographie der Stettiner· Fitte auf Falsterbo.

Von

Otto Blümcke.

Mit der Verschleuderung des ganzen Stettiner Seglerhaus-
archivs an den Meistbietenden im Jahre 1872 ist die reichhaltigste
Quelle für die ältere Geschichte des Seglerhauses und der mit diesem
eng verbundenen Kompagnien der Ellenbogen-, Draker- und Falsterbofahrer für immer verschüttet worden; die wertvollen Archivalien sind dem Alttrödler verfallen und längst vernichtet worden.
Nur dem zufälligen Umstande, dass sie in andere, im Stadtarchiv
aufbewahrte Akten geraten sind, danken einige Archivalien ihre Erhaltung. Auch die folgenden Aktenstücke sind so der Vernichtung
entgangen. Sie bieten nichts, was nicht auch sonst bekannt wäre,
aber sie zeigen sehr deutlich, wie rasch der Verfall auf den Fitten,
dieser glänzenden Schöpfung kaufmännischen Unternehmungs-
geistes in den Hansestädten, hereinbrach. Sie sind bezeichnet:

1. Designation aller bueden und felde uff der Stettinischen Vitten
   zu Valsterbude.
2. Bericht des Schonenvogtes: Volgende bueden hab ich diesen
   Herbst uff Valsterbude bessern und verwaren lassen,
3. Abriss· der Stettinischen Vitte und bueden zu Valsterbude
   anno 79 per Eliam Slekern.

Diese Aktenstücke bieten nicht nur eine Ergänzung der
Schilderung des raschen Niederganges der Fitte und des mit ihr
verknüpften Handels und Heringsfanges. die ich früher[1] gegeben
habe, sondern sie erwecken auch ein nicht bloss lokalgeschichtliches

Interesse, da in dem Abriss der erste bis ins einzelne ausgeführ[
Plan einer solchen Fittenanlage bekannt gegeben wird. Ih
Bedeutung wird erhöht durch die amtliche Stellung ihres V
fassers. Es ist dies der in der Stettiner Stadtgeschichte wo
bekannte Dr. Elias Schlecker, zuerst in Diensten des Stettin
Handelshauses der Loytzen, seit 1562 Ratssekretär, 1579 zu R
gekoren, in demselben Jahre als Vogt nach Schonen geschic
auch später vielfach in schwierigen politischen Sendungen erpro
1599 gestorben. Das Ansehen, das er im Rate und in d
Bürgerschaft genoss, war sehr gross; noch lange nach seinem To
wurde im Rate bei schwierigen Rechtsfragen auf ihn verwiese
Elias hat es auch gesagt! Die Aktenstücke sind sämtlich v
seiner Hand, und sie werden jedem, der Schleckers Art u
Weise amtlichen Arbeitens kennen zu lernen Gelegenheit ha
als unbedingt zuverlässig gelten müssen, Ihre Entstehu
geschichte ist diese. Als Schlecker 1579 sein Amt als Vogt
Schonen angetreten hatte, beauftragten ihn als den rechtskundigs
seine Amtsgenossen, die Schonenvögte Jost Holtwig von Lü
Christof Gentzkow von Rostock, Jochim Neveling von Strals
und Mathäus Moller von Danzig mit der dem dänischen Zöll
vorzulegenden Beschwerdeschrift. Sie enthält ausser den übli
Klagen über Erhöhung des Pram- und Wagengeldes, der He
ziehung der Vögte zur Bierakzise u. a. auch eine Beschw
darüber, dass alljährlich dem Kaufmann auf den Fitten ausser
der Schonenzeit die Buden erbrochen oder abgerissen, die in di
lagernden Sachen gestohlen würden, wie dies noch jüngst auf
Stettiner Fitte mit der Bude des Jakob Hohenholz geschehen
Die Vögte begehrten ferner die Wiederaufrichtung der umgerisse
oder umgefallenen Kreuze und Grenzmale an den Stellen, da
zuvor gestanden hätten. — Ausser allgemeinen Versprechun
des Zöllners Peter Judte erzielte man nichts. Nach seiner H
kehr legte Schlecker im Rate diese Aktenstücke vor, um mindes
für das Vogteigebäude eine gründliche Ausbesserung·zu erlan
So ist es gekommen, dass die Akten nicht in das Seglerha
sondern in das Stadtarchiv geraten sind.

---

[1] Stettins hansische Stellung und Heringshandel in Schonen,
tische Studien XXXVII, Stettin 1887.

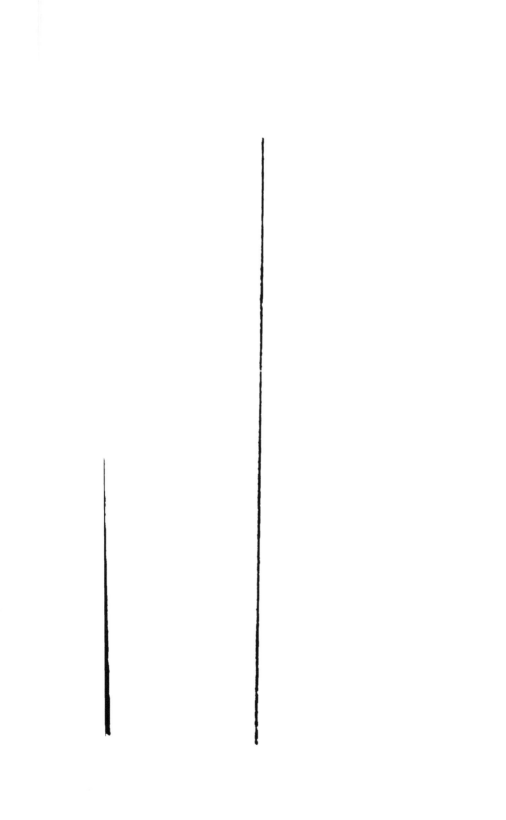

I.

Designation aller buden und felde uff der Stettinischen Vitten zu Valsterbude ao. 79 [1].

1. Peter Naumburgs in der luchte, ist ein Kiel am schlos am Kreuz [2].
2. Die unbekandte bude uff den ort gegen Naumburg.
3. Gerd Farnholtes bode, der ahlkorb [3].
4. Alexander von Ramyns Hase [4].
5. Lorenz Eferd roste [5]; darin ligt Ramyns bode.
6. Barthold Halle, wuste [6].
7. Companey [7].
8. Der Schwan, olim Wolff Mollers, Jochim Neveling; ein wuste Feld [8].
9. Die drei Tonnenbande Egidii Britzken [9].
10. Das Swerdt, Lucas Makel [10]
11. 1 wost feldt; Lucas Makels querbode; 1 wost feld, Brinck [11].
12. Dinnies sind die 4 tellorken [12].
13. Hans Wosthofen ⊤ Harken [13].

---

[1] Hierzu zu vergl. der Abriss hinten.

[2] Auf dem Abriss heisst sie ortbude; denn sie stand auf dem Platz (ort) vor der Strasse (in der luchte), wo das die Fitte und das Lübecker Feld abgrenzende Kreuz stand. — Die Naumburg sitzen im 16. Jahrh. im Rate, seit 1572 z. B. Peter Naumburg; vergl. unten Nr. 24.

[3] Gerd Farnholt Ratmann seit 1541, gestorben 1560.

[4] Alex. v. Ramin Ratmann seit 1577, Bürgermeister 1602, gest. 1616.

[5] Lorenz Evert Ratmann 1532—72, das Budenzeichen ist ein Rost, Rösteisen. Vergl. Bericht II, Nr. 11.

[6] Barthold Halle Schonenvogt von 1513—21, Ratmann seit 1513.

[7] Vergl. Bericht II Nr. 11.

[8] Vergl. meine Abhandlung »Stettins hansische Stellung und Heringshandel in Schonen« S. 37. — Jochim Neveling Schonenvogt 1567—88.

[9] Egidius Britzke Altermann der Kramer und von Draker; sein Sohn Peter Ratmann 1578—1601.

[10] Lucas Makel Ratmann 1543—51.

[11] Die Brink sind eins der angesehensten Ratsgeschlechter; seit 1445 finden sich sechs dieses Namens im Rate.

[12] Dinnies Smidt Altermann des Seglerhauses, erste Hälfte des 16. Jahrh.

[13] Hans Wustehof Ratmann 1530—47, sein Sohn Hans 1571—86.

an der Kolberger seiten:

14. Jorge Wusthoff, Hertzzweige[1].
15. Jochim Werdermann[2], ein alendel.
16. B. Caspar Schaum, 2 Span[3].
17. Jochim Vicken 2 boden uff 1 feld, die schepe und 1 rode **kan**[4].
18. Die Windmole Kinastes[5].
19. B. Braunschweigs 'uhle mit der sackpipe[6].
20. Radekens Engel up der widen, wuste, antea Goltbeke[7].
21. Groilings 3 Heringe[8].
22. Stoppelbergs buer mit der sackpipen, wuste[9].
23. Mathias Sachtelebenss lakkan[10].
24. Peter Naumborg 4 beke, antea Martin Brinck[11].
25. Hans Sachtelbenss feld, wuste.
26. B. Sachtelebenss giddebuck[12].
27. Jochim Kuelen byl[13].
28. Hans Framen adebar[14].
29. Peter Framholz schipp[15].
30. Das vogedeyfeldt, da Framholz in gelegen.

---

[1] Das Budenzeichen ein Hirschgeweih.

[2] Jochim Werdermann Ratmann 1558—61; das Budenzeichen ein Aalbrett.

[3] Kaspar Schaum Ratmann 1569, Bürgermeister 1576, gest. 1590. das Budenzeichen 2 Eimer.

[4] Jochim Vicke 1547 Mitglied der Kompagnie von Draker.

[5] Die Kienast ein angesehenes Kaufmannsgeschlecht.

[6] David Braunschweig Ratmann 1537, Bürgermeister 1540, gest. 1552.

[7] Die Goldbek sitzen seit 1456 im Rate.

[8] Lorenz Groiling Ratmann 1541—60, Schonenvogt 1549—56.

[9] Hans Stoppelberg Ratmann seit 1503, Bürgermeister 1508, gest. 1538; sein Sohn Hans Ratmann 1568—79.

[10] Math. Sachteleben Ratmann 1534, Bürgermeister 1552, gest. 1575. Das Budenzeichen eine Lakekanne.

[11] Vgl. Nr. 11. Das Budenzeichen 4 Becken oder Senfschüsselchen.

[12] Giddebuck, dän. gedebuk, Ziegenbock.

[13] Jochim Kule Ratmann 1509—43.

[14] Diese Bude bewohnte 1579 der Schonenvogt Schlecker. — Das Budenzeichen ein Storch.

[15] Peter Framholz Ratmann seit 1552, Schonenvogt 1557, 1569—75.

31. Der Freiberge feldt, ein Kirchhoff[1].
32. Fürstenowen erben, ⤪ ein anker, modo Swellengrebel[2].

— — — —

33. Hanss Winss 3 stern[3].
34. Jochim Meder, antea Hans Smids[4].
35. Der Loitzen perdt[5].
36. Hohenholz rollwagen[6].
37. Hanss Brincks stern[7].
38. Der Glineken[8] rode han, woste.
39. Der sadel, M. Brockman[9]; steinbode.
40. Sassen, eine luchte; lawe[10].
41. Schornstein, ein trechter[11].

42. Gerd Farnholz Hatken[12].
43. Die Jungfrau, B. Wusthoff[13].
44. Das † Kreuz Simon Bellen[14], steinbude.
45. Der morian, Martin Werdermann, antea Ollden[15].

[1] Balzer Freiberg, Ratmann 1519—29, erwarb 1521 von Thomas Scroder eine Bude zwischen Vogtei und Boddekers Bude; das Feld diente eine zeitlang als Begräbnisplatz, wurde 1556 den Freibergs vom Rate zurückgegeben. Vergl. meine oben angeführte Abhandlung S. 34.

[2] Thomas Fürstenow Ratmann 1535—44; Jochim Schwellengrebel 1551—82.

[3] Hans Wins Sohn des Ratm. Math. Wins 1576—86.

[4] Auf d. Abriss ist Hans Smids Budenfeld daneben gezeichnet.

[5] Die Loytz im 15. und 16. Jahrh. das bedeutendste Kaufmanns- und Ratsgeschlecht Stettins; seit ihrem grossen Bankerott 1572 verschwinden sie aus Stettin.

[6] Jakob Hogenholz Ratm. 1561—78.

[7] Hans Brinck Ratm. 1566, Bürgerm. 1583, dankt ab 1596.

[8] Moritz Glineke Ratm. 1546, Bürgerm. 1551, gest. 1575.

[9] Gregor Bruchmann Ratm. 1546—75.

[10] Claus Sasse Ratm. 1522—49. Das Budenzeichen ein Löwe.

[11] Tewes Schornstein, angesehener Drakerfahrer.

[12] Vergl. S. 441 Anm. 3. Das Budenzeichen ein Hut, dän. hat.

[13] Vergl. S. 441 Anm. 3. Bened. Wusthof Alterm. v. Draker 1543—79.

[14] Simon Belle Ratm. 1551—72.

[15] Martin Werdermann Ratmann 1567—90; Jochim Olde 1535—62. Morian dän., Mohr.

46. B. Lubbekens Bode, ⊕ [1].

47, Das rode vat Andreas Werdermanns [2].

48. Peter Loper, die grumballge, woste [3].

achter weg:

49. Jochim Jorges ochsenkop [4], woste.

50. 1 woste feldt uf den ordt bei den drei †.

51. Jochim Vossberg sackpfeiff oder 2 rode vate [5].

52. 1 woste feld.

53. B. Antonii Regelstorff, 1 ossen [6].

54. Jochim Jorndt, 2 Luchten [7].

55. Hanss Zillmer und Bokholz, Plog [8].

56. M. Zernowen 2 schwerter.

57. Rode flasch, 1 woste feld, ego.

58. Simon Giselbrecht, 1 span [9].

59. Heinrich Kesow Grise, 1bss. [10].

    Hir stehet ein †.

II.

Laus deo. Volgende bueden hab ich diesen Herbst uff Valsterbude bessern und verwaren lassen.

1. Der rollwagen [11], her Jakob Hogenholtes seligen Bode;

---

[1] Hans Lübbeke Ratm. 1522, Bürgerm. 1549, gest. 1551. Das
Budenzeichen eine Armbrust.

[2] Andreas Werdermann Ratm. 1565—72. Das Budenzeichen ein
rotgestrichenes Fass oder ein in der besonderen Form gearbeitetes
Rötefass.

[3] Die Bude schon 1537 in Lopers Besitz. Das Budenzeichen ein
Kübel für den Abfall vom Hering, dän. grums, Schlamm; ballje Kübel.

[4] Jochim Jörges Ratm. 1576—93.

[5] Jochim Vossberg Altermann des Seglerhauses 1576.

[6] Antonius Regelstorff Ratm. 1570, Bürgerm. 1573, gest. 1583.

[7] Das Budenzeichen wohl zwei Laternen.

[8] Hans Zylmer Alterm. des Seglerhauses 1576—80. Das Budenzeichen ein Pflug.

[9] Simon Giselbrecht Ratm. 1584, Bürgerm. 1598, gest. 1604.

[10] Auf dem Abriss nicht verzeichnet, vermutlich ein Lübecker.

[11] Vergl. Abriss Nr. 36.

war kaum einen monat vor meiner ankunfft auffgebrochen, 4 dielen aus dem dach wegkgerissen, alle haussgered und budengered, auch ein schoner Tisch wegkgestolen, dass nichts darin blieben als 8 last alte Tonnen (96). Die hab ich nebenst Jasper Witkop gezellet; die bunde hab ich wiederumb dichte vorwaret, 4 dielen ins dach legen lassen, auch alle thure und Locher mit brettern zugeschlagen, Darzu 6 dielen und 1 Schock nagel kommen, kost mit dem arbeidslon dem zimmerman 1 fl.

2. Die stern; Kemerer Johan Brincks bode[1]; an der hinderthur und vorlengst dem achtergibel mit bretern beschlagen und mit grosen belegen lassen.

3. Den sattel Kemerer Schivelbeins[2], modo Brokmanss steinbude stutzen und flicken lassen, dartzu ein mandel nagel dem zimmermann.

4. David Braunschweigs seligen bode; war das dach an dem niedrigsten ort uffgerissen und die dielen vorstoket; dar in drei dielen geschlagen, noch eine querdiele lengst dem dach nach Kinasts werdt und vor beide thuren bretter geschlagen; hirtzu an nagelen und brettern, auch zimmerlon ½ daler[3].

5. Der Kienaste bode, die windtmole; oben im aussgebrochen steindach 2 dielen durch Teppen, meinen zimmerman, angeschlagen; davor hat ime Michel Jorbantz gelonet[4].

6. Dess hern Burgermeisters Caspar Schaums bude; war die achterdhor fast offen und locher dabei; davor unden und oben 2 bretter genagelt und die locher, so daselbst und an der seiten, zugeflicket, auch den drupfal mit grosen belegt[5].

7. B. Lübbekenss seligen bode, dass armborst, uff bevelich her Paul Vosses bessern lassen, an der südwesterseiten und an der achterdör bretter vorgeschlagen und rund umbher mit grosen den drupfal belegt[6].

8. Bellen bode; ist die achterbode gar eingefallen. Den dach-

---

[1] Vergl. Abriss Nr. 37. grosen = Ziegelgrus.
[2] Jasper Schivelbein Ratm. 1546, Kämmerer 1562, gest. 1569. Vergl. Abriss Nr. 39.
[3] Ebenda Nr. 19.
[4] Ebenda Nr. 18.
[5] Ebenda Nr. 16.
[6] Ebenda Nr. 46.

kopfzweige Jürgen Wüsthofs (Nr. 14), bezeichnet Schlecker als neu. Im ganzen war dort für den Stettiner Kaufmann damals offenbar kein entsprechender Gewinn mehr zu erzielen. Für diese Auffassung fehlt es nicht an urkundlichen Zeugnissen. Im Jahre 1580 schreibt der Rat an die Stettiner Schonenfahrer: Nachdem wir befinden, dass der Kauffman disen Herbst sowol alss vorgangen Jar das Haubtlager zu Valsterbuda gar verlassen und keine bueden daselbst offen gehalten werden, derhalben wir auch diss jar auss ehehafften ursachen keine vagett ins landt geschickett. als wollen wir usw.; es folgt die dringende Mahnung, sich in Schonen der Gebür nach zu verhalten, damit keine Neuerung zum Schaden der Privilegien der Stadt in Dänemark erfolge. Auch 1581 wurde kein Schonenvogt hingeschickt, sondern dem Kaufmann Claus Podel die Aufsicht übertragen, ›als wir gesehen, das unsere burger so weinig insonderheitt auff Falsterbude gezogen‹. Der klägliche Zustand des Vogteigebäudes hatte schon 1579 Schlecker gezwungen, in Bude Nr. 28, dem Adebar, zu wohnen. Im Jahre 1583 berichten die Schaffer der Kompagnie von Falsterbo dem Rate die grosse Baufälligkeit des Kompagniegebäudes und erbitten seine Beihilfe, damit es nicht völlig niederstürze und die Stadt dadurch um ihre Gerechtigkeit komme. Darauf erhielten zwar die Kämmerer den Befehl, das erforderliche Holz schlagen zu lassen, allein eine neue Eingabe von 1587 lässt erkennen, dass bis dahin noch nichts geschehen war. Die Schaffer beschweren sich, dass von den Kämmeren nichts zu erlangen gewesen sei, weil angeblich keine zum Holzfällen geeigneten Winter gewesen, und sie wiederholen ihr Gesuch, ›weil dan solche Companey daselbst an gebeuden übermessig geärgert, veraltet und baufellig ist, also das nicht zu geringem schimpff wegen des besorglichen einfalles und entlichen verderbes versperret gehalten werden müssen. — Nachdem aber nunmehr die wende beginnen auszufallen, die gibel zu hengen und den fall gewislich andrauen und lenger harren. wo wir nicht umb alle unsere frei- und gerechtigkeit kommen wollen, in keinem wege geraten ist usw. Dantzigk, Sundt, Lubeck und andere stedte halten ihre gebeu furwahr in stadt- und ansehenlichem Wesen und guetem loblichen stande. Sollte nu der gutten stadt Stettin zu ihrem hohen unvermeidlichen und nimmermer wiederbringlichen schaden der spott und schimpff der nach-

lässigkeit und sonsten andere vorweislichkeitt zuwachsen, were
furwahr jemmerlich zu beklagen«. — Der Rat verfügte nun allerdings am 7. August 1587, es solle ihnen das Bauholz, Kalk und
Mauersteine geliefert werden, doch kam man auch jetzt nicht über
blosses Flickwerk hinaus. Immerhin blieb die Kompagnie be-
wohnbar, und noch 1592 bewirtete in ihr der Schonenvogt Hans
Koppen den dänischen Reichsrat Junker Knud Grubbe und dessen
Prediger.

Auf Schleckers Abriss ist unter Nr. 7 angegeben: Companey
und 2 Zellen, darin der Pastor und balbir. Auch in der Schonenfahrerrolle von 1592 wird jeder Bruder ermahnt, sich fleissig zu
Gottes Wort und dem Gebrauch der Heiligen Sakramente zu
halten, Gott den Herrn um seinen Segen anzurufen, »auch dem
predikanten, so auff Valsterbude in der companey das ambt vor-
waltet, sein gebur unweigerndt zu geben, so woll auch zur Be-
wahrung der Brueder erkauften hohen feldes undt begrebnuss
milde Handtreichung zu thun«. Auf dem Abriss ist ferner unter
Nr. 31 ein Feld bezeichnet, »als der Stetinischen begrebnus, so
etwan der Friberg und von Swalgen gegeben«. Vergebens aber
sucht man in den Akten des 16. Jahrhunderts und auf dem Abriss nach Spuren einer Kirche oder Kapelle auf der Fitte, gegen
deren Vorhandensein sowohl Schleckers Notiz wie der Wortlaut
der Schonenfahrerrolle sprechen. Dennoch kann es nach den bestimmten Angaben des Buches des Lübeckischen Vogtes auf
Schonen [1]: ein stede achter der Stetinschen kercken, nicht bezweifelt werden, dass im 15. Jahrhundert auf der Stettiner Fitte
eine Kirche oder Kapelle vorhanden war: sie muss auf demselben
Felde wie die Kompagnie gestanden haben; denn achter der
Stetinschen kercken ist auch auf dem Abriss bereits Lübisches
Feld. Die Annahme liegt daher nahe, dass in der Blütezeit des
Verkehrs auf Schonen die Stettiner Falsterbofahrer für die selb-
ständige Erfüllung ihrer religiösen Pflichten, unabhängig von der
Lübecker Kirche, durch Erbauung einer Kapelle auf der Fitte
gesorgt haben. Haben doch auch die Drakerfahrer 1401 auf
eigene Kosten für sich eine Kapelle in der Johanniskirche der
Franziskaner zu Stettin erbaut. Eine solche Kapelle auf Falsterbo

---

[1] Schäfer a. a. O. S. 56 no. 379.

war schwerlich solider als die Buden oder die Kompagnie, also
von Holz oder Steinfachwerk; vielleicht sind die beiden von
Schlecker verzeichneten Zellen, darin der Pastor und balbir, ein
stehen gebliebener Rest derselben, Im 16. Jahrhundert war diese
Kapelle bereits aufgegeben und verschwunden. Zu dieser Zeit
verlohnte der rasch abnehmende Verkehr auf der Fitte schwerlich
noch die regelmässige Entsendung eines Prädikanten; auch dürfte
sich nach der Einführung der Reformation und dem Abzuge der
Franziskaner unter den immerhin nicht sehr zahlreichen lutheri-
schen Predigern oder Prädikanten Stettins schwerlich einer gefunden haben, der bereit gewesen wäre, zum Frommen einer
kleinen Zahl von Menschen seine Gemeinde zu verlassen, um auf
Falsterbo zusammen mit dem Barbier in zwei Zellen zu hausen.
Die Notiz Schleckers und die Angabe der Schonenfahrerrolle beziehen sich daher nicht auf die damalige, sondern auf die frühere
Zeit, und in der Rolle ist der Wortlaut aus einer älteren Fassung
einfach wiederholt worden.

Der von Schlecker gezeichnete Abriss der Stettiner Fitte
führt aber noch zu einer anderen Erwägung. Schlecker hat,
zweifellos dem damaligen Stande der Dinge entsprechend, auch
die an die Stettiner Fitte grenzenden Fitten der anderen Hansestädte angedeutet. Daraus ergibt sich zunächst, dass das gesamte
Stettiner Fittengebiet kein vollständiges Rechteck bildete, sondern
an drei Ecken fremdes Gebiet, zum Teil sehr erheblich, in dasselbe einspringt. Das ist hinter den Feldern 2—7, vielleicht auch
8—13 der Fall; hier ist Lübeckisches Gebiet. Das ist offenbar
von Anfang an so gewesen. Dafür sprechen die zahlreichen Orts-
angaben für Buden der Lübecker Fitte in dem Buche des Lübeckischen Vogtes auf Schonen[1]: en velt belegen langhes der
Stetinschen vytten; eyn stede achter der Stetinschen kercken; en
velt, bude beleghen achter der Stettyngen Kuppenyghen u. a.
Damit stimmt terner der Weg, platea seu via inter campum Lubi-
censem et campum Stetinensem pertransiens, über den beide
Städte 1352 in Streit lagen[2]. Fraglich kann nur sein, ob der
zwischen Nr. 7 und 8 oder der zwischen Nr. 13 und Nr. 42 bez.
57 führende Weg der Stettiner Fitte gemeint ist.

---

[1] Schäfer a. a. O. S. 60 Nr. 407, S. 56 Nr. 379, S. 60 Nr. 406.
[2] Hans. Rez. I, 1 S. 109.

Noch 1542 beschwerte sich Lübeck bei Stettin auf Grund des
Berichtes seines Schonenvogtes, dass der Stettiner Vogt jenem
»in beringe ethlicher erthtynse von eynem velde thom Antonius
Krutze genannth insperringe und vorhinderunge gedan hebben
schole, und dewyle uns overst solche erttynse thobehoren, de unse
vogede van unserentwegen je und allewege gehat« usw. Auf
Schleckers Abriss ist auf dem in Betracht kommenden Gebiet nur
die Bude Simon Giselbrechts (Nr. 58) eingetragen; in der Designation noch Nr. 59, deren Besitzer Hinrich Kesow Grise in
Stettin nicht nachweisbar und wahrscheinlich ein Lübecker war.
wie das dabeistehende lbss anzudeuten scheint. Die Designation
gibt ausserdem an: hir stehet ein †.

Demnach liegt die Vermutung nahe, dass dies Kreuz eben das
1549 erwähnte Antoniuskreuz war, also das Feld mit den Buden
Nr. 58 und 59 neben dem rechts davon laufenden Weg 1352
Lübeck zustand und für Stettiner, auf demselben Felde stehende
Buden dem Lübecker Vogte je und allewege Erdzins entrichtet
werden musste. Ist dem so, so folgt ferner, dass im 16. Jahrhundert die Besitz- und Grenzverhältnisse der Fitten vielfach
schwankend und unsicher geworden waren.

Eine Vergleichung des Abrisses Schleckers mit der von Dietrich
Schäfer entworfenen Karte der Fitten auf Falsterbo[1] ergibt sogleich eine Reihe neuer Schwierigkeiten. Bei Schlecker ist die
Danziger Fitte als an die Budenreihe Nr. 51—57 grenzend ein-
getragen; bei Feld Nr. 50 bemerkt er, dass dort drei Grenzkreuze
stehen. Das Stettiner hat er selbst eingezeichnet, für die beiden
anderen können nur Kolberg und Danzig in Frage kommen. Die
Budenreihe Nr. 14—32, neben der auch die Angabe Kolberger
Vitte steht, wird in der Designation ausdrücklich als »an der Kolberger seiten« näher bestimmt. Demnach muss die Fitte von
Danzig, die Stettiner rechtwinklig umfassend, an den Budenreihen
Nr. 57—51 und 51—50 sich nord- und ostwärts erstreckt, bei
Nr. 50—49 sich mit der Kolberger berührt haben. Will man
aber die Südgrenze der Danziger Fitte in der Verlängerung der
Budenreihe 57—51 ostwärts suchen, so bliebe der Raum östlich
von 51—50 frei als Fittenfeld einer anderen Stadt. Schlecker

hätte aber in diesem Falle den betreffenden Namen dort notiert.
In jedem Falle ist es aber nach dem Abriss unmöglich, dass die
Kolberger und Lübecker Fitte sich noch 1579 an irgend einem
Punkte berührten. Gleichwohl ist dies noch 1526 und 1537 der
Fall gewesen. Im Jahre 1526 Montag nach S. Dinniestag bezeugen Albrecht Jepson, Ritter und Hauptmann zu Falsterbo, und
Johann Wencken, Kön. Mat. Zöllner daselbst, dass sie auf Befehl
ihres Königs »gereden und avergeschlagen die Colbergesche vitten,
uppe dem leger tho Valsterbode liggende, die lenge als sostich rode
und die brede als veer und twintich rode, Suden und Norden, die
sich strecket von dem Stettinschen velde bet an das Swinborgesche
leger up die lenge und bredet sick tuschen dem Lubischen crutze
und Stettinschen crutze«. Beide erlaubten daraufhin den Kolbergern,
an den von ihnen bezeichneten Stellen in ihrer Gegenwart vier
Kreuze zu setzen, und verfügen weiter, dass ein Bürger aus
Wordingborg seine runde, dem Kolberger Felde zu nahe gebaute
Bude, auch zwei Bürger aus Svendborg ihre auf dem Kolberger
Felde stehenden Buden zwar für sich und ihre Erben behalten
dürfen, fortan aber niemand auf dem Kolberger Felde innerhalb der
Kreuze ohne Erlaubnis des Kolberger Rates bauen dürfe [1]. Diese
Anordnung wurde 1537 an S. Dinniestag von Ritter Magnus
Guldenstern und Franz Trebbow, Königl. Zöllner auf Falsterbo,
bestätigt, welche sich dabei auf die Verleihungsurkunde Walde-
mars IV. von 1372 und auf das Zeugnis der beiden ältesten Bürger-
meister und etlicher der ältesten Bürger von Falsterbo bezogen[2].

Um diese urkundliche Angabe über die Ausdehnung und die
Grenzen an der Kolberger Fitte und Schleckers Abriss mit der
Karte Schäfers in Einklang zu bringen, bietet sich nur eine
Möglichkeit. Auf dem Abriss ist noch innerhalb des Raumes der
Stettiner Fitte südlich von der Budenreihe Nr. 14—17 eine Fläche,
auf der keine Buden stehen. Daneben steht ein Kreuz und das
Wort buy, an anderer Stelle Valsterboden buy. Das kann nur
heissen, dass damals, 1579, das von den Bewohnern des Landes in
Besitz genommene, ehemals zu Fitten gehörende Gebiet hart an

---

[1] Kolberger Seglerhausarchiv Z. Nr. 13, Dep. im Königl. Staatsarchiv zu Stettin.

[2] ebenda.

die Stettiner und Kolberger Fitte heranreichte. Dementsprechend lässt Schlecker auch die Stralsunder Fitte gar nicht bis Falsterbo reichen, sondern zeichnet sie teils in die Stettiner hineingreifend, teils an die Budenreihen Nr. 33—37 sich anschliessend; sie wird in früheren Zeiten sich viel weiter nach Osten erstreckt haben. Im Jahre 1602 warnt der Stettiner Schonenvogt Hermann Berckhoff seinen Rat, die Vogtei gänzlich verfallen zu lassen, sonst werde es Stettin ebenso wie vordem Stralsund ergehen, das ein Kreuz auf seiner Fitte habe umfallen lassen und dadurch um seinen halben Besitz gekommen sei. Aus diesem Zeugnis und auch aus der angeführten Kolberger Urkunde geht deutlich hervor, dass die Grenzen der einzelnen Fitten in der zweiten Hälfte des 16. Jahrhunderts nicht mehr fest waren, sondern dass die Umwohner sich aufgegebene oder nicht mehr benutzte Teile derselben als herrenlos aneigneten. Es ist also wohl denkbar, dass die Stralsunder und Lübecker Fitten früher weiter reichten, und dass die Lübecker mit der Stettiner und Kolberger Fitte zusammenstiess.

Völlig unvereinbar aber bleibt die Lage des Rostocker Feldes auf Schäfers Karte mit der Angabe Schleckers in dem Abriss. — Nach Schleckers Bericht standen auf der Stettiner Fitte im Jahre 1579 noch etwa 48 Buden, auch diese schon zum Teil stark baufällig; 10 Felder waren bereits wüst. Kaum zwanzig Jahre später, 1597, waren auf der Fitte nach dem Zeugnis des Schonenvogts Paul Vossberg nur noch 18—20 zumeist baufällige Buden. Die Frage liegt nahe, warum man diesen doch so gut wie aufgegebenen Besitz nicht lieber ganz fahren liess, sondern noch bis 1645 von Zeit zu Zeit einen Schonenvogt hinschickte. Der Grund lag offenbar viel weniger in der vagen Hoffnung auf bessere, gewinnbringendere Zeiten als in dem für diese ganze Zeit charakteristischen zähen Festhalten an erworbenen Rechten und Privilegien, in der Befürchtung, dass »durch den niederfall der heuser die alte gerechtigkeit den Stettinischen eingezogen werden mochte«. Für den hantierenden Kaufmann war damals das 1568 vom dänischen Könige Friedrich II. gegen eine Zahlung von 4000 Reichstalern durch Bürgermeister Hademer und Schlecker erwirkte Privileg der Befreiung vom Lastgelde im Sunde ohne Zweifel viel wertvoller als alle Rechte und Privilegien in Falsterbo und auf Dragör. Nicht der Kaufmann also, der seine Nahrung suchte, wo er sie fand, war noch in erster Linie an der Festhaltung der Fitte beteiligt, sondern der Rat der Stadt als der berufene Hüter ihrer Privilegien. In dieser Beziehung ist die von Schlecker gegebene Liste der Besitzer der Buden und Felder für 1579 von schlagender Beweiskraft. Es sind mit verschwindenden Ausnahmen Mitglieder des Rates selbst, die auf Falsterbo ererbte Buden und Felder inne haben, kaum einer noch ein wirklicher Schonenfahrer. Wie ganz anders ist das Bild, das kaum hundert Jahre früher die Stettiner Fitte bietet. Wir haben ein Verzeichnis der Kaufleute, welche im Jahre 1494 auf der Fitte Heringszoll entrichtet haben[1]. Es sind — die Namen in ihrer deutschen Form gegeben — folgende: Bertram Sonnenberg, Hans Snider, Tewes Zernekow, Hans Grade, Hans Kahle, Claus Neveling, Hans Lüdicke, Michel Dranck, Otto Gottschalk, Hinrich Paul, Claus Klingenberg, Peter Voss, Hans Sluter, Jost Tempelmann, Jasper Bremer, Claus Bever, Peter Jakob, Jürgen Smid, Hans Moller, Gabriel, Michel Probsthan, Hans Loytz, Tönnies Freitag, Claus Hornicke, Hans Pins, Asmus Schulte, Tewes Pil, Marquardt Engelbrecht, Claus Wegner, Claus Reimer, Claus Simon, Lorenz Bulle, Wilkin Donaves; nur Jakob Porup, Laurenz Frynt und Calpin lassen sich für Stettin nicht erweisen. Alle anderen aber sind dort in jener Zeit wohlbekannte Kaufleute, reichlich die Hälfte Alterleute des Seglerhauses, von Draker, von Falsterbo, von Ellenbogen, ein nicht geringer Teil — 10 — später in den Rat 'gekoren. Und hundert Jahre später, 1597, noch 18—20 zumeist aufgegebene, baufällige Buden auf der Fitte!

Wenn nun am Ende des 16. Jahrhunderts nicht der Kaufmann, sondern der Rat von Stettin den fast wertlos gewordenen Fittenbesitz dennoch festhielt, weshalb geschah auch von ihm nichts, um das noch Vorhandene zu erhalten? Die Erklärung gibt ein Blick in die Finanzlage der Stadt. Stettin war bis zum Jahre 1570 ohne Schulden und an Ackerhöfen, Viehhöfen, Wäldern und Wiesen reich wie keine zweite pommersche Stadt. Die Einwohnerzahl belief sich auf 6000 bis höchstens 7000.

Im Jahre 1580 hatte die Stadt Schulden = 34 832 fl.; 1590 = 62 442 fl.; 1600 = 125 625 fl.; 1616 betrug die Schuldenlast

---

[1] Schäfer, Das Buch des Lübeck. Vogtes auf Schonen, Beil. II, 1907.

bei einer durchschnittlichen Jahreseinnahme von höchstens 10 bis 12 000 fl. bereits mehr als 350 000 fl., die mit 6 Prozent zu verzinsen waren. Das will sagen, der Rat war, weil er aus Furcht für den »status aristocraticus des Stadtregiments« es nicht wagte, von der Bürgerschaft neue, grössere Einnahmequellen zu dem bestehenden Schoss und Vorschoss zu fordern, seit 1570 auf die abschüssige Bahn des Schuldenmachens geraten, hatte die Zinsen mit immer neugeborgtem Gelde gedeckt, ohne dass die Bürger von dieser Wirtschaft eine Ahnung hatten, bis 1616 die laufenden Zinsen die ganze Jahreseinnahme weit überschritten und der Kredit der Stadt so gut wie versiegt war. In solcher Bedrängnis, bestürmt von den Gläubigern, die nun auf die städtischen Liegenschaften bei Gericht Arrest erwirkten, bedroht von einer zu offenem Aufruhr fortschreitenden Bürgerschaft, gegen die er den Herzog zu Hilfe rufen musste, bald auch noch hineingezogen in die Leiden des grossen Krieges, hat der Rat weder den Mut noch die Mittel gefunden, für die Erhaltung der Fitte auf Falsterbo etwas aufzuwenden.

XIV.

Die Lübeckischen Pfundzollbücher von 1492—1496.

Von

Friedrich Bruns.

(Fortsetzung von Jahrgang 1904—1905 S. 109—131.)

III.

Der Warenverkehr.

Die folgenden Tabellen stellen jahrweise die Summen der zwischen Lübeck und den andern Ostseehäfen seewärts beförderten Warenarten zusammen, und zwar in genauer Wiedergabe des Inhalts des Zollregisters; insbesondere hielt der Bearbeiter es nicht für zulässig, nach eignem Gutdünken Änderungen vorzunehmen, wenn in einigen Fällen geringe Quantitäten anscheinend ausgeführter Waren unter der Einfuhr gebucht sind — wie z. B. Einbecker Bier unter der Einfuhr von Mecklenburg und Pommern oder Salz unter der Einfuhr von Danzig und Stockholm — oder umgekehrt.

Dass Getreide und Mehl unverzollt geblieben und deshalb nur ganz ausnahmsweise in den Registern — ohne Zollbetrag — aufgeführt sind, ist schon eingangs erwähnt[1]; den gesamten seewärtigen Warenumsatz Lübecks mit den betreffenden Ländern enthalten also die Tabellen nicht.

Während im übrigen die Register, dem Charakter des damaligen Pfundzolls entsprechend, nur den Lübeckischen Handel auf der Ostsee und in den dänischen Gewässern bis zum Kap Skagen

---

[1] Jahrgang 1904—1905 S. 110.

betreffen, finden sich auffallenderweise unter der Ausfuhr des
Jahres 1492 als nach Island (na Islande, in Islant) versandt 5 last
mel, 2 last osemundes und 1 droge·fat mit aufgeführt, die in den
folgenden Tabellen nicht berücksichtigt sind.

1 Die Warenausfuhr.

a. Die Ausfuhr nach Mecklenburg und Pommern.

	1492	1493	1494	1495	1496	
allun	—	—	1	$^1/_2$	—	last.
	3	14	20	2	1	tunnen.
	—	—	1	—	—	vat.
allun mandelen,						
riss, herse . .	12	—	—	—	—	tunnen.
assche	9$^1/_2$	—	—	—	—	last
beddesburen . .	1	1	—	—	—	packen.
bekerholt . . .	—	—	—	—	2	c (= hundert).
ber	3	--	—	. —	7	vate.
„ , Embeker .	21	2	22	16	4	„
beren	1	—	—	—	—	tunne.
blig	1$^1/_2$	1	—	—	—	last.
„	21$^1/_4$	4	2	7	—	schippunt.
„	7	2	—	—	5	st[ucke].
blix	--	—	5	—	—	vate.
boker	1	—	1	—	—	kiste.
„	—	1	—	—	—	slotvat.
„	1	—	—	—	—	vatken.
botter	14	—	—	—	—	tunnen.
bussebom . . .	1	—	—	—	—	droges vat.
bussebomenholt	—	—	1	—	—	vatken.
decken	2	—	—	—	—	packen.
„ . . , .	—	1	—	—	—	tunne.
decken u. beddes-						
buren . . .	2	--	—	—	—	packen.
decken u. rotlosch	2	—	—	—	—	„
degele	—	—	—	1	—	tunne.
drat	—	—	—	—	3	tunnen.
„	1	—	--	—	—	vat.
garn	3	—	—	—	—	schippunt.
kabelgarn . .	$^1/_2$	—	—	—	—	last.
„ . . .	—	1	—	—	—	schippunt.
glass	1	—	—	—	—	kiste.
„	—	1	—	—	—	vat
gropen, ketele u.						
kannen . . .	3	—	—	—	. —	vate.

	1492	1493	1494	1495	1496	
grutte	1	—	—	—	—	last.
„	1	—	—	—	—	tunne.
harposs	—	6	—	—	—	tunnen.
hennep	—	—	—	6	—	vate.
hering	1½	9½	5	6½	—	last.
„	23	1	—	—	—	tunnen.
„, Alborger .	8	—	—	—	—	„
herse	1	3	1½	1	—	last.
„	13	28	—	—	4	tunnen.
honnig, ruch .	—	5	—	—	—	last.
hoppen	178	—	—	—	—	drompt.
„	4	—	—	—	—	last.
„ . . . ,	5	—	1	—	—	secke.
hude	—	14	—	—	—	hude.
iseren, Spansch	—	3	1	—	—	last.
„ „	15	—	—	3	—	schippunt.
stangeniseren	—	—	1	—	—	last.
„ .	—	—	—	3	—	schippunt.
kalffelle . . .	1	—	—	—	—	schimmese.
kerseie . . , .	2	—	—	—	—	kerseie.
ketele	1	—	—	—	—	schippunt.
„	5	—	—	—	—	schove.
„	—	—	3½	—	—	sintener.
clavant	—	3	—	—	—	tunnen.
klipping . . .	3	—	—	→	—	hundert.
kokenvet . . .	—	2½	—	—	—	tunnen.
komen	—	—	1	—	—	tunne.
„	1	—	—	—	—	vat.
gartkomen(gort-komen . .	3	1	—	—	—	tunnen.
peperkomen .	—	1	—	—	—	sak.
kopper	½	—	—	—	—	last.
„	12	25½	12	3	—	schippunt.
„	9	—	—	—	—	st[ucke].
„ , olt . . .	—	16	—	—	—	tunnen.
lebeter . . .	—	9	4	—	—	schippunt.
lebeterkopper	18	—	3	—	—	„
kram . . , . .	3	2½	—	—	—	vate.
krite	3	—	—	—	—	tunnen.
laken	19	15½	15	11½	5	packen.
„	—	3	—	3	—	clene packen.
„	3	8½	3	1	—	paxken.
„	—	1	—	—	—	clen' paxken.
„	10	14½	4	—	—	terling.

	1492	1403	1494	1495	1496	
laken, Altsche . .	2	—	1	1	—	· terling.
„ , Bussche . .	1	—	—	—	—	„
„ , Dellermun- desche . . .	—	-	—	—	ı	„
„ „	—	—	—	15	—	laken.
„ , Deventersche	1	—	—	—	—	packen.
, „	1	—	—	—	—	paxken.
	—	—	1	—	—	clen paxken mit 12.
	¹/₈	—	—	..	—	terling.
	10	—	—	—	—	laken in 5 droge tunnen.
„ „	—	12	—	—	8	laken.
„ , Deventersche, Nerdesche . .	—	—	—	—	1	paxken mit 10.
„ , Dortmundesche	—	¹/₈	—	¹/₈	—	packen.
„ ‚ „	1	—	1	—	—	terling.
„ ‚ „ , witte	—	1	—	—	—	packen.
„ , Hagensche, Dellermundesche	1	—	—	—	—	„
„ , Herderwiker .	1	—	—	—	—	packen mit 29.
„ ‚ „ .	—	—	—	1	—	clen paxken mit 9.
„ ‚ „ .	ı	—	—	1	—	terling.
„ ‚ „ .	—	—	—	15	—	laken.
„ , Leidesche .	¹/₈	—	—	1	—	terling.
„ ‚ „ .	—	—	—	2	—	droge tunnen.
„ , Molhusen mit voderdoken .	—	—	—	ı	—	packen.
„ , Nerdesche .	2	—	—	—	—	halve packen.
„ ‚ „ .	—	—	—	1	—	packen mit 10
„ ‚ „ .	—	—	2	¹/₈	—	terling.
„ , Osenbruggesche	1	—	—	—	—	packen.
„ ‚ „ , graw	—	1	—	—	—	paxken.
„ , Rostker . .	2	2	1	—	—	packen.
„ , Schottesche .	—	—	—	1	—	„
„ , Weselsche .	—	—	—	1	—	clen paxken.
„ ‚ grove . . .	—	—	1	—	—	paxken.
ledder	13¹/₈	—	—	—	—	deker.
ossenledder . .	4	—	—	—	—	«
lorberen	—	—	—	—	1	tunne.
louwand	—	—	1	—	—	kiste.
„	—	1	—	—	—	packen.
mandelen. . . .	9¹/₈	—	3	—	—	tunnen.

	1492	1493	1494	1495	1496	
mandelen . . .	1	—	—	—	—	vatken.
manolii	1	9	12	4	—	vate.
"	—	1	2	—	—	vatken.
mede	—	1	—	—	—	last.
negelen	—	—	1	—	—	tunne.
olii	15	40^1/$_2$	26^1/$_2$	—	—	pipen.
"	—	—	1	9	—	tunnen.
"	—	3	—	—	—	vate.
ore . . . . ,	—	1	—	—	—	last.
"	2	—	—	—	—	tunnen.
osemundes . .	138	94	38^1/$_2$	38	4^1/$_2$	last.
" . .	59	19	—	15	—	vate.
pannen	—	—	1	—	—	panne.
pechling . . .	5	—	—	—	—	tunne.
poppir	—	—	1	—	—	"
"	—	1	—	—	—	vat.
"	—	1	—	—	—	vatken.
raff	—	^{1}/$_2$	—	—	—	last.
"	2	—	—	—	—	tunnen.
riiss	1	1	—	—	2	"
" . . . . ,	—	—	1	—	—	vat.
rossinen . . .	5	4	—	—	—	tunnen.
"	3	—	—	1	—	vate.
"	1	—	—	—	—	vatken.
rotlosch	—	6	—	—	—	deker.
"	—	—	—	1	—	last.
"	1	—	1	—	—	packen.
"	—	—	2	1	—	paxken.
rotscher . . .	—	5	1^1/$_2$	^{1}/$_2$	—	last.
" . . .	—	17	26	—	—	tunnen.
sallunen . . .	1	2	4	1	—	packen.
"	—	—	—	2	—	clene packen.
sallunen u. vo- derdoke . .	—	—	—	ı	—	kiste.
sallunen u. vo- derdoke . .	—	—	—	ı	—	paxken.
sallunendecken .	—	1	—	—	—	packen.
salpeter . . .	—	—	—	2	—	vate.
" . . .	—	1	—	—	—	vatken.
schullen . . .	—	—	1	—	—	packen.
" . . .	—	—	—	—	5	st[ucke].
selspek	3	9^1/$_2$	—	—	—	last.
"	—	14	—	—	—	tunnen.
semess	—	—	—	3	—	"

	1492	1493	1494	1495	1496	
senegarn . . .	—	—	3	—	—	vate.
sepe	1	3	—	1	1	last.
„	14	52	14	14	1	tunnen.
sipollensat . .	—	1	—	—	—	c(sintener).
solt	1041½	651	279½	411	129	last.
„	18	—	31	—	—	tunnen.
spek	—	2	1	—	—	last.
„	13	—	—	—	—	tunnen.
sporden . . .	14	7	—	—	—	„
sporden u. ore .	—	1½	—	½	—	last.
stal	—	1	½	2	—	tunnen.
„	—	10	—	—	—	vate.
„	—	—	2	—	—	vatken.
sucker	—	1	—	—	—	vat.
swevel	—	—	—	1	—	pipe.
„	—	—	1	—	—	vat.
„	—	—	1	—	—	vatken.
talg	1	—	—	—	—	last.
„	7	—	—	—	—	tunnen.
ter	3	—	—	—	—	last.
„	6	—	—	—	—	tunnen.
tran	—	1½	—	—	—	last.
„	—	3	—	4	—	vate.
tunnen	1	—	—	—	—	last.
droge tunnen	½	—	—	—	—	„
tunnen, kisten, kuntor, bedde, husgerede für	30	—	—	—	—	Mark.
vedderen . . .	7	1	—	3	—	sacke.
vigen	—	1	—	1	—	vat.
vlasschen . . .	1	—	—	—	—	„
vlass	2	—	—	—	—	packen.
„	21	—	6	—	—	tunnen.
„	13½	2½	10½	5	1	vate.
„	—	—	—	1	—	vat, darinne 1 schippunt.
„ , Rigess . .	2	—	—	—	5	vate.
voderdoke . .	—	1	1	—	—	packen.
„ . .	1	—	—	—	—	paxken.
„ , Westvelsche	—	—	1½	—	—	packen.
wagenschot . .	—	—	—	—	3	hundert.
wass	½	—	—	—	—	schippunt.
win	2	—	—	—	—	ame.
„	6	5	3½	7½	7	st[ucke].

	1492	1493	1494	1495	1496	
win	2	—	—	—	—	st[ucke] van 10 amen.
„	—	—	—	—	1	tolast.
„	—	1½	2	1	2	vate.
„	1	—	—	—	—	voder.
„ , roden . .	—	1	—	—	—	vat.
„ , „ . . .	—	—	—	7	—	st[ucke].
bastert . . .	—	—	1	—	—	pipe.
malmesier . .	3½	1	—	3	2	bote.
rummenie . .	1	1	—	—	—	„
wulle	24	5	9	11	1	sacke.
„	—	—	—	—	25	sten.
Un-benanntes Gut {	für 300	—	—	—	—	℔.
	6	1	1	—	—	kisten.
	—	—	—	2	—	clene kisten.
	1	—	—	—	—	korf.
	8½	6	—	1	—	packen.
	13	4	2	1	—	paxken.
	2	3	—	2	—	clen paxken.
	1	—	—	—	—	sack.
	5½	—	—	—	—	schimmesen.
	1	—	1	—	—	terling.
	29½	8	4	—	—	tunnen.
	22	—	5	5	—	droge tunnen.
	1	—	—	—	—	Hamb. tunne.
	6	1	1	2	2	vate.
	—	1	—	5	—	droge vate.
	—	2	—	—	—	clene vate.
	1	—	—	1	—	vatken.
	1	—	—	—	—	clen vatken.
	3	—	1	—	—	droge vatken.

b. Die Ausfuhr nach Danzig.

	1492	1493	1494	1495	1496	
allun	22	—	1	—	—	vate.
„	—	1	4	—	—	tunnen.
annis	2	—	—	—	—	tunnen.
„	2	—	—	—	—	vate.
annis u. ketele .	—	—	2	—	—	„
appel	9	—	—	—	—	tunnen.
bastert s. win.						
ber	3	—	—	—	33	vate.
„ , Embeker .	79	74	91	54	15	„

	1492	1493	1494	1495	1496	
ber, Hamborger	3	2¹/₂	1	—	—	bruw.
„ „	¹/₂	8	2¹/₂	4	4	last.
„ „	—	121	65	—	—	tunnen.
bilde, stenen . .	1	—	—	—	—	vat.
blix	—	—	—	16	—	vate.
boke	1	1	—	—	—	vat.
bussen	—	—	1	—	—	kip.
„	—	—	1	—	—	korf.
„	—	1	—	—	—	paxken.
decken	—	—	1	—	—	„
„	1	—	—	—	—	„ , darinne 8 dossin.
engever . . .	1	—	—	—	—	lechelgen.
garn	1	4¹/₂	—	—	—	last.
glass	6	13	3	9	2	kisten.
„	10	12	—	—	—	sintener.
„	1	—	—	—	—	vat.
hakenbussen . .	—	—	—	27	—	hakenbussen.
harnsch	—	—	—	2	—	vate.
hennep	—	5	2	—	—	vate.
hering	38¹/₂	270¹/₂	7	52	8	last.
„	7	—	—	23	8	tunnen.
„ , Alborger .	8	—	—	—	—	last.
„ , Schonsch .	4	—	—	—	—	tunnen.
holhering . .	—	—	—	—	10	last.
„ . .	—	20	—	—	—	tunnen.
wrakhering .	—	—	—	3	—	last.
her. wul (!) .	—	—	—	—	10	last.
hode	—	1	—	—	—	tunne.
„	—	—	4	—	1	vate.
punthode . .	—	—	—	3	—	„
hode u. ander gud	—	—	—	2	—	„
hoppen	—	—	—	6	—	secke.
hude	—	1	—	—	—	knip.
iserendrat . . .	1	—	—	—	—	tunne.
kabelgarn . . .	1¹/₂	4¹/₂	—	—	—	last.
„ . . .	2	—	—	—	—	packen.
„ . . .	—	8	—	—	—	schippunt.
kalk	—	3	1	—	—	last.
kerve¹	—	—	60	—	—	knip.
kese	2	—	—	—	—	tunnen.
ketele	—	—	—	1	—	tunne.

¹ Fischreusen oder Fischnetze.

	1492	1493	1494	1495	1496	
ketele	—	4	2	1	—	vate.
clavant	6	—	—	—	—	tunnen, dar- inne 139 st.
cledere	1	—	—	—	—	tunne.
clederbesseme, spiker, bore, holtere . . .	—	—	—	1	—	droge vat.
kram	7	2	8½	4	—	vate.
„	—	—	—	4	—	clene vate.
„	—	1	—	—	—	vatken.
krevete. . . .	—	—	1	—	—	vat.
ladenkrud. . .	—	—	1	—	—	kiste.
laken	2	1	15½	1	—	packen.
„	2	1	—	2	—	clen packen.
„	2	2	1¹	—	—	paxken.
„	2	—	—	—	—	clen paxken.
„	152½	58½	88½	—	33⅓	terling.
„	—	—	—	—	10	laken.
„ , Altsche .	1	—	—	—	—	terling.
„ , Amsterdamesch	1	—	—	—	—	packen.
„ , „	1	—	—	—	—	paxken mit 12.
„ , „	9½	1	½	½	—	terling.
„ , Bussche .	10	—	—	—	—	laken.
„ , Dellermun- desche . .	—	—	1	—	—	paxken, dar- inne 20.
„ „	1	—	1	2	1	terling.
„ , Deventersche	1½	—	—	—	—	„
„ , witte Dort- mundesche .	—	—	—	1	—	packen, dar- inne 17 hele.
„ , Engelsche .	—	—	—	1	—	clen paxken mit 3.
„ , „ .	33	—	—	—	—	terling.
„ , Gouwesche	½	—	—	—	—	„
„ , Hagensche	2	—	—	—	—	„
„ , Herderwiker	3	1	—	—	—	„
„ , Hornsche .	1½	—	—	—	—	„
„ , Kamper . {	3	—	—	—	—	packen.
	5½	3	1	1	1	terling.

¹ Bl. 92 ohne Überschrift mit der Angabe in Hans Smit, der
(Bl. 104 b) 1494 na Mauricii nach Danzig ausläuft.

	1492	1493	1494	1495	1496	
laken, Leidesche	—	—	—	¹/₂	—	packen, dar-inne 15.
	—	—	—	1	—	packen mit 10 terling.
„	2	—	—	—	—	
„ , „	—	—	—	—	2	tunnen.
„ , Mechelsche	1	—	—	—	—	terling.
„ , Nerdesche	1	—	—	—	—	packen.
„ , „	1	—	—	—	—	packen mit 12.
„ „ „	—	—	—	1	—	„ „ 10.
	—	—	—	1	—	clen packen mit 15.
	—	—	—	1	—	clen packen mit 10.
„ „ „	37	10¹/₂	2	3	2	terling.
„ , Nerdesche u. Deventersche	1¹/₂	—	—	—	—	-
„ , Nerdesche u. Kamper . .	2	—	—	—	—	-
„ , Nerdesche u. Poppringesche	2	—	—	—	—	-
„ , lose Olborge-sche . . .	7	—	—	—	—	laken.
„ , Poppringesche	5	3	—	4	—	terling.
„ , „	¹/₂	—	—	—	—	terling van 15 laken.
„ , Trikumske	3	3	—	—	1	terling.
benklaken . . .	—	—	—	1	—	packen.
fitzen	2	—	—	—	—	„
„	1	—	—	—	—	„ mit 10.
„	27	1	—	—	—	terling.
fitzen und laken	7	—	—	—	—	„
lamfelle, lose .	—	—	2	—	—	hundert.
„ , ...	2	—	—	—	—	schimmesen.
„ , ...	1	—	—	—	—	sckimmesken.
lorberen . . .	—	—	1	—	—	vat.
louwand . . .	1	—	—	—	—	rulle.
„ . . .	1	—	—	—	—	tunne.
malmesier s. win.						
mandelen . . .	1	—	1	—	—	tunne.
„ . . .	3	—	1	—	—	vate.
negelen	1	1	—	1	—	tunne.
note	—	—	4	—	10	last.
hasselnote . .	—	—	—	—	1	„
olii	—	8	32	14	—	pipen.

	1492	1493	1494	1495	1496	
ore	—	—	2	—	—	tunnen.
osemund . . .	—	—	2	—	—	last.
peperkomen . .	—	—	—	1	—	vat.
pile	1	—	—	—	—	vatken.
poppir	—	—	1	1	—	packen.
" . . .	—	1	—	—	—	Hamb. tunne.
potte u. krose .	3	—	—	—	—	vate.
raff u. rotscher .	—	5	—	—	—	tunnen.
remen	11	—	—	—	—	hundert.
riss	—	—	—	—	1	sack.
"	2	—	—	—	—	tunnen.
"	—	—	1	—	—	vat.
rossinen . . .	18	9	—	16½	—	vate.
" . . .	—	—	—	1	—	droge vat.
" . . .	—	1	—	—	—	vatken.
rossinen u. visben	—	—	—	—	—	vate.
rotscher . . .	2	7	1	—	1	last.
" . . .	9	34	—	3	—	tunnen.
rummenie s. win.						
sadele	—	1	—	—	—	korf.
sallunen . . .	—	1	—	1	1	packen.
" . . .	1	3	—	—	—	paxken.
" . . .	—	1	—	—	—	clen paxken.
sallundecken .	—	—	—	2	—	dossin.
schullen . . .	—	3	1	2	—	packen.
senegarn . . .	—	2	—	—	—	tunnen.
" . . .	—	3	2	—	—	vate.
solt	1163½	335	162½	406½	98½	last.
"	68	4	—	—	—	tunnen.
spitzerie . . .	1	—	—	—	—	vat.
sporden . . .	—	—	—	½	—	last.
" . . .	2	—	—	—	—	tunnen.
sucker	—	—	—	1	—	vat.
sucker u. konfect	—	2	—	—	—	vate.
[sulver] . . .	46	—	—	—	—	mark lodich.
swevel	2	2	—	—	—	pipen.
"	4	—	—	—	—	tunnen.
"	1	3	2	7	—	vate.
ter	—	3½	—	—	—	last.
tin	7	—	—	—	—	liespunt.
"	—	3½	—	—	—	tunnen.
"	1	—	—	—	—	vat.
tweback . . .	—	—	—	2	—	tunnen.
victril	—	2	2	—	—	vate.

	1492	1493	1494	1495	1496	
vigen	1/2	1	—	—	—	last.
„	3	—	34[1]	—	—	tunnen.
„	—	—	1	—	—	vat.
vigen u. rossinen	6	—	—	—	—	tunnen.
„ „ „	1	—	—	—	—	vat.
visch	2	—	—	—	—	bogen.
vossen u. ander ware	—	1	—	—	—	vatken.
wede	7	14	—	—	6	vate.
win	—	—	—	—	5	bote.
„	22½	10½	12	19	10	st[ucke].
„	1	—	—	—	—	clen st[uck].
„	—	—	1	—	2	tolast.
„	6	—	—	—	—	vate.
„	2	—	—	—	—	vate van 8ame.
„	1	—	—	—	—	vat „ 6 „
„	1	—	—	—	—	„ „ 1½„
„	1	—	—	—	—	clen vat.
„ , Rinsch . .	—	1	—	—	—	vat.
„ , roden . .	—	—	—	2	—	vate.
bastert . . .	—	—	—	1	—	bote.
„ . . .	7	1	—	1	—	pipen.
malmesier . .	4	—	—	18	2	bote.
rummenie . .	11	10	—	16	—	„
„ . .	—	1	—	—	—	tunne.
wulle	3	—	—	—	—	secke.
Unbestimmt [2] .	—	—	—	—	—	für 210 Mark.
Baares Geld .	—	—	—	—	—	up 150 mark.
Unbenanntes Gut {	1	2	2	—	1	kisten.
	1	—	1	—	—	packen.
	1	—	—	—	—	packelken.
	7	1	1	1	1	parken.
	1	5	1	—	—	clene parken.
	49	43	26	11	6	schimmesen.
	24½	1	7½	—	—	terling.
	8½	1	2	—	7	tunnen.
	9½	9	—	12	—	droge tunnen.
	1	—	—	—	—	slottunne.
	13	1	3	—	5	vate.
	1	—	—	—	—	grot vat.

[1] 3 last myn 2 tunnen.

[2] Von Bl. 1 b ist die untere Ecke abgerissen. Die dort gebuchten Waren sind mit 17½ ℔ verzollt.

	1492	1493	1494	1495	1496	
Unbenanntes Gut {	16	19	13½	10	—	droge vate.
	—	4	1	—	—	vatken.
	3	1	1	1	—	droge vatken.
	3	—	—	—	—	clene vatken.

c. Die Ausfuhr nach Braunsberg.

1495

ketele . . . . 1½ schippunt.
solt . . . . 15 last.

d. Die Ausfuhr nach Königsberg.

	1492	1493	1494	1495	1496	
allun.	2	1	—	—	—	tunnen.
ber	1	—	—	—	2	vate.
„ , Embeker .	10	9	22	14	—	„
„ , Hamborger	—	—	—	15	—	tunnen.
decken	1	—	—	—	—	paxken.
glass.	—	—	2	—	—	kisten.
hering	2½	4½	11½	—	—	last.
„	—	14	—	—	—	tunnen.
„ , Alborger	—	—	4	—	—	last.
klippink . . .	—	2	—	—	—	clene packen
laken	—	—	—	3	—	packen.
„	12½	—	2½	1	—	terling.
„ , Dorpmunder	—	—	½	—	—	„
malmesier s. win.						
mandelen . . .	2	—	2	—	—	tunnen.
olii	1	1	1½	—	—	pipen.
riss	—	—	2	—	—	tunnen.
sallunen . . .	—	—	1	—	1	paxken.
„	—	—	1	—	—	clen paxken.
sallunen u. laken	—	—	—	1	—	packen.
sallunendecken.	—	—	—	1	—	„
solt	390½	113	143	141½	9	last.
„	4	—	—	—	—	tunnen.
„ baije . . .	—	—	—	8	—	last.
sucker	—	—	—	1	—	vat.
tin	2	—	—	—	—	vate.
victril	—	½	—	—	—	tunne.
win	1	—	—	—	—	lechelgen.
„	2½	2	6	6	—	st[ucke].
„	—	—	—	6	—	st., holden19½ ame.

	1492	1493	1494	1495	1496	
win	—	—	8	—	—	tolast.
„	1	—	1	—	—	vat.
„ , Rinsch . .	—	2	—	—	—	vate.
malmesier . .	—	—	2	—	—	bote.
	—	—	—	1	—	korf.
	1	—	—	—	—	paxken.
	—	—	1	—	—	clen paxken.
Unbenanntes	—	—	2	—	—	schimmesen.
Gut	—	6½	—	—	—	droge tunnen.
	—	—	2	1	2	vate.
	—	—	—	—	2	droge vate.
	—	1	—	—	—	vatken.

e. Die Ausfuhr nach Riga.

	1492	1493	1494	1495	1496	
allun.	—	—	3½	3	—	tunnen.
„	—	—	1	—	—	vat.
annis.	1	—	—	—	—	clen vatken.
appel.	—	—	2½	—	—	last.
„	1	—	—	—	—	tunne.
„	—	—	1	—	—	vat.
appel u. beren .	—	6	—	—	—	tunnen.
asschomge s. win.						
bagen	—	—	—	—	20	last.
ber	—	—	—	—	3	vate.
„ , Embeker .	25	42	27	48	5	„
„ , Hamborger	—	—	1	—	—	bruw.
„ , „	—	2½	—	—	—	last.
„ ,	—	42	15	—	—	tunnen.
beren	—	2	—	—	—	„
berkhorne[1] . .	—	—	1	—	—	vat.
blig	16	—	2½	16	—	schippunt.
„	2	—	—	—	—	st{ucke].
blik (blex, blix).	—	—	1	1	—	last.
„	1	7	53	1	3	vate.
„	1	—	—	—	—	vatken.
bussen	—	—	—	1	—	packen.
„	1	—	—	—	—	paxken.
drat	—	—	1	—	—	tunne.
missingesdrat	—	—	—	1	—	vat.
erweten . . .	—	3	—	—	—	tunnen.
erweten u. note	—	—	8	—	—	„

[1] Mir unbekannt.

	1492	1493	1494	1495	1496	
gartkomen . .	—	—	—	1	—	vat.
glass	11	7	5	—	4	kisten.
„	—	1	—	—	—	vat.
glase¹	1	—	—	—	—	tunne.
„	1	—	—	—	—	vat.
glass, krose u. spitzerie . .	5	—	—	—	—	droge tunnen.
glass, krose u. spitzerie . .	4	—	—	—	—	vate.
glopen² . . .	—	—	4	—	—	„
gordele	1	—	—	—	—	tunne.
gropen	—	½	—	—	—	schippunt.
„	—	6	—	—	—	vate.
hansschen, knüttede	—	—	—	2	—	„
harnsch	—	—	2	—	—	„
„	—	—	—	1	—	droge vat.
harnisk u. sadele	—	—	—	—	2	vate.
hering	20	39½	76½	74½	41	last.
„	14½	73	49	58	—	tunnen.
„ , Alborger	27	—	3	—	—	last.
„ , „	11	—	—	—	—	tunnen.
„ , Schonsch	2	—	—	—	—	last.
holhering . .	—	3	—	—	—	tunnen.
olden hering .	—	—	3½	—	—	last.
wrakhering .	—	—	—	11	—	„
hilgentafel . .	—	2	—	—	—	tafelen.
hode	—	—	—	3	—	dossin.
„	—	1	—	—	—	packen.
„	—	—	1	—	—	paxken.
„	2	8	4	1	—	tunnen.
„	—	—	2	—	—	„ mit 12 dossin.
„	1	—	—	—	—	droge tunne.
„	—	1	—	—	—	packen.
„	—	—	1	—	—	paxken.
„	7	5	9	4	3	vate.
„	—	—	5	5	—	droge vate.
„	—	2	—	—	—	vatken.
„	—	—	1	—	—	clen vatken.
punthode . .	—	—	1	—	—	kerpe.
„ . .	—	—	2	—	—	tunnen.

¹ 1 tunne bezw. 1 vat mit glasen.
² Wohl glotzen oder Pantoffel.

	1492	1493	1494	1495	1496	
punthode . .	—	—	2	—	—	tunnen mit 16 dossin.
„ . .	—	2	5	9½	1	vate.
„ . .	—	—	1	—	—	vat, darinne 30 dossin.
„ . .	—	—	—	1	—	slotvat.
„ . .	—	—	—	1	—	vatken.
„ . .	—	—	—	1	—	droge vatken
hode u. appelen	—	—	5	—	—	tunnen.
hode u. natelreme	—	—	1	—	—	tunne.
hode u. poppir .	—	—	1	—	—	kiste.
„ „ „ .	—	—	1	—	—	korf.
hode u. vlass .	—	2	—	—	—	vate.
Russ. hode u. rotloss	—	—	1	—	—	packelken.
hoppen	—	—	12	7	—	secke.
hoppensat . . .	—	—	—	3	—	tunnen.
iserendrat . . .	—	1	—	—	—	packen.
kerve	—	—	—	50	—	knip.
kese	—	—	—	3	—	hundert.
„	1	2	—	2	—	tunnen.
„	—	1	1	—	—	vat.
kese und hode .	—	—	3	—	—	Hamb. tunnen
ketele	2	—	—	—	—	nest.
„	2	—	—	—	—	paxken.
„	—	1½	—	—	—	schippunt.
„	1½	8	1	1	1	schove.
„	2	—	—	—	—	„ (6 sintener).
„	2	1½	—	—	—	sintener.
„	2	—	—	—	—	tunnen.
„	—	—	—	—	1	vat.
clavant	1	1	1	—	—	tunne.
„	—	—	3	—	—	droge tunnen.
„	—	—	—	1	—	vat.
clederbesseme .	—	—	1	—	—	tunne.
knipbussen . .	—	—	—	2	—	hundert.
1 knope up 1 torne u. 1 haneken	—	1	—	—	—	vat.
koken	—	1	—	—	—	kerpen.
komen	—	—	1	—	—	sak.
„	1	—	—	—	—	tunnen.
kram	—	—	—	1	—	kiste.
„	—	—	—	—	1	vat.
krevete	—	—	—	1	—	tunne.

	1492	1493	1494	1495	1496	
kuntor	—	1	—	—	—	kuntor.
laken	13	9½¹	3½	9	1	packen.
„	—	1	—	1	—	clen packen.
„	—	8	8	3	—	paxken.
„	1	1	1	1	—	clen paxken.
„	23	29½	2	3	30	terlink.
„	—	1	—	—	—	clen terlink.
„	1	—	—	—	—	tunne.
„	3	—	1	—	—	vate.
„	1	—	—	—	—	droge vatken.
„ , Altsche .	—	4	—	—	—	laken.
„ , Austborger	—	10	—	—	—	„
„ , Bruggesche	—	—	1	—	—	packen, darinne 3.
„ , Deventersche	2	—	—	1	1	terling.
„ , Dortmunde- sche . . .	1½	—	—	—	—	-
„ , Duffelsche	—	1	—	—	—	„
„ , Engelsche	—	—	—	1	—	clen paxken mit 6.
„ , „	—	—	—	—	½	terling.
„ , Engelsche(16) u.Westerlind.(10)	—	—	—	ı	—	packen.
„ , Herderwiker	½	—	—	—	—	terling.
„ , Kalveste¹	—	—	—	—	2	„
„ , Kamper .	6½	1	—	1	—	„
„ , Leidesche	4	—	—	—	—	laken.
„ , Lubesche	—	—	1½	1	—	packen.
„ , „	—	—	—	—	1	vat mit 4.
„ , „	—	—	—	—	3	laken.
„ , Lub. (24) u. Westerlinde- sche (5) . .	—	—	ı	—	—	packen.
„ , Lub. (24) u. Westerlinde- sche (5) . .	ı	—	—	—	—	paxken.
„ , Lubesche u. Mollensche .	1	—	—	—	—	packen.
„ ,Lub. u. Rostker	2	—	—	—	—	„

¹ Davon sind, wie ausdrücklich angegeben (Ausfuhr Bl. 74 b: Hermen Huntenberg 2 packen laken, steit int ander bok fol. 76), 2 Packen irrtümlich im Einfuhrregister gebucht und verrechnet.

² Wohl aus Colchester.

	1492	1493	1494	1495	1496	
laken, Mollensche	2	2	3	—	—	packen.
„　　　　„	⁻	—	—	1	—	„ mit 8.
„	—	—	1	—	—	paxken mit 7.
„	—	1	—	—	—	clen paxken.
„　Nerdesche	—	—	—	2	—	laken.
„	2½	—	—	—	—	packen.
	—	—	1	—	—	paxken, dar-inne 3.
	—	—	—	ı	—	clen paxken mit 6.
„　　　„	5	3	1	1	1½	terling.
„ , Olmer . .	—	10	—	—	—	laken.
„ , bret Pepersche	1	—	—	—	—	terling.
„ , Poppringesch	5	7½	4	4	6	„
„ , Rostker . .	14	14	7	8½	2	packen.
„ ,　r　. .	—	—	—	1	—	„ mit 12.
„ ,　„　. .	—	—	1	—	—	paxken.
„ , Rostker u. Renssche .	—	—	2	—	—	packen.
„ , Trikumesche	7	6	10	11	6½	terling.
„ , Wismersche	10	—	6	—	—	packen.
„ ,　　„	—	—	1	—	—	paxken.
	—	—	1	—	—	clen packen van 4.
„ , grauw Wis-mersche . .	—	—	ı	—	—	clen packen.
„ , Wismersche u. Rostker .	2	—	—	—	—	packen.
„ , grauwe .	2	—	—	1	—	„
„ ,　„　.	—	—	—	2	—	clen packen mit (je) 5.
„ ,　„　.	—	—	ı	—	—	paxken.
„ ,　„　.	—	2	—	—	—	clene paxken.
„ ,　„　.	—	—	1	—	—	clen paxken mit 5.
„ , grove(grawe)	—	8	—	—	—	packen.
„ .　„	—	—	4	—	—	paxken.
juncker laken	—	—	1	—	—	packen.
„　　„	—	—	1	—	—	clen paxken mit 5.
„　　„	ı	—	—	—	—	terling.
rinklaken . .	—	—	½	—	—	packen.
fitzen	½	—	—	—	—	terling.
laken, hode u. gordelen . .	—	ı	—	—	—	packen.

	1492	1493	1494	1495	1496	
grauwe laken u. punthode . .	—	—	—	ı	—	vat.
Lub. grauwe laken (12), sardoke u. hode .	—	—	—	ı	—	packen.
Mollensche laken u. vilthode . .	—	—	2	—	—	„
lamfelle . . .	—	½	—	—	—	clen parken.
louwant . . .	—	—	1	—	—	smale tunne.
luchten	—	—	—	1	—	tunne.
malmesier s. win.						
mandelen . . .	1	—	—	—	—	tunne
„ . . , .	—	1	—	—	—	vat.
mandelen u. riss	—	—	2	—	—	vate.
manolii	—	—	4	—	2	„
mede	—	2	—	—	—	last.
negelen	—	2	—	—	—	tunnen.
note	—	—	1	—	—	tunne.
olii	1	7	6	—	—	pipen.
„	—	—	—	2	—	vaten.
„	—	—	1	—	—	vatken.
ore	1	3	—	—	—	tunnen.
pannen	—	5	—	—	—	pannen.
peper u. peperkomen	—	—	4	—	—	tunnen.
peperkomen . .	—	—	—	1	—	tunne.
„ . .	—	—	1	—	—	vatken, darinne 1c.
pile	—	1	4	—	—	tunnen.
poppir	1	3	—	—	—	bolen.
poppir u. hode .	—	—	—	1	—	droge vat.
poppir u. laken	—	—	—	1	—	packen.
poppir u. malde laken	—	—	ı	—	—	vat.
erden potte, glass, vlass	3	—	—	—	—	traventunnen.
erden potte, glass, vlass	2	—	—	—	—	vatken.
rekeling . . .	—	1	—	—	—	parken.
roggen	—	—	—	1	—	packen.
„	—	—	—	1	—	vatken.
rossinen . . .	1	1	—	—	—	vate.
„ . . .	—	1	—	—	—	vatken.
rotlosch	—	—	—	1	—	vate.
rotscher	1½	3½	1½	—	—	last

	1492	1493	1494	1495	1496	
rotscher . . .	3	27	12	18	5	tunnen.
rotscher u. ore .	—	5	—	—	—	„
rummenie s. win.						
sadele . , . .	2	—	—	—	—	korffe.
„	—	—	1	—	—	paxken.
„	—	—	—	1	—	vat.
sadele u. gerede	—	3	—	—	—	vate.
sadele u. gordele	2	—	—	—	—	droge vate.
sadelentome . .	1	—	—	—	—	tunne.
sagen	—	1	—	—	—	paxken.
salpeter. . . .	—	1	—	—	—	tunne.
„	—	—	2	5	—	vate.
scho	—	—	—	—	1	tunne.
schullen . . .	—	1	—	—	—	korf .
„ . . .	3	1	3	—	—	packen.
„ . . .	—	2	2	—	—	paxken.
„ . . .	4	2	—	—	—	tunnen.
„ . . .	—	—	1	—	—	vat.
senegarn . . .	—	1	—	—	—	vat.
sipollensat . .	—	2	3	1	—	tunnen.
solt	3	13½	2	19½	2½	last.
„	—	8	—	—	—	tunnen.
baiie	—	—	—	8	—	last.
spek	—	—	—	6	—	schippunt.
spitzerie . . .	2	—	—	—	—	tunnen.
„ . . .	—	1	—	1	—	vat.
„ . . .	—	—	—	2	—	clene vate.
„ . . .	1	—	—	—	—	vatken.
stal	—	3	2½	2	—	tunnen.
„	1	—	—	—	—	Hamb. tunne.
„	2	2	—	—	—	vate.
sucker	—	—	—	1	—	vat.
swevel	—	—	1	—	—	tunne.
tin	2	—	—	—	—	tunnen.
„	1	—	—	—	—	vat.
„ , Hamb. . .	—	—	2	—	—	tunnen.
vate, tinnen . .	—	—	1	—	—	liespunt.
vedderen . . .	1	—	—	—	—	sack.
vigen	—	—	½	5	—	last.
„	—	1	—	—	—	tunne.
visben	—	—	—	1	—	„
flasschen . . .	—	—	—	2	—	vate.
vossen	—	1	—	—	—	vat(4 tymmer)
„	—	—	1	—	—	vat, darinne 10 tymmer.

	1492	1493	1494	1495	1496	
vossen	—	1	—	—	—	droge vat.
„	—	—	—	1	—	vatken.
vossen u. otter	—	—	—	1	—	tunne.
win	—	3	—	—	—	ame.
„	18	18½	30	4	4	st[ucke].
„	—	3	—	—	—	clene st[ucke].
„	—	—	2	—	—	tolast.
„	2	—	1	3½	—	vate.
„ , Gobbinsch	—	—	2	—	—	st[ucke].
„ , roden ..	—	1	—	—	—	pipe.
„ „ ..	—	—	—	5½	—	st[ucke].
asschomger .	3	—	—	—	—	pipen.
malmesier .	—	—	1	10	—	bote.
rummenie .	—	—	1	5	—	„
winemust ...	—	—	1	—	—	st[uck].
wulle	3	—	—	—	—	sacke.
„	—	1	—	—	—	clen sak.
schorwulle .	—	1	4	1	—	sacke.
	1	1	1	—	—	kerpe.
	9	2	—	1	—	kisten.
	5	—	1	1	—	korff.
	1	—	—	—	—	lechelgen.
	2	3	2½	—	3	packen.
	—	1	—	—	—	clen packen.
	11	8	1	1	1	paxken.
	4	7	4	1	—	clen paxken.
	—	1	—	—	—	schimmese.
	5½	1	—	—	4	terling.
	14	13½	20½	7	1	tunnen.
	2	—	—	—	—	bereven tunnen.
Unbenanntes Gut	28	52	8	9	—	droge tunnen.
	—	1	—	—	—	Hamb. tunne.
	—	1	—	—	—	smale „
	—	1	—	—	—	slottunne.
	1	—	—	—	—	tunneken.
	10	4	10	6	9	vate.
	—	1	—	—	—	bereven vate.
	29	18	16	12	—	droge vate.
	—	1	—	—	—	droge slotvat.
	14	10	3	—	—	vatken.
	5	2	1	—	—	clene vatken.
	2	7	2	1	—	droge „
	—	—	—	1	—	clen droge vatken.

f. Die Ausfuhr nach Pernau.

	1492	1493	1494	1495	1496	
ber	—	—	—	—	12	vate.
„ , Embeker .	—	6	8	6	—	„
glaſs	—	—	—	1	—	kiste.
hering	—	—	4	6½	—	last.
„	—	—	11	—	—	tunnen.
hode u. spitzerie	—	—	—	1	—	vat.
punthode . .	—	—	—	12	—	dossin.
hoppen	—	—	6	8	—	secke.
laken	—	—	—	—	1	packen.
„ . . .	—	—	—	1	—	sak, darinne 2.
„	—	—	—	—	2	terling.
„ , i. Colsestersch						
u. puuthode	—	—	—	1	—	clen packen.
„ , Engelsche	—	—	—	1	—	packen mit 2.
„ , „	—	—	—	—	½	terling.
„ , Lub[esche]	1	—	—	—	—	paxken.
„ , Wismersche	—	—	1	—	—	packen mit 6.
grauwe laken u.						
schullen . .	—	—	1	—	—	vatken.
louweken (!) . .	—	—	—	½	—	louweken.
ore	—	—	—	—	—	tunne.
solt	—	5	—	9½	2	last.
„	—	—	—	—	21	tunnen.
baiie	—	—	—	6	—	last.
win	—	2	2	—	1	stucke.
„	—	2	2	—	—	vate.
„ , Gobbinsch	—	—	2	—	—	st[ucke].
„ , Rinsch .	—	2	—	—	—	st[ucke].
potow . . .	—	1	—	—	—	pipe.
rummenie . .	—	11	1	—	—	bote.
Unbenanntes Gut	—	—	1	—	—	droge vatken.

g. Die Ausfuhr nach Reval.

ablaten	2	—	—	—	—	ferndel.
allun	½	—	3	—	—	last.
„	—	50	13	1	—	tunnen.
„	—	11	—	—	—	vate.
annis	—	2	—	—	—	„
appel	—	—	4	—	—	last.
„	6	—	—	—	—	tunnen.
appel u. beren .	—	—	14½	—	—	„
armboste . . .	—	1	—	—	—	vat.

assoi s. win

	1492	1493	1494	1495	1496	
bastert „ . .	—	—	—	—	—	
ber	—	—	—	—	18	vate.
„ , Embeker .	13	22	46	13	—	. „
„ , Hamborger	—	¹/₂	3	—	—	bruw.
„ , „	2¹/₂	—	—	1	—	last.
„ ,	5	9	29	—	—	tunnen.
beren	—	¹/₂	—	—	—	last.
bratberen . .	—	9¹/₂	—	—	—	tunnen.
blig	1	16¹/₂	—	—	—	schippunt.
„	—	8	—	—	—	st[ucke].
blix (blek, blex)	—	1	—	—	—	last.
„	7	27	120	—	—	vate.
boke	—	1	—	—	—	clen paxken.
bonen	—	—	1	—	—	tunne.
buckink . . .	—	—	2	—	—	tunnen.
busbom . . .	—	1	—	—	—	droge vat.
bussen	—	—	1	1	—	dossin.
„	—	—	—	1	—	korf.
„	1	—	—	—	—	paxken.
„ . . .	—	—	1	—	—	busse.
hakenbussen .	—	—	—	2	—	kip.
„ .	—	—	25	—	—	hakenbussen.
knipbussen .	—	—	1	—	—	hundert.
„ .	—	—	2	—	—	knip.
„ .	1	—	—	—	—	paxken mit 46.
decken u. spegele	—	—	1	—	—	vat.
drad	2	2	—	4	—	vate.
„	1	—	—	—	—	paxken.
missingesdrat	—	1	—	—	—	korf.
„	3	2	2	—	—	vate.
	—	—	1	—	—	vat mit 1 schippunt.
„	—	—	1	—	—	droge vat.
„	1	—	—	—	—	clen vat mit 6 sintener.
„	2	—	—	—	—	vatken.
engever . . .	—	1	—	—	—	korf.
„ . . .	1	—	—	—	—	vat.
garn, Flamesch	1	—	—	—	—	tunne.
glas	24	30¹/₂	19	4	2	kisten.
„	—	—	1	—	—	tunne.
„	1	3	—	—	—	vate.
pasglase . . .	—	—	1	—	—	vat.

	1492	1493	1494	1495	1496	
glasevinstere .	—	2	—	—	—	kisten.
glesenitzen . .	—	2	3	—	— .	tunnen.
„ . .	—	— .	1	—	— .	vat.
„ . .	—	—	—	4	—	clene vate.
gropen	3	2	—	—	—	vate.
harnsch . . .	1	—	—	—	—	vat.
„ . . .	—	—	1	—	—	clen vat mit 1.
harnsch u. sadelen	—	—	1	—	—	tunne
hering	35	138½	118½	25½	11	last.
„	25	33½	28	—	—	tunnen.
„ , Alborger	—	16	6	—	— .	last.
, „	15	—	—	—	—	tunnen.
„ , Bornhol- mesch .	—	4 ·	—	—	—	last.
„ , Schonsch	2	—	—	—	—	„
wrakhering .	—	4	—	—	—	„
hilgentafelen .	·· 2	—	—	— ·	— .	tafelen.
hode	25½	16	1	3	—	tunnen.
„	—	3	—	—	—	droge tunnen.
„	4	7	4	—	—	vate.
„	—	—	1	—	—	droge vat.
„	—	1	—	—	—	Emb. vat.
„	1 —	1	—	—	—	vatken.
„	—	1	— ·	—	—	clen vatken.
punthode . .	—	2	4	4	—	tunnen.
„ . .	—	3	—	—	—	„ , (zus. 20 dossin.
„ . .	—	ı	—	—	—	tunne (8 dossin).
„ . .	—	5	6	2	—	vate.
„ . .	—	—	2	—	—	„ , darinne 40 dossin.
„ . .	—	—	ı	—	—	vat mit 8 dosin.
„ . .	—	—	4	1	—	droge vate.
„ . .	—	—	—	2	—	clene vate mit 16 dossin.
„ . .	— ·	—	—	ı	—	vatken.
„ . .	—	—	1	—	— .	clen vatken.
hode u. gordele	—	—	1	—	—	vatken.
hode u. laken .	3	—	—	—	—	tunnen.
hode u. mandelen	2	—	—	—	— .	vate.
hode u. poppir .	—	—	—	1	—	vat.
hode u. ander ware	1	—	—	—	—	„

	1492	1493	1494	1495	1496	
punthode u. daggen	—	—	2	—	—	vatken.
punthode u. poppir	1	—	—	—	—	kip.
hoppen	—	7	5	2	—	sacke.
kannen, tinnerne	—	—	1	—	—	vat.
kerve	—	—	19	—	—	knip.
kese	—	—	1	—	—	hundert.
„	—	1	—	$\frac{1}{2}$	—	tunne.
ketele	5	2	8	1	—	schove.
„	—	4	—	—	—	sintener.
„ , olde	—	$3\frac{1}{2}$	—	—	—	schippunt.
clavant	2	—	—	—	—	tunnen.
„	—	—	1	—	—	vat.
cledere	—	—	1	—	—	tunne.
„	1	—	2	—	—	vate.
clederbesseme	—	1	—	—	—	paxken.
komen, sipol-lensat u. rifs	—	10	—	—	—	tunnen.
kopper	—	3	—	—	—	schippunt.
„ , olt	14	10	$1\frac{1}{2}$	—	—	„
kopperrok	—	1	—	—	—	tunne.
kram	$4\frac{1}{2}$	—	—	2	—	vate.
kram u. swevel	—	—	—	2	—	„
ladenkrud	—	2	—	—	—	tunnen.
laken	5	$17\frac{1}{2}$	9	1	—	packen.
„	—	1	—	—	—	clene packen.
„	3	5	7	1	—	paxken.
„	—	8	—	—	—	clene paxken
„	$106\frac{1}{2}$	$150\frac{1}{2}$	45	9	—	terlink.
„	—	—	1	—	—	vat.
„	—	1	—	—	—	droge vat, dar-inne 2.
„ , Bussche	—	1	—	—	—	terling.
„ , Dortmunde-sche	—	1	2	1	—	„
„ , Engelsche	1	—	—	—	—	paxken mit 4.
„ , „	—	—	1	—	—	„ , darinne 3.
„ , „	4	—	1	$\frac{1}{2}$	—	terling.
„ , Kamper	3	—	1	2	—	„
„ , Lub[esche]	4	1	2	—	—	packen.
„ , „	—	—	1	—	—	„ , darinne 7.
„ , „	1	—	—	—	—	paxken.
„ , „	—	—	1	—	—	„ mit 4.

	1492	1493	1494	1495	1496	
laken, Lubesche	—	1	—	—	—	paxken mit 3.
„ , Lub. grauve	—	$^1/_2$	—	—	—	packen.
„ , „ „	—	—	1	1	—	paxken.
„ , Lub. u. ander	1	—	—	—	—	packen.
„ , Mollensche	—	3	—	—	—	„
„ , „	—	—	—	1	—	paxken.
„ , „	1	—	—	—	—	„ mit 11.
„ , Nerdesche .	2	—	—	—	—	packen.
„ , „ .	—	—	1	—	—	„ mit 8.
„ , „ .	—	—	—	2	—	clene packen.
„ , „ .	—	—	—	1	—	paxken mit 3.
„ , „ .	4	$4^1/_2$	$3^1/_2$	—	—	terling.
„ , Nerdesche u. Amsterdamer	1	—	—	—	—	packen.
„ , brede Pepersche	1	—	—	—	—	terling.
„ , Poppringesche	1	—	—	—	—	packen.
„ , „	48	15	38	12	—	terling.
„ , Poppringesche u. Trikumesche	—	—	3	—	—	„
„ , Renssche .	—	—	1	—	—	packen.
„ , Rostker . .	—	—	1	—	—	„
„ , Trikumesche	$98^1/_2$	46	$42^1/_2$	8	—	terling.
„ , Wismersche	1	$^1/_2$	—	—	—	packen.
„ , grauwe . .	$3^1/_2$	—	—	—	—	paxken.
„ , grove . . .	—	4	1	—	—	packen.
„ , junckerss .	1	—	—	—	—	„
„ , juncker blauwe	1	—	—	—	—	paxken mit 4.
rinklaken . .	—	—	2	—	—	packen.
„ . .	—	—	—	1	—	clen paxken.
fitzen	1	—	—	—	—	packen mit 10.
„	—	—	1	—	—	terling.
louwant . . .	—	—	3	—	—	packen.
rep louwant .	—	—	1	—	—	„
malmesier s. win.						
mandelen . . .	—	1	—	—	—	tunne.
„ . . .	—	3	—	—	—	vate.
mandelen und ladenkrud . .	—	—	1	—	—	vat.
mede	$^1/_2$	—	—	—	—	last.
missing . . .	—	—	—	$3^1/_2$	—	schippunt.
„	1	—	—	—	—	tunne.
„	—	—	2	—	—	vate mit 6 sintener.
„	—	1	—	—	—	vatken.

	1492	1493	1494	1495	1496	
missing u. drat	—	2	1	—	—	vate.
must	—	—	2	—	—	st[ucke].
negelen . . .	—	1	—	—	—	tunne.
note	5¹/₂	—	—	—	—	tunnen.
olii	1¹/₂	9¹/₂	6	—	—	pipen.
ore	2	—	—	—	—	tunnen.
ore u. rotscher .	—	—	—	1	—	last.
otter	—	—	1	—	—	tymmer.
pechtlink . . .	—	—	—	1	—	packen.
peper	—	—	2	—	—	sak.
poppir	2	—	1	—	—	packen.
„	2	—	1	1	—	vat.
„	1	—	—	—	—	vatken.
potow s. win.						
rekelink . . .	2	—	—	—	—	kip.
riss	—	2	—	—	—	droge vate.
rocchen . . .	—	—	1	—	—	paxken.
„	—	—	1	—	—	tunne.
„	—	—	1	—	—	vat.
rocchen u. punt- hode	—	—	1	—	—	vat.
rossinen . . .	1	2	—	—	—	pipen.
„	1	—	—	2	—	vate.
rossinen u. cledere	—	—	—	1	—	vat.
rotlosch . . .	—	—	—	8	—	deker.
„	1	—	—	—	—	paxken.
„	1	—	—	—	—	vat.
rotlosch u. punt- hode	—	1	—	—	—	tunne.
rotscher . . .	1	5¹/₂	2¹/₂	1	2	last.
„	43¹/₂	75¹/₂	17	1	11	tunnen.
„	—	—	2	—	—	vate.
roveolii . . .	—	—	3	—	—	vatken.
rummenie s. win.						
sadele	9	—	—	—	—	sadele.
salpeter . . .	—	¹/₂	—	—	—	tunne.
„	5¹/₂	—	—	5	—	vate.
„	—	—	1	—	—	vat, darinne 30 ℔.
schullen . . .	—	1	2	—	—	packen.
„	1	1	—	—	—	tunne.
„	—	—	1	—	—	vat.
schullen u. punt- hode	—	—	1	—	—	packen.

	1492	1493	1494	1495	1496	
schullen u. rocchen	—	2	—	—	—	packen.
semess	27½	13	46½	14½	19	last.
"	71	9	—	—	—	tunnen.
sipollensat . .	6	13½	4	—	—	"
solt	4½	23	12	3	—	last.
"	13	5	—	—	—	tunnen.
baiie	—	—	40	50	—	last.
spegele	—	5	—	—	—	vate.
"	—	—	2	—	—	droge vate.
spegele u. hode	—	—	4	—	—	clene vatken.
sporden -. . .	1	—	—	—	—	tunne.
sporden u. rotscher	3	—	—	—	—	tunnen.
stael	3½	2½	2	3	—	"
"	2	—	—	—	—	smale tunnen.
storroggen . .	4	—	—	—	—	tunnen.
sucker	—	2	—	—	—	pipen.
"	1	—	—	—	—	tunneke.
"	—	—	2	—	—	vate.
"	—	—	1	—	—	vatken.
sulver	166	182	—	—	—	mark lodich.
"	2	—	—	—	—	lot.
swampen . . .	1	2	—	—	—	packen.
" . . .	—	1	—	—	—	vatken.
swerde u. becken	—	—	1	—	—	kiste.
swevel	1½	—	—	—	—	last.
"	2	1½	—	2	—	pipen.
"	—	—	6	—	—	vate.
thin	30	10½	8	—	—	tunnen.
"	11	2	5	2	2	Hamb.tunnen.
"	—	—	5	—	—	smale "
"	1	1	—	—	—	vat.
tiimean	1	—	—	—	—	tunne.
"	17	—	3	—	—	vate.
tinappel, gulden	—	—	2	—	—	"
vedderen . . .	1	—	—	—	—	schippunt.
ferwe u.kerseberen	—	—	1	—	—	last.
victril	—	1	—	—	—	tunne.
vigen	—	—	3½	4	—	last.
"	—	—	—	15	—	tunnen.
vossen	—	—	3	—	—	"
"	—	—	1	—	—	vat.
"	—	—	1	—	—	vat, darinne 5 tymmer.

	1492	1493	1494	1495	1496	
vossen	—	—	1	—	—	droge vat mit 6 tymmer.
„	—	—	3	—	—	vatken.
win	24	5	52½	2	13	st[ucke].
„	—	19	—	—	—	st[ucke] clen u. grot.
„	—	—	—	9	—	st. van 7 amen id vad.
„	—	—	2	—	—	clene st[ucke].
„	—	—	4	—	—	clene st., holden 9 amen.
„	—	4	2	—	—	vate.
„ , roden . .	—	5	3	—	—	st[ucke].
assoi	—	3	—	—	—	pipen.
bastert . . .	—	1	—	—	—	pipe.
malmesier . .	—	—	7	7	—	bote.
potow. . . .	—	—	4	—	—	pipen.
„	—	—	2	—	—	vate.
rummenie . .	—	3	13	—	—	bote.
winsten . . .	—	2	—	—	—	halve tunnen.
wulle	8	3	3	—	—	secke.
schorwulle .	2	—	—	3	—	„
	2	1	2	—	—	kisten.
	2	—	—	1	—	korf.
	9	3	—	—	—	packen.
	—	1	—	—	—	clen packen.
	14	5½	4	—	—	paxken.
	7	6	5	—	—	clene paxken.
	12½	6½	4½	2	—	terlink.
	1	—	—	—	—	clen terlink.
	28½	27	33½	7½	—	tunnen.
Unbenanntes Gut	—	1	—	—	—	bereven tunne.
	22½	30½	9	2	—	droge tunnen.
	4	2	—	—	—	Hamb. „
	—	—	2	—	—	smale „
	1	—	—	—	—	slottunne.
	—	—	10	—	—	tymmer.
	19	12	3	1	4	vate.
	—	1	—	—	—	bereven vat.
	2	—	—	—	—	grote vate.
	2	2	2	—	—	clene „
	19½	37	29	14	—	droge „

32*

	1492	1493	1494	1495	1496	
	—	—	4	—	—	clene droge vate.
	—	1	—	—	—	slotvat.
	8	2	—	1	—	vatken.
Unbenanntes	8	3	—	—	—	clene vatken.
Gut	5	5	11	1	—	droge „
	—	2	—	—	—	clene droge vatken.
	1	—	—	—	—	clen slot-vatken.

h. Die Ausfuhr nach Abo.

	1492	1493	1494	1495	1496	
honnig	—	2	—	—	—	tunnen.
laken	1	—	—	—	—	packen.
„	—	—	3	—	—	tunnen.
„	—	—	3	—	—	vate.
„	—	—	1	—	—	droge vat.
solt	—	3	1	—	—	tunnen.
win	—	3	—	—	—	lechelgen.
„ , Rinsch . .	—	2	—	—	—	„
rotwin . . .	—	1	—	—	—	tunne.
rummenie . .	—	2	—	—	—	bote.
	für 240	—	594	—	—	₰.
	—	2	3	—	—	tunnen.
Unbenanntes	14	60	8	—	—	droge tunnen.
Gut	—	—	1	—	—	traventunne.
	—	1	—	—	—	vat.
	—	2	—	—	—	droge vate.

i. Die Ausfuhr nach Gotland.

	1492	1493	1494	1495	1496	
ore	1	—	—	—	—	tunne.
osemund . . .	3	—	—	—	—	vate.
solt	5½	3½	—	—	—	last.

k. Die Ausfuhr nach Stockholm.

	1492	1493	1494	1495	1446	
ablaten	4	—	—	—	—	achtendel.
„	4	—	—	—	—	ferndel.
al mit spetzerie	—	—	—	2	—	tunnen.
allun	—	—	1	—	—	tunne.
„	—	1	—	1	—	vat.

	1492	1493	1494	1495	1496	
annis.	1	—	—	—	—	tunne.
„	—	1	—	—	—	vat.
„	1	—	—	—	—	droge vat.
appel.	—	—	1	—	—	last.
„	6	—	—	—	—	tunnen.
bagen	—	—	—	—	36	last.
bastert s. win.						
bedden	3	—	—	—	—	vate.
ber	—	—	—	—	13	„
„ , Embeker .	35	69	88	44	3	„
„ , Hamborger	—	2	1/2	—	—	last.
„ , „	4	—	—	—	—	tunnen.
beren	—	3	—	—	—	„
blik (blex, blix)	24	2	6	—	—	vate.
blig	1/2	—	—	—	—	last.
„	4	—	—	—	—	schippunt.
„	—	—	1	—	—	st[uck].
boke	1/2	12	1	—	—	tunnen.
„	1	1	1	—	—	vat.
busbom. . . .	—	—	—	2	—	tunnen.
engever . . .	—	2	—	—	—	lechelgen.
garn	—	3	—	—	—	schippunt.
glass.	1	. 5	2	—	—	kisten.
„	1	—	—	—	—	kiste, darinne 12 sintener.
„ , ...	—	2	—	—	—	clene kisten.
„	—	1	1	—	—	vate.
haren[1]	6	—	—	—	—	rullen.
harnsch. . . .	—	—	—	3	—	tunnen.
hering	15	24	21	—	—	last.
„	58 1/2	26	25	7	—	tunnen.
„	1	—	—	—	—	ferndel.
„ , Alborger	1 1/2	—	—	—	—	last.
„ , „	—	15	—	—	—	tunnen.
„ , Bornholmesch	6	1	—	—	—	last.
„ , Schonsch.	1/2	—	—	—	—	„
holhering . .	1	1	—	—	1	„
„ . .	17	—	—	—	—	tunnen.
wrakhering .	—	1	5	—	—	last.
hode	—	—	—	1	—	kiste.
„	—	2	3	—	—	tunnen.
„	1	1	1	—	1	last.

[1] Härenes Gewand?

	1492	1403	1494	1495	1496	
hode	—	—	—	—	1	clen vat.
„	—	1	—	—	—	droge vat.
„	—	—	—	1	—	vatken.
„	1	—	—	—	—	louwand-fatken.
punthode	—	—	—	5	—	vate
hode u. bonitte.	1	—	—	—	—	tunne.
hode u. schullen	—	—	2	—	—	tunnen.
hode u. spitzerie	—	—	1	—	—·	vat.
punthode u. gropen	—	—	—	5	—	droge vate.
hoppen	23	33	10	64	23	sacke.
clavant.	—	—	—	1	—	tunne.
„	—	—	1	—	—	vat, darinne 20 st.
cledere	1	—	—	—	—	kiste.
„	1	—	—	—	—	tunne.
komen	—	1/2	—	—	—	„
„	1	—	—	—	—	vat.
peperkomen	—	1	—	2	—	tunnen.
„	—	—	1	—	—	vat.
„	1	—	—	—	—	droge vat.
„	—	—	1	—	—	vatken.
peperkomen u. glese	—	—	—	—	1	tunne.
kram	—	1	—	—	—	kiste.
„	—	—	—	—	2	vate.
kramerie	2	—	—	—	—	„
„	1	—	—	—	—	droge vat.
kramwerk	—	—	1	—	—	vat.
laken	17 1/2	15	1/2	2	2	packen.
„	—	3	1	1	—	clene packen.
„	5	—	2	2	—	paxken.
„	1	4	1	1	—	clene paxken
„	6	3	3 1/2	1	—	terlink.
„	—	—	4	—	—	tunnen.
„	—	—	1	—	—	vatken.
„, Altsche	1	1	—	—	—	packen.
„ „	—	1	—	—	—	packen, darinne 14.
„ „	—	—	—	1	—	clen paxken mit 10.
„ „	5	3	1/2	—	—	terlink.
„, Altsche u. Nerdesche	1	—	—	—	—	-

	1492	1493	1494	1494	1496	
laken, Altsche u. Westerlin- dische . .	—	ı	—	—	—	clen paxken van 10.
„ , Dellermun- desche . .	$1/_2$	—	—	—	—	terlink.
„ . Deventersche	—	—	$1/_2$	—	—	„
„ , Hagensche	1	—	—	—	—	terlink, da- rinne 4 fissen.
„ , „	1	—	—	—	—	packen.
„ , Leidesche .	1	—	—	—	—	terlink
„ , Nerdesche .	2	—	1	—	—	packen.
„ , „ .	—	-	1	—	—	clen paxken, darinne 6.
„ , „ .	$13^{1}/_2$	4	2	$1/_2$	—	terlink.
„ , „ .	10^{1}	—	4	—	16	laken.
„ , Rostker .	—	—	—	2	—	packen.
„ , Stendelsche	1	1	—	2	—	„
„ , grauwe . .	—	—	1	—	—	..
„ , grove (Rost- ker u. Rens- sche) . . .	—	—	—	3	—	.
„ , allerleie .	1	—	—	—	—	„
laken u. pechtlink	1	1	—	2	—	„
„ „ „	—	—	1	—	—	paxken.
lorberen . . .	1	—	—	1	—	tunne.
louwant . . .	98	107	56	8	13	tunnen.
„ . . .	1	—	—	—	—	smale tunne.
„ . . .	8	4	8	2	3	vate.
„ . . .	—	—	1	—	—	vatken.
„ (groff dink)	3	—	—	—	—	tunnen.
louwant u. bonitte	1	—	—	—	—	tunne.
louwant u. laken	—	1	—	—	—	vat.
luchten	1	—	1	—	—	tunne.
luchter	—	—	1	—	—	luchter.
malde laken . .	—	—	—	1	—	paxken.
malmesier s. win.						
mandelen . . .	2	—	—	—	—	bolen.
„ . . .	12	3	1	—	—	tunnen.
„ . . .	÷	3	—	—	—	vate.
manolii	—	—	1	—	—	vatken.
mede	—	—	3	—	—	last.
„	—	—	6	—	—	tunnen.

[1] 1 packen pechtlink unde darinne 10 Nerdesche laken.

	1492	1493	1494	1495	1496	
most, nien . .	1	—	—	—	—	st[uck].
musschaten . .	¹/₂	—	—	—	—	tunne.
note	—	—	—	6	6	tunnen.
olii	—	3¹/₂	—	—	—	pipen.
pechtlink . . .	—	—	—	—	1	hundert.
„ . . .	5¹	¹/₂	6	3	2	packen.
„ . . .	—	—	1	—	—	clen packen van 400.
„ . . .	3	1	6	—	—	paxken.
„ . . .	—	--	1	—	—	„ van 500
„ . . .	—	1	—	—	—	clen paxken.
peper	—	—	1	—	1	tunne.
pettinen . . .	2	—	—	—	—	tunnen.
poppir	—	—	1	1	2	vate.
potte u. glase .	—	—	—	2	—	„
potte u. hode .	—	—	—	1	—	vat.
raff	—	2	—	—	—	tunnen.
raff u. rotscher	1	—	—	—	—	last.
rifs	2¹/₂	1	—	—	—	tunnen.
„	—	—	—	1	—	vat.
rochen	—	—	—	1	—	„
rossinen . . .	2	2	—	—	—	tunnen.
„ . . .	10	2¹/₂	—	1	—	vat.
„ . . .	1	—	—	—	—	vatken.
„ . . .	1	—	—	—	—	clen vatken.
rotlosch . . .	1	—	—	—	—	kiste.
„ . . .	—	—	1	—	—	tunne.
rotscher . . .	1	18	5	5	—	tunnen.
rovesat . . .	—	4	—	—	—	„
rummenie s. win.						
salpeter . . .	1	—	—	—	—	tunne.
„ . . .	—	—	—	2	—	vate.
„ . . .	—	—	1	—	—	vat, 8c .(= 8 sintener ?).
schinken . . .	—	—	1	—	—	tunne.
schullen . . .	1	—	—	—	—	packen,
„ . . .	—	—	1	1	—	vat.
solt	323¹/₂	160¹/₂	151	109	37²/₃³	last.
„	24	—	4	—	—	tunnen.
baiie (baiels solt)	13	—	3	16	5	last.

----

[1] Vgl. S. 489 Anm. 1.

[2] Darunter die Ladung dreier mit 1 ℔ 13¹/₂ β verzollter Stekenitzschiffe (= 19²/₃ Last).

	1492	1493	1494	1495	1496	
spitzerie . . .	2	—	2	—	—	tunnen.
„ . . .	1	1	1	—	3	vate.
„ . . .	1	—	—	—	—	droge vat.
„ . . .	2	—	1	—	—	vatken.
„ . . .	1	—	—	—	—	clen vatken.
„ . . .	1	—	—	—	—	ferndel.
stal	—	—	—	1	—	tunne.
„	—	1	—	—	—	vat.
sucker	—	—	1	—	—	tunne.
„	—	—	1	—	—	vat.
sucker u. punthode	—	—	—	1	—	„
swerde . . .	—	—	—	—	1	bunth.
„	14¹/₂	—	3	—	—	dossin.
swertklingen .	1	—	—	—	—	vat.
swevel	—	—	1	—	—	„
tafelen	—	—	3	—	—	tafelen.
tallore u. rode vate	—	—	—	¹/₂	—	spiltvat.
thin	2	1	—	—	—	tunnen.
„	—	1	—	—	—	Hamb. tunne.
„	¹/₂	1	—	1	—	vat.
tiimean	1	—	—	—	—	tunne.
„	1	—	—	—	—	vat.
„	—	—	1	—	—	vatken.
tunnengut . .	—	—	1	—	—	last.
vigen	—	1¹/₂	—	1¹/₂	—	last.
„	2	1	—	—	—	tunnen.
„	—	2	—	—	—	vate.
vigen u. rossinen	—	—	—	3	—	tunnen.
vissche	—	—	—	1	—	korf.
voderdoke . .	1	—	—	—	—	Hamb. tunne mit 7.
win	1	—	—	—	—	lechelgen.
„	7	25	10	1¹/₂	4	st[ucke].
„	1	—	—	—	—	st[uck] van 4¹/₂ amen.
„	—	1	—	—	—	st[uck] van 3¹/₂ amen.
„	2	—	—	—	—	st[ucke] van 6 amen beide.
„	—	—	2	2	1	tolast.
„	3	3¹/₂	1	—	—	vate.
„ , Gobbinsch .	—	2	—	—	—	ame.
„ , „	—	—	—	—	5	vate.
„ , roden . .	—	—	2	—	—	„

	1492	1493	1494	1495	1496.	
bastert . . .	—	2	—	—	—	pipen.
„ . . .	—	1	—	—	—	st[uck].
malmesier . .	—	1	—	7	—	bote.
rummenie . .	4	10	—	—	1	„
winsmust . . .	—	—	1	—	—	st[uck].
winsten . . .	—	—	—	1	—	vat.
für 100	—	—	—	—	—	ℳ.
	—	1	—	—	—	bult[1].
	4	3	—	—	2	kisten.
	2	—	—	—	—	schipkisten.
	1	—	—	—	—	korf.
	—	1	—	—	—	horffken.
	1	—	—	—	—	lechelgen.
	20½	11	5	—	2	packen.
	3	—	—	—	—	clene packen.
Unbenanntes Gut	20	19	9	—	—	paxken (packelken).
	4	17	5	—	1	clene paxken (packelken).
	½	—	—	—	—	terlink.
	14½	21	8½	1	—	tunnen.
	35	27½	7	1	—	droge tunnen.
	1	—	—	—	—	slottunne.
	3	7	3	1	2	vate.
	14	19	4	10	—	droge vate.
	3	6	1	1	—	vatken.
	4	2	1	1	—	droge vatken.

1. Die Ausfuhr nach Nyköping, Söderköping, Wester-
wik und Kalmar.

	1492	1493	1494	1495	1496	
ael	4	—	—	—	—	tunnen.
ber, Embeker .	17	2	5	7	—	vate.
blig	—	1	—	—	—	schippunt.
boke	—	—	1	—	—	tunne.
„	—	—	1	—	—	vat.
botter	10	—	—	—	—	tunnen.
hering	½	3	5	—	—	last.
„	3	—	—	—	—	tunnen.
honnig	—	—	2	—	—	„
hoppen	—	20	—	—	—	drompt.
„	2	51	28	2	—	secke.

[1] Bündel.

	1492	1493	1494	1495	1496	
ketele	1	—	—	—	—	schoff.
„	1	—	—	—	—	schoveken.
„	—	1	—	—	—	schippunt.
kram	—	—	—	2	—	vate.
laken	—	3	1	—	—	packen.
„	—	2	—	—	—	„
„	—	—	1	—	—	clen paxken.
„	—	2	—	—	—	secke mit 5 laken.
„	—	2	—	—	—	leddersacke.
„	6	14	13	—	—	tunnen.
„ , Altsche .	2	—	—	—	—	tunnen mit 4.
„ , Deventer	5	—	—	—	—	tunnen.
laken u. louwant	—	—	1	—	—	paxken.
laken u. ander dink	5	—	—	—	—	tunnen.
louwant . . .	—	3	—	—	—	„
olii	1	—	3	—	—	sintener.
os[emund]. . .	2	—	1	—	—	last.
pechtlink . . .	—	1	—	—	—	packen.
„ . . .	1	—	—	—	—	tunne.
potow u. rummenie s. win.						
sadele	—	—	—	1	—	droge vat.
senegarn . . .	1	—	—	—	—	vat.
solt	149	312$^{1}/_{2}$ [1]	216	4	—	last.
„	50	9	—	—	—	tunnen.
baiie	—	1	$^{1}/_{2}$	—	—	last.
travensolt . .	—	—	1$^{1}/_{2}$	—	—	„
talg	2	—	—	—	—	tunnen.
flass	1	—	—	—	—	paxken.
„	21	—	—	—	—	tunnen.
„	—	—	1	—	—	vat.
„	—	1	—	—	—	clen vatken.
win	1	1	—	—	—	st[uck].
„	1	—	—	—	—	st[uck] van 5 amen.
„	—	1	—	—	—	tunne.
potow . . .	—	—	2	—	—	vate.
rummenie . .	—	1	2	—	—	„
Unbenanntes Gut {	—	1	—	—	—	packen.
	—	1	—	—	—	paxken.
	—	—	1	—	—	clen paxken.

[1] Davon ist 1 Last als Nachtrag unter der Einfuhr von Kalmar «in Matz Teske« gebucht, der alsbald wieder nach Kalmar ausläuft.

	1492	1493	1494	1495	1496	
Unbenanntes Gut	—	—	1	—	—	schimmese.
	—	3	—	—	—	secke.
	—	3	—	—	—	leddersecke.
	2	12	—	—	—	tunnen.
	18	41	8	—	—	droge tunnen.
	—	3	—	—	—	Hamb.
	—	1	—	—	—	vat.

m. Die Ausfuhr nach Schonen, Dänemark und Schleswig-Holstein.

	1492	1493	1494	1495	1496	
annis	1	—	—	—	—	vatken.
ankere	—	—	5	—	—	ankere.
appel	—	—	4	—	—	last.
ber	7	—	—	—	21	vate.
„ , Embeker .	36	13	41	19	—	„
blig	9½	3	½	1½	—	last.
„	30½	21	33	—	—	schippunt.
„	2	5	2	—	—	st[ucke].
„	—	—	—	3	—	st[ucke], wegen 4 schippunt.
blix	—	ı	—	—	—	vat.
boke	—	—	—	1	—	„
botter	1	—	—	—	—	tunne.
glass	½	—	—	—	—	kiste.
gropen . . .	1½	—	—	—	—	schippunt.
„ . . .	1	1	—	1	—	vat.
„ . . .	—	2	—	—	—	vate (1½ schippunt.)
„ . . .	—	—	ı	—	—	vat, darinne ½ schippunt.
gropen u. kannen	—	—	—	ı	—	tunne.
grutte u. vigen	—	4	—	—	—	tunnen.
hennep	—	—	1	—	—	paxken.
„	2	1	—	—	—	schippunt.
„	4	—	—	—	—	tunnen.
hennep u. vlass	—	8	—	—	—	„
hering	16	11	9½	—	—	last.
„	32	—	—	—	—	tunnen.
hode	—	1	—	—	—	korf.
„	2	2	—	2	—	tunnen.
„	1	1	—	—	—	slottunne.
„	—	2	1	1	—	vate.

	1492	1493	1494	1495	1496	
hode	—	—	—	1	—	vatken mit 5 dossen.
„ , Bussche .	—	—	ı	—	—	vat.
Bussche hode u. boretkin . .	—	—	ı	—	—	kiste.
hode u. witte bonitten . .	—	2	—	—	—	vatken.
hoppen	423	394	259	230	196	drompt.
„	1½	7	10	5	—	last.
„	3	—	—	—	—	sak.
„	3	—	—	—	—	schippunt.
„	28	—	—	—	—	drompt.
tunnen mit hoppen	—	—	6	—	—	last.
hude	6	—	—	—	—	tunnen.
kannen	1	—	—	—	—	tunne.
„	—	1	—	1	—	vat.
kannen u. ketele	—	2	—	—	—	vate.
kardenspele . .	—	—	1	—	—	vat.
kemme	—	—	1	—	—	korf.
ketele	16	—	—	—	—	lispunt.
„	1	½	—	—	—	schippunt.
„	—	—	2	—	—	schove.
„	1	—	—	—	—	sintener.
„	—	—	2	—	—	tunnen, darinne 2 sintener.
„	2	—	—	—	—	ketele.
cleder, bedden u. andere war	1	—	—	—	—	tunne } up 100
cleder, bedden u. andere war	2	—	—	—	—	vate } mark.
koken	8	5½	—	3	—	tunnen.
kopper	2	2	—	—	—	schippunt.
lebeter . . .	4	—	—	—	—	„
kram	—	1	—	—	—	kiste.
„	6	1	—	—	—	tunnen.
„	4	2	7	—	—	vate.
„	1	—	—	—	—	vat van 2 tunnen.
„	—	ı	2	—	—	vatken.
kramwerk . .	—	—	2	—	—	vate.
laken	4	10½	8	2	—	packen.
„	3	2	1	2	—	paxken.
„	—	2	—	—	—	clen paxken.
„	—	—	1	—	—	terlink.

	1492	1493	1494	1495	1496	
laken	7	27	—	—	2	tunnen.
„	—	—	—	—	1	tunne mit 2.
„ , Bussche .	½	—	—	—	—	packen.
„ , „ .	1	—	—	—	—	paxken mit 18.
„ , „ .	½	—	—	—	—	terlink.
„ Delremunde-sche . . .	—	—	—	1	—	laken.
„ Deventersche	1	—	—	—	—	packen mit 10.
„ , „ .	—	1	2	—	—	terlink.
„ , „ .	—	—	1	—	—	tunne mit 3.
„ , „ .	38	—	—	7	—	laken.
„ , „ u. Arffordersche	1	—	—	—	—	packen mit 12.
„ , Hagensche	—	—	—	1	—	laken.
„ , Kamper .	—	—	1	—	—	terlink.
„ , Leidesche	—	—	—	1	—	laken.
„ , Wismersche	—	—	—	1	—	clen paxken mit 8.
laken u. pechtling	27	—	—	—	—	tunnen.
laken u. vlass						für 150 ℔.
lamfelle . . .	1	—	—	—	—	schimmese.
lebeter s. kopper.						
lepele, holten .	—	—	1	—	—	vat.
lorberen . . .	1	—	—	—	—	Hamb. tunne.
louwand . . .	1	1	2	—	—	tunnen.
„ . . .	5	—	—	—	—	packen.
„ . . .	—	—	2	—	—	vate.
„ Holland[esche]	1	—	1	—	—	paxken mit 4 bolten.
louwand u. hode	—	—	—	1	—	vat.
malmesier s. win.						
mel	8	—	—	—	—	tunnen.
note	1	—	—	—	—	tunne.
olii	½	—	2½	—	—	pipen.
ore	1	—	—	—	—	tunne.
osemund . . .	59½	13	13	½	—	last.
„ . . .	38	3	19	—	—	vate.
pannen	1	—	—	—	—	panne.
pechtlink . . .	—	—	—	2	—	packen.
„ . . .	—	—	½	—	—	paxken.
„ . . .	4	—	—	—	—	tunnen.
„ . . .	—	1	—	—	—	clen vatken.
pels	2	—	—	—	—	packen.
„ . . .	—	1	—	—	—	clen packen.

	1492	1493	1494	1495	1496	
pix	1	—	—	—	—	last.
poppir	—	—	1	—	—	bole.
tunnen mit potten	2	—	—	—	—	last.
rossinen . . .	1	—	—	—	—	vat.
rotscher . . .	—	3	—	—	—	last.
„ . . .	—	1	—	—	—	tunnen.
sallunen . . .	—	1	—	—	—	packen.
„ . . .	—	1	—	—	—.	paxken.
scho	—	2	—	—	—	tunnen.
„	2	—	—	—	—	vate.
holten schotele u.						
vate	—	1	—	—	—	vat.
sepe	¹/₂	1	—	—	—	tunne.
solt	1180	665¹/₂	706¹/₂	598¹/₂	12¹/₂	last.
„	62	—	—	17	27¹/₂	tunnen.
solt van Solt²	—	—	4	—	—	last.
baiie	—	—	4	—	—	„
spanne	20	—	—	—	—	spanne.
spitzerie . . .	—	—	—	1	—	tunne.
stal	4	—	—	—.	—	vate.
swerde	—	—	3	—	—	dossin.
ther	1¹/₂	—	—	—	—	last.
„	2	—	—	—	—	tunnen.
tunnen	6	—	—	—	—	last, darmede 6 tunnen ge-packed.
droge tunnen .	4	—	—	—	—	last.
flafs	3	—	—	—	—	packen.
„	10	—	—	2	—	schippunt.
„	16	—	2	—	—	tunnen.
„	2	1	2	3	1	vate.
„	1	—	—	—	—	vatken.
„ , bofs . . .	10	—	—	—	—	tunnen (?)¹.
vlafs u. laken .	35	—	—	—	—	tunnen.
„ „ „ .	21	—	—	—	—	droge tunnen.
voderdoke . .	1	—	—	—	—	paxken.
ware, Nurnberger	—	—	—	1	—	kiste.
wafs	1	—	—	—	—	st[uck].
win	6¹/₂	—	4	—	—	ame.
„	2	—	—	—	—	lechelgen.
„ . . , . . .	—	—	1	4	—	st[ucke].
„	—	—	—	1	—	tolast.

¹ 6 boss vlass und 4 tunnen mit boss vlass.
² Wohl Salz aus Salzdetfurth („Solt, Solt to Detferde") bei Hildesheim.

	1492	1493	1494	1495	1496	
„ . . . . , .	1	1	—	1	—	vat.
„ , roden . .	—	—	1	—	—	pipe.
malmesier . .	—	—	—	1	—	bote.
für	177	129	48	—	—	℔.
	2	6	6	1	2	kisten.
	—	1	2	1	—	korf.
	4	—	—	—	—	laden.
	4	—	1	—	—	packen.
	5	2	1	3	—	parken.
	—	1	—	1	1	clen parken.
	—	1	—	—	—	sak.
	4	—	—	—	—	schimmesen.
Unbenanntes	1	—	—	—	—	schimmesken.
Gut	8	19	21	10¹/₂	—	tunnen.
	98¹/₂	52	16	8	—	droge tunnen.
	1	—	—	—	—	smale tunne.
	1	—	—	—	—	slottunne.
	6	18	9	5	3	vate.
	8	9	—	5	—	droge vate.
	3	1	2	1	—	vatken.
	—	—	1	—	—	droge vatken.
	1	—	—	—	—	clen vatken.

n. Die Ausfuhr nach unbestimmten Häfen
1492.

Das nachstehende Verzeichnis gibt den Inhalt der Abschnitte unter allgemeineren Überschriften wie „Int gemene ud velen clenen schepen" u. a.[1] (Bl. 8b—14b) und unter den Überschriften „Na der Wismer unde na Rostok unde in Dennemarken"(Bl. 15, 19b) wieder, soweit bei den dort verzeichneten Waren nicht der Bestimmungshafen angegeben ist; im letzteren Falle sind sie in den obigen Tabellen an betreffender Stelle mit verrechnet. Ferner sind hier die im Einfuhrregister (Bl. 14b) unter der Rubrik „Wismer, Rostok unde van Dennemarken na Petri unde Pauli 1492" durch ein den betreffenden Schiffen vorgesetztes »in« als Ausfuhrgegenstände gekennzeichneten Waren[2] mit aufgeführt. Es entfallen demnach

---

[1] Vgl. Jahrgang 1904/05 S. 120.
[2] Es sind dies 5 schippunt blig, 2 last 15 tunnen hering, 40 dromp hoppen, 4 vate osemund, 1100 velle.

noch auf die Ausfuhr des Jahres 1492: 7 tunnen allun, 900 beker-holt, 3 vate ber, 15 vate Embeker ber, ¹/₂ last 20¹/₂ schippunt 8 st[ucke] blig, 3 tunnen gortkomen, 3 schippunt 1 vat hennep, 2 last 15 tunnen hering, 4 tunnen herse, 4 last 417 drompt hoppen, 2 schippunt kabelgarn, 20 ketele. 2 tunnen cledere, 3 schippunt kopper, 8 packen 3¹/₂ terlink! 11 droge tunnen laken, 1 terlink Deventersche laken, 10 Deventersche laken in 5 droge tunnen, 2 tunnen lorberen, 32 last 19 vate osemund, 5 tunnen 300 pecht-link, 1 paxken poppir, 4 tunnen 4 vate rossinen, 1 tunne rotscher, 1 tunne senegarn, 3¹/₂ tunnen sepe, 256 last 49 tunnen solt, 1 kor-veken spetzerie, ¹/₂ tunne 1 vat stal, 8 tunnen talg, 2 last 8 tunnen ter, 2 last ter bast hennep unde vlass, 1 last tunnen, 1 last droge tunnen, 2 packen 1100 velle, 1 packen 1 paxken 9 schippunt 23 tunnen 5 vate vlass, 4 st[ucke] 1 vat van 6 amen win, 9 sacke wulle; ferner an unbenanntem Gut für 40 𝓜, 10 kisten, 2 korve, 8 packen, 14¹/₂ paxken, 1 clen paxken, 5 schimmesen, 5 tunnen, 35 droge tunnen, 5 vate, 2 droge vate, 1 vatken. 2 droge vatken. 1 clen vatken.

1494

sind ohne Überschriften aufgeführt: 1 terlink Delremundesche laken, 1 terlink Herderwiker laken in Peter Kopken (Bl. 86, (¹/₂ terlink laken, darinne 12 fitzen, die »Hans Berk leit utvoren. Bl. 92), 2 vate mandelen, 1 droge vat in Claus Postenow (Bl. 102 b), ferner 17 Stekenitzschiffe mit 102 Last Salz und 24 Last Salz[1].

1495.

sind unter der Überschrift Schipper Daniel Rode unde Gert Treilin unde Peter Johansen 23 Last Salz verzeichnet (Bl. 124 b)

---

[1] Bl. 88: Hans Pawes heft gefryet 5 schepe solt 2 𝓜 13 β (30 Last).
„ 95: „ „ „ „ 12 „ „ 6 „ 12 „ (72 „
„106: Hermann Ruckerdink heft gefriet 24 last soltes 2 𝓜 4 β.

(Wird fortgesetzt.)

XV.

Kleinere Mitteilungen.

1. Zur Geschichte der St. Theobaldsbrüderschaft in Hamburg.

Erwiderung

von

Hans Nirrnheim.

In seiner Besprechung meiner Arbeit über die Verehrung des heiligen Theobald in Hamburg — Hansische Geschichtsblätter Jahrg. 1906 S. 419 f. — hat Heinrich von Loesch bemerkt, ich hätte die Bedeutung der engen lokalen Begrenzung der St. Theobaldsbrüderschaft nicht genügend gewürdigt. Aus den Statuten der Brüderschaft lasse sich ableiten, dass die drei Strassen, auf die sich die Brüder verteilten, einen Steuererhebungsbezirk bildeten. Die Steuerzahler dieses Bezirks, oder ein Teil von ihnen, hätten sich zu der Brüderschaft zusammengeschlossen, aus deren Vermögen dann die Steuer, der Schoss, an den Rat bezahlt worden sei.

Es würde gewiss von Interesse gewesen sein, wenn von Loesch eine einwandfreie Erklärung für die immerhin auffallende enge lokale Begrenzung der Brüderschaft gegeben hätte; die Deutung, die er gefunden zu haben glaubt und vorträgt, ist indessen leider verkehrt. Ganz abgesehen davon, dass durch sie die Hauptsache warum nämlich Theobald zum Heiligen der Brüderschaft erkoren wurde, nicht erklärt wird, wird sie zunächst schon bedenklich erschüttert durch die Lage der drei genannten Strassen zueinander, die es nicht wahrscheinlich macht, dass sie einen Steuererhebungsbezirk hätten bilden können. Während nämlich der Schopenstehl

33*

und der Kattrepel zwar aneinander grenzen, liegt die Spitalerstrasse von ihnen entfernt: durch die Breitestrasse und den Pferdemarkt ist sie von ihnen getrennt. Man könnte sagen, dass eben
nur ein Teil der Angehörigen des Steuerbezirks, zu dem ja auch
Breitestrasse und Pferdemarkt hätten gehören können, zu der
Brüderschaft zusammengetreten sei. Aber man braucht diesen
Gedanken gar nicht weiter zu verfolgen, denn die Möglichkeit,
dass die drei Strassen in einem Steuerbezirk vereinigt waren, wird
völlig dadurch ausgeschlossen, dass sie gar nicht in demselben
Kirchspiel lagen. Während Kattrepel und Spitalerstrasse zum
St. Jakobikirchspiel gehörten, lag der Schopenstehl im St. Petri-
kirchspiel. Einen Steuererhebungsbezirk können sie daher nicht
gebildet haben, denn der Schoss wurde in Hamburg nach Kirch-
spielen von zwei für jedes Kirchspiel bestimmten Schossherren
erhoben. Vgl. Koppmann, Kämmereirechnungen der Stadt Hamburg I, S. LVI.

    v. Loesch hat sich zu der Aufstellung seiner Theorie dadurch
verleiten lassen, dass er in den Brüderschaftsstatuten fand, die
Brüderschaft gebe dem Rate jährlich Schoss. Dieser Schoss hat
indessen mit der von den einzelnen Bürgern erhobenen Vermögens-
steuer nichts zu tun, sondern ist der geistliche Schoss, eine Abgabe, die noch bis zum Jahre 1815 jährlich von allen Renten erhoben wurde, die Geistliche und kirchliche Stiftungen aus bürgerlichen Grundstücken bezogen, vgl. Koppmann, Kämmereirechnungen
I S. LVI. Wie alle kirchlichen Brüderschaften, die derartige
Renteneinkünfte hatten, musste natürlich auch die St. Theobaldsbrüderschaft diesen Schoss dem Rate jährlich entrichten. Seine
Zahlung ist also erst eine Folge der Stiftung der Brüderschaft,
nicht ihre Ursache.

    Damit wird denn auch v. Loeschs Annahme, dass der in den
Brüderschaftsstatuten wiederholt genannte bormester als Steuer-
erheber zu fassen sei, hinfällig. Der bormester ist, wie aus den
Statuten deutlich hervorgeht, niemand anders als der jeweils die
Verwaltung führende Älteste der Brüderschaft, der das Eigentum
der Brüderschaft verwahrt (Nr. 49 e §§ 8, 13, 18 der Statuten be
Rüdiger, Zunftrollen S. 261 ff.), die Kasse verwaltet (§§ 4, 8, 14
17), dafür zu sorgen hat, dass an den Vigilien das Totenbuch zur
Stelle ist, die Oberälterleute und die Älterleute an ihre Pflicht

beim Messopfer anwesend zu sein, erinnert (§ 15), und in dessen Hause die jährliche Rechnungsablage stattfindet, wobei eine Mahlzeit gehalten wird, bei der er präsidiert, und nach der er die Lade und die Schlüssel mit einem Stop und einem Becher Bier seinem Nachfolger zutrinkt (§§ 17, 18). Unter diesen Umständen wird man das Wort bormester auch nicht mit v. Loesch von boren = erheben ableiten können, sondern wird mit Rüdiger die Ableitung von bur als die richtige anerkennen und Bormester als Burmeister erklären müssen. Der Name des von den alten Burschaften und Gilden geschaffenen Amtes erscheint hier, wohl weil er sich konsequent in gildeartigen Genossenschaften fortgeerbt hatte, für den Vorsteher der Brüderschaft[1].

Nachtrag zu Seite 312.

Nachträglich werde ich von Herrn Dr. F. Techen-Wismar darauf aufmerksam gemacht, dass die Angabe Detmars über Wismars Stellung zu seinem Landesherrn 1311 unhaltbar ist. Herr Dr. Techen schreibt mir: dass Wismar für eine fürstliche Hochzeit seine Tore nicht hat öffnen wollen, berichten die Annales Lubicenses (und deutsch Detmar) und ebenso Kirchberg (Westphalen, Monum. ined. IV, Sp. 789), die ersteren zum Jahre 1311 mit unmöglichen näheren Angaben (s, Koppmann zu Lüb. Chron. I, S. 414). Die Angaben, die Kirchberg über die Personen hat, könnten richtig sein (Wigger, Jahrb. f. meckl. Gesch. 50, S. 164). Urkundlich steht fest, dass die Stadt vor 1300 sich Herrn Heinrich d. J. nupciarum nostrarum in civitate prohibicione schuldig gemacht hat (Meckl. U. B. IV, Nr. 2603). Da nun urkundlich allein diese prohibicio bezeugt ist, die Chroniken aber nur von einer späteren (1311 oder 1310) wissen mit Angabe verschiedener, zum Teil unmöglicher Personen, es an und für sich

---

[1] Ähnliche Beispiele lassen sich vermutlich zahlreich beibringen. Um nur eins zu nennen, so hiess der verwaltende Vorsteher der Brüderschaft St. Vincentii der Brauerknechte in Hamburg noch im 17. und 18. Jahrhundert Burgemeister oder Bürgemeister, auch Bürgermeister. Vgl. auch Berghaus, Der Sprachschatz der Sassen Bd. I. (1880) S. 258, wo gesagt ist: Bürmester ist im Eiderstedtschen, Schleswig, der Ältermann einer Genossenschaft.

aber unwahrscheinlich ist, dass der Vorgang sich innerhalb 20 Jahren wiederholt haben sollte — so liegt es auf der Hand, dass die ins Jahr 1292 gehörende Geschichte im Gedächtnis geblieben, aber von den Chroniken später falsch bezogen ist. Die Lüb. Chronik hat noch richtig, dass Herr Heinrich selbst hat Hochzeit halten wollen. Kirchberg gemäss besserer Kenntnis der Personen lässt seine Tochter eintreten. Dass falsch angeknüpft werden konnte, lag sehr nahe.« Demnach ist die Bemerkung auf S. 312 betr. Wismars zu berichtigen.

Reuter.

XVI.

Nachrichten
vom Hansischen Geschichtsverein.

I.

Sechsunddreissigster Jahresbericht.

Erstattet vom Vorstande.

Versammlung zu Hildesheim. — 1907 Mai 21.

Über den Stand der Vereinsarbeiten ist das Folgende zu berichten:

Die Bearbeitung des VII. Bandes des Hansischen Urkundenbuches hat stetigen Fortgang genommen, der allerdings in letzter Zeit durch Professor Kunzes Übersiedelung nach Hannover (er wurde zum Direktor der dortigen Königlichen und Provinzial-Bibliothek ernannt) eine Unterbrechung erleiden musste. Die Hebung des noch zu sammelnden archivalischen Stoffes wurde im Sommer 1906 in Köln begonnen. Die nicht mehr zur Versendung gelangenden Briefbücher des Stadtarchivs wurden bis zum Jahre 1450 aufgearbeitet. Sie ergaben eine grosse Menge hansischen Materials, das aus den Staatsarchiven zu Danzig und Königsberg noch eine erhebliche Vermehrung erfahren wird.

Professor W. Stein in Göttingen hat den X. Band des Hansischen Urkundenbuches, den Zeitraum von 1471 bis 1485 umfassend, abgeschlossen. Das Erscheinen dieses Bandes steht unmittelbar bevor.

Über seine Arbeit am Danziger Inventar berichtet Professor Simson, dass er im Laufe des Jahres fast ausschliesslich

die grosse Abteilung »Hanseatica« des Danziger Archivs bearbeitet
habe, ohne indessen damit zum Abschluss gekommen zu sein. Von
den etwa 140 umfangreichen Bänden der Abteilung sind jetzt 90
durchgearbeitet. Die Rezesse von 1600 bis 1625 wurden ausführlich ausgezogen, ebenso diejenigen des 16. Jahrhunderts, die
im Kölner Inventar nicht vorhanden sind. Aus der reichen Fülle
der Urkunden sind bis jetzt gegen 1700 Nummern neu zusammengestellt.

Das zweite Heft des Jahrganges 1906 der Hansischen
Geschichtsblätter ist im November [ausgegeben worden,
während das erste Heft des Jahrgangs 1907 Anfang Mai zur
Ausgabe gelangte. Das diesjährige Pfingstblatt enthält eine Arbeit
unseres Vorstandsmitgliedes, des Geheimen Rats Freiherrn v. d. Ropp:
»Das häusliche Leben des Kaufmannes im Mittelalter.« Infolge
längeren Unwohlseins des Verfassers kann die Ausgabe erst im
Juni erfolgen. Es mag erwähnt werden, dass Seine Majestät der
Kaiser, dem alljährlich die Hansischen Geschichtsblätter überreicht
werden, auch die Pfingstblätter unseres Vereines huldvoll angenommen hat und dass die Senate von Bremen, Hamburg und
Lübeck sich zur regelmässigen Abnahme von je 150 Exemplaren
eines jeden Pfingstblattes in dankenswerter Weise bereit erklärt
haben.

Mit Rücksicht auf einen bei der vorjährigen Versammlung
geäusserten Wunsch ist mitzuteilen, dass die Verlagsfirma
Duncker & Humblot die Bedingungen für Abnahme des
Hansischen Urkundenbuches insofern günstiger gestellt hat,
als fortan die Mitglieder unseres Vereins befugt sind, Bände des
Urkundenbuches — und zwar sowohl bisher ausgegebene als
künftig noch erscheinende — von der Verlagsbuchhandlung, sei es
direkt, sei es durch Vermittlung einer Sortimentsbuchhandlung,
mit einem Nachlass von 20 Prozent des Ladenpreises zu beziehen,
während bisher diese Vergünstigung nur den Abnehmern aller
Bände zugesichert war. Im Kommissionsverlage von Justus Perthes
gibt der Verein in diesen Tagen eine Abhandlung von Friedrich
Rauers, Bremen, heraus: »Zur Geschichte der alten Handelsstrassen
in Deutschland.« Die Schrift mit vier kartographischen Beilagen
ist ein erweiterter Sonderabdruck aus Dr. A. Petermanns Geographischen Mitteilungen 1906. Heft III.

Der Bericht über das Jahr 1906 würde unvollständig sein, wollte er nicht der vom Vorstande angeregten W i s b y f a h r t gedenken, an der sich 62 Mitglieder beteiligt haben. Lebhaft wurde nur bedauert, dass der geistige Führer, Professor Schäfer, durch plötzliche Erkrankung im Laufe der Reise genötigt wurde, seine so freundlich zugesagten Vorträge abzubrechen. Im übrigen hat die Fahrt bei allen Teilnehmern die schönsten Eindrücke hinterlassen und bei vielen den Wunsch gezeitigt, es möge sich noch einmal wieder in nicht ferner Zeit eine ähnliche Hansefahrt ins Werk setzen lassen. Dr. Fr. Bruns in Lübeck hat die Reiseerlebnisse in einer von den Reisegenossen mit herzlichem Dank entgegengenommenen Schilderung zusammengefasst.

In der letzten Jahresversammlung wurde die Wiederwahl des ausscheidenden Professors Freiherrn v. d. Ropp zum Vorstandsmitgliede bestätigt. Das Mitglied des Vorstandes Staatsarchivar Professor Dr. Paul Ewald Hasse ist am 30. April d. J. verstorben Hasse wurde vor drei Jahren in den Vorstand gewählt. Dem Verein ist er 30 Jahre lang ein treues Mitglied gewesen. Ausser ihm sind folgende 11 Vereinsmitglieder durch den Tod ausgeschieden:

Geh. Rat Dr. Sattler, Archivdirektor, Berlin,
Dr. Priesack, Göttingen,
Direktor Gebhard, Lübeck,
Hauptlehrer Bödeker, Lübeck,
Archivar Dr. Schwartz, Riga,
Bürgermeister Israel, Stralsund,
Geh. Rat.Dr. Loersch, Bonn,
F. Gabain, Hamburg,
ter Vehn, Emden,
Ubbelohde, Friedland,
Senator Nielsen, Bremen.

Ihren Austritt haben drei Mitglieder erklärt. Dagegen sind 31 neue Mitglieder gewonnen, nämlich

Landesbibliothek in Düsseldorf,
Verein für Geschichte der Deutschen in Böhmen zu Prag,
Wirkl. Geheimer Rat. Dr. Krauel, Berlin,
Kaufmann E. Bergemann, Berlin,
Kaufmann F. Lindenberg, Berlin,
Privatdozent Dr. Krabbo, Charlottenburg,

Dr. W. Vogel, Charlottenburg,
Professor Dr. Pirenne, Gent,
Cand. hist. Kellinghusen, Göttingen,
Cand. phil. Stierling, Göttingen,
Oberlandesgerichtsrat Dr. von Dassel, Hamburg,
Rechtsanwalt Dr. W. Kiesselbach, Hamburg,
Dr. W. Heyden, Hamburg,
Kaufmann F. C. Vetterlein, Hamburg,
Kaufmann Franz Gabain, Hamburg,
Pastor Arndt, Lübeck,
Oberstleutnant Faber, Lübeck,
Bankier W. Kohrs, Lübeck,
Kaufmann Gerh. von Melle, Lübeck,
Archivar Dr. Weibull, Lund,
Kaufmann Johs. Hering, München,
Gutsbesitzer K. Hauswaldt, Rosenhagen,
Oberlehrerin L. Zenker, Saarbrücken,
Direktor Dr. Tesdorpf, Hildesheim,
Domkapitular Beelte, Hildesheim,
Rentner F. A. Braun, Hildesheim,
Regierungsrat Thorade, Lübeck,
Kaufmann Franz Hoffmann, Kobe,
Hauptmann a. D. Sachs, Direktor der Kaliwerke Hohenfels,
Buchdruckereibesitzer Kornacker, Hildesheim,
Verlagsbuchhändler Karl Curtius, Berlin.
Die Mitgliederzahl beträgt danach heute 434.

Die Jahresrechnung ist von den Herren H. Behrens in Lübeck und F. A. Braun in Hildesheim durchgesehen und richtig befunden.

Eingegangen sind folgende Schriften:

Zeitschrift des Aachener Geschichtsvereins Bd. 28.
Baltische Studien Bd. 10.
Mitteilungen des Vereins für Geschichte Berlins 1906—07.
P. Clauswitz, »Die Pläne von Berlin«, Festschrift 1906.
Forschungen zur Brandenburgischen und Preussischen Geschichte Bd. 19.
Kämmereirechnungen von Deventer Bd. 6, 3.

Sitzungsberichte der Gelehrten Estnischen Gesellschaft 1905.

Mitteilungen des Vereins für Hamburgische Geschichte 1905.

Th. Schrader, Die Rechnungsbücher der Hamburgischen Gesandten in Avignon 1338–1355.

Mitteilungen der Gesellschaft für Kieler Stadtgeschichte H. 22.

Anzeiger der Akademie zu Krakau 1906; Rozprawy Akademii t. 23; Monum. medii aevi. t. 17; Z. Daszynska, Uscie Solne.

Jahrbuch der Kurländischen Gesellschaft für Literatur und Kunst 1904.

Lüneburger Museumsblätter Bd. 1.

Geschichtsfreund der fünf Orte Luzern usw. Bd. 61.

Geschichtsblätter für Magdeburg Bd. 41.

Zeitschrift des Historischen Vereins für Niedersachsen 1905.

Anzeiger des Germanischen Museums zu Nürnberg 1905.

Mitteilungen des Vereins für Geschichte Osnabrücks Bd. 30.

Monatsblätter der Gesellschaft für Pommersche Geschichte 1906.

Jahresbericht 20 des Historischen Vereins für Ravensberg.

Zeitschrift der Gesellschaft für Schleswig-Holsteinsche Geschichte Bd. 36.

Jahrbuch für Schweizerische Geschichte Bd. 31.

Zeitschrift des Vereins für Thüringische Geschichte Bd. 17.

Von der Vereinigung zu Utrecht:

    Bronnen voor de geschiedenis der Kerklijke Rechtsprak 1. 2, 1.

    Verslagen en Mededeelingen 5, 3.

Zeitschrift des Vereins für Geschichte Westfalens Bd. 61. Register H. 8. 9.

Zeitschrift des Westpreussischen Geschichtsvereins H. 49, Mitteilungen H. 3.

Württembergische Vierteljahrshefte für Landesgeschichte Bd. 15.

Ch. Gross, The court of piepowder. S. A. aus dem Quarterly Journal of Economics, Harvard University.

Kassenabschluss
am 11. Mai 1907.

Einnahme.

Vermögensbestand	ℳ	18 727,26
Zinsen	„	711,76
Beitrag S. M. des Kaisers	„	100,—
Beiträge deutscher Städte	„	8 380,80
„ niederländischer Städte	„	377,68
„ von Vereinen und Instituten	„	341,05
„ von Mitgliedern	„	2 373,10
für verkaufte Schriften	„	11,13
Geschenk der Hamburg-Amerika-Linie	„	1 000,—
	ℳ	32 022,78

Ausgabe.

Urkundenbuch (Honorar und Reise)	ℳ	3 171,40
Geschichtsblätter, 2 Hefte	„	4 705,87
Pfingstblätter	„	558,60
Urkundenforschungen	„	166,95
Reisekosten und Ausgaben des Vorstandes	„	1 646,47
Verwaltung	„	607,06
	ℳ	10 856,35
Kassenbestand	„	21 166,43
	ℳ	32 022,78

Sachregister

von

Dr. Wilmanns.

Heinrich, Julius von Braunschweig-Lüneburg 233. 418 f. 420.
Heiratszwang 30.
Heitmann zur Lahn, Altermann d. Londoner Kontors 392.
Helgafall auf Island 247. 256.
Helkuland = Steinland (Labrador?) 202.
Helmstedt 219.
Helsingör 164. 263. 320. 322. 325. 329. 338. 340.
Henkel, Lazarus, Kupferhändler 117. 120.
Henker 41 f. 67.
Henneberg-Coburg 294. 296.
Hennings, Kammerherr in Ploen 346.
Hennings, Sophie, Gemahlin Heinrich Sievekings 346.
hense, Wortform 287.
Herberge, aus d. H. quittieren = Gesandte freihalten 233.
Herford 222. 427. 438.
Hermand 92.
Hermann v. Brandenburg 309.
Hessen 77. 117. 376.
v. d. Heydt, preußischer Handelsminister 328.
Hicke, Verfasser einer angelsächsischen Grammatik 276.
Hildesheim, 10. 13. 14. 20. 36. 52. 59. 220. 223. 224. 230. 274. 403. 418. 419. 427.
Hoffmann, J. G.. 72. 80.
Hofgeismar 279.
Hofwyl 374.
Hohenholt, Jakob, Stettiner Ratsherr 440. 443. 444.
Holar in Island 248. 249.
Holdscho, Hermann, Verweser d. Londoner Kontors 394.
Holland, Holländer 76. 109. 113. 129. 136, 298. 330. 359.
Holmen, Hafen von Reykjavik 260.

Holstein, Grafen v. H., 296. 299. 311. 316. 329. Transit durch H. 334. 341. Land H. 369. Schleswig-Holstein s. Schleswig.
v. Holte, Hamburger Sekretär 120.
Holtwig, Jost, Lübecker Vogt auf Schonen 440.
Holzhüter 64.
Horn in Island 196.
Hornicke, Claus, Stettiner Kaufmann in Falsterbo 454.
Hornung = uneheliches Kind 47.
host, Wortbedeutung 285.
Hrafn, Hlymreksfari, Isländer 169.
Hugo, Kardinallegat 298.
Hulc, angelsächsisches Frachtschiff 189.
Hull 169.
Húsavík in Island 262.
Husum 65.
Hutt, interpelliert im englischen Unterhaus über die Sundzollfrage 333.

Indien 155. 366.
Ingolfr, erster Ansiedler auf Island 202.
Innung 9.
Innungsmeister 10.
intoghene kindere 29.
Irland 160. Bedeutung d. Wikinger für I. 167 f. 169. 172. 173. 193. 200. Entdeckungen 200. 201. 280.
Isafiord, Isafjördur in Island 260. 263.
Island 168. 174. 179. 180. 185. 193. 199. 200. 202. 204. 245 ff. 458.
Italien, Italiener 118. 155. 158. 203.
Itil, bei Astrachan 162.
Itius Gessoriacon, Hafen Nordgalliens 98. 99.
Jacht, Langschiff 183. s. Schiff.
Jacobi 346. 348. 353.
Jakob, Peter, Stettiner Kaufmann in Falsterbo 454.

Yarmouth 169.

Yonne 180.

York 159. 167.

Ypern 284.

Zaltbommel 228.

Zernekow, Tewes, Stettiner Kaufmann in Falsterbo 444. 454.

Zillmer, Hans, Stettiner Altermann 444.

Zink, Burkhardt, Augsburger Chronist 51.

Zuidersee 159.

Zunft, Selbstgesetzgebung 10. Selbstgerichtsbarkeit 11 f. Zunftrolle 11 ff.
Bedeutung d. Wortes 12 f. Zunftprivileg 13. Auftreten d. Zunftrolle 13 f. Inhalt 14 f. Zunftzwang 14. Wesen der Zunft 15. Amt und Werk 15. Eintritt in d. Zunft 15. Entstehung d. Zunftrollen 16 f. Exklusivität d. Zünfte 44—60 (s. dieses). Zünfte und Kaufleute 50 f. 57. Wandersitte und Wandervorschrift 62. Entartung d. Zunft 69. Opposition gegen die Zunft 71—75. Einzelregierungen und Zünfte 75—78. Das Reich und Zünfte 78—83.

Zütfen 224. 230. 237.

Zwolle 224. 230. 415.

Altenburg.
Pierersche Hofbuchdruckerei
Stephan Geibel & Co.

Verlag von Duncker & Humblot in Leipzig.

Pfingstblätter
des
Hansischen Geschichtsvereins.

Einzelpreis 1 Mark.

———— Partiepreise: ————

Bei Abnahme von	10—20 Exemplaren das Exemplar für	90 Pf.
„ „ „	21—30 „ „ „ „	87½ „
„ „ „	31—40 „ „ „ „	85 „
„ „ „	41—50 „ „ „ „	80 „
„ „ „	51—100 „ „ „ „	75 „
„ „ „	101—200 „ „ „ „	70 „
„ „ „	201 und mehr „ „ „ „	65 „

Blatt I. 1905.

Die Hanse und England.
Ein hansisch-englischer Seekrieg im 15. Jahrhundert.
Von **Walther Stein**.

Blatt II. 1906.

Oldenburgs Seeschiffahrt
in alter und neuer Zeit.
Von **Georg Sello**.

Blatt III. 1907.

Kaufmannsleben
zur Zeit der Hanse.
Von **G. Freiherr von der Ropp**.

Lightning Source UK Ltd.
Milton Keynes UK
UKHW010405271118
332995UK00013B/1219/P